JN448467

2023
서울생활문화
자료조사

시흥동

서울 서남부

전통과 현대의 중심

총괄	최병구(서울역사박물관장)
기획	박현욱(학예연구부장) 최형수(조사연구과장) 최보영(학예연구사)
현장조사 및 원고작성	1장 강정원·이도정(한국민속학회) 2장 이도정(한국민속학회), 이진경·홍다솔(팔건축사사무소) 3장 주도경·강휘수·이도정(한국민속학회) 4장 김수경(한국민속학회), 이진경·홍다솔(팔건축사사무소) 5장 주도경·이도정(한국민속학회), 이진경·홍다솔(팔건축사사무소) 6장 한성은(한국민속학회) 구술 최보영·박좌진(서울역사박물관)
공간기록	이진경·홍다솔(팔건축사사무소)
사진기록	김동오(디오스튜디오)
교정	내일날씨
행정지원	김선희·유지훈
조사자문	윤희수·임성수·이길훈·황세원

조사협조 및 자료제공

서울대학교 규장각 한국학연구원	한국연구원	이종학
국립중앙박물관	국립고궁박물관	문계인
국가유산청	서울시 포토앨범	이홍석
국토정보지리원	서울기록원	육심연
스마트서울맵	국가전자도서관	최창록
한국학중앙연구원 장서각	은행나무시장 첫걸음육성사업단	이상덕
국가기록원	대명시장	김재우
금천구청	비단길현대시장 상인회	송일봉
금천문화원	시흥초등학교 동문회	김혜숙
금천문화재단	탑동초등학교 동문회	윤영신
시흥교회	시흥유통관리주식회사	정성경

일러두기

- 이 보고서는 2023년 시흥동 서울생활문화자료조사의 결과물로 제작되었다.
- 보고서에 인용한 단행본, 신문자료, 논문 등의 내용은 최대한 원문을 표기하였다.
- 보고서에 실린 외부 자료의 저작권은 해당 소장처에 있다.
- 보고서에 수록한 서울역사박물관 소장 시각 자료는 서울역사아카이브 홈페이지 (https://museum.seoul.go.kr/archive/NR_index.do)에서 확인 및 내려받을 수 있다.
- 서울역사박물관 소장 자료는 별도로 출처를 표기하지 않았다.

2023 서울생활문화자료조사

서울 서남부
전통과 현대의 중심

시흥동

서울역사박물관

시흥대로(50m 도로)

발간사

금천구 시흥동은 '시흥'이라는 지명과 땅의 역사를 함께 간직한 곳입니다. 역사 속에서 시흥은 1795년정조 19에 금천현이 시흥현始興縣으로 바뀌면서 등장했습니다. 현재의 시흥동은 일제강점기 시흥군 동면 시흥리에 해당하는 곳으로 1963년 1월에 서울시에 편입되었습니다.

시흥현과 시흥군이던 시절 지금의 시흥동 지역은 관아, 행궁, 군청이 소재하는 중심지였습니다. 하지만 서울 편입 이후에는 서울의 외곽 지역으로 그 위상이 많이 축소되었습니다. 거기에 더해 1989년에 경기도 시흥시가 분리 독립되면서 동일한 지명으로 인한 혼란이 가중되었습니다.

시흥동은 조선시대 정조의 화성 능행길이었을 뿐만 아니라 한양에서 충청·전라·경상도로 가는 길목에 위치해 사람과 물자의 왕래가 끊이지 않는 곳이었습니다. 근대 시기 육상 교통망이 새롭게 만들어질 때도 서울과 지방을 잇는 주요 교통로로서 국도 1호선과 경부선 철도가 모두 시흥동을 통과했습니다. 현재도 지하철 1호선과 왕복 10차선의 시흥대로가 지나며 KTX광명역과 서부간선도로·서해안고속도로가 인접해 서울과 경기 서남부를 연결하는 주요한 관문 역할을 하고 있습니다.

평범한 농촌 마을이었던 시흥동은 1960년대 이후 서울의 도심 개발을 뒷받침하는 외곽 지역으로서 급격한 도시화를 경험하게 되었습니다. 편리한 교통을 바탕으로 대한전선, 기아산업 등 대규모 공장이 들어서고, 인구가 급증했기 때문입니다.

또한 1966년 많은 비로 대규모 수재민이 발생하자 서울시는 시흥동 산91번지에 약 6만 평에 달하는 수재민 정착지를 조성하였습니다. 1990년대 후반 이 지역에 아파트가 개발되기 전까지 수재민 정착지는 원주민과 이주민이 얽혀 사는 서울 외곽 지역으로서 시흥동의 특성을 잘 보여주었습니다.

이번 조사에서는 조선시대부터 현재까지 시흥동의 역사와 공간, 그리고 그 속에서 살아가는 사람들의 삶을 총체적으로 살펴보았습니다. 특히 서울이 된 이후 시흥의 도시화 과정과 생활문화를 세밀하게 기록했다는 점에서 매우 뜻깊은 자료가 될 것입니다.

충실한 조사가 진행될 수 있도록 일 년여간 수고해 주신 서울대학교 강정원 교수님과 팔건축사사무소 이진경 소장님, 김동오 사진작가님 외 여러 연구진 여러분 고맙습니다. 적극적으로 협조해 주신 금천문화원, 금천문화재단, 비단길현대시장 상인회, 시흥초등학교 동문회 등 시흥동 모든 주민분께도 진심으로 감사를 표합니다.

2024년 5월
서울역사박물관장
최 병 구

목차

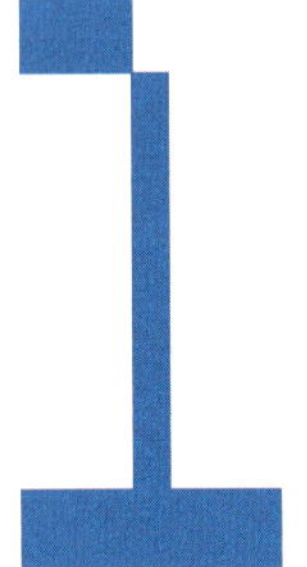

조사 개요

시흥현의 중심, 금천의 시흥동

남쪽의 관문, 시흥의 길

시흥동의 주거지 형성과 변천

사람과 물자의 나들목, 시흥동

생동하는 시흥의 일상과 공동체

조사 개요

008 ▸ 015

1. 조사 배경

이 보고서는 서울역사박물관이 서울생활문화자료조사의 일환으로 진행한 2023년 서울시 시흥동의 생활문화를 담은 결과물이다. 금천구 시흥동은 바라보는 방향에 따라 지리적 역할이 달라지는 곳이다. 서울 전체로 보았을 때에는 서남부로 경기도로 진출하는 경로이고, 경기도 안양시와 광명시를 중심으로 본다면 북동쪽으로 서울로 들어가는 입구이자 관문이 된다. 아울러 시흥동의 북쪽에는 구로구 서울디지털국가산업단지로 연결되어 공업지대의 배후 주거지 역할을 하는 곳이기도 하다.

지리적 위치뿐만 아니라 '시흥'이라는 이름도 시흥동을 인식할 때 혼란을 불러오는 부분이다. 경기도 광명시의 서남부를 경계로 경기도 시흥시가 있어 '시흥'이라는 이름만 놓고 본다면 금천구 시흥동보다 경기도 시흥시를 떠올리기 쉽기 때문이다. 그러나 역사적으로 본다면 '시흥'이라는 이름의 중심은 금천구 시흥동이다. 조선시대 금천현과 시흥현·군의 치소가 있던 곳이 바로 시흥동이었고, 제22대 왕인 정조가 수원으로 행차하는 과정에서 머물렀던 시흥행궁도 시흥동에 있었다. 서울과 수원을 연결하는 시흥대로 역시 금천구 시흥동을 지나며 경기도 시흥시와는 무관하다. 이 보고서는 경기도 시흥시에 가려져 있던 금천구 시흥동을 선명히 드러내고자 한다.

시흥동은 해방 이후 한국의 근대화 및 서울의 확대·발전의 과정과 밀접하게 연관된 지역이다. 일제강점기 경부·경인선 철로의

연구팀 합동 답사

교차점으로 영등포가 발전하면서 그 영향을 받아 공장 시설이 점차 증가하고 있었던 시흥동은 1963년 서울의 확장 과정에서 경기도로부터 서울로 편입되었다. 당시 수출산업공업단지의 육성이 본격화되었고, 이 과정에서 구로공단이 확대되며 그 배후 주거지로 시흥동이 주목받게 되었다. 1970년대에 이뤄진 대규모 토지구획정비사업을 통해 주거지가 확대되고 인구가 급격하게 증가하였다. 이후 1980년대에는 서울 도심의 시설 재배치 과정에서 공구상가와 철재상가 같은 시설이 시흥동을 포함한 서울 남서부에 자리 잡으면서 시흥동을 넘어선 상업시설도 등장하게 되었다.

시흥동은 역사적인 굴곡 속에서 조선시대 금천현의 읍치에서 이제는 서울시 금천구의 일개 동으로 변화하였고, 도시화의 급격한 변화 속에서 주거지라는 특성이 강하게 드러나는 지역으로 자리하게 되었다. 이 조사에서는 시흥동이 거쳐왔던 역사적 경로 위에서 이곳에 사는 사람들의 생활과 문화가 어떻게 변화하였는가에 초점을 맞춘다. 시간적 배경으로는 조선시대부터 현재까지 이어지는 역사적 변천 과정을 통해 현재 시흥동이 놓인 통시적 변화를 살펴보았다. 공간적 배경으로는 금천구 시흥동의 5개 동 전체를 범위로 조사를 진행하여 한 군·현의 중심지역이 해방 이후 도시화 과정에서 변화해간 특징적인 양상을 포착하고자 시도하였다.

2. 내용 구성

시흥동은 역사적으로 시흥의 중심이었다. 조선시대부터 금천현의 읍치였던 시흥동은 정조가 수원으로 향하는 능행길을 기존의 과천을 통과하는 경로가 아닌 현재의 시흥동을 통과하는 경로로 바꾸면서 생긴 시흥대로의 경유점이었다. 이를 계기로 금천현은 '뻗어 간다'는 의미에서 시흥현으로 변화하였으며, 정조는 시흥동에 행궁을 설치하여 능행 중 쉬거나 숙박할 수 있도록 하였다. 하지만 20세기 초 철로의 건설과 함께 영등포가 발전하면서 시흥군의 중심은 영등포로 바뀌었고, 시흥동은 1914년 행정구역 개편 과정에서 시흥군 동면의 면소재지로 변화하였다. 이후 서울이 지속해서 확대되는 과정에서 해방 후인 1963년 시흥동도 서울시 영등포구로 편입되었다. 이후 1980년 영등포구에서 구로구가 분리될 때 시흥동은 구로구로 편입되었으며, 1995년 금천구를 만들면서 금천구 소속으로 변화하게 되었다.

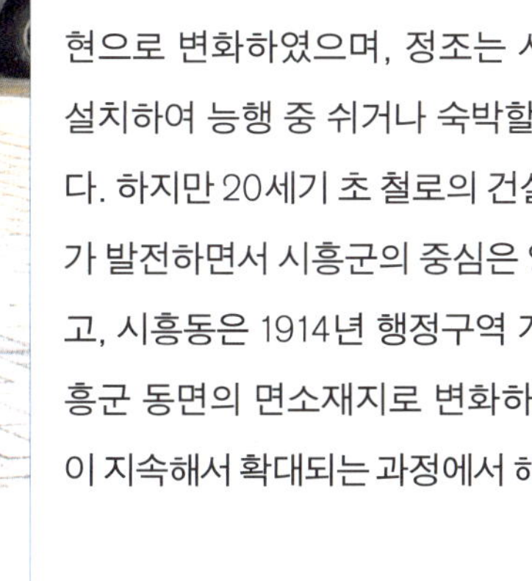

일련의 행정적인 변화 과정에서 주목되는 것은 시흥동의 위치이다. 시흥동은 서울과 수원을 연결하는 시흥대로가 자리한 교통의 중간지대로 서울과 경기도를 이어주는 연결점으로 자리하였다. 이러한 경계적 특징은 구로공단 같은 경제적 발전의 중심을 뒷받침하는 노동자들의 주거 및 생활 공간으로 시흥동이 자리하는 것에서도 나타난다. 이러한 조건은 동시에 기계공구상가와 철재상가 같은 상업용재를 유통하는 시설이 시흥동에 입지할 수 있는 장소성을 제공한다. 시흥동의 이러한 중간적인 특성을 이 조사에서는 '서울 서남부의 중심'이라는 점으로 포착하였다. 즉 조선시대에는 시흥군의 중심이었고, 현재에는 서울 서남부에서 중심점을 보여준다는 특징이 주목된다.

중심이라는 점으로 시흥동을 봤을 때, 이곳에서 '전통'과 '현대'라는 두 가지 특성이 교차해서 나타난다는 점도 주목할 수 있다. 현재 시흥동은 크게 두 곳에 중심이 자리하고 있다. 한 곳은 시흥동의 전통적 중심이라고 할 수 있는 은행나무 주변, 즉 카멜리아 쇼핑몰과 은행나무시장 및 시흥5동주민센터가 자리한 인근 지역이다. 이 지역은 과거 시흥군의 읍치와 행궁이 자리하였던 곳이다. 1910년대까지도 시흥동의 중심은 바로 카멜리아 쇼핑몰 인근이었다. 다른 한 곳은 20세기 이후 발달하게 된 시흥동의 새로운 중심으로, 현재의 시흥사거리이다. 금천구청역에서 시흥사거리에 이르는 구간은 과거 시흥역에서 '발소'에 이르는 구간으로 20세기 초만 해도 논밭이 있었던 벌판이었다. 그러나 이 주변은 시흥역과 시흥대로를 연결하는 교통의 중심지로 발달하여 현재에는 이 근방에 금천구의 중심 시설이라 할 수 있는 금천구청이 자리하였고, 장차 신안산선의 시흥사거리역도 이곳에 생길 예정이다. 이처럼 시흥동에는 전통의 중심 및 현재 서울 서남부와 금천구의 중심이 공존하여 교차하되, 온전히 하나가 되기보다는 서로 다른 궤적으로 엇갈리고 있다.

이와 같은 전통과 현대의 교차는 중심지의 차원에서만 나타나는 것이 아니다. 비록 시흥동에 옛날 가옥이 그대로 남은 경우는 없으나 탑골마을, 새재미마을, 박미마을처럼 과거부터 있던 마을 공동체의 유산이 현대로 이어지는 곳들이 산재해 있다. 이 지역의 토박이들은 1970년대 토지구획정비사업 이전의 전통적 형태를 인식하는 동시에 그 이후 급격하게 이뤄진 현대적 변화에 대한 경험을 동시에 갖고 있다. 이러한 토대는 1970년대 이후 도시화 과정에서 유입된 타향 사람들도 시흥동 사람으로 끌어들이면서 지역 커뮤니티로 발전할 가능성을 안고 있다.

1970년대 전후의 급격한 변화 과정에서 주거지 역시 단일한 형태가 아니라 다양하고 복잡한 층위를 품고 있다는 것 또한 시흥동의 특징이다. 특히 1970년대 토지구획정비사업 이후 만들어진 주택의 형태부터 이후 새롭게 지어진 빌라의 모습이 당시 토지구획정비사업지구 영역을 중심으로 다양하게 펼쳐져 있다. 동시에 1980년대부터는 기존 토지구획정비사업지구 외곽으로 아파트가 증가하면서 1980년대부터 2020년대에 이르기까지 시기별로 달라지는 아파트의 형태 역시 시계열적으로 포착할 수 있다는 점도 시흥동이 지닌 특징이다. 이는 1970년대 이전부터 시흥동에 살았던 주민들의 기억 속에서 선명히 대조되는 과거와 현대의 격차를 보여줄 수 있다.

이러한 교차는 시장에서도 나타났다. 시흥동에는 역사 깊은 전통시장은 없지만,

연구팀 회의

도시화 과정에서 등장한 '현대의 전통시장'이 곳곳에 들어섰다. 완전히 현대화된 쇼핑몰이 아닌, 현대적인 전통시장이라 할 수 있는 '대명시장' '현대시장' '은행나무시장'은 지금도 주민들이 찾는 도심 속 전통시장으로 자리하였다.

주민들의 일상에서도 전통과 현대의 교차는 두드러지게 나타났다. 양자의 공존이 가장 부각되는 영역은 학교와 종교시설이다. 1911년 만들어진 시흥초등학교는 1905년 서당으로부터 근대적 교육시설로 변화한 대표적인 시설이다. 당시 광명·안양·과천까지도 포괄하는 시흥군 범위를 학군으로 삼았던 시흥공립보통학교는 점차 여러 학교가 증가하면서 이제는 시흥동의 초등학교로 자리하고 있다. 종교시설로는 시흥동에 일찍부터 자리한 호압사와 함께 시흥교회와 시흥성당이 있다. 조선시대부터 그 연원을 찾을 수 있는 호압사와 1904년 시흥리 탑골에서 첫 예배를 시작한 시흥교회 그리고 역시 100년의 역사를 자랑하는 시흥성당은 1970년대 전후 급격히 증가하는 시흥동의 인구와 함께 새롭게 자리한 여러 종교시설과 공존하면서 시흥동의 과거와 현재를 교차하여 보여주는 중요한 부분들이다.

이와 달리 놀이와 여가에서는 과거와 현재 사이의 전환이 두드러지게 나타났다. '1970년대 이전 골목'과 '안양천'을 중심으로 나타났던 놀이의 장소는 현재 여가를 위한 장소로 현대화되고, 아이들을 위한 것이기보다는 가족과 휴양을 위한 장소로 변화하였다. 그 안에서 아이들의 놀이 문화 역시 자발성을 상실하고 놀이를 알려주는 선생님과의 관계로 변화하고 있다. 시흥동의 공동체 문화 역시 과거와 현재 사이의 전환이 두드러지지만, 여기서는 과거가 때로는 현재의 공동체 활동을 위한 토대로 자리한다는 점이 주목된다.

정리하면 이 보고서에서는 시흥동의 특징이 '서울 서남부 전통과 현대의 중심'이라는 관점에 있으며, 이는 시흥동의 여러 층위에서 반복된다는 점에서 주목된다. 즉 이 보고서는 시흥동을 '서울 서남부의 중심이자 관문'이라는 점과 시흥동 내에 자리한 '전통과 현대의 중심'이라는 점을 오가며 1970년대 급격한 도시화 전후의 변화 속에서 '전통과 현대'가 뒤얽히고, 교차하고, 엇갈리는 양상을 포착하였다. 결국 이는 시흥동이 시공간적인 접경지대이자 동시에 접점들을 묶어주는 중심으로 나타나고 있음에 주목하는 것이다.

3. 조사 방법

연구팀은 다양한 접근과 협업을 통해 주민들의 경험과 기억을 도출하고자 하였다. 이 연구에서는 장철수가 제시한 삼간(三間) 체계를 이루는 시간·공간·인간의 모습을 묶어서 함께 그려보는 것이 목적이었다. 삼간 체계의 총체적 접근을 위해 우리 연구팀은 역사적 접근(시간), 건축 및 공간적 접근(공간), 민족지적 접근(인간)을 함께 보여주고자 하였다. 각 팀의 내부 논의뿐만 아니라, 전체 팀의 협력을 위해 공동 답사는 물론 여러 차례의 전체 회의를 진행하였다. 또한 수합된 내용의 전체적인 방향을 정하고 내용에 대한 논의를 위해 수시로 의견을 교환하였다. 부분별로 연구 수행의 방향을 정리하면 다음과 같다.

역사적 접근은 주로 문헌자료의 수집을 통해 연구 초기에 이뤄졌다. 역사적 접근은 건축·공간팀과 민족지팀 모두에서 이뤄졌다. 전근대 및 근대 지도와 항공사진을 수집하여 기초자료로 삼았다. 그 위에서 『조선왕조실록』을 비롯한 각종 중앙 역사기록과 읍지·읍사례를 통해 나타나는 시흥동의 양상을 정리하였고, 일제강점기 및 해방 이후의 상황은 관보와 행정기록을 중심으로 추적하였다. 이와 함께 국가기록원 및 국토정보지리원의 자료를 검토하여 앞서 살펴본 시흥동의 변화를 보완하였다. 이러한 토대 위에 각종 신문 기록, 금천문화원을 비롯한 기관 발간 자료, 공공기관 보관 사진자료, 각종 개인 기록 자료 및 개별 기관 발간 자료를 검토하여 역사적 변화를 살펴보았다. 또한 건축물대장, 토지대장, 지적도, 등기사항전부증명서, 공간지리정보시스템(GIS)을 활용하여 대상지에 대한 통합적인 분석 및 건축물 정보를 통한 도시현황분석을 진행하였다.

공간조사는 사진 촬영, 가로경관 실측조사, 건축물 실측조사 등 세 방식을 혼합하여 진행되었다. 우선 통일된 기준의 사진 촬영을 통해 공간 특성을 분석하고 실측을 위한 기초자료로 활용하였다. 가로경관 실측조사는 도시구조의 기록이 더 중요한 경우에 실시되었으며, 시흥동의 시장 같은 경우 골목길 입면도를 통해 도심 속 시장이 갖는 양상을 기록하였고, 시흥산업용재유통센터 및 중앙철재상가의 경우에는 조사대상지와 주변 환경이 어떻게 어우러지는가를 가로경관 실측을 통해 표시하였다. 건축물 실측조사는 건물의 내·외부 실측을 통해 건축물의 평면도·입면도·단면도 등의 방식으로 표현하였다. 평면도를 통해 공간의 물리적 현황을 기록하는 한편 입면도와 단면도를 통해서는 공간의 수직적인 양상을 포착할 수 있도록 조직하였다.

정조대왕 능행차 프로그램 부스 운영

금천문화원 잡담회

사람에 대한 조사는 시흥동의 다양한 주민들과 직접 만나고 대화하면서 시흥동에서 살아가는 이들의 삶에 대해서 이해하는 것을 목표로 이뤄졌다. 특히 인류학에서 강조하는 현장연구와 면담을 통해 주민들의 생활이 이뤄지는 현장에서 함께 참여하고, 주민들과의 면담을 통해 더욱 생생한 기록을 남길 수 있었다. 또한 10월 8일 정조대왕 능행차 프로그램에서는 부스를 설치하여 시흥동에 대한 주민들의 인지지도를 작성하거나, 설문지 작성을 통해 주민들과 함께하는 조사 작업이 될 수 있도록 진행하였다.

민족지 조사팀, 공간 조사팀, 사진팀, 서울역사박물관의 생애사 면담팀 등 여러 팀의 협력으로 이뤄진 연구를 진행하면서 가장 중시한 점은 시흥동에 대한 공통된 관심사항을 끌어내고 시흥동의 특성을 함께 도출하는 것이다. 이를 위해 연구 초기에는 연구팀의 공통된 관심을 확인하고, 차후의 방향을 교환하기 위해 시흥동에 대한 공동 답사를 진행하였다. 또한 이후에도 매달 이뤄지는 정기 회의를 통해 팀원들의 진행 상황을 공유하고, 진행 방향을 함께 고민하였다. 정기적인 회의 외에도 팀원들은 상황에 따라 관련된 사안별로 함께 작업을 진행하며 의견을 교류하는 작업을 진행하였다. 이와 같은 노력에서 발간된 이 책은 역사적인 흐름 위에서 공간적인 변화를 읽고, 그 위에서 시흥동에 사는 사람들의 삶을 읽어낸 결과물이다.

시흥현의 중심, 금천의 시흥동

016 ▸ 091

시흥동은 조선시대 이후 현재에 이르기까지 많은 행정적인 변화를 겪어 왔다. 행정구역의 변화는 동시에 끊임없는 시흥동의 위상 변화를 보여주는 것이기도 하다. 이 장에서는 현재 경기도 시흥시의 중심이 금천구 시흥동이었다는 점을 역사적으로 보여줄 뿐 아니라, 금천구 시흥동의 위상이 시대적으로 어떻게 변화하였는지도 함께 보여줄 것이다. 본격적인 설명에 앞서 시흥동이 겪은 변화를 시대에 따라 소속 행정구역의 변화와 해당 시기의 특징을 정리해 보면 다음의 표와 같다.

시흥동의 역사적 변화

조선 전기	조선 후기	일제강점기	해방과 1963년 서울 편입	1970~1980년대	1990년대 이후
경기도	경기도	경기도	경기도 → 서울시	서울시	서울시
금천현 (금과현, 금양현)	시흥현·군	시흥군	시흥군 → 영등포구	영등포구 → 구로구	금천구
① 한성의 인접지역 ② 과천의 역로와 금천의 통치영역을 둔 통합 논란	시흥행궁 건립과 시흥대로 연결: 경수 연결 교통로로 변화	① 경부선과 시흥역의 설치 ② 시흥읍치에서 동면 소재지로 변화 ③ 1930년대 이후 발소(현 시흥사거리 부근)의 발전	① 서울의 확대 과정에서 편입 ② 시흥역 주변과 시흥대로 서편으로 공업지대 확대(시흥사거리 부근의 확대)	① 토지구획 정리사업과 주거지 확대 ② 철재상·기계공구상 이전 ③ 시흥천의 복개와 치수	① 금천구 시흥동으로 ② 시흥역에서 금천구청역으로

우선 조선 전기 시흥동은 금천현의 읍치였으며, 수도가 한성으로 변화하는 것을 통해 수도 인접지역이라는 특징을 갖게 되었다. 이는 한양에 자리한 유력자들이 토지를 소유하거나 별장을 만들 수 있는 지역적 특성과도 연결된다. 또한 작은 현이었던 금천현이 가까운 과천과 여러 차례 통합 시도가 이뤄진 것도 이 시기의 특징이다. 조선 후기 시흥동은 정조가 수원으로의 원행로를 과천이 아닌 시흥동 앞을 통과하는 경로로 잡으면서 시흥대로를 만들고 시흥행궁을 지으면서 변화한다. 이를 계기로 금천현은 시흥현으로 명칭 변화를 겪게 되었다. 수원으로 통하는 대로가 시흥을 경유하게 되는 것도 바로 이 시기에 시작되었다.

일제강점기 시흥동은 행정구역상 큰 변화를 겪게 된다. 1914년 행정구역 개편으로 경기도 시흥군의 범위는 현재의 광명·안양·과천 등을 포함하는 방대한 크기로 변화하게 되었으며, 행정 중심지로서의 기능은 경인선의 주요 기착지였던 영등포로 옮겨가게 되었다. 시흥동은 시흥군 동면의 면소재지로 변화하게 된 것이다. 하지만 경부선 철로가 시흥동을 경유하고, 부근에 시흥역이 생긴 것은 시흥동에 새로운 기회가 되었다. 옛 읍치와는 다른 중심지가 시흥역과 부근의 '발소'를 중심으로 발전하게 된 것이다. 현재의 시흥사거리는 1930년대가 지나면서 점차 새로운 중심지로 부각되기 시작하였다.

일제강점기부터 발전한 영등포의 영향으로 시흥동도 공업시설이 증가하였으며, 전기가 우선 연결된 경부선 철로 연변과 교통이 편리한 시흥대로의 서편으로는 해방 이후로 공업시설이 점차 확대되었다. 1963년에는 서울시 영등포구로 편입하며 경기도에서 서울로 진입하는 관문의 역할이 추가된다. 시흥대로 서편의 공업지대는 안양천 변을 따라 시흥동부터 가산동까지 이어진다. 1960년대 후반 구로공단의 개발이 본격화된 이후 시흥대로 동편 지역에 토지구획정리사업이 대대적으로 진행되면서 시흥동의 인구는 급증하게 된다. 1980년대에는 영등포구에서 구로구가 분구되었고, 도심에서 '도심부적격시설'로 규정된 시설들이 서울시 외곽으로 이전되기 시작한다. 이 중에서 공구상가를 포함한 산업유통시설은

『지승』, 「금천현」의 모습(서울대학교 규장각 한국학연구원)

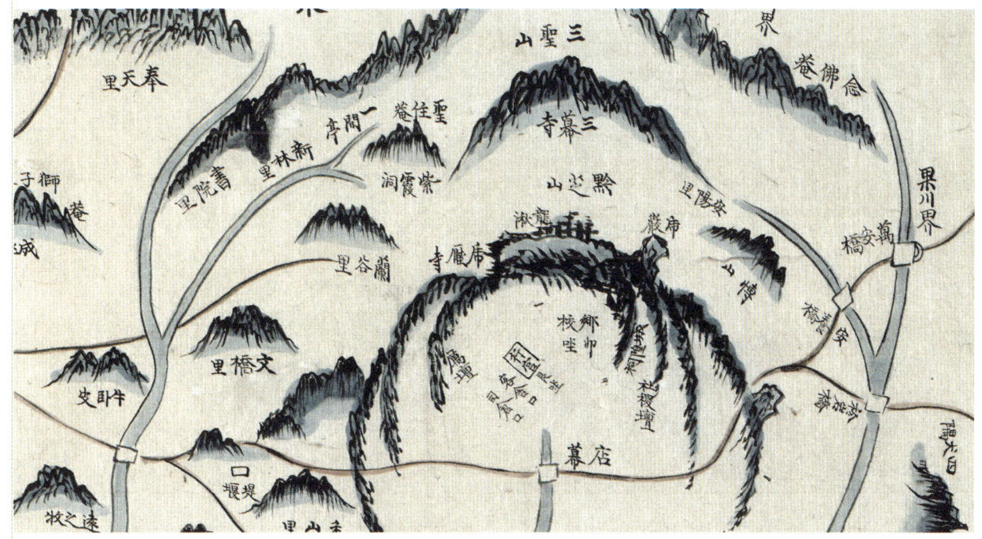

『1872년 지방지도』, 「시흥현」의 모습(서울대학교 규장각 한국학연구원)

서울시의 서남부 지역으로 이전하는 방안이 추진되었으며, 시흥동으로 유통상가와 철재상가가 이전하게 되었다. 현재의 시흥동은 이러한 변화를 거쳐 1995년 구로구에서 금천구가 분구될 때 금천구에 소속된다.

시흥동의 변화·발전은 각종 지도와 항공사진을 통해서도 엿볼 수 있다. 위의 지도는 『지승地乘』으로 18세기 후반에 작성된 것인데, 1795년 시흥으로 변화하기 전 양상[1]이 담겨 있다. 이 그림에서는 관아와 향교를 중심으로 관아에서 과천의 사당현과 장주현으로 이어지는 교통로가 담겨 있어 행궁과 시흥대로 건립 이전의 경로를 엿볼 수 있다. 이와 달리 1872년 지방지도에는 시흥현으로 변화하면서 행궁이 중심에 자리하고, 시흥읍치 남쪽으로 노량진과 과천을 잇는 시흥대로를 확인할 수 있다.

20세기 이후 시흥동 지형은 크게 네 가지 도엽을 중심으로 살펴볼 수 있다. 우선 『구한말 한반도 지형도』의 「과천」 도엽에 나타나는 시흥동의 모습이다. 이 도엽은 시흥동에 아직 철도가 들어서기 이전 상황을 나타낸 것으로 의미가 있다. 명치明治 28년1895 식 도식을 기준으로 작성된 것으로, 도엽의 작성 연도는 나와 있지 않다. 다만 경부선 철로 부설 시기가 1905년경이라는 점에서 그 이전의 모습을 담은 것으로 볼 수 있다. 철로가 설치된 이후

1. 18세기 금천현 지도는 『해동지도』, 『광여도』, 『여지도』를 통해서도 살펴볼 수 있다. 관아와 향교 표기를 공통적으로 확인할 수 있다. 다만, 위의 세 지도에서 도로의 연결이 파악하기 어려운 것과 달리 『지승』에서는 당시 금천현에서 주변으로 연결되는 도로가 표기되어 있다는 점이 특징이다.

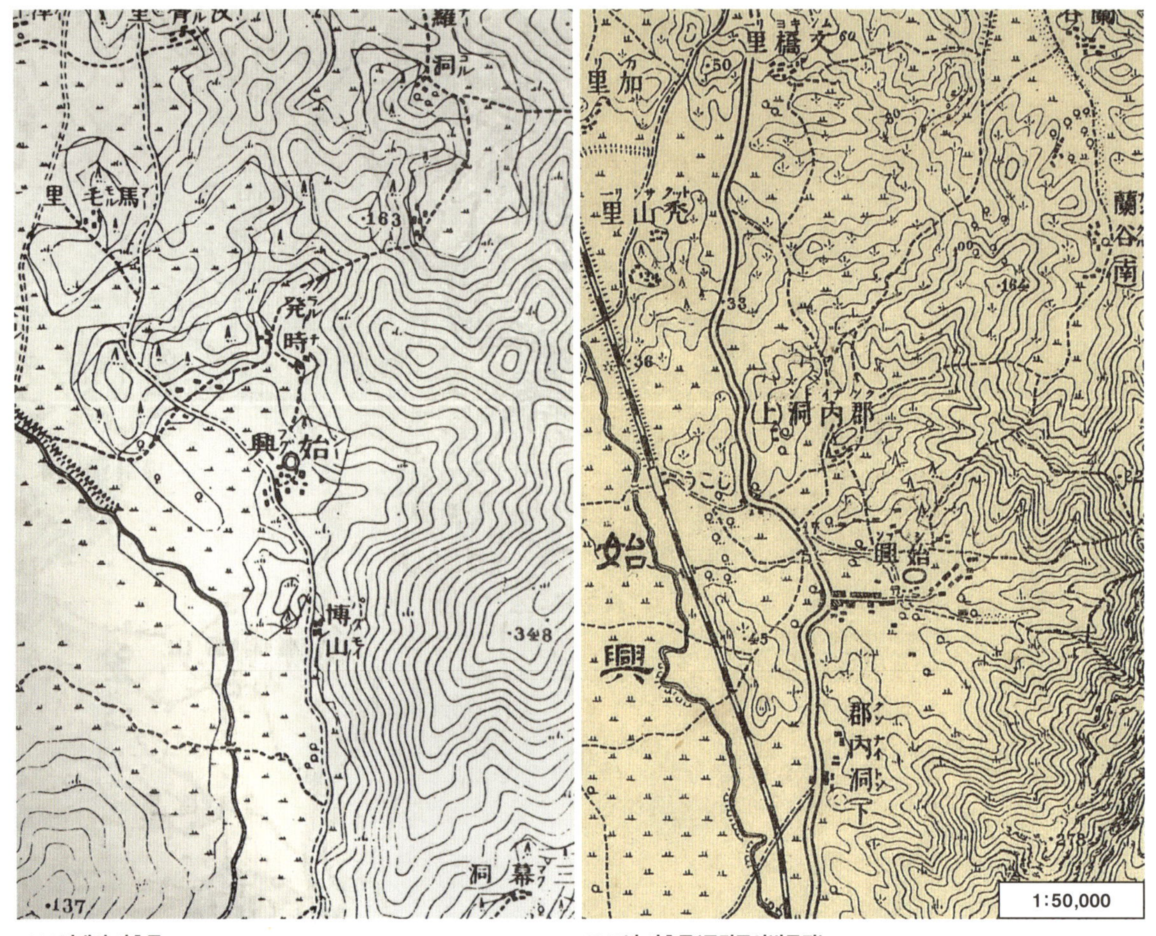

1900년대의 시흥동
(남영우 편, 「과천(果川)」, 『구한말 한반도 지형도』, 성지출판사, 1977.)

1912년 시흥동(국립중앙박물관)

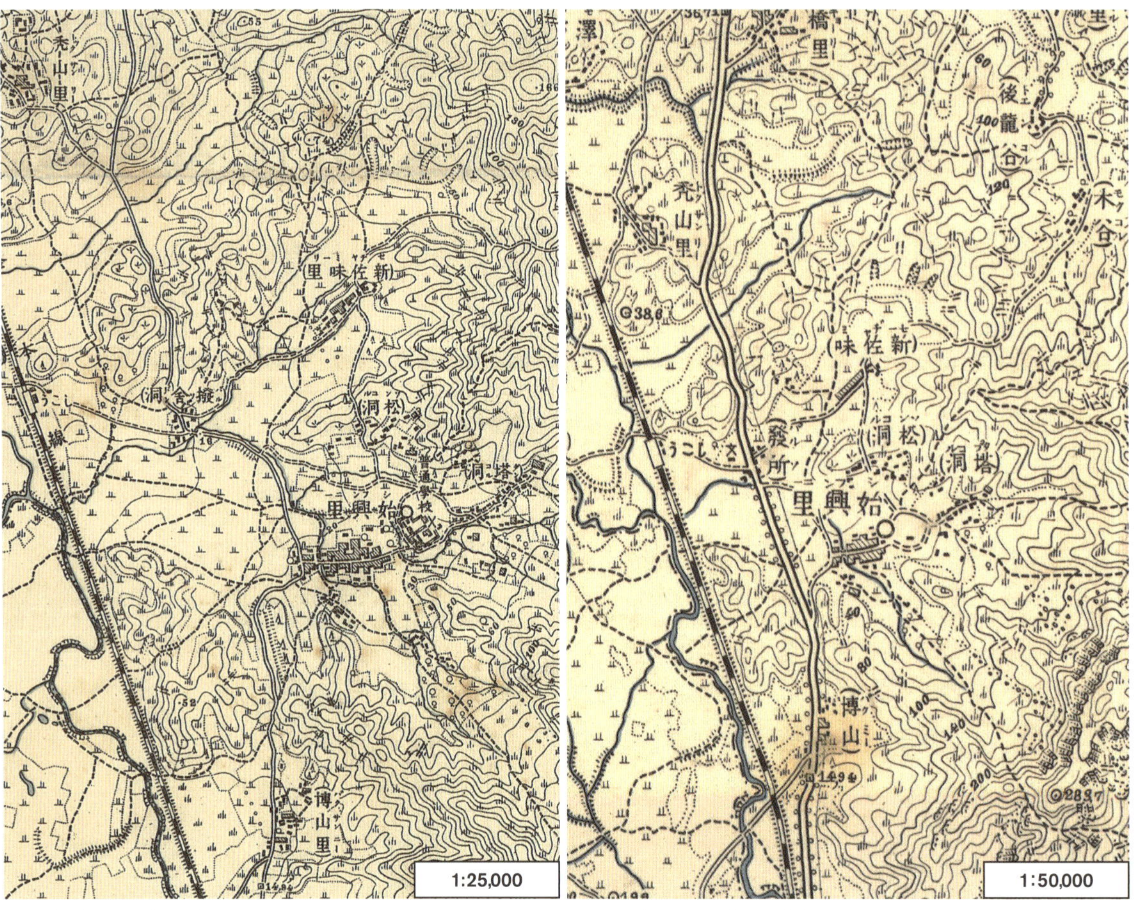

1915년 시흥동(국립중앙박물관)

1932년 시흥동(국토정보지리원)

시흥동의 변화는 1912년 1:50,000 도엽과 1915년 1:25,000 도엽, 1932년 1:50,000 도엽을 통해서 확인할 수 있다. 이 네 지도를 통해서 시흥대로가 만들어지며 시흥동이 변화하는 모습을 볼 수 있으며, 1930년대 이전까지만 해도 시흥동의 중심이 과거의 읍치 주변에 있었음을 확인할 수 있다.

해방 전후로 나타난 중요한 변화는 발소를 중심으로 새로운 중심이 형성되고 있었다는 점이다. 이곳은 현재 시흥사거리 주변이다. 1930년대 후반부터 이미 공업도시로 성장한 영등포의 영향이 미치고 있었고, 시흥역 주변에 전기가 들어오면서 시흥역과 시흥대로라는 편리한 교통을 활용하기 위해 방직공장이나 전선공장이 들어서기 시작하였다. 해방 이후에도 이러한 경향이 이어져 발소 주변은 공장과 주거지가 증가하면서 옛 읍내와 독립된 도심지를 형성하기 시작하였다. 시흥역과 시흥대로 사이에 공업지대가 증가하는 것은 시흥동이 서울로 편입되는 1963년 이후로도 이어졌다. 그리고 1970년대 토지구획정리가 이뤄지면서 주로 저층 주택단지가 형성되었다. 1980년대 이후 아파트 건립도 적극적으로 이뤄지는데, 이는 토지구획지구의 저층 주택단지 외곽에서 주로 이뤄졌다. 2007년 지도에서는 금천구가 구로구에서 분리되면서, 금천구청의 위치가 시흥초교 근방으로 옮겨온 것을 확인할 수 있다. 당시까지만 해도 시흥역의 역명이 변화하지 않은 것도 보인다.

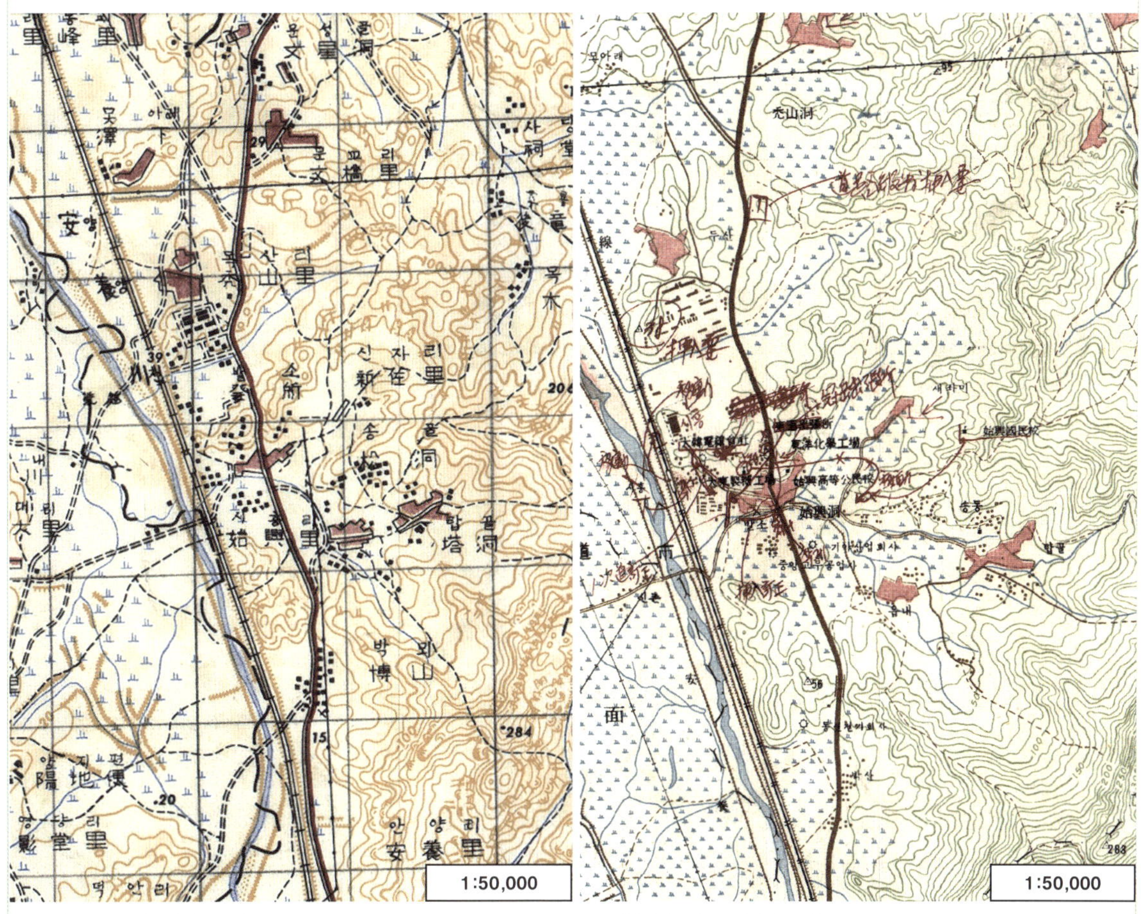

1957년 시흥동(국토지리정보원)

1963년 시흥동(국토지리정보원)

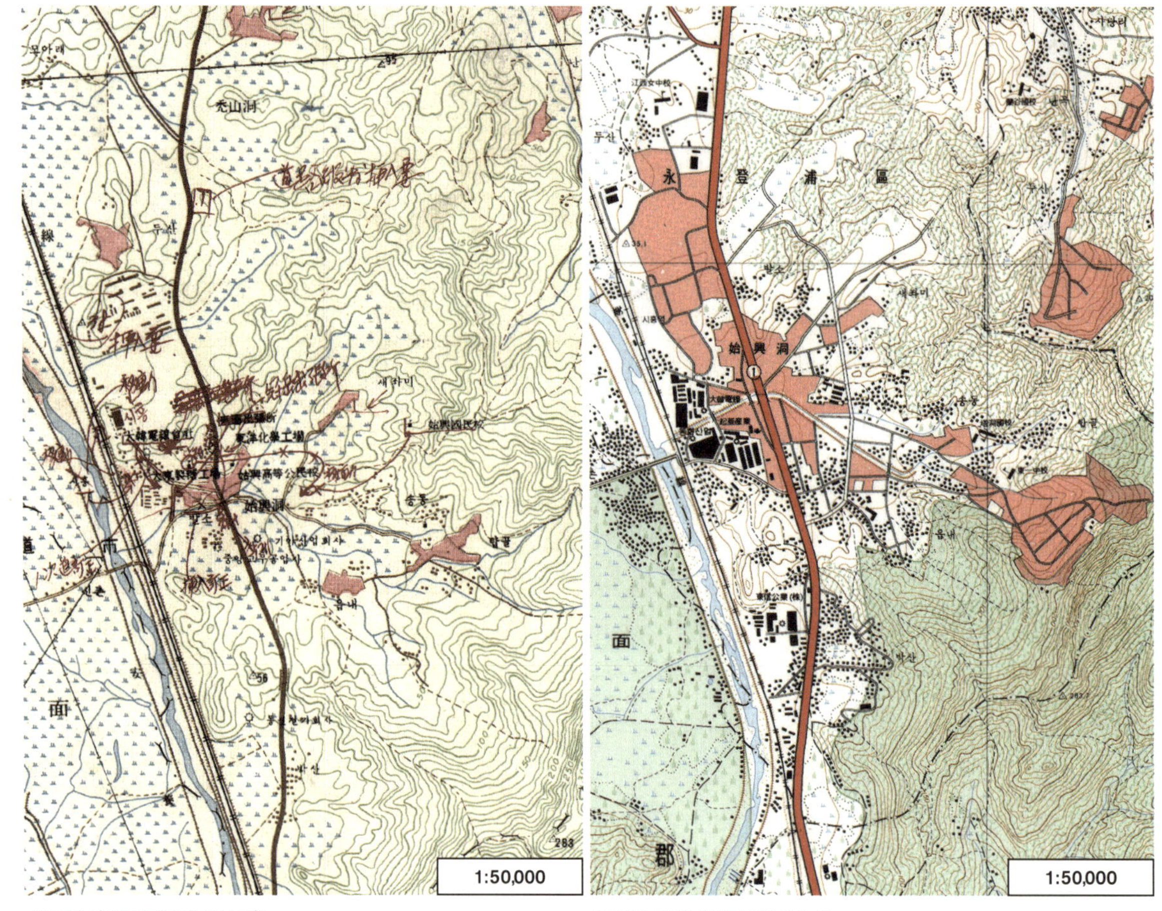

1970년 시흥동(국토지리정보원)

1977년 시흥동(국토지리정보원)

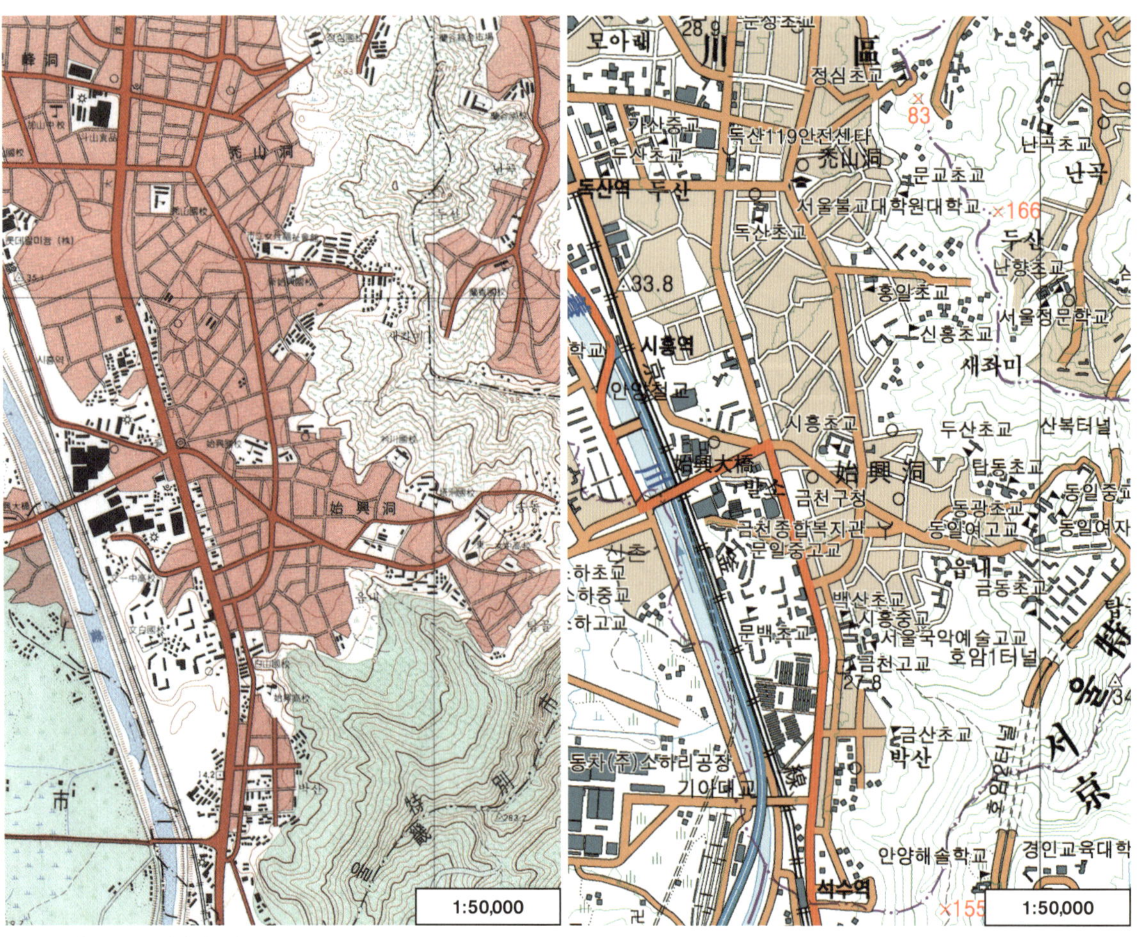

1986년 시흥동(국토지리정보원)

2007년 시흥동(국토지리정보원)

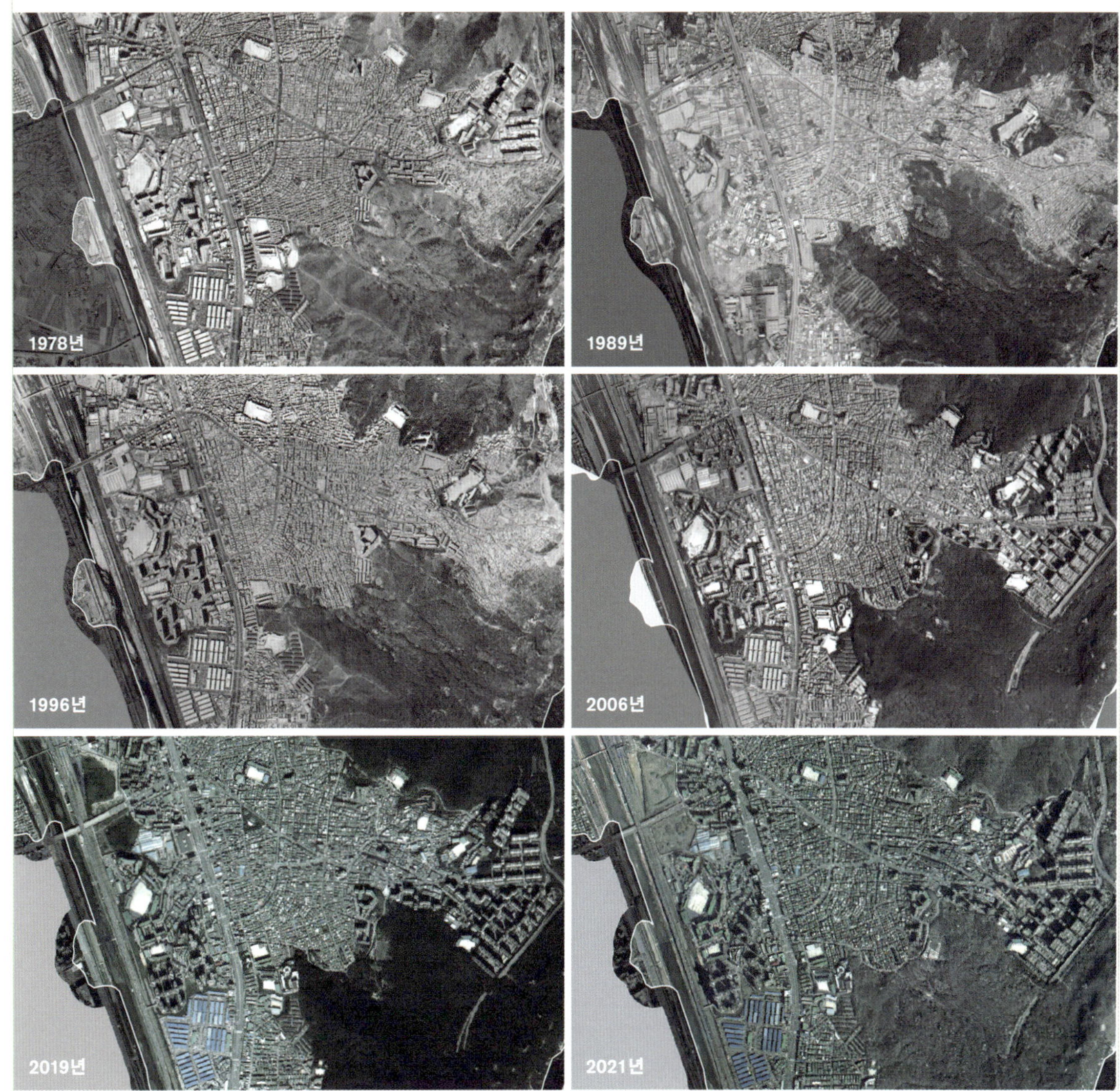

항공사진을 통해 본 시흥동의 변화(스마트서울맵)

이 시기의 변화는 항공사진을 통해서도 살펴볼 수 있다. 특히 1978년 이후 약 10년 단위로 항공사진을 나열해 보면, 시흥동의 변모 과정을 살펴볼 수 있다. 1978년 항공사진에서는 당시 토지구획정리로 대규모 저층 주거단지가 생기는 모습과 시흥대로 서쪽의 대규모 공장지대가 남아 있음을 볼 수 있다. 또한 동일여고의 남동쪽으로 당시까지 남아 있던 수재민 정착지를 볼 수 있다. 1989년 항공사진에서는 토지구획정리지구의 저층 주거지 외곽으로 아파트단지가 생기는 양상을 볼 수 있다. 남서울 럭키아파트와 남서울 현대아파트 등 아파트단지가 생기고, 시흥산업용재유통센터가 새롭게 설립된 모습이 확인된다. 1996년 항공사진에서는 수재민 정착지가 재개발되면서 벽산아파트 1·2단지가 설립되는 모습을 살펴볼 수 있다. 2006년에는 벽산아파트 3단지와 5·6단지의 모습도 확인된다. 2019년 사진에서는 남서울 힐스테이트의 모습도 확인된다.

이와 함께 주목할 부분은 시흥동의 용도지역 현황이다. 금천구는 1966년 용도지역이 결정된 이후 시흥대로를 중심으로 동서측이 다른 용도로 지정되어 있었다. 시흥대로의 서쪽은 준공업지역으로 설정되었고, 이는 독산동과 가산동으로 이어지는 준공업지대와 연결되어 있다. 시흥대로 동쪽은 이 시기부터 일반주거지역으로 설정되어 있었다. 1970년대 일부 준공업지역도 토지구획정리 대상에 포함되어 주택지로 개발될 예정이었으나, 공업지

시흥동의
용도지역 현황(2023)

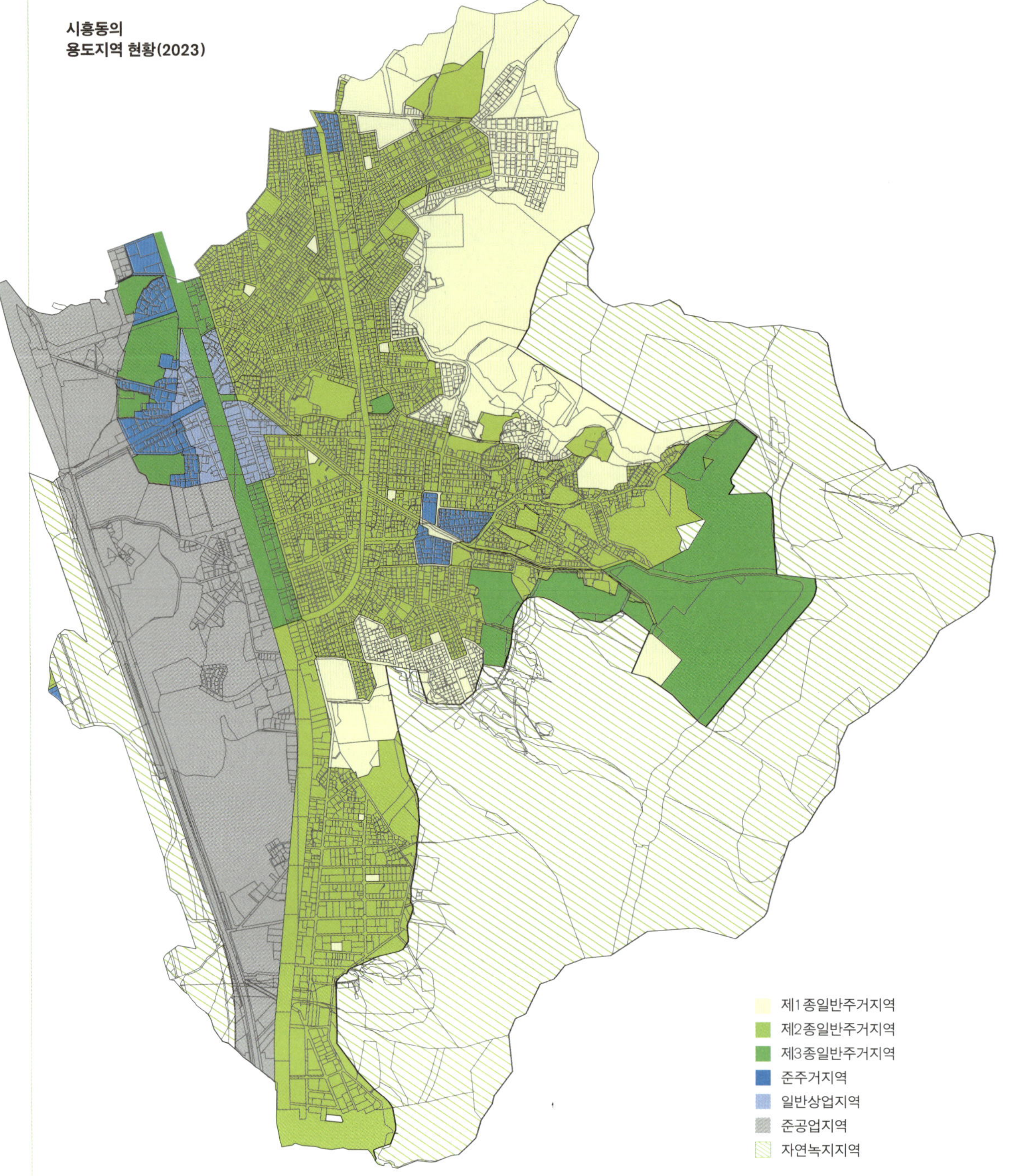

역으로 남아 있고 용도 역시 변화하지 않았다. 이런 조건이 1980년대 시흥산업용재유통센터 건립으로 연결된다. 또한 시흥사거리를 중심으로 상업지역이 지정되어 있는데, 이는 해방 이후 시흥사거리가 상업 중심지로 기능했던 사정과 관련이 깊다.

현재 시흥동의 대지 단면도를 살펴보면 시흥동의 지형적 특성을 파악할 수 있다. 동쪽에 호암산을 두고 서쪽에 안양천이 흐르는 중간에 입지한 지형은 동고서저의 특성을 나타낸다. 크게 안양천/경부선-시흥대로-독산로-산지의 네 경계를 갖고 지역을 구분하게 된다.

우선 제일 북쪽인 A-A'의 단면은 시흥1동과 시흥4동의 모습을 보여준다. 이 단면에서는 먼저 안양천-시흥대로 구역에 금천구청과 아파트 및 상업시설이 위치한다. 이곳을 넘어서 시흥대로-독산로 구역에는 상업시설과 저층 빌라단지가 형성되어 있다. 독산로를 넘어 관악산의 지류에 닿을 때까지 완만한 비탈을 타고 빌라단지가 이어지는 특징을 보여준다.

시흥동 지형도(2023)

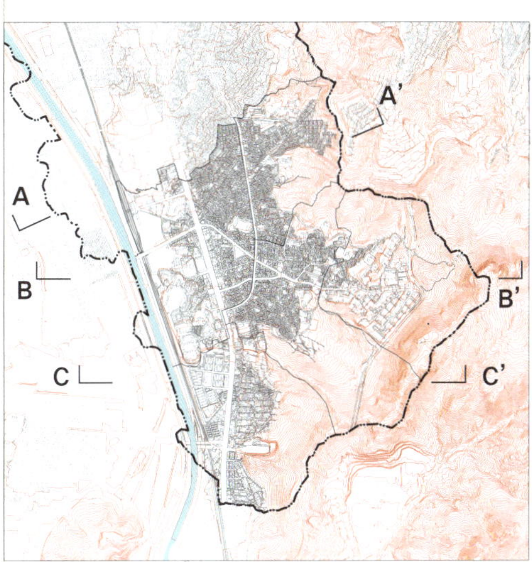

시흥동 대지 단면도(2023)

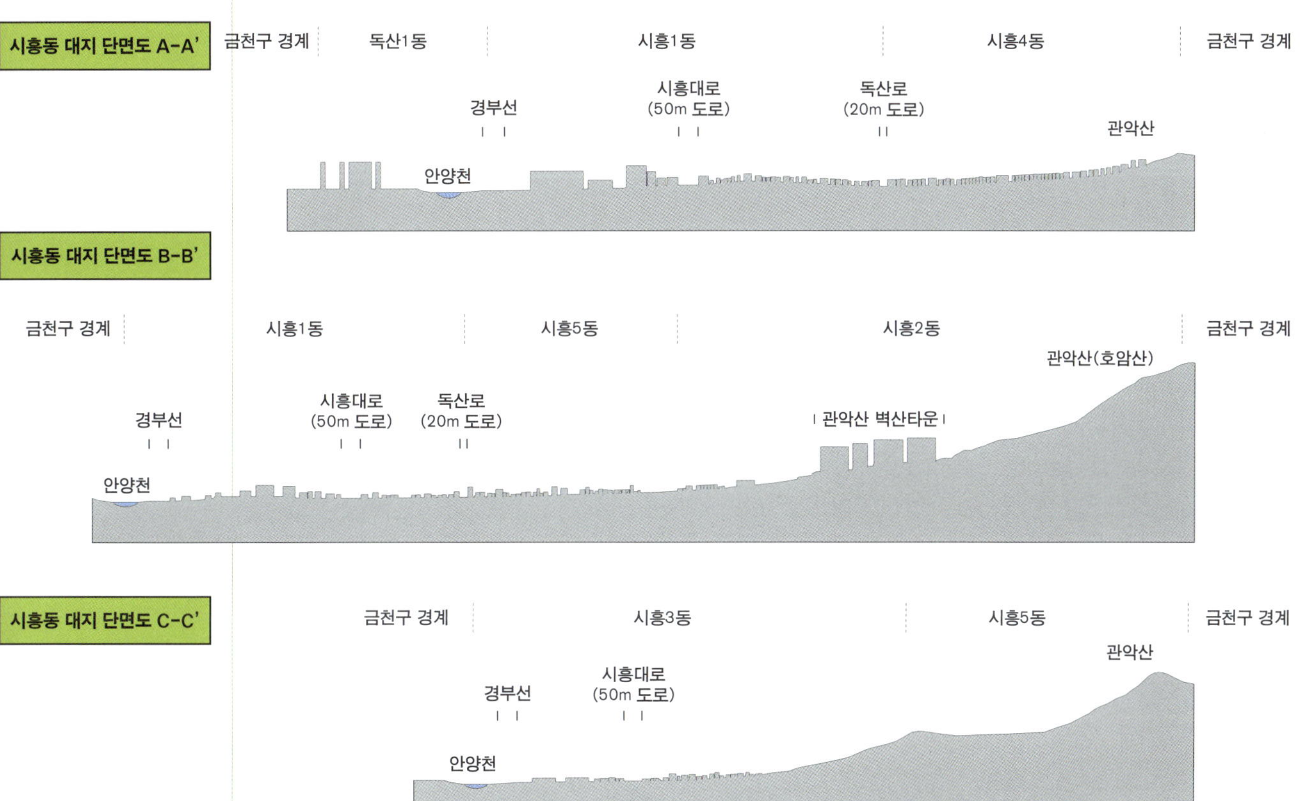

한편 시흥1동, 시흥5동, 시흥2동을 관통하는 B-B' 단면도 위와 크게 다르지 않다. 일단 안양천-시흥대로 구역에 상대적으로 아파트단지나 상업시설이 위치하였다면, 시흥대로-독산로 그리고 독산로를 넘어 벽산아파트 전까지는 동쪽으로 갈수록 높아지는 비탈면을 타고 저층 빌라가 이어진다. 그리고 가장 높은 고도에 산비탈을 타고 입지한 벽산아파트를 지나면 호암산으로 바로 이어지고, 높은 고도에 정비된 호암로가 자리하였다.

마지막으로 시흥3동과 시흥5동을 관통하는 C-C' 단면도는 조금 다르다. 유통센터 건물과 대로변 건물이 이어지는 안양천-시흥대로 구간은 비슷하지만, 시흥대로 안쪽으로 이어지는 저층 빌라단지는 산을 타고 높이까지 이어지지는 않았다. 이 구역은 그만큼 산지가 높으며, 상대적으로 거주구역보다 임야가 더 넓게 자리하고 있음을 볼 수 있다. ♣

1

시흥의 읍치에서 동면 소재지로

가. 금천현에서 시흥군까지의 변화

본래 금천·시흥 지역은 고구려 시기의 잉벌노현仍伐奴縣으로 불리던 곳으로, 호암산성에서 발굴된 통일신라 유물에서는 잉벌내仍伐內와 잉대내仍大內 등의 명칭이 확인된다.[2] 이후 통일신라 경덕왕 때 곡양穀壤으로 이름을 바꾸면서 율진군栗津郡, 과천의 영현領縣으로 삼았다. 고려시대에는 금주衿州로 개칭하였다.[3] 태종 13년1413에는 군현 명칭에서 기존 주州로 불렸던 곳들을 산山이나 천川을 넣어 개칭하도록 명하면서 금주를 금천현衿川縣으로 바꾸게 되었다.[4]

조선시대 금천현은 고려시대와는 다른 위상을 갖게 된다. 고려시대의 수도는 개경이었지만 조선시대의 수도는 한양이었으므로, 한양에 인접한 금천현의 위상 변화가 일어난

2 임호재·최종택, 『한우물 호암산성 및 연지발굴조사보고서』, 서울대학교 박물관, 1990(그림 II-1-2는 179쪽 기와 사진).

3. 『신증동국여지승람』 권10.

4. 『태종실록』 권26, 태종 13년(1413) 10월 15일.

『지승』, 「금천현」의 모습(서울대학교 규장각 한국학연구원)

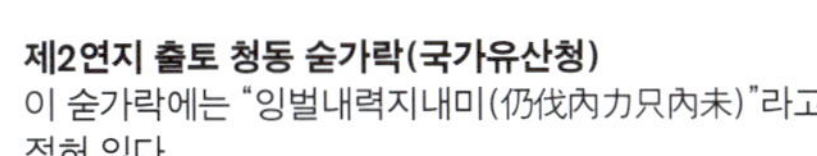

제2연지 출토 청동 숟가락(국가유산청)
이 숟가락에는 "잉벌내력지내미(仍伐內力只內未)"라고 적혀 있다.

것이다.[5] 이를 단적으로 보여주는 것은 조선 초 세종이 매사냥을 위해 여러 차례 금천현에 행차하였던 기록이다. 이때 세종은 노량진을 통해 금천으로 행차하여 매사냥을 구경하고, 다시 궁으로 돌아갔다.[6] 이처럼 수도와 가까운 땅으로 변화하면서 금천현은 한양의 유력자들이 별장을 두거나, 지주로 자리하기에 적절한 지역이 되었다. 이는 순흥안씨 집안과 강희맹에 대한 기록과도 연결되며, 흥선대원군과 장택상 등 유력자의 별장이 들어서는 것과도 연관되는 시흥 지역의 특징이라고 볼 수 있다.

조선시대 조정에서는 금천현과 과천현의 통합을 둘러싼 논의를 여러 차례 진행하였다. 우선 태종 때에는 1414년 8월에 금천에 과천을 병합하여 금과현衿果縣을 설치하였다.[7] 그러나 그해 윤9월에는 두 현을 병합할 경우 한양에서 수원에 이르는 길의 관리가 어려워져 험해진다는 이유로 과천果川을 다시 분리하고, 금천은 양천陽川과 통합하도록 하여 금양현衿陽縣을 설치토록 하였다.[8] 그러나 1416년 합병한 군현을 다시 분할하면서 금천현으로 복귀하였다.[9]

두 번째 시도는 세조 때인 1456년에 이뤄졌다. 당시 세조는 금천에 과천을 통합하도록 하였다.[10] 그러나 4년 뒤인 1460년 금천과 과천의 거리가 멀고, 수원으로 통하는 대로가 과천을 통하기 때문에 사객使客을 접대하기에 불편하다는 문제가 제기되면서 다시 과천현을 금천현에서 분리하는 조치가 이뤄졌다.[11]

세 번째 시도는 임진왜란 시기였던 1593년에 이뤄졌다. 당시 금천현 주변은 왜군에 의한 피해가 컸고, 고을의 백성들이 흩어졌을 뿐만 아니라 관아 건물까지 불타면서 고을을 유지하기 어려운 상황이었다. 금천현을 유지할 수 없는 상황에서 선조는 금천을 과천으로 병합시켰다.[12] 하지만 1594년 흩어졌던 고을의 백성들이 다시 금천 지역으로 돌아왔고, 전란 상황에서 금천의 산성에 들어가 거주하길 원하였다. 조선 정부 역시 읍거邑居의 황무지를 개간토록 하면서 산성에 들어간 사람들에게 잡역을 면제하도록 조치하였다.[13] 다만 금천을 과천에 병합시킨 것은 어디까지나 일시적인 조치였던 것으로 보인다. 금천을 과천에서 분리한 정확한 시기는 알 수 없으나, 1595년 『선조실록』에 나오는 이정형의 보고에서 "신이 경기 감사로 있을 때 탕패된 작은 고을들을 계문啓聞해서 병합하였는데, 그 뒤에 모두 예전대로 다시 나누었습니다"고[14] 밝힌 것으로 보아 오래지 않아 금천을 다시 과천에서 분리하였던 것으로 보인다.

이처럼 과천과 금천 지역에 대한 합병 논의는 조선시대 중기까지 빈번하게 이뤄졌다. 1593년 선조가 금천을 과천에 예속시키려 하였던 상황에서 1594년 1월 이조에서는 군현 합병에 따른 폐단이 많다는 점을 강조하며 과천과 금천의 과거 합병에 대해 다음처럼 언급하였다.

> 이조가 아뢰기를, (중략)
> "과천果川을 금천衿川에 예속시키려 하자 과천 백성들이 원치 않았고, 금천을 과천에 예속시키려 하자 금천 백성들이 원망하였으므로 끝내 시행하지 못했습니다. 그래서 당시 사람의 시에, 과천에 예속시키자니 금천 백성이 원망하고 금천에 예속시키자니 과천 관리가 걱정하네 라고 하였습니다."
>
> 『선조실록』 권47, 선조 27년(1594) 1월 7일

5. 시흥시사편찬위원회, 『시흥시사』 2권, 2007, 292쪽에서는 이 당시의 변화를 적절하게 지적한 바가 있다. 조선 초 금천현의 입지 변화는 당대는 물론 이후 20세기 초 토지 소유 현황에서도 의미하는 바가 크다.
6. 『세종실록』 권31, 세종 8년(1426) 1월 29일, 2월 7일; 『세종실록』 권31, 세종 9년(1427) 1월 20일. 특히 1427년에는 세종이 금천에 행차한 뒤에 돌아가던 중 눈이 오고 바람이 심하게 불어 궁으로 돌아가지 못하고 들에서 유숙하게 되었다.
7. 『태종실록』 권28, 태종 14년(1414) 8월 21일.
8. 『태종실록』 권28, 태종 14년(1414) 윤9월 24일.
9. 『태종실록』 권32, 태종 16년(1416) 7월 30일.
10. 『세조실록』 권4, 세조 2년(1456) 7월 4일.
11. 『세조실록』 권20, 세조 6년(1460) 5월 3일.
12. 『선조실록』 권42, 선조 26년(1593) 9월 5일. 이듬해 『선조실록』 권47, 선조 27년(1594) 1월 7일 기사에서는 이조에서 군현 합병에 대한 폐단이 있어서 곤란함을 고하지만, 선조는 조선의 군현이 너무 많다는 점을 다시 강조하여 검토할 것을 명하였다.
13. 『선조실록』 권57, 선조 27년(1594) 11월 19일.
14. 『선조실록』 권60, 선조 28년(1595) 2월 8일.

이조에서 군현 간의 통합을 반대하면서 제시한 금천과 과천의 사례는, 과천에 통합할 경우 금천의 백성들은 치소가 과천으로 멀어지는 것에 대해서 원망을 가졌고, 반대로 금천에 통합할 경우에는 백성들보다 과천의 관리들이 걱정한다는 점도 두 지역의 특징을 보여준다고 할 수 있다. 특히 과천은 당시 수원을 향하는 대로가 지나던 곳이었고, 이곳을 통과하는 사객使客들을 돌봐야 하였던 관리의 상황과 겹치면서 과천 관리들의 반대가 있었다. 이처럼 금천은 과천과의 통합 논의가 여러 차례 반복되었지만, 하나로 통합되지 못하였다.

1794년 정조가 금천군을 통해 수원으로 가는 대로를 닦으면서 금천 역시 대로가 통하는 지역으로 변화한다. 정조는 아버지인 사도세자가 묻힌 현릉원에 거둥할 때, 과천을 통해 수원으로 가는 길을 택할 경우 왕의 행차를 위한 가도 수리가 매번 대규모로 이뤄지는 것을 이유로, 금천을 통과하는 시흥대로를 새로 만들면서 관아를 수리하고 행궁行宮을 지어 왕이 머물 수 있는 장소를 마련하였다.[15] 그리고 이듬해인 1795년에는 금천현의 이름을 옛 이름인 시흥始興으로 바꾸도록 하고, 현감縣監을 현령縣令으로 승격시켜 맡도록 하였다.[16] 시흥이라는 명칭은 이전부터 금천현의 별칭으로 불렸던 것으로 보이지만, 정조 때에는 금천을 대신하는 공식 명칭으로 변화하게 되었다. 이 시기의 변화는 채제공蔡濟恭의 시문을 통해 엿볼 수 있다.

(전략)

그대 보지 못했는가 노량 남쪽 금천을	君不見鷺梁之南有衿川
행정구역 조그마한 하나의 구자로서	邑居蕞爾一龜玆
인가도 점점이 띠풀로 지붕을 덮은 채	人家點點茅以覆
동쪽 혹은 서쪽에 바둑돌처럼 흩어졌네	或東或西散如碁
관리는 공역을 해도 먹고 살 길이 없어	吏人供役無所食
나무를 베어 지고 와 늦게야 밥을 짓고	背負樵蘇始晩炊
태수는 허리에 부절만 괜히 둘렀을 뿐	太守虛紆腰下符
늠료가 박하니 어떻게 처자를 부양하리오	廩薄何以育妻兒
그래서 경기 지역 삼십육 주현 중에	王畿三十六州縣
금천은 어찌해 볼 수 없다고 말들을 하였는데	人道衿川不可爲
하루아침에 화성의 어로가 옮겨져서	一朝華城御路徙
어가가 엄숙하게 이곳을 경과하게 되자	六龍魚雅經過此
솜씨 좋은 목수들이 사방에서 모여들어	風斤月斧集四方
행궁이 크고 높게 공중에 솟아올랐다오	行宮嶪峨中天起
현 앞에는 임금님 전용 도로 널찍하게 닦아	縣前靑繩九軌道
왕성까지 삼십 리 길 곧게 연결하는 한편	直接王城三十里
돌다리 새로 가설하여 나는 무지개 뉘어 놓고	石橋新架偃飛虹
문기둥을 홍살 고개에 쌍으로 세웠나니	門柱雙竪紅箭峙
이에 시흥이라는 현의 이름을 비로소 하사받고	縣名肇錫曰始興
큰 글자로 걸어 놓으매 그 빛이 땅을 비췄어라	大字揭榜光照地

(후략)

채제공, 『번암집』, 「시흥 관소에서 목청껏 노래하다[始興館放歌]」

15. 『정조실록』 권39, 정조 18년(1794) 4월 2일.
16. 『정조실록』 권42, 정조 19년(1795) 윤2월 1일.

위 시에서 채제공은 금천현에 대하여 초가집이 점점이 흩어져 있고, 관리들은 소득이 적고 하급 관리는 공역으로 먹고살기 어려워 경기도의 36개 군현 중에서 금천은 어떻게 할 수 없다는 평을 들었다고 밝힌다. 그러던 것이 화성으로 향하는 어로가 금천현을 통하게 되면서 금천에 행궁을 세웠을 뿐만 아니라, 현 앞으로 왕성까지 이르는 길을 대로로 곧게 연결하였으며, 새롭게 시흥이라는 이름을 부여받았음을 설명하였다. 앞서 과천을 통해 수원까지 이르던 대로가 이 시기에 변화하면서 시흥현이 가진 위상이 높아졌음을 설명한 것이다. 그래서 채제공은 "옛날 보잘것없던 금천 고을이[疇昔衿川縣] / 지금 이처럼 변할 줄 누가 알았으랴[孰料今若是]"라고까지 표현하였다.

1895년 갑오개혁을 통해 지방제도를 개편하면서 8도제를 대신해 새롭게 23부제를 도입하면서 시흥현도 변화하게 된다. 즉 과거의 목牧·부府·군郡·현縣을 모두 군郡으로 칭하고, 이를 관장하는 관리 역시 모두 군수郡守로 바꾸면서,[17] 시흥현은 시흥군이 되고 현령이 아닌 군수가 파견되었다.

하지만 1900년을 지나면서 경인선이 개통되고 1905년에는 경부선이 개통되면서 두 철로의 교차점이자 한양으로 향하는 입구 지역으로 영등포가 주목되기 시작하였다. 1910년 12월 일제가 시흥군을 영등포로 옮긴다고 고시하면서[18] 시흥군의 중심이 더 이상 시흥리가 아니게 되었다. 또한 우체국 역시 시흥읍에 있던 것을 폐지하고 영등포로 옮기게 된다.[19] 하지만 1912년 제작된 지도에서는 여전히 시흥의 치소군역소를 시흥읍 내로 표기한다는 점에서 우체국의 이전은 1910년에 이뤄졌으나 치소의 이동은 불명확한 것으로 보인다.

1914년 단행된 행정구역 개편에서 시흥군은 기존의 시흥군은 물론 과천과 안산의 일대를 통합하게 되어 그 영역이 크게 확대되었다. 하지만 시흥군의 군청을 영등포리에 두고, 과거의 읍치인 시흥리 일대에는 시흥군 동면의 면사무소를 설치하면서 시흥리는 시흥군의 중심에서 벗어나게 되었다.

17. 『한말근대법령자료집』 1권, 국회도서관, 1970, 399쪽의 칙령 제98호 「지방제도개혁에 관한 건」, 제2조.
18. 『조선총독부 관보』, 제813호, 명치 43년(1910년) 12월 7일.
19. 『조선총독부 관보』, 제819호, 명치 43년(1910년) 12월 14일.

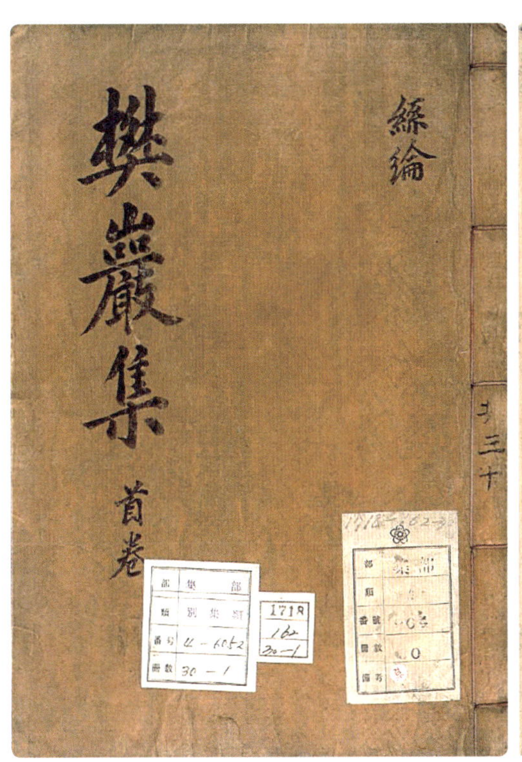

『번암집』 표지(한국학중앙연구원 장서각)

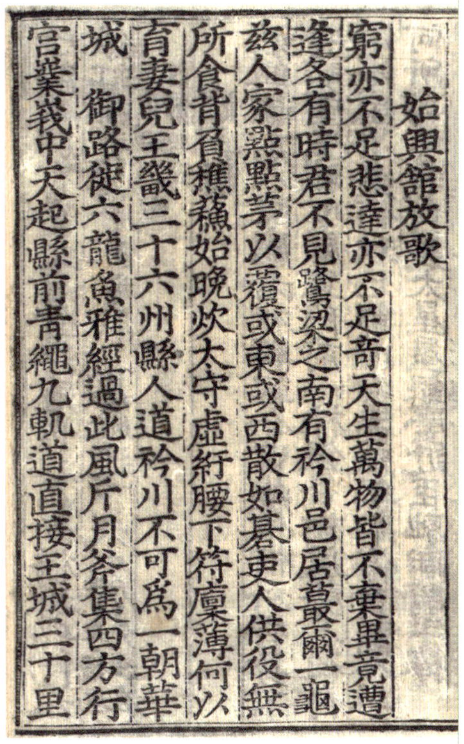
始興館放歌
窮亦不足悲達亦不足奇天生萬物皆不棄畢竟遭
逢各有時君不見鷺梁之南有衿川邑居最爾一區
茲人家點點茅以覆或東或西散如碁吏人供役無
所食背負樵蘇始晩炊太守虛紆腰下符廩薄何以
育妻兒王畿三十六州縣人道衿川不可爲一朝華
城 御路徙六龍魚雅經過此風斤月斧集四方行
宮嶪峩中天起縣前青繩九軌道直接王城三十里

『번암집』 권18, 시흥 관소에서 목청껏 노래하다
(한국학중앙연구원 장서각)

○府令

朝鮮總督府令第五十三號

始興郡ノ位置ヲ永登浦ニ變更ス

附　則

本令ハ發布ノ日ヨリ施行ス

明治四十三年十二月七日

朝鮮總督　子爵　寺內正毅

조선총독부령 제53호

시흥군의 위치를

영등포로 변경한다

부칙: 본령은

발포일로부터 시행한다.

명치 43년(1910년)

12월 7일

조선총독 자작 데라우치

마사타케

(국립중앙도서관)

朝鮮總督府告示第七十五號

明治四十三年十二月十五日限リ左記郵遞所ヲ廢止ス同所ニ於テ取扱ヒタル事務ハ下記郵便局之ヲ承繼ス

明治四十三年十二月十四日

朝鮮總督　子爵　寺內正毅

所名　位置　承繼局名

始興郵遞所　京畿道始興郡始興邑　永登浦郵便局

조선총독부 고시 제75호

명치 43년 12월 15일로

아래의 우편소를 폐지하고

동소에서 취급하던 사무는 하기

우편국에서 승계한다.

명치 43년(1910년)

12월 14일 조선총독 자작

데라우치 마사타케

장소명: 시흥우편소

위치: 경기도 시흥군 시흥읍

승계국명: 영등포 우편국

(국립중앙도서관)

지금까지의 설명을 표로 정리해 보면 다음과 같다.

시대에 따른 시흥동 소속 군현의 변화

시대	연도	왕	군현 명칭	비고
고구려			잉벌노현(仍伐奴縣)	잉벌내(仍伐內), 잉대내(仍大內) 등
통일신라		경덕왕	곡양현(穀壤縣)	율진군(栗津郡, 과천)의 영현(領縣)
고려시대			금주현(衿州縣)	
조선시대	1413	태종	금천현(衿川縣)	주(州)를 천(川)으로 개칭
	1414	태종	금과현(衿果縣)	과천을 통합
	1414	태종	금양현(衿陽縣)	양천을 통합
	1416	태종	금천현(衿川縣)	양천과 분리하여 원래대로 변경
	1456	세조	금천현(衿川縣)	과천을 금천에 통합
	1460	세조	금천현(衿川縣)	과천을 분리
	1593	선조	과천현(果川縣) → 금천현(衿川縣)	과천현에 금천현을 통합 분리 시기는 명확하지 않으나, 1595년경에는 금천현을 다시 분리
	1795	정조	시흥현(始興縣)	금천현에서 명칭 변경
	1895	고종	시흥군(始興郡)	갑오개혁에 따른 변경
일제강점기	1910		경기도 시흥군(始興郡)	시흥읍 내에 있던 우편소를 영등포로 옮기고, 시흥군의 중심지로 영등포리가 주목되는 양상이 나타남
	1914		경기도 시흥군(始興郡)	군현 통폐합으로 시흥군청을 영등포리로 이전하고, 읍치였던 시흥리에는 시흥군 동면(東面)의 사무소가 설치됨
해방 이후	1963		서울시 영등포구	서울시의 확대 과정에서 시흥동은 영등포구로 편입되고 출장소가 설치
	1980		서울시 구로구	영등포구의 인구증가로 구로구의 분리 독립 과정에서 구로구로 편입
	1995		서울시 금천구	구로구 인구증가로 남부순환로 남쪽을 금천구로 분할하면서 시흥동은 금천구로 편입

나. 마을의 차원에서 본 시흥동始興洞의 변화

현재의 금천구 시흥동 지역은 1914년 이후 시흥리의 영역과 상당 부분이 겹쳐 있다. 여기서는 시흥리에 속해 있는 개별 마을을 문헌 기록을 통해 그 연혁을 확인하고, 시흥리 각 지역의 발달과 분화 양상을 살펴볼 것이다. 시흥동 범위에 속하는 마을은 1932년 지도를 기준으로 총 6곳이 있다. 시흥리始興里를 중심으로 주변에 발소發所, 탑동塔洞, 송동松洞, 신좌미新佐味, 박산博山을 확인할 수 있다. 이 중에서 19세기 이전 문헌을 통해서 그 존재를 확인할 수 있는 것은 시흥의 읍치인 시흥리와 박산·발소이며, 다른 지역은 문헌상으로 확인되지 않는 것으로 볼 때 19세기 말~20세기 초에 마을로 분화된 것으로 보인다.

현재 시흥동의 마을 명칭을 확인할 수 있는 자료를 표로 정리하면 다음과 같다.

시흥동의 마을 명칭

시기	도서	행정구역	동리명
18세기 중엽	여지도서	금천현	박산리(博山里)
1789년	호구총수	금천현 현내면	읍내리(邑內里), 박산리(博山里)
1863년	기전읍지	시흥현 현내면	읍내(邑內), 박산(博山)
1871년	경기읍지	시흥현 현내면	읍내(邑內), 박산(博山)
1899년	시흥군읍지	시흥군 군내면	북동(北洞), 남동(南洞)
	조선지지자료	시흥군 군내면	군내동(郡內洞), 박산동(博山洞)
1912년	구한국지방행정구역 명칭일람	시흥군 군내면	군내동(郡內洞)
1917년	신구대조일람	시흥군 동면	시흥리(始興里)

우선 18세기 중엽에 전국 읍지를 모은 『여지도서』에는 박산리博山里, 상평리上坪里, 안양리安養里가 표기되어 있다. 다음의 지도는 『여지도서』에 수록된 금천현 지도이다.

여기서 보면 중앙에 금천현이 자리하였으며, 읍치로부터 우측으로 보이는 사직단과 성황단을 넘어 박산리가 표기되어 있다. 그보다 우측 상단에는 안양리도 확인된다. 이 그림

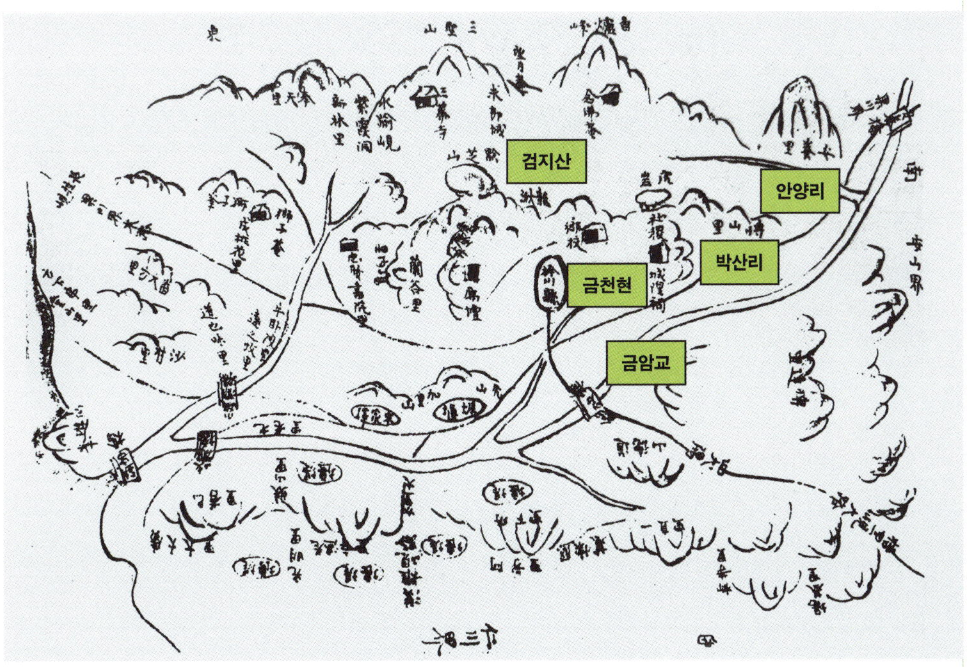

『여지도서』, 「금천현」에 수록된 18세기 금천현의 모습(서울대학교 규장각 한국학연구원)

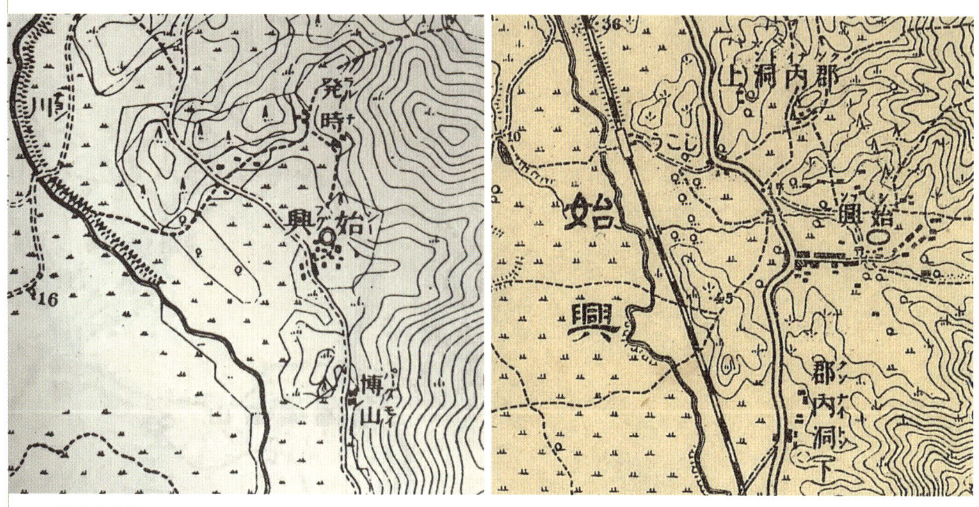

1900년대의 시흥
(남영우 편, 「과천」, 『구한말 한반도 지형도』, 성지출판사, 1997.)

1912년의 시흥(국립중앙박물관)

에서는 읍내를 별도로 표기하지는 않았으며, 상평리의 위치는 확인되지 않는다.

읍내리는 이보다 좀 더 뒤에 작성된 1789년 『호구총수』에서 확인되는데, 금천현 현내면의 소속으로 읍내리邑內里, 박산리, 안양리安養里를 확인할 수 있다. 이 중에서 읍내리와 박산리는 현재 시흥리에 포함된 부분이다. 1863년 『기전읍지』에는 시흥현 현내면 소속으로 두 마을이 기재되며, 읍내는 읍치에서 '주위 2리周圍二里'를 의미하고, 박산리는 3리 떨어진 것으로 기록된다. 이는 1871년 『경기읍지』의 시흥현 부분에서 동일하게 확인된다.

이러한 마을 배치는 1895년 갑오개혁 이후 작성된 1899년 『경기도시흥군읍지』와 『시흥군읍지』에서 명칭상의 변화가 보인다. 『경기도시흥군읍지』가 이전 시기의 기록과 동일하게 마을을 수록하였다면, 『시흥군읍지』에서는 북동北洞과 남동南洞이라는 새로운 명칭을 기록하였기 때문이다. 여기서는 20세기 초의 지도를 통해서 이 부분을 좀 더 살펴보겠다.

위의 좌측 지도에서 시흥의 치소를 중심으로 북쪽으로 발시發時와 남쪽으로 박산博山 마을이 위치한 것을 볼 수 있다. 1912년 지도에서는 역시 시흥 치소가 중심에 있고 그 북쪽은 군내동상, 남쪽은 군내동하로 구별된 것을 볼 수 있다. 이것은 1912년 『구한국지방행정구역명칭일람』에서 군내동이라는 표기가 무엇을 의미하는지를 보여준다. 즉 과거 시흥 읍치 남쪽에 있던 박산博山이 20세기 초에는 군내면의 남동이나 군내동하로 표기되었던 것이다. 이와 달리 군내면의 북동이자 군내동상에 해당하는 곳은 발시인데,[20] 이곳은 19세기 읍지에서 등장하지 않던 곳으로 19세기를 거치면서 형성된 지명으로 보인다. 다만 박산은 상황에 따라 군내동으로 포섭되기도 하지만, 분리된 지명으로도 여전히 등장한다. 구한말의 지명을 담은 『조선지지자료 6권: 경기도』 편에서는 시흥군 군내면에 속한 각종 지명을 표기하였는데, 해당 지명이 어느 마을에 속하는가를 표기하면서 군내동郡內洞·박산동博山洞·안양동安養洞을 제시한다. 이런 점에서 박산은 상황에 따라 군내동에 포함되기도 하고, 독립된 마을로 표기되는 유동적인 양상을 보인다.

1912년 당시 일제가 수행하였던 토지조사사업으로 작성된 경기도 시흥군 동면의 『토지조사부』를 통해 시흥리의 읍내, 발소, 탑동, 송동, 신좌미, 박산 지역에 자리한 대지 현황을 분석하면 다음과 같다. 총 125개의 대지 중 분산되어 있는 6개 지역을 제외한 119곳을 살펴보았다.

20. 지도상 표기는 '발시'이지만, 위치상 본다면 '새재미'의 오기로도 볼 수 있다. 1915년 1:25,000 지도에서는 이곳을 '신좌미리(新佐味里)'로 표기하기 때문에 '군내동(상)'의 위치가 새재미일 수도 있다.

1912년 토지조사 사업 당시 구역별 대지 수와 규모

구역	대지 수[21]	대지 규모(평)	구역	대지 수	대지 규모(평)
읍내	75(4)	15,977(1,435)	발소	7(5)	1,940(1,697)
별장길	6(-)	2,461	신좌미	4(2)	4,281(1,418)
탑동	8(3)	10,687(7,673)	박산	9(7)	2,668(1,241)
송동	10(4)	5,860(2,653)			

위 표에서 정리된 내역을 보면 읍내에 속한 대지가 75곳으로 시흥리 전체의 63%가 시흥 읍내에 포진되어 있음을 확인할 수 있다. 즉 1912년 당시 시흥동의 중심은 읍내였다. 그 밖의 다른 지역은 대지가 10곳 이하로 적게 분포되어 있는데, 먼저 이전부터 지도에 자주 표기되었던 박산은 대지가 9곳이며, 송동과 탑동이 각각 10곳과 8곳으로 확인된다. 현 별장길 주변에는 6곳의 대지가 있었고, 발소 주변에는 7곳이 있었다. 신좌미 주변의 대지는 순흥안씨 묘역 주변에 4곳이 모여 있었다.

여기서 주목되는 것은 경성부에 거주지를 가진 사람들이 시흥리에 대지를 가진 것이 적지 않다는 점이다. 이 시기 토지 소유 규모와 지주의 특징은 차후 별도로 다루도록 하고, 여기서는 대지에 한정해서 살펴보겠다. 별장길과 읍내의 경우 외부 소유자가 가진 대지가 얼마 되지 않는다. 그런데 이를 제외한 탑동, 송동, 발소, 신좌미, 박산 모두 경성부 거주자가 가진 대지 수가 많거나 규모가 컸다는 특징이 있다. 탑동의 경우 경성부 거주자의 대지 규모가 7,673평에 달하는데, 대부분은 흥선대원군의 장남인 이재면의 소유였다. 발소와 박산은 대지 수의 절반 이상을 경성부 거주자가 소유한 양상이 나타났다. 이런 점은 1912년 당시 시흥리는 읍내 중심구역 쪽에 거주자가 몰려 있고, 그 밖의 거주구역은 경성부 거주자가 별장이나 농막 등의 용도로 소유하고 있는 곳이 많았던 단면이 대지 소유 경향에서도 나타나고 있었음을 볼 수 있다.

나아가 1915년 작성된 1:25,000 지도에서는 탑동, 송동, 신좌미리, 발사동撥舍洞, 박산리의 명칭이 확인된다. 20세기 초 탑동, 송동, 새재미, 발소 같은 구역 명칭이 마을명으로 분화하고 있던 양상을 보여주는 대목이다. 이는 1932년 1:50,000 지도에서도 확인되면서 시흥동의 거주지를 6개의 마을로 나누는 방식을 보여준다. 이러한 양상은 1957~1958년 『지방별지명조사표』를 통해 확인할 수 있다.

『지방별지명조사표』에서는 시흥리의 세부 마을 명칭과 각 마을에 거주하는 주민의 인구가 함께 표기된다. 읍내는 874명, 탑골[塔洞] 942명, 송꼴[松谷] 376명, 새좌미[新佐里] 237명, 박뫼[博山]는 306명으로 나타났다. 이를 보면 50년이 지나는 동안 읍내보다 탑골 인구가 더 증가하면서 시흥리의 주요 거주지가 되었음을 볼 수 있다. 송동과 새좌미 그리고 박뫼이하 박미 모두 인구가 증가하였으나 그 증가율은 탑골에 미치진 못하였다. 다만 발소는 인구 표기가 없어서 인구수를 확인할 수는 없다. 그러나 이때 시흥리 전체 인구가 5,389명이었다는 점을 고려한다면, 발소 주변에 적지 않은 인구가 자리하였다고 추측할 수 있다.

정리하자면, 시흥리에서 역사가 가장 오래된 지명은 읍내와 박산博山으로 18세기의 기록에서부터 그 명칭을 확인할 수 있다. 박산의 순우리말 발음은 '박미'로 보이는데, 이는 『조선지지자료』에서 '博山酒幕'의 한글 표기를 '박믜쥬막'으로 적었다는 점에서 확인된다. 1932년 지도의 일본어 표기가 '파쿠미パクミー'로 된 부분 역시 이런 단면을 보여준다. 발소는 박산보다는 늦은 20세기 초부터 주요 명칭으로 등장하고 있었다. 이와 달리 송동·탑동·

21. 대지 수에서 괄호는 경성부 거주자가 소유한 대지를 표시한 것이다.

새재미는 모두 1915년 지도에서 그 명칭이 처음 확인되며, 1932년에는 1:50,000 지도에서도 표기되는 주요 자연마을로 자리하게 된다. 이 밖에 시흥동 읍내 주변에 자리한 문촌말·둠배골·외꼬지·부장촌 등의 명칭은 지도에 등장하는 마을명으로까지 확대되진 못하는데, 이곳들은 읍내에 속한 여러 구역으로 판단하는 것이 적절해 보인다.

다. 20세기 초 시흥동의 토지와 지주

조선시대 한양에서 가까웠던 시흥군은 한양에 거주하는 이들의 별장이나 농막이 위치하는 곳으로 자주 언급되던 곳이다. 조선 초기 순흥안씨와 강희맹의 거주에서도 이러한 특징이 드러나며, 이는 20세기 초의 시흥리 토지 소유 현황에서도 드러난다. 앞서 시흥리의 자연마을이 갖는 특징을 살펴보면서 읍내 구역을 제외한 많은 지역에서 1912년 당시 경성부 거주자가 많은 대지를 소유하고 있다는 점을 살펴본 바 있다. 여기서는 1912년의『토지조사부』를 통해 시흥리의 토지소유 양상에서 나타나는 서울 거주자의 토지 점유가 20세기 초까지 시흥리에서 나타난 중요한 특징이었음을 살펴본다.

시흥동 토지 구성 현황

분류	규모(평)	분류	규모(평)
전(田)	236,438	잡종지(雜種地)	36,895
답(畓)	218,107	사사지(社寺地)	907
대지(垈)	45,710	지소(池沼)	341
임야(林野)	684	합계	539,183

위 표는 시흥동의 전체 토지구성 현황이다. 전체 53만 9,183평의 토지 소유자 중에서 지번 기준으로 10개 필지 이상을 소유한 사람은 총 15명인데, 이 중에서 8명이 경성부 거주자이다. 이 상위 경성부 거주자는 시흥동 전체 토지의 44%가량배석태를 포함할 경우 52%을 소유하고 있을 정도로 많은 양을 갖고 있다. 상위 토지 소유자 10명과 일부 주목되는 인물을 살펴보면 다음과 같다.

1912년 시흥동의 토지 소유자와 소유 규모

순번	소유자	지번수(개)	토지규모(평)	거주지	기타
1	이재면	100	120,257	경성부 중부 정선방 니동	흥선대원군 장남
2	배석태	39	47,293		배정자의 둘째오빠
3	김응환	34	36,257	경성부 남부 광통방 중다동	
4	안호	31	33,225		
5	이기용	22	30,975	경성부 북부 양덕방 계동	완림군 이재원의 아들
6	원경민	17	19,303	경성부 중부 등청방 상동	
7	국	20	15,640		
8	안필양 외 9인	17	10,891		순흥안씨 집안
9	이윤기	16	9,353	경성부 서부 반석 방합동	
10	오성근	11	8,237		
(…)					
20	신조이	9	5,058		영창대군 봉사손 이도진의 처

가장 먼저 주목되는 인물은 흥친왕 이재면李載冕이다. 그는 흥선대원군의 장남으로 시흥동 전체 토지 중 약 22%를 소유하고 있었다. 현재 시흥 탑골로3길에 자리한 현대아파트 앞에는 대원군의 별장이 있던 곳을 알리는 표지가 있다. 현재의 별장 터 위치를 포괄하는 220번지는 당시 이재면의 소유지로 상당히 넓은 영역을 포괄한다. 즉 흥선대원군 시기부터 시흥동의 많은 토지를 왕실 소속 인물이 갖고 있었다.

왕실과 관련된 인물은 이재면으로 끝나지 않는다. 이기용李埼鎔 역시 왕실과 관련된 인물이다. 대원군의 아버지인 남연군은 네 아들을 낳았는데, 첫째인 흥녕군 이창응은 자식이 없었다. 이에 둘째인 흥완군 이정응의 아들인 완림군 이재원을 양자로 들이는데, 그 이재원의 아들이 이기용이다. 이기용 역시 3만 975평의 토지를 시흥리에 갖고 있었다.

이 밖에도 전주이씨와 관련된 인물로 신조이[申召史]가 있다. 신조이는 '죽은 이도진의 아내[亡李道振妻]'로, 이도진은 영창대군 봉사손이었던 인물이다. 그는 호암산 남쪽에 사패받은 땅을 갖고 있었으며, 경부선의 임시 철도 부설 시에 석재 채취용지로 사패지를 일본인에게 판매하였다는 의혹을 받았던 인물이다.[22] 이도진의 아내인 신조이의 토지는 장택상 별장이 있던 곳으로 알려진 신도 브래뉴 아파트 근처에 있었다.

이와 함께 주목되는 인물은 배석태이다. 이재면에 이어 시흥리에 4만 7,293평의 토지를 소유하고 있었던 그는 위의 토지조사부 내에 거주지가 적혀 있지 않은데, 시흥리에 사는 것으로 보기는 어렵다. 배석태는 '친일인명사전'에 일본의 밀정으로 이름을 올린 배정자의 의붓오빠로, 1918년 당시 기사에는 그가 경성의 내자동에 거주하고 있음을 확인할 수 있다.[23] 그는 1903년 중추원 의관을 맡았으나 곧 사직하였고, 1904년 2월에는 일본공사의 수행원으로 등장하며,[24] 3월에는 삼화항의 경무관,[25] 8월에는 경무청의 경무관으로 부임하였다.[26] 이러한 내력으로 볼 때 배석태는 시흥리에 거주하는 인물로 보기는 어렵다. 이 밖에 구체적인 행적이 파악되지는 않지만, 경성에 거주하는 김응환 역시 시흥리에 많은 토지를 가졌다. 주목되는 것은 이 네 인물의 토지가 시흥행궁 추정지이자 시흥 중심지 뒤쪽에

1912년 지적원도, 시흥리 06번 도엽(국가기록원)

22. 이 사안은 『각사등록』의 1905년 3월 31일 시흥군수 김한목이 올린 보고서와 4월에 내려진 「지령 제2호」, 그리고 같은 해 5월 3일 김한목이 다시 올린 보고서와 이에 대한 지령을 통해 사안을 확인할 수 있다.
23. 「天勝의 弟子된 裵龜子」, 『매일신보』, 1918.5.14.
24. 『승정원일기』 책3168, 고종 41년(1904) 2월 16일.
25. 『승정원일기』 책3169, 고종 41년(1904) 3월 11일.
26. 『승정원일기』 책3174, 고종 41년(1904) 8월 14일.

해당하는 송동과 탑동 방향의 토지 다수를 점유하고 있었다는 점이다.

위 그림은 1912년 작성된 토지조서에 시흥행궁 추정지 및 관아 뒤편의 지적도 위에 국유지와 이재면·이기용·김응환·배석태의 소유지를 표기한 것이다. 현재 이 지도에서 시흥행궁 터로 추정되는 191번지 남쪽에 표기된 도로는 은행나무시장과도 일부 겹친다. 또한 대원군 별장지가 포함된 220번지는 현재의 현대아파트 주변뿐 아니라 훨씬 많은 지역을 포괄하고 있으며, 그 주변의 많은 토지 역시 이재면과 이기용이 소유하고 있었다. 그리고 시흥행궁 앞을 돌아나가는 하천의 남쪽으로는 배석태가 많은 토지를 소유하고 있었음을 확인할 수 있다. 이처럼 경성 거주자들은 시흥리의 토지를 다수 장악하고 있었을 뿐 아니라 당시 시흥동의 중심이라고 할 수 있는 시흥군 관아와 행궁 주변의 토지를 다수 소유하고 있었다.

한편 시흥리 주민 중에서 1만 평 이상의 토지를 소유하였던 이들이 순흥안씨라는 점도 주목된다. 안호安濩는 경성부 거주자를 제외하고 시흥리 주민 중에서 가장 많은 3만 3,225평의 토지를 소유하고 있었다. 또한 안필양 외 9인으로 연명등기되어 있는 1만 891평의 토지는 순흥안씨의 문중 토지이다. 당시 연명등기하였던 인물은 안필양 외에 안주열, 안형중, 안호, 안상직, 안상목, 안윤, 안기중, 안홍중, 안상용 등 9명이다.[27]

이를 정리하면, 1912년 당시 시흥리의 토지 소유는 황실을 매개로 연결되는 전주이씨가 15만 6,290평29%을, 경성 거주자전주이씨 제외가 16만 3,007평배석태 포함, 30%을, 시흥리에 연고를 두고 있던 것으로 보이는 순흥안씨 집안이 4만 4,116평8%을 소유하고 있던 것이다. 이들이 전체 시흥동의 토지 중에서 67%에 달하는 땅을 장악하고 있었고, 시흥동의 남은 주민들은 나머지 33%의 땅을 차지하거나 소작농으로 있었던 것으로 보인다.

그렇다면 이 시기 읍내의 모습은 어떠했을까. 다음은 1915년 시흥동 지도를 세밀하게 표현한 것이다. 다음 지도에서 ①로 표기한 곳에서는 세 그루의 활엽 독립수를 확인할 수 있다. 연구팀은 이 세 나무가 현재 카멜리아 쇼핑몰 주변의 은행나무 세 그루를 표기한 것으로 보았다. 이 주변은 과거 객사가 있었을 것으로 추정되는 장소이다. 그러나 객사 주변을 보호하기 위한 담장이나 성벽은 지도상으로 확인되지 않는다. 시흥행궁 터가 있었을 것으로 추정되는 ③ 주변에 담장혹은 성벽이 설치된 것과는 대조적이다. 여기에 대해서는 일제강점기로 접어들면서 객사가 유명무실화되고, 객사 주변의 담장이 먼저 사라졌다고 추측할 수 있다. 하지만 연구팀은 시흥행궁이 1900년 전후 어느 시점부터 객사를 대체하였을 가능성이 높다고 보았다.[28] 특히 두 차례의 민요民擾를 겪으면서 객사까지 피해가 미쳤던 당시의 상황을 고려한다면, 주변에 하천을 두르고 상대적으로 담장성벽이 잘 남아 있는 행궁 추정지가 객사로 사용되었을 것으로 보인다.

②는 과거 탑동과 읍내를 구분하였다는 다리이다. 일부 주민들은 이곳에 돌다리가 있었다고 증언하는데, 1915년 당시 지도에 표기된 것은 나무 다리[木橋]로 이후 돌다리로로 변화한 것으로 보인다.

③으로 표기된 곳이 과거 시흥행궁의 흔적으로 추정된다. 1915년까지 둘레에 담장[垸工牆]이 남아 있었다. 또한 일제강점기 초 주요 행정시설이 이곳에 자리하고 있었다. 우선 이곳에는 ④ 시흥군 동면의 면사무소가 있었다. 지도의 위치상으로는 담장 밖에 자리한 것으로 보이는데, 건물 외곽의 시설을 활용하였던 듯하다. 또한 이곳에는 ⑤ 순사주재소가 있었다. 과거 읍내에 순사주재소가 있었다는 주민들의 설명과도 합치하는 부분이다. 순사주재소가 당시 행궁 추정 건물의 가장 깊은 곳에 자리하였다는 점이 상징적이다. 아울러 ⑥ 시흥공립보통학교의 표기도 보인다. 1911년 개교한 시흥공립보통학교는 옛 군청 건물을

27. 순흥안씨 양도공파 종회, 『순흥안씨 삼파보감』, 한국교재개발, 1991, 175쪽.
28. 아래에서 살펴보겠지만, 1924년 기사에서는 시흥공립보통학교 건물은 과거 군청 건물을 교사로 사용하였다고 밝힌다. 이 지도는 해당 군청 건물이 시흥행궁 추정지임을 보여준다.

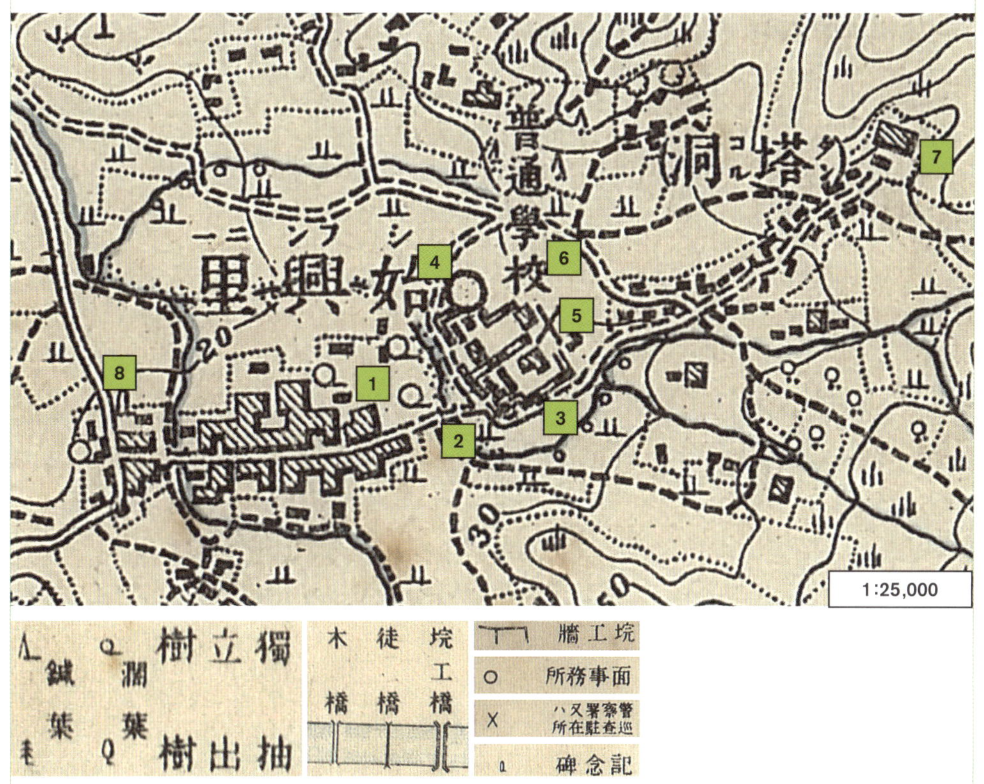

1915년 시흥 읍내 모습(국립중앙박물관)

교실로 사용하였다고 전한다.[29] 위의 지도에 따른다면, 그 위치는 과거 시흥행궁으로 추정되는 건물이었던 것이 분명해보인다. 다만 지도상으로 건물 중 어디를 사용하고 있었던 것인지까지 확인하기는 어렵다.

시흥행궁 추정지를 지나 비탈길을 타고 탑동의 가장 높은 곳으로 이어지는 길이 있으며, 그 끝에는 큰 집이 그려져 있다. ⑦로 표기한 이 집이 흥선대원군 별장으로 보인다. 주목되는 것은 1915년 당시에도 별장까지 이어지는 길을 따라 많은 집이 그려졌다는 점이다. 이 건물군과 대원군 별장과의 관계를 알기는 어렵다. 다만 이곳 대부분이 1912년까지 대원군의 장남 이재면의 소유지였다는 점을 비춰본다면, 대원군 별장과 관련된 사람들이 이곳에 자리하였다가 이후 탑동의 토대가 되었던 것으로 추측된다.

마지막으로 ⑧은 당시 시흥대로에서 시흥 읍내로 이어지는 대로변이다. 이곳에 기념비 표기가 있다는 점이 주목된다. 시흥동 주민들은 현재 비석거리에 있는 시흥 현령 혹은 군수의 선정비가 다른 곳에서 옮겨왔다고 설명한 바 있었다. 본래 비석 수도 4개가 아닌 20개에 가까운 비석이 일렬로 있었으며, 읍내로 들어오는 입구에 비석이 있었다고 증언하였다. 주민들의 증언이 위의 지도에서는 대로변에 있는 기념비 표기로 확인된다.

이처럼 일제강점기 초반이었던 1910년대까지만 해도 시흥의 읍치 지역은 시흥동의 중심이었으며, 이곳을 중심으로 면사무소·순사주재소·공립보통학교와 같은 주요 시설이 밀집해 있었다. 그리고 그곳 뒤로는 흥선대원군이 기거하였다는 별장까지 자리하면서 시흥동을 넘어서 당시 시흥군 동면의 중심지로 자리하고 있었다.

29 「시보교낙성식」, 『조선일보』, 1924.6.29.

라. 1930년대 전후 시흥역과 발소의 발전

20세기 초 시흥리는 1930년을 전후로 새로운 변화를 겪었다. 이는 현재 은행나무시장과 카멜리아 쇼핑몰 주변의 읍치 지역에서 떨어진 시흥역과 발소 주변으로 새로운 지역 중심지가 형성되는 변화였다. 이 새로운 중심지가 현재 금천구청에서 시흥사거리에 이르는 거리로 이어진다.

새로운 중심의 형성은 경부선 시흥역이 영등포의 발전에 영향을 받으면서 이뤄졌다. 본래 영등포는 시흥군에 속하는 지역이었으나, 1914년 행정구역 개편 때 시흥군의 청사를 영등포로 옮기면서 시흥군의 중심이 되었다. 특히, 경성과 가깝고 교통이 편리한 특성과 맞물리면서 영등포 지역에는 각종 공장과 산업시설이 증대되었다. 나아가 1931년에는 영등포읍으로 승격되고, 1936년에는 경성부로 편입되면서 경성 남부의 주요 공업지역으로 발돋움하고 있었다. 하지만 영등포 주변의 공장이 점차 포화상태에 접어들면서 같은 경부선 철로상에 근접해 있는 시흥역 같은 주변 지역도 주목받게 되었다.

본격적인 변화에 앞서 1924년에는 구읍내 주변에 있던 시흥공립보통학교현 시흥초등학교가 먼저 금천구청역 주변으로 이전하였다.[30] 이전 읍내에 있던 학교 건물이 교실로 사용하기에는 좁아 1923년부터 시흥의 유지와 학교 후원회의 협력으로 시흥역 주변에 새롭게 학교를 만들기로 한 것이다. 이 학교는 '연와평옥煉瓦平屋', 즉 벽돌로 지은 단층 건물로, 그 위치는 현재 금천구청역 앞의 무지개아파트 주변에 자리하였다. 당시 신문기사에서는 1924년 6월 21일 이뤄진 낙성식에 시흥군 군수와 서무과장, 영등포 공립보통학교장, 시흥군 동면 면장 등을 포함한 수천 명이 참여하였다고 전한다.

시흥공립보통학교의 이전 후 10년이 지난 1934년에는 시흥역 주변에 전기가 연결된다. 당시 신문기사는 이 시기 시흥역 주변의 양상에 대해 보여주는 바가 많기에 전문을 옮겨 싣는다.[31]

始興에 送電

[시흥] 경부선 시흥역始興驛 부근은 요지음 영등포永登浦 일대의 발전에 따라 차차 공업지대 화하야 현재 경성방직주식회사 제사공장 건축공사를 비롯하야 장내가 촉망되는터인데 아직까지 전기가 시설되지 못한 것을 유감으로 역이든 지방유지 제씨는 맹렬한 운동으로 금번에 경전회사에서도 동지에 전기가설의 필요를 느끼여 얼마 전부터 그공사를 급히하야 지난 十五일부터 송전한다한다. 이로써 시흥군 철도 연변에는 전부 전기 시설이 완성되엇다고한다.

『동아일보』, 1934.7.20.

始興에 送電 【시흥】 경부선시흥역(始興驛)부근은 요지음 영등포(永登浦)일대의 발전에따라 차차 공업지대 화하야 현재 경성방직주식회사 제사공장 건축공사를 비롯하야 장내가 촉망되는터인데 아직까지 전기가 시설되지못한것을 유감으로 역이든 지방유지제씨는 맹렬한 운동으로 금번에경전회사에서도 동지에 전기가설의 필요를 느끼여 얼마전부터 그공사를 급히하야 지난 十五일부터 송전한다한다 이로써 시흥군철도 연변에는 전부전기시설이 완성되엇다고한다.

시흥에 송전을 알리는 기사

위 기사에서 보는 것처럼 1934년 당시 영등포가 발전하면서 주변 지역이 점차 포화상태에 빠지자 영등포에 본점을 두고 있던 경성방직주식회사의 제사공장 공장 터로 시흥역 주변이 주목받고 있었다. 공장 운영을 위해 전기 가설의 필요성이 제기되면서 시흥역 주변의 철로를 따라 전기 가설공사가 이뤄졌다. 위에 언급된 경성방직은 1934년 3월부터 시흥 주변에

30. 「시보교낙성식」, 『조선일보』, 1924.6.29.; 「김윤석씨 독지」, 『동아일보』, 1923.8.26.
31. 「始興에 送電」, 『동아일보』, 1934.7.20.

현 구립 꿈나래 어린이집(과거 시흥 동면 면사무소 자리)

부지 4,000평을 매입하여 4차 확장공사를 계획하고 있었다.[32] 이 계획은 이해 12월에 더욱 확대되어 시흥역 앞의 5만 평의 대지에 방적공장을 설립하는 것으로 넓어졌다.[33] 그러나 이 시기에 종연방직과 동양방직 같은 일본의 대규모 방직회사가 조선에 진출하면서 경쟁이 심화되었던 것으로 보이며, 시흥역 앞의 대지는 평토작업은 마쳤으나 제사공장을 짓지는 못하였다.[34] 경성방직에 따르면 당시 조선총독부에 의해 방적공장에 대한 설립허가가 지연되면서 결국 시흥에 새로운 방적공장을 짓지 못하였으며, 1936년 방적공장을 영등포 공장에 짓게 되었다.[35]

또한 1938년에는 조선제련朝鮮製鍊에서 시흥동에 5만 평의 부지를 구매하여 전선공장을 짓기 시작하였다.[36] 공장은 1939년 9월 말부터 본격적으로 운영되었으며,[37] 조선 내 유일한 전선공장으로 기대받고 있었다. 이 공장이 해방 이후 대한전선으로 인수된다.

이와 함께 시흥군 동면의 면사무소도 1935년 시흥역 주변으로 이전한다.[38] 1914년 행정구역 개편 이후 동면의 면사무소는 기존 읍치의 치소 주변에 건립하였다. 다만 건물은 한 차례 신축하였던 것으로 보이는데, 기존 면사무소는 1921년 건립되어 18평의 크기였다고 전한다. 다만 점차 교통의 중심이 시흥역으로 변하면서 면사무소의 위치가 불편한 것으로 언급되며, 이 당시 이뤄지던 안양천 개수 공사 과정에서 세워진 한강치수사무소 시흥공장을 염가에 불하받아 면사무소를 이전하였다. 시흥역 주변에 설치된 새 면사무소는 37평 크기의 일본식 건물이었다. 이곳은 현재 구립 꿈나래 어린이집이 위치한 시흥동 118번지이다. 다만 1912년 당시 이곳은 시흥리의 소유지였다. 본래 시흥리의 소유였던 곳을 한강치수사무소로 사용하였고, 그곳에 다시 시흥군 동면의 면사무소가 들어서게 된 것이다.

또한 과거 시흥 읍내 주변에 있었던 순사주재소 역시 발소 쪽으로 옮기게 된다. 현재 시흥사거리 근방인 금천파출소가 과거 순사주재소가 있던 장소였다.

이처럼 경부선 건립과 함께 생긴 시흥역은 서울과 영등포 지역의 발전과 함께 시흥리에도 영향을 미치고 있었다. 그리고 그 변화는 1914년 행정구역 개편 이전까지 시흥의 중심이었던 구읍치 지역과 구별되는 새로운 중심의 씨앗으로 자리하였다. 한편에서 시흥역-발소 주변으로 면사무소·학교·주재소 같은 주요 시설이 이전하였으며, 경성방직의 방직공장과 조선제련의 전선공장 등이 들어서면서 시흥역-발소를 중심으로 공업시설도 증가하였다. 아직 폭발적인 성장까지 이어지진 않았지만, 이러한 배경은 해방 이후 시흥역-발소 주변이 공업지대로 발달하는 토대가 되었다. ♣

32. 「京城紡織擴張」, 『조선일보』, 1934.3.13.
33. 「京城紡織에서는 紡績工場을 併設」, 『조선일보』, 1934.12.20.
34. 「경인가도철필 로케-슈, 우편에는 방직공장 좌편엔 맥주회사」, 『조선일보』, 1938.4.17. 기사에는 "종연방직 동양방직 등 최대 방직회사 분공장이 우후죽순적으로 등장하야 약 이십년 전부터 김연수 씨가 경영하야 오는 경성방직에 일대위협을 주게되여 동 회사에서는 시흥역 아페 사노흔 칠십여 평의 제이공장기지는 평토까지 다마티고 공장을 지을가 말가 형세를 관망하지 안흘 수 업게 되엿다"라고 밝혔다.
35. 경방90년사편찬위원회, 『경방90년사: 1919~2009』, 경방, 2009, 89~90쪽.
36. 「朝鮮製鍊에서 伸銅工場畢竟着工」, 『동아일보』, 1938.12.17.
37. 「製鍊電線工場 一部組業開始」, 『조선일보』, 1939.9.19.
38. 「東面事務所, 始興驛前に移轉」, 『조선신문』, 1935.7.12.; 「東面事務所移轉祝賀會盛大に開く」, 『조선신문』, 1935.9.16.

서울 편입부터 금천구의 시흥동까지

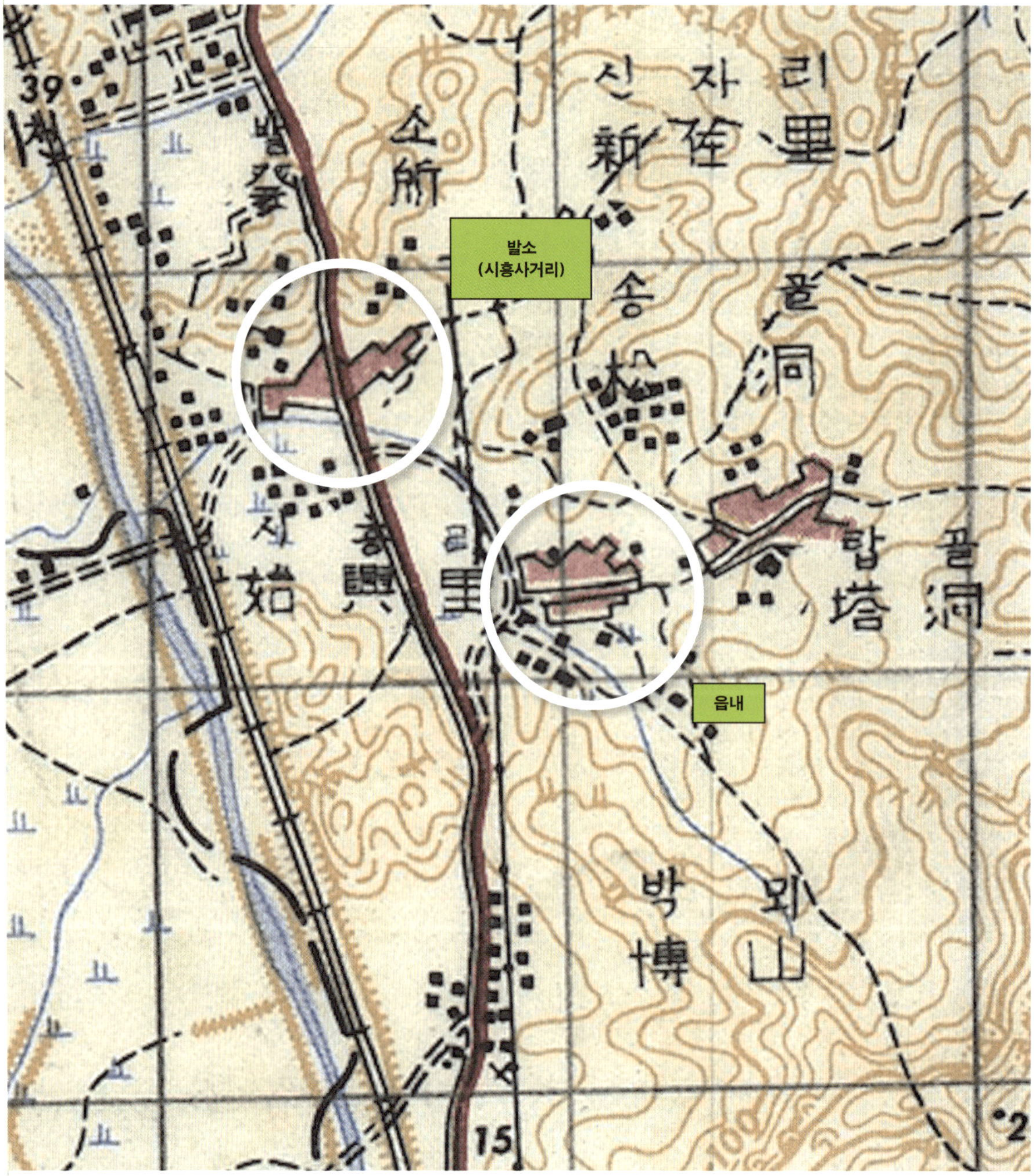

1957년 시흥동 지도의 발소와 읍내(국토지리정보원)

현재 시흥동은 경기도 시흥군에서 벗어나 서울시 금천구에 소속되는 지역이 되었고, 구읍치를 대신하는 중심으로 등장한 시흥역-발소 주변은 시흥사거리라는 금천구의 중심으로 발돋움하였다. 이 주변에는 금천구청과 금천구청역이 입지하고 시흥대로를 끼고 있으며, 장차 신안산선이 연결되면 시흥사거리역이 들어오면서 그 중심성이 더욱 강화될 것으로 보인다. 1950~1980년대까지만 해도 이 지역의 특징이었던 시흥역 주변의 공장지대는 현재는 철거되거나 흔적만 남아 있으며, 홈플러스 시흥점 뒤에 자리한 현대기아차의 설비가 1960~1980년대 시흥동의 특징을 지금까지도 보여준다. 시흥대로 동쪽으로 넓게 펼쳐진 주거지역은 1970년대 본격화된 이 지역의 토지구획정리사업과 연결되어 있었고, 이 시기 급격한 발전은 곧 시흥동의 서울 편입 이후에 본격화된 것이었다. 주거지역으로 급격한 인구의 증가가 1970년대 이후 발생하면서 시흥동은 영등포구에서 구로구로, 구로구에서 금천구로 분할되어 서울 서남부 지역의 발전과 함께하는 지역이 되었다. 또한 시흥동의 남쪽인 시흥3동에 자리한 시흥산업용재유통센터와 중앙철재종합상가는 서울시의 정책에 따라 1987년 시흥동에 생긴 시설로 각종 산업용재 및 철재 중개 지역이라는 새로운 연결점을 갖게 되었다. 이 장에서는 시흥역과 발소를 중심으로 새롭게 등장한 시흥사거리 주변이 점차 중심으로 변화하는 과정, 서울 편입에 따라 시흥동이 새롭게 변화하는 과정, 나아가 시흥동을 넘어선 산업시설이 서울시의 정책에 따라 들어서는 일련의 흐름을 정리하였다.

가. 시흥역 주변 공업지대의 확대

해방 이후 1950년대 시흥동의 변화에서 주목되는 것은 시흥역-발소 권역의 발전이다. 이는 다음의 1957년 지도에서 일부 확인되는데, 이 지도에서는 구읍치를 중심으로 형성된 읍내·탑골 권역과 함께 시흥역-발소 권역에 인구가 새롭게 밀집되고 있었음을 살펴볼 수 있다. 여기서는 일제강점기 철도를 중심으로 발달했던 시흥역-발소 권역이 해방 이후 공장지대로 확대되면서 시흥동의 중심지로 부상하는 과정을 살펴볼 것이다.

우선 시흥역 주변에 건립되었던 일제 말의 공장 외에 새로운 공장들이 들어서기 시작한다. 경성방직의 방직공장이 독산동 쪽으로 있었다면, 시흥동 쪽에는 조선제련을 불하받은 대한전선 공장이 자리하였다. 이와 함께 1958년 자동차 점검 공장을 시작으로 출발한 삼천리자전거는 이후 기아산업으로 시흥동에 자리하게 된다. 1963년 지도에는 시흥사거리를 중심으로 대한전선, 동양화학, 중앙고무공업사, 기아산업 등이 자리한 것이 확인된다. 이와 별도로 현재 시흥산업용재유통센터 자리에 동신전기 회사의 모습이 확인된다. 이곳이 이후 동신화학으로 변화하게 된다.

이런 조건은 시흥동 주민들에게도 이 시기를 대한전선·기아산업과의 관계 속에서 회고토록 하는 이유이기도 했다. 다음의 면담은 시흥초등학교 동문들이 기억하는 공장과 시흥동 주민들의 삶을 보여준다.

송일봉 옛날에 이 동네 남자들은 대부분 기아자동차에 다녔어요. 초등학교 다니는 애들의 아버지 절반은 거의 다 기아자동차 다녔어요.

홍혜봉 여자는 대한전선.

송일봉 대한전선이라고 있었는데, 지금 나이 한 60~70세 된 사람들은 대한전선 다닌 사람들 되게 많아요. 중학교만 졸업하고 다니는 애들이 많았어요. 대한전선 다니는 사람 중엔 시골에서 올라온 사람들이 많았고요.

송일봉 씨(196*년 생, 남), 홍혜봉 씨(196*년 생, 남)

시흥동에서 어려서부터 살았던 두 사람은 대한전선과 기아자동차가 시흥동의 대표 기업이었다고 기억하였다. 특히 1970년대 초 시흥초등학교 학생들의 부모 중 절반은 대한전선이나 기아자동차에 다녔다고 할 정도로 영향력이 컸다. 두 공장의 성별 차이도 주목되는데, 주로 여성들은 대한전선에 취직하고, 남성들은 기아자동차에 다녔다고 전한다.

공업지대는 주로 시흥역 주변으로, 시흥대로 서쪽에 형성되었다. 이는 다음 그림에서 보이는 것처럼 공업구역 형성 양상과도 관련된다. 특히 시흥대로 서쪽은 바로 안양천에 가깝기 때문에 하천의 활용에 있어서도 유리하였다. 또한 기존 마을이 들어섰던 읍치와 박미 같은 곳이 시흥대로 동쪽이라는 점에서도 시흥대로 서쪽은 입지상으로 유리하였다.

공업지대가 확대되면서 시흥역-발소 권역이 활성화되었던 것으로 보인다. 이곳에 현재도 자리한 중국집 동흥관은 1970년대 당시 모두가 가고 싶어 하는 음식점이었으며, 만둣집과 시흥극장이 있었다. 시흥동의 두 극장인 시흥극장이 발소 주변을 대표한다면, 읍내를 대표하는 극장은 흥일극장이었다. 특히 시흥역-발소 구간의 활성화는 상대적으로 시흥극장에 많은 사람이 몰리도록 하였다. 다음의 면담은 현재 60대 시흥동 주민이 갖고 있는 발소 지역에 대한 추억을 보여준다.

2004년 대한전선 시흥공장(금천구청)

송일봉 동흥관에 내가 어릴 때 추억이 있어요. 애들 초등학교 졸업식, 중학교 졸업식, 고등학교 졸업식 때는 무조건 여기 와 가지고 짜장면을 사 줬지요.

홍혜봉 동흥관이 그때는 유명했지요.

송일봉 엄마 아빠들의 추억이 있으니까요. 외지에서 온 사람들은 거기 안 가죠. 시흥 동네에 하나의 추억, 그런 게 있어요. 동흥관 있던 자리가 시흥 읍내가 있던 옛 시가지면 시흥역 있는 요 주변이 새로 발전한 신시가지였어요. 지금은 완전히 밀려났지만요. 거기에 만둣집도 있고, 시흥극장이 거기 있었어요. 옛날에는 극장이 중심가였거든요.

홍혜봉 동흥관 바로 옆에 시흥극장이 있었어요.

송일봉 연예인들이 와서 쇼도 하고, 큰 행사도 하고, 영화라는 영화는 거기를 통해서만 봤어요. 나중에 탑동 흥일극장이라고, 은행나무 바로 옆에 흥일극장이 생겼어요.

송일봉 씨(196*년 생, 남), 홍혜봉 씨(196*년 생, 남)

위의 면담은 구시가지라 할 수 있는 구읍치와 시흥역-발소 지역의 신시가지라는 두 중심이 시흥동에 나타났던 양상을 보여준다. 두 중심에는 각각 흥일극장과 시흥극장이 자리하고 있었으며, 그중에서 점차 신시가지가 주목되고 있었던 1960년대 이후의 상황을 보여준다. 점차 시흥사거리 주변이 시흥동의 번화가로 변화하고 있었던 것이다. 동시에 1950~1960년대 사이의 중심지역은 시흥역-발소였고, 이곳이 중심가임을 극장을 통해 살펴볼 수 있었다. 시흥사거리는 이 시기를 거치면서 점차 그 중심성을 확대해 가고 있었다고 볼 수 있다.

나. 토지구획정리와 1970년대 이후 시흥동의 변화

1960년대는 서울시에 인구가 급격히 유입되면서 이에 대한 서울시 차원의 대응이 이뤄지던 시기였다. 1960년대 초에는 이러한 대응의 일환으로 서울시의 구획이 확대되었고,[39] 이 과정에서 시흥동은 1963년 서울시 영등포구로 편입되었다. 과거 시흥군의 읍치였던 시흥동이 시흥군의 한 지역이었던 영등포에 소속되는 상징적 역전이 이뤄진 것이다. 시흥동은 서울시로 편입되면서 서울시의 도시계획에 따른 영향을 직접적으로 받게 된다.

서울시는 1965년 장기적인 도시 개발 계획을 구체화하였는데, 이 시기에 설립된 간선도로망의 확충 계획은 1960년대 후반의 대규모 토지구획정리사업의 토대가 되었다. 특히 영등포의 서남부 지역은 구로 지역을 중심으로 공단이 확장되고 있었다. 1963년 한국수출산업공단이 창립되고 1964년 「수출산업공업단지개발조성법」의 제정으로 본격화된 수출산업공업단지 조성은 1965년 구로공단을 시발로 활성화되었다. 주로 경공업을 중심으로 노동집약적인 수출산업을 육성하려는 시도였다. 제1수출산업공업단지는 당시 영등포구 구로동·독산동·가리봉동 일부를 포함하는 13만 8,024평에 1965년 조성이 시작되어 1967년 4월에 준공되었다. 이후 이곳에 입주를 희망하는 업체가 증가하면서 영등포구 가리봉동 일부 지역의 12만 1,873평을 제2수출산업공업단지로 조성하기 시작하여 1969년 7월에 완공하였다.[40]

한편 서울시는 1960년대 밀집됐던 서울 도심의 인구와 도시 기능을 분산시키는 정

39. 「건설부 고시 제524호」(1963.8.28.); 「건설부 고시 제547호」(1963.9.17.).
40. 『서울도시계획 연혁집』, 서울특별시, 1977, 660~663쪽.

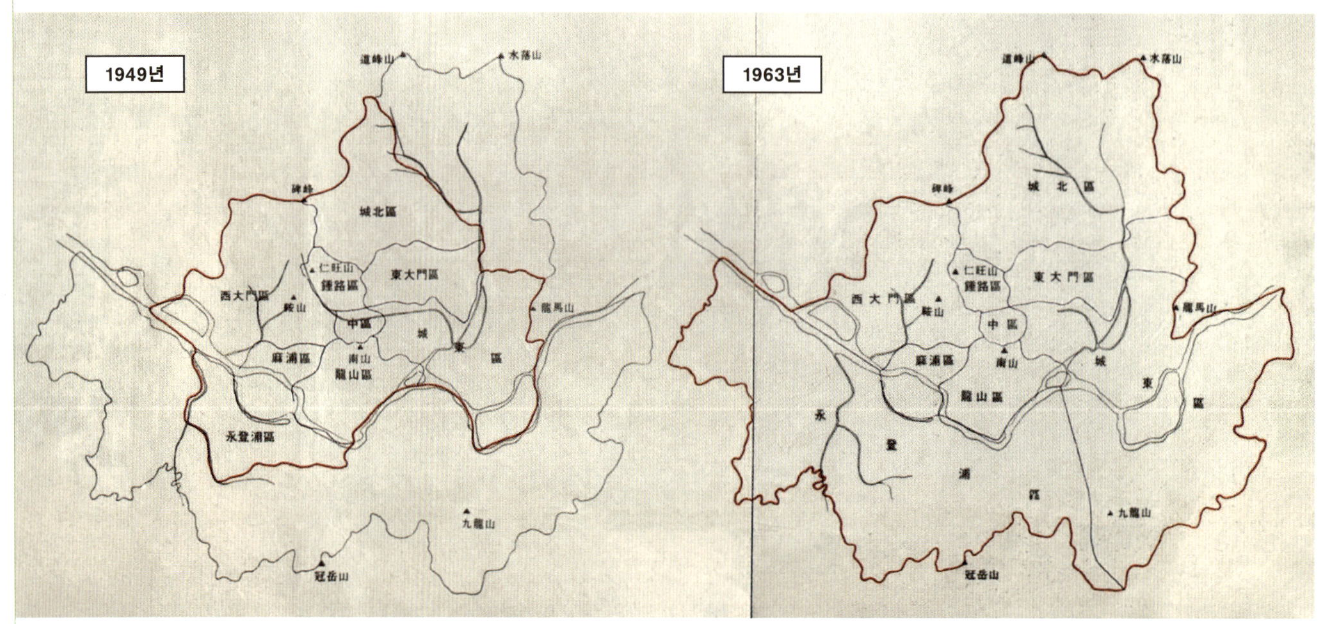

1949년과 1963년 서울의 행정구역 변천 과정(『서울도시계획』, 1965, 10쪽.)

책을 시행하고 있었고, 1960년대 후반에는 서울의 주변부에 대한 대규모 토지구획정리사업과 주택지 조성사업을 시행하였다.[41] 당시 1967년 기획된 토지구획정리사업에는 시흥지구150만 평를 비롯해 김포지구150만 평, 신림지구120만 평, 도봉지구120만 평, 우이지구120만 평, 중화지구80만 평, 중곡지구85만 평, 수색지구125만 평 등의 약 950만 평이 포함되어 있었다. 여기에는 1963년에 서울로 편입된 지역이 많았는데, 시흥지구 역시 그중에 한 곳이었다. 서울시는 당시 지주 부담으로 시공을 명시하면서 민간자본을 통해 토지구획정리가 진행되었던 것도 이 시기의 특징이다.[42]

1965년 서울시의 시정 10개년 계획 당시 토지구획 정리사업 계획을 담은 위 그림에서 8번 구역이 시흥지구이다. 시흥지구의 토지정리 사업은 1968년 1월 23일 사업실시계획 인가를 받아 시행에 들어갔고, 초기 152만 226평이었던 사업지구는 동년 4월 6일 165만 4,529평으로 확대되었고, 1969년 11월 28일 가리봉동의 일부를 추가하여 175만 5,258평으로 확대되었다.[43] 최종 확대된 영역에는 서울특별시 영등포구 시흥동·독산동·가리봉동·신대방동·신도림동·신림동은 물론 경기도 시흥군 안양읍 신안양리의 일부가 포함되는 광범위한 영역을 갖고 있었다.

ㅇ 건설부공고 제8호 – 1968년 1월 23일, 시흥지구 내역
사업명: 서울도시계획 시흥지구 토지구획정리사업
시행지구: 서울특별시 영등포구 시흥동, 독산동, 가리봉동, 경기도 시흥군 안양읍 신안양리 각 일부
시행자: 서울특별시장
시행면적: 1,520,226.10평
시행기간: 1968년 인가일로부터 1971.12.31.까지

41. 이창현, 『1960년대 서울시 확장기 도시계획』, 서울연구원, 2013, 7~9쪽.
42. 이창현, 『1960년대 서울시 확장기 도시계획』, 서울연구원, 2013, 97쪽.
43. 「서울도시계획 창동및시흥지구 토지구획정리사업 시행계획 변경 인가」(1968.4.6.); 「서울시 시흥지구 토지구획정리사업 변경(추가)인가」(1969.11.28.).

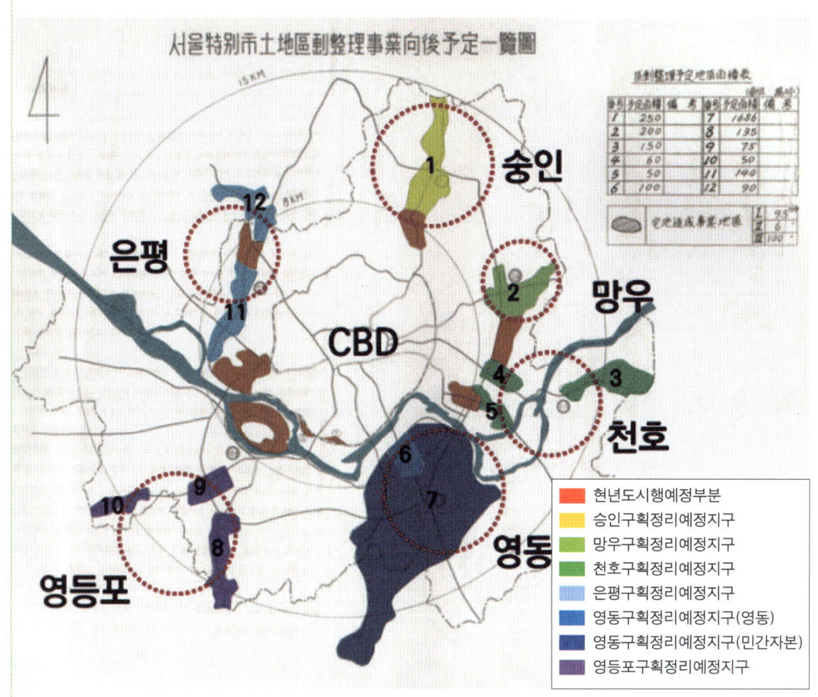

1965년 시정 10개년 계획 당시 향후 토지구획 정리사업 계획도
(『1960년대 서울시 확장기 도시계획』, 2013, 126쪽.)

주목되는 것은 이 중에 시흥대로 동쪽의 영역이 상대적으로 넓다는 것이다. 앞서 시흥역과 시흥대로 사이에 일제말~1970년대의 공업지대가 형성되고 있었음을 제시한 바 있다. 이 공업지대는 북쪽으로 독산-가리봉-구로로 이어지는 공업망과 맞닿아 자리하였다. 공업지역 바깥으로 토지구획정비사업지구가 위치하였고, 이곳은 상대적으로 시흥대로 동쪽이 많은 영역을 차지하게 되었다. 일부 시흥대로 서쪽 구역은 토지구획정비사업의 사업지구에 위치하였지만 공장이 위치하여 나중까지도 주거지역으로 변동하지 않은 채로 공업지역으로 남게 되는데, 뒤에 살펴볼 시흥산업용재유통센터의 부지가 이런 경우였다.

토지구획정비사업을 경계로 1970년대 이후 시흥동은 인구가 급격하게 증가하게 되었다. 다음의 표는 1957년 이후 약 5년을 단위로 시흥동의 인구 변화를 정리한 것이다.

시흥동의 인구추이

연도	자료	동	호수	인구	인구증감
1957~1958	지방별지명조사철	1	-	5,389	-
1966	서울시 통계연보	1	2,248	11,787	6,398
1970	서울시 통계연보	1	7,804	34,437	22,650
1975	서울시 통계연보	2	13,144	66,020	31,583
1979	서울시 통계연보	3	18,807	91,055	25,035
1985	서울시 통계연보	5	32,994	138,471	47,416
1990	서울시 통계연보	6	43,467	159,771	21,300
1996	서울시 통계연보	6	43,390	137,442	-22,329
2000	서울시 기본통계	6	42,341	128,401	-9,041
2005	서울시 기본통계	6	47,637	130,930	2,529
2010	서울시 기본통계	5	47,440	123,824	-7,106
2015	서울시 기본통계	5	47,659	122,765	-1,059
2020	서울시 기본통계	5	47,960	111,006	-11,759
2023	서울시 기본통계	5	47,678	104,958	-6,048

위 표에서 보는 것처럼 시흥동 인구는 1966년에서 1990년까지 근 5년마다 2만 명 이상이 급격히 증가하였다. 1966년에 비해 1970년에 약 2만 2,650명이 증가한 것에는 정부가 수재민 약 1만 3,000명을 시흥동으로 이주시킨 것이 포함된 수치로, 이를 감안한다면 실질적으로 시흥동의 인구는 토지구획정비가 시작된 1970년대에 급격하게 증가하였음을 볼 수 있다. 이후 약 5년 간격으로 2만 이상의 인구가 1985년까지 증가하였으며, 1990년에는 가장 많은 15만 9,771명이 시흥동에 거주하였다는 점도 확인할 수 있다. 이는 공단의 배후 주거지로 시흥지구를 정비하였던 것이 시흥동 인구의 폭발적인 증가로 이어졌음을 보여준다.

인구 급증의 상황은 시흥동에 한정된 것은 아니었다. 영등포구 전체에서 인구가 급격히 증가하였고, 이후 연쇄적인 분구로 이어졌다. 1963년 서울시 영등포구로 소속되면서 시흥출장소가 설치되었던 시흥동은[44] 이후 1980년 구로구가 신설되면서 그에 소속되었고 구로동 쪽에 신축 청사를 건설하는 동안 시흥동의 홍우빌딩 일부를 임시 청사로 사용하기도 하였다.[45] 이후 구로구의 규모가 커지자 1995년에는 남부순환로의 북부를 구로구로, 남부를 금천구로 분할하면서 현재의 구로구로 소속이 변경되었다. 이를 정리하면 다음 표와 같다.[46]

해방 이후 시흥동의 행정구역 변천

시기	시도	시군구	계기
해방 전후	경기도	시흥군	
1963년	서울시	영등포구	서울시 경계 확장으로 시흥동의 서울 편입
1980년	서울시	구로구	구로공단의 확대 및 시흥지구 토지구획정비사업 이후 인구증가로 구로구 신설
1995년	서울시	금천구	구로구 인구증가로 남부순환로 남쪽을 금천구로 분할

아울러 인구의 폭발은 시흥동의 연쇄적인 분동으로 이어졌다. 1970년 2개 동으로의 분동이 이뤄진 이후 1975년에는 3개 동으로 나뉘었고, 1980년에는 4개 동으로, 1982년에는 5개 동으로 분할되었고, 1983년에는 시흥5동이 시흥본동으로 변화하였다. 1985년엔 시흥본동 외에 시흥1동부터 5동까지 모두 6개 동으로 분화되었다.[47] 그러다가 2008년에 인구의 감소와 함께 시흥본동이 없어지고, 현재는 시흥1동부터 5동까지 5개 동으로 구성되어 있다.

44. 「서울編入地에 區廳出張所」, 『경향신문』, 1962.11.26.
45. 「銅雀·九老 2개區 내일부터 開廳」, 『경향신문』, 1980.3.31.
46. 「구로구 분구안 확정 구로의회」, 『한겨레』, 1994.11.26.
47. 「서울특별시조례 제613호」(1970.5.5.); 「서울특별시조례 제981호」(1975.10.1.); 「서울특별시조례 제1413호」(1980.7.1.); 「서울특별시조례 제1691호」(1982.11.10.); 「서울특별시조례 제1814호」(1983.11.15.); 「서울특별시조례 제2015호」(1985.9.1.),

현재 시흥동의 또 다른 특징은 시흥동을 넘어선 지역까지도 영향을 미치는 시흥3동의 시흥산업용재유통센터와 중앙철재종합상가이다. 시흥동의 남쪽에 자리한 이 시설들은 1970년대 후반 정립된 서울시의 도시계획에 따라 형성된 곳으로, 시흥동 주민들의 일상과는 떨어진 낯선 시설이기도 하다.

1977년 이후 서울시는 「수도권 인구재배치 기본계획」을 수립하고, 일명 '도심부적격업소'를 수도권 내에 재배치하고자 시도하였다. 여기에는 교육시설과 운수시설은 물론 각종 산업용품과 관련된 상인들의 이전도 포함되어 있었다. 앞으로 주로 언급될 기계공구와 철재상을 포함하여 자동차 부품, 건재, 섬유, 인쇄, 화공약품, 원자재 등 다양한 업종들이 이전 대상에 포함되었다.

1980년 서울시 도시계획국에서 작성한 「도심철재상이전계획」에 따르면 당시 철재상이 도심 부적격시설로 지정된 주요 원인은 교통정체와 점포의 미관불량 때문이었음을 알 수 있다.

철재상은 여러 가지 이유로 교통정체를 일으키는데, 상품의 형태와 유통 방식이 모두 교통정체를 일으킨다고 파악되었다. 철판·파이프·철강재·비철금속류를 다루는 철재상은 기본적으로 중량이 크고, 폭이 넓은 물품을 다룬다. 이 물품들을 옮기거나 보관하기 위해 도로에 차량을 주차하는 시간이 길고, 도로에 물품을 쌓아두는 경우가 많다는 것이다. 또한 유통의 측면에서도 공급처는 인천·부산·포항의 철강회사로부터 유입되어 주요 수요처인 미아리·성수동·구로동·마포·문산 등의 업체로 옮겨지는 연결고리 역할을 한다고 보아 도심지에서 외곽으로 옮기고자 한 것이다. 동시에 점포 역시 주로 가건물을 쓰거나 노후건물에 입지하면서 도심의 미관을 해친다고 판단하였다.

결국 기계공구를 비롯한 각종 유통상가와 철재상은 서울의 서남부 지역으로의 이전이 추진되었다. 1977년 시작된 이전은 1980년대를 거치면서 본격화되었다. 서울시는 청계로 근처의 장안평을 개발하면서 시유지 8,000평을 제공하며 도심 기계공구상의 이전을 시도하였으나 이들은 당시 구로공단과 반월공단이 가까운 안양시 석수동 일대를 선호하였다.[48] 그러나 석수동 일대의 부지는 그린벨트로 묶여 있었기 때문에 이와 가까운 서울 시내

2. 都心不適要因

- 商品 形態 — 交通停滯
  - 重量品. 長幅品 — 철판. 파이프. 鐵鋼材. 非鐵金屬類 等
  - 路面積荷. 路上駐車行爲가 長時間 이루어짐.
- 流通構造 — 交通需要
  - 供給處(仁川. 釜山. 포항 철강회사) ⟷ 都心 ⟷ 需要處(미아리. 성수동. 구로동 마포. 문산등지 工作所)
  - 1日交通量 — 200t; 2.5t 추럭 — 130~200台
- 店鋪環境 — 美觀不良
  - 假建物. 老朽建物이 대부분임.
  - 店鋪當 平均 25坪. 從業員 5.5名

철재상의 도심부적격 요인(「도심 철재상 이전계획」, 1980.)

48. 「청계로 공구상 이전 "갈팡질팡"」, 『매일경제』, 1982.1.26.

의 서남부 지역이 공구상과 철재상이 이전하는 주요 지역이 되었다. 이 시기에 설립된 유통상가·철재상가의 위치는 영등포구·구로구·금천구 등 구로공단과 반월공단 모두에 연결성이 높은 위치에 입지하였다. 주요 상가단지와 설립시기를 비교해 보면 다음과 같다.

1980년대 이후 이전된 기계공구상가 및 철재상가

순번	명칭	소재지	설립시기	사무실 규모	기타
①	구로기계공구상가단지	구로구	1981년	2,119개소	초기 건립 시 이전 지연
②	영등포유통상가	영등포구	1987년	약 1,500개소	
③	고척산업유통상가	구로구	1987년	1,308개소	
④	중앙철재종합상가	금천구	1987년	약 600개소	철재상 조합을 마련하여 1979년 서울시에 이전 건의로 출발
⑤	시흥산업용재유통센터	금천구	1987년	3,701개소	
⑥	구로중앙유통단지	구로구	1996년	4,191개소	1985년 조합 설립이 이뤄지나 1993년부터 공사 시작

위의 표에서 정리한 것처럼 대부분의 유통·철재상가는 1980년대에 조성되었다. 하지만 구로기계공구상가단지는 1981년 건립되었으며, 그 밖의 나머지 상가는 1987년 이후에 운영에 들어간다. 이는 기계공구상과 철재상의 이전이 장기간의 우여곡절을 통해 이뤄졌다는 점을 암시한다.

설립이 가장 먼저 이뤄진 것은 ① 구로기계공구상가단지였다. 1979년 12월에 공구상들이 힘을 합쳐 서울시의 계획에 따라 영등포와 청계천의 공구상을 이전하기 위해 조성한 곳이다.[49] 대지면적 2만 2,529평을 사용하여 1981년 33개 동으로 건립한 이곳은 당시 산업용품 전문상가로는 국내에서 가장 넓은 규모로 조성되었다.[50] 동시에 중소 상인들의 조합이 이 과정에서 처음으로 형성되었다.[51] 그러나 1981년에는 시공업체에 공사비를 지불하지 못하여 한 차례 가압류가 이뤄졌으며, 1982년 조합이 분양 과정에서 과도한 이득을 남겼다는 세무서의 해석으로 58억 원의 추징금을 부과하고 상가단지를 가압류 처리하면서 상인들의 입주가 늦어질 수밖에 없었다.[52]

④ 중앙철재유통상가 역시 이전에 어려움을 겪었다. 서울시 중구 산림동에 자리하였던 철재상들은 '도심부적격업소'에 대한 재배치에 일찍부터 반응하였다. 이들은 1977년 120명으로 구성된 새마을정화위원회를 구성하고 1979년 조합상가 이전계획을 수립하여 서울시에 건의하였다. 이들은 당시 구로구 시흥동 678번지 일대의 부지 총 2만 931평 대지 1만 5,248평을 약 30억 원에 구입하고, 단지 조성에 38억 원을 사용할 계획을 잡았다.[53] 하지만 이 계획은 당시 건축법 조례 제3조, 즉 풍치지구 내에서 철물상 건축을 금지한 조항이 걸림돌이 되었다. 건설부에서 해당 부지에 대한 풍치지구 해제는 물론 주거지역에서 상업지역으로의 용도지역 변경도 불허함에 따라 1982년 서울시는 다시 이 문제를 어떻게 해결할지를 두고 논의를 진행하였다.[54] 하지만 철재상가 건립은 1984년 당산동에 영등포유통상가 계획과 함께 다시 가시화되기 이전까지 공전되는 상황에 놓이게 되었다.[55]

기계공구 및 철재상 위치

49. 「구로동에 공구 판매단지」, 『동아일보』 1979.12.6.
50. 「영등포 공구 종합상가 마무리단계 2백8억 투입, 국내 최대규모 갖춰」, 『매일경제』 1980.12.6.
51. 「국내최초로 상업조합 설립」, 『매일경제』 1981.5.6.
52. 「8백53개 영등포 공구상 단지서 쫓겨날 신세」, 『매일경제』 1982.12.10.
53. 서울시 도시계획국, 「도심철재상이전계획」, 1980, 서울기록원.
54. 서울시 도시계획국, 「철재상이전단지처리방안」, 1982, 서울기록원.
55. 「당산-시흥동에 공구-철재 상가」, 『조선일보』 1984.10.27.

이처럼 1985년까지 철재상가의 이전을 예고한 시흥동, 기계공구상가의 이전을 예고한 영등포유통상가 외에 고척동과 시흥동, 기존 구로공구상가 옆의 부지까지 위 표에 제시된 6곳의 사업이 진행될 것처럼 언론에는 보도되고 있었다. 그러나 1986년까지 완공된 곳은 구로기계공구상가 한 곳뿐이었다. 이에 서울시는 1985년부터 다시 '도심부적격시설'의 이전에 적극적으로 개입하기 시작한다. 당시 서울시는 1988년에 있을 올림픽을 대비하여 도심 재정비를 서두르고 있었다.[56] 서울시는 1987년을 철재상과 기계공구상을 도심에서 서울시 외곽으로 이전하는 시한으로 설정하였다. 이를 위해 서울시는 한편에서 행정적 보조를 통해 민간 사업자를 유치하고, 다른 한편에서는 기존 시내 중심의 철재상 및 기계공구상 지역을 재개발지구로 묶어 통제를 강화하고자 하였다.[57]

1987년 당시 변화된 서울의 주요 시설(『조선일보』, 1987.3.12.)

이런 배경 속에서 철재상가와 기계공구상가의 건립이 1987년에 중점적으로 이뤄졌다. ② 영등포유통상가, ③ 고척산업유통상가와 함께 시흥동의 ④ 중앙철재종합상가와 ⑤ 시흥산업용재유통센터가 이 시기에 함께 문을 열었다. ⑥ 구로중앙유통단지의 경우 조합설립인가는 1985년에 이뤄졌지만 단지 공사는 1993년에 이뤄져서 1996년에 준공되어 가장 늦게 문을 열게 되었다.

1987년 조선일보는 서울올림픽을 1년 앞둔 상황에서, 서울시의 도심 기능이 어떻게 조정되고 있는가를 보여준다.[58] 위의 삽화에 따르면 서울의 중심부인 여의도에는 증권가, 을지로에는 금융가, 마포구에는 오피스타운 등의 모습을 살펴볼 수 있다. 대신 시외버스 터미널은 상봉동·구의동·서초동 등의 주변부로 변화하였고, 화물터미널 역시 양재에 자리하게 되었다. 여기서 주로 살펴볼 철재상이나 기계공구상은 대개 양평동·문래동·신도림동·고척동·시흥동 같은 서울의 서남부 지역으로 이전되었음을 확인할 수 있다.

이처럼 유통·철재상가의 이전은 수도권에서 시흥동이 갖는 입지를 잘 보여준다. 즉 공구상가를 비롯한 다양한 산업용재가 소비되기 쉬운 구로공단과 반월공단이 시흥동에서 접근하기 용이하였음을 보여준다. 이는 시흥동의 입지가 서울과 경기의 주요 공단으로 이어지는 산업 소비처를 고객으로 삼을 수 있던 곳이었음을 말해 준다. 이처럼 유통상가와 철재상가가 시흥동을 넘어서 거래가 이뤄지며, 시흥동에서도 상대적으로 남부인 시흥3동에 자리하게 되면서 시흥동 주민들의 생활과 상대적으로 분리되는 양상을 보여준다는 점이 특징이다. 즉 시흥동이 주변 공업시설과 연결되는 것은 시흥동을 폭넓은 외부와 연결하는 장점을 갖지만, 시흥동에 거주하는 주민들과는 별다른 접점이 생기지 않는 한계점을 보여준다. ♣

56. 「도심부적격업소 87년까지 이전」, 『매일경제』, 1986.2.27.
57. 「서울시 공구상 등 도심부적격시설 외곽 이전 강력추진」, 『동아일보』 1986.2.7.
58. 「달라지는 서울…권역기능 대변혁」, 『조선일보』, 1987.3.12.

시흥 읍치의 유산

가. 시흥동의 읍치 경관

1872년 시흥현을 표기한 조선 후기 지방지도에는 가장 바깥으로 관악산을 두르고 그 안에 삼성산을, 그리고 가장 안쪽으로 검지산을 두르고 있는 양상이 그려져 있다. 그 검지산 안에 행궁, 객사, 사창이 자리한 곳이 읍치가 된다. 검지산을 배경으로 호암虎巖·용추龍湫·호압사虎壓寺가 보이며, 관아 건물 주변으로 북동쪽에 향교鄕校·성황사城隍祠·사직단社稷壇이, 그리고 서쪽에 여단厲壇이 자리하고 있어 읍치 경관의 핵심인 일묘삼단一廟三壇을 확인할 수 있다. 또한 남쪽으로 흐르는 하천인 부장천富長川을 시흥대로가 가로지르면서 이곳을 건너는 다리와 점막店幕이 보인다.[59] 이 중에서 현대 지도와 교차하여 다시 살펴볼 곳들은 다음의 지도에 표기한 곳과 같다.

검지산은 현재의 ①호암산으로 조선 후기 시흥현의 진산鎭山이었다. 검지산黔芝山은 『신증동국여지승람』에는 호암산虎巖山으로 표기되어 있으며, 이것이 조선 중기 이후 지도나 읍지에서 검지산으로 표기되는 정확한 이유를 확인할 수는 없다. 다만 고려시대 금주衿州의 금을 검黔으로 표기하기도 하였으며, 『금양잡록』에서 강희맹은 검지산을 금산衿山 혹은 금주산衿州山이라고 표기하였다. 이런 점으로 미루어 볼 때 검지산의 명칭은 '금산'이나 '금주산'이라는 표기의 연장으로 볼 수 있으며, 같은 발음을 공유하는 다른 표기라고 볼 수 있다. 이와 달리 호암산의 명칭은 검지산에 자리한 호랑이 모습을 한 바위에 따라 산의 명칭을 붙인 것이다. 검지산이 금천현 혹은 시흥현의 진산임이 강조된 지명이라면, 호암산은 특정 자연물의 형상과 관련된 명칭으로 이해할 수 있다. 조선 전기에는 호암산의 명칭이 공식적으로 쓰였다면, 조선 후기에서 일제강점기 초에는 검지산이 공식적인 명칭이었다가 20세기 중엽 이후로는 다시 호암산이 공식 명칭이 되었다.

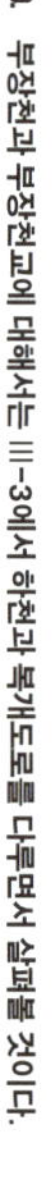
59. 부장천과 부장천교에 대해서는 III-3에서 하천과 북가도로를 다루면서 살펴볼 것이다.

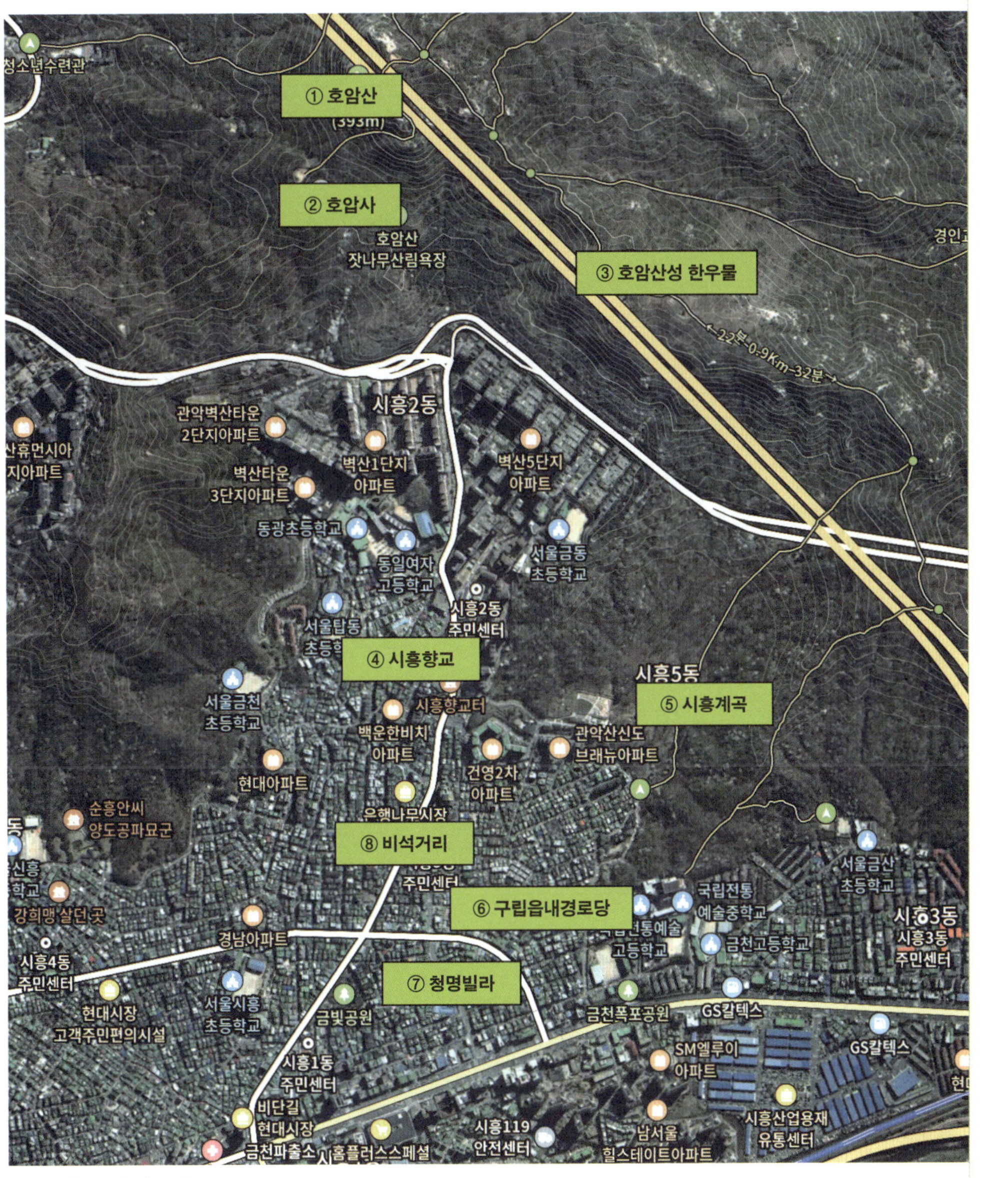

시흥동과 주요 읍치 유산

조선 초 금천현의 진산은 호암산 뒤에 자리한 삼성산이었다. 이는 『신증동국여지승람』과 『동국여지지』를 통해 확인된다. 그러나 18세기 편찬된 『여지도서』 이후 검지산이 시흥현의 진산으로 표기된다. 이는 1899년 읍지에 이르기까지 동일한 경향을 보여준다.

검지산의 용추龍湫는 ③호암산성이 자리한 성내에 위치한다. 호암산성은 1991년 사적으로 지정된 곳으로, 초기 설치 목적은 신라가 나당전쟁 당시 방어를 위해 지은 것으로 추측된다.[60] 이 산성은 총 길이 1.25㎞로 내부에는 우물터 두 곳과 건물터 네 곳이 있는데, 그 중에 한 곳이 한우물이다. 발굴조사 당시 제2우물 터에서는 "잉벌내력지내말ㅁㅁㅁ仍伐內力只乃末ㅁㅁㅁ"이라고 적힌 청동 수저가 발굴되었고,[61] "잉대내仍大內"라는 문양이 적힌 기와 역시 다수 출토되었다. 고구려 및 통일신라 초기 이 지역의 지명이 잉벌노仍伐奴나 잉벌내仍伐內로 불렸음을 입증하는 유물들이다.

또한 제1우물 터인 한우물에는 통일신라 때 조성된 우물지동서 17.6m, 남북 13.6m, 깊이 2.5m와 조선시대 때 조성된 우물지동서 22m, 남북 12m, 깊이 1.2m가 겹쳐져 있음이 밝혀졌고, 통일신라 시기의 우물지는 674년 완성된 경주의 안압지와 동일한 석축 형태를 보여준다는 점에서 주목받았다.

60. 임효재·최종택, 『한우물 호암산성 및 연지발굴조사보고서』, 서울대학교 박물관, 1990.
61. 임효재·최종택, 『한우물 호암산성 및 연지발굴조사보고서』, 서울대학교 박물관, 1990. 24쪽에 따르면, '잉벌내(仍伐內)'는 곧 '잉벌노(仍伐奴)'와 동일 지명이라 보고, '력지(力只)'는 인명으로, '내말(乃末)'은 관직인 '나마(奈麻)'의 이명이라는 점을 밝혔다.

호압사 전경

한우물은 조선시대 들어서 기우제를 올리는 제장으로 활용되기도 하였다. 『신증동국여지승람』에서는 호암산성에 대해 "성 안에 큰 못이 있는데, 날씨가 가물면 이곳에서 기우제를 지낸다"고 하였고, 『여지도서』에서는 호암산성을 다루면서 "용추는 본현에서 기우하는 곳[龍湫本縣祈雨之址]"이라 하였다. 또한 용추는 "신룡神龍의 집인바 해가 가물면 정성스레 비오길 빌면 영험함이 있다"고 기록하기도 하였다. 이 용추는 『조선지지자료』에서는 '한우물[天井]'로 표기하였고, '종전에 한재가 있을 때 기우하였던 장소'로 일관되게 언급되는 곳이다. 6·25전쟁 당시에는 미군이 이곳에도 주둔하였으며, 한우물에서 나오는 물을 식수로 이용하기 위해 헬기로 운송하였다고도 전한다. 발굴 당시에는 이 주변에서 탄피와 불발 수류탄도 발견되었다.[62]

이곳 가까이에는 석구상石狗像이 있는데, 이와 관련된 이야기는 18세기 자료인 『여지도서』부터 등장하며, 조선 초기 기록에 없다는 점에서는 사후 덧붙여진 전설로 보인다. 이 기록에 따르면 한양을 도읍으로 정할 때, 호암산의 호암虎巖이 호랑이를 닮은 바위이기에 도성을 향한 북쪽 방향에는 석사자 네 마리를 묻고, 남쪽 방향에는 석구 네 마리를 묻어, 호랑이가 북쪽을 무서워하고 남쪽을 향하도록 하였다고 전한다. 현재의 석구상은 한 마리만 남아 있으며, 상기의 전설과 연관된 것으로 볼 수 있다.

②호압사虎壓寺는 때로 호암사虎巖寺로도 불리는데, 이 역시 호암을 누르기 위한 비보적인 의미에서 만들어진 사찰이라고도 전한다. 『신증동국여지승람』에서는 술사가 호암을 보고 "바위 북쪽 모퉁이에 절을 세워서 호갑虎岬이라 명하였다"는 전설을 윤자尹慈의 설명으로 담았다. 다만 당시의 사찰 내역에서는 호압사가 없어서 이곳이 호압사인지는 분명하지 않다. 호압사의 이름이 확인되는 것은 18세기로 『여지도서』에서는 '호암사'에 대해 "일명 호압사

62. 임효재·최종택, 『한우물 호암산성 및 연지발굴조사보고서』, 서울대학교 박물관, 1990, 37쪽.

로, 이는 호암을 진압함을 말한다[一名虎壓寺謂其鎭壓虎巖也]"라고 적고 있다.

이처럼 호암산은 금천현의 진산이 되면서 검지산으로 불리게 되었고, 그곳에 자리한 호암과 용추의 전설은 조선시대를 거치면서 금천 읍치를 둘러싼 자연 지형을 사람들이 어떤 방식으로 수용하고 상상하였는가를 보여주는 것이라고 할 수 있다.

금천현·시흥군의 읍내 모습은 조선시대의 지도만으로 명확히 파악하기 어렵다. 연구 자료를 통해서 시흥행궁과 수령의 객사가 가까운 곳에 있었고, 그곳이 카멜리아 쇼핑몰 주변이라는 점에 대해서는 의견이 일치한 것으로 보인다. 1912년 작성된 『토지조사부』에 기반해서 본다면, 당시 시흥 읍내는 ⑦청명빌라시흥동 899-8번지 앞길에서 시작하여 현재 은행나무로를 통해 ⑧비석거리로 이어지는 길에 해당한다. 당시의 시흥대로는 현재의 시흥대로보다 훨씬 동쪽으로 들어와 있던 셈이다.[63] 현재의 ⑦청명빌라 주변은 시흥대로와 읍내로 들어오는 가도가 만나는 삼거리가 된다. 이 주변은 모두 국유지로, 그중에서 이곳 삼거리를 감싸는 457·458·470번지는 모두 대지로 건물이 자리하였다. 이곳부터 현재 ⑧비석거리가 자리한 카멜리아 쇼핑몰 앞까지 이르는 중심 도로를 따라 70곳에 이르는 대지가 자리하였다.

현재 네 개의 선정비가 남아 있는 ⑧비석거리는 주변에 수령 900년에 달하는 은행나무 세 그루가 자리하고 있으며, 모두 서울특별시의 보호수로 지정되어 있다. 나무는 높게 뻗지는 못하였지만, 둘레가 6~8m에 이르는 거목이다. 조선 후기 이 주변으로 관아와 행궁이 있었을 것으로 추정된다. 앞서 1915년 1:25,000 지도를 통해 일제강점기 초 시흥동의 모습을 살펴볼 수 있었다. 이 지도에서는 은행나무 주변에 벽의 형태가 보이지 않았고, 다리를 건너 자리한 시흥행궁 추정지 주변에만 벽의 형태가 남아 있었다. 또한 주요 행정시설인 면사무소, 순사주재소, 시흥초등학교가 모두 이 건물을 이용하고 있던 것으로 나타났다.

다음으로 살펴볼 것은 앞서 일묘삼단으로 불린 향교와 사직단, 성황단, 여단의 위치이다. 이곳은 읍치에서 이뤄지는 의례의 중심지가 어디인가를 보여준다는 점에서 중요하다. 시흥향교는 1912년 『토지조사부』에 따르면 261·262·263번지의 토지를 소유하고 있었고, 그중에서 263번지가 대지로 자리하여 건물이 위치하였을 것으로 보인다. 앞서 지도에서 ④시흥향교로 표기한 곳이 현재 범일운수 창고 앞 사거리의 북쪽 지역이다. 시흥향교는 1944년 안산향교와 함께 과천향교로 통합되면서 사라졌다.

시흥동 비석거리의 선정비

63. 이와 관련된 내용은 III장의 3절에서 조선 후기 시흥대로와 20미터 도로의 관계를 논한 지도를 통해 살펴볼 수 있다.

사직단, 성황단, 여단의 위치는 특정하기 어렵다. 다만 일부 단서를 통해 확인할 수 있는 것은 다음과 같다. 1899년 『시흥군읍지』에서는 사직단과 성황사가 군 남쪽 1리에 자리하며, 여제단厲祭壇은 군 북쪽 2리에 있다고 전한다. 1912년 『토지조사부』에서 사사지, 즉 종교시설로 활용된 곳 중에서 국가나 시흥동의 소유지로 나타난 곳은 두 곳이다. 먼저 414번지로 ⑤시흥계곡 근방에 자리한 곳인데, 시흥군향교에서 소유한 사사지이다. 여기서 멀리 떨어지지 않은 건영아파트 뒷산에는 '탑골 도당터'가 있어서 마을의 무사를 기원하기 위한 부군당이 있었다고 전한다.[64] 이 둘의 구체적인 관련성은 알 수 없으나, 탑골 마을의 남쪽 산지에 도당터를 둔 이유를 옛 사직단이나 성황사의 입지와 연관 지어서 살펴볼 필요가 있다.

다른 한 곳은 345번지로 시흥리가 소유한 사사지이다. 이곳은 현재 ⑥구립읍내경로당이 있는 부근이다. 이 두 곳이 구체적으로 어떻게 쓰였던 장소인가를 확인하기는 어렵지만, 당시의 지목과 소유관계로 본다면 조선 후기 시흥군의 사직단이나 성황사와 이 두 장소가 연관이 있을 것으로 추정된다.

나. 시흥동과 유력자의 별장

1) 순흥안씨 양도공파와 강희맹

현재 시흥4동에 자리한 순흥안씨 양도공파 묘역은 서울시의 유형문화재이다. 그리고 그곳과 가까운 동도그린빌라 앞에 강희맹이 살던 곳임을 알리는 표지가 붙어 있다. 이것만 본다면 두 문화유산이 독립적으로 위치한 것처럼 보인다. 사실 강희맹은 양도공파 묘역의 주인 안경공安景恭의 손자인 안숭효의 사위이다. 즉 이들은 인척관계로 맺어져 있었다.

안경공1347~1421은 여말선초의 인물로 조선의 개국공신으로 인정받아 흥녕부원군에 봉해졌으며, 죽은 뒤에는 시호로 양도良度가 내려졌다. 안순1371~1440은 그의 아들로 호조판서까지 올랐던 인물이다. 『세종실록』에는 그의 졸기가 실려 있는데, 시흥동의 선산과 관련된 다음의 부분이 주목된다.

> 일찍이 자손에게 말하기를, "대저 사람이 죽으면 일이 많은데, 나의 죽음으로 산 사람을 근심시키지는 않겠다. 그러니 선영先塋의 근처에 나아가 죽음으로써 상사喪事의 폐단을 덜고자 한다." 하고, 드디어 금천衿川의 별서別墅로 이사하였다. 병이 걸렸을 때부터 임금이 연달아 내의內醫를 보내어 병세를 묻게 하고, 음식물과 의약醫藥의 하사가 답지遝至하였다. 이때에 이르러 졸卒하니, 나이가 70이었다.
>
> 『세종실록』 권91, 세종 22년(1440) 11월 28일, 판중추원사 안순의 졸기

안순은 후손들의 편의를 위해 선영 근처에서 죽기를 바랐으며, 이런 뜻을 관철하기 위해 금천의 별서로 이사하였다. 여기서 별서는 곧 별장을 의미한다. 조선시대 양반은 서울의 집인 경저京邸와 지방에 있는 집인 향제鄕第, 그리고 그와 구별되는 경기지역에는 놀고 쉬거나 벼슬에서 내려왔을 때 지낼 수 있는 별장인 별서別墅를 두었다.[65] 위 글에서는 조선 초 순흥안씨 집안에서 금천은 곧 선영이 자리한 곳인 동시에 별장이 있는 곳이기도 하였음을 보여준다.

시흥동에 순흥안씨 집안의 별서를 만들었던 이유는 무엇일까? 이는 강희맹의 아들

64. 『금천지명유래』, 금천문화원, 2016, 165쪽; 『한국지명총람 1 (서울편)』, 한글학회, 1966, 158쪽에서는 검지산 기슭에 자리한 이곳을 '도당-째'라고 적었다.

65. 정승모, 『조선후기 지역사회 구조연구』, 민속원, 2010, 37쪽.

순흥안씨 선산과 사당

강귀손이 쓴 『금양잡록』 발문에서 드러난다.

금양의 농장[別業]은 나의 외증조外曾祖 찬성贊成 안 정숙공[安靖肅公 안순安純]이 개척하였다. 정숙공이 그의 아버지 흥녕부원군[興寧府院君, 안경공安景恭]을 금주산衿州山 서쪽 산자락에다 장사지내고 여막廬幕을 집으로 개조해 놓았다가 늙어서 벼슬을 그만두고 이곳으로 물러나 살았는데, 나라에 큰 일이 있을 때마다 이곳을 찾아와 자문하였다.

『금양잡록』 발문

위 글에 따르면 순흥안씨 집안에서 만든 별서는 본래 안순이 자신의 아버지인 안경공을 호암산 서쪽에 장사 지내고 시묘살이를 하면서 묘 근처에 여막을 지었던 것을 계기로 세워졌다. 상례 중에 만들었던 여막을 상례가 끝난 뒤에는 집으로 고쳐서 사용하게 되면서 금천현에 거점이 생긴 것이다. 즉 금천현에 순흥안씨 집안의 거처가 마련되는 것은 1421년 이후로 보이며, 이곳에 지었던 여막이 '별업別業'이 된다. 위 번역에서는 농장으로 표기하였지만 그 한자어인 '별업'은 곧 '별서別墅'를 의미한다. 다시 말해 여막이 별장이 된 것이고, 이 밖에도 한양에 경저를 두고 본래의 근거지에는 향제를 두고 있었을 가능성이 높다.

그렇다면 본래 안경공 집안의 땅이었던 이곳 선산과 별장은 어떻게 진주강씨인 강희맹과 연결이 될까? 이를 이해하기 위해서는 다음의 계보도를 살펴볼 필요가 있다.

강희맹은 진주강씨인데, 그의 아버지 강석덕은 영의정을 지냈던 심온의 딸과 혼인하였다. 그런데 심온의 다른 딸, 즉 강희맹의 이모는 세종과 결혼하여 소헌왕후가 되었으며, 세조는 강희맹의 이종사촌이 된다. 이런 그는 개국공신이었던 안경공의 증손녀이자 관찰사를 지낸 안숭효의 딸과 혼인을 하게 된다. 이런 점에서 두 집안의 혼인은 조선 초 유력 가문 사이에 이뤄진 혼인으로 볼 수 있다.

그런데 강귀손이 『금양잡록』 발문에 적은 부분에는 추가로 주목할 부분이 있다.

(금양의 농장은) 정숙공(안순)이 세상을 떠나자 나의 외할아버지 관찰공觀察公, 안숭효에게 전수되었고 이내 나의 선친先親에게 전수되었는데, 이게 어찌 옥玉을 아끼는 사람은 반드시 월향越鄕할 수 있는 힘을 가진 사람을 선택하여 주는 것이 아니겠는가? 정숙공의 성대한 문벌門閥은 한때 칭송을 받았으나 가산家産에 주력하지 않아 전지가 백묘百畝에 불과한 데다 토질도 비옥하지 않았으므로 농사를 지어도 남은 곡식이 없었고 다만 옛날부터 전해 내려온 선영先塋의 송추 상재松楸桑梓를 나무꾼이 침범하지 않도록 하였는데, 이게 이른바 만송강萬松岡이다.

『금양잡록』 발문

강귀손은 금천의 별장은 안순이 죽은 뒤에 그의 아들인 안숭효를 거쳐 강희맹에게 전달되었다고 밝힌다. 조선 초까지만 해도 재산의 상속이 아들·딸 모두에게 균분상속되었다는 점을 고려한다면, 강희맹이 금천에 머물면서 『금양잡록』을 저술한 것은 바로 아내인 순흥안씨를 통해 이곳의 땅을 상속받은 덕분으로 볼 수 있다. 다만 상속받은 토지의 규모는 100무에 불과하며, 토질 역시 비옥하지 않다는 점에서 넓은 토지를 갖고 있지 않았음을 엿볼 수 있다. 또한 위 글에서 '옛날부터 전해 내려온 선영'은 곧 안경공 이하 삼대의 묘소를 말하는 것으로 보이며, 선산에서 나오는 각종 목재를 지켰는데, 여기에서 '만송강萬松岡'이라는 강희맹의 호가 유래한 것으로 보인다. 이처럼 조선 초기에 이뤄진 남녀 균분상속의 경향은 순흥안씨의 선산과 별장을 강희맹과 이어준 것이다.

강귀손은 또한 강희맹에 대하여 "나의 선친이 공무를 보고 난 뒤에 일반 의관衣冠으로 갈아입고 왔다 갔다 노닐면서 마을의 늙은이들과 같이 농사에 관해 이야기를 나누었다"라고 하여, 금천의 별장에서 직접 농사를 지었음을 암시하였다. 강희맹 역시 본문에서 "내가 농장에 가 집 앞에 있는 척박한 전답에 농사를 지었다"라고 하여, 그의 『금양잡록』이 이 순흥안씨 선산 앞에 있던 별장에서 직접 농사를 지으면서 주변의 농부들에게 들은 이야기를 통해 적은 것임을 보여주기도 하였다.

이처럼 순흥안씨 안경공의 자손에게나 강희맹 모두에게 시흥의 선산은 곧 별장이 있는 곳이었으며, 집안의 농장이 자리한 곳이었다. 강귀손 역시 강희맹을 따랐고, "비록 선인

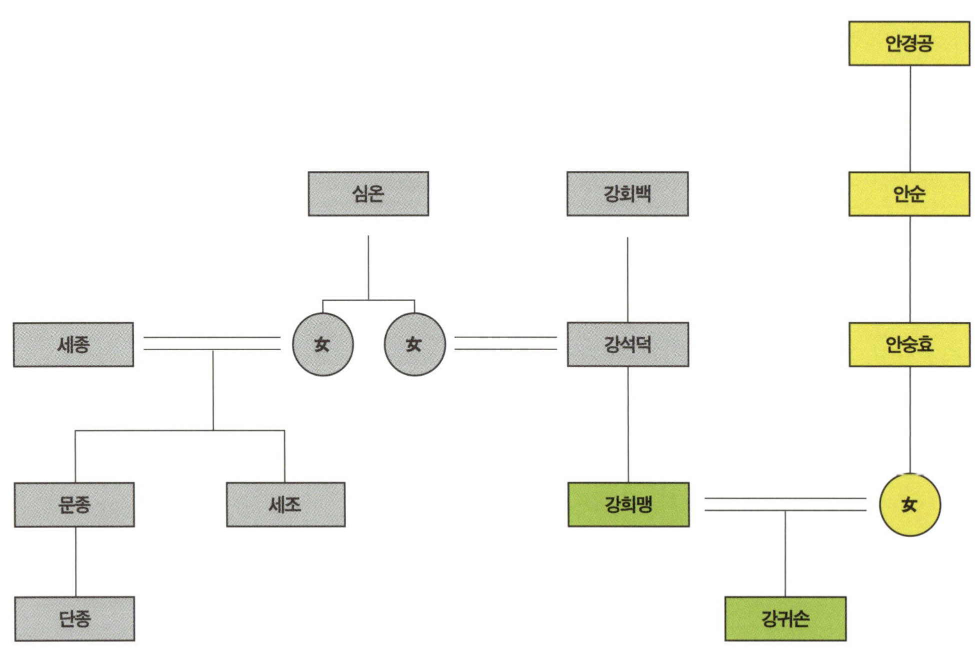

강희맹과 순흥안씨 집안의 관계도

先人들처럼 황무지를 개척하지는 못하더라도 이어서 파종하고 수확하려고 스스로 힘쓰는 바"라고 하여 그 역시 이곳 별장에서 직접 농사를 지었음을 글로 남겼다.

이처럼 조선 초기 강희맹에게 상속되었던 순흥안씨의 선산과 별장이 어떻게 다시 순흥안씨 집안으로 돌아왔는가에 대해서는 알려진 바가 없다. 조선 후기에 부계친족제도가 강화되는 과정에서 부계조상인 순흥안씨에게로 선산이 되돌려졌을 것으로 보이지만 이를 기록으로 확인하지는 못하였다. 분명한 것은 1912년 토지조사 및 이후의 임야조사 당시 이 지역의 순흥안씨 집안에서는 안필양 외 9명이 연명등기를 통해 이곳을 소유하고 있었다는 점이다. 토지조사 당시의 상황에 대해 『순흥안씨 삼파보감』에서는 다음과 같이 전하였다.

> 그 후 560여 년을 시흥 산하종중에서 수호하여 오는 동안 많은 어려움이 있었다. 변화무쌍한 혼란한 세태 속에서 우리 안씨의 성쇠와 더불어 사패지는 톱니바퀴에 끼인 형편으로 자의 또는 타의에 의하여 분할되거나 약탈되기도 하였다.
>
> 마침내 당시 군수郡守이던 주열周烈 씨와 시흥 산하의 필량駜良, 형중瀅中 부자분과 호濩, 상직商稷, 상목商穆 삼부자분 그리고 윤潤, 기중基中, 홍중洪中, 상용商容의 여러분들이 공동명의로 소유권을 등록함으로써 종재임을 분명히 하기에 이르렀다.
>
> 『순흥안씨 삼파보감』, 1991, 175쪽

이와 같은 기록은 조선 초기 강희맹과 진주강씨에게 상속된 것처럼 보였던 이곳의 선산이 어느 시점부터는 순흥안씨에게로 돌아왔으며, 그것이 일제강점기로도 이어지고 있었음을 보여준다. 1912년 당시 시흥동에 있던 순흥안씨 문중 땅은 총 1만 891평이었고, 그중에 대지는 시흥동 46번지로 1,125평 크기였다. 현재 지번으로 보면 806번지와 812번지 일대로 '강희맹 살던 곳'으로 팻말이 붙어 있는 주변 지역이다. 현재의 순흥안씨 강당은 시흥동 54-2번지에 있으며, 이곳 역시 1912년 당시 순흥안씨 집안의 밭으로 되어 있던 곳이다. 순흥안씨 집안의 별장은 이제는 남아 있지 않지만, 순흥안씨 양도공파의 묘역은 지금도 서울특별시 유형문화재로 지정되어 보존되고 있다.

2) 흥선대원군의 별장

강희맹 이후로도 시흥군에 별장이나 농장을 운영한 이들은 많이 있었다. 다만 그 위치를 정확하게 현재의 시흥동 어디로 판별할 수 있는 인물은 한정되어 있다. 그중 별장에 대한 이야기를 전하는 대표적인 인물은 흥선대원군이다. 현재 탑골에 자리한 현대아파트의 앞에는 흥선대원군의 별장 터임을 알리는 푯말이 자리하고 있다.

이곳은 별칭으로 '아흔아홉 칸 집'으로도 불렸다. 『한국지명총람』에서는 '조선 때 이팔장이라는 정승이 지은 집'이라는 전설을 전한다. 또한 『금천지명유래』에서도 비슷한 전설을 언급하며, "이 집은 조선시대에 이팔장이라는 정승이 짓고 살았는데 마을 사람들이 무상으로 이 집을 출입하면서 연못의 경관과 주변의 정취를 즐겼다"[66]고도 전한다.

이유원1814~1888이 지은 『임하필기』에는 「팔짱을 끼는 것으로 호를 얻은 사람」의 이야기가 담겨 있다. 그에 따르면 이존수李存秀, 1772~1829는 술을 좋아하였는데, 술에 취하면 항상 팔짱을 끼고 다녀서 사람들로부터 '팔짱 낀 상공[袖手相公]'이라 불렸으며, 한 시골의

66. 『금천지명유래』, 금천문화원, 2016, 168쪽.

현대아파트(시흥동 220-2번지 일대)

흥선대원군 별장 터 표지석

선비가 그의 집을 방문하며 팔짱을 직함으로 착각해서 '이팔장李八藏 댁'이라고도 불렀다는 이야기를 전한다. 이존수는 정조와 순조 시기에 일하며, 말년에는 우의정과 좌의정을 맡는 등 정승의 반열에 올랐다. 이런 점은 '이팔장이라는 정승'으로 구전에서 지칭하는 것이 이존수일 가능성을 보여주지만, 연안이씨 집안이 시흥동에 머물렀는가에 대한 추가적인 자료가 없어서 확언할 수 없다. 시흥동 주민들이 전하는 전설에서도 연안이씨가 시흥동에 머물렀다는 내력을 확인할 수는 없었다. 다만 이석기 씨에 따르면 본래 강원도 영동에 사는 경주이씨 측에서 이곳의 저택을 갖고 있었으나, 흥선대원군의 요구로 이곳의 별장을 내주었다고 전한다.[67] 비록 본관의 차이는 있으나, 본래 다른 주인이 있던 별장을 흥선대원군이 자신의 권력으로 차지하였음을 이 지역의 전설은 전한다.

1912년 『토지조사부』 작성 당시 흥선대원군의 아들인 이재면이 대지와 바로 옆에 붙은 연못을 함께 소유하고 있었다. 이곳에 자리한 대지는 220번지로 6,801평에 달하였고, 연못은 221번지로 200평의 크기였다. 220번지는 현재 정미빌라로부터 탑골로3길을 통해 이어지는 길을 따라 흥선대원군 별장 터가 있는 현대아파트 정문과 현대빌라까지 포함하는 광범위한 규모의 대지이다. 앞서 살펴본 것처럼 220번지뿐 아니라 이 주변의 토지는 이재면이 다수 소유하고 있었고, 일부 토지를 제외하고는 그의 5촌인 이기용과 그 밖에 김응환이나 배석태가 소유한 곳이었다. 애초에 시흥행궁 뒤에 자리한 대지라는 점에서 당시 대원군의 위세를 보여주는 곳이기도 하다.

물론 흥선대원군이 소유하였던 별장은 여러 곳이었고, 그중에서 시흥의 별장에서 얼마나 지냈는가를 직접적으로 알기는 어렵다. 하지만 그가 남긴 시 중에 이곳 별장에 대한 것이 있다는 점은 이곳에 대원군이 머물렀던 때가 있음을 보여주는 것이기도 하다.

시흥산장始興山庄[68]

넓은 띠 큰 갓 쓰고 이 고을 찾아드니	博帶峩冠來此鄉
늦가을 좋은 절서 바로 중양절이로구나	深秋佳節是重陽
알겠네 오래된 삼세연분 있음을	從知宿世三緣在
옛사람 그리워 외로운 꿈만 길어라	回憶前人一夢長
덕 심음은 자손 위한 계칙이라면서	種德方爲子孫計
제 몸 닦음은 이름을 향기롭게 함일 줄 누가 아는가	修身誰識姓名香

67. 『금천지명유래』, 금천문화원, 2016, 196쪽.
68. 『금천지명유래』, 금천문화원, 2016, 89쪽; 김달진 편, 『한국한시 2권』, 1989, 민음사; 장지연, 『대동시선』 권 10, 1918.

평천 화석은 덧없이 변하거니 平泉花石須臾改
우습다 뜬 구름 같은 인생 부질없이 제풀로 분망함이여 堪笑浮生空自忙

『금천지명유래』, 금천문화원, 2016, 89쪽.

이 시의 분위기는 흥선대원군이 권좌에서 물러나 있던 시기의 감흥을 담고 있다는 점에서 이곳은 대원군이 실각한 1873~1898년간 사용하였던 별장으로 추정되었다.[69]

하지만 이보다 더 주목되는 것은 흥선대원군 서자로 1881년 역모에 연루되어 죽었던 이재선李載先의 아내 평산신씨와의 관련성이다. 이와 관련된 이야기는 이석기 씨의 증언에서 살펴볼 수 있다.

99칸 집은 누구냐. 민비가 사약을 사사한 양반이니까 대원군의 아들인데, 민가로 치면 첩실의 아들이네. 고종보다는 나이가 더 많고. 대원군이 볼모로 갔다 오니 아들이 사살당했네. 첩실일망정 며느리를 보호하기 위해서 99칸 집을 말하자면 뺏은 거지. 룰이 왕실에서 하룻밤만 묵으면 진상을 해야 한다네. 여기 주인이 누구냐면 경주이씨인데 영동사람이야. 이 사람이 대원군의 부름을 받고 운현궁으로 가니까 (대원군이) 시흥에 별장 하나 가진 게 있다는데, 내가 거기를 좀 한 번… 안 된다고 그래? 그렇게 하시라고…. 그 자리에서 양도를 했대. 옛날에도 권리증마냥 있었대. 대원군이 그 할머니를 여기 집에 내려 보내고 보호를 해줘야 되니까 팔도에서 장사(보디가드)들을 모아서 여기에 배치를 했어.

『금천지명유래』, 금천문화원, 2016, 194~195쪽.

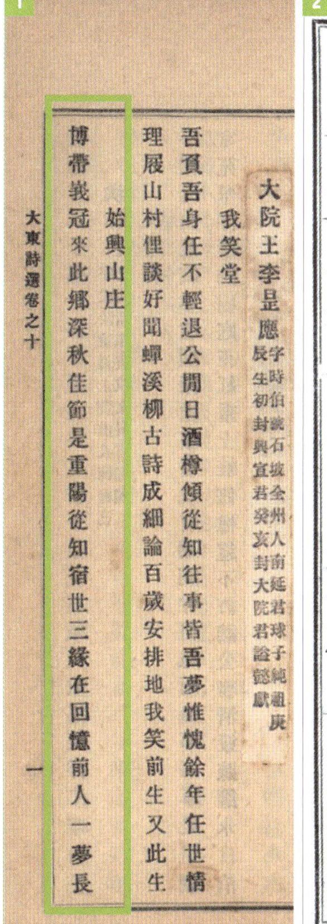
大院王李昰應 字時伯號石坡全州人南延君球子純祖庚辰生初封興宣君癸亥封大院君諡獻懿

我笑堂

吾負吾身任不輕 退公閒日酒樽傾 從知往事皆吾夢 惟愧餘年任世情

理屐山村偕談好 聞蟬溪柳古詩成 細論百歲安排地 我笑前生又此生

始興山庄

博帶峩冠來此鄕 深秋佳節是重陽 從知宿世三緣在 回憶前人一夢長

大東詩選卷之十

1 대동시선 10권 (한국학중앙연구원 장서각)
2 1912년 토지조사부(국가기록원)
3 현재 은행나무 시장과 대원군 별장이 있었다는 현대아파트

69. 『금천구 향토문화지』, 금천구, 1996, 422~425쪽; 『금천지명유래』, 금천문화원, 2016, 89쪽.

●完恩君의 死後

양자가 난봉으로 필경 파양지판에 모친 피소

완은군의 사후를 다룬 기사(『매일신보』 1916.3.12.)

이석기 씨의 증언에 따르면 흥선대원군은 죽은 이재선의 아내이자 며느리인 평산신씨를 위해 그 이전 시기 99칸 집을 소유하고 있던 경주이씨로부터 집을 넘겨받았다는 것이다. 그리고 며느리를 보호하기 위해 이곳에 장사들을 내려 보냈다고도 한다. 정확히 흥선대원군 별장에 언제부터 평산신씨가 거주하였는가를 알 수 있는 자료는 없다. 1912년『토지조사부』에서 별장과 연못이 있는 220번지 및 221번지는 대원군의 아들 이재면의 소유로 되어 있기 때문이다.

그럼에도 위의 증언이 주목되는 것은 평산신씨가 이재선의 사후 오랜 시간이 지난 1912년에 이관용을 양자로 받아들여 군내면 시흥리에 거주하였던 기록을 신문기사를 통해 확인할 수 있기 때문이다. 이관용은 평산신씨로부터 시흥리의 재산이 이재선의 유산임에도 이재면에게 상속된 땅임을 전해 듣게 되며, 1912년 사망하였던 이재면에 이어 시흥동의 토지를 상속받은 이준용에게 1914년 토지인도소송을 제기하였다. 이관용과 이준용 사이의 재판 결과는 원고와 피고 사이의 합의로 결정이 난 것으로 되어 있다.[70] 그러나 그 세부 내용은 기사로 확인되지 않는다.

하지만 당시 이관용은 흥선대원군 별장을 이준용으로부터 넘겨 받았던 것으로 보이는데, 이와 관련된 단서들은 1916년 평산신씨가 그의 양아들인 이관용에게 제기한 파양소송을 통해 확인할 수 있다. 다음은 이를 다룬『매일신보』의 기사이다.

> 경긔도 시흥군 동면 시흥리 이통삼호 신쇼사京畿道始興郡東面始興里 申召史는임의 죽은 완은군 리지션故 完恩君 李載璿 씨의 쳐로 명치 십ᄉ년 중에 완은군이 작고함이 삼십여 년 동안을 홀로 살아오다가 명치 ᄉ십오년 오월에 신쇼사는 지금 경셩 슈표뎡 팔십칠번디 리관용水標町 八十七番地 李瓘鎔을 양자로 삼아 동거한바 리관용은 양자로 드러온 후 쥬야로 쥬색에 빠져 방탕함이 심하던 결과 젼래의 재산 젼부를 모다 업새바리고 또는 죠션의 산판까지 팔아버리며 적간 남에게 빗도 불쇼하더니 대졍 사년 음력 구월에 젼긔 시흥군 동면 시흥리에 잇는 집을 팔아가지고 단독히 경셩에 올나갈제 양모되는 신쇼사는 그곳에 내여바려두고 올나오기 때문에 신쇼사는 남의 집에 붓쳐잇셔 겨우 호구를 하던바 양모를 부양치 안코 져바려 두는 자는 결단코 양자로 삼을슈 업스니 리연離緣하야 달나고 젼긔 신쇼사는 변호사 김긔현金基賢 씨를 쇼송대리인으로 리연청구소송을 경셩디방법원에 뎨긔한데 대하야 (후략)
>
> 『매일신보』, 1916.3.12.

70 「운현궁 재판 결착(雲峴宮裁判決着)」, 『매일신보』, 1914.7.2.

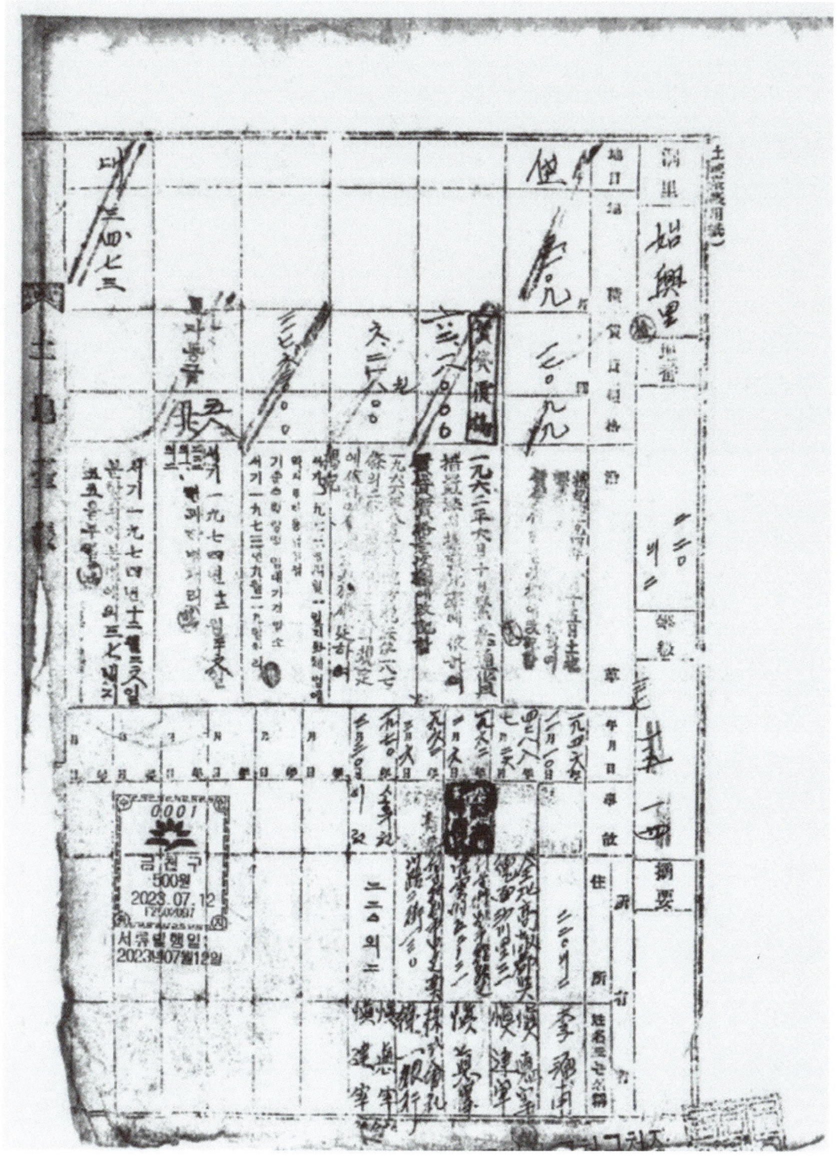

시흥동 220-2번지 토지대장

위 기사는 이석기 씨의 증언처럼 시흥동의 대원군 별장에 살고 있던 것이 이재선의 아내인 평산신씨임을 보여준다. 그녀는 1912년명치 45년 이관용을 양자로 들였으며, 시흥동에서 함께 살게 된다. 앞선 1914년의 토지양도소송은 바로 이관용이 양자로 들어온 이후 이뤄진 소송이라고 볼 수 있다. 그러나 불과 그로부터 2년밖에 지나지 않은 시간 동안 이관용은 기존 재산을 탕진하였을 뿐 아니라 시흥리의 저택을 팔고 경성으로 옮겨 갔으며, 양어머니 신씨는 시흥리에 남겨 놓아 김백석金伯錫 씨의 집에서 얹혀 살고 있었음이 확인된다.[71] 즉 이 저택은 1916년경에는 대원군 후손들의 손을 떠나게 되었던 것이다.

일제강점기 흥선대원군 별장의 소유관계는 불명확하다. 『시흥교회 100년의 발자취』2006, 22쪽에서 1930년대 시흥동의 양상으로 보이는 도면에서는 이곳을 '조예석 별장'으로 표기하여 일부 단서가 제공되지만 추가적인 자료를 찾지는 못하였다.

토지대장상으로 시흥동 220번지에는 별다른 기록이 남아 있지 않았고, 220-1번지는 소화 15년1940 소유권 이전을 계기로 작성되었고, 220-2번지가 해방 직후인 1946년 이원보李源甫로 변화함을 확인할 수 있다. 이 중에서 220-2번지가 주목되는 것은 이곳 대지가 면적이 3,109평에 달하여 여전히 광범위한 대저택의 규모를 보여주기 때문이다.

71. 「완은군 미망인의 양자 이연(離緣) 소송」, 『매일신보』 1916.1.16.

다음 표는 시흥동 220-2번지의 토지대장에 기재된 토지의 소유권자 및 대지 규모의 변화를 정리한 것이다.

시흥동 220-1번지의 소유권 이전 현황

소유권 이전일	대지 규모	소유권자	주소지
1946.2.10.	3,109	이원보	220-2
1955.7.26.	상동	신진재, 신건재	전북 고창군 흥덕면
1962.2.6.	상동	신진재	상동
1962.3.6.	상동	주식회사 한일은행	서울시 중구
1970.3.30.	상동	신진재, 신건재	220-2
1974.12.26.	1,798	신진재, 신건재	220-2
1977.9.19.	상동	한국도시개발주식회사	서울시 강남구

주민들에 따르면 이곳은 해방 이후 신용욱 전 대한항공 사장이 매입하였으며, 그가 이곳을 구매한 이후에 헬리곱터장과 수영장을 추가하여 개조하였으나 주변에 주민들을 다가오지 못하게 하였다고 전한다. 220-2번지는 단기 4288년1955 신덕재愼悳宰·신건재愼建宰의 명의로 되어 있었다. 족보상 이들은 신용욱의 아들로 각각 1941년생신덕재과 1950년생신건재이다.[72]

이처럼 신용욱은 1955년부터 두 아들의 명의로 흥선대원군 별장을 소유하였으나, 1960년 4·19혁명 이후 부정축재에 대한 수사가 시작되면서 어려움을 겪게 된다. 당시 기사에서는 신용욱이 시흥에 구매한 별장에 매월 600만 환이 넘는 금액을 사용하였다고 전한다.[73] 결국 이듬해인 1961년 신용욱은 자살로 삶을 마감하게 되었고, 막대한 빚을 지고 있었기에 시흥 별장도 채권자에게 넘어간다고 밝힌다.[74] 1962년 한일은행이 이곳 별장을 소유하게 된 것은 채권 문제 때문으로 보인다.

토지대장의 내용은 그 이후의 상황을 보여준다. 토지대장에 따르면 1962년 한일은행으로 넘어갔던 이곳 별장의 소유권은 1970년 신용욱의 두 아들이 되찾았다. 또한 그들의 주소지는 시흥동 220-2번지로 바뀌면서 한동안 이들이 대원군 별장에서 살았음을 추측할 수 있다. 유겸선 씨1920년생의 기억으로 1996년 작성된 이 건물의 배치도는 다음과 같다.[75] 이는 1940~1960년대의 변경된 상황을 반영하였을 것으로 보인다. 이는 220번지 전체에서 분리된 220-2번지와 연못으로 보이며, 136평 정도의 규모로 축소된 것이다.

마지막으로 흥선대원군 별장은 1977년 ㈜한국도시개발현 HDC그룹에 판매된다. 이곳은 한국도시개발이 1985년 220-2번지와 연못인 221번지는 물론 230-1, 230-7, 231번지를 통합하여 사원용 아파트를 건립하게 되면서 또 한 차례 변화를 겪게 되었다. 이 변화는 시흥동의 변화를 상징적으로 보여준다. 1960년대 이전 이곳에 상대적으로 인구가 적었던 시점에서 이곳은 여전히 별장으로 주목될 수 있었으나, 1970년대를 거치며 대규모 빌라단지가 건립되던 상황에서는 별장으로서의 장점이 사라지고, 오히려 직원 아파트를 건설하는 방향으로의 전환이 이뤄졌던 것이다.

3) 장택상 별장

시흥동에서 별장으로 가장 유명한 곳은 시흥5동에 자리하였던 장택상 별장이다. 은행나무시장 앞 거리에서 남쪽으로 내려오면 별장거리가 있고 별장약국이 있다. 2020년 서울시 골목길 재생사업지로 선정되어 골목길 활성화를 시도하고 있고, 2022년에는 별장길 골목

72. 『거창신씨세보 권지2』, 2009, 1031~34쪽.
73. 「〈대한항공 사장〉 신용욱씨의 부정축재수사」, 『동아일보』, 1960.6.30.
74. 「신용욱씨는 왜 자살했나」, 『경향신문』, 1961.8.29.
75. 『금천구 향토문화지』, 금천구, 1996, 424쪽.

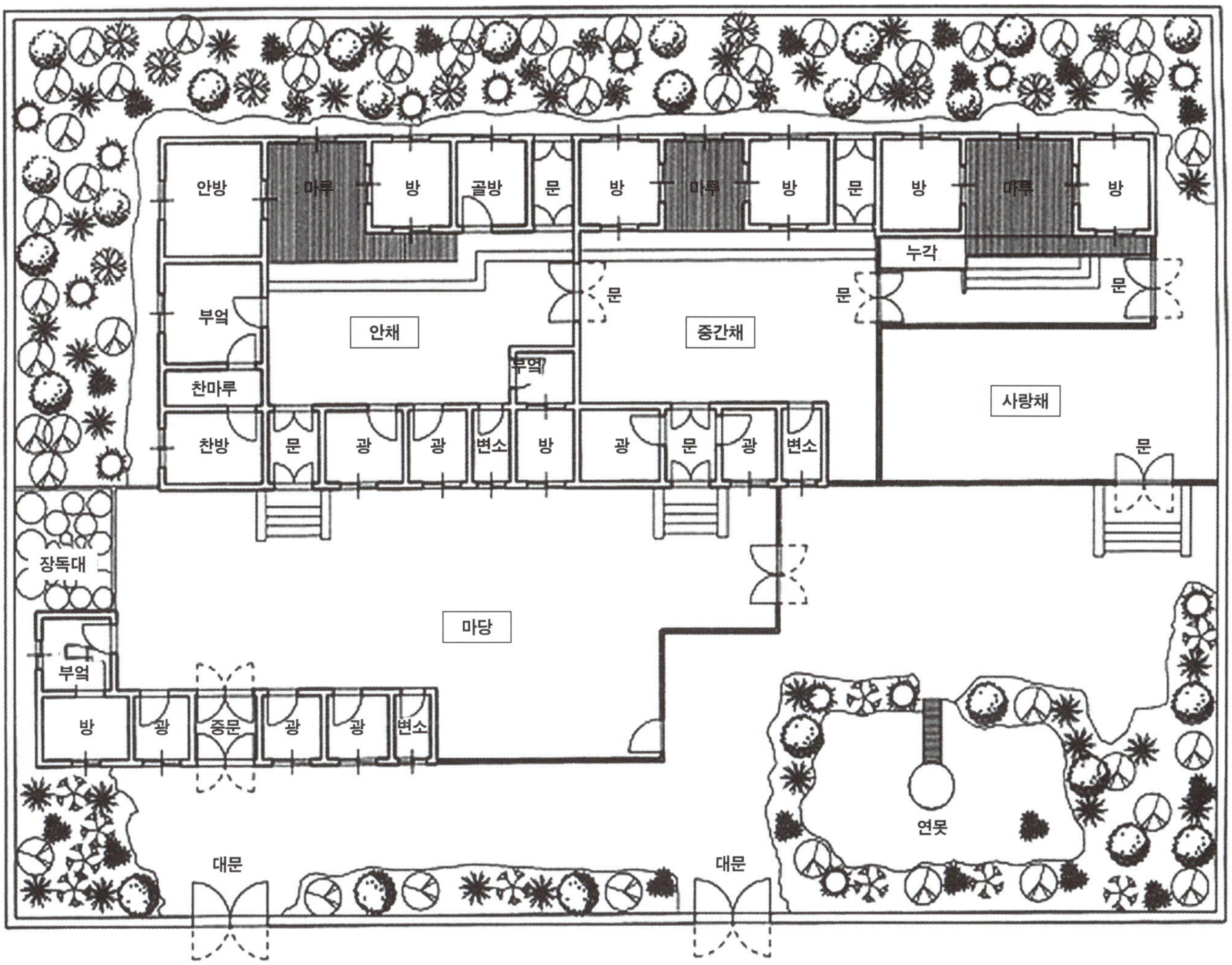

흥선대원군 별장 모식도(『금천구 향토문화지』, 1996, 424쪽.)

흥선대원군 별장 안쪽(금천문화원)

흥선대원군 별장 외부(금천문화원)

축제가 개최되기도 하였다.

장택상 별장이 위치하였던 장소는 불명확하지만 관악 신도브래뉴 아파트가 자리한 주변 일대였다고 전해진다. 시흥동 산 91~93번지, 산 83~84번지, 산 73번지 일대, 267~268번지를 포괄하는 상당히 넓은 지역으로 표기되기도 한다.[76] 다만 이 글에서는 장택상 별장이 1957년 기사에서 시흥동 407번지 소재로 특정된다는 점에 주목한다.[77]

이곳 별장은 본래 일제강점기 한성은행의 은행장을 맡았던 한상룡韓相龍이 지은 것이다. 1880년 서울에서 태어난 한상룡은 1899년부터 일본에서 수학하였고, 1910년 이후 한성은행의 전무취체역을 맡았고, 1923년에는 한성은행의 두취, 즉 은행장을 맡았던 인물이다. 별장에 대해서는 윤희길이 지은 「벽서장기」에 따르면 "계해년1923에 허가를 받고, 완성은 3년 후인 을축년1925을 넘어 비로소 얼개가 만들어졌다[歲癸亥劵成越三年乙丑刱結構]"고 표현하고, 한상룡 역시 1925년 11월 별장을 신축해서 이듬해에 낙성하였다고 밝힌다. 이런 점에서 장택상의 별장은 본래 한상룡이 한성은행의 은행장을 맡았던 1923년 만들기 시작하여 1926년에 완성되었다고 볼 수 있다.

이 별장에 대해 한상룡은 "이 별장에서 약 2정약 109m 떨어진 뒷산 기슭에서 약수가 나왔는데, 이를 음료로 사용하기 위해 철관을 통해 약수를 별장 안의 정원으로 끌어들였습니다"라고 밝혀서 시흥계곡의 약수를 활용하고 있었음을 보여준다.[78] 이런 인연으로 1929년 한상룡은 시흥군 동면 면장에게 동면 극빈자를 위해 사용해 달라는 의미의 기부를 하였다.[79] 일제강점기가 끝나고 해방 이후 한상룡 별장은 장택상에게로 넘어갔다. 장택상이 시흥별장을 어떻게 소유하게 되었는가는 분명하지 않다. 일부에서는 해방 이후 적산가옥이었던 것을 장택상이 불하받게 되면서 사용하게 된 것으로도 본다.[80] 장택상의 본가는 서울시 중구 수표동에 있었고, 시흥의 별장은 검주산장黔州山莊 혹은 검주장黔州莊으로 칭하기도 하였다.[81]

다만 장택상 별장의 정확한 위치는 모호하다. 장택상 별장이 1957년 기사에서는 시흥동 407번지 소재로 특정된다는 점에 주목하여 토지대장을 확인해 본 결과 406번지가 중심이었다. 407번지 소유주는 장청張淸으로, 시흥동 406번지가 주소로 잡혀 있었다. 이는 같은 대지로 지목이 잡힌 404, 406, 407 모두가 동일하였다. 즉 여러 지번을 합해 하나의 별장을 구성하였던 것으로 보이며, 장청이란 인물이 이곳을 맡아 관리하였던 것이다.

장병혜는 『상록의 자유혼』을 통해 아버지 장택상의 일대기를 회고의 형식으로 그려냈다.[82] 이 책에 담긴 내용을 통해 검주산장에서 장택상이 어떤 활동을 하였는가를 정리해 보면 다음과 같다.

장병혜의 저서에서 등장하는 시흥별장과 장택상의 행적

시기	맥락	내용
1948년	초대 외무장관 취임	"장관 취임 열흘 만에 시흥별장 또는 월파정에서 국내외 귀빈을 초치, 대연을 베풀었다."(90쪽)
1950년	6·25전쟁과 피란	"서울은 문자 그대로 무방비상태였고(…) 정세의 급박으로 결국 의장단은 의원들에게 각자 개인행동을 취하라는 통지를 발했다. 이리하여 시흥별장에 모여 있던 우리 가족들은 급히 달려온 아버지와 함께 가까스로 위기를 모면하면서 (…) 부산에 닿았다."(96~97쪽)
1957년	여야 영수회담	"이것이 소위 여야 영수회담이라고 불리던 것으로 그 장소는 시흥별장이었다."(146쪽)
1961년	5·16 당시	"의회는 해산당했으며 아버지는 자동적으로 약 2년간 휴식 생활에 들어갔다."(162쪽) 이 시기에 대한 연보에는 "5·16사태로 시흥별장에 은거"(200쪽)하였다고 전한다.
1963년	자유당 당수 시기	"곧 11월 26일 국회의원 선거에서 아버지는 유서 깊은 시흥별장마저 팔아가며(후략)"(163쪽)

76. 『금천구 향토문화지』, 금천구, 1996, 425쪽.
77. 「나무한다고 여인을 총격, 실탄을 삼발이나」, 『조선일보』, 1957.2.10.
78. 한익교 저, 김명수 역, 『한상룡을 말한다』, 혜안, 2007.
79. 「속십일포기증」, 『동아일보』, 1929.3.26.
80. 『금천구 향토문화지』, 금천구, 1996, 177~178쪽.
81. 장택상의 시흥동 별장을 "검주장"으로 기재한 것은 「젊잖은 사람은 못할짓?」, 『조선일보』, 1957.10.11.; 「진정한 득실평가에 착오없이 하라」, 『경향신문』, 1957.11.23. 같은 기사를 통해서 확인할 수 있다. 이곳은 때로는 '검주산장'으로도 표기되는데, 이는 다음의 기사에서 볼 수 있다. 「공화당 최고 위원 장택상씨」, 『경향신문』, 1956.4.9.; 「검주산장에서 개최」, 『경향신문』, 1957.10.12.
82. 장병혜, 『상록의 자유혼: 창랑 장택상 일대기』, 영남대학교 박물관, 1973.

장병혜에 따르면 장택상과 시흥동의 별장은 긴밀한 관계를 갖고 있었다. 1893년 출생하여 1930년 경일은행 상무를 맡기도 하였던 장택상은 해방 이후 1948년 초대 외무장관으로 취임하였으며, 이미 이 시기에는 시흥별장을 소유하고 있었다. 장병혜는 당시 장택상이 월파정은 물론 시흥별장에서도 국내외의 귀빈들을 모셔 연회를 열기 위한 장소로 활용하였다는 점을 밝힌다.

장택상은 1950년 국회의원에 당선되고, 국회 부의장이 되었던 상황에서 6·25전쟁을 맞게 된다. 당시 장택상의 가족들은 먼저 시흥별장에 피신한 상태였으며, 이후 장택상 역시 이곳 별장에서 합류한 뒤에 부산으로 피란을 떠나게 되었다. 그는 6·25전쟁 중인 1952년 국무총리를 맡게 되었으며, 이후 발췌개헌에 연루되어 이승만과도 가깝게 지냈다.
1961년 5·16군사정변으로 의회가 해산당하였던 시기 장병혜는 장택상이 시흥별장에서 은거하였던 것으로 기록하였다. 이후 1963년 장택상은 자유당을 재창당하며 자유당의 총재를 맡게 되는데, 당시 11월 26일 국회의원 선거를 준비하기 위하여 이곳의 별장을 매각하였다. 이때 별장은 이영수李永守와 이봉수李奉守에게 판매되었다. 그리고 1968년 토지구획정리가 본격화되면서 이 토지 역시 토지구획지구 내에 포함되었다.

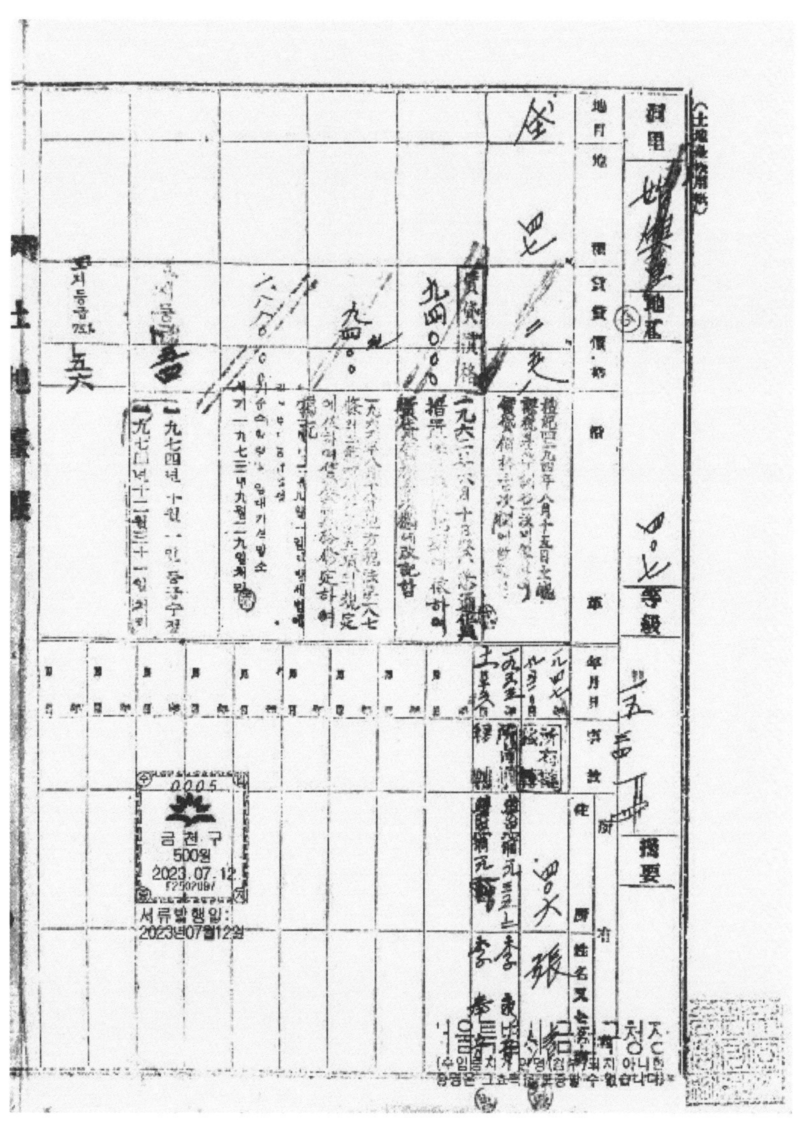

시흥동 407번지 토지대장

피아노플룻
804-2240
010-5289-2549
804-2240
유초등부
중고등부
입시반
성인반
별장거리
별장약국
807-6360
별장약국
30

별장길 시계탑

1987년 별장빌라 홍보물

하지만 이들은 이 땅을 1978년에 삼천리건설주식회사에 판매하였고, 삼천리건설에서는 1986년 404-1, 405-2, 406, 408, 704-38, -49, -50번을 합병하면서 '삼천리 별장빌라'를 건설하였고, 1987년에 분양을 시작하였다.

당시 별장빌라의 홍보문구는 장택상 별장이 시흥계곡과 가깝다는 특징을 살려서 선전하였다. '전원 속의 특급 거주지' '약수터와 수목으로 둘러싸인 집터의 명당' '전 국무총리 장택상씨의 별장지' 등의 표현은 별장이 주택 선전의 한 방식으로 활용되었음을 보여준다.

별장빌라는 2005년 신도종합건설에 의해 2개 동 15층의 206세대 규모로 재건축이 이뤄졌다. 현재 장택상 별장의 건물은 없어졌고, 삼천리건설에서 만든 별장빌라도 사라졌다. 그렇지만 별장이라는 이름을 가장 늦게까지 전유한 것은 바로 시흥5동의 별장길 시계탑 주변이다. 이 주변에는 지금도 다음의 사진에 보이는 별장약국이 자리하고 있으며, 근처에는 '별장길공원'도 있다. 이처럼 장택상 별장의 흔적이 별장길을 통해 이어지고 있다. 정리해 보면 시흥동의 장택상 별장은 일제강점기 갑부가 경성에 가까운 시흥동에 별장을 만들었고, 그것이 해방 이후 장택상이라는 유명인의 별장이 되었다가, 1980년대를 거치면서 빌라나 아파트단지로 변화하게 되었다. 이처럼 흥선대원군의 별장과 장택상의 별장 모두 1980년대를 거치면서 빌라나 아파트단지로 개발되었던 것도 시흥동에서 찾아볼 수 있는 특징이다. ♣

#1

탑골 원로

이석기

1935년(1세) → 종로구 장사동에서 출생
1936년(2세) → 충무로2가로 이주
1942년(8세) → 경성청계공립국민학교
(현 서울청계국민학교) 입학
1944년(10세) → 시흥동 탑골로 이주, 시흥공립국민학교 전학
1947년(13세) → 시흥동 600평 한옥으로 이사
1948년(14세) → 용산중학교 입학
1958년(24세) → 시흥동 초가집으로 이사
1970년(36세) → 결혼
1971년(37세) → 읍내(시흥5동) 주택으로 이사
2013년(79세) → 시흥동 백운한비치2차 아파트로 이사

"아흔아홉칸 집이라고 하는
흥선대원군 별장이 탑골에 있었어요."

이석기는 시흥동의 자연마을 중 하나인 탑골의 원로이다. 1935년 충무로에서 태어나 열 살 무렵 탑골로 이사 온 뒤 줄곧 시흥동에서 살아온 그는 마을의 옛 모습과 사건을 생생히 기억하고 있다. 이 때문에 금천구와 시흥동에서 마을기록 사업이 추진될 때면 사람들은 그를 찾아와 옛 시흥동의 이야기를 청해 듣곤 한다. 조사팀 역시 그를 만나 시흥동의 옛 모습과 유적을 비롯해 구전으로 내려오던 이야기를 전해 들을 수 있었다.

서울 도심에서 태어난 그가 탑골로 이주해 온 것은 아시아·태평양전쟁이 막바지로 치닫던 1945년 봄, 미국의 공습에 대비하기 위해 조선총독부가 내렸던 소개령疏開令 때문이었다. 그전까지 그는 충무로에 살며 계성유치원과 경성청계공립국민학교에 다녔고 명동과 청계천 일대에서 일본인과 부대끼며 살았다. 탑골로 소개된 뒤에는 시흥공립국민학교현 시흥초등학교에 전학하여 서울 도심과 다른 환경에 적응해야 하였고, 졸업 후에는 주변에 상급학교가 없었던 탓으로 다시 서울 도심의 학교로 진학하여 생활해야만 하였다. 해방 직후에 그는 시흥동의 주재소에서 미군이 일본군의 무장을 해제하는 광경을 지켜보는 한편 미군이 시흥동에 주둔하는 과정에 관여하여 '신문물'을 경험하였다. 6·25전쟁 중에는 시흥동 안팎으로 피란과 탈주를 반복하며 생사를 넘나들었고, 훗날 시흥동에 토지구획정리 사업이 진행될 때는 전쟁으로 인해 기울었던 가세를 회복할 수 있었다. 그의 이야기는 한 개인의 생애가 우리나라 근현대사의 큰 흐름과 얼기설기 얽혀드는 면모를 확인시켜 주는 생생한 증거이기도 하다.

이석기의 이야기는 문헌자료로는 미처 알기 어려운 시흥동의 옛 모습을 이해하는 데 도움을 준다. 오랜 세월 한 지역에서 뿌리를 두고 살아온 토박이만이 들려줄 수 있는 이야기이기 때문이다. 조사팀과의 인터뷰를 마무리하며 시흥동에서의 삶이 박복하지는 않았다고 회고한 그는 힘이 닿는 데까지 마을에서 구전되어 온 이야기를 전달하고 싶다고 다짐하였다. 그의 바람은 시흥동에서 천수를 누리며 오랫동안 시흥동을 기억하고 이야기하는 것이다.

1. 장사동에서 탑골로

장사동 한옥집에서 태어나서 입식 부엌이 있는 근대식 주택에서 살았어요.

청계천 옆 장사동에서 태어났어요. 아버지는 황해도 신천 사람이고 해주에서 중학교를 나오셨어요. 그런 다음에 토목 기술을 배우셔서 서울에 취직하셨어요. 한강에 둑을 짓고 안양천에 토목공사를 할 적에 아버지가 공구장을 하셨다고 해요. 어머니는 시흥시 수암면 출신이신데 아버지와 결혼하시고는 장사동에 살림을 차리셨어요.

충무로 입구

경성청계공립국민학교 외경

1945년 충무로 광경(국가기록원, 관리번호 CER0000147)

이석기의 탑골 내 거주처(1944~1971)

내가 거기서 태어났고 두 살이 될 때쯤에 아버지의 회사 사택이 충무로2가에 새로 지어져서 그리로 이사 갔어요. 장사동 집은 한옥이었고 충무로 집은 근대식 주택이었어요. 상하수도가 들어오고 옛날식 얼음 냉장고, 옛날식 가스레인지 등이 갖춰진 입식 부엌을 쓸 정도로 좀 좋은 집이었죠. 거기에 살면서 계성유치원을 다녔고 경성청계공립국민학교를 3학년까지 다녔어요. 청계천은 삼청동과 사직동에서 나오는 생활하수 때문에 물이 뿌옇고 좀 더러운 편이었는데 그래도 물놀이를 하거나 다슬기를 잡아서 먹을 수는 있어요. 청계천 주변에 초가집이랑 허름한 기와집이 몇 채 있었는데, 골목길 모퉁이의 추녀 밑에서 다슬기를 5전에서 10전 정도 가격에 사 먹었고 그랬어요. 번데기 봉지 같은 데다가 담아주면 그걸 쪽쪽 빨아먹는 거예요.

전쟁 때 공습을 피하려고 탑골로 피란을 와 정착했어요.

충무로에 살다가 1945년 2월에 탑골로 이사를 왔어요. 일본이 한참 전쟁 중일 때라 도쿄가 공습을 당하고 아주 난리였거든요. 총독부도 공습에 대비해야 한다고 도심 사람들을 지방으로 소개疏開시켰는데, 그때 우리가 이 탑골로 오게 된 거예요. 그러니까 탑골로 피란을 온 거죠. 당시 탑골은 100여 호가 사는 꽤 큰 동네였어요. 개울 건너서는 읍내가 있었고 거기에는 시흥관아에서 종사했던 사람들이 아직 살고 있었어요. 우리 집이 탑골에서 처음 자리 잡았던 곳은 어울샘탑골로22의 바로 옆집이었어요. 그 앞으로 개천이 있었는데 축대가 엉성하게 쌓여 있었어요. 비만 오면 물이 넘칠까봐 몹시 무서워했던 기억이 나요. 그 집에서

탑골 전경

어울샘(탑골로22)

여름을 두 번 나고서는 600평 크기의 한옥으로 이사를 했어요. 그 집은 지금 벽산아파트로 들어가는 길 부근에 있었어요. 안채와 바깥채, 조그만 텃밭까지 갖춰진 집이었죠. 집 안에 대들보가 매우 컸고 장석으로 세운 돈대도 있었어요. 비가 아무리 많이 와도 걱정이 안 되는 집이었죠.

해방 직전까지 우리 집은 시흥동에서 조그만 벽돌공장을 운영했어요.

전쟁 때는 물자 생산이 급하니까 조그만 공장이라도 운영하기만 하면 배급을 더 받고 징용도 면제를 받는 혜택이 있었어요. 아버지가 시흥동에서 벽돌공장을 하셨기 때문에 우리 집은 쌀하고 압맥에다가 장갑, 양말, 치카타비ちかたび, 작업화 등등을 더 배급받으면서 전시를 버틸 수 있었어요. 그러다 해방을 맞은 거예요.

해방되고서는 장사동 한옥집을 팔고 그 자금으로 초동의 수도극장 건너편에 있었던 130평짜리 적산가옥을 샀어요. 한쪽에는 건재상 사무실을 차렸고요. 일정 때 충무로 일대의 집은 전부 다다미 구조로 된 적산가옥이거든요.

그런 집에 조선사람은 불편해서 못 살아요. 조선사람이 살려면 다다미를 뜯어내고 온돌을 놓고 부뚜막을 만들어야 해요. 공사를 새로 해야 하니까 건자재 수요가 생기기 마련이죠. 우리가 그걸 내다보고 건재상을 차린 거예요. 건재상은 화물차 2대를 운용할 정도로 규모를 꽤 크게 했어요. 또 시흥동의 벽돌공장을 팔고 대림동에 있는 적산 벽돌공장을 인수해서 운영했어요. 우리 집안에는 미국에 유학을 갔다 온 사람과 친하게 지냈던 어른이 몇 분 계셨어요. 이분들이 미군정청의 재무관이나 정부 요로에 있는 분들과 연결을 해주어서 관청이나 공공기관이 건축공사를 할 때면 우리 공장의 물건을 썼죠. 1947년쯤부터는 매일 20~30명씩 일꾼이 붙어 있어야 했어요. 제주도까지 거래를 틀 정도로 경영이 잘됐었죠. 그러다 보니 자연히 정주영 씨랑도 교류하게 됐죠. 정주영 씨가 건설업을 시작할 때쯤인데 자전거를 타고 우리 사무실에 매일 와서 일을 보고 돌아가기 전까지 바둑도 두고 가고 그랬어요.

1960년 이전 시흥동(금천문화원)

이앙 중인 시흥군 동면의 농민들(『매일신보』, 1940.7.9.)

시흥동에 와서

서울 도심에서는 볼 수 없었던 모습들을 처음 보게 됐어요.

일정 때 충무로는 본정本町이라고 해서 서울의 중심이에요. 거기 사람은 대부분이 일본사람이었고 조선사람은 드물었어요. 조선사람 집은 충무로1가에서 4가까지 다 합쳐도 30집 정도밖에 안 됐어요. 동네 아이들도 거의 다 일본 아이들이었고 얼마 되지 않는 조선 아이들과는 청계국민학교에 다니면서 어울렸어요.

시흥동은 충무로와 분위기가 아주 달랐어요. 밥을 못 먹고 굶는 사람들이 많았어요. 가진 땅이 없어서 농사를 못 짓는 사람도 많았어요. 남편이 아침 일찍부터 안양천이나 군포, 수암면 쪽으로 양철통을 지게로 이고 가서 미꾸라지를 잡아 오고, 부인은 '오늘 뭐가 좀 남아 있을 거 같다' 하는 집에 가서 밑반찬을 얻어오고 그런 식으로 사는 집이 여럿이었어요. 집에 애들은 한 네다섯 명이 되는데 학교를 못 다니는 경우도 많았고요.

탑골 내 잡화점(『탑골마을 이야기』, 2016, 13쪽.)

시흥동에서는 배급이 제대로 안 나왔어요. 서울 도심에서는 배급이 정기적으로 잘 나왔기 때문에 그걸로 전시를 어떻게든 버틸 수는 있었는데 여기는 배급을 부정기적으로 줬어요. 막상 받는 것도 영 형편이 없는 것뿐이었어요. 서울은 현미하고 압맥을 주는데 여기는 어떤 때에는 강냉이

1975년 탑골 골목(『탑골마을 이야기』, 벚꽃로 100 73쪽.)

를 부순 게 나오고 어떤 때에는 콩깻묵이 나오는 등 천차만별이었어요. 안 주는 거보다야 낫겠지만 이 동네 주민들의 사정이 그렇게 열악했던 거죠. 배급을 제대로 받는 곳은 공장이 유일했는데 우리 집이 벽돌공장을 했으니까 그나마 배급을 잘 받은 축에 속했죠.

시흥국민학교에 들어가서는 운동장 크기에 놀라고 교육 여건에 또 놀랐어요.

청계국민학교는 교사校舍가 3층이었고 교실이 7~8개가 있었어요. 운동장은 삼각형 모양이고 학생들이 다 못 모일 정도로 좀 작은 편이었어요. 전체 집회가 있을 때면 저학년은 운동장으로 가고 고학년은 강당으로 가야 했어요. 운동회는 동대문운동장에 가서 했고요. 처음에 시흥초를 봤을 때 운동장이 넓어서 깜짝 놀랐어요. 또 교사가 단층인 게 눈에 띄었어요. 여기저기서 학생들이 모여드는 것도 놀라웠어요. 봉천동, 신림동, 신도림동, 구로동, 대림동, 독산동, 신대방동, 광명시, 안양시 석수동 아이들이 전부 시흥초로 모여들었으니까요.

교육 여건도 좀 차이가 났어요. 시흥초 선생님들 중에서 사범학교 출신은 한 분도 없었어요. 양정·보성·휘문중학교 나와서 어디 연수소 같은 데에서 교육받고 선생님이 된 분들이 대부분이었어요. 또 교재를 구하기가 어려웠어요. 충무로에 살 때는 주변에 책방이 많아 교재나 참고서를 구하기가 쉬웠어요. 그런데 시흥동은 책방은커녕 책을 한 권 사려면 영등포까지 가야 했어요. 영등포에 가더라도 책방은 시원치 않았죠. 그때는 영등포도 시골이나 마찬가지였으니까요. 중·고등학교는 후암동에 있는 용산중·고등학교를 다녔어요. 시흥동에는 학교가 없어서 상급 학교로 진학하려면 서울 시내로 들어가야 했으니까요. 초동에 우리 집이 있으니까 거기서 남산을 넘어 용산중·고등학교를 걸어 다녔어요.

2. 해방 직후 시흥동의 분위기와 소동

해방 전까지 전쟁 분위기 때문에 매일 불안한 상태였어요.

어렸을 때 일본이 패망할 거라고는 생각을 못했어요. 일본의 전쟁 선전을 별생각 없이 받아들였기 때문에 온 세상을 일본이 휘어잡을 줄 알았으니까요. 그랬는데 한 1943년 말부터 배급이 안 나오기 시작했어요. 일본 사람들이 본국으로 돌아가는가 하면 서울 시내가 밤에 등화관제를 하기 시작했어요. 젊은 사람들은 전부 징발돼서 서른 살 정도 되는 사람은 보기가 어려웠고요. 1945년 봄부터 오키나와 전투 소식이 들리면서 미군이 본토에 상륙하는지도 모르니까 결전에 임하라는 둥 혼란스러운 분위기가 계속 이어졌어요. 지금도 또렷하게 기억나는 게 바로 센닌바리千人針, せんにんばり예요. 흰 천을 깨끗하게 빨아서 빨간 실을 한 사람당 한 땀씩 1,000명이 수를 놓아 만드는 일종의 부적을 말하는데, 징집 영장이 나와서 군에 출정하는 남편이나 아버지의 모자, 군복 안에 그걸 넣으면 명命을 구할 수 있다는 거죠. 충무로에 살 때 남겨진 군인 가족들이 갓난애와 같이 길에 나와서 지나가는 사람한테 한 땀씩 따달라고 막 붙들면서 애원하는 장면을 본 적이 있어요. 어린 나이에도 그런 모습을 보면 매우 참담한 심정이 들었죠. 그런 데다가 도쿄가 공습으로 전부 불탔다는 얘기를 듣고

천인침을 따는 주민 모습(『매일신보』, 1943.11.21.)

호암산 칼바위(금천구청)

어른들이 전쟁 걱정하는 소리를 들으니까 굉장히 걱정스럽고 불안해졌어요. 그러던 중에 총독부의 소개령에 따라서 시흥동으로 이사를 온 거예요.

해방되기 직전에 친구들과 호암산에 올라가 사고를 칠 뻔한 일이 있었어요.

해방되기 직전까지 일본은 미군이 본토에 들어오면 이루 말할 수 없는 처참한 수난을 겪는다고, 그럴 수는 없으니까 결전에 임하라고, 아니면 천황이 있는 쪽으로 동방배례東方拜禮를 하고 할복하든지 하여간 결사항전에 임하라고 부추겼었어요. 그래서 그때는 동네 아이들끼리 어려서 뭣도 모르고 같이 할복자살하자고 모여서 호암산을 올라간 일이 있어요. 한 30명 이상이 모여서 호암산 칼바위 쪽을 향해서 갔는데 슬금슬금 조금씩 다 빠지고 나중에 보니까 나까지 포함해서 한 대여섯 명만 남아 있었어요. 남은 아이들끼리 할복을 어떤 방법으로 할 것이냐 하다가 사금파리로 하기로 정하고서는 사금파리를 구하러 호압사 근처를 돌아보고 있었어요. 그런데 도망간 친구 중 한 녀석이 동네 어른들한테 일러바쳤는지 우리를 잡으러 올라오는 사람들 소리가 들렸어요. 잡히면 우선 혼날 일부터 걱정되니까 건초를 구하러 산에 오른 것이라고 둘러대서 겨우 넘어갔었죠. 전쟁 때문에 그렇게 웃지 못할 일도 겪은 거예요.

해방되는 날에는 동네 사람들이랑 같이 천황의 항복 선언 방송을 들었어요.

시흥군 동면 사무소에서 징용을 담당하는 면서기가 있었는데 그 사람이 시흥동에 기와집을 짓고 살았어요. 그 집 마당에 멍석을 깔고 동네 사람들이 한 40~50명이 모여 앉아서 라디오로 천황의 '옥음방송'항복 선언 방송을 들었어요. 나는 동네에서 일본말을 가장 잘하는 사람이었으니까 방송 내용을 사람들한테 통역해 주려고 맨 앞에 앉아서 들었어요. 옆에는 정 선생님이라고 다리 한쪽이 없어 목발을 짚고 다니셨던 교회 장로님이 계셨고요. 그런데 전파수신 상태가 안 좋아서 방송에서 뭐라고 하는지 나는 하나도 못 알아들었어요. 정 선생님에게 무슨 소리인지 하나도 못 알아듣겠다고 했죠. 그러자 선생님은 이제 일본은 망했다고 우리가 독립해서 정부를 만들고 살면 된다고 하셨어요. 근데 그때 나는 독립이 무슨 말인지 몰라서 그 말을 이해하지 못했었어요. 학교에서 가르쳐 주지도 않았고 어른들이 그런 말은 입 밖에 꺼내지도 못하게 했을 때니까 그럴 수밖에요.

해방되고 가장 좋았던 건 학교가 쉰다는 점이었고, 가장 힘들었던 건 인플레이션 때문에 농사가 어려워진 점이었어요.

해방 직전까지 학교에서 숙제를 얼마나 많이 내줬냐면, 관솔을 두 가마씩 해오라고 하거나 말을 먹일 건초를 40관씩 해오라고 그랬어요. 숙제가 아니라 노역을 부린 거죠. 해방되고서는 그걸 안 해도 됐으니까 무척 신나고 좋았어요. 해방되고는 북에서 월남하거나 해외에서 들어오는 사람들이 많으니까 인플레이션이 생겨서 살림하기가 아주 힘들어졌어요. 옛날에 농사가 끝나면 밭일하던 소를 살 찌워서 팔고, 겨울에 농사철을 대비할 때가 되면 수원 우시장에 가서 소를 사고 그랬어요. 해방이 8월이었으니까 그때가 농한기였죠. 그래서 하던 대로 소를 잡았았어요. 그런 다음 겨울철이 되어서 수원 우시장에 갔는데 인플레이션 때문에 소값이 부쩍 뛰어올라 소를 못 사는 동네 사람이 많이 생겼어요. 일정 때는 이런 적이 없었는데 해방되고서 생전 처음 겪은 거거든요. 그때 동네 분위기 아주 어수선했었어요.

미군이 일본군을 무장해제 하는 광경을 마을 사람들과 다 같이 지켜봤어요.

지금 시흥1동 파출소시흥대로57길 45 자리가 일정 때 시흥군 동면 사무소가 있던 곳이에요. 해방되고 한 9월 중순쯤에 미군이 거길 접수해서 무장해제 하는 모습을 동네 사람과 함께 지켜봤어요. 미군 상등병하고 일등병 두 사람이 왔다 갔다 하면서 사무소를 뒤지는데 한쪽에서 일본인 소장과 차석이 국민복을 입고 차렷 자세로 바짝 얼어서 미군이 가는 곳마다 착착착 돌아서요. 그걸 보니까 정말 신기했어요. 왜냐면 얼마 전만 해도 그 사람들은 위압적이고 무서운 걸로 유명했었는데 저렇게 바짝 얼어서 얼굴에 절망이 서린 모습을 보는 게 처음이었으니까요. 미군이 무장해제를 하는 도중에는 총기사고도 났어요. 미군의 통제로 일본군이 이동하던 중에 일본군 병사 한 명이 허리춤을 정리했는데, 미군은 그 모습이 무기를 꺼내 공격하려고 한 건 줄 알았는지 곧바로 총을 쏴버렸어요. 일본군 병사는 나가떨어지고, 주변 동네 사람들은 전부 깜짝 놀랐죠. 그런 끔찍한 광경을 지켜보고 나니까 어린 나이에도 '패전군이 저런 거로구나' '나라 꼴이 이게 뭔가' 하는 그런 처참한 심정이 들었던 기억이 나요.

시흥동에 들어왔던 미군하고 마을 사람들은 걱정과 달리 친밀하게 잘 지냈었어요.

미군은 우리 조선사람한테는 친절하고 호의적으로 다가왔어요. 그런 사고가 있고서 조금 뒤에 미군이 동네 사람 중에 영어 좀 되는 사람을 구한다고 그랬어요. 여기에 주둔하게 됐으니까 동네 사람들과 소통하고 싶다는 거예요. 그래서 나하고 친구하고 우리 동네 문 씨를 소개해 줬어요. 이분이 해방되고서 영어 공부를 아주 열심히 했어요. 길가에서도 수첩 들고 다니면서 공부할 정도로요. 그래서 문 씨를 미군 부대에 데리고 갔는데, 문 씨가 처음부터 "How do you do?"라고 말하면서 미군과 악수하는 거예요. 그 장면이 아직도 또렷해요. 그리고 말을 몇 번 주고받더니 못 알아듣겠는지 문 씨가 노트를 꺼내서 필담으로 하자고 했죠. 결국 문 씨는 미군에 채용돼서 지배인으로 일했어요. 그러면서 미군은 동네에 좋은 일을 많이 해주었죠.

1949년까지 금천구청 뒤쪽의 롯데캐슬 일대는 전부 미군 주둔지였어요. 처음에는 미군이 들어온다고 해서 걱정이 많았어요. 일정 때 미군이 들어오면 우리를 해코지할 것이라는 풍문이 많이 돌아서 정말로 그럴 줄 알았으

금천구 원로집담회에서 이석기 발언 모습

니까요. 그런데 막상 미군이 들어오니까 동네 사람들과 친구처럼 원만히 잘 지냈어요. 덕분에 생전 처음 보는 것도 많았죠. 지프차도 처음 봤고 흑인도 처음 봤고, 미군이 미국식 소총이나 양담배·라이터도 구경시켜 주기도 했어요. 어린 애들한테는 사탕도 나눠주었고요. 동네 사람들이 답례로 달걀을 삶아서 갖다주면 미군이 크게 기뻐하면서 좋아했었던 기억이 나요.

3. 6·25전쟁과 목숨을 건 피란

대전으로 피란을 가는 기차를 타고 서울을 빠져나올 수 있었어요.

6·25전쟁이 일어났을 때 라디오를 통해 삼팔선에서 전면전이 일어났고 북한이 남침했다는 소식을 들었어요. 이튿날 아침에 학교에 갔다가 선생님들이 학생들을 귀가시켰고, 그다음 날에 정부가 대전으로 피란 가는 기차를 친구랑 같이 몰래 타서 서울을 빠져나왔어요. 당시 서울역 앞의 동자동, 의주로 일대는 한강을 건너는 기차를 기다리는 피란민으로 꽉꽉 차서 아주 엉망진창이었어요. 기차를 기다리는 피란민들이 길가에 쭉 늘어앉아 있는데 더러는 밥을 지어 먹고, 경찰들은 질서를 잡는다고 호루라기를 불면서 아우성치고, 멀리서 총소리도 나고, 완전 뒤죽박죽이고 혼란스러웠어요. 내 친구는 기차를 자주 타고 다녀 서울역 구조를 잘 알고 있던 터라 플랫폼으로 이어지는 샛길을 좀 알고 있었어요. 그 친구를 따라가 보니까 한쪽엔 화물차가 대기하고 있고, 다른 한쪽엔 서류가 잔뜩 쌓여 있고 사람들이 승차를 기다리는 플랫폼이 나왔어요. 그곳에 있는 사람들은 한눈에 봐도 중앙청 간부의 가족들처럼 보였어요. 우리는 화물칸에 쌓인 문서를 실을 때 몰래 끼어 탈 수 있었어요. 그러고는 그 기차가 한강을 건너 대방역에서 신호대기에 걸렸을 때 뛰어내려 곧장 시흥동까지 걸어갔어요.

백운산으로 피란 갔다가 인민군한테 붙잡혀서 여기저기 끌려다녔어요.

집에 와서는 가족들이랑 백운산 밑 왕곡리에 계신 큰이모님 댁으로 피란을 갔어요. 그런데 초동 집에서 지내는 가족들의 소식을 모르니까 더 내려가지도 못하고 꾸물거리고 있었죠. 그러던 참에 하루는 뚝섬에서 왔다는 어떤 사람이 자기는 집으로 복귀하는 길이라고, 이제 '새 나라'에서 잘 돌봐줄 것이고 다 같이 잘살게 될 테니 걱정하지 말고 집으로 돌아가도 좋다고 했어요. 우리는 긴가민가했는데 일단 이모부와 외숙모, 나하고 누이동생, 우리 집을 관리해 주던 소 씨, 이렇게 5명이 우선 시흥동 집으로 돌아가기로 했어요. 되돌아와서 좀 지냈는데 얼마 안 있다가 인민군한테 붙잡히고 말았죠. 알고 보니 그 뚝섬 사람이 공작원이었던 거예요. 우리가 깜빡 속아 넘어간 거죠. 남자들만 붙잡아갔는데 이모부는 어디 다른 데로 끌려갔고 나는 영등포 내무서로 끌려갔어요. 그리고 중부 내무서로, 그다음에는 신당동 쪽 어디 유치장 등등 여기저기에 끌려다녔어요. 그때 나는 언제 죽을지 모른다는 생각 때문에 망연자실한 상태였죠. 먹을 것도 제대로 못 먹었으니까 기진맥진했고요.

마포에서 여의도로 건너와 대방동과 신대방을 거쳐 시흥동으로 돌아왔어요.

시간이 좀 지나고 나니까 식구들 걱정에 정신이 번쩍 들더라고요. 그래서 어떻게든 도망쳐야겠다는 생각으로 정신 바짝 차리고 있었어요. 그러다가 마포 쪽으로 또 끌려갈 때 운 좋게 도망쳐 나왔어요. 그날 비가 많이 와서 상당히 어수선했는데 그 틈을 타 빠져나올 수 있었던 것 같아요. 그러고는 마포나루에서 여의도로 가는 나룻배를 얻어 타서 간신히 넘어왔죠. 비 때문에 나루터 검문도 좀 엉성했던 모양이에요. 여의도로 건너온 다음에는 대방동, 신대방동을 거쳐서 시흥동으로 도망쳤어요. 사람들 눈에 띌까 무서워서 큰길로는 못 가고 둑방길이나 산길을 헤쳐갈 수밖에 없었어요. 병무청여의대방로43길 13이랑 대방동성당가마산로89길 7 쪽을 지날 때는 주변 텃밭에서 되는 대로 양배추를 뽑아 먹었고, 성당 앞에 있었던 큰 우물에서 물을 길어 마셨는데 그 물이 메스꺼워서 구토를 했던 기억이 나요. 신림천도림천을 건널 때쯤에는 비가 거세져서 물이 막 불어나던 걸 겨우겨우 건너갔고요.

인천상륙작전에 성공했다는 소식을 듣고 시흥동 집으로 돌아올 수 있었어요.

시흥동 집에 다다를 때쯤 보니까 큼지막한 라디오가 켜 있고 거기서 음악 소리가 쾅쾅 울리고 있었어요. 나는 종일 식구들 걱정뿐이었으니까 우리 식구들이 들어온 줄 알았는데, 살펴보니 생판 모르는 사람이 우리 집을 차지하고 있었어요. 혹시 몰라서 동네 사람인 척하고 내 이름을 대면서 찾아왔다고 했는데 그런 사람을 모른대요. 말 몇 마디 주고받으며 옥신각신하고 있었는데, 내 목소리를 아랫집에 사셨던 우리 외숙모가 들었는지 찾아와서는 나를 데려가셨어요. 그러고는 날 씻기고 밥을 먹이면서 하시는 얘기가 여기를 오면 안 된다고, 백운산에 우리 어머니 있는 곳으로 가라는 거예요. 그래서 곧장 안양을 지나서 백운산에 우리 어머니 계신 곳으로 가 피란생활을 했죠. 시흥동 집으로 복귀할 수 있었던 건 인천상륙작전의 성공 소식을 듣고나서였어요. 그 소식을 들었을 때는 남녀노소 할 것 없이 다 만세를 불렀어요. 그때가 지금까지 살면서 가장 기뻤던 날 중 하나예요.

전쟁 때문에 우리 집 가세가 많이 기울었어요.

전쟁 끝나고 돌아오니까 초동 집은 중국 사람이 호떡가게로 쓰고 있고, 그 안채는 문산·동두천·포천 쪽에서 온 피란민들의 집단 주거지로 쓰였어요. 건재상 사무실은 영사기 수리공장이 됐고 그 창고는 간판가게가 됐고요. 전쟁으로 우리 집이 피해를 많이 봤는데 가장 큰 피해는 아버지와 소식이 끊긴 거예요. 이모부도 그때 붙잡혀 간 이후로 소식이 끊겼어요. 그러니 가세가 기울 수밖에요. 가족도 잃고 재산도 잃고 우리 집이 피해를 많이 봤죠.

4. 해방 이후 시흥동의 변화

시흥동에서 자기 땅에 농사짓는 사람은 거의 없었어요.

읍내와 탑골을 합쳐서 농가가 200호 정도는 되었고 대부분 소작농이었어요. 지주는 대부분 외지 사람들이었어요. 동네에는 소규모 지주가 5~6명가량이 있었는데 전부 큰 기와집에 살았어요. 6·25전쟁 나기 직전에 정부가

1997년 호암산에서 본 탑골 전경(『탑골마을 이야기』, 벚꽃로 100 15쪽.)

호암산 칼바위에서 본 시흥동(금천구청)

농지개혁을 했는데 우리 동네는 전쟁 와중에 농지를 분배받았어요. 이제 동네 사람은 각자 자기 땅에다가 농사지을 수 있게 된 거죠. 그런데 분배받은 땅이 적으면 적어서 문제, 많으면 또 많아서 문제였어요. 땅을 적게 받으면 거기에만 매달려서는 생계를 유지할 수가 없고, 많이 받으면 그걸 관리하는 비용이 갑절은 더 드니까 그냥 버려두고 다른 일을 하거나 되파는 경우가 많았어요.

1975년 탑골 풍경(『시흥불량주택지구정비계획송부』, 서울기록원, 관리번호 RG135-SR263-FI3673-IT180591)

2001년 탑골 향나무와 3층 석탑(금천구청)

금하로23가길

독산로22길(금천문화원)

토지구획정리사업 이후로 동네가 차츰 개발되기 시작했어요.

1960년대 중반부터 시흥동에서 토지구획정리사업이 진행됐어요. 허가받은 주택이 들어서기 시작하고, 정화조를 설치하거나 상하수도도 점차 보급되기 시작하니까 동네가 점점 도시 형태를 갖추기 시작했어요. 특히 읍내 쪽이 크게 정비되고 새 주택이 많이 들어서면서 땅값이 비싸졌어요. 새 주택은 대부분 반지하가 딸린 3층짜리 다가구 주택이었어요. 조그마한 땅에다 방 3~4개, 화장실과 주방을 갖춰서 최대한 크게 지으려고 했죠. 지금 시흥5동에 그때 지은 집들이 많이 남아 있어요. 1980년대부터는 박미 쪽이 개발되기 시작해서 중앙산업이랑 현대, 삼성 등 기업들이 연립주택을 많이 지었어요. 경부선이 지나는 시흥역이 있는 데다가 구획정리를 하면서 동네가 좀 격식을 갖추게 되니까 한때는 시흥동이 영동보다 땅값도 비싸고 좋은 동네라고 알아주기도 했어요.

시흥동이 개발되는 덕에 우리 집이 혜택을 좀 봤죠.

토지구획정리사업이 한창일 때 내가 결혼했는데 서른 중반쯤 됐을 때예요. 그때 내가 집장사를 시작했어요. 옛날에 한번 전농동에 있는 친척집이랑 구로동에 있는 외갓집을 고쳐서 되팔았는데 그게 수완이 좋았어요. 원래는 농협에서 일했고 농업기술을 배워서 뭘 좀 해보려 했는데, 집장사를 해서 잘된 경험이 있는 데다가 토지구획정리사업으로 시흥동이 개발되니까 본격적으로 집장사를 한번 해보기로 한 거죠. 그걸 발판으로 해서 우리 집이 논 사고 밭 사고 또 되팔고, 읍내 쪽으로 집 사서 이사 오고, 또 팔고 이사 가고 하면서 기울었던 가세를 좀 회복할 수 있었어요.

5. 시흥동의 유적과 사람들

아흔아홉칸 집이라고 하는 흥선대원군 별장이 탑골에 있었어요.

시흥동에는 문화유적이 많아요. 대표적인 게 탑골의 흥선대원군 별장이죠. 동네 사람은 거기를 아흔아홉칸 집이라고 불러요. 여기엔 실제로 흥선대원군의 며느리가 살았는데, 탑골에 있는 집이나 땅은 거의 다 이 집의 재산이었죠. 동네 사람은 그 집에 도지賭地를 내고 살았으니까 한마디로 흥선대원군네 세입자였던 셈이에요. 읍내 쪽에는 아흔아홉칸 집의 호위병 몇 분이 살고 있었어요. 내 친구 중에 정용대라고 있었는데 이 친구 아버지가 충청도 홍성에서 아흔아홉칸 집의 호위병으로 뽑혀 시흥동으로 이사 오셨다고 그래요.

나 어렸을 때는 운현궁의 고급 유물이 아흔아홉칸 집을 통해 흘러나와서 동네에서도 꽤 많이 유통됐었어요. 예를 들면 철사항아리와 용춘항아리 같은 것들이 있었죠. 고급 병풍이랑 벼루도 꽤 많았어요. 이런 건 죄다 아흔아홉칸 집의 관리인으로 일했던 송 감찰 댁에서 중개한 물건이에요. 이런 식으로 유통된 물건은 6·25전쟁 나고서 꽤 많이 없어졌을 법한데도 1960년대까지 동네에서 거래하는 모습을 볼 수 있었어요.

녹동서원에 단군전을 짓고 개천절마다 제사를 크게 지냈었어요.

또 단군전이라고 있었어요. 안순환 씨가 지었는데, 이분은 고종 때 궁궐 주방장이라 할 수 있는 대령숙수

흥선대원군 별장 터(탑골로3길 50 현대아파트 일대)

녹동서원 터(독산로24라길 26 송우빌라 일대)

단군전 터(독산로24길 43 디비하우징 일대)

단군전 터(독산로24길 43 디비하우징 일대)

待令熟手를 지낸 분이에요. 그렇게 궁에서 일하다가 퇴임한 다음에는 세종로에 명월관明月館을 짓고 분점으로 인사동에 태화관明月館을 지어서 경영했다고 그래요. 그 태화관은 3·1기미독립선언서를 낭독했던 곳으로 유명한 곳이죠. 그 분이 그렇게 사업해서 번 돈으로 우리 동네에다가 녹동서원明敎學院을 지었어요. 녹동서원의 산하 교육기관으로 명교학원明敎學院을 설립해서 그 강의록을 전국으로 배포해 우리 역사하고 한글을 가르쳤고요. 해방 이후에는 녹동서원 안에단군전을 지어서 개천절 때마다 제사를 크게 지냈어요. 녹동서원 제사는 시흥군 군수랑 동면 면장은 물론이고 김구 선생이나 지청천 장군, 대종교의 고위급 관계자가 참석할 정도였으니까 국가행사와 다름없었죠. 그러다 나중에 녹동서원은 폐원되었고 단군전은 1980년대까지도 남아 있었어요. 입구에는 홍살문이 있었고 그 터가 꽤 컸던 걸로 기억해요. 지금은 그 터에 주택단지가 들어섰고 단군전 자리에는 빌라가 세워져 있어요.

6. 시흥동에서의 삶을 돌아보며

젊어서 한동안은 고생을 많이 했어도 돌아보면 박복한 삶은 아니었다고 생각해요.

시흥동을 떠날 수도 있었지만, 어머니는 행여나 아버지가 돌아오실지도 모르니까 여기서 계속 살아야 한다고 하셨어요. 나중에는 나 혼자라도 남아서 아버지를 기다릴 테니 어머니는 인천의 동생 집에 가서 편히 지내시면 좋겠다고 하고 인천으로 보내드렸어요. 그 뒤로 내가 쭉 시흥동을 지켜온 거예요. 열 살 무렵에 시흥동에 왔으니까 이제 80년째 사는 게 되네요. 지금은 아파트에서 부인과 고양이를 키우며 살고 있는데, 사는 곳이 산이랑 가까워서 공기가 좋고 운동하러 가기도 좋아서 만족스러워요. 이 나이 먹도록 아픈 데 하나 없고, 입맛이 떨어지지도 않고 건강히 지내는 것만으로도 천수를 누린 것과 다름없죠. 조금 모자랄지라도 이렇게 마음 편하게 사는 게 나는 좋아요.

금천문화역사학교에서 강의하는 이석기
(『마을신문 금천in』, 2014.1.16.)

아쉬운 건 옛날 사람들이 많이 떠났고 남아 있는 사람도 서로 소식을 모른다는 거예요.

나랑 같이 옛이야기를 하면서 지냈던 분이 몇 년 전에 돌아가셨어요. 기별이 없어서 모르고 지내다가 얼마 전에 그 소식을 우연히 전해 듣고서는 참 섭섭한 마음이 들더라고요. 내가 나이가 있으니까 기별을 못했던 걸 수도 있겠지만, 옛날 동네 모습이나 추억을 공유하는 사람들이 이렇게 점점 없어져 가니까 안타까운 마음이 큰 게 사실이에요.

어렸을 때 들었던 동네 이야기를 사람들에게 많이 전해주고 싶어요.

지금껏 시흥동에 살면서 동네 어르신들께 전해 들은 이야기가 많아요. 어렸을 때는 그게 뭐 대단한 거라고 얘기해 주시는 건가 생각했었는데 나이 들고 보니까 달리 생각하게 되더라고요. 지금은 나 역시 이웃들에게 우리 동네 이야기를 많이 전해주려고 노력하고 있어요. 내게 이야기해 주셨던 그 어르신들의 성의를 생각해서라도 그게 도리인 것 같고요. 오랜 세월 시흥동에 살았던 사람은 많지 않은데, 나처럼 옛날부터 시흥동에서 구전되어 온 이야기를 전해줄 사람은 더욱 많지 않아요. 한 7~8년 전부터 동네 사람들이 마을기록사업을 하면서 자문을 해달라고 나를 몇 번씩 부르고 그랬어요. 나는 흔쾌히 참여해서 내가 직접 겪은 것들, 또 동네 어르신들에게서 전해 들은 이야기들을 참고하라고 열심히 이야기해 줬었어요. 앞으로도 그런 사업이 있으면 되는 대로 참여할 생각이에요.

'우리동네 기록프로젝트'에 참여하여 증언하는 이석기 모습
(『마을신문 금천in』, 2017,11.1.)

#2 읍내 토박이

문계인

1942년(1세)	→	읍내 457번지 출생
1964년(23세)	→	노량진 국방과학연구소 병역 복무
1971년(30세)	→	결혼 후 영등포에 기아자동차 부품 대리점 운영
1982~1995년 (41~54세)	→	시흥1동 약수탕 운영
2020년(79세)	→	시흥1동 남서울힐스테이트 거주

"은행나무 앞에 있는 비석은 원래 우리 논에 있었어요."

읍내는 시흥동을 대표하는 자연마을 중 하나이다. 은행나무를 구심으로 지금의 시흥1동과 5동의 일부를 포괄하며, 조선 말엽 금천현 · 시흥군 관아가 있었고, 정조가 아버지 사도세자와 어머니 혜경궁홍씨의 능을 참배하기 위해 떠난 여정 중에 하룻밤을 머물렀다는 시흥행궁이 있었던 지역으로 알려져 있다. 읍내 일대는 예부터 시흥동의 중심지로 기능해 왔다. 시흥동의 번성과 쇠퇴를 중층적으로 엿볼 수 있는 지역인 것이다.

1. 읍내의 문촌말 사람들
2. 시흥군 동면의 부면장을 지낸 선친과 송록골 천 씨 집안의 모친
3. 미군 부대의 영향과 시흥동의 개발
4. 문촌말 토박이가 돌아본 시흥동

조사팀은 읍내의 내력을 기록하기 위해 문계인을 찾아갔다. 읍내에는 70여 호가 있어 윗말과 아랫말로 구분되었다. 아랫말의 한쪽 구역에는 남평 문 씨가 모여 사는 문촌말이 있었다. 문계인은 문촌말 출신으로 1942년에 출생한 이래 지금까지 시흥동에서 거주하는 토박이이다. 그의 이야기는 미군 부대와 주택개발을 중심으로 이루어진다. 그는 미군 부대에서 일하는 마을 사람이 적지 않았으며 그 덕에 이곳의 주민들은 기본적인 생활 수준을 유지할 수 있었다고 기억한다. 또 그는 군대를 다녀온 이후 가정과 사업을 꾸렸으며 1980년대 시흥동의 주택개발 붐에 편승하여 목욕탕업을 하다가 임대업에 전념하게 되었다고 회고한다. 마지막으로 그는 시흥동의 저개발 문제에 관해 지역 원로로서 견지하고 있는 견해를 피력해 주었다.

문계인은 인터뷰 과정에서 고향에 대한 각별한 애정을 드러내기도 하였다. 현재까지 남아 있는 읍내의 본토박이들을 모아 조직한 '읍내 선후회'나, 본래 문 씨네 논에 널브러져 있던 고물古物이었다가 지금은 문화재가 된 은행나무 옆의 비석은 그가 특별히 애착을 드러낸 시흥동의 자랑거리이다. 그런 문계인의 배후에는 시흥동의 유지였던 부모님의 후광이 빛나고 있다. 시흥군 동면의 면서기에서 부면장까지 역임한 청렴한 부친, 송록골에서 읍내로 시집을 온 인자한 모친 사이의 장남으로 태어난 그는 평생 집안을 돌보아왔던 자신의 공功과 복福을 모두 조상의 덕德으로 돌린다. 조상을 정성 들여 봉양하고 물려받은 것들을 소중히 간직하여 전승하는 일은 후손의 도리일 뿐만 아니라 여생의 즐거움이라고 그는 말한다. 시흥동에 대한 그의 애착 역시 그런 마음가짐과 무관하지 않을 것이다.

1. 읍내의 문촌말 사람들

읍내에는 문촌말이라고 하는 문 씨들의 동네가 있었어요.

은행나무 밑으로 개천이 흘렀고 그 남쪽으로 마을이 크게 있었는데 거길 읍내라고 했어요. 나무에 가까운 쪽이 윗말이고, 그 아래는 아랫말이라고 불렀어요. 아랫말에는 김 씨, 박 씨, 정 씨, 표 씨, 유 씨 등등이 모여 살았는데 그중에서 문 씨가 제일 많았어요. 문 씨들이 사는 동네는 따로 '문촌말'이라고 불렀죠. 읍내 전체로 보면 70여 가구가 살았는데 문촌말은 그중에서 20여 호 돼요. 장택상 별장 방면에는 10여 가구가 모여 살았는데 거기를 '둠배골'이라고 불렀어요. 자유당 시절에 서울경찰청장을 지냈던 장택상 씨의 별장이 있는 동네죠. 백산초등학교 쪽에는 공동묘지가 있었는데 토지구획정리사업을 할 때 도로를 내면서 그걸 다 없애 버렸어요.

문촌말 사람들은 50m 도로변에서 농사짓고 살았어요.

탑골 사람들은 서면현 광명시 소하동 일대 쪽에 땅을 갖고 있어서 그쪽으로 소달구지를 끌고 농사지으러 다녔다면, 문촌말 사람들 대부분은 비교적 가까운 50m 도로변에서 농사짓고 살았어요. 탑골 사람들이 서면을 오고가는 길은 읍내의 앞길이거든요. 지금의 은행나무로가 그 길이죠. 그런데 이 길은 좀 비탈진 언덕길이었단 말이죠. 그래서 서면의 농지에서 수확한 벼를 소달구지에 싣고 탑골로 돌아갈 적에 이 길에 이르면 소가 꼭 쉬어요. 쉬면서 똥도 싸고요. 우스갯소리지만, 읍내 앞길에서는 탑골 소의 똥을 보기가 흔했다고 할 수 있죠.

내가 젊었을 때만 해도 여기 문 씨들은 제사를 같이 지냈는데 도시계획으로 마을이 바뀌면서 하나둘 떠나가고 흩어지면서 안 지내게 됐어요. 남아 있는 토박이는 별로 없는데, 그중에서 최고 원로이신 분은 백산주유소시흥대로 174를 경영하고 계신 분이세요. 1932년생이시니까 문 씨 집안뿐만 아니라 읍내, 나아가 시흥동의 최고 원로이시기도 하죠. 내 동년배들과는 한 20년 전부터 서로 안부를 확

읍내와 문촌말에 대해 설명 중인 문계인

시흥동 읍내 전경

읍내 주민의 농경지역(시흥대로 변)

인하며 지내자는 의미로 오찬회 모임을 해오고 있어요. 매달 15일에 하는데 문촌말 토박이뿐만이 아니고 읍내 토박이들도 같이 해요. 처음에는 회원이 20여 명이 있었는데 지금은 11명만 남아 있어요.

우리 집은 동네에서 유일한 'ㅁ'자 형태의 개와집이었어요.

우리 집이 옛날 주소로 말하면 시흥동 457번지에 있었어요. 1970년대까지 그 집에서 살았는데, 할아버지 대부터 터를 잡은 곳이니까 우리 가족이 거기서 100년은 넘게 살았던 셈이에요. 집은 원래 초가집이었는데 내가 제대한 다음에 돌아와서는 아버지와 같이 개와집으로 고쳐 지었어요. 대문 2개에다가 'ㅁ'자 형태를 갖춘 집으로요. 당시 읍내에 'ㅁ'자 형태의 집은 우리 집밖에 없었어요. 우리 집 바로 옆에는 동네에서 아주 유명한 목수가 살았어요. 6·25전쟁이 끝나고 마을을 재건할 때 이 시흥동 바닥에서 그 목수의 손을 거치지 않은 집은 아마 거의 없을 거예요. 읍내의 사람들은 명절 때에는 꼭 동네 어르신 댁을 찾아다니며 세배하러 다녔어요. 모여서 음식도 나눠 먹고 윷도 같이 놀았고요. 가령 설날 같은 경우에는 새참계를 해서 수원 쪽에서 소를 사온 다음에 동네의 도살장에서 잡아 합동 차례를 지내면서 음식을 나눠 먹었어요. 도살장은 성지아파트 아래의 기아서비스센터시흥대로51길 20 쪽에 있었어요. 그 근처에 변전소가 있었기 때문에 '변전소 동네의 도살장'이라고 불렀어요.

은행나무 앞에 있는 비석은 원래 우리 논에 있던 거예요.

지금 은행나무 앞에 비석이 4개 있죠? 그건 옛날에 원님이 오고 갈 때 동네 사람들이 대접해 드리기 위해 세운 송덕비인데, 그게 원래 우리 논에 있던 것들이에요. 시흥사거리에서 금빛공원금하로668을 지나 읍내로 들어오는 길의 주변이 부장천 일대였는데 거기에 우리 논이 많았어요. 거기에 그런 비석이 10개 정도가 있었어요. 지금처럼 가지런히 서 있는 게 아니라 죄다 아무렇게나 널브러져 있었어요. 요즘 시각에서 보면 그것들이 전부 문화재로 관리되고 보존되었어야 하는 건데 그때는 그런 게 뭔지 모르니까 그냥 방치했던 거죠. 김현옥 서울시장이 되고 본격적으로 도시계획사업을 벌이면서 우리 동네가 싹 바뀌는데, 그때 우리 논을 도로로 바꾸면서 이 비석들도 싹 다 처리해 버렸어요. 일부는 땅에 묻거나 없애버렸고 그나마 상태 좋은 건 살려서 은행나무 앞에다 옮기는 식으로요. 지금 은행나무에 있는 비석을 잘 보면 총탄 흔적이 있는 게 있을 거예요. 그게 6·25전쟁 때 총탄에 맞아서 깨진 흔적이에요.

금하로 초입 부근의 부장천 일대

시흥동 은행나무와 비석거리(909-24번지)

2. 시흥군 동면의 부면장을 지낸 선친과 송록골 천 씨 집안의 모친

선친은 면사무소에서 재무를 담당하셨고 부면장까지 역임하신 분이에요.

옛날에 면사무소는 대한전선 바로 옆에 생긴 어린이집구립 꿈나래어린이집, 금하로3길 32 자리에 있었지요. 거기서 우리 선친이 오랫동안 면서기로 근무하셨어요. 내가 성인이 될 때쯤에는 부면장이 되셨고, 그런 다음에 3년 정도를 더 근무하시다가 1960년대 중반쯤에 퇴직하셨어요. 어려서부터 선친께서 공직 생활을 청렴하고 올바르게 지내는 모습을 보고 자라서 내가 느낀 게 많아요. 한번은 선친께서 사과 궤짝 선물을 받았는데 그걸 한사코 거절하시면서 선물한 사람을 야단치는 게 아니라 좋게 타일러 돌려보낸 적이 있는데 그 기억이 아직도 인상 깊게 남아 있어요. 새벽마다 똥지게를 지고 나가서 논밭을 돌본 다음에야 면사무소로 출근하시던 모습도 그렇고요. 시흥동은 큰 동네가 아니지만 그렇다고 작은 동네인 건 또 아니거든요. 발씨, 송록골, 새재미, 탑골, 읍내, 박미 등등 작지 않은 자연마을이 여러 개가 있잖아요. 옛날에는 모든 물자가 풍요롭지 않았으니까 배급 같은 게 나오면 그걸 분배하는 게 보통 어려운 일이 아닌데, 선친은 각 마을의 사정을 살피며 아쉬운 게 없도록 하려고 무척 노력하셨어요. 부족하다면 당신의 것을 베풀 정도였어요. 자연히 동네의 민심도 얻을 수 있었죠. 지금도 생각나는 게 2년에 한 번씩 지붕에 이엉을 일 때마다 동네 사람들이 솔선해서 도와주러 오던 장면이에요.

모친은 송록골 천씨 집안에서 읍내 문씨 집안으로 시집을 오셨어요.

송록골에 사는 사람들은 대부분 자기 땅이 있어서 남한테 손 벌리지 않고 살았어요. 특히 천 씨가 많이 살았는데 우리 외갓집은 그중에서도 좀 큰 천씨 댁이었어요. 강강술래 자리시흥대로193에 큰 포도밭을 하고 있었고, 새재미시장시흥대로57길 일대 쪽에도 땅을 꽤 갖고 있어서 형편이 넉넉한 편이었죠. 장녀셨던 모친은 시집을 오신 이후에도 외갓집 식구들에게 신경을 많이 기울이셨어요. 돼지불고기를 손수 하셔서 이모님들 먹으라고 보내기도 하고, 외갓집에 문안드리고 오라고 나를 자주 보내곤 했던 기억이 나네요. 외갓집 식구들도 그런 모친을 만나러 우리 집에 자주 놀러오곤 했어요. 양가 집안의 어른들이 살아계시는 동안에는 서로 교류도 많이 하고 정답게 지냈다고 할 수 있죠.

내가 어렸을 때만 해도 집에 재봉틀하고 자전거만 있어도 부자라고 그랬는데 그게 다 우리 집에 있어요. 도시바TOSHIBA 제품의 흑백 TV도 있어서 그걸 마루에다가 두고 동네 사람들과 멍석 위에 쭉 둘러앉아 연속극을 같이 보고 그럴 정도로 집안 사정이 좋은 편이었죠. 그런 만큼 우리는 동네에 베푸는 게 많았어요. 특히 모친의 환갑잔치 때 3일 동안 마을 잔치를 벌였던 게 기억나요. 동네 사람들을 전부 불러 모으고, 전문요리사를 불러와서 국수와 돼지고기를 삶아 먹고 소갈비를 은박지에 싸서 찜을 쪄 먹고 그랬거든요. 당시에 롯데가 처음 국내 기술로 자체 생산한 은박지가 나왔는데 그게 꽤 귀한 물건이었어요. 전문요리사가 그 보기 드문 걸 이용해서 맛난 고급 요리를 해주니까 마을 사람들이 무척 신기해하고 좋아하고 그랬어요.

시흥군 동면 사무소 옛터(현 금천구립 꿈나래어린이집, 금하로3길 32)

3. 미군 부대의 영향과 시흥동의 개발

미군에서 흘러나온 물자 덕에 동네 주민들은 그나마 크게 굶지 않았어요.

여기는 공장 못지않게 미군 부대도 많았던 동네예요. 탄약고 부대인 58부대, 미사일 부대인 38부대, 경비부대인 37부대가 독산동과 시흥동에 쭉 있었어요. 37부대는 셰퍼드를 많이 키워서 '개부대'라고 불렸어요. 동네 사람 중에는 미군 부대에서 일하는 사람이 꽤 많았어요. 젊은 사람 중에는 영어를 배우고 싶다는 이유로 미군 부대에서 일을 구해보겠다는 사람이 많았고요. 일자리는 먼저 일하고 있는 사람을 통해서 알음알음으로 소개를 받는 건데 보통 청소나 세탁, 탄약 운반이나 음식 조리 같은 자질구레한 일을 하게 되죠. 미군 식당의 책임자로 일했던 흑인 군인이 있었는데 그 사람은 동네 사람들을 무시하거나 차별하지 않고 아주 친절하고 신사답게 대해주곤 했었어요.

나는 미군 부대가 이 지역에 끼친 영향이 꽤 컸

시흥사거리

다고 생각해요. 그 시절은 우리나라가 기본적인 생필품도 제대로 못 만들고, 만든다 해도 전국적으로 유통도 안 될 때라 전 국민이 배고팠던 시절이잖아요. 그런데 여기는 미군부대가 있으니까 거기서 버리거나 흘러나온 물자가 유통되거든요. 그래서 그런 걸로 동네 사람들은 기초적인 생활 수준을 어느 정도는 유지할 수 있었어요. 6·25전쟁 끝나고 동네 복구할 때도 미군에서 자재를 많이 얻어다 썼고요. 미군에서 흘러나오는 물자를 얻으려고 부대 근처에는 피란민이라든지 외지인들이 많이 와서 살았는데, 발소시흥사거리가 그런 식으로 발달하기 시작한 거예요.

시흥동 주민과 미군(『시흥교회 100년의 발자취』, 2006, 68~69쪽.)

미군을 통해서 서양식 음식이나 물품을 처음 경험할 수 있었어요.

그전까지는 입을 옷이라고는 모시나 광목으로 만든 것뿐이었거든요. 그런데 미군이 들어온 다음부터는 흘러나온 군복을 염색해서 입고 다니는 사람이 동네에 많이 생겼어요. 예를 들어 미군이 한번 훈련을 나갔다가 돌아오면 입었던 전투복을 샤워장에 벗어 던지고 간단 말이죠. 그러면 미군에서 일하는 동네 사람들이 그걸 직접 빨거나 세탁소에 맡기거나 하는 식으로 처리해야 하는 거예요. 어떨 때는 그 일을 하는 동안에 새 전투복이 보급돼서 와 있어요. 쓰던 게 아직 튼튼한데도 한 번 훈련했다고 금세 새것을 보급해 주는 거죠. 미군에는 물자가 그렇게나 남아돈다는 소리잖아요. C레이션 통조림이나 땡땡 얼린 스테이크, 맥주나 빵, 담배나 커피 같은 것도 그렇게 많았어요. 영등포 OB맥주가 있었던 자리현 영등포공원, 신길로 275에 보급처가 있었거든요. 거기에서 매일 보급을 타 오는 건데, 이미 있는데도 새로 또 타오고 그러니까 창고에는 남아도는 보급품이 한가득 쌓이기 마련이에요. 그걸 온전히 소모하는 걸 나는 본 적이 없어요. 어떨 때는 동네 야산에 그냥 파묻고 그랬어요. 미군이 보급품을 그런 식으로 내다 버린다는 걸 아니까 거기서 일하는 사람들이 알게 모르게 하나둘씩 보급품을 빼돌리고 그랬죠. 그런 식으로 내가 미군을 통해서 처음으로 접해 본 게 소파, 빵, 케이크 같은 것들이에요. 요즘 사람들한텐 흔하고 익숙한 것들이지만 그때는 그런 것들이 생소하고 몹시 신기한 물건이었어요.

시흥1동 약수탕(시흥대로50길 12-5)

기아 부품 대리점을 하다가 시흥동에 부동산 붐이 일면서 집안 재산관리에 전념하기로 했어요.

우리 시흥동은 기아산업이나 동신화학 같은 공장의 영향이 많았던 동네예요. 그중에 기아산업은 6·25전쟁 때 부산에 있다가 여기로 올라온 기업이거든요. 그러니까 여기에는 직장 따라 올라온 부산 사람들, 경상도 사람들이 많이 살았어요. 또 기아산업은 각종 자동차 부품을 만들어서 전국으로 유통하는 큰 기업이라 전국에 지점이 있어요. 그래서 내가 기아 부품 대리점을 차려서 사업을 했어요. 처음에는 상도동에서 시작했고, 점점 확장을 해서 영등포로 넘어와 꽤 큰 대리점을 차렸죠. 하지만 30대 후반이 되면서 사업을 접고 집안의 재산관리에 전념하기로 했어요. 왜냐면 그때쯤에 시흥동에 부동산개발이 몰아쳐서 아파트, 주택 건설 붐이 일었거든요. 어제는 한 평에 몇만 원밖에 안 했는데 하룻밤 자고 일어나면 값절은 훌쩍 뛰어오르고 그랬어요. 사업이 잘돼도 그게 다 무색해 보일 정도로 땅값이 불어나니까 가진 땅에다가 연립주택을 몇 개씩 짓고 그걸 파는 식으로 재산관리에 전념하기로 한 거예요.

주택 붐을 계기로 목욕탕업을 했었는데 그때 지은 게 약수탕이에요.

기아 부품 대리점을 정리한 자금이랑 연립주택을 지어 판 자금을 기반으로 시흥1동에 약수탕을 차렸어요. 1980년대 중반쯤 일인데, 그 시절에 전국에서 목욕 시설이 가장 좋고 발전된 곳이 어디냐고 물어보면 다들 대구라고 대답할 때예요. 그래서 내가 대구에 직접 내려가서 목욕탕 시설을 쭉 둘러보고 돌아와서 대구식 목욕탕을 본떠 만든 게 시흥1동에 있는 약수탕이에요. 스팀식 사우나를 설치했는데 그게 인기가 좋았어요. 그런 사우나 시설을 갖춘 건 이 동네에서 우리가 처음이었을 거예요. 건물의 지하랑 1, 2층은 목욕탕으로 쓰고 3층은 우리 살림집을 썼어요. 당시 약수탕의 입장료는 450원이었고 비누 외 목욕용품이나 수건은 각자가 가져와야 했어요. 주말에는 한 300명 정도가 이용했는데, 특히 주변의 공장 인부들이 많이 찾아왔어요. 그 시절에는 동네 목욕탕이 하나 있으면 근방의 500m 이내에는 새로운 목욕탕을 짓지 못하도록 하는 제한이 있었어요. 그런데 시흥동이 구로구청으로 편입될 때쯤에 그 제한이 없어졌어요. 우리 약수탕보다 좋은 시설을 갖춘 새 목욕탕이 지척에 생길 수 있게 된 거죠. 그럼 또 그 목욕탕과 경쟁하느라 골머리 앓게 되잖아요. 나는 그런 걸 별로 하고 싶지 않아서 약수탕을 팔아버렸어요.

4. 문촌말 토박이가 돌아본 시흥동

우리 동네는 대부분 준공업지역이다 보니 그에 따르는 규제가 많아요.

그래서 이렇다 할 랜드마크나 상권을 형성하기가 어려워요. 상업지구로 지정된 서울의 다른 동네는 규제가 비교적 느슨한 편이잖아요. 특히 용적률이 문제인데 강남 같은 데는 우리 동네보다 용적률이 월등히 높아요. 여기는 명색이 서울인데도 주변의 안양시나 광명시보다도 규제가 많고 용적률이 낮아요. 요즘은 조금씩 규제를 완화해 주는 추세지만, 그래도 다른 지역보다 규제가 많아서 동네가 낙후돼 온 게 사실이에요. 난개발이 아닌 선에서는 그런 걸 좀 완화해 주면서 지역 경제가 활성화될 수 있는 여건을 마련해줄 필요가 있다고 봐요. 명문 학교가 부족해서 교육이나 상권이 활성화되지 못하는 점도 문제예요. 시흥초등학교나 문일중·고등학교, 동일중·고등학교, 시흥고등학교현 금천고등학교처럼 나름의 전통이 있는 학교도 있지만 그게 전부잖아요. 좋은 교육 여건을 찾아서 동네를 떠나는 사람이 많으니까 이 문제도 해결됐으면 좋겠어요.

시흥동에 남아 조상한테 물려받은 걸 전승하는 게 마지막까지 내가 해야 할 일이에요.

우리 아이들이 어렸을 땐 강남으로 이사할 생각을 했었어요. 그때가 강남을 중심으로 학군이 좋아지고 과외가 성행할 때라 우리 아이들이 공부하려면 아무래도 그쪽으로 넘어가야겠다고 생각했었어요. 이사는 나중에 가더라도 우선 아이들 과외부터 시켜보자는 마음에 강남에서 난다 긴다하는 과외 선생님을 불러오려고 지인을 통해 백방으로 알아봤었어요. 근데 그런 과외 선생님들은 돈을 아무리 많이 준다고 해도 이 동네에는 안 오겠다는 거예요. 원체 바쁜 데다 지금도 강남에서 남부럽지 않게 버는데 고작 몇 푼 더 벌겠다고 굳이 이 시골까지 올 시간도 여유도 없다는 게 이유였죠. 그래서 아예 강남으로 넘어가는 게 좋겠다며 아내와 여러 번 얘기를 나눴는데, 결국 시흥동에 남아서 계속 살기로 결론을 내렸어요.

연로한 모친을 봉양해야 하는 이유도 컸죠. 외갓집이나, 모친의 친구들이 여기에 다 있으니까 그걸 저버리고 강남을 넘어가는 건 도리가 아니라고 생각했거든요. 모친은 98세로 작고하셨는데, 살아계시는 동안은 아내가 헌신적으로 봉양을 했어요. 특히 돌아가시기 몇 해 전에는 고관절을 크게 다치셔서 병원 신세를 많이 졌는데 그때마다 아내가 극진히 모셨지요. 또 살아생전 모친은 읍내의 노인정에 자주 다니셨기 때문에 아내는 자연히 읍내 어르신들까지 모시게 되었어요. 그런 아내의 헌신은 동네 사람들이 모두 알아줄 정도였어요. 수백 명의 주민들이 추천을 해주어서 금천구민상을 받았으니까요. 오랜 세월 시부모님을 각별히 모셔 경로효친 사상의 모범이 되었다고 인정을 받은 거예요.

우리는 그런 걸 지키는 게 중요한 사람이에요. 부모님 산소를 광명시 하안동으로 모셔서 지금도 매일 내가 직접 관리해요. 처음에는 사람을 썼는데 조상님을 모시는 일은 내 손이 직접 닿아야 마음이 편하고 그게 또 후손으로서 정성을 표하는 올바른 방법이라고 생각하거든요. 우리가 이만큼 사는 게 다 조상 덕분이니까 정성을 다해 모시는 건 후손으로서 당연히 행해야 하는 도리일 수밖에 없어요.

윤대준(문계인 처)의 금천구민상패(문계인 제공)

3

남쪽의 관문, 시흥의 길

092 ▸ 159

시흥의 길을 연 행궁과 원행

가. 과천에서 시흥으로: 원행길의 변경

한양에서 시흥을 거쳐 수원까지 이르는 원행로의 개발은 정조가 아버지 사도세자의 묘를 수원으로 이장하면서부터 시작되었다. 정조는 즉위 직후 사도세자를 추존하여 장헌莊獻이라 하였고, 사도세자가 묻힌 수은묘를 원園으로 격상하여 봉호封號를 영우원永祐園이라 하였으며 사당을 경모궁景慕宮이라 하였다.[1] 수은묘의 봉호가 바뀌었지만 위치는 경기도 양주현 서울시 동대문구 전농동 배봉산 그대로였다. 정조는 영우원이 좁다고 생각하여 이장을 고려하였으나 이장은 쉽게 결정할 문제가 아니기에 실행하지 못하고 있었다. 그러다 정조 13년1789 금성위 박명원의 상소를 계기로 영우원을 옮기기로 하였다.

> 영우원永祐園을 천장遷葬할 것을 결정하였다. 상이 원침園寢의 형국이 옅고 좁다고 여겨 즉위 초부터 이장할 뜻을 가졌으나, 너무 신중한 나머지 세월만 끌어온 지가 여러 해 되었다. 이때에 이르러 금성위錦城尉 박명원朴明源이 상소하기를, "원소園所는 그 사체가 어떠하며 관계 또한 어떠합니까. 오늘의 신하 된 자로서 만세의 대계를 생각할 때 마음을 끝까지 쓰지 않을 수 없고 의리로 보아 스스로 숨길 수 없기에 감히 죽음을 무릅쓰고 아룁니다. 신은 본래 감여堪輿에 어두워 귀머거리나 소경과 같으나 다만 사람마다 쉽게 알고 쉽게 볼 수 있는 것만을 가지고 논하겠습니다. 첫째는 떠가 말라 죽는 것이고, 둘째는 청룡靑龍이 뚫린 것이고, 셋째는 뒤를 받치고 있는 곳에 물결이 심하게 부딪치는 것이고, 넷째는 뒤쪽 낭떠러지의 석축石築이 천작天作이 아닌 것입니다. 이로써 볼 때 풍기風氣가 순하지 못하고 토성土性이 온전하지 못하고 지세가 좋지 않다는 것을 미루어 알 수 있습니다."
>
> 『정조실록』 권27, 정조 13년(1789) 7월 11일

박명원은 풍수지리적 이유를 들어서 영우원이 적합하지 않다고 말하였다. 또한 이장하며 국운이 장구해지기를 바랐는데 그 덕을 지금까지 힘입게 된 선왕조의 사례를 근거로 들었다. 정조는 "지금까지 밤낮으로 가슴속에 담아 두고 답답해하기만 하였는데"라고 속내를 터놓으며 박명원의 요청을 여러 신하에게 물어서 결정하겠다고 하였다. 정조가 이 문제를

1. 『정조실록』 권1, 정조 1년(1776) 3월 20일.

신하들에게 말하였을 때 모든 대신이 한목소리로 동의하였다. 정조는 시기적으로 지금이 가장 적당하고 여러 지역 중에서 수원이 가장 적합한 자리이기에 수원으로의 이장을 결정하였다. 영우원을 수원으로 옮기면서 정조는 원호를 새롭게 현륭원顯隆園으로 개칭하였다. 10월 5일에는 미리 영여靈輿를 수원으로 이동하였으며 10월 16일에는 현륭원이 완공되었다. 이로써 원행을 위해서 도성에서 약 90리 떨어진 곳을 왕래하게 되었다. 경기감사 서유방徐有防은 원소園所에 왕이 직접 들를 때 대궐 문에서 과천까지가 30리, 과천에서 수원 신읍新邑까지가 40리, 신읍에서 원소까지가 20리라고 언급한다.[2]

서유방의 위 언급에서 알 수 있듯이 현륭원 건립 초기에 도성에서 수원으로 원행할 때 지나는 길은 과천을 거치는 경로였다. 영여를 이동할 때 과천을 거쳐서 갔으며 돌아오는 길에도 저녁에 과천행궁에서 묵었다는 기록이 있다.[3] 과천행궁은 현종과 숙종 등 선대 왕 때부터 이미 사용되던 행궁이었다. 그러나 과천과 남태령을 지나는 길은 매번 수치修治하기가 어려웠다.

비변사에서 아뢰기를, "과천果川 신작로新作路의 길 닦는 일은 역은 크고 공은 번거로웠는데 하물며 겨울철이니 그 어깨를 쉬고 폐단을 없앨 방도를 자세히 묻고 두루 자문하여 논리하여 초기하라고 명하셨습니다. 외읍外邑의 민정民情은 멀리 헤아리기에는 어려움이 있으나 관문關文을 보내 도백에게 물어 민원民願과 읍정邑情을 찾아 살펴 논리하여 첩보牒報하게 하였습니다. 경기감사 김희金熹가 보고한 바를 보니 과천현감 홍대영洪大榮의 첩보를 낱낱이 들고 '본 현縣의 신작로는 거의 20리에 가까운데 일하는 곳이 산을 깎고 돌을 치우거나 돌을 쌓아 흙을 보태지 않는 곳이 없으나 지금은 남은 것이 단지 교량橋梁과 은구隱溝뿐이고 그 밖의 일하는 곳은 3~4일 안에 거의 일을 마칠 수 있으니 민정이 모두 마침내 오로지 담당하기를 원하지만 남태령南太嶺에 만든 길은 이미 일이 완성되었으나 본래 석산石山으로 한번 장맛비가 지나면 필시 모양이 없어져 버려 해마다 수치修治해야 할 테니 영원히 과천 백성으로 하여금 오로지 담당하게 하면 참으로 치우쳐 노고하는 탄식이 있을 것이므로 내년부터 이후로 남태령에 길을 만들 때에 예대로 이웃 읍에 나눠 정해주고 힘을 합쳐서 수치하는 일을 영원히 정식으로 삼는다면 폐단을 없애는 방도라 할 수 있겠으며, 아직 일을 마치지 못한 곳과 교량·은구를 아울러 모군례募軍例로 값을 주어 사역하면 또한 어깨를 쉬게 하는 방도가 될 것입니다.'라고 하였습니다."

『국역비변사등록』 책177, 정조 14년(1790) 10월 24일

위 비변사의 보고에서 "산을 깎고 돌을 치우거나 돌을 쌓아 흙을 보태지 않는 곳이 없으나"라는 표현을 통해 과천을 거치는 길이 얼마나 험하였는지를 알 수 있다. 게다가 남태령은 애초에 석산石山이기에 한번 비가 오면 정비하였던 길이 무너져 버려 해마다 보수해야 한다고 언급하고 있다.

왕이 행차하기 이전에 능행로를 정비하는 것은 자연스러운 절차였다. 그래서 비변사는 행차가 통과하는 경기 고을 길의 수리 공사를 조사하여 왕에게 보고하기도 하였다. 만일 공사에 착수하지 않는다면 담당 부윤이 파직당하거나 처벌받기도 하였다. 정조 14년에는 비변사가 수원과 과천은 가을부터 시작하여 전부 끝냈는데 광주는 아예 착수도 하지 않고 교량도 내버려두었으며 쌓인 눈을 하나도 치우지 않았다고 행차길 수리의 진행 상태를 보고하였고 그 결과 해당 부윤이 파직당하였다.[4]

능행로의 정비에는 특히 인근 30리 이내의 거주민이 동원되었다.[5] 그러나 기록에 따르면 강제적으로 동원되는 것만은 아니었다. 위 비변사등록의 보고에서 "과천의 길 닦는

2 『정조실록』 권27, 정조 13년(1789) 7월 15일.
3. 『정조실록』 권28, 정조 13년(1789) 10월 5일; 『정조실록』 권28, 정조 13년(1789) 10월 8일.
4. 『정조실록』 권31, 정조 14년(1790) 12월 21일.
5. 『승정원일기』 727책, 영조 7년(1731) 7월 16일.

것은 지금 이미 다 마쳤으니 백성이 자원해서 처음부터 끝까지 다른 읍에서 끼어들게 하고자 않는 것은 성의誠意가 가상할 뿐만이 아니라"라고 언급하고 있다. 또한 정조가 능이나 온천에 행행할 때마다 "각 고을에서 으레 아침저녁의 찬공饌供과 주물상 등을 준비"하므로 이러한 민폐를 줄이도록 명하기도 한다.[6] 이와 같은 기록이 궁궐의 입장에서 쓰였기에 백성이 순수하게 자원하였다고만 보기는 어렵지만 어쨌든 왕의 행행이 백성에게 여러모로 부담되었던 것은 사실이다. 이렇듯 능행로 정비가 쉬운 일만은 아니었고 또 능행로 인근 지역 주민만이 동원되었으므로 이들에게는 혜택과 보상이 주어졌다. 정조의 할아버지인 영조 때는 능행 시 도로를 수선하거나 다리를 만든 일곱 고을의 백성에게 봄철의 대동미大同米 한 두 말씩을 줄여주라는 명이 있었다.[7] 또한 왕이 능에 거둥할 때 도로와 교량의 수치 및 횃불을 밝히는 것은 저치미儲置米[8]로 셈하여 줄여주는 사례가 있었다.[9] 정조 대에 와서는 "길을 닦는 일을 저치미로 회감會減하는 것은 문득 근래에 바꿀 수 없는 영갑令甲: 법률"이 되었다.[10]

과천을 통하는 경로가 험난하다는 지적이 있었음에도 몇 년간은 과천을 지나는 길이 계속 이용되었다. 현륭원이 건립된 정조 13년부터 18년까지 정조는 매년 현륭원에 참배하러 갔으며 이때마다 과천행궁에서 숙박하거나 주정晝停하였다. 그러다 정조 18년에 경기감사 서용보가 현륭원에 행차할 때 지나는 과천 지역은 고개가 험준하고 다리가 많아 매번 길을 닦을 때마다 백성들의 노고가 많다는 문제점을 지적하였다. 서용보는 지대가 평탄하고 길이 넓을 뿐만 아니라 과천과 비교하였을 때 거리도 별로 차이가 없다는 이유를 들어 과천 대신 금천을 통하는 길을 제시하였다.

금천衿川에 행궁行宮을 지었다. 경기감사 서용보가 아뢰기를 "현륭원에 거둥할 때의 연도에 있는 지방 가운데 과천果川 지역은 고갯길이 험준하고 다리도 많기 때문에 매번 거둥할 때를 당하면 황송하고 안타까운 마음을 누를 길이 없습니다. 또 길을 닦을 적에 백성들의 노력이 갑절이나 들어가므로 상께서 이런 폐단을 깊이 염려하여 여러 차례 편리한 방도를 생각해 보라는 명이 있었기에 전후의 도신道臣들이 모두 금천으로 오는 길이 편하다는 내용을 이미 진달하였습니다. 신이 이번에 살펴본 바로는 비단 거리의 멀고 가까움에 현저한 차이가 없을 뿐만 아니라 지대가 평탄하고 길이 또한 평평하고 넓으니 이 길로 정하는 것은 다시 의논할 필요가 없습니다. (후략)"

『정조실록』 권39, 정조 18년(1794) 4월 2일

구체적으로는 화성에서 금천까지의 거리는 화성에서 과천까지의 거리보다는 멀지만 금천에서 궁궐까지의 거리가 과천에서 궁궐까지의 거리보다 가까웠던 것으로 보인다. 정조 21년 정조가 화성에서 다시 궁궐로 돌아갈 때 대박산평大博山坪, 현 지하철 1호선 석수역 부근에서 시흥행궁까지 얼마나 남았냐고 묻자 경기도 관찰사 이익운이 5리가 남았다고 답하였다. 이에 정조는 "5리라고는 하지만 꼭 10리 같구나"라고 말하였다. 그러자 병조판서 이득신이 화성에서 시흥까지는 멀지만 시흥에서 궁궐까지는 과천의 옛길에 비해서는 조금 더 가깝다고 설명하였다.[11]

금천에 행궁이 지어지고 화성으로 향하는 길이 금천을 통하면서 금천의 등급은 현감종 6품에서 현령종 5품을 파견하는 고을로 격상되었다. 정조 19년에는 금천현감을 현령으로 승격하였고, 읍호를 시흥始興으로 바꾸었다. 자연히 금천로는 시흥로로, 금천행궁은 시흥행궁으로 불렸다.[12]

6. 『정조실록』 권29, 정조 14년(1790) 1월 4일.
7. 『영조실록』 권41, 영조 12년(1736) 2월 26일.
8. 각 지방에 각종 세곡으로 받아들인 쌀을 저축하여 둔 것. 관수물자(官需物資)의 조달에도 사용하며, 춘대추납(春貸秋納)의 구황(救荒)에도 사용함.
9. 『영조실록』 권117, 영조 47년(1771) 8월 17일.
10. 『국역비변사등록』 177책, 정조 14년(1790) 10월 24일.
11. "兵曹判書李得臣曰, 自華城至始興, 里數太遠, 而自始興至闕外, 則比果川舊路, 里數稍近矣."(『승정원일기』 1773책, 정조 21년(1797) 2월 1일)
12. 『시흥군지』, 시흥군지편찬위원회, 1988, 301쪽.

나. 시흥을 지나는 노정

능행로가 시흥을 지나게 되면서 창덕궁에서 출발하여 노량주교鷺梁舟橋와 용양봉저정龍驤鳳翥亭을 지나 동남쪽으로 사당리·남태령·과천행궁·인덕원을 지났던 경로는 서남쪽으로 장생현현 장승배기, 번대방평현 대방동, 문성동 앞길과 시흥행궁을 지나는 경로로 변화하였다. 정조 대에 원행에 마땅히 행해야 하는 조목을 완성한 책인 『원행정례』에는 시흥 노정의 도로 및 교량이 기록되어 있는데, 이를 과천을 지나던 경로와 비교하여 보면 다음과 같다.

시흥 노정과 과천 노정의 비교

시흥 노정	과천 노정
돈화문(창덕궁 정문)	
돈녕부 앞길(敦寧府前路)	
파자전 다리(把子廛橋)(지금의 단성사 앞)	
통운교(通雲橋)(지금의 종로2가)	
종루 앞길(鍾樓前路)(지금의 보신각 앞길)	
대광통 다리(大廣通橋)(지금의 서린동 122번지 남쪽)	
소광통 다리(小廣通橋)(남대문로1가 23번지 남쪽)	
동현병문 앞길(銅峴屛門前路)(지금의 명동)	
송현(松峴)(지금의 한국은행 부근)	
수각교(水閣橋)(지금의 북창동)	
숭례문(崇禮門)	
도저동 앞길(挃楮洞前路)(지금의 서울역 부근)	
청파교(靑坡橋)(지금의 갈월동 쌍굴다리 부근)	
석우(石隅)(지금의 지하철 1호선 남영역 앞)	
율원현(栗園峴)	
나업산 앞길(羅業山前路)	
만천(蔓川)(지금의 용산역 부근)	
노량주교(鷺梁舟橋)	
여기까지 한성부 경내. 돈화문으로부터 10리	
용양봉저정(龍驤鳳翥亭)[과천 초경(果川初境), 과천 경계 첫머리	
장안현(長安峴)	금불암
장생현(長生峴) [과천 경경, 시흥 초경(果川經境, 始興初境), 과천 경내 끝, 시흥 경내 첫머리]	금불현 [시흥 경경, 과천 초경(果川經境, 始興初境), 시흥 경내 끝, 과천 경내 첫머리]
도화참 발소 앞길(桃花站撥所前路)	사당리
번대방천교(蕃大坊川橋)	상암천교
번대방평(蕃大坊坪)	남태령
마장천교(馬場川橋)	과천현행궁
문성동 앞길(文星洞前路)	읍내 앞 개울다리 냉정점
수천참 발소 앞길(壽川站撥所前路)	은행정
부장천교(富壯川橋)	인덕원점 뒷개울다리
시흥행궁(始興行宮)	인덕원천 다리
염불교(念佛橋)	독박지
만안교(萬安橋) [시흥 경경, 과천 초경(始興經境, 果川初境), 시흥 경내 끝, 과천 경내 첫머리]	갈산점

안양참 발소 앞길(安養站撥所前路)	독동현
장산우(長山隅)	군보천점
군포천교(軍浦川橋)	자잔동
서원천교(書院川橋)	
청천평(淸川坪)	원동점
서면천교(西面川橋)	
원동천(院洞川) [과천 경경, 광주 초경(果川經境, 廣州初境), 과천 경내의 끝, 광주 경내의 첫머리]	
사근평(肆覲坪)	
사근참 발소 앞길(肆覲站撥所前路)(지금의 의왕시청 부근)	
사근참 행궁(肆覲站行宮)	
지지대고개(遲遲峴) [광주 경경, 화성 초경(廣州經境, 華城初境), 광주 경내의 끝, 화성 경내의 첫머리]	
지지대(遲遲臺)	
괴목정교(槐木亭橋)(현 수원시 장안구 파장동)	
용두 앞길(龍頭前路)	
목욕동교(沐浴洞橋)	
여의교(如意橋)	
만석거(萬石渠)~여의경(如意坰)~영화정(迎華亭)~대유평(大有坪)	
관길야(觀吉野)	
장안문(長安門)~종가(鐘街)~화성참 발소 앞길(華城站撥所前路)~좌우군영 앞길(左右軍營前路)~신풍루앞 다리(神豐樓前橋)~신풍루(神豐樓)	
화성부행궁(華城府行宮)	

위 표에서 볼 수 있듯이 시흥을 통하는 길과 과천을 통하는 길은 용양봉저정에서 갈라져서 각각 시흥 방면과 과천 방면으로 진행되다가 사근평 부근에서 다시 합쳐져서 화성행궁까지의 길을 공유한다. 대동여지도에는 금천이 시흥으로 개칭된 이후 지명을 표기하고 있으며, 도성에서 시흥 혹은 과천을 거쳐서 수원까지 가는 길의 대략적인 노선을 알 수 있다. 대동여지도에서 볼 수 있듯이 과천과 시흥 사이에는 관악산이 있어 과천을 통해 동남쪽으로 가거나 시흥을 통해 서남쪽으로 가는 경로를 택할 수밖에 없었던 것이다. 과천현지도에는 관악산과 남태령이 같이 표기되어 있는데, 왜 관악산을 에둘러 가야만 하였는지를 시각적으로 잘 나타내주고 있다.

시흥군지도를 통해서는 시흥을 지나는 원행로가 어떠하였을지를 알 수 있다. 『원행정례』에서 시흥 경내의 끝이자 과천 경내의 첫머리라고 설명된 금불현이 동북쪽 고개에 보인다. 반대로 과천 경내의 끝이자 시흥 경내의 첫머리라고 설명된 장생현은 그 옆쪽에 표기되어 있다. 앞서 설명한 과천 및 시흥으로 향하는 갈림길이 이 부근이라고 할 수 있다. 장생현 아래에는 현재의 대방동 지역인 번대방리가 표기되어 있다. 그 아래로는 시흥행궁으로 가기 위해 건너야 하였던 첫 번째 다리인 마장천교가 보인다. 『원행정례』에서는 언급되지 않지만, 시흥군지도에서는 그 아래로 가리봉·구로·독산 등 현재의 지명도 표기되어 있다. 왕의 행렬은 행궁에서 잠시 멈추었다가 만안교를 통해서 빠져나가게 된다. 참고로 만안교는 안양천의 물길이 넓어 매번 행행할 때마다 수리하는 일이 많았기 때문에 석교石橋로 개축한 것이다.[13] 이렇게 돌로 된 교량을 건설하는 것은 조선시대 국왕 행행에 유례가 없는 일이었다.[14]

13. 『승정원일기』 1749책, 정조 19년(1795) 8월 7일.
14. 이왕무, 「정조 대 시흥 원행로 조성과 운영」, 『장서각』 38, 한국학중앙연구원, 2017, 317~340쪽.

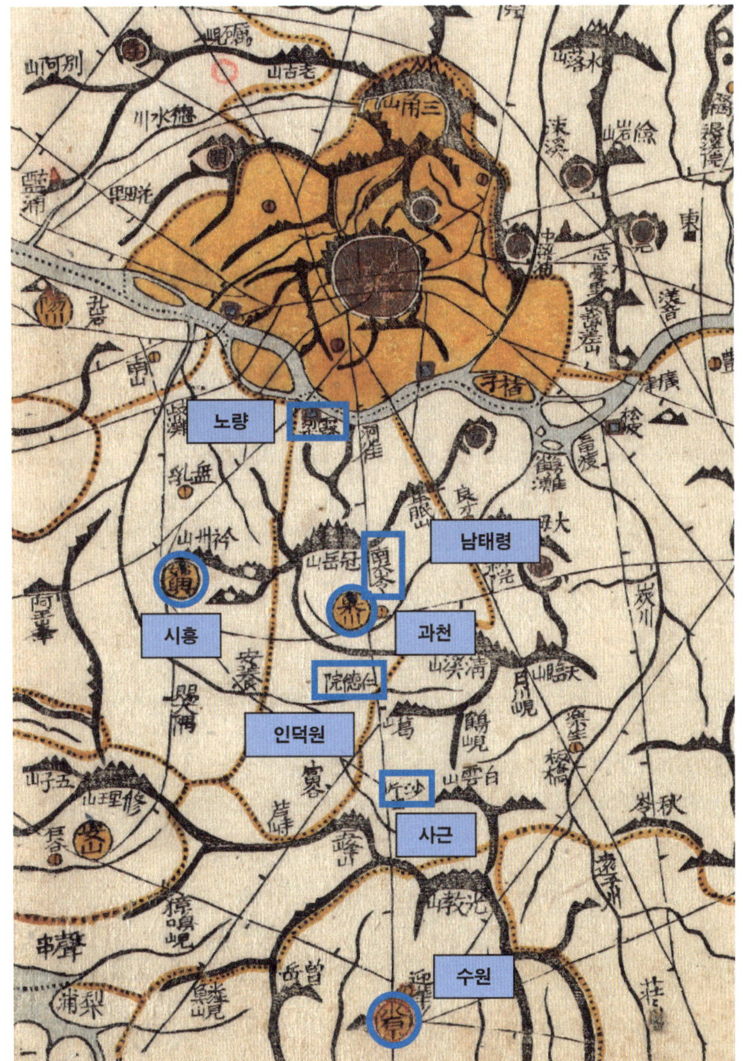

대동여지도(1861, 국립중앙박물관)

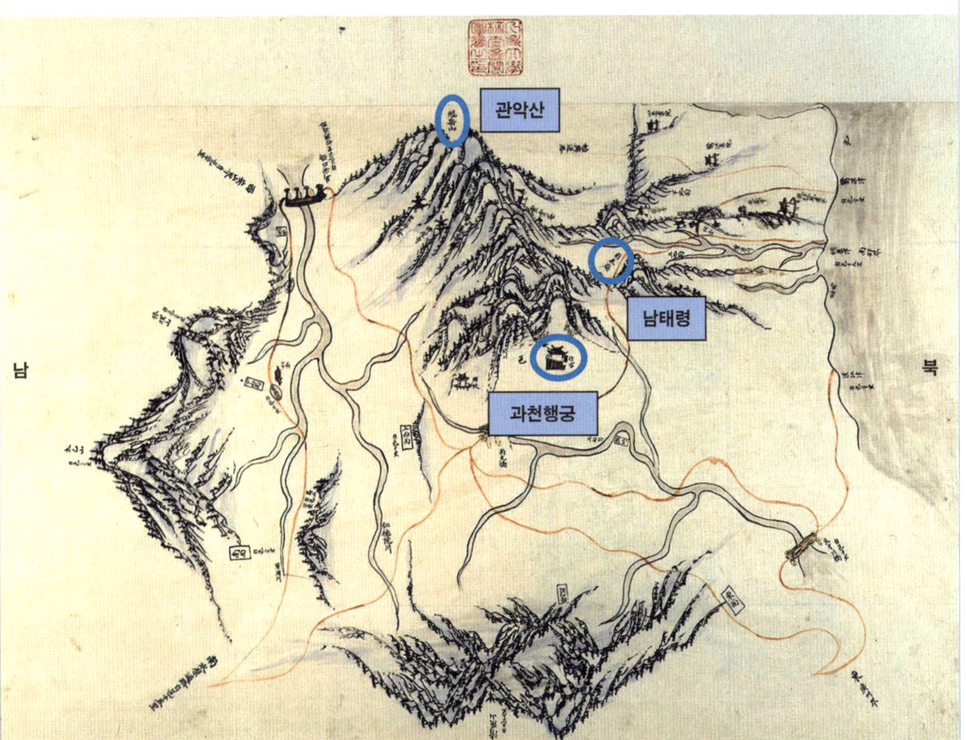

과천현지도(1872, 서울대학교 규장각 한국학연구원)

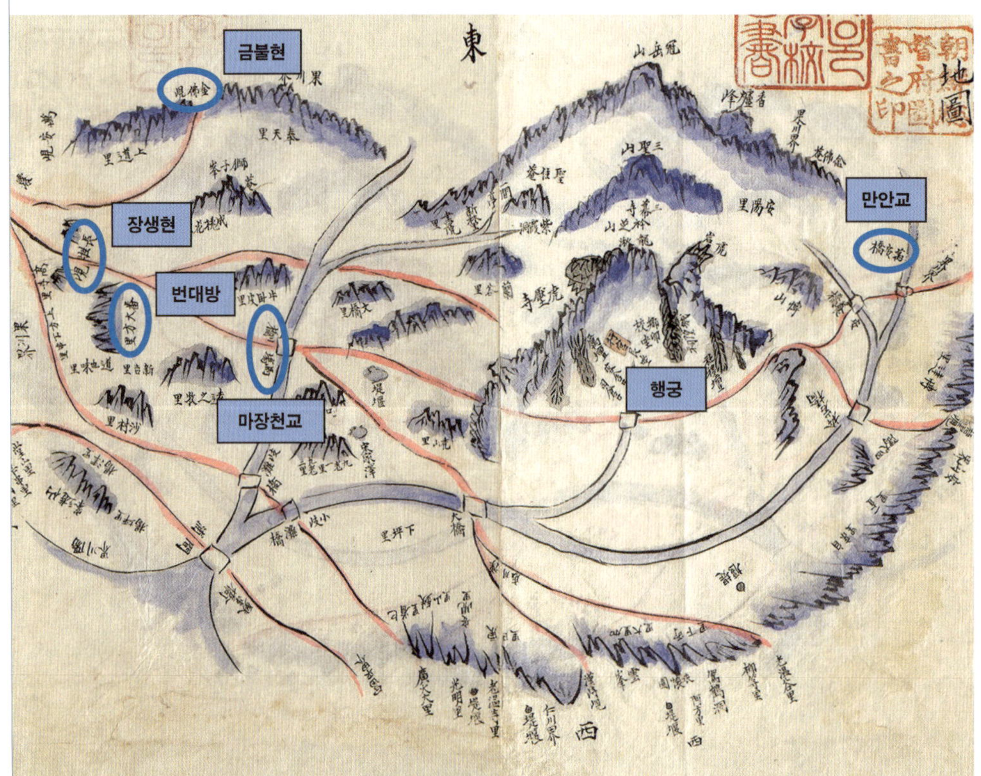

경기도시흥군읍지에 수록된 경기도 시흥군 지도(1899, 서울대학교 규장각 한국학연구원)

이렇게 국왕의 원행길이 시흥을 지나게 되면서 시흥로는 수원에 이르는 또 다른 길이라는 의미로 '수원별로'라고 불렸다. 시흥을 지나는 노정이 확립되기 이전에 신경준의 『도로고道路考』1770에서는 전국을 다음과 같이 6대로로 구분하였다. 첫째, 경성에서 서북 방향으로 의주까지 연결되는 경로의주로. 둘째, 경성에서 동북 방향으로 경흥까지 연결되는 경로경흥로. 셋째, 경성에서 동쪽으로 평해까지 연결되는 경로평해로. 넷째, 경성에서 동남쪽으로 동래까지 연결되는 경로동래로. 다섯째, 경성에서 남쪽으로 제주까지 연결되는 경로제주로. 여섯째, 경성에서 서쪽으로 강화까지 연결되는 경로강화로. 여기서 시흥은 제주로의 한 부분으로 소개된다. 제주로는 경성에서 과천~수원~천안~공주~나주~해남을 거쳐 제주에 이르는 길인데, 경성에서 수원까지는 동작진~과천~갈산점~사근천을 거쳐 간다고 설명되어 있다. 다만 경성에서 노량진을 경유하여 벌사근천에 이르는 하나의 길이 별도로 제시된다. 이 길은 경성에서 노량진~마장내현~시흥~안양리~갈산전로를 지나 벌사근천점까지 이른다. 이와 같은 경로는 시흥을 지나는 행행길과 유사하다.

원행로가 시흥을 지나는 것이 확립된 이후인 1861년에서 1866년 사이에 제작된 김종호의 『대동지지大東地志』에서는 전국을 10대로로 나누었으며, 이 중 시흥을 지나는 '수원별로水原別路'가 7대로大路로 포함되어 있다. 참고로 1대로에서 4대로까지와 6대로는 『도로고』에서 분류하였던 대로 의주로·경흥로·평해로·동래로·강화로로 같고, 제주로는 8대로인 해남로로 표시되었다. 그리고 5대로 봉화로, 7대로 수원별로, 9대로 충청수영로, 10대로 통영별로가 추가되었다. 수원별로는 경성에서 노량진~문성동~시흥~안양행궁~사근평행궁~수원행궁~건릉健陵에 이르는 길로 설명되었다.[15]

15 『대동지지』 권27, 정리고(程里考).

다. 현륭원 행행과 시흥행궁

시흥행궁이 건립되기 이전에도 정조는 매년 현륭원에 참배하였다. 1790년 2월, 1791년 1월, 1792년 1월, 1793년 1월, 1794년 1월에 사도세자를 찾았다. 해마다 1월에 방문한 이유는 사도세자의 생일이 음력 1월이었기 때문이다. 현륭원이 천장되기 이전, 즉 정조 1년부터 13년까지도 1년에 한 번씩 영우원에 전배展拜하였다. 아래는 현륭원이 완공된 이후에 정조가 현륭원으로 행행한 기록을 정리한 것이다.

정조의 현륭원 행행 기록

시기	행행로	행궁	주정/숙박	목적지	비고
정조 13년(1789) 10월	과천로	과천행궁	숙박	현륭원	현륭원 완공 직후
정조 14년(1790) 2월	과천로	과천행궁	숙박	현륭원	
정조 15년(1791) 1월	과천로	과천행궁	주정	현륭원	
정조 16년(1792) 1월	과천로	과천행궁	주정	현륭원	
정조 17년(1793) 1월	과천로	과천행궁	주정	현륭원	
정조 18년(1794) 1월	과천로	과천행궁	숙박	현륭원	시흥행궁 건립
정조 19년(1795) 윤2월	시흥로	시흥행궁	숙박	현륭원	을묘원행
정조 20년(1796) 1월	시흥로	시흥행궁	주정	현륭원	
정조 21년(1797) 1월	시흥로	시흥행궁	주정	현륭원	
정조 21년(1797) 8월	시흥로 (돌아올 때)	양천·김포·부평 안산·시흥행궁	주정 (시흥행궁)	장릉, 현륭원	
정조 22년(1798) 2월	시흥로	시흥행궁	주정	현륭원	
정조 23년(1799) 8월	과천로	과천행궁	주정	헌릉, 현륭원	
정조 21년(1800) 1월	시흥로	시흥행궁	주정	현륭원	

1790년은 이장한 이후에 처음으로 현륭원을 방문하던 해였다. 이해 1월 1일에 정조는 사도세자의 생신에 맞추어 현륭원에 나아가 제사를 지내고 이후 해마다 빠짐없이 원행할 것이라고 이야기하였다.[16] 정조는 현륭원을 상당히 마음에 들어 하였다. 현륭원을 완공하고 세 번째로 방문한 1792년, 정조는 "풍수지리에 대해 상세히 알지는 못하지만 100리의 평야에 이러한 형국이 이루어졌으니 청룡과 백호가 둘러싼 것과 조대산의 밝고 수려한 모습은 비록 평범한 사람의 안목이라도 모두 알 수 있다"라며 "실로 하늘이 준 것이지 나의 힘이 아니다"라고 말하였다.[17] 1794년에는 이후 시흥으로 이름이 바뀐 금천에 행궁을 지었고, 그 뒤로 정조는 과천로가 아닌 시흥로를 이용하였다.

1795년부터 정조가 사망하던 해인 1800년에 이르기까지 시흥행궁은 유숙留宿보다는 주정소晝停所로 사용되었다. 1796년에는 화성행궁으로 가는 도중 시흥에 도착하였을 때 정조는 아직 새벽이라 수라를 든 뒤 잠시 쉬었다가 말을 타고 출발하였다는 기록이 있다.[18] 이로 보아 숙박은 하지 않은 것으로 생각된다. 화성행궁에서 다시 창덕궁으로 돌아가는 길에도 시흥현에 도착한 이후에 바로 용양봉저정으로 나아갔다는 기록이 있어 역시 들르기만 한 것으로 보인다.[19] 1797년에는 시흥행궁을 1월과 8월에 한 번씩 두 차례 방문하였다. 1월에는 이전처럼 사도세자의 생일에 맞추어 현륭원을 방문하였으며, 화성행궁을 오갈 때 시흥의 '주정소'에 머물렀다고 기록되어 있다.[20] 1798년 2월에 현륭원에 참배하러 갈 때는 시흥현에 도착하고 나서 오정午正 삼각三刻, 즉 오후 12시 45분에 사근평 방향으로 나아갔고,[21] 돌아올 때도 마찬가지로 12시 45분에 시흥행궁에서 출발하였다. 용양봉저정

16. 『정조실록』 권29, 정조 14년(1790) 1월 1일.
17. 『정조실록』 권34, 정조 16년(1792) 1월 25일.
18. 『승정원일기』 1758책, 정조 20년(1796) 1월 20일.
19. 『승정원일기』 1758책, 정조 20년(1796) 1월 24일.
20. 『정조실록』 권46, 정조 21년(1797) 1월 29일.
21. 『승정원일기』 1787책, 정조 22년(1798) 2월 1일.

에서 잠시 휴식하고 다시 출발할 때는 오후 3시 45분이었다.[22] 이로써 시흥행궁에서 말 그대로 '주정晝停', 즉 낮에 머물렀다가 거쳐 갔음을 알 수 있다. 1800년에는 현륭원으로 가기 전 1월 10일, 정조가 "16일 새벽에 출발하여 현륭원에 가서 예를 행하고 하룻밤을 유숙한 다음 이튿날 석양에 행궁으로 돌아갔다가 다음 날 새벽에 그대로 환궁할 것"이라고 전교하였다. 그 말대로 16일 당일에는 창덕궁에서 새벽에 출발하여 시흥현에 도착하였을 때는 사경四更, 즉 새벽 1~3시였다.[23] 18일 돌아오는 길에도 "어가가 화성의 행궁에서 출발하여 시흥의 행궁에서 주정한 다음에 환궁하였다"라고 기록되어 있다.[24]

정조는 해마다 1월 혹은 2월에 현륭원을 방문하였지만, 예외적인 사례가 두 번 있었다. 먼저 1797년 8월에는 장릉章陵에 방문하기 위해 양천과 김포 등 여러 행궁을 거쳤다. 단종의 능인 영월의 장릉莊陵, 인조의 능인 파주의 장릉長陵이 아닌 김포의 장릉章陵은 인조 부모의 능이다. 인조의 부모인 정원군과 그의 부인이 원종과 인헌왕후로 추존되면서 흥경원興慶園이 장릉이라는 이름으로 변경되었다. 부모가 추존되면서 능으로 승격된 역사는 사도세자의 묘가 이후에 융릉으로 바뀐 것과 닮았다. 1899년에 이르러서야 사도세자가 장조로 추존되었으므로 당시 정조는 인조처럼 정통성을 확보하고 왕권을 강화하기 위해서 장릉을 참배하였을 것이라 예상해 볼 수 있다. 정조는 1797년 8월 15일 장릉으로 향하던 도중에 양천행궁을 들렀으며 장릉을 배알한 이후에는 김포행궁에서 묵었다. 16일에는 부평행궁을 거쳐 안산행궁에서 유숙하고, 17일 안산행궁에서 출발하여 현륭원에서 작헌례를 행하고 수원의 행궁에서 18일까지 머물렀다. 19일에 궁궐로 돌아오는 길에는 시흥행궁에서 주정하였다. 두 번째 예외적 사례인 1799년 8월의 원행에서는 헌릉獻陵에 참배하였다. 이때는 시흥행궁이 아닌 과천행궁을 거쳐서 갔다.[25] 헌릉은 현재 서초구 내곡동당시 광주 대모산에 위치해 방향이 화성과는 달라서 과천을 거치는 것이 더 가까웠기 때문이다.

시흥행궁이 본격적으로 사용되기 시작한 시점은 을묘원행 때이다. 1795년 윤2월 9일, 정조와 혜경궁이 현륭원에 이를 때 노량진 용양봉저정에서 주정하고 시흥행궁에서 유숙하였다. 윤2월 15일 궁으로 돌아올 때는 사근평행궁에서 주정한 후 시흥행궁에서 유숙하였다. 마침 1795년은 혜경궁이 환갑을 맞았던 해이자 돌아가신 아버지 사도세자가 살아계셨다면 회갑을 맞이하였을 해였다. 또한 정조가 재위한 지 20주년이 되는 해이기도 하였다. 기본적으로 시위하는 군관이 동행하는 임금의 행차에 혜경궁을 모시는 나인과 악대 등까지 더해져 을묘원행에서 수행하였던 인원은 6,000여 명에 달하였다.[26] 이렇게 거대한 규모의 행차였기에 도로가 평탄하고 넓은 시흥을 통하는 노정이 때마침 알맞은 선택이었을 것이다. 을묘원행에서 시흥행궁은 오갈 때 하루 머무는 숙소로 사용되었다. 『을묘원행정리의궤』의 기록을 따라 정조와 혜경궁의 행행 일정을 따라가자면 다음과 같다.[27]

1795년 을묘년 윤2월 9일, 묘시卯時, 오전 5~7시에 자궁慈宮이 현륭원으로 가기 위해 거동擧動하였다. 정조는 자전慈殿, 정순왕후[28]을 먼저 알현하고 윤행임에게 다음과 같이 말하였다. "자궁이 화성에 행하는 길이 거의 100리에 이르고 갔다가 돌아오는 데 8일이 넘을 것 같다. 마음이 걱정스러워 조금도 해이해질 수 없으니 각 참站의 수라와 방의 점화, 진찬 배설 등의 일을 각자 맡은 대로 행하여 혹여 방심하지 말아라." 묘정卯正 삼각三刻, 즉 오전 6시 45분에 세 번째 북소리가 울리자三嚴[29] 정조는 곤룡포와 철릭을 입고 말을 타고서, 자궁은 가교駕轎를 타고 궐내의 여러 문을 지난 후 **돈화문**과 **숭례문**을 나왔다. **율원현**栗園峴 에 이르러서는 백성이 길로 나와서 관광하는 것을 금지하지 말라고 명하였다. 그러고 나서 **만천교**蔓川橋를 지나서 **노량주교**鷺梁舟橋에 이르렀다. 정조는 말에서 내려 자궁의 안부를 여쭈었다.

22. 『승정원일기』 1787책, 정조 22년(1798) 2월 5일.
23. 『승정원일기』 1817책, 정조 24년(1800) 1월 16일.
24. 『정조실록』 권53, 정조 24년(1800) 1월 18일.
25. 『정조실록』 권52, 정조 23년(1799) 8월 19일.
26. 한영우, 『정조의 화성행차, 그 8일』, 효형출판, 1998, 159쪽.
27. 아래는 『원행을묘정리의궤』 권1 연설(筵說) 을묘 윤2월 초9일 자 및 10일 자 기록이다. 굵은 글씨로 『원행정례』에서 언급되었던 지명을 표시하였다.
28. 정순왕후는 정조의 할아버지 영조의 계비로 나이가 51세였다. 그래서 정조의 어머니 혜경궁 홍씨보다 나이가 어렸지만, 항렬로는 할머니였다.
29. 임금이 거둥할 때 여러 관원에게 준비를 서두르도록 북을 쳐서 시각을 알리는데, 이를 엄고(嚴鼓)라고 한다. 초엄, 이엄, 삼엄으로 나누어 총 세 차례 북을 쳤다.

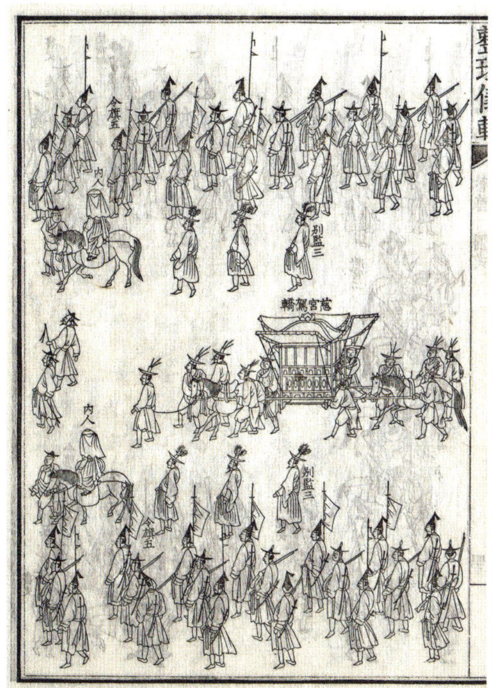

원행을묘정리의궤에 나오는 자궁가교慈宮駕轎
(서울대학교 규장각 한국학연구원)
혜경궁이 탄 가마가 무예총 총수와 근장군사 등의 삼엄한 경비 속에서 등장한다.

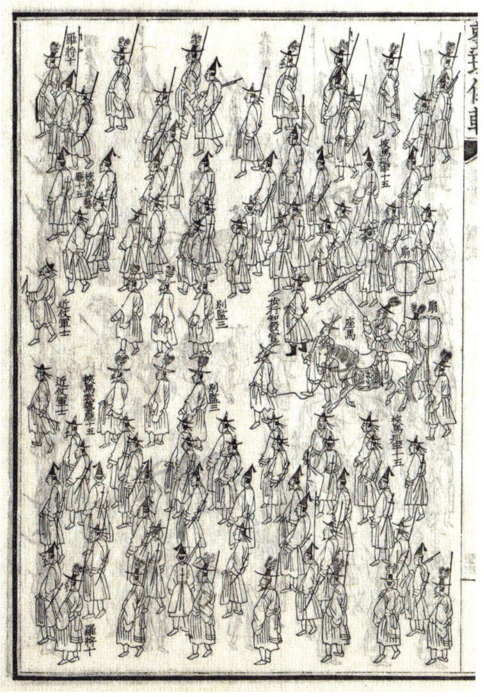

정조가 탄 좌마(座馬)가 30명의 협마무예청과 30명의 협마순노 등의 호위 속에서 가고 있다. 한눈에 봐도 가장 많은 수의 사람에게 둘러싸여 있음을 알 수 있다. 을묘원행에서는 어머니를 모시고 가기에 일부러 가마를 타지 않았다. 왕의 형상을 직접 그리지 않는 관례 때문에 말 위에 왕의 모습은 보이지 않는다.

그리고 **용양봉저정**龍驤鳳翥亭에 먼저 가서 자궁이 머물 방의 온돌과 수라, 찬품을 직접 살펴보았다. 정리사整理使가 오선午膳, 점심을 올리자 이 역시 직접 살펴보고 자궁에게 드렸다.

오초午初 이각二刻, 즉 오전 11시 30분에 세 번째로 악기를 불자三吹 정조는 군복으로 갈아입고 자궁의 가교를 모시고 출발하였다. **만안현**萬安峴을 지나 **문성동 앞길**文星洞前路에서 푸른 천막을 치고 자궁의 문안을 여쭈었다. 정리사가 미음다반米飮茶盤을 올리자 정조가 손수 받아서 자궁의 가교 안으로 올렸다. 그리고 윤행임에게 먼저 주정소에 가서 행궁의 여러 가지 일을 살펴보고, 그 이후에 매 참站에서도 역시 그렇게 하라고 명하였다. 잠시 후에 정조는 자신이 먼저 행궁에 가서 직접 살펴보아야겠다고 말하고는 시위대와 관리들은 이전처럼 자궁의 가교를 모시고 따라가라고 명령하였다. 정조가 **시흥현행궁**에 가서 두루 살피고 나서 다시 막사로 돌아왔다. 그리고 장용영에게 당마塘馬, 즉 말을 타고 정찰의 임무를 맡은 군사를 배치하여 자궁의 가교가 도착하는 곳을 차례로 아뢰도록 하였다.

자궁의 가교가 시흥현 문밖에 이르자 정조는 자궁을 맞이하였다. 정리사가 석선夕膳, 저녁을 올리자 이번에도 역시 정조가 직접 살펴보고 자궁에게 올렸다. 잠시 후에 정조는 다음과 같이 말하였다. "날씨가 화창하고 어머니가 건강하시니 경사와 행운을 이길 길이 없다." 그리고 승지, 사관, 각신과 시위하는 군대에 음식을 내리고는 이것은 자궁께서 내리시는 것이니 배불리 먹으라고 하였다. 정조는 각 참 중간에 자궁의 가교를 모시면서 직접 미음다반을 올렸다. 참에 도착하면 반드시 먼저 가서 두루 살폈고 매번 올리는 음식을 직접 살펴보기를 시흥참에서처럼 하였다.

이튿날인 10일은 시흥행궁에서 화성행궁으로 가는 날이었다. 전날과 마찬가지로 묘정卯正 삼각三刻, 즉 오전 6시 45분에 세 번째 악기 소리가 나자 정조와 자궁이 출발하였다. 국왕과 자궁은 **대박산 벌판**大博山坪 과 **안양점**安養店, **장산우**長山隅와 **청천평**淸川坪, **원동천**院

洞川을 차례로 지나 **사근참행궁**에 이르러서 낮것상[30]을 들었다. 그리고 저녁이 되어서야 **화성행궁**에 도착하였다.

정조 이후에도 시흥행궁은 밤과 낮에 머무는 장소로 활용되었다. 특히 현륭원은 사도세자의 묘로 국왕의 능침이 아니었으므로 국왕이 공식적으로 행행할 필요는 없었다. 그러나 정조의 능침인 건릉은 국왕의 능으로 봄과 가을에 정기적인 의례를 해야 하였으므로 행행 횟수가 증가하였다.[31] 정조 이후에 왕위에 올랐던 순조, 헌종, 철종 중에서 화성 행행을 가장 많이 한 왕은 순조였다. 정조의 능인 건릉에 순조는 9회, 헌종은 2회, 철종은 3회 다녀갔다. 자연히 시흥행궁의 이용도 순조 대에 가장 많았으리라 짐작할 수 있다. 시흥행궁은 화성을 오갈 때의 주정소로 가장 자주 사용되었지만 제사를 지내는 장소로 활용되기도 하였다. 순조 1년에는 시흥행궁에서 재우제와 동지제를 지내고 효원전으로 반우하였다고 기록되었다.[32]

시흥행궁은 건물의 흔적을 찾아보기는 어렵다. 다만 여러 지도를 통해서 위치를 추정할 수 있을 뿐이다. 시흥현지도를 통해서는 호압사가 위치한 산 아래에 있었다는 정도밖에 알 수 없다. 시흥행궁은 국가 시설이었기 때문에 일제강점기 토지조사부와 지적원도에서 국유지로 표시된 지역이 시흥행궁의 위치였으리라 생각되는데, 시흥환어행렬도에서 시흥행궁 앞으로 물길이 흐르고 금하로가 복개된 길임을 고려해 볼 때 현재의 '금하로23길' '독산로22길' '금하로와 탑골로가 만나는 지점'으로 둘러싸인 일대였으리라 추정된다. 아래 채제공의 시를 보면 행궁 정문 앞에 은행나무가 한 그루 있다고 하는데, 시흥행궁 터 추정지 앞에는 수령이 오래된 은행나무가 있다.

시흥현[33]

채제공

시흥현아 앞엔 이속들의 작청이 있으니
늙은 재상 뒤척이며 오늘 밤을 새운다네
행궁에 머무니 몸은 외롭지 않지만
임금 계신 대궐 바라보면 마음 편치 않다네
정문 앞엔 은행나무 한 그루
밤들어 바람소리 어찌 이리 차가운가
무더위가 언제 벌써 가을이 되었는지
(후략)

또한 이 일대는 관아의 말을 기르던 자리라고 해서 '마방자리', 아전들이 집단으로 거주하였다고 하여 '아전골목', 병사들이 주둔하였다고 하여 '병사터', 현령들의 송덕을 기리는 비가 있었다고 하여 '비석거리'라는 명칭이 전해져 오고 있다.[34] 이렇게 구전되는 명칭을 통해 행궁과 같은 국가 시설이 있었음을 짐작할 수 있다. 현재 행궁 추정지 맞은편에는 시흥행궁 전시관이 있으며, 전시관 옥상에서 시흥행궁 터로 추정되는 전경을 내려다볼 수 있다.

30. 오늘날의 점심을 의미한다.
31. 『시흥행궁』, 서울역사박물관, 2009, 77쪽 참고.
32. 『순조실록』 권1, 순조 1년(1800) 11월 7일.

33. 채제공 저, 이상현·서정문 역, 『번암집』 권6, 한국고전번역원, 2021, 147쪽.
34. 『금천지명유래』, 금천문화원, 2016, 143·144·162쪽; 『금천구 향토문화지』, 금천구, 1996, 403~404쪽.

시흥행궁 터 추정지 주변 은행나무

시흥행궁전시관에서 내려다본 시흥행궁 터 추정지 전경

라. 백성과 소통의 기회였던 원행길

국왕의 행행은 평소에 만날 일이 없는 왕과 백성이 만날 수 있는 기회이기도 하였다. 왕의 행렬은 좋은 구경거리였다. 환어행렬도를 자세히 보면 원행의 대열을 따라서 사람들이 앉아 있는 모습이 그려져 있다. 그리고 사람들에게 술이나 엿을 파는 술장수와 엿장수도 찾아볼 수 있다. 이들은 관광하러 나온 백성들이라는 의미에서 관광민인觀光民人이라고 불렸다. 왕의 행렬을 구경하는 사람들과 더불어 왕에게 직접 의견을 전달하는 사람들도 있었다. 백성들이 하소연하는 방법은 조선 초기의 신문고 제도에서 조선 후기에 글을 올린다는 의미의 '상언上言'과 징을 친다는 의미의 '격쟁擊錚'으로 바뀌었다. 원행길은 상언 및 격쟁을 할 수 있는 좋은 기회였다. 특히 정조대에는 상언과 격쟁이 가장 활발하던 시기여서 정조 재위 기간에 기록된 상언과 격쟁이 4,304건에 이르렀다.[35] 백성이 왕을 직접 만날 수 있는 가장 쉬운 기회가 왕의 행차임을 고려해 볼 때 원행길에 얼마나 많은 상언과 격쟁이 이루어졌을지를 짐작해볼 수 있다.

이처럼 백성이 왕에게 호소하는 경우도 많았지만, 왕이 먼저 행행을 지나는 마을 주민에게 어려운 점을 물어보거나 조세를 감면해 주기도 하였다. 정조는 현륭원에 행차하면서 과천로를 이용할 때부터 백성의 근심을 묻곤 하였다. 1792년 1월에는 갈현葛峴에 이르러 말에서 내려서 초상軺床에 앉아 마을 노점의 노인들을 불러서 고통스러운 일을 물어보았다.[36] 1794년 1월에는 과천행궁에서 유숙한 후 첫닭이 울기를 기다려 떠나려고 하는데 백성들에 관한 생각이 마음속에서 사라지지 않아 묵은 환곡의 1년 몫을 탕감해 주도록 명하였다.[37] 환곡은 나라에서 봄에 백성들에게 곡식을 꿔어주고 가을에 약간의 이자를 붙여 거두던 제도로, 정조는 그 1년 몫의 환곡을 면제해 준다는 것이다. 1795년 을묘원행이 있던 때에는 특별한 해였으므로 환곡과 요역 등에 대해 더욱 많은 감면이 이루어졌다. 수원에서 어머니 혜경궁 홍씨의 환갑잔치를 치르고 돌아가는 길에 시흥을 지날 때 부로父老를 불러 백성의 고통에 대해 물어보았다. 평소에도 행차가 지나가는 지역에 대해서 은혜를 베풀고자 하는데 경사스러운 날에는 더더욱 그리해야 한다고 생각한 정조는 백성들의 노동을 줄여주고 폐단을 제거해 주고자 하였다. 또한 추수 때 상환기한을 연기해 준 환곡을 탕감해 주었다. 윤2월 16일에 정조는 시흥행궁에서 출발하여 문성동 앞길에 이르러 다음과 같이 말하였다. "자궁의 가마를 모시고 평안히 갔다가 돌아오는 길에 다시 시흥행궁에 묵었다. 읍은 물자가 통하는 곳이고 길은 사방으로 뻗어 있는데 경사를 함께하며 기쁨을 알리는 것이 어찌 수령과 서리, 장교에게만 있겠는가. 시흥현 백성들이 갑인년 한 해 물린 환곡과 군향미軍餉米를 특별히 탕감하고 부역과 요역을 감면하는 방법을 강구하여 그들이 행운을 바라는 뜻에 부합하도록 하라."[38] 『일성록』에는 정조와 백성들이 나눈 대화가 더욱 자세히 기록되어 있다. 다음은 그 기록을 대화 형식으로 재구성한 것이다.[39]

정조 지방관으로 하여금 경내의 부로父老와 백성들을 거느리고 연로輦路 중 환히 트인 곳에서 대령하여 어가가 지나가는 것을 기다리게 하라.

(정조는 군복을 갖추고 말을 타고서 자궁의 가교를 모시고 나왔다. 문성동 앞길에 이르자 시흥현령 홍경후가 백성들을 거느리고 길 왼쪽에 공경히 부복하고 있었다.)

35. 상언은 문서로 작성하여 호소하는 방식으로 주로 문자 생활에 익숙한 사대부가 선호하였으며, 격쟁은 징·꽹과리·북 등을 쳐서 이목을 집중시킨 다음에 말로써 호소하는 방식으로 하층민이 선호하였다는 차이가 있다.(김경숙, 『한국문화사 28권 고문서에게 묻은 조선시대 사람들의 삶』, 국사편찬위원회, 2009)

36. 『정조실록』 권34, 정조 16년(1792) 1월 24일.

37. 『정조실록』 권39, 정조 18년(1794) 1월 12일.

38. 『원행을묘정리의궤』 권1, 전교(傳敎) 윤2월 초16일.

39. 『일성록』 정조 19년(1795) 윤2월 16일.

환어행렬도의 시흥행궁(국립고궁박물관)

정조 어가가 보통 지나가는 지역에 대해서도 은혜를 베풀 방도를 생각하기 마련이다. 더구나 오늘은 자궁의 가교를 모시고 재차 시흥행궁에 묵기까지 하였고 궁으로 돌아가는 길이 모두 편안하니 더 말해 무엇 하겠는가. 경사스럽고 다행으로만 느껴지는 이 마음에 백성들에게 무엇을 아끼겠는가. 시흥 백성들을 위해 반드시 요역徭役을 견감하고 폐단을 제거해 줌으로써 자궁의 은혜를 펼쳐 보이고 백성의 기대에 부응하고자 한다. 더구나 행차를 바라보는 백성들은 그저 즐겁게 행차의 위의威儀만 구경하는 것이 아니요, 은택을 기대하는 마음도 갖고 있으니 더 말할 것이 있겠는가. 너희는 이미 행차를 바라보았고 나는 이미 물어보았으니, 고질적인 병폐와 제거해야 할 폐단이 있다면 숨김없이 모두 진달하라.

백성 다행히 요순堯舜 같은 임금님을 만나 태평한 세상에 태어나 늙어 가니, 먹고 입는 것 어느 하나도 모두 임금님의 은택이 아닌 것이 없습니다. 천지 같고 부모님 같으신 우리 임금님이 계시니 오두막에서 황발黃髮을 드리우고 늙어 가는 저희는 밤낮으로 감읍할 뿐입니다. 임금님께 아뢰어 번거롭게 할 만한 무슨 질고疾苦가 있겠습니까.

정조 이런 말은 겉치레로 하는 인사말이다. 너희는 모두 나의 적자赤子이다. 그런데도 매번 은택을 두루 펴지 못하니, 마음에 늘 이것을 부끄럽게 생각하고 있다. 더구나 깊은 구중궁궐에서는 오두막에서의 질고를 자세히 알 길이 없기 때문에 어가 앞에서 말하도록 하여 그동안 듣지 못하였던 폐단을 들음으로써 행차를 바라보는 백성들의 심정에 보답하고자 생각한 것이다. 너희는 말할 수 있는 이런 기회를 만났는데도 어찌 두려워하고 머뭇거리며 선뜻 말하려 하지 않는가. 주저하지 말고 다시 진달하라.

이익운 (경기도 관찰사) 백성들에게 두루 유시諭示하니, 모두들 별다른 폐단이 없어서 하문하시는데도 감히 아뢰지 못하였다고 하였습니다. 다만 호역戶役으로 바치는 계초鷄草를 때로 1년에 두 번씩 징수하기도 하는데, 이것이 백성들에게는 가장 큰 폐단이 된다고 하였습니다. 이 밖에 자잘한 잡역雜役에 대해서도 억울함을 호소할 것이 없지는 않다고 하였습니다.

정조 지난날 특별한 은혜를 두루 베풀지 못하다가 금년에 처음으로 이곳에 행차하였으니, 어찌 별도로 나의 뜻을 보여주는 조처가 없을 수 있겠는가. 그러므로 지난 가을 환곡 중 정퇴조를 모두 탕감한다. 호역은 비국備局으로 하여금 방백과 수령들에게 관문關文을 보내어 물어서, 폐단을 줄이고 견감하는 방도를 특별히 강구하여 잘 처리하도록 하겠다. 매년 정월의 행차에 연로輦路의 백성들이 눈을 치우고 길을 닦는 폐단이 적지 않다. 그러므로 금년부터는 원행園幸 날짜를 봄·가을 농한기로 정하니, 이 또한 백성을 위하는 고심에서 나온 것이다. 이후 매년 행차가 지나갈 때마다 민정을 자세히 살펴 폐단에 따라 대처할 방도를 구할 것이니, 너희는 모두 그리 알라.

(백성 중에 식량을 원하는 사람이 있어서 정조가 이익운에게 그의 나이를 물어보라고 명하였다.)

백성 61세입니다.

이익운 아무리 무지몽매한 백성이라고는 하나, 그 바라는 말을 드러내 놓고 하니 백성들의 습속이 가증스럽습니다.

지나치기는 지나치다. 그러나 이미 그의 나이를 물었으니, 어찌 헛되이 물러가게 하겠는가. 그가 원하는 대로 쌀을 제급題給하고, 외람된 죄는 본관本官으로 하여금 다스리게 하라.

『일성록』 정조 19년(1795) 윤2월 16일

주민들은 이러한 정조에게 화답의 표시를 하기도 하였다. 정조 20년 1월, 정조는 시흥 문성동 앞길을 지나다가 두 그루의 작은 괴목이 심어져 있고 돌로 만든 대가 있는 것을 보았는데, 이 대는 지역민이 정조가 머물던 곳임을 기념해서 조성한 것이다.[40]

왕의 행차 시에 길을 닦는 것은 모두 백성들의 몫이었으므로 이를 고려하여 조세를 면제해주기도 하였다. 1798년에는 눈이 올 때마다 길에 있는 눈을 쓰는 백성들에게 혜택을 줄 방도를 여러 대신과 궁리하다가 세금을 감면하기로 하였다.

현륭원에 행행할 연로輦路를 새로 닦게 하되, 길로 들어가는 백성들의 토지를 계산하여 지적地積 10보步마다 1부負의 조세를 면제해 주도록 명하였다. 상이 연로 백성들의 길 닦고 눈 쓰는 고통스러움을 민망하게 여기어 사람을 보내 살펴보도록 하였는데, 돌아와서 아뢰기를 "매양 눈이 올 때마다 남녀노약자들이 크고 작은 비를 손에 들고서 관아의 명령을 기다리지 않고 자진해서 일제히 나와 눈을 쓸어 치웠습니다" 하니, 상이 이 말을 듣고 그들을 위하여 어조御竈에 바치는 땔나무를 감하게 하고 이르기를 "내가 다습게 거처하는 것이 마음에 미안하다" 하였다. 그러고는 경기京畿의 도신道臣과 양도兩都의 유수留守에게 하유하기를, "화성華城 연로의 제읍諸邑은 해마다 어가御駕 맞이하는 일을 담당하는 것 때문에 백성들을 괴롭힘이 매우 극심한데, 그중에서도 길 닦고 눈 쓰는 일이 가장 괴로운 일이다. 팔도의 백성들을 위하여는 삼백三白의 풍년들 조짐을 진실로 기뻐하지만, 눈발이 공중에 휘날릴 적에 손을 불며 발을 동동 구르는 고통을 겪는 연로의 농부들을 위하여 이 마음이 먼저 미친다" 하고는 마침내 그들을 견휼蠲恤할 계책을 확의確議하도록 명하였다.

『정조실록』 권48, 정조 22년(1798) 1월 4일

마. 현재 원행길의 재현과 복원

지금 시흥행궁의 모습은 남아 있지 않지만, 정조의 행행을 기념하기 위해서 해마다 '정조대왕 능행차 공동재현' 행사가 개최되고 있다. 2020년과 2021년에는 코로나19로 인하여 잠시 중단되었다가 2022년부터 재개되었다. 2023년에는 10월 8일부터 9일까지 이틀간 진행되었다. 재현행사는 정조가 이동하였던 길 그대로 서울의 창덕궁에서부터 수원까지 이어진다. 을묘원행에 몇천 명이 대동되었던 만큼 이번 행사에도 3000여 명의 사람과 200여 마리의 말이 함께하였다. 시흥동에서의 행차는 금천구청에서부터 시흥사거리를 거쳐 시흥행궁 추정지인 시흥5동주민센터 앞까지 이동하였다. 도로는 일시적으로 차량 이동이 통제되었다. 행차가 은행나무교차로에 도착하였을 때는 정조대왕이 금천현감에게 시흥현으로 개칭을 선포하는 교서를 내리는 장면을 재현하는 퍼포먼스를 진행하였다. 이어서 시흥동에서의 최종 목적지인 시흥5동주민센터 앞에 설치된 무대에서는 격쟁을 재현하는

40. "至始興文星洞前路路傍, 植雙小槐, 累石而臺之, 上下馬, 盤桓良久, 敎侍臣曰, 此予昨年陪慈宮少憩處也. 至始興縣, 天尙未明, 上御行宮, 進水剌. 少頃, 軍令三吹, 上乘馬, 通禮, 跪啓請進發. 過果川南上面村里, 又有累土爲臺者, 上下馬御臺上, 命招村中父老. 敎曰, 築臺者, 誰? 對曰, 昨年停鑾之所, 故田父, 築而識之矣. 上曰, 汝等或有弊瘼, 一一陳之, 可也. 對曰, 別無可以仰陳者矣. 上命給運, 招問京畿營吏, 此村及沿路築臺處居民中, 如有舊還未納者, 數爻多寡, 詳細錄入, 可也."(『승정원일기』 1758책, 정조 20년(1796) 1월 20일)

상황극을 하였다. 기본적으로 백성이 상언하면 왕이 응답하여 현령에게 잘 대처하고 있는지 질문하는 형식으로 진행되었다. 내용은 현재 상황에 맞게 재구성되었다. 예를 들어 1인 가구 지원, 전세 사기 피해, 여성에 대한 무차별 범죄 등에 대해서 백성이 상언하면 현령이 심야 시간 귀가 지원, 범죄예방 디자인 등 구청에서 현재 지원하는 정책을 이야기하였다. 무대에서는 이러한 재현 행사뿐만 아니라 금천구 소재 예술단체 및 국립전통예술고등학교의 공연도 있었다. 무대 앞으로는 여러 부스가 설치되어 각종 체험행사를 할 수 있었다. 체험 프로그램으로는 나전칠기 자개 그립톡 만들기, 전통 장신구 노리개 만들기, 미니 베틀 짜기, 반차도 색칠하기, 전통민속놀이 등이 있었으며 많은 주민이 참여하였다. 연구진 역시 하나의 부스를 배정받아 시흥동 인지 지도 그리기와 설문조사를 진행하였다. 그 결과 50명의 응답자 중 '정조대왕 능행차 재현 행사에 참여하기 전 시흥행궁에 대해 얼마나 알고 있

정조대왕 능행차 재현 행사 모습

교서 재현 퍼포먼스

격쟁 재현 상황극

시흥행궁전시관

금천구 문화유산 보전회의 정조대왕 캐릭터 색칠놀이 부스

었는지'라는 질문에 역사적 배경을 알고 있었다는 응답이 절반 이상으로 가장 많았다. 응답자는 대부분 시흥동 주민이거나 시흥동에 거주한 이들이었음을 고려할 때 시흥동에 사는 사람들도 시흥행궁과 그 역사에 대해서 어느 정도 인지하고 있음을 알 수 있다.

시흥행궁 터와 인접한 시흥5동주민센터 6층에는 비교적 최근인 2022년 7월에 개관한 시흥행궁전시관이 있어 정조의 능행과 시흥행궁에 대해서 소개하고 있다. 전시관에서는 시흥행궁 모형과 화성원행반차도 3D 재현 영상, 환어행렬 실감영상 등을 통해 정조의 행차와 시흥행궁에 대해서 입체적으로 알려준다. 최근에는 재현행사와 전시관을 넘어 시흥행궁을 복원하려는 단체도 생겨났다. 올해 6월에 설립된 금천구(옛 시흥현) 문화유산 보전회는 시흥행궁과 호암산성을 복원하고 시흥동에 있는 문화유산을 천연기념물과 보물 등 문화재로 승격하려는 목표를 가지고 있다. 아울러 시흥행궁~별장산 휴양림~칼바위불영암~호암산성~한우물~호압사를 연결하여 역사문화관광 코스를 만들고자 한다. 시흥행궁 터는 주택가가 들어서 있어 그 자리에 그대로 복원 사업을 하기는 쉽지 않지만 다른 자리를 마련하여 복원한다는 계획이다. 현재는 정조대왕 캐릭터를 만들어 금천구청에 기증하였고, 이 캐릭터 색칠 놀이도 정조대왕 능행차 재현 행사 부스에서 진행하였다. ♣

서울과 지방을 잇는 길, 경부선과 시흥역

가. 경부선 건설과 시흥농민봉기

경부선은 일본 자본인 경부철도주식회사에 의해 1901년 착공하여 1904년 준공하였다. 처음에 영등포에서 시작하여 초량까지의 경로로 계획되었던 경부선은 충청북도 영동永同을 기점으로 영등포건설사무소 소관의 북부 지역과 초량건설사무소 소관의 남부지역으로 나뉘어 구획되어 있었다. 경부철도주식회사는 1901년 8월 20일 영등포에서 북부기공식을 거행하였으며, 9월 21에는 부산 초량에서 남부기공식을 거행하였다.[41] 북부 지역 중에서 영등포에서 시흥과 안양을 거쳐 명학동에 이르는 구간을 가장 처음으로 착공하였다. 영등포~명학동 구간은 1901년 9월 착공되어 1902년 12월 준공되었다. 이후 명학동에서 진위振威, 현 평택, 진위에서 충북 부강芙江 순으로 북쪽에서부터 남쪽으로 차례로 기공하고 완공하였다. 남부 지역은 반대로 남쪽에서부터 순차적으로 철로를 완성해 나갔다. 1904년 11월에는 모든 철도가 완성되어 1905년 1월 1일부터 영등포~초량 간 운수 영업을 개시하였다.

3년 3개월 만에 완성된 경부철도는 기공 초기부터 노동자에게 임금을 적게 지급하여 각종 문제가 발생하였다. 시흥 지역도 예외는 아니었다. 1901년 9월 9일 자 『황성신문』 기사에 따르면 시흥군 등지에서 경부철도 기공을 한 후에 역부들은 임금이 매우 적다고 비난하고 땅 주인은 적절한 지가를 지급하라고 분기하는 일이 있어 병정과 순검을 파견하여 진압하는 일이 있었다. 1904년에는 경부철도 건설 노동자의 강제 모집과 동원으로 인해 시흥에서 농민봉기가 있었다.

노동자의 봉기가 있었던 배경은 다음과 같다. 경부선 부설은 다수의 노동자가 동원되었던 대공사였다. 처음에 노동자들은 자발적으로 공사에 참가한 사람들로 대개 영세한 농민이나 날품팔이꾼이었다. 이들의 임금은 노동 강도에 비해 일급 20전 정도로 너무 낮았다. 그마저도 토건회사의 중간관리자에게 2~5전씩 착취당하였기에 불만이 있었다. 그런데 1904년 이후부터 노동자의 모집이 강제 동원의 성격을 띠게 되었다. 1904년 1월부터

41. 『한국철도사』 제2권, 철도청, 1977, 17쪽.

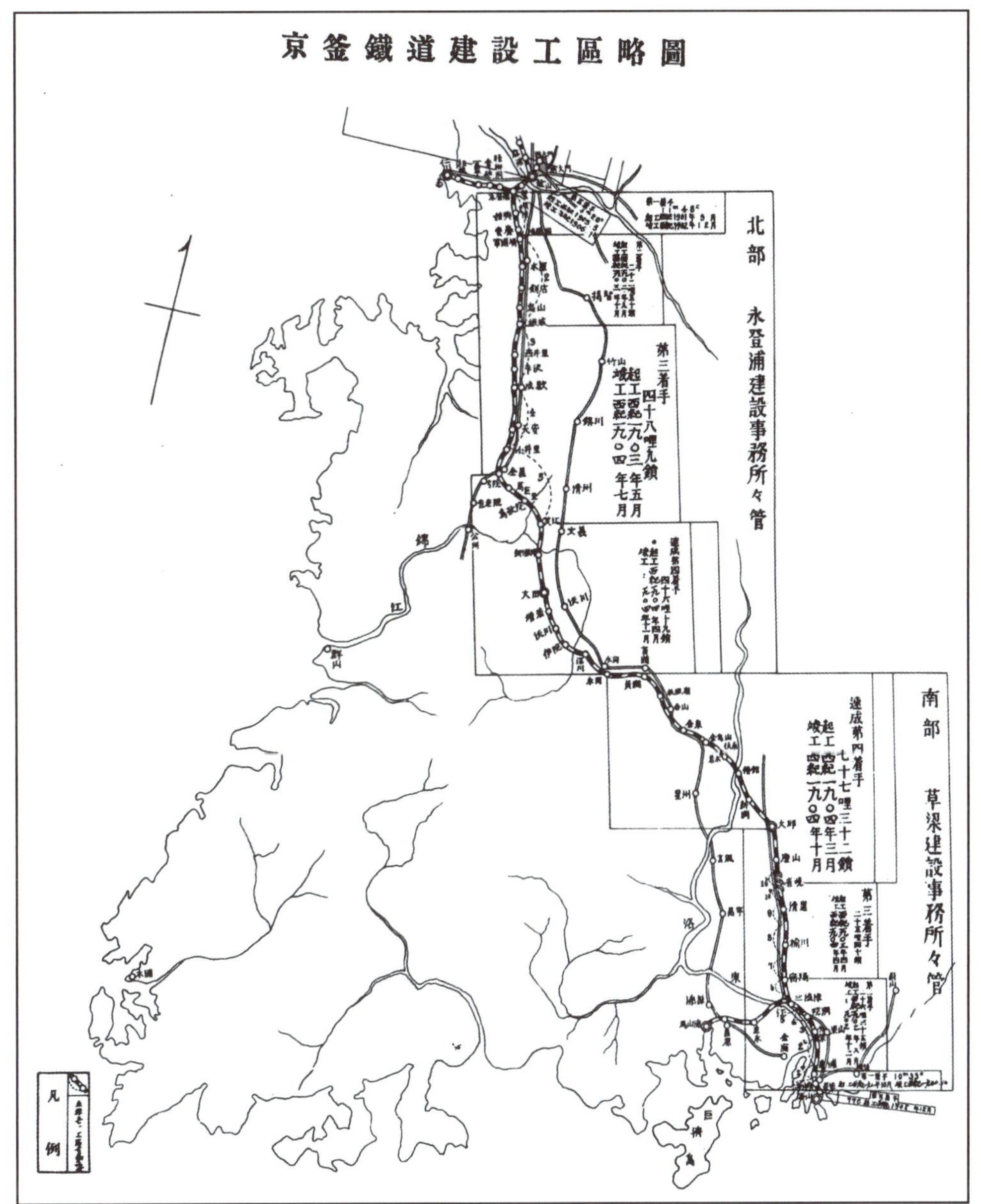

경부철도건설공구약도(『한국철도사』 제2권, 철도청, 1977, 13쪽.)

1905년 3월까지는 러시아와의 전쟁을 수행하기 위해 군용철도가 필요하여 속성으로 공사를 진행하던 시기이다. 일본은 러일전쟁의 병참로를 확보하기 위해서 한반도를 남북으로 이어서 만주에 연결하는 경부선을 신속하게 건설하는 것이 급선무라고 생각하였다. 따라서 원래 10년으로 예정하였던 경부철도의 건설 공사를 1904년 안에 완공할 것을 명하였다. 민간의 경부철도주식회사도 반관반민의 회사로 개편하였다. 초기에는 경부철도주식회사와 청부 계약을 맺은 한국의 토목건축회사가 노동자를 모집하였으나 공사가 급속하게 전개되면서 일본의 토건회사와 일본인 노동조직이 대거 참여하여 한국의 토건회사는 자취를 감추고 일본인 노동조직이 한국인 노동자를 직접 관리하게 되었다.

1904년 2월 23일에는 일본에 의해 강압적으로 체결되었던 한일의정서의 내용을 바탕으로 노동자 동원을 요구하고 경부선 철도 옆에 군사기지를 건설하였다.[42] 대한제국정부는 이 요청을 받아들여 각 도의 관찰사 및 군수 등에게 명령을 내릴 수밖에 없었다. 그러나 실제 공사 현장에서는 일본 토건회사가 지방관을 협박하여 노동자를 조달하였다. 철도 부설을 단기간에 완공하려고 하였기 때문에 노동 강도는 극심하였을 뿐만 아니라 곤봉을

42 참고로 일본이 근거로 삼았던 한일의정서의 내용은 다음과 같다.
대한제국 정부는 대일본 제국 정부의 시정 개선에 관한 충고를 받아들인다(1조).
대일본제국 정부는 전항의 목적을 성취하기 위하여 군략상 필요한 지점을 임기 수용할 수 있다(4조).

휘두르거나 발길질하는 등 난폭한 방식으로 노동자를 독려하였으며 노동자는 매우 낮은 임금을 받았다. 당시 서울 거주 5인 가족의 평균 생계비는 67전이었는데 30~40전의 일당을 받았다.[43]

시흥 농민봉기의 사건 경과는 다음과 같다.[44] 1904년 7월부터 시흥군에 군용 역부 80여 명을 모집하라는 경기도 관찰부의 훈령이 있었다. 그러자 시흥군민은 관찰부의 명령을 철회해 달라고 요청하였다. 시흥군수 박우양이 관찰부에 이러한 상황을 보고하자 관찰부는 30명의 역부만 충원하도록 하였다. 그러나 일본의 압력으로 또다시 21명의 역부를 충원할 것이 요구되었다. 이와 같은 요구에 면의 행정사무를 맡아보던 집강執綱들은 농민의 반발을 예상하고 미리 피신하였고 농민들은 자원응모를 거부하였다. 관에서 노동자를 강제로 모집하려고 하자 농민들은 향회를 열어서 철회를 요청하였고 만일 요청이 받아들여지지 않는다면 집단행동으로 옮기고자 하였다. 8월 중순에는 퇴직한 관리 김원록과 전 주사主事 남중희를 필두로 노동자 모집에서 야기되는 문제점을 『황성신문』에 투고하려고 하였다. 그러나 이를 대신 전달하던 이명수가 투고 내용을 관아에 밀고하면서 김원록과 남중희가 수감되었다.

9월 13일, 읍내의 한천변寒川邊, 현 안양천 부근에서 집회를 열자는 소식이 사발통문으로 알려졌다. 9월 14일 오전 11시 수천 명의 농민이 운집하였다. 역부 모집 과정에서 아전과 결탁하여 뇌물을 받았는지를 두고 실랑이를 벌이던 사람들은 노동자 모집의 폐단에 대해 재판하자면서 관아를 향해 출발하였다. 오후 3시경 군중이 관아에 진입하면서 일본인과의 충돌이 있었다. 일본인은 관문을 폐쇄하고 군민에게 칼을 휘둘렀고 농민들은 관문을 부수고 돌진하여 군수 박우양과 그의 아들을 살해하고, 수감되었던 김원록 등을 풀어주며, 관아의 집물을 파괴하였다. 이로 인해 일본인 2명이 사망하고 4명이 부상당하였으며, 군중 다수가 부상을 당하였다. 이 소식을 들은 경기도 관찰부가 다수의 순검을 파견하자 농민은 해산하였다. 9월 15일에 경기도 관찰사는 외무대신에 시흥민란의 개요를 보고하였고, 일본인 사상자가 발생하였다는 소식에 일본군 후비대를 비롯해 헌병과 순사가 파견되었다. 9월 16일에는 의정부에서 안핵사 안종덕을 파견하여 진상을 규명토록 하였다. 안종덕은 농민봉기에 연루된 자를 한 명씩 조사 및 심문하였는데, 그 내용이 『시흥직산안핵사주본』에 기록되어 있다. 당시 읍내현 구로구 시흥동에 살던 양인 이학돌李學乭의 증언은 다음과 같이 기록되어 있다.

> 중민이 관가에 난입하여 변란을 일으킬 때에 나는 객사 뒤의 은행나무 밑에 서 있었더니 중민이 미시未時 13~15시 경에 먼저 장청을 파괴한즉 죄수 김원록이 가쇄를 끌고 내가 있는 곳으로 와서 그의 칼을 나에게 주고 가쇄를 풀어 줄 것을 청할 때에 난민 수십 명을 만났는데 박가가 식칼을 들고 옆에 서 있다가 즉시 가쇄를 풀어주고 돌을 던지는 고로 나는 두려워서 귀가하였고 관아 작변의 말은 약간 후에 들었으며 그 후의 일은 과연 보지 못하였다.[45]

『시흥군지』, 1988, 392쪽.

시흥 농민봉기에서 역부 모집의 부당성을 『황성신문』에 투고하여 광범위한 사회적인 여론을 형성하고자 하였던 것은 조선 후기 농민봉기에서 최초로 시도된 방법이었다. 또한 일제강점기에 노동자들이 강제 동원된 것이었기에 단순히 노동자의 권리를 주장한 것이 아니라 일제에 대한 항거의 성격도 지니고 있었다.

43. 『한국철도 100년사』, 철도청, 1999, 148, 149, 155쪽.
44. 광명시지편찬위원회, 『광명시지』, 경기출판사, 1993.
45. 시흥군지편찬위원회, 『시흥군지』, 1988, 392쪽.

나. 시흥역의 변화

위와 같은 우여곡절 끝에 경부선은 1905년부터 영업을 개시하였다. 1911년 발행된 서대문~부산 간 열차시간표에 시흥역명이 표기되어 있어 정상적으로 운행하였음을 알 수 있다.[46] 경부선 영업 개시 당시에 임시 역사로 지어졌던 시흥역은 1926년 10월 신축 공사에 들어갔다. 당시 공사비 1만여 원으로 27평의 건물을 지었다.[47] 1974년에는 시흥역에 수도권 지하철 1호선을 개통하였다. 다른 지역과 다른 점은 전철 개통에 따른 개발이나 소위 '전철로 인한 바람'을 크게 타지 않았다는 것이다. 그 이유는 이미 시흥대로가 뚫려 있고 1968년부터 시작된 토지구획정리사업으로 부동산 경기가 한물갔기 때문이다. 이에 따라 지하철의 개통은 말 그대로 하나의 교통수단으로서 출근 수단이 더 다양화됐다는 이점밖에 없다고 평가되기도 하였다. 당시 시흥1동에서 나고 자란 주민은 신문기사 인터뷰에서 "수송 수단의 대체 현상이 일어나겠지만, 그 외에는 그다지 큰 변화가 일어날 것 같지 않다"고 답하였다.[48]

首都圈電鉄의 波長

무엇이 어떻게 달라지나

①

권역인 시흥 판악까지는「전철로 인한 바람」을 크게타지는않은곳이다。이곳에는 이미 폭六十m의 산업도로가, 뚫려있는데다 지난六八년부터 시작된 一百七十萬평에대한 토지구획정리사업으로 부동산경기는 이미 한물지나 이곳주민들은 전철에대해 그다지 큰 기대를 보이지않는다。

시흥一동 一二五에서 五十六년간 살아왔다는 潘基哲씨(五六)는『전철이 개통되면 역에서 가까운 지역에 거주하는 사람은 버스대신 전철을 이용하게되어 수송수단의 대체현상은 일어나겠지만 그 이외에는 그다지 큰 변화가 있을 것같지는 않다」고 말했다。특히 전철역에서 좀멀어진 곳의 주민들은 전철역까지 가는시간, 전철차를 기다리는 시간, 서울역에서 내려 다시 버스를 타고 목적지까지 가는 시간등이 있기 때문에 오히려 더 번잡하여 전철을 크게 이용할 것같지는않다고 전망한다。

이일대의 부동산값은 지난해여름 전철공사가 시작되면서 일시적인 열기를보여 다소 오르기는했지만 그보다도 수년전에 있었던 부동산투기붐과 지난 유류파동때 이미 오를때까지 오른데다 현재는 매매가 거의 없어 전철에 영향을 받은 땅값의 변화는 별로 없다는것이 복덕방업자들의 공통된 의견이다。

이지역 五十m국도연변의땅은 한때 一평당 二十萬원까지 치솟았으나 지금은 오히려 一、二萬원 떨어진 시세를 보이고 있으며 국도에서 五十m 떨어진 주택지는 지난一、二월에 一평당 四萬원까지 올랐으나 지금은 三萬五千원정도로 주춤하고있다。그나마 현재 거래는 거의 이뤄지지 않고있다。

交通수단 대체외 큰變化없을듯

油類파동때 치솟은땅값 오히려 下落기미

田園住宅꿈따라 집값은 오름勢

그러나 교통수단이 다양화해짐에 따라 이곳 변두리로 주거지를 옮기기 위해 집을 찾는 사람은 조금씩 늘어나고 있다。이에따라 집값은 조금 고개를 쳐들어 대지四十평 건평二十평짜지 신축가옥의경우 지난가을 三百五十萬원선하던 것이 지금은 四百萬~四百五十萬원선으로 올랐다。시흥一洞사무소의 한관계자는『안양이나 水原에 비하면 서울도심인구의 흡수능력이 크지는 않지만 그래도 전철개통등교통수단의고속화에 따라 이곳으로 인구가 흡수되는 경향을 엿볼수 있다」면서『전철이 개통되면 지금보다는 다시 부동산경기도 활기를 띨것」이라고 전망했다。

그러나 도시가 갖는 다른 사회적인 기능없이 단순히 전철이 들어섰다고해서 일조일석에 신흥지로서의 개발과 변화가 일어날것으로 기대할수는없을것같다。

〈鄭淵珠기자〉

지하철 1호선 시흥역 개통 관련 기사(『동아일보』 1974. 7. 23.)

46. 『조선총독부 관보』, 제183호 부록, 명치 44년(1911) 4월 13일.
47. 「시흥역신축」, 『동아일보』, 1926.10.26.
48. 「수도권 전철의 파장 (1) 시흥 지구」, 『동아일보』, 1974.07.23.

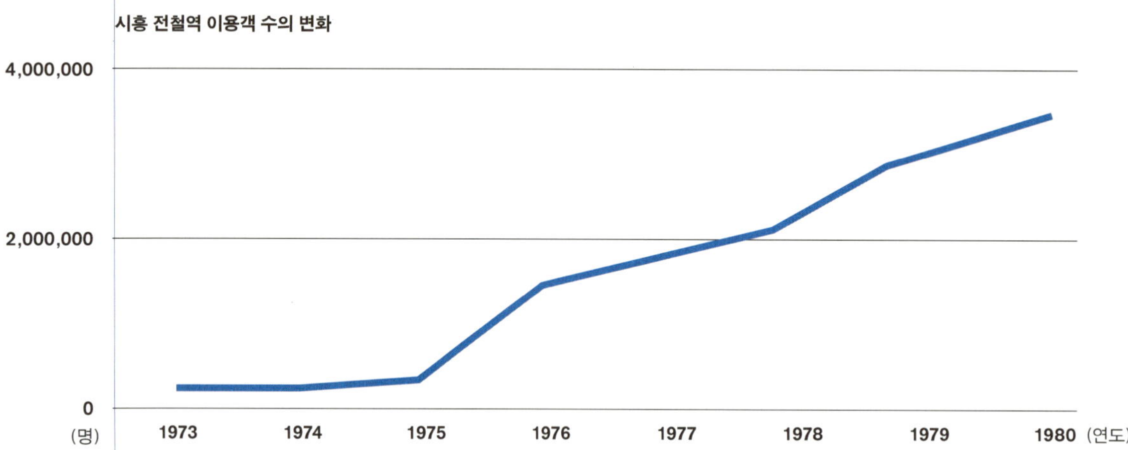

지하철 개통으로 인한 건설 개발 등 부수적인 효과는 미미하였지만, 시흥역은 교통수단으로서의 역할이 명확히 드러났다. 시흥에서 어릴 적부터 살던 토박이의 말에 따르면 지하철이 생기기 이전에도 시흥역은 존재하였지만 실제로 많이 이용하지 않았다고 한다. 기차가 멈춰 서기보다는 지나쳐가는 경우가 많았기에 버스를 많이 이용하였다고 한다. 통계상으로도 변화의 추이를 살펴볼 수 있다. 지하철이 개통된 해인 1974년까지 시흥역의 연간 이용객 수는 20만 명 내외였다. 그러다가 1975년에는 45만여 명, 1976년에는 130만여 명, 1977년에는 165만여 명, 1978년에는 200만여 명, 1980년에는 300만여 명으로 점차 증가하였다.

아래 표는 1973년부터 1978년까지 시흥역을 통과한 열차를 상행선과 하행선으로 구분하여 승하차 인원을 표시한 것이다.[49] 1976년부터 수도권 전철 이용객의 수가 급증하기 시작하였다. 자연히 원래 다니던 국철의 이용객 수는 감소하였다. 특기할 만한 점은 지하철 개통 이전 국철 이용객 중에서 통근 이용객이 상행선 방향일 때 시흥역에서 하차하고, 하행선 방향일 때 시흥역에서 승차하는 인원이 많다는 사실이다. 이러한 특징은 지하철 개통으로 국철 이용객 수가 감소한 이후에도 나타났다. 이는 시흥역 주변에 있었던 대한전선과 기아산업 등의 공장으로 경기도 지역에서 출퇴근하는 인원이 많았음을 나타내 주는 것으로 보인다. 지하철 이용에서는 이와 같은 통근의 특징은 나타나지 않았다. 도리어 1977년이 되면 상행선 방향에서 승차하고 하행선 방향에서 하차하는 인원이 증가하였다. 통근이 아닌 보통 이용객의 경우에도 마찬가지로 상행선 승차, 하행선 하차의 인원이 가장 많았다. 이는 앞서 살펴본 신문기사에서 교통수단의 대체 현상이 일어날 것이라고 예상하였듯이 서울 도심 방향으로 버스 대신에 지하철을 이용하는 승객이 증가하였음이 반영된 것으로 보인다.

49. 철도청 철도통계연보(1973~1978년) 자료를 바탕으로 정리.

1973~1978년 시흥역 승하차 인원

연도	구분	방향	승차(명)	하차(명)	비고
1973	국철	상행	22,745 (통근 3,330) (통학 11,200)	105,049 (통근 12,000) (통학 12,025)	
		하행	102,311 (통근 12,000) (통학 12,025)	36,963 (통근 3,300) (통학 11,200)	
		합계	125,056	142,012	
1974	국철	상행	20,,202 (통근 2,940) (통학 8,750)	109,099 (통근 11,850) (통학 5,625)	
		하행	108,555 (통근 11,850) (통학 5,625)	37,324 (통근 2,940) (통학 8,750)	
		합계	128,757	146,423	
1975	국철	상행	12,883 (통근 1,770) (통학 5,800)	91,253 (통근 11,610) (통학 5,575)	
		하행	94,395 (통근 11,610) (통학 5,575)	25,645 (통근 1,770) (통학 5,800)	
		합계	107,278	116,898	
	수도권 (전철)	상행	보통 122,555 통근 12,840 통학 16,025	보통 33,311 통근 17,970 통학 5,825	
		하행	보통 34,108 통근 17,970 통학 5,825	보통 171,923 통근 12,840 통학 16,025	
		합계	209,323	257,894	
1976	국철	상행	0	5,917 (통근 750) (통학 350)	
		하행	8,140 (통근 750) (통학 350)	59	
		합계	8,140	5,976	
	수도권(전철)	상행	보통 356,029 통근 50,040 통학 58,175	보통 93,538 통근 48,150 통학 15,300	
		하행	보통 78,993 통근 48,150 통학 15,300	보통 475,957 통근 50,040 통학 58,175	
		합계	606,587	741,160	
1977	국철	상행	700	5,259	1977년부터 국철에서 통근과 통학의 구분이 없어지고 새마을과 특급 열차 구분이 신설됨.
		하행	6,281	1,013	
		합계	6,981	6,272	
	수도권(전철)	상행	보통 496,990 통근 74,970 통학 59,500	보통 10,6431 통근 36,090 통학 9,650	
		하행	보통 82,757 통근 36,090 통학 9,650	보통 616,073 통근 64,970 통학 59,500	
		합계	759,957	902,714	
1978	국철	상행	86	4,743	1978년부터 수도권 지하철에서도 통근·통학 구분이 없어지고 보통과 정기로 구분함.
		하행	3,802	265	
		합계	3,888	5,008	
	수도권(전철)	상행	803,772 (보통 650,552) (정기 153,220)	171,664 (보통 138,439) (정기 33,225)	
		하행	136,760 (보통 103,535) (정기 33,225)	962,794 (보통 809,574) (정기 153,220)	
		합계	940,532	1,134,458	

역명을 바꾸기 전의 시흥역(금천구청)

역명 변경 기념식(금천구청)

1981년에는 이와 같은 이용객 수의 증가를 반영하듯이 새로운 시흥역사가 건립되었다. 신축 역사는 1981년 3월에 착공되어 8개월 후인 11월에 준공되었다. 콘크리트 2층 건물로 이전에 35평이었던 구역사의 7.6배 규모인 267평으로 지어졌다.[50] 하지만 1989년에는 이용객의 증가와 함께 경기도 시흥시와 서울시 금천구의 시흥동이 혼동되는 문제 또한 부각되었다. 이에 따라 2차에 걸친 주민 설문조사, 서울시 지명위원회 토의 및 국토해양부의 승인 절차를 거쳐 역명을 변경하게 되었다.[51] 마침 2008년에 대명시장 맞은편에 있었던 금천구청이 현재의 자리로 옮겨서 신청사를 건립할 예정이었기에 이에 맞추어 역명을 변경하였다.

始興驛舍 준공

철도청은 11일오전 서울 九老구禿山동 시흥역에서 始興주민들이 참석한 가운데 신축한 시흥역사(사진)준공식을 가졌다。

총 공사비 2억6천8백만원을 들여 지난 3월에 착공、8개월만에 준공된 이 역사는 철근 콘크리트 2층 건물로 종전35평보다7·6배나 큰 2백67평규모다。

현재 시흥역이용객은 하루평균 7천여명이며 경부복복선공사동이 끝나면 이용객은 급격히 늘어날것으로 보인다。

시흥역사 준공(『동아일보』 1981.12.11.)

50. 「시흥역사 준공」, 『동아일보』, 1981.12.11.
51. 「금천구청역이라 불러주세요」, 『서울신문』, 2008.12.25.

다. 시흥역 건립과 중심지의 이동

앞서 살펴보았듯이 정조의 행차로가 시흥을 지나고 시흥행궁이 건립되면서 시흥은 대로가 지나는 고을이 되었다. 자연스레 시흥행궁과 그 주변에 자리한 읍치가 중심지역이 되었고 1970년대까지만 해도 '읍내'라고 불렸다. 시흥동에 산 지 50여 년 된 토박이의 말에 따르면 현재 은행나무가 있는 시흥행궁 터 부근이 가장 번화가였다고 한다. 아래 지도를 보면 1957년도까지만 해도 시흥행궁 터 주변으로 건물이 분포해 있다. 그러나 1963년 지도를 보면 대한전선회사, 대동제지공장, 동양화학공장 등 큰 규모의 산업회사와 공장이 들어섬을 알 수 있다. 이는 박정희 시기 1962년부터 시작된 경제개발 5개년 계획과 맞물려 있다. 1960년대부터 서울과 인천의 경인축을 따라 영등포, 안양, 부천, 부평 등의 지역에 종합공업지대가 형성되었으며 구로와 인천 지역에는 수출산업공업단지가 조성되었다. 이들 산업단지는 수도권 전철 및 고속도로에서 가까운 거리에 위치해 물류 확보에 유리한 입지 조건을 갖추었다.[52] 시흥에서도 1968년 이후 시흥대로의 노폭을 확장하였고 1974년에는 수도권 지하철 1호선을 개통하면서 교통 인프라가 이전보다 더 잘 갖춰지게 되었다. 1970년대

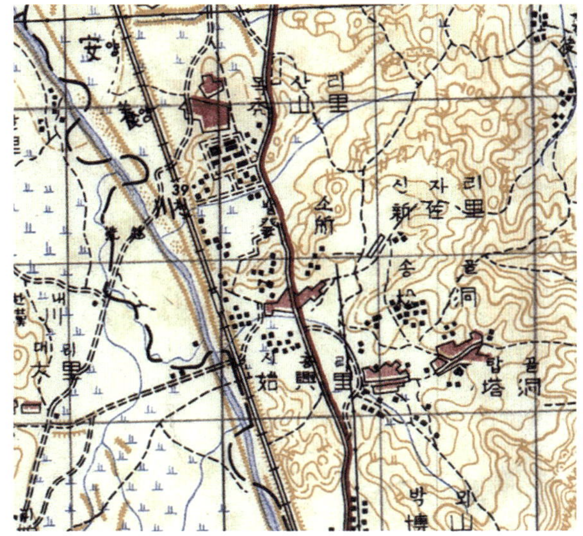
1957년 지도(국토지리정보원)

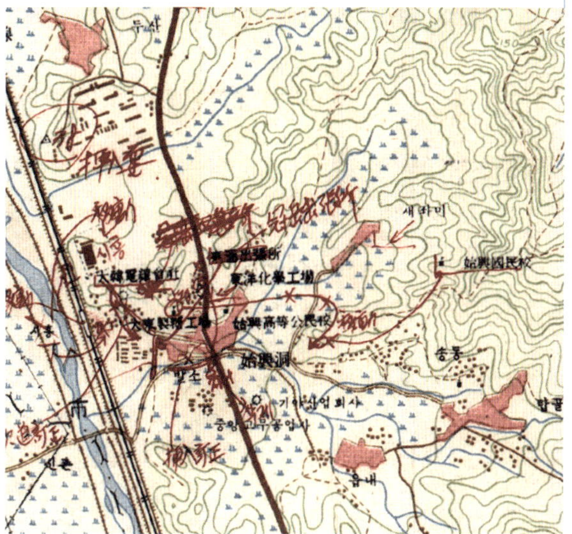

1963년 지도(국토지리정보원)

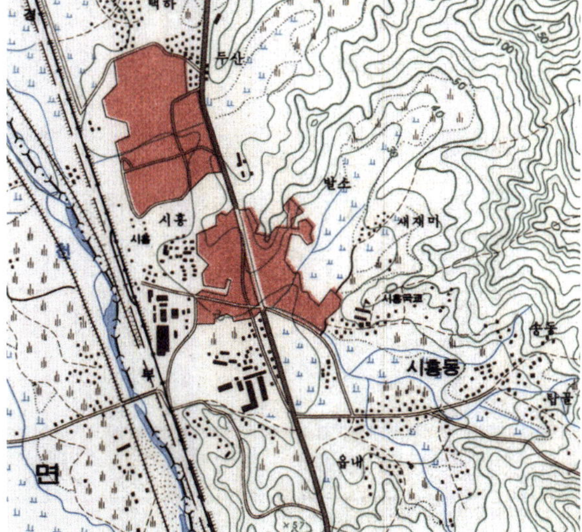

1970년 지도(국토지리정보원)

52 시흥시사편찬위원회, 『시흥시사』, 2007, 433쪽.

신안산선 시흥사거리역 공사 현장

지도를 보면 읍내 지역에 큰 건물은 표시되어 있지 않고 대신에 시흥역 및 시흥사거리 일대에 규모 있는 건물이 몰려 있다. 이로써 시흥행궁 부근이 정조의 행차가 중단되고 나서도 읍내로서의 성격은 유지되었지만 물자 운수에 유리한 경부선과 시흥대로 주변에 산업시설이 설립되면서 시흥의 중심지역이 시흥역과 현재의 시흥사거리 쪽으로 옮겨갔다고 할 수 있다. 이와 같은 경향성을 반영하듯이 현재 시흥대로 지하로 관통하여 경기도 안산 및 시흥 지역과 서울의 여의도를 연결하는 신안산선 건설사업이 추진되고 있다. 1호선 석수역부터 신설될 대림사거리역구로디지털단지역과 신풍역 사이 구간은 지상의 시흥대로를 그대로 따라서 조성된다. 그리고 시흥사거리에는 시흥사거리역이 생길 예정이다. 따라서 시흥역, 시흥대로, 신안산선 시흥사거리역이 지나는 시흥사거리 부근은 지금보다도 더 교통의 중심지가 될 것으로 예상된다. 시흥동에 거주하는 주민 중 한 명은 시흥동에서 어디를 가더라도 이동이 편하다고 하였다. 특히 시내 쪽으로 이동하거나 지방 쪽으로 이동하거나 모두 편리하다는 의견이 있었다. 이를 통해 시흥동이 이전부터 도성과 화성을 연결하는 관문 역할을 하였던 전통이 이어진다고 볼 수 있다.

라. 시흥역에 대한 기억

시흥역은 경부선이 지나는 주요 전철역 중 하나였기 때문에 이전부터 교통수단으로서 중요한 역할을 하였다. 시흥동 토박이인 이종학 씨는 영등포로 학교에 다닐 때 기차를 이용하였다. 이종학 씨가 고등학교에 다니던 1965~1967년 당시만 해도 기차가 네 시간에 한 대 정도로 드물게 다녔기 때문에 시간을 잘 맞춰서 타야 하였다. 다른 시흥동 토박이는 시흥역에서 기차가 서지 않고 지나간 적이 많다고 하였는데 긴 배차 간격 때문에 그러한 기억이 생긴 것으로 보인다.

면담자 혹시 시흥역 자주 이용하셨었나요? 지금은 금천구청역인데, 예전에 시흥역이었을 때.

이종학 저 학교 다닐 때 그거 타고 다녔죠, 서울로.

면담자 학교 어디로 다니셨어요?

이종학 저는 영등포로 다녔어요. 그 당시에는 교통수단이 이것밖에 없었어요. 버스도 있었는데, 버스는 돈 없는 학생들한테 교통수단이 안 돼요. 영등포 대방동에 있는 성남고등학교 이런 데까지 다 걸어 다녔어요. 영등포에서도 좀 먼 노량진 이런 데는 기차 타고 다녔죠. 서울역에서 내리는 사람들은 물론 기차 타고 다녔는데, 제가 다닐 때만 해도 경인선은 한 시간에 한 번씩 있어도 여기는 네 시간에 한 번밖에 없었어요. 그래서 토요일 같은 날도 낮 12시 몇 분 차 놓치면 오후 4시 50분 차까지 기다려야 해요. 그러니까 친구들하고 그냥 걸어오는 거예요. 영등포에서 걸어서 여기까지 오면, 어린 걸음에 한두 시간 걸려요.

면담자 그럼 아침에 몇 시 기차 타고 학교에 가신 거예요?

이종학 집에서 적어도 아침 한 6시 50분에 나가서 7시 기차 타면, 영등포 가면 7시 반이나 40분 그렇게 돼요. 그럼 거기서 한 30분 걸어가면 8시 넘어 도착해요. 9시부터는 수업 시작이니까요.

이종학 씨(194*년생, 남)

1970년대부터 시흥동에 거주한 임순자 씨 195*년생, 여 역시 학교 갈 때 시흥역에서 기차를 타고 갔다고 한다. 당시 시외버스 말고 서울로 바로 가는 시내버스가 없어서 대림동에 있었던 아모레 건물 근처에서 버스를 갈아타고 갔다고 한다. 그래서 영등포를 넘어 서울에 가는 사람은 전부 기차를 타고 다녔다. 근방에서도 기차를 타러 시흥역으로 오곤 하였다. 임순자 씨에 따르면 그때는 모든 수단이 기차였다. 정육점을 운영할 때도 시흥동에 도살장이 있었지만 소를 '성안' 수원 지역에서 기차에 태워 가지고 왔다.[53] 시흥역은 안양역과 영등포역 중간에 있어 중요한 역으로 인식되었다. 안양역 다음 역이었기 때문에 임순자 씨는 다음과 같이 구술하였다. "안양에서 '빵~' 소리 나면 집에서 뛰어가서 차 탔다고 그러더라고." 즉 안양에서 기적 소리가 나면 탑골 집에서 뛰어 내려가서 탔다는 것이다. 이처럼 시흥역은 1970년대까지 서울 중심부나 먼 지역으로 갈 때 자주 이용되었음을 알 수 있다. 다만 1970년대 후반부터는 앞서 살펴본 것처럼 지하철이 개통되면서 기차역보다는 지하철역으로서 더 활성화된 것으로 보인다. ♣

53. 1970년대 이전부터 소는 수원장에서 팔고 오곤 했다. 동네에서 소를 끌어다 주고 얼마씩 받는 품팔이가 있어 소와 함께 수원에서부터 걸어왔다.(이종학 씨, 194*, 남)

사통팔달의 중심, 시흥의 도로망

금천구의 교통체계

시흥대로 전경

시흥동은 조선시대 정조의 화성 능행길뿐만 아니라 한양에서 충청·전라·경상도로 가는 길목에 위치하여 과거부터 사람과 물자의 왕래가 끊이지 않는 곳이었다. 이러한 지리적 중요성은 근대 이후 육상교통의 건설에도 영향을 주어 오늘날 시흥동은 서울 서남부 교통의 중심지로서 수많은 교통객의 행렬로 활기를 띠고 있다.

시흥동 일대를 지나는 주요 도로는 동서남북으로 얽히고 연결되며 거미줄 같은 교통망을 형성하고 있다. 시흥동의 중서부를 남북으로 가로지르는 시흥대로는 안양부터 영등포에 이르는 구간까지 길게 뻗어 있으며, 1번 국도의 일부를 이루면서 서해안고속도로와도 연결된다. 시흥동의 서편으로 흐르는 안양천을 따라 지나는 서부간선도로는 시흥대교를 통해 시흥동과 연결된다. 시흥동 남쪽의 시계市界 부근에서는 시흥대로가 경수대로와 이어지며 이를 통해 석수IC에서 제2경인고속도로로 진입할 수 있다. 수원~광명 고속도로와 연결되는 강남순환도시고속도로는 시흥동의 남부를 가로지르며 서울 남서부의 교통을 원활하게 하고 있다. 시흥대로를 따라 북쪽으로 올라가면 시흥IC에서 남부순환로와 연결되는데, 이를 따라 한강 이남의 서울 외곽 지역을 동서 방면으로 횡단할 수 있다. 이와 같이 발달한 시흥동의 도로망은 크게 동서 축과 남북 축을 형성하며 시흥동을 사통팔달의 중심으로 위치 짓고 있다.

가.　시흥대로: 일제강점기 신작로에서 ‘50m 도로’로

1)　일제강점기 신작로이자 첫 번째 국도

제가 5살 무렵이었을 거예요. 아버지가 이곳에서 터를 잡으시면서 제가 금천구에서 살게 됐습니다. 그래서 기차 타고 금천초등학교에 다녔는데, 그 당시에는 금천구청역이 시흥역이었고 기차가 시흥역까지 섰어요. 그래서 아버지하고 같이 시흥역에 내려서 시흥동까지 시흥의 메인 도로를 따라서 쭉 걸어 들어왔던 기억이 납니다. 그 모습이 지금도 눈에 선해요.

송일봉 씨(196*년생, 남)

구술자의 유년 시절 기억 속에 선명히 남아 있는 시흥역 옆 “시흥의 메인 도로”는 시흥동의 남북으로 시원하게 뻗은 시흥대로를 가리키는 것으로, 시흥대로는 오늘날 시흥동을 대표하는 도로이자 시흥동 일대 남북축 도로망의 중심이 되는 도로라고 할 수 있다. 현재 시흥대로는 신대방동 대림삼거리에서 석수역 부근의 시흥동 시계에 이르는 폭 50~100m, 길이 6.8㎞의 왕복 10차선 이상 도로를 가리킨다. 광활한 너비로 수많은 교통량을 소화하는 시흥대로는 남쪽으로 이어진 경수대로를 통해 경기도 안양시·의왕시·수원시와 통하며, 북쪽으로는 여의대방로와 신길로로 이어져 서울 도심 방면으로의 이동을 원활히 하고 있다.[54]

시흥대로가 시흥동 주민들의 일생과 함께하며 오늘날 서울 서남부의 주요 도로의 역할을 하기까지는 많은 변화가 있었으며, 시흥대로를 이루는 수많은 구간은 상이한 역사와 의미를 지니고 있어 시흥동의 역사를 이해하는 데 매우 중요하다. 본 절에서는 옛 지도를 통해 확인할 수 있는 시흥대로의 모습을 비교해 나가며 시흥대로의 경로와 형태의 변천을 살펴보고자 한다.

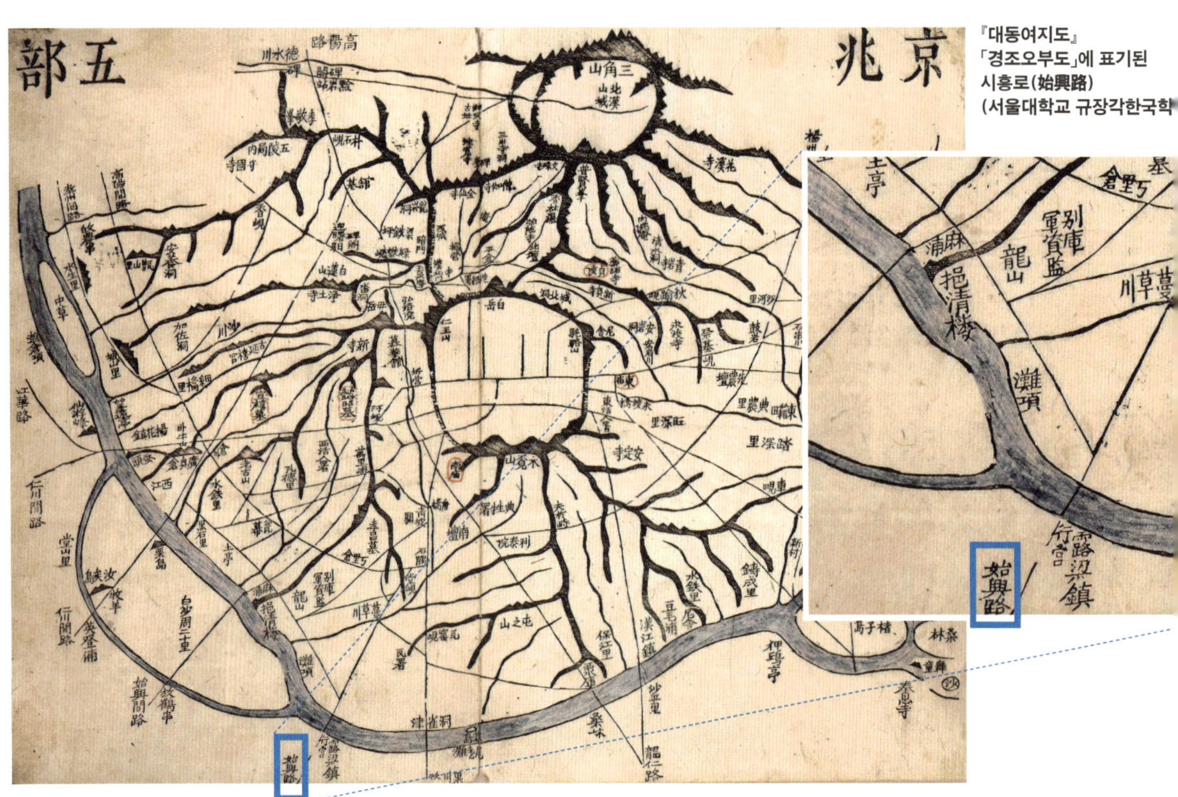

『대동여지도』 「경조오부도」에 표기된 시흥로(始興路) (서울대학교 규장각한국학

54. 『금천현대사』, 금천문화원, 2021, 231쪽.

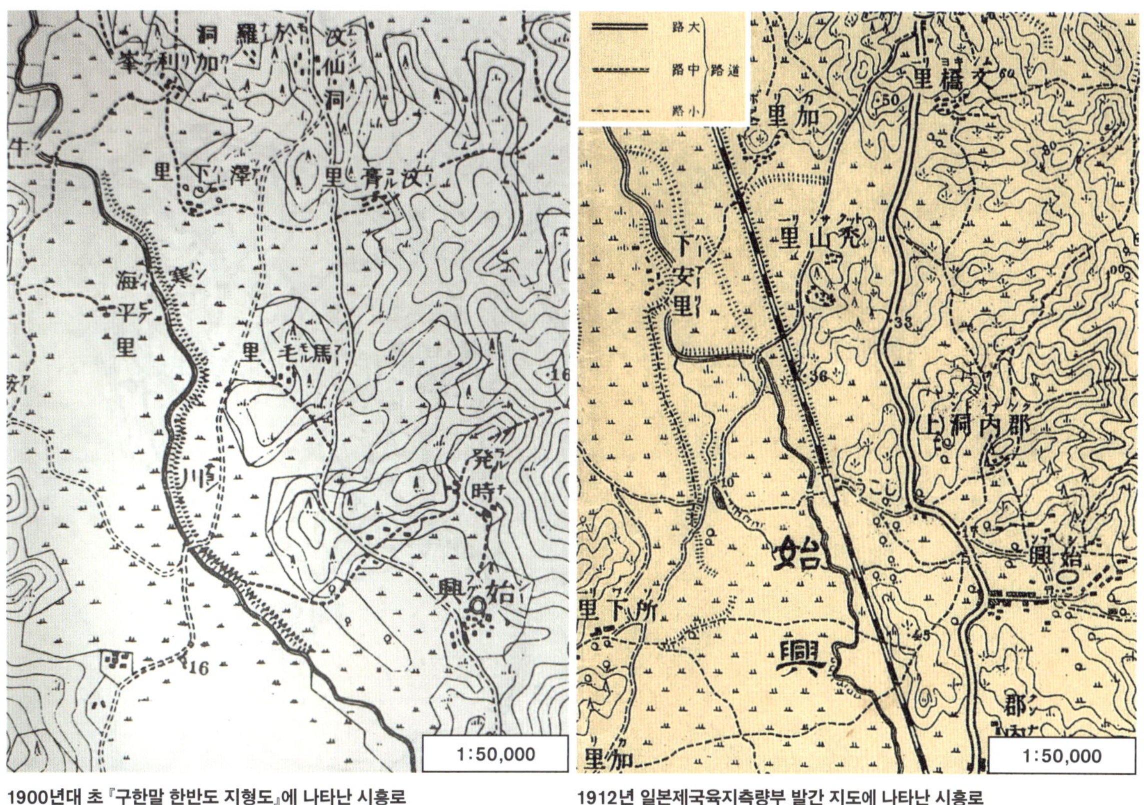

1900년대 초 『구한말 한반도 지형도』에 나타난 시흥로
(남영우 편, 『구한말 한반도 지형도』, 성지문화사, 1996.)

1912년 일본제국육지측량부 발간 지도에 나타난 시흥로
(국립중앙박물관)

시흥대로는 조선시대 정조가 현륭원으로 향하던 원행길 중 시흥행궁을 경유하던 시흥로始興路를 근간으로 한다. 시흥로는 1861년에 간행된 『대동여지도』 「경조오부도」에 나타나 있는데, 도성을 나서 남쪽으로 한강을 건너 노량행궁[지도상에는 노량진행궁露梁鎭行宮으로 표기]을 지나 시흥과 수원으로 이어지던 길이었다.

시흥로의 한강 이남 경로 중 오늘날 시흥대로 구간에 해당하는 모습은 1900년대 초에 제작된 것으로 보이는 『구한말 한반도 지형도』의 「과천」 도엽에서 확인할 수 있다. 일제강점기 이전 일본 육군이 군사적 목적으로 제작한 이 지도에는 당시 시흥로가 중로中路 혹은 연로聯路를 의미하는 실선과 점선으로 표시되어 있다. 이는 주변에 점선으로 표시된 소로小路, 점선 한 줄와 간로間路, 점선 두 줄보다 시흥로가 당대에 주요한 도로로 이용되었으며 중요하게 인식되었음을 보여준다. 이 시기 시흥로는 시흥의 읍치를 중심으로 하면서 서쪽에 흐르는 안양천과 평행한 궤적을 그리며 남쪽의 박산博山, 현 시흥3동 박미마을 부근과 북쪽의 문선동汶仙洞, 문성동, 현 문성초등학교 일대 너머까지의 지역을 연결하고 있다.

이러한 시흥로의 모습은 일제강점기를 거치면서 변화를 맞이하게 된다. 1900년대 초 지도와 1912년 일본제국육지측량부가 발간한 지도를 비교해 보면 시흥로의 모습뿐만 아니라 주변 지형의 변화가 선명히 드러나는 것을 확인할 수 있다. 가장 눈에 띄는 변화는 1905년경 부설된 경부선 철도가 시흥로와 안양천 사이에 놓이게 된 것이다. 일제는 대한제국의 식민지 수탈과 대륙 진출을 원활히 하기 위해 철도 부설을 통한 근대적 교통시설의 확보를 우선으로 추진하였다. 이와 함께 일제는 도로 건설에도 힘썼는데, 이는 철도역이 설치된 지역과 주변 지역을 도로로 연결하여 철도 부설의 효과를 극대화하기 위함이었다.[55]

1908년에는 시흥역현 금천구청역이 개통되었는데, 1912년 지도를 보면 시흥로에서 갈라져 나와 실선과 점선으로 표시된 중로中路가 시흥역으로 이어지고 있다. 이와 더불어 기

55. 조병로, 「일제 식민지시기의 도로교통에 대한 연구(I): 제1기 治道事業(1905~1917)을 중심으로」, 『한국민족운동사연구』 59, 2009, 5~37쪽.

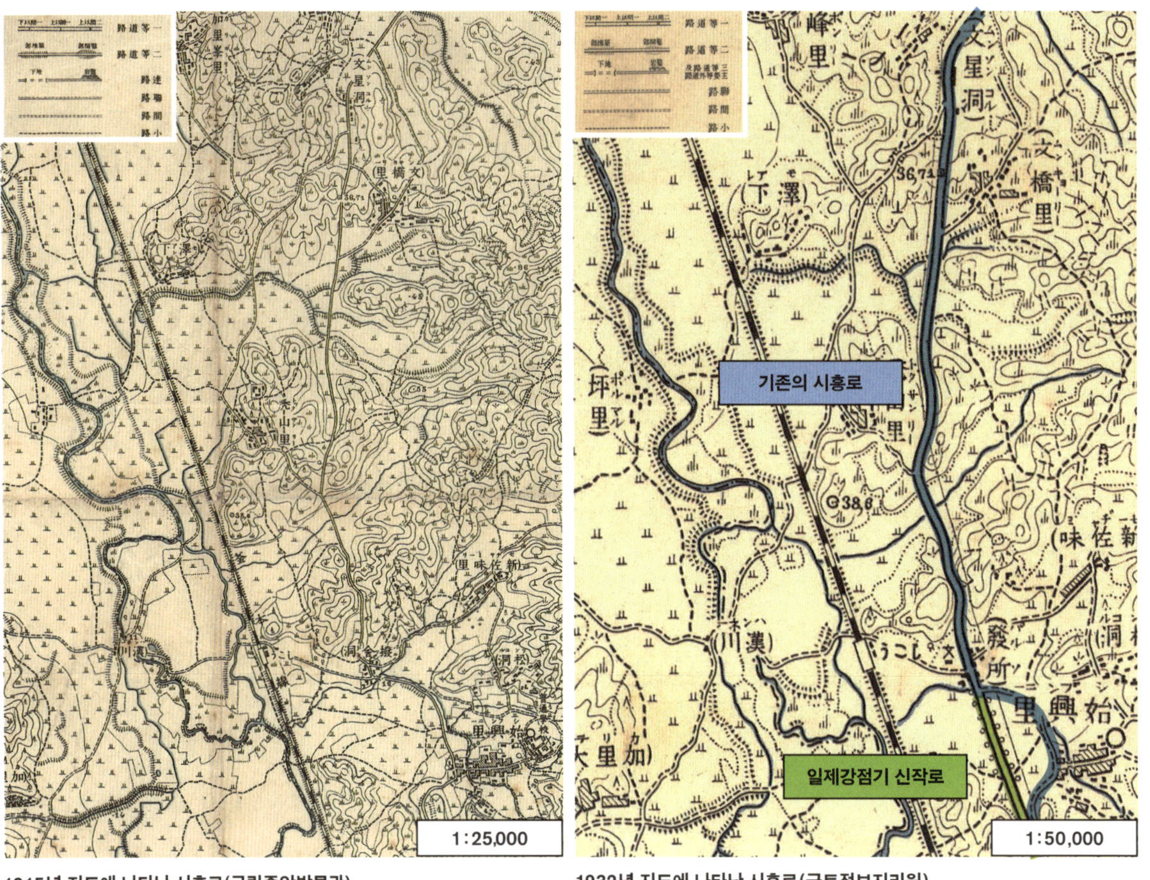

1915년 지도에 나타난 시흥로(국립중앙박물관)

1932년 지도에 나타난 시흥로(국토정보지리원)

존에 안양천과 같은 궤적을 그리며 유연한 형태를 띠던 시흥로는 경부선 철도라는 새로운 기준에 호응할 수 있도록 보다 직선화된 모습을 갖추게 되었음을 확인할 수 있다. 그러나 이 시기에도 시흥로는 여전히 읍치를 포함해 기존에 경유하던 지역을 연결하며 중심 도로의 역할을 하고 있었다.

1912년 지도에서 한 가지 더 주목해야 하는 사실은 1900년대 초 지도에서 중로中路 혹은 연로聯路로 표시된 시흥로가 대로大路를 의미하는 실선으로 승급되어 표시된 것이다. 1912년 지도와 가까운 시기에 제작된 1915년 1:25,000 도엽의 범례를 살펴보면 이 실선은 '일등도로一等道路'를 의미하는데, 이러한 도로 등급은 일제가 1911년에 제정한 「도로법」과 관련이 있다. 일제는 「도로법」에 따라 도로의 종류를 1등 도로, 2등 도로, 3등 도로와 등외도로로 나누었다. 1등 도로는 폭 4간의 7.3m 도로로 서울로부터 도청 소재지, 사단 및 여단 사령부 소재지, 중요 항만, 개항장 또는 철도역에 연결되는 도로라 규정하였다.[56] 시흥로는 정조의 행차 시 1,700여 명의 인원이 말을 타고 5행 혹은 11행까지 열을 지어 행진하였기에 노폭이 넓어야 하였으며, 그 폭은 대략 24척으로 10m 정도였으나 순조 때에도 지속적으로 확장되어 정조 때보다 더욱 넓어지게 되었다.[57] 이러한 역사적 배경 속에서 시흥로는 자연스레 일등도로의 요건을 갖추고 있었다고 할 수 있다.

그러나 시흥로는 이후 일제가 만든 신작로에 일등도로의 자리를 내어주며 시흥대로의 현재 모습과 점차 가까워지는 양상을 보인다. 이러한 양상은 1915년 지도와 1932년 지도를 비교하여 살펴볼 수 있다. 두 지도에 나타난 시흥로의 모습은 한 구간의 변화를 제외하고는 유사한 형태를 띠고 있다. 해당 구간은 시흥로의 노선 중 읍치 방면으로 볼록하게 굽이진 구간으로, 현 시흥대로를 기준으로 북쪽의 변곡점이 시흥사거리, 남쪽의 변곡점이 박미

56. 「국도」, 『한국민족문화대백과사전』(https://encykorea.aks.ac.kr/, 검색일: 2023.7.8.)
57. 「[김충영 수원현미경(65)] 원행길 시흥로를 건설한 이야기」, 『수원일보』, 2022.4.4.

삼거리에 해당하는 지점이다. 1915년 지도를 통해 시흥사거리와 박미삼거리 지점을 직접 잇는 직선 도로가 본래 존재하지 않았으며 이 일대는 과거에 논으로 이용되었다는 사실을 알 수 있지만, 1932년에 발간된 지도를 살펴보면 이 시기에는 해당 구간의 도로연두색으로 표시가 개설되어 있음을 확인할 수 있다. 이것은 일제강점기 신작로 건설과 국도 1호선1번 국도의 지정과 관련이 있다.

국도 1호선은 전라남도 목포에서 북한의 신의주까지 연결되는 종단 국도로, 일제강점기 전후에 걸쳐 일제에 의해 계획되고 건설되었다.[58] 국도 1호선은 조선시대부터 이용되던 대로를 근간으로 하였는데, 서울에서 수원까지의 구간은 조선 후기 10대로 중 수원별로水原別路였던 시흥로와 중복되기도 하였다.[59] 그럼에도 불구하고 일제의 근대도로 건설 과정에서 새롭게 조성된 '신작로新作路'는 조선의 전통적인 도로 체계를 충분히 수용하였다고 보기 어렵다. 그 이유는 일제가 효율적인 식민 통치를 위해 기존의 도로 체계보다 직선도로를 선호하였기 때문이다.[60] 현재 시흥사거리부터 박미삼거리에 이르는 직선 구간 역시 일제강점기에 건설된 것을 미루어 볼 때 일제 근대관의 영향을 받았음을 추정해 볼 수 있다.

이처럼 박미삼거리에서 시흥사거리에 이르는 구간의 직선 도로가 새로이 조성되면서 이 구간을 잇던 기존의 시흥로는 등급의 변화를 겪게 된다. 1915년 지도를 살펴보면 시흥사거리와 박미삼거리를 잇던 길은 '일등도로一等道路'로 표기되어 있지만, 1932년 지도에는 이보다 한 등급 낮은 '연로聯路'로 표기되어 있으며 새롭게 건설된 직선도로에 일등도로의 자리를 내어주고 있음을 확인할 수 있다.

1911년부터 1929년에 걸쳐 신작로가 조성된 이후 1938년에는 「조선도로령」이 제정 및 시행되었는데, 이때부터 종래에 사용하던 도로의 명칭을 국도·지방도·부도·읍면도 4종으로 나누었으며 이 순서에 따라 도로의 등급을 정하였다.[61] 이러한 배경에서 일제강점기 일등도로였던 시흥로는 1938년 국도 1호선의 일부가 되었다. 이처럼 시흥대로는 일제가 조성한 신작로가 기존의 시흥로를 대체한 후 일제강점기 도로 체계에 의해 하나로 묶이며 현재와 가까운 직선화된 형태를 갖추게 되었다.

시대 시흥로와 1966년 가로명 제정 시 시흥로의 노선 비교

2) '50m 도로' 시흥대로의 변천

정조를 비롯한 조선 후기 국왕들이 도성을 나서 시흥행궁을 거쳐 화성으로 향하였던 여정은 돈화문을 나서 노량행궁의 용양봉저정과 만안고개만양고개, 현 상도동 만양로 부근, 장생현長生峴, 현 상도동 장승배기고개, 번대방평番大坊坪, 현 대방동, 시흥현의 문성동文星洞을 지나 시흥행궁을 거치는 노정이었다.[62] 그러나 역사 속에서 형성된 시흥로는 1966년 서울시 가로명 제정 때 이와는 조금 다른 노선에 시흥로라는 이름이 붙여지며 경로상 변화를 맞이하게 된다. 1966년 11월 26일 서울시는 한양 천도 572주년 및 서울특별시 승격 20주년을 기념해 「서울특별시 고시 제1093호」에 따라 35개 가로의 이름을 제정하였

58. 「1번 국도, 놓치지 말아야 할 12가지」, 『한겨레』, 2014.10.22.
59. 「국도 1호선」, 『한국민족문화대백과사전』(https://encykorea.aks.ac.kr/, 검색일: 2023.7.8.), 한국학중앙연구원.
60. 박태순, 『나의 국토 나의 산하』 3권, 한길사, 2008, 444~445쪽.
61. 「조선총독부제령 제15호」(1938.4.4.).
62. 『시흥행궁』, 서울역사박물관, 2009, 57, 102~104쪽.

1968년 시흥동 도로 공사 모습(서울시 포토앨범)

는데,[63] 그중 영등포동1가 97번지 영등포구청부터 시흥동 678번지에 이르는 길이 시흥로로 지정되었다.[64] 조선시대의 시흥로와 1966년 가로명이 제정된 시흥로의 경로를 비교하면 다음과 같다.[65]

시흥로가 현재 6.8㎞의 왕복 10차선 '대로'의 모습을 갖추게 된 것은 그 이후로, 1960년대 인구의 증가와 도시화는 물론 산업발전에 따라 증가하는 교통량의 수요에 대응하기 위한 도로망의 확장 및 정비 사업은 당대의 시급한 과제로 떠올랐다. 이에 정부는 경제규모의 팽창에 상응하는 수송 부문의 개발과 고질화된 교통난 완화를 위해 제2차 경제개발 5개년계획 기간 중 300억 원가량의 재원을 투자하여 제2차 도로정비 5개년계획1967~1971년을 마련하고 집행하였다.[66]

이 시기 구로공업단지와 인접하였던 시흥로에도 변화의 바람이 불어와 시흥로를 노폭 25m부터 50m까지 확장하려는 계획이 실현 단계에 접어든 상태였다.[67] 이 시기에는 과거 시흥로의 기점이었던 영등포구청에서 신대방동의 한국모방구 원풍모방, 현 신대방우성아파트 자리까지, 즉 현재의 신길로를 일부 포함하는 구간의 노폭 15m 도로를 25m로 확장하는 공사가 진행 중이었으며, 한국모방부터 구로공업단지를 지나 시흥까지 이르는 길은 노폭을 50m로 확장하는 계획하에 구간별로 서로 상이한 시기에 확장이 이루어졌다.[68] 한국모방에서 지금은 복개되어 사라진 마장교가 위치하였던 신대방1동 698번지 부근까지의 구간은 노폭 30m로 확장되어 있었으며, 마장교 남쪽으로 구로공업단지를 지나 시흥까지의 도로는 이 시기까지 15m로 머물러 있었다.[69] 1973년 구로공업단지 앞을 지나는 시흥대로 일대를 촬영한 항공사진을 보면 도림천을 지나 구로공업단지 앞까지의 도로는 왕복 6차선 이상으로 넓은 구간이 있는가 하면, 현재의 시흥IC 부근부터는 왕복 4차선으로 도로의 차선이 감소하여 도로가 병목 형태를 띤 것을 확인할 수 있다.

이러한 구간들의 노폭 확장공사는 1990년대까지 이어지면서 시흥대로 중간에 8차선으로 이루어져 교통체증을 빚었던 박미고개 290m 구간 역시 1996년 10차선으로 확장하여 개통되었다.[70] 또한 시흥대로에는 본래 자전거전용도로와 분리녹지대가 설치돼 있었으나 교통량이 급증하면서 통행 혼잡을 야기하고 사고가 빈번해 1988년 이후로 단계적으

1973년 시흥IC 일대를 촬영한 항공사진(국토지리정보원)

63. 「서울成年」, 『경향신문』, 1966.11.26.
64. 『서울지명사전』, 서울특별시사편찬위원회, 2009, 1245쪽.
65. 현재 지도를 기준으로 표시한 것이므로 옛길과 정확히 일치한다고 보기는 어렵다.
66. 「本格化된 道路정비」, 『경향신문』, 1967.3.13.
67. 「国土開発이 가져올 70年의 韓国〈15〉서울의 未來像(14) 始興路」, 『매일경제』, 1968.1.19.
68. 「国土開発이 가져올 70年의 韓国〈15〉서울의 未來像(14) 始興路」, 『매일경제』, 1968.1.19.
69. 「国土開発이 가져올 70年의 韓国〈15〉서울의 未來像(14) 始興路」, 『매일경제』, 1968.1.19.
70. 「시흥대로 박미고개 15일 10차선 개통」, 『경향신문』, 1996.7.31.

분리녹지대가 설치된 과거 시흥대로 모습(『동아일보』, 1988.4.18.)

로 철거되었다.[71] 이러한 과정을 겪으며 왕복 10차선 50m 대로의 모습을 갖추게 된 시흥대로는 주민들 사이에서 '50m 도로'라는 별칭으로도 불리며 시흥동을 대표하는 도로로 자리 잡게 되었다. 1984년 11월에는 가로명 정비를 통해 공식적으로 시흥대로라는 명칭을 얻게 되었다.[72] 2005년 12월부터는 대림삼거리부터 기아대교 앞까지 시흥대로 전체 구간에 걸쳐 중앙버스전용차로가 신설되어 시흥동의 대중교통 편의는 더욱 향상되었다.[73]

한편 전 구간이 1번 국도로 지정되어 있었던 시흥로는 도로 체계의 구획에 있어 분리와 변화를 겪기도 하였다. 1966년 11월 26일 가로명 제정 이후 1981년 10월 22일 가로명 개정 때 시흥로는 영등포동1가 94번지 영등포로터리에서 시흥입체교차로를 경유하여 시흥동 700번지 시흥동 시계에 이르는 폭 25~50m, 연장 9.7㎞의 광로15호로 지정되었으나, 1984년 11월 7일 서울특별시공고 제673호에 의해 시흥대로와 신길로新吉路로 세분되었다.[74] 이때 대림삼거리에서 남서울아파트와 우신초등학교를 경유하여 영등포로터리까지의 구간이 신길로가 되었으며, 대림삼거리에서 구로동과 독산동을 경유하여 시흥동 700번지 시흥동 시계에 이르는 폭 50m, 길이 6.8㎞ 구간이 시흥대로가 되었다.[75] 1996년 7월 1일에는 일반국도노선지정령이 일부 개정되면서 시흥사거리부터 대림삼거리에 이르는 구간이 국도 제1호선에서 제외되었다.[76] 따라서 현재는 시흥대로의 구간 중 석수역 시계부터 시흥사거리에 이르는 구간만이 국도 제1호선에 속하며, 전 구간은 서울특별시도 제21호선에 속한다.

1984년 이후 시흥대로와 신길로로 세분된 시흥로

지금까지 살펴보았듯이 시흥동의 역사와 함께 역동적으로 변모해온 시흥대로는 시기별로 상이한 의미를 지녀왔다. 조선의 국왕을 비롯하여 다양한 목적지로 향하는 통행객들의 여로가 되어 주었으며, 일제강점기에는 철도 건설과 함께 중요한 도로로 활용되었다. 또한 시흥동 주민들에게는 시흥과 처음 인연을 맺는 끈이 되기도 하였을뿐더러 마을의 안팎을

71. 「자전거專用道路없애기로」, 『동아일보』, 1988.4.18.
72. 「2百49개 길이름공고」, 『경향신문』, 1984.11.13.
73. 「서울특별시고시 제2005-398호」(2005.12.15.).
74. 『서울지명사전』, 서울특별시사편찬위원회, 2009, 1245쪽.
75. 『서울지명사전』, 서울특별시사편찬위원회, 2009, 1245쪽.
76. 「대통령령 제15101호」(1996.7.1.).

독산로

이어주는 편리한 교통로가 되어 주고 있다. 시흥대로는 시흥동의 과거와 현재, 그리고 미래를 잇는 중심축이라고 할 수 있을 것이다.

나. 독산로20m 도로와 옛 시흥로

독산로는 시흥동의 박미삼거리부터 은행나무사거리와 독산동을 지나 남부순환로상의 구로전화국사거리까지 이어지는 길이 3.7㎞, 너비 20m의 왕복 4차선 도로이다. 시흥대로와 나란히 남북으로 뻗어 시흥대로의 교통량을 분산시키고 교통 편의에 기여하고 있는 독산로는 시흥1동과 시흥4동, 그리고 시흥5동을 구분하는 경계가 되기도 한다. 이처럼 독산로는 시흥동의 중심부를 종단하며 시흥동의 주요 주거지역으로 연결되며, 양변에 다양한 점포들이 입지하였을 뿐만 아니라 시흥동의 번화가라고 할 수 있는 은행나무사거리를 지나고 있어 시흥동 주민들의 일상과 밀접한 관계를 맺는 도로라고 할 수 있다.

시흥대로가 '50m 도로'라고도 불리듯이 독산로는 '20m 도로'라는 별칭을 지니고 있다. 이는 독산로가 1960년대 후반 무렵 시흥대로의 노폭 확장과 함께 그 주변에 신설된 도로로서, 당시 시흥동에서는 시흥대로와 더불어 넓은 노폭을 지닌 도로였기 때문이다. 독산로는 시흥로를 전신으로 하는 시흥대로와는 달리 1970년대에 걸쳐 조성된 도로이지

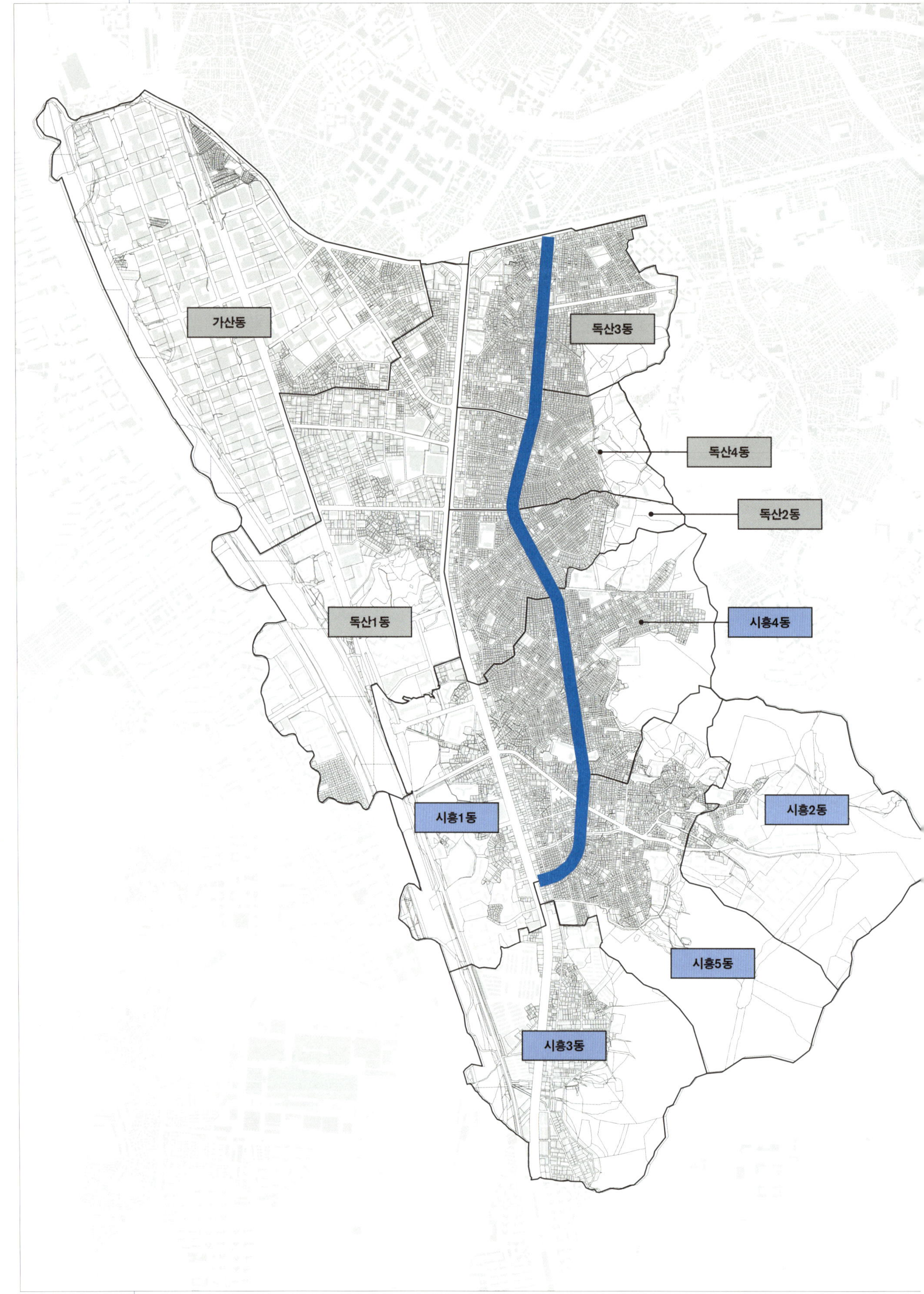

독산로의 노선

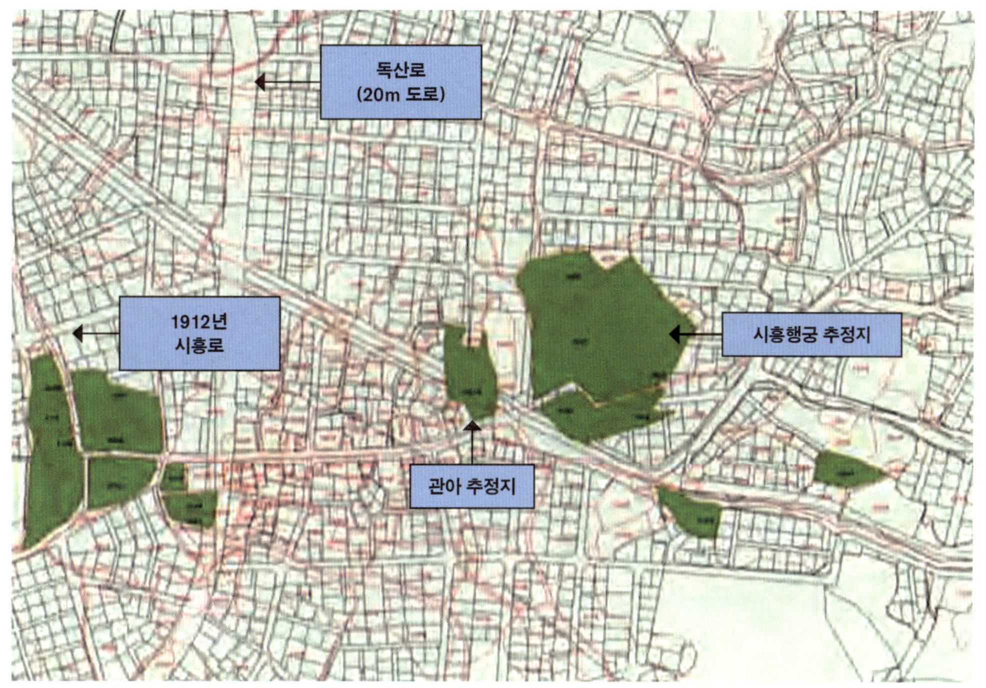

1912년 지적원도와 현재의 지적도를 비교하여 확인할 수 있는 시흥로와 독산로의 모습(『시흥행궁』, 2009, 42쪽.)

만, 박미삼거리부터 뻗어 올라가는 구간이 과거 시흥로의 일부 구간과 비슷한 형태를 갖추고 있어 역시 시흥로를 전신으로 하였을 것이라는 오해를 불러일으킬 수 있다. 그러나 독산로와 시흥로는 별개의 도로로, 과거의 지도 자료들을 통해 그 역사를 짚어 나갈 수 있다.

먼저 1912년 지적원도붉은색 선와 현재의 지적도흑색선를 겹쳐 놓은 모습을 살펴보면 시흥로와 독산로가 별개의 노선을 지닌 서로 다른 길이라는 사실을 확인할 수 있다.[77] 지적도에서 녹색으로 채색된 부분은 1912년 당시의 국유지를 의미하는 것으로, 이는 과거 시흥행궁 터의 위치를 추정하는 근거가 되기도 한다.[78] 1912년 지적원도에서는 좌측에 표시된 국유지를 중심으로 하여 삼거리로부터 시흥 읍내와 시흥행궁으로 이어지는 길의 모습을 확인할 수 있는데, 이는 1912년 지도와 1915년 지도에 나타나는 시흥로의 모습과 일치한다. 마찬가지로 1912년과 1915년의 두 지도를 통해 시흥로에서 갈라져 나온 연로가 시흥 읍내로 이어지는 모습을 확인할 수 있다. 연로가 갈라져 나오는 지점부터 표기된 주택 등 건물의 분포도 지적도의 국유지 범위와 대체로 일치하고 있음을 확인할 수 있다. 이러한 사실들을 토대로 1912년 지적원도의 좌측에 보이는 길을 시흥로라고 볼 수 있으며, 훗날 조성된 독산로는 시흥로보다 우측에 위치하고 있음을 알 수 있다.

일제강점기까지만 해도 자취를 찾아볼 수 없던 독산로는 1970년대부터 그 모습을 확인할 수 있다. 독산로는 1970년 지도에는 등장하지 않지만 1972년 촬영한 항공사진을 보면 현재의 시흥동 금천빌딩 부근까지 길이 닦여 있는 모습을 확인할 수 있다. 1970년대는 시흥대로의 노폭 확장 공사와 시흥동 일대의 토지구획정리사업이 이루어지던 시기로, 시흥대로가 확장되면서 주변에는 노폭 15m부터 35m에 이르는 도로들이 신설되었다.[79] 독산로 또한 이 시기에 조성되어 1977년까지 박미삼거리에서 현 독산2동주민센터 부근까지의 도로가 노폭 20m로 정비되었으며, 뒤이어 1978년 무렵 구로전화국사거리까지 이르는 현재의 노선이 완성되었다.

77. 『시흥행궁』, 서울역사박물관, 2009, 42쪽.
78. 『시흥행궁』, 서울역사박물관, 2009, 40쪽.
79. 「國土開發이 가져올 70年의 韓国〈15〉 서울의 未來像(14) 始興路」, 『매일경제』, 1968.1.19.

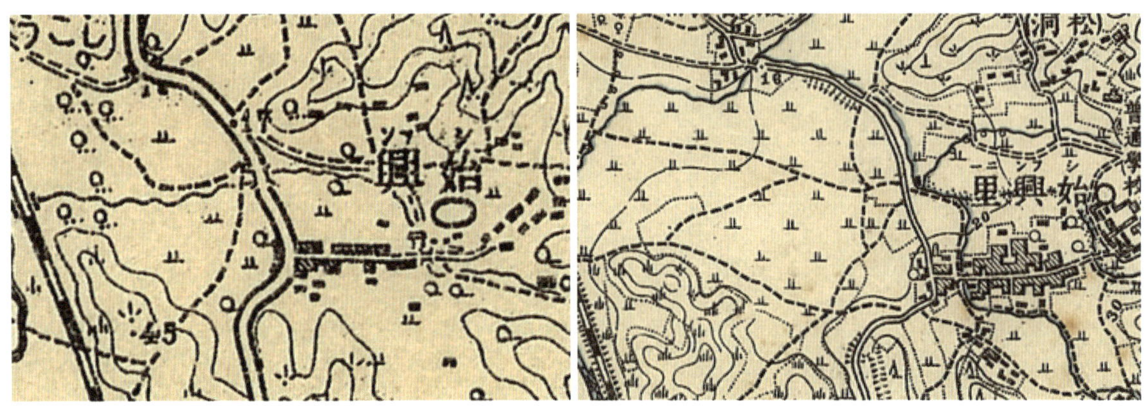

1912년 지도에서 확인되는 시흥 읍내와 시흥행궁으로 이어지는 시흥로의 모습(국립중앙박물관)

1915년 지도에서 확인되는 시흥 읍내와 시흥행궁으로 이어지는 시흥로의 모습(국립중앙박물관)

토지구획정리를 하면서 집이 20m 도로로 들어갔어요. 여기서 협진식품으로 넘어가는 길로 그게 들어갔어요. 들어갔는데 뭐 어떻게 해. 그래서 이 터를, 우리가 다 샀었어요.

이종학 씨(195*년생, 남)

이 시기까지 독산로는 이름 없는 도로였으나 1981년 1월 24일 「서울특별시공고 제14호」에 의해 처음 독산로라고 이름이 붙여졌다.[80] 그러나 당시 독산로라 명명된 노선은 현재와는 차이가 있었는데, 이때의 독산로는 시흥동 한양아파트 앞현 남서울힐스테이트아파트부터 남부순환로를 횡단하여 신림동 533번지도림교까지 이르는 4.3㎞ 구간이었다.[81] 그러나 이후 1984년 11월 7일 서울특별시공고 제673호에 의해 폭 30m 이하는 '길'로 한다는 원칙에 따라 독산로는 독산동길로 변경되었으며, 이때 독산동길은 신림8동 551-1번지도림천에서 박미삼거리에 이르는 구간으로 종래의 독산로를 계승하였다.[82] 그 후 독산로는 기점을 도

80. 「서울市서制定 無名36개道路 이름이 생겼다」, 『동아일보』, 1981.1.23.
81. 「서울특별시공고 제14호」(1981.1.24.).
82. 『서울지명사전』, 서울특별시사편찬위원회, 2009, 1202쪽.

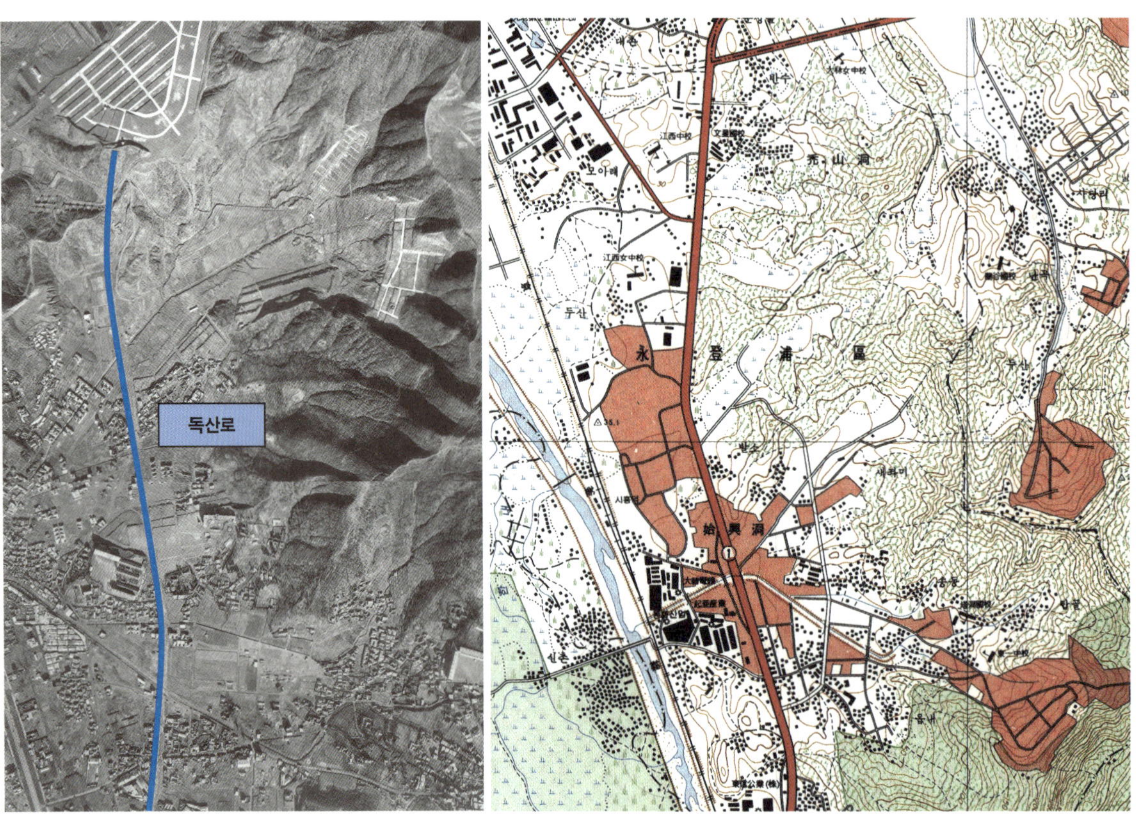

1972년 독산로 일대를 촬영한 항공사진(국토지리정보원)

1977년 지도에 나타난 독산로(국토지리정보원)

림천에서 남부순환로로 조정하면서 600m가 단축되어 3.7㎞에 이르는 현재의 모습을 갖추게 되었으며,[83] 2011년 7월 도로명주소 체계가 법적 고시되어 도입되면서 다시금 독산로라는 이름으로 불리게 되었다.

지금까지 살펴본 독산로는 시흥대로와는 다른 기원을 가지지만 시흥대로의 영향을 받아 형성되어 왔음을 알 수 있다. 오늘날까지도 독산로는 시흥대로와의 관계 속에서 시흥동의 모습에 영향을 주고 있다. 시흥대로와 평행한 노선을 통해 시흥대로의 교통량을 분산할 뿐만 아니라, 독산로에서 시흥대로의 시흥사거리까지 이어지는 길을 따라 현대시장이 발달하는 등 시흥동 주민들의 일상에 크고 작은 변화의 바람을 불러오고 있다. 시흥동 남북축 도로망의 핵심 도로인 '50m 도로' 시흥대로와 '20m 도로' 독산로는 향후에도 서로 영향을 주고받으며 시흥동 주민들의 일상 가까이에 자리할 것이다.

독산로 노선의 변화

다. 1960년대 이후 시흥동 도로망의 발달

시흥동이 조선시대 이후 인적·물적 이동의 중심지 역할을 하게 된 초석은 1905년 경부선 개통과 1914년 시흥역 설립 그리고 1938년 시흥로의 노선을 포함한 국도 1호선의 지정과 함께 놓이게 되었다.[84] 이를 바탕으로 연탄공장과 대한전선1955, 기아산업1957 등이 입지하면서 1960년대 이후 시흥동 일대는 산업의 발달과 함께 체계적인 도로망이 형성되기 시작하였다. 본 절에서는 시흥동을 남북으로 종단하는 시흥대로 및 독산로와 호응하며 시흥동 일대 남북축과 동서축 도로망을 이루는 주요 도로들에 대해 살펴보면서 시흥동이 오늘날 국토의 주요 지점을 연결하는 교통망의 중심에 자리한 배경을 짚어보고자 한다.

1) 남북축 도로망의 형성

시흥동 남북축 도로망의 일부인 시흥대로와 독산로 다음으로 살펴볼 수 있는 도로는 시흥동 남쪽 시계에서 시흥대로와 연결되는 경수대로이다. 경수대로는 서울과 수원을 연결하는 도로로, 금천구 시흥동 시계에서 경기도 안양시와 의왕시를 거쳐 수원시 시계에 이르는 길이 27㎞, 폭 35~50m의 도로이다.[85] 경수대로는 시흥대로의 노폭 확장이 진행되던 시기인 1967년 착공되어 1976년 11월 21일 개통되었는데, 당시에는 시흥2동에서 수원까지 길이 19.7㎞, 너비 20m의 4차선 도로로 확장·신설되었다.[86]

이 시기 경수대로는 경수산업도로라 불리며 서울과 수원 간 산업물동량을 원활하게 수송하는 역할을 하며[87] 근대 산업이 태동하기 시작하던 시흥동의 산업 발달을 촉진하였다. 시흥대로와 마찬가지로 수원에서 시흥대로까지 이어지는 구간이 일제강점기에 서울과

83. 『서울지명사전』, 서울특별시사편찬위원회, 2009, 1202쪽.
84. 『시흥행궁』, 서울역사박물관, 2009, 23쪽.
85. 『서울지명사전』, 서울특별시사편찬위원회, 2009, 1179쪽.
86. 「서울~水原 高速化도로開通」, 『경향신문』, 1973.11.21.
87. 『서울지명사전』, 서울특별시사편찬위원회, 2009, 1179쪽.

1969년 시흥~안양 간 국도 1호선 도로 확장공사 모습(서울기록원)

수원을 잇는 신작로로 등장하였으며, 경수대로는 현재 국도 1호선으로 지정되어 있다.[88] 이처럼 노선상으로도, 역사적으로도 시흥대로와 연속성을 지니는 경수대로는 시흥대로를 지나는 교통량을 남부로 연장하며 시흥동이 서울과 경기를 잇는 관문이 되는 데 일조하고 있다.

시흥동의 생활권이 남부로 확장되고 머지않아 서부간선도로가 1988년에 개통되었다. 서부간선도로는 은평구 불광동에서 성산대교를 지나 안양까지의 구간을 하나로 연결하면서 경수산업도로와도 이어져 산업도로의 역할뿐만 아니라 도심지를 통과하는 교통량을 분산하려는 목적으로 계획되었다.[89] 그러나 이후 계획이 일부 변경되어 당시 경인고속도로입구영등포구 양평동에서 시흥대교까지 10.8㎞에 이르는 구간에 1개의 입체교차로와 8개의 지하차도를 만들도록 노선이 수정되었다.[90] 현재 서부간선도로는 성산대교 남단에서 금천IC까지의 노선을 지니고 있는데, 1988년 이래 시흥동을 비롯하여 경수대로가 연결하는 안양 이남의 지역에서 성산대교를 통한 서울 도심으로의 진입을 수월하게 하며, 경인고속도로에서 시흥 방면의 통행시간을 단축하고 있다.[91]

또한 서부간선도로는 2021년 지하터널인 서부간선지하도로가 개통되어 금천IC에서 서해안고속도로와 연결되었다.[92] 전라남도 무안군까지 이어지는 서해안고속도로의 노선을 흡수하면서 서부간선도로와 서해안고속도로는 시흥동 일대 남북축 도로망 중 가장 긴 구간을 형성하게 되었으며, 국토의 서남부 지역을 종단하는 시발점으로 시흥동을 자리매김하였다. 2016년에는 경기도 광명시 소하동에서 화성시 봉담읍까지를 잇는 수원~광명고속도로평택파주고속도로가 개통되었다. 이 도로는 시흥동의 남쪽 시계 부근을 가로지르는 강남순환도시고속도로와도 연결되어 국도 1호선과 서해안고속도로 등 기존의 남북축 도로들의 교통량을 분산하며 교통 편의에 기여하고 있다.

이처럼 시흥동 일대의 남북축 도로망을 이루는 주요 도로들은 1960년대 이후 산업화가 활발히 이루어지던 시기에 산업도로의 필요성에 의해 건설되기 시작하였으며, 최근에 와서는 교통량을 분산하는 등 상호보완적인 관계를 형성함으로써 시흥동을 국토의 주요 지

88. 『서울지명사전』, 서울특별시사편찬위원회, 2009, 1179쪽.
89. 「東西部 간선도로新設」, 『동아일보』, 1983.12.30.
90. 「서부幹線道 일부변경」, 『매일경제』, 1984.11.28.
91. 「서부간선도로10㎞ 개통」, 『조선일보』, 1988.9.14.
92. 서울특별시, "서부간선지하도로_월드컵대교 본선 9월 1일 개통" https://news.seoul.go.kr/safe/archives/507871 (2023.10.5.)

1988년 개통 당시 서부간선도로의 모습

점으로 향하는 중심지로 위치 짓고 있다.

2) 동서축 도로망의 형성

시흥동에서 남북으로 길게 뻗은 시흥대로와 독산로를 따라 북쪽으로 올라가다 보면 폭넓은 횡단도로로 진입할 수 있다. 이 도로는 서울 외곽의 남부 지역을 동서 방면으로 연결하는 남부순환로이다. 남부순환로는 시흥동 일대의 동서축 도로망 중 가장 먼저 형성되었으며, 서울 내 횡단을 원활히 함으로써 지역 간 균형 발전을 이루는 데 큰 역할을 하고 시흥동의 발전에도 기여해 왔다.

1973년 11월에 현재의 영동대교인 영동교와 함께 개통한 남부순환로는 당시 구로공단과 사당동을 잇는 폭 40m, 길이 8.4㎞의 구간이 가장 먼저 개통되어 김포, 영등포, 시흥, 안양 방면의 지역들과 강남 지역을 연결하였다. 이전에는 제1한강교를 경유해서 한남동을 지나 제3한강교로 강남 지역을 갔지만 남부순환로 개통 이후에는 도심 지역을 거치지 않고 직접 강남 지역을 갈 수 있게 되었다.[93]

남부순환로의 개통은 당시까지만 해도 한강 이남 변두리에 위치하여 교통이 불편하였던 시흥동, 신림, 봉천, 사당 지역 일대의 개발에 큰 역할을 하였다. 남부순환로는 당시 서울대학교 신축단지와 구로공단, 경수산업도로와 과천 지역을 동서로 이을 뿐만 아니라 경인고속도로변의 신정동과 경부고속도로와도 연결되어 산업도로의 역할을 할 것이라는 기대감을 불러일으켰다. 또한 도로 공사와 함께 시흥동, 신림, 봉천, 사당 지역의 토지구획정리사업이 함께 이루어지는 한편 영동교와 남부순환로 주변 지역의 조경 및 정비 사업이 촉진되어 주변 41만㎡의 부지에 나무를 심고 1만 6,000㎡의 녹지대가 조성되었으며 2,100여 동의 '불량주택'이 철거 또는 정비되었다.[94]

1973년 개통 당시 남부순환도로의 구간(『경향신문』, 1973.11.7.)

이 시기에는 남부순환로의 개통과 경부선 수도권 전철 완공을 앞두고 커다란 변화의 기운이 감돌던 시흥동의 일대의 택지 가격이 급격히 상승하기도 하였다. 시흥동 일대는 당시까지만 해도 상하수도시설이 제대로 갖춰져 있지 않았으며 전기가 들어오지 않는 곳이 대부분이었기 때문에 주거지로 열악한 상황이었으나, 교통의 발달이 전망되며 교외 주택지로 변모할 것으로 예상되었던 것이다.[95]

1973년 개통 당시 남부순환로의 모습(서울기록원)

이후 남부순환로는 총 6차례에 걸쳐 여러 구간이 개통되고 연장되어 현재의 모습에 이르고 있다. 1974년 6월에는 사당동과 말죽거리를 잇는 남부순환로의 2차 구간 5.3㎞가,[96] 1977년 7월에는 미완결 구간이었던 신

93. 「江南 개발의 大動脈」, 『매일경제』, 1973.11.8.
94. 「南部서울 開發의 大動脈 永東橋 내일 開通」, 『경향신문』, 1973.11.7.
95. 「宅地값 ㉦ 역촌·영동 작년보다 올라 最高 30%까지」, 『경향신문』, 1973.9.29.
96. 「南部 순환도로 10일 개통」, 『조선일보』, 1974.6.5.

월동과 구로동 간 9.5㎞ 구간이,[97] 1979년 7월에는 김포공항 입구와 신월동 간 2.8㎞ 구간이 개통되었다.[98] 1981년 4월에는 양재동에서 대치교를 잇는 3.2㎞ 구간이,[99] 1986년 5월에는 대치동과 가락동 농수산물 도매시장을 잇는 2.3㎞ 구간이 연장 개통되었다.[100] 남부순환로는 원래 강동구 암사동에서 강서구 공항동에 이르는 총길이 43.5㎞의 도로로 계획되었으나 이러한 변천을 겪어 현재 총 36.3㎞에 이르게 되었다.[101]

1970년대 남부순환로 통행료 영수증

남부순환로의 개통은 시흥동 일대 개발의 물꼬를 틔웠다는 의의뿐만 아니라 이후로도 시흥동 주변 주요 도로망의 연계와 여타 교통로의 발달을 촉진하였다는 점에서도 의미가 깊다. 남부순환로의 구로동과 신월동 구간의 완공은 경인고속도로와 경부고속도로를 연결되는 계기가 되었다. 남부순환로는 한강 이남 동서 방면의 통행에 크게 공헌하였지만 1990년대 이후 자동차의 증가와 도심 지역의 밀집화로 상습적인 교통체증을 겪기도 하였다. 이에 정부는 그 대안으로 강남구 일원동과 시흥동을 잇는 강남순환도시고속도로를 삼성산과 관악산을 관통하도록 지하에 건설하여 2016년에 완공하였으며, 앞서 살펴본 서부간선도로 역시 지하화가 추진되어 2021년에 준공되었다.[102] 남부순환로는 본래 차량 한 대당 100원씩 통행료를 징수하였는데, 이것이 교통체증을 악화시킨다는 지적을 받아 1993년 7월에 폐지되기도 하였다.[103]

이러한 과정을 거쳐 남부순환로는 오늘날 시흥동 일대 동서축 교통망의 중심 도로로 자리하게 되었다. 시흥동은 경부선과 국도 1호선 및 여타 도로 등 남북으로 종단하는 교통망이 잘 갖춰져 있었던 반면 동서 방면으로 이동의 가능성은 제한적이었다. 이 시기에 남부순환로의 조성은 한강 이남 서울 주요 지역과 시흥동을 연결하여 시흥동 일대의 개발과 동서축 도로망의 발달을 불러왔다. 남부순환로는 향후에도 시흥동 일대의 발전에 중요한 역할을 할 것으로 기대된다.

남부순환로가 시흥동의 북부를 가로지른다면, 시흥대로와 이어지는 경수대로를 따라 시흥동 이남으로 내려가 인천부터 성남까지 이어지는 제2경인고속도로로 합류할 수 있다. 제2경인고속도로는 1994년에 인천광역시 남동구 서창동에서 경기도 광명까지 10.8㎞에 이르는 구간이 먼저 개통되었고, 1995년에는 광명에서 석수까지 4.7㎞ 구간이 개통되어 인천과 안양을 오가는 시간을 20여 분으로 단축하였다.[104] 이후 2001년에 석수IC부터 삼막IC까지의 구간이 개통되고 2009년에 인천대교가 개통되면서 성남부터 인천국제공항까지의 구간을 직접 연결하는 현재의 노선이 완성되었다. 인천으로의 이동이 수월해지면서 시흥동을 지나는 통행량은 더욱 활기를 띠고 있다.

지금까지 살펴보았듯이 시흥동은 서울 서남부에 위치하여 한때 서울의 변두리로 여겨지기도 하였지만, 1960년대 이후에는 오히려 서울 서남부라는 입지적 조건으로 인해 서울과 전국을 잇는 다양한 통행로가 중첩되는 중심지로 거듭날 수 있었다. 향후에도 시흥동 일대의 교통편의는 더욱 향상될 것으로 보인다. 현재 시흥대로를 따라 안산과 여의도를 잇는 신안산선이 2025년 개통을 목표로 공사 중이며, 시흥대로 구간에는 신안산선 석수역·시흥사거리역·독산역이 신설될 예정이다. 기존의 도로들뿐만 아니라 향후 새롭게 형성될 교통망은 씨실과 날실처럼 교차하고 연결되며 서울 서남부 교통의 중심지로서 시흥동의 미래를 엮어 나갈 것이다.

97. 「南部순환도로 開通」, 『조선일보』, 1977.7.26.
98. 「金浦공항~新月동 간 2.8㎞ 21일 개통 南部순환도로 33㎞ 완결」, 『경향신문』, 1979.7.19.
99. 「남부순환로 延長개통」, 『조선일보』, 1981.4.21
100. 「南部순환路」, 『조선일보』, 1986.5.24.
101. 「남부순환로」, 『한국향토문화전자대전』(https://www.grandculture.net/, 검색일: 2023.7.8.), 한국학중앙연구원.
102. 『금천현대사』, 금천문화원, 2021, 75쪽.
103. 「남부순환로 차량통행료 없앤다」, 『경향신문』, 1993.7.3.
104. 「수도권3개고속道(도) 28일 개통」, 『동아일보』, 1995.12.22.

라. 도로가 된 시흥천

시흥동의 중심 하천인 시흥천은 호암산에서 발원하여 안양천으로 흐른다. 하지만 지금의 시흥동에서는 그 모습을 살펴볼 수 없다. 모두 복개되어 도로가 되었기 때문이다. 아래의 그림은 2023년 시흥동의 건물과 도로의 모습 위에 1912년 지적원도의 물길을 겹쳐서 표기한 것이다. 남북축을 중심으로 형성된 도로가 물길을 가로지르며 움직인다면, 동서축을 중심으로 물길이 흐르고 이 물길은 현재 동서축을 연결하는 시흥동의 도로와 겹쳐 있다.

현재 시흥사거리의 한 축을 이루는 금하로는 바로 시흥천을 품은 복개도로이다. 이처럼 시흥동이 도시로 발전하는 과정은 소하천을 도로로 변경하는 과정이기도 하였다. 여기서는 이러한 변화를 구체적으로 살펴본다.

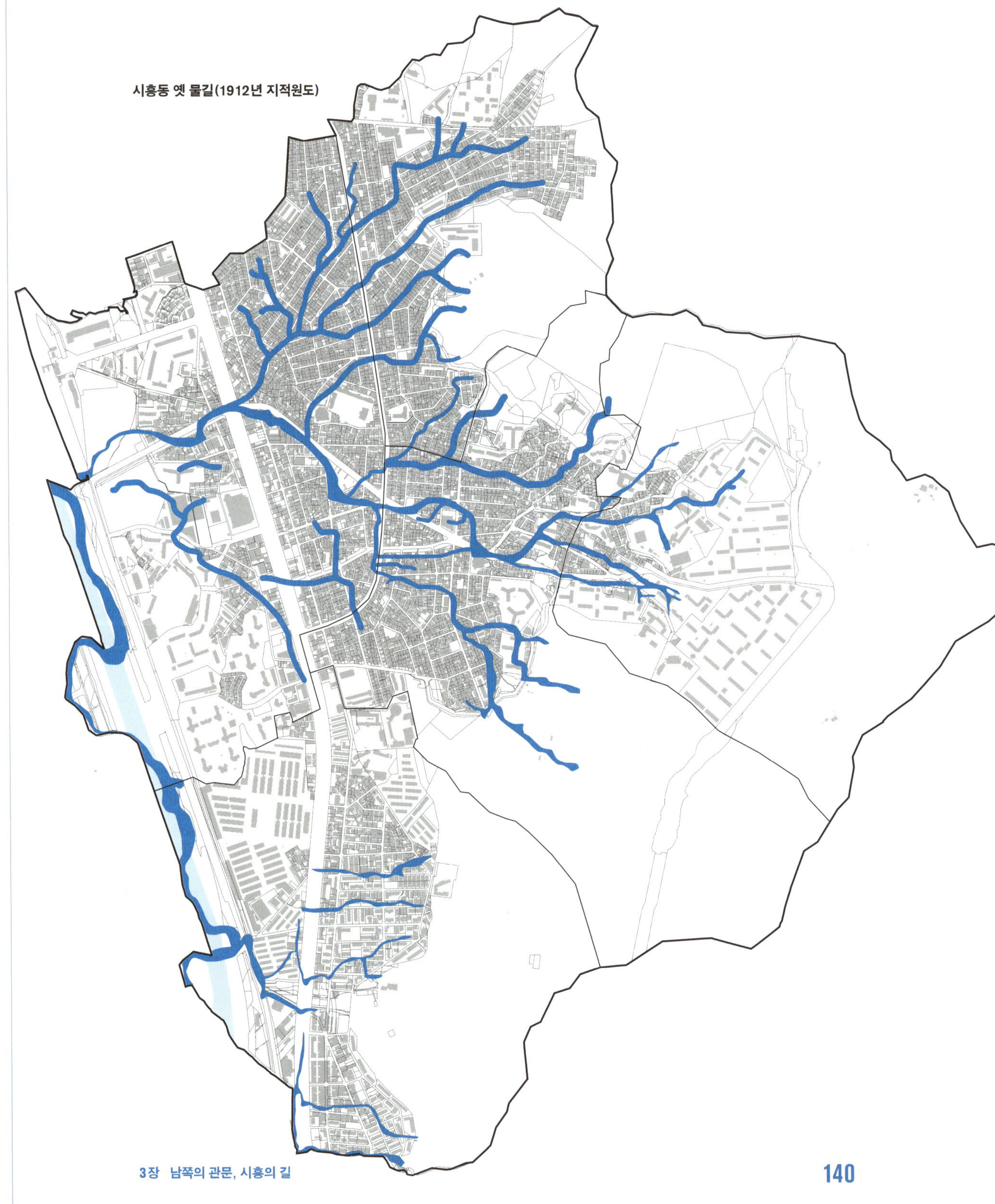

시흥동 옛 물길(1912년 지적원도)

시흥사거리

시흥대교 방향의 금하로

시흥천은 크게 네 갈래의 지류로 표현된다. 가장 중심적인 흐름은 탑골에서 내려오는 방향으로 시흥행궁 앞에 흐르던 하천을 대표한다. 그 밖에도 시흥계곡, 송동, 새재미 방향에서 내려오는 세 지류가 합수하여 안양천으로 흐르게 된다. 전체 하천의 경로에는 여러 변화가 있었지만 시흥동과 관련된 가장 큰 변화는 두 가지로 정리할 수 있다.

첫째, 20세기 초 부장천교가 있던 시기에서 그 이후 변화이다. 1910년대 초기에 나타났던 이 변화는 경부선 철로 밑으로 빠져나가는 물길이 고정된 이후 물길이 부장촌 근방에서 발소현 시흥사거리 방향으로 바뀌는 변화를 보여준다.

둘째, 1970년대 토지구획정리 이후 시흥동이 확대되는 과정에서 기존의 물길이 점차 복개되어간 변화이다. 하천이 복개되면서, 그 위에 이면도로가 폭이 넓어지고 확대된다. 이런 점에서 시흥동의 도시화 과정은 한편에서 하천이 도로로 변화하는 과정이기도 하였다. 여기서는 가장 큰 공사였던 1980년대 시흥천 고지배수로 복개공사를 중심으로 복개 과정을 살펴보되, 그와 공존하였던 다른 세 갈래 물길의 변화도 지도를 통해 살펴보도록 하겠다.

1) 1910년대 물길의 변화

시흥천의 옛 명칭은 시흥행궁의 경로에서 부장천교富長川橋가 언급되었다는 점과 20세기 초 『조선지지자료』에서 시흥군 군내동, 즉 시흥 읍내의 하천으로 부장천富長川을 언급한다는 점에서 부장천임을 확인할 수 있다. 또한 1872년 지방지도에는 호암산지도상 검지산에서 내려오는 하천이 표기되어 있고 그곳에 다리가 놓여 있다. 바로 이 하천이 부장천이고, 이곳을 건너는 다리가 부장천교로 보인다. 그 옆에 점막店幕을 표기하였는데 『조선지지자료』에 '군내주막郡內酒幕'으로 표기된 곳과 같은 역할을 하였을 것으로 보인다.

1912년 지도에서는 당시 시흥동의 중심 물길이 어떻게 흐르고 있었는지 표기되어 있다. 탑골 남쪽에서 내려온 물은 ① 시흥행궁 추정지 앞의 다리를 지나 ② 부장촌 주변에 있던 부장천교로 추정되는 다리를 지나 ③ 경부선 철로 아래로 난 수로를 통해 안양천으로 합수하였다. 다음 지도에서 살펴볼 수 있듯이 부장촌 주변은 상류의 세 물길이 합수하는 지점이었기 때문에 수량이 풍부하였고, 과거 도수장이 자리해 짐승을 도살하였던 장소라고 언급될 수 있었던 것도[105] 이곳에 많은 물이 모였기 때문이다.

1915년 지도에서는 이 밖에도 남은 세 가지 수로를 확인할 수 있으며, 주요 경로가 변화하였음을 알 수 있다. 다음 지도는 1915년 도엽의 물길을 파란색으로 표기한 것이다.

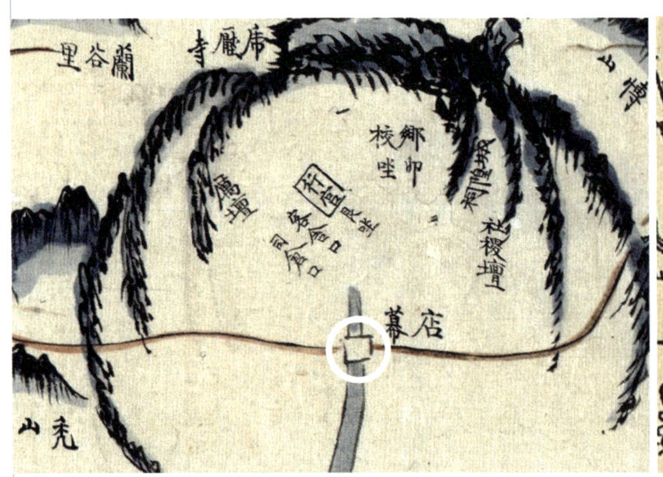

1872년 지방지도에 표기된 물길과 다리의 위치
(서울대학교 규장각 한국학연구원)

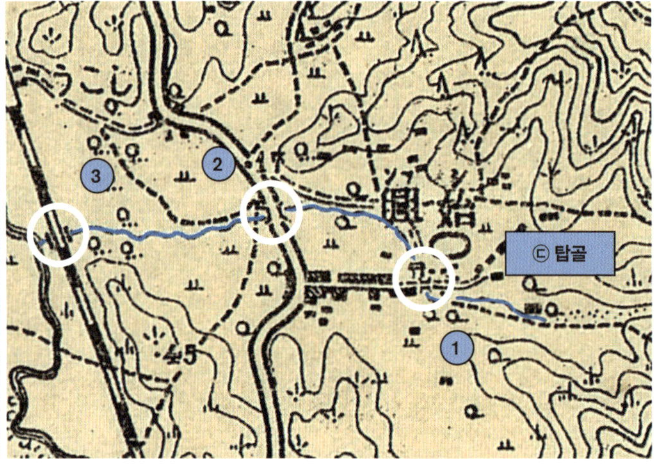

1912년 지도에 표기된 물길과 다리의 위치
(국립중앙박물관)

105. 『한국지명총람』 1(서울편), 한글학회, 1966, 158쪽.

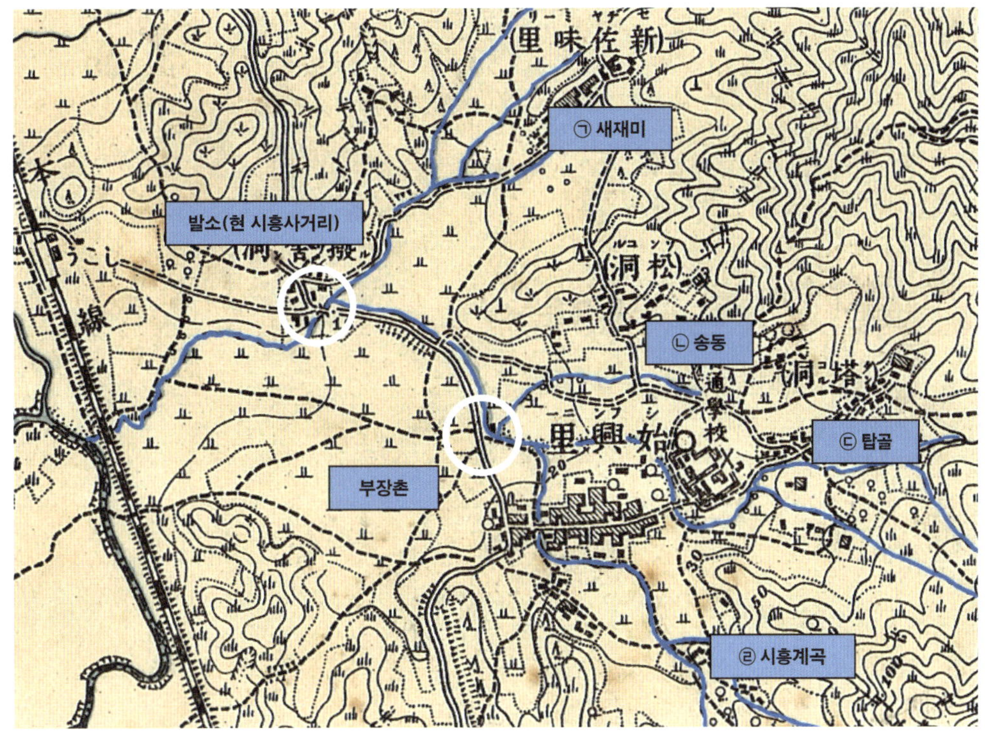

1915년 지도의 물길(국립중앙박물관)

위 지도에서는 네 방향으로 오는 물길을 확인할 수 있다. 우선 ㉢ 탑골 남쪽 방향을 통해서 내려오는 곳으로, 앞서 1912년 지도에서도 확인된 물길이다. 이 밖에 ㉠ 새재미 방향, ㉡ 송동 남쪽 방향, ㉣ 시흥계곡 방향에서도 물길이 내려오고 있다. 이 중에서 ㉡㉢㉣의 물길이 한곳에 모이게 되는데, 그곳이 부장촌 주변이다. 앞서 1912년 지도에서 부장천교로 보이는 다리가 있던 곳이 바로 이 부근이다. 하지만 1915년 지도에서는 이곳에 다리가 없어졌고, 시흥대로를 따라 현 시흥사거리에서 ㉠ 새재미 방향에서 내려온 하천과 합수하여 경부선 철로 아래를 거쳐 안양천으로 합수하는 물길로 변화하였음을 보여준다.

이 지도에서는 당시 시흥 읍내에 다리가 두 곳 있었음을 보여준다. 하나는 잘 알려진 것처럼 시흥행궁 추정지 앞에 놓여 있는 다리로 ㉢ 탑골 남쪽에서 흘러온 물이 북쪽으로 흘러서 생긴 다리이다. 이와 달리 ㉣ 시흥계곡에서 흘러온 물도 읍내 동쪽을 통해 부장촌 방향으로 흐르게 되는데, 이곳에서도 과거 다리가 있었음을 확인할 수 있다.

이처럼 1912년 지도와 달리 1915년 현 시흥사거리 부근에서 합수한 물이 시흥대로를 지나 안양천으로 흐르는 경로가 20세기 초에 형성되며, 이러한 물길의 양상은 20세기 후반까지도 크게 변화하지 않고 유지되었다.

2) 토지구획정리 이후 도로의 복개 과정

우선 일제강점기를 지나면서 물길의 변화를 살펴보기에 적절한 것은 1970년 지도이다. 일제강점기 상황을 보여주는 1932년 지도와 해방 이후의 양상을 보여주는 1957년 지도에서는 ㉣ 시흥계곡에서 흐르는 물길만을 표기하고 있기 때문이다. 네 물길 모두를 표현한 1:50,000 도엽은 1970년 지도이다. 이 지도에서 물길의 세부적인 위치는 변화가 있을지 모르지만, 큰 경향은 1915년 지도와 달라지지 않았음을 살펴볼 수 있다. 이 시기까지도 ㉡ 송동 남쪽 방향, ㉢ 탑골 남쪽 방향, ㉣ 시흥계곡 방향에서 발원한 물이 부장촌 쪽에서 합수

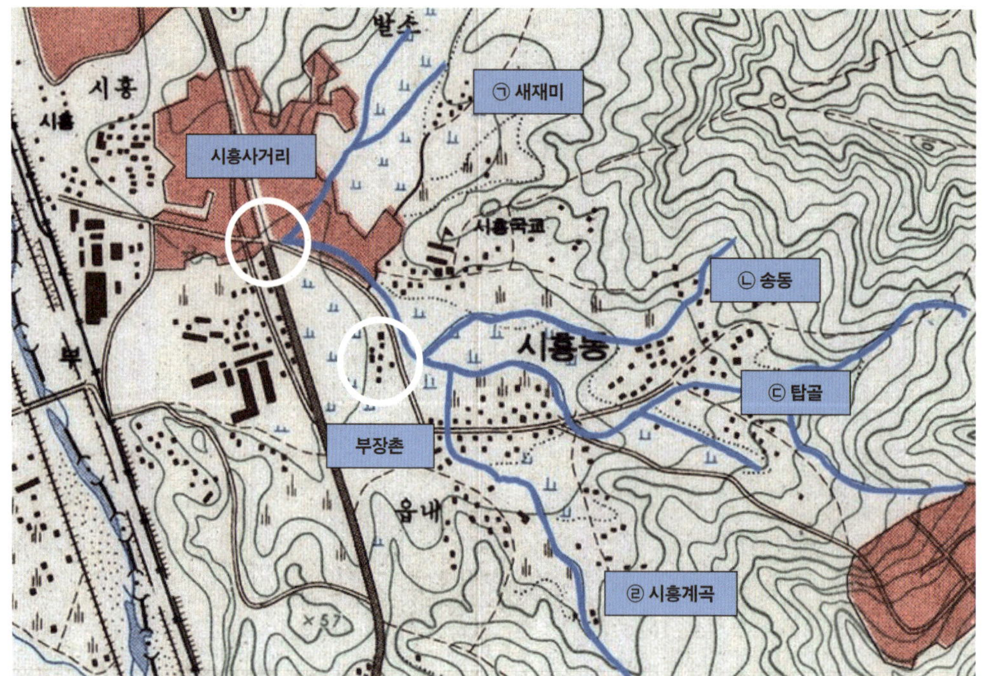

1970년 지도의 물길(국토지리정보원)

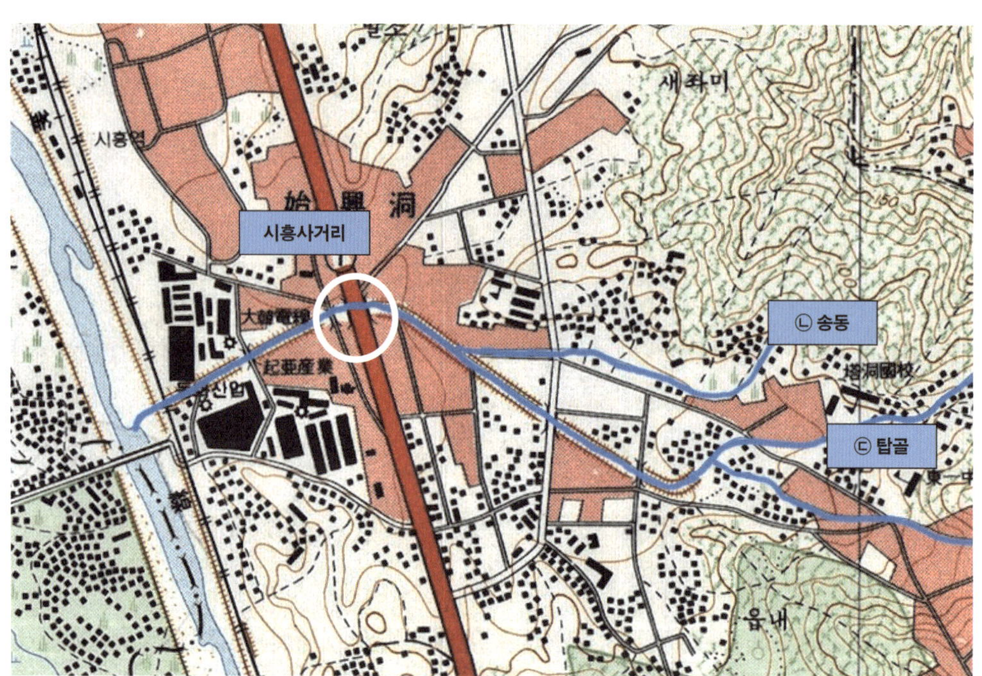

1977년 지도의 물길(국토지리정보원)

하고, 시흥사거리 부근에서는 ㉠ 새재미 방향에서 내려온 물이 합쳐져 시흥대로 아래로 물이 빠져나가는 구조이다. 다만 이 지도에서는 시흥사거리에서 안양천으로 물이 흐르는 길은 표기되지 않았다. 하지만 큰 물길의 흐름은 1915년 당시와 거의 유사하게 나타나고 있었다.

토지구획정리가 이뤄진 이후 발행된 1977년 지도에서는 이와 달라진 양상이 포착된다. 당시 지도를 보면 ㉠ 새재미 방향과 ㉣ 시흥계곡 방향에서 내려오는 물길이 더 이상 드러나 있지 않다. ㉡ 송동 남쪽 방향과 ㉢ 탑골 남쪽 방향에서 흐르는 물길은 여전히 남아 있는데, 특히 ㉢ 탑골 남쪽 방향에서 흐르는 물길 주변으로 제방을 쌓아 물길을 확보하는 양상이 포착된다. 즉 이 수로를 중심으로 주변의 건천에서 흐르는 물이 합수될 수 있도록 정비하고 있던 것이며, 이 수로가 시흥천이 된다.

1970년대 들어서면서 서울시는 시흥천을 비롯하여 서울 시내 일대의 하천을 점차 복개하여 복개 용지를 매각하는 계획을 수립한다.[106] 하지만 시흥천의 복개는 빨리 이뤄지지 못하였고, 자주 수해가 나는 이 구역에서 준설작업도 이뤄졌으나,[107] 1977년에는 집중호우에 시흥역 앞이 3m가량 잠기고, 시흥동 전역에 산사태는 물론 시흥천에 빠져 익사하여 시흥1동과 2동 합해 14명이 사망하는 사고가 발생하기에 이르렀다.[108] 결국 1978년 말에는 ㉢ 탑골 남쪽 방향에서 내려오는 시흥천 물길에 대해 고지배수로를 설치하고 이곳을 복개하는 공사를 계획하게 된다.[109]

이 사업은 두 차례에 나눠서 이뤄진다. 1978~1979년 사이에는 현재 시흥사거리에서 안양천에 이르는 구간에 대한 고지배수로 복개공사가 이뤄진다. 정확히는 현재의 현대시장 입구~시흥사거리~안양천에 이르는 구간이 우선 복개되었다. 1979년 기사에서는 시흥천 고지배수로 복개공사에 총 11억 4,000만 원을 들여 폭 5~12m에 길이 1,729m를 복개할 계획이 포착된다.

이 사업은 1980년 4억 원을 들여서 일부 부분을 복개하게 된다.[110] 당시 사업은 시흥천 상류 복개공사현 독산로~시흥사거리 구간, 독산 수로 복개 공사, 시흥천 하류 지수벽 공사, 시흥천 하류 옹벽 공사로 이뤄졌다. 1980년 당시 공사 현황은 우측의 도면을 통해 볼 수 있다. ①로 표기된 구역이 이 시기 복개공사 대상이 되었던 지역이다. ②는 복개공사와 함께 시흥천 하류의 옹벽에 대한 마무리공사가 이뤄지던 부분이며, ③은 시흥천 하류의 지수벽을 세우는 공사가 이 시기에 함께 이뤄졌음을 보여준다. 이 공사가 이뤄지던 중 기존 공사 영역인 ④ 영역의 행인 안전을 위한 가드레일을 세우는 공사 역시 추가되었다. 당시 공사 현장보고서에는 ⑤로 표기한 단면이 어떤 방식으로 구성되어 있었는지를 보여주는 단면도가 있다. 이는 아래의 그림과 같다.

이와 함께 1980년대 새롭게 복개가 이뤄진 ① 영역에 대해서도 추가로 공사 전, 공사 중, 공사 후에 대한 연속적인 사진이 수록되어 있다.[111] 이는 다음과 같다.

106. 「하천 복개 용지 일반에게 매각」, 『매일경제』, 1972.2.2.
107. 「한미친선협의회 영등포구청서」, 『조선일보』, 1975.2.26.
이 기사에서는 당시 미군부대의 협력으로 시흥천 주변의 준설작업이 이뤄졌음을 엿볼 수 있다.
108. 「산사태……급류에 떼죽음」, 『조선일보』, 1977.7.9.
109. 「새해 중요 사업내용」, 『경향신문』, 1978.12.19.
110. 「4개 하천 복개 계속 공사, 23억 투입 내년 완공」, 『동아일보』, 1979.12.26.
111. 「시흥천 복개공사 준공공사보고서」, 1980, 서울기록원, 관리번호 IT1198135.

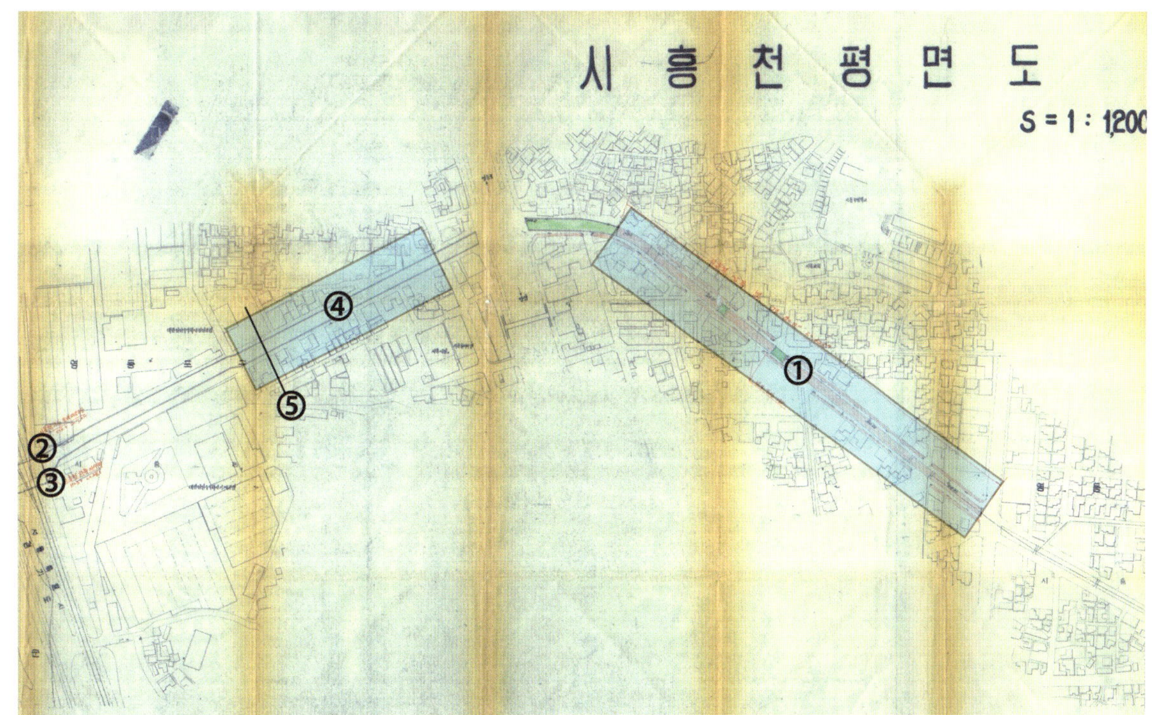

1980년 당시 시흥천 공사 구역(「시흥천 복개공사 공사통보」, 1980.)

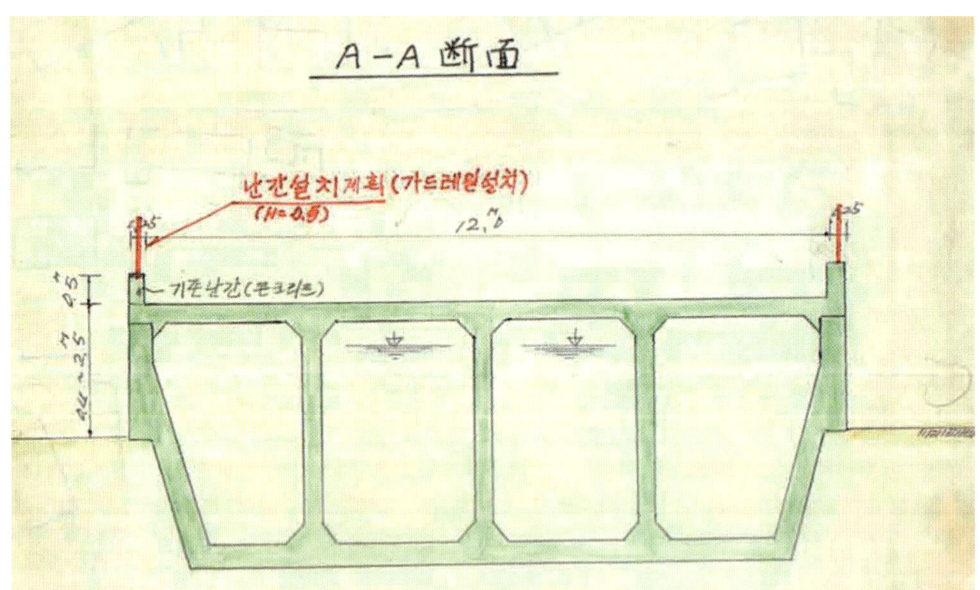

기존 고지배수로 복개공사 단면과 신규 난간 설치 계획(「현장보고서」, 1980.)

위 단면 지역의 기존 공사 사진(「현장보고서」, 1980.)

하지만 공사는 빨리 완성되지 못하였다. 1981년 당시에도 여전히 일부는 공사하지 못하고 있었다.[112] 남은 부분에는 1983년 추경 예산을 통해 시흥2동에서 시흥로까지 복개하는 공사가 이뤄졌다.[113] 현재의 금하로는 이런 과정을 통해 만들어진 도로로 과거의 하천을 도로로 바꾼 곳이다.

이처럼 도시로의 변화는 주변의 하천을 정비하는 과정이 필요하였다. 이 과정에서 소하천은 점차 도로로 변해 갔다. 1988년 지도에서는 이전 시기까지 보이던 시흥천과 주변의 소하천이 모두 자취를 감췄고, 그 부분이 도로가 되어 나타났음을 확인할 수 있다. 또한 1977년보다 좀 더 북쪽으로 시흥대교가 설치되면서 금하로를 통해 바로 광명시로 연결되는 편의성을 갖추게 되었다. ♣

112. 「악취·익사 위험·교통 지장… 곳곳에 "도랑 공해"」, 『동아일보』, 1981.7.22.

113. 「추경 예산으로 벌일 주요 사업 내용」, 『경향신문』, 1983.6.4.; 「구로구 시흥천 복개 올안에 마무리」, 『경향신문』, 1983.9.17.

1980년 공사 전 금하로(「시흥천 복개공사 공사준공보고서」, 1980.)

1980년 공사 중의 금하로(「시흥천 복개공사 공사준공보고서」, 1980.)

1980년 준공된 금하로(「시흥천 복개공사 공사준공보고서」, 1980.)

#3

말미 토박이

이종학

1948년(1세) → 경기도 시흥군 동면 독산리 출생
1961년(14세) → 서울문성초등학교 졸업
1964년(17세) → 서울영도중학교 졸업
1967년(20세) → 서울영등포공업고등학교 졸업
2015년(68세) → 중앙대학교 행정학 석사 졸업
2015~2018년 → 금천문화원장
2023년(76세) → 독산동 거주

"이 지역 사람들은 시흥대로를 '50m 도로'라고 불러요."

조사팀은 금천문화원의 도움으로 금천의 원로들과 집담회를 가졌다. 금천의 자연마을, 옛 지리·지명을 비롯해 서울 편입 이후 맞이한 도시화 양상에 관한 내용을 중심으로 근 100년여간 이루어진 변천사의 큰 줄거리를 파악하는 데 많은 도움을 받았다. 특징이 있었다. 원로들은 곧잘 금천을 '시흥'으로 통칭하며 자신을 '시흥 사람'으로 호명하였다는 점이다. 또 '시흥'의 변천 양상에 관해 설명할 때는 시흥동의 탑골·읍내와 더불어 독산동의 말미 마을의 변화를 중요하게 거론하였다는 점이다. 금천이 시흥군이었던 시절에 나고 자랐음을 반영하듯이 원로들은 '시흥'에 근거해 동향 의식을 표출하며 그 대표성을 말미 마을에 부여하는 경향을 나타냈다. 집담회를 계기로 조사팀은 말미 마을에 관한 추가적인 조사가 필요하다고 느꼈다.

조사팀은 말미의 원로 이종학을 찾아갔다. 그는 말미에서 400년 이상 터전을 일구어 온 집안의 장손이자, 1948년 태어난 이래 일생을 말미에서 살아온 토박이로서 금천 변천사의 대소사를 생생히 기억하고 있는 인물이다. 조사팀과의 면담에서 그는 말미의 민속과 교통, 구획정리사업을 중점으로 '시흥 사람'이 서울시민이 되며 겪은 일상 변화에 대해 들려주었다. 금천에서 보기 드문 한옥집에서 대가족과 함께 살았던 시절, 마을에서는 해마다 도당제와 장승제를 지내 마을의 안녕을 빌었고, 경사굿과 대동놀이를 벌이곤 하였으며, 주민 사이에 상호부조相互扶助와 장유유서長幼有序가 뚜렷했다고 그는 말한다. 그의 성장기는 금천의 도시화 과정과 맞물려 있는데, 그는 이를 50m 도로의 개발과 맞물려 변화하는 생활 반경, 시흥역현 금천구청역 기차를 통해 영등포까지 통학하고 수도권을 유람하였던 일화, 구획정리사업 당시의 분위기를 통해 설명해 주었다. 그의 이야기는 전통적인 농경 사회의 습속과 미덕을 간직하였던 지역이 도시화하는 과정을 압축하고 있다.

이종학은 중년의 나이 때 금천구의회에서 의정 활동을 시작하여 예순 무렵 서울시의회로 진출했다. 이 경험을 바탕으로 그는 금천구청장 선거에 도전하기도 하였다. 이때 그는 금천의 급속한 성장에 가려진 그늘에 주목해야 한다고 주장하였다. 그가 설정한 구정區政의 주요 과제는 노후한 주거 환경과 취약한 교육 여건, 시흥대로에 의존할 뿐인 열악한 교통 기반시설을 개선하는 것이었다. 이 문제가 개선된다면 금천은 '이사 오고 싶은 곳'이 될 것이라고 그는 믿고 있었다. 면담을 마무리하며 금천의 전망을 묻는 조사팀에게 그는 여전히 이 과제가 풀리지 않는 숙제로 남아 있다고 얘기하였다. 그의 오랜 소망은 금천에 뿌리를 두고 살아온 사람들이 떠나지 않아도 좋을 만큼 이곳이 '살맛 나는 도시'가 되는 것이다.

1. 말미에서 400년 이상 살아온 토박이 집안

우리 집안이 조상대부터 말미에 산 지가 400년이 넘어요.

말미는 100여 호 정도가 사는 큰 마을이었어요. 이 씨, 김 씨, 하 씨, 신 씨 등등이 모여 살았는데 특히 이 씨들이 많았어요. 마을에는 어른 한 7~8명이 두를 정도의 크기가 되는 큰 느티나무가 있었어요범안로 1162 부근. 그 나무의 안쪽으로는 큰말이라고 해서 80여 호가 있었고, 나무를 넘어가서는 작은말이 있었는데 10여 호가 살았어요. 시흥대로 건너서는 군데군데에 집이 조금 있었는데 그곳을 '저너머'라고 불렀어요. 금천소방서시흥대로342 부근이 바로 거기예요. 도시계획으로 마을이 뒤바뀌면서 토박이들은 대부분 떠나갔지만, 우리 집안이 말미에서 대대로 살았기 때문에 나는 이곳을 지키며 살고 있어요.

북촌에서 볼 것 같은 큰 한옥집이 말미에 세 채 정도가 있었어요.

옛날 주소로 말하면 549번지로 말미사거리 쪽에 있었어요. 이 지역에서 그 정도 되는 집은 가리봉에 한 채, 반수별빛남문시장 부근에 한 채, 읍내의 은행나무 밑에 한 채 있었던 걸로 기억해요. 우리 집에서 식구가 가장 많이 살았을 때는 할아버지와 할머니, 부모님과 다섯 형제, 그리고 결혼을 안 한 고모들과 작은아버지들까지 다 합해서 13명이 살았어요. 그래서 식사 때는 상을 3개나 차려야 했죠. 이렇게 집을 크게 지은 건 차례를 지내기 위해서였어요. 내 할아버지의 팔촌이신 어른과 그 후손들도 말미에 살았는데 그 먼 친척까지도 우리 집에 와서 같이 차례를 지냈거든요. 차례를 지낸다고 하면 30명 이상은 우리 집에 모이니까 그 정도는 돼야 했죠. 마루에서 차례를 지냈는데, 정월 때 너무 추워서 발이 시린 걸 참아가며 차례를 지냈던 기억이 나요.

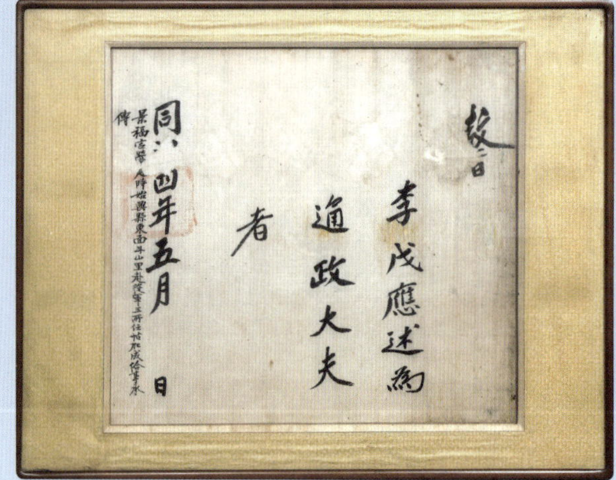

1865년 이무응의 통정대부(通政大夫) 임명 교지(이종학 제공)
경복궁 재건공사를 위한 시흥현 두산리(말미)의 부역군 동원과 그 지휘자로 임명하는 교지이다.

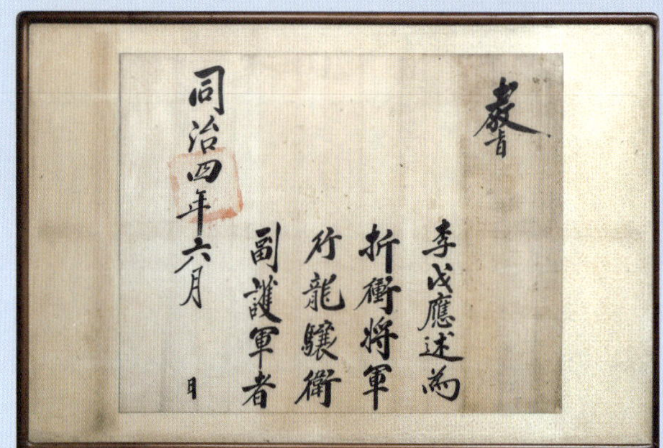

1865년 이무응의 절충장군행용양위부호군(折衝將軍行龍驤衛副護軍) 임명 교지(이종학 제공)

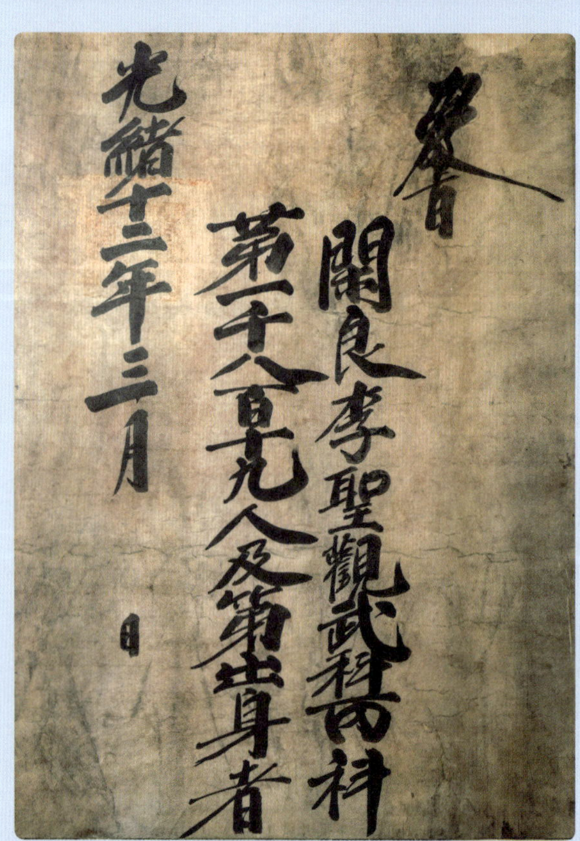

1887년 이성관의 무과 급제 교지(이종학 제공)
20살 미만의 무과 병과 급제 출신자에게 주는 교지이다.

2. 농촌 마을 말미의 마을신앙

내가 어렸을 때만 해도 우리 마을은 조선시대 때의 농촌과 다름없었어요.

우리 마을은 정미소라든가 철도나 안양천 제방처럼 기반시설이 있었다는 것 빼고는 조선시대 때와 다름없었던 곳이에요. 서울이지만, 서울이라기보다는 서울에 아주 가까운 시골이었던 거죠. 잔치가 있거나 경조사가 있을 때면 이웃끼리 품앗이하고 상부상조하는 향토문화가 여전했었어요. 우리 할아버지 생일잔치 때는 마을 사람들이 아침부터 우리 집으로 와서 다 같이 음식을 만들어 나눠 먹었고 또 마을 어른들을 불러서 대접해드리고 그랬어요. 그때는 가을에 추수 끝나고 복을 비는 고사를 지냈어요. 그걸 한 번 한다고 하면 마을 사람들이 저녁 늦게까지 구경하고 음식도 나눠 먹었어요. 지금으로 치면 일종의 동네 축제였던 셈이죠.

일 년에 두 번 도당제를 지내면서 마을의 안녕과 풍요를 기원했어요.

도당제는 해마다 음력 3월과 10월에 한 번씩 지냈어요. 대하운수범안로16길 8 윗길에 서낭당이 있고 거기에 수령이 500년쯤 되는 아름드리 엄나무를 신목神木으로 모셔서 거기에 고사를 지내는 거예요. 신목을 마을 사람들은 '산신할아버지' '산신할머니' '도당할아버지' '도당할머니라'라고 부르기도 했어요. 옛날에 추렴이라고 그러지요. 그걸로 제수 비용을 모으고 고사 10일 전에 부정不淨이 없는 집을 골라 제주祭主를 선정하면 그 사람은 그날부터 목욕재계하고 일절 나들이를 삼가며 근신해요. 마을 사람들은 그 집에 다들 모여 소머리를 비롯해 삼색 과실, 떡 등 제물을 장만하고요. 그리고 밤 11시쯤에 고사를 본격적으로 지내는 거예요. 그리고 이튿날에 마을 장승에 술 한 잔씩 따라 올리는 장승제를 지내야 도당제가 끝나는 거고요.

말미 한옥과 이종학 가족(이종학 제공)

1964년 조부모 환갑잔치(이종학 제공)

말미 한옥의 뒤뜰 터줏가리에서 청년 이종학(이종학 제공)

천하대장군이 마을 입구에, 지하여장군은 출구에 각각 따로 서 있었어요.

우리 마을의 장승이 서 있는 위치가 좀 독특했어요. 그 둘 사이의 거리는 300m 정도가 됐어요. 예컨대 마을에 장례가 있어서 그 행렬이 마을을 나갈 때면 천하대장군 있는 쪽으로는 못 가고 반드시 지하여장군이 서 있는 쪽으로 나가야만 했어요. 산소가 마을 입구 쪽에 있다고 할지라도 상여가 나갈 때는 반드시 출구의 지하여장군 쪽으로 나가야만 했고요. 마을 입구는 독산역 롯데캐슬 부근에 있었고, 출구는 여러 갈래 길이 있었는데 지하여장군이 있는 길은 독산 진도3차아파트 쪽에 있었어요. 그 근처에는 상엿집이 있었는데 거길 '망두백이'시흥대로115길 37라고 불렀고요. 그때 사용했던 제기 같은 것들은 노인정에서 보관하고 있어요.

1950년 말미 대한청년단(이종학 제공)

1997년 말미 마을 친목 야유회(이종학 제공)

1950년대 말미 전경(이종학 제공)

옛 말미 마을 입구 자리에 들어선 독산역 롯데캐슬(금천구청)

옛 말미 마을 출구 자리에 들어선 독산동 진도3차아파트(범안로17길 41)

3. 말미 주민의 교통과 일상

시흥대로는 원래 8m였는데 주변의 농경지를 뒤엎고 야산을 평지화하면서 50m로 넓힌 거예요.

시흥대로는 대림삼거리부터 마장교 다리를 거쳐 서울시와 안양시 석수동까지 이어지는 길이에요. 나 어렸을 때 이 길은 겨우 8m밖에 안 됐는데, 서울시가 도시계획을 하면서 몇 번씩 길을 닦고 넓혀 지금과 같은 왕복 10차선의 50m 도로를 만든 거예요. 이 지역 사람들은 이 도로를 '50m 도로'라고 불러요. 옛날엔 자가용이 드물었지요. 여길 지나다니는 차는 거의 버스밖에 없었어요. 지금처럼 큰 버스가 아니고 20명 정도가 타면 꽉 차는 작은 버스였어요. 그 외에도 주변에 미군 부대가 있으니까 군용 트럭이 지나다니는 것도 종종 볼 수 있었어요. 도로를 넓힌다고 공사하고 그럴 때면 지나다니는 차도 없고 고작해야 버스 아니면 군용 트럭뿐인데 뭘 위해서 이런 공사를 하는지 모르겠다고 어른들이 푸념을 늘어놓던 모습이 생각나요. 그래도 그 덕분에

지역 주민들에게 '50m 도로'라 불리는 시흥대로의 확폭 전 모습(금천구청)

2000년대 초반 시흥대로(금천구청)

금천에서 안양까지의 길이 전부 포장이 되고 양호한 상태로 유지될 수 있었던 거예요. 당시에 영등포 같은 데마저도 중심부만 포장이 돼 있을 뿐 나머지는 다 흙길이었던 걸 감안하면 여기 사람들은 그나마 좋은 교통 환경을 지녔던 셈이거든요. 그러니까 시흥대로를 일찍 정비한 정부 정책이 백년대계를 생각한 일이라고 할 수 있죠. 이 길에서 김창룡金昌龍 장군의 장례 행렬을 봤던 순간이 떠오르네요. 수십 대의 차량이 장엄하게 줄지어서 지나가는데 그 모습이 아주 장관이었거든요. 그렇게 많은 장례 차량 행렬을 본 게 처음이라 무척 신기해서 몇 대가 지나가나 세어봤는데 20대가량이 줄지어서 지나갔어요. 나를 포함해 길 위에 있던 사람들이 다들 멈춰 서서 그걸 바라보며 감탄하기에 바빴죠.

마을 사람들은 50m 도로를 따라 영등포나 수원, 소래 쪽으로 장을 보러 다녔어요.

마을 밖으로 나가는 길은 다 50m 도로로 통했어요. 가령 장을 보러 간다고 하면 여지없이 이 길을 따라서 영등포나 수원, 소래 쪽으로 가는 거죠. 영등포장은 김포·광명·시흥·과천 쪽 사람들도 오는 큰 장이라 여러 가지 물품을 구할 수 있었어요. 마을 사람들은 생활용품이 필요하다면 영등포장을 이용했죠. 수원장이나 소래의 뱃내장터는 농사철을 대비하면서 소를 사기 위해 가는 곳이에요. 소를 사면 차에 싣고 오는 게 아니라 50m 도로를 따라서 마을까지 끌고 왔어요. 마을에서 일할 사람을 구해서 같이 간 다음에 소를 사서 같이 끌고 오면 품삯을 주고 그랬죠. 모내기철에도 그런 식으로 품을 파는 사람이 마을에 모여들곤 했었어요. 나는 문성초등학교를 나왔는데, 학교에서 건강검진으로 엑스레이를 촬영해야 한다고 하면 학생들을 안양시에 있는 교육청 청사로 보내고 그랬어요. 그때는 금천이 서울이 아니었고 안양시 학군에 포함된 지역이었으니까 안양으로 간 거죠. 그러면 학생들이 두 줄로 서서 학교에서부터 쭉 이 길을 따라 안양까지 내려갔다가 되돌아와야 했어요.

1959년 '안양푸르'(현 안양예술공원)에서 피서를 즐기는 이종학 가족(이종학 제공)

인천시 만국공원(현 자유공원) 소풍(이종학 제공)

경인선은 한 시간에 한 번씩 있었는데 시흥역의 경수선은 기차가 네 시간에 한 번밖에 없었어요.

중·고등학교는 영등포로 다녔는데 통학을 시흥역에서 기차를 타고 했어요. 아침에 한 6시 50분에 나가서 시흥역에서 7시에 기차를 타고 영등포역에서 7시 30분에 내린 다음 한 30분을 걸어서 학교로 가는 거였죠. 하교할 때는 오후 5시 기차를 타야 하는데, 기차는 몇 없고 배차 간격이 기니까 기차를 놓치면 집까지 두 시간이 넘게 걸어와야 했어요. 토요일 같은 경우는 12시 몇 분 차를 놓치면 4시 50분 차까지 기다려야 했어요. 옛날 기차는 연료가 석탄이었잖아요. 내가 중학생 때 시흥역에서 타고 다닌 기차는 바로 그런 기차였거든요. 지금도 칙칙폭폭 소리와 함께 검은 연기를 내뿜으면서 달리는 그 기차 모습이 눈앞에 선해요.

시흥역에서 기차를 타고 생애 처음으로 바다를 보고 왔어요.

어렸을 때 기차나 버스 타고 가장 멀리 간 곳이 위로는 서울이고 아래로는 수원이에요. 인천도 그 당시는 멀리 가는 편에 속했어요. 한번은 초등학교 때 소풍으로 인천까지 기차를 타고 간 적이 있어요. 시흥역에서 기차를 타고 하인천역현 인천역에 내려서 만국공원현 자유공원에서 놀고 바다를 보고 왔어요. 그게 내 생에 처음으로 보는 바다였는데, 그게 너무나 신기해서 한참을 바라보고 그랬어요. 중학교 때는 동작동에 있는 군 묘지현 국립서울현충원로 소풍 갔던 기억이 나요. 시흥역에서 노량진역까지 기차를 타고 가서 내린 다음에 거기까지 걸어갔었어요.

'시흥역'이라는 역명은 나름의 역사성을 갖고 있어요.

시흥역은 금천구청역으로 이름이 완전히 바뀌었는데, 시흥역이라는 명칭을 살리면서 괄호로 금천구청역을 병기했으면 어땠을까 싶어요. 물론 금천구청역이라고 해도 문제될 건 없지만 시흥역은 여기가 옛날부터 시흥군의 중심지였기 때문에 만들어졌다는 의의가 있어요. 또 시흥이라는 이름으로 200년이 넘게 주민들과 함께했던 세월을 생각하면 시흥역이라는 이름이 갖는 나름의 역사성이 있어요. 그리고 시흥역의 전철은 순환선이 아니고 광역권에서 들어와요. 이런 데는 정거장의 옛 이름 그대로 쓰는 데가 많아요. 영등포역도 그대로 있고 노량진역, 오류역 등등이 그렇죠. 그런데 여기만 이름을 아예 뒤바꿨어요. 나는 그게 아쉬울 따름이에요.

2007년 시흥역사 외경(금천구청)

2008년 금천구청역 개명식(금천구청)

4. 말미 주민이 맞이한 도시개발

마을 사람들은 주로 안양천 부근에서 농사를 지었고 구로공단이 있는 데까지도 농사를 지으러 다녔어요.

안양천은 본래 굽이쳐 흐르는 강이었고 그 주변은 평야 지대였는데 비만 오면 물이 넘쳐 인근의 농사가 다 망하기 일쑤였어요. 그래서 그걸 막으려고 제방을 설치하고 지금과 같은 모습으로 직강화를 한 건데, 이때 독산동 일부가 강 너머 광명시 쪽으로 들어가 버렸어요. 안양천이 정비되고 주변에는 대한전선, 기아산업, 동신타이어 등등 공장이 들어왔어요. 나중에는 구로공단이 지어졌죠. 독산역 아래 홈플러스가 있는 곳시흥대로 391도 원래는 코카콜라 공장이 있던 자리예요. 이런 공장은 대부분 외지 사람이 다녔고 본토박이들은 하던 대로 농사를 짓고 살았어요. 농사철에는 안양천에서 목욕하고 수영한 다음에 근처 참외밭의 원두막에서 쉬고, 가을이 되면 논에 새를 쫓으러 다녔던 기억이 나요.

공장이 생기면서 직장을 따라 이주해 오는 사람이 많았고 반대로 마을을 떠나는 본토인도 많았어요.

구로공단부터 시흥동까지의 일대가 다 준공업 지역으로 설정되면서 공장이 많이 생겼어요. 미군 부대를 비롯해 군부대도 군데군데 있었으니까 군속도 많이 살았고 거기서 흘러나오는 물자도 많았어요. 이런 공장과 군부대 덕에 시흥 바닥의 경제가 돌아갈 수 있었어요. 특히 구로공단이 들어선 게 마을이 변하는 데에 큰 영향을 주었죠. 농경지였던 곳을 전부 공업지로 바꿔 놓았으니까요. 물론 그러고도 시흥군 서면현 광명시 일대 쪽에는 농경지가 여전히 많았어요. 하지만 그런 곳도 노태우 대통령 때 이후로 개발되기 시작했어요. 그러니 농업을 생업으로 삼았던 본토박이들이 마을을 떠날 수밖에 없었던 거죠.

구획정리사업을 하면서 부동산 붐이 일었는데, 그게 지금처럼 도시 모양새를 갖추는 데 큰 영향을 미쳤어요.

구획정리를 하면서 이 지역의 지형이 완전히 뒤바뀌었죠. 자연 지형적으로 보자면 이 지역은 나지막한 야산과 언덕이 많은 곳이었는데, 구획정리를 하면서 그걸 다 평탄화한 다음 택지를 조성해서 지금과 같은 도시 모양새를 갖추게 되었으니까요. 구획정리 사업이 착수될 것이라는 소문이 돌면 외지 사람들이 땅을 사러 많이 왔어요. 어디가 어떻게 개발될지 확정되기 전이라도 도면만 보고 땅을 사는 사람도 있었어요. 자기 땅이 어디부터 어디까지인지 정확히 확정되지 않아도 일단 사고 보았던 것이죠. 개발 계획이 나왔어도 사업은 오랜 기간 단계적으로 진행되니까 당장 수익을 못 보더라도 투자부터 하는 경우가 다반사였어요. 아침에 샀다가 저녁에 되팔아 차익을 남기는 식으로 일확천금을 노리는 사람도 많았어요. 위조 서류로 이중삼중으로 매매계약이 체결되는 바람에 피해를 보는 사람도 많았고요. 특히 인기 있는 곳은 사거리 쪽이나 대로변의 땅이었어요. 그런 데는 일단 목이 좋고 서울시가 체비지로 지정하기 마련이니까 지가 상승이 보장되는 곳이에요. 서울시가 관여하니까 사기를 당할 염려도 적고요. 그래서 지역주민 중에 땅 가진 사람들은 기존의 자기 땅을 헐값에 팔든지 빚을 내서라도 어떻게든 그 땅을 사려고 애쓰기도 했죠.

우리는 그때 한옥을 헐어야 했고, 지금 사는 집으로 이사할 수밖에 없었어요.

서울시가 도시계획으로 지정한 구역에 우리 한옥집 터가 포함되어 버렸어요. 그 바람에 그 집을 어쩔 수 없이 헐 수밖에 없었어요. 요즘 시대라면 그런 한옥은 보기 드문 문화재니까 어떻게든 보존하려 할 텐데, 그때 그 집을 그렇게 헐어버린 게 아쉬울 뿐이에요. 그 집을 헐고서 이사를 온 게 이 집시흥대로100길 12이에요. 그때가 첫째 딸이 태어났을 때쯤이니까 1975년쯤 될 거예요. 당시만 해도 여기는 민둥산에 논밭에 흙길뿐이었고, 구획정리는 했어도 눈으로 보이는 집은 하나도 없었어요. 아마 우리 집이 이 주변에서 지어진 첫 번째 집일 거예요. 우리가 오니까 몇 집이 조금씩 따라 넘어오기 시작하면서 이쪽이 차츰 개발되기 시작했어요. 한때는 여기가 강남이 개발되기 전까지 고관대작이나

금천과 말미의 옛 모습을 설명 중인 이종학

이종학 자택(시흥대로100길 12)

육군 장성 같은 사람들이 전원주택을 짓고 살 만큼 좋은 곳으로 알아주는 데였어요. 주변에 산이 많아 풍치가 좋은 데다 서울 근거리이고 대로와 철도로 교통편이 좋았으니까요. 육군 정훈장교나 법조계 종사자들이 모여 살았던 정훈단지나 법원단지가 그렇게 생겨난 거죠. 하지만 1970년대 이후에는 강남 쪽으로 개발이 집중되다 보니까 상대적으로 이쪽은 좀 낙후되어 갔어요.

5. 금천을 돌아보며

경부선 철도를 기준으로 금천구를 분구했다면 어땠을까 하는 아쉬움이 남아 있어요.

1995년에 구로구에서 금천구를 분구할 때 기준선을 남부순환로로 잡느냐 경부선 철도로 택하느냐 하는 게 관건이었어요. 남부순환로를 기준으로 하는 건 인구의 균형을 고려한 방안이고, 경부선 철도를 기준으로 하는 건 면적의 균형을 생각한 방안이에요. 신설구 이름은 금천구, 문성구, 가산구, 시흥구, 삼성구 중에서 택하는 거였어요. 만일 경부선 철도를 기준으로 분구를 했다면, 여러 여건상 금천구는 지금보다 더 크게 발전했을지도 몰라요. 당시에 경부선을 기준으로 분구해야 한다는 여론이 꽤 형성되어 있었기 때문에 기대하고 있었는데, 결국에는 남부순환로를 기준으로 분구해서 지금의 금천구가 되었지요.

우리 금천은 교통 노선을 좀 더 확충할 필요가 있어요.

원래 이 지역은 교통이 사통팔달한 곳으로 유명했어요. 서울과 안양, 광명의 시계市界이기 때문에 순환도로가 많고 어느 고속도로든 금방 들어갈 수 있어서 못 가는 데가 없었으니까요. 하지만 그것도 이제는 옛말이에요. 남북 간 도로에 비해 동서 간 도로가 부족하다는 문제가 있고, 또 요즘은 전철이 대세잖아요. 우리 구는 가산디지털단지역, 독산역, 시흥역금천구청역밖에 없고 환승역도 없어서 서울시 자치구 중에서 지하철역이 가장 적어서 전철 교통이 열악하다고 할 수 있어요. 나는 이걸 좀 개선했으면 좋겠어요. 난곡선을 개발할 때 그 노선을 독산역이나 시흥역하고 연결했으면 좋았을 텐데 그러지 않아서 참 아쉬워요. 앞으로는 금천구가 버스 노선뿐 아니라 전철 노선을 확충하고, 서울로 통하는 광역권 사람을 상대로 상권을 개발해서 지역 경제를 되살려야 한다고 생각해요.

4

시흥동의 주거지 형성과 변천

160 ▸ 277

시흥동의 옛 마을과 변화

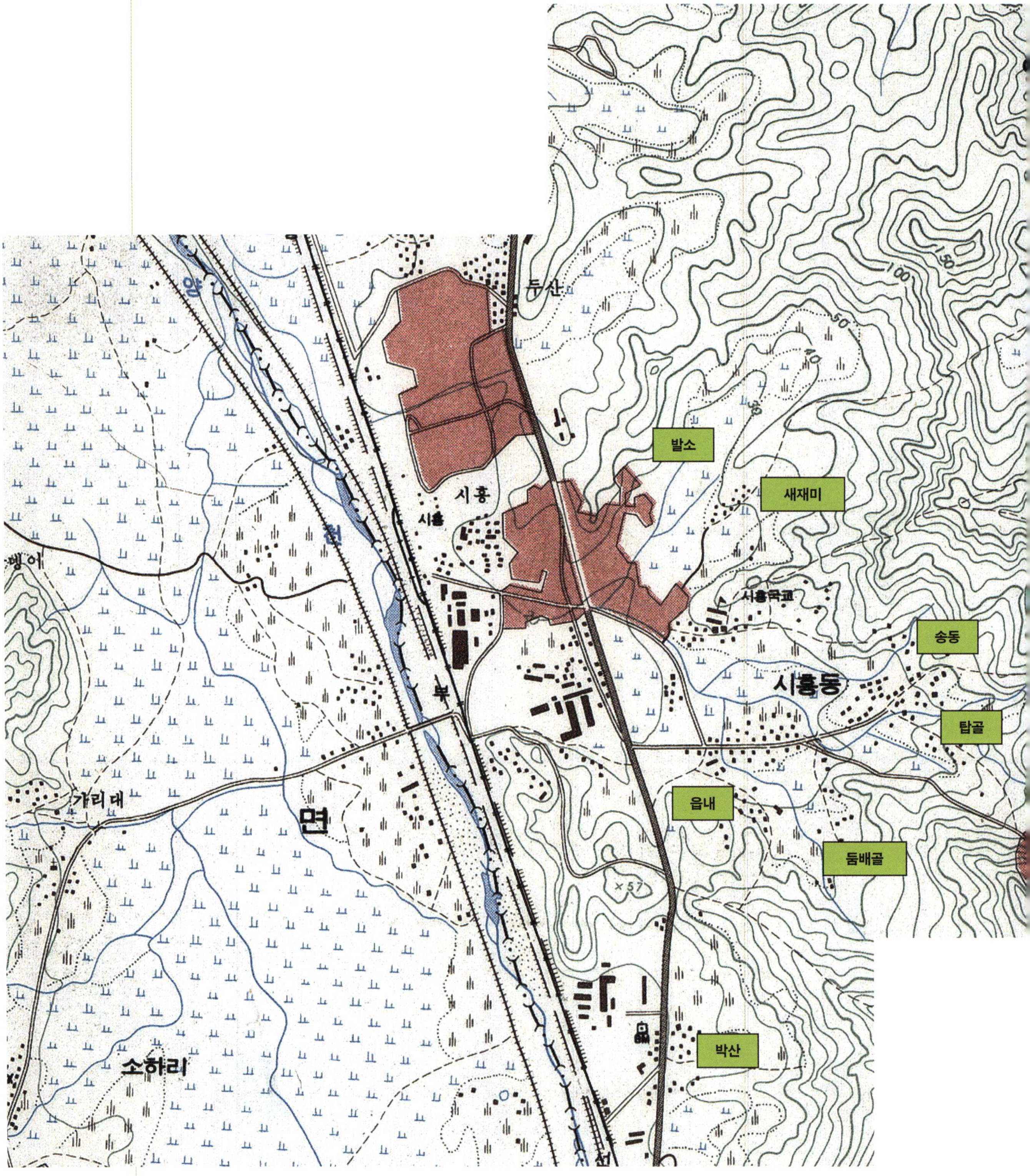

1970년 시흥동 자연마을 추정 위치(국토지리정보원)

앞서 살펴본 바와 같이 시흥동은 조선시대 시흥현의 읍치였으며, 일제강점기를 거치면서 시흥사거리가 새로운 중심지로 떠올랐다. 1930년대 시흥동에는 읍내를 중심으로 발소, 탑동, 송동, 신좌미, 박산 등의 자연마을이 형성되어 있었다. 이후 6·25전쟁이 발발하며 1950년대 초반 시흥동은 전쟁으로 파괴된 가옥을 복구하는 한편 전국 각지에서 찾아온 이주민들로 다시 한번 변화를 겪게 되었다. 이 절에서는 1950년대 이전 시흥동에 조성되어 있었던 자연마을의 특색을 간단하게 짚어보고 6·25전쟁으로 인한 자연마을들의 변화를 살펴보고자 한다.

가. 시흥동의 자연마을

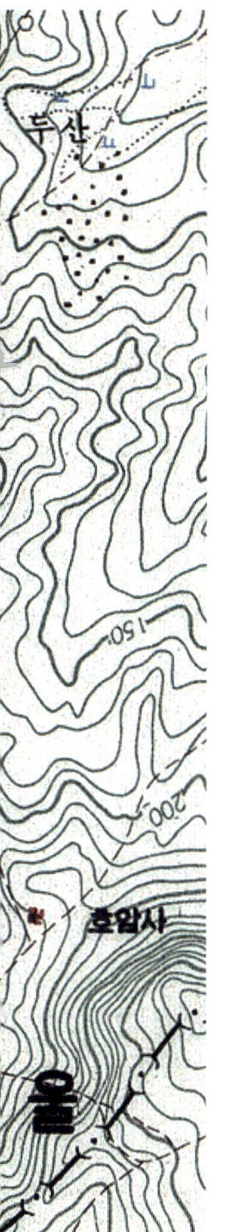

시흥동의 자연마을로는 탑골, 읍내, 새재미, 발소, 박미마을 등이 있다. 현 행정구역상의 위치를 살펴보면 각 동의 주요 자연마을로는 시흥1동 발소, 시흥2동 탑골, 시흥3동 박미, 시흥4동 새재미, 시흥5동의 읍내가 있다아래 표 참조.

시흥동 자연마을의 현주소

행정구역	자연마을명	한자명	마을 위치
시흥1동	발소	發所	서울특별시 금천구 시흥동 992-2
	송동, 송록골	松洞	서울특별시 금천구 시흥동 1006
시흥2동	탑골	-	
시흥3동	박미/박산	博山	서울특별시 금천구 시흥동 산15-2
시흥4동	새재미/새좌미	-	서울특별시 금천구 시흥동 산130-1
시흥5동	읍내	邑內	서울특별시 금천구 시흥동 384-25
	문촌마을	-	
	둠배골	-	

시흥동의 자연마을에서 규모가 가장 컸던 주거지는 읍내와 탑골이었다. 읍내는 현 시흥5동 카멜리아 인근을 중심으로 형성된 마을이다. 주거지 맞은편에는 비석거리가 위치하였으며, 집들은 비석거리를 사이에 두고 길가 주변에 드문드문 길게 늘어서 있었다. 길을 타고 쭉 올라가다 보면 탑골로 이어진다. 탑골로 가는 길에는 작은 개울이 하나 흘렀는데, 그 개울을 중심으로 윗마을과 아랫마을을 구분하였다. 탑골에 가까운 고지대 지역을 윗마을이라 불렀으며, 그 아래는 아랫마을이라 불렀다. 읍내와 탑골 사이에는 문촌마을이 위치하였다. 문촌마을은 남평문씨들이 모여 살던 집성촌으로, 몇몇 문씨들은 읍내에도 살았다고 한다. 읍내 뒤편으로는 큰 벽돌공장이 자리하여 벽돌마을이 있었다.

제일 큰 동네가 탑골이고 한 120호, 그 밑에 읍내가 한 60여 호. 그 맞은편 4동이 '송동' '송록골'로 한 30여 호 흩어져 있어요. 그리고 그 너머가 '새재미', 그 밑으로 나오면 '신작로', 국도 그 부근으로 새로 생긴 동네가 '발소'. 일본 사람들이 몇 명 살았어요. 그다음 이 너머 언덕 박미에 한 10여 호 됐어요. 그리고 저 북쪽으로 시흥고개 넘어가서 말미가 한 100여 호 되는 큰 동네예요.

이석기 씨(193*년생, 남)

읍내 지도(문계인 제공)

1915년 「관악산」 지도에 나타난 시흥동 (국립중앙박물관)

탑골은 1930년대 이전까지 읍내보다 소규모에 속하였지만, 1930년대에 들어서며 읍내의 인구수를 상회하게 된다. 3층 석탑이 있었기 때문에 '탑골'이라는 이름이 붙었으며, '탑굴' '탑사골' '탑시굴' 등으로 불리기도 하였다. 마을의 규모가 점차 커지며 윗탑골, 아래탑골, 너머탑골, 새말 등으로 세분되었다.

탑골에는 돌을 전문적으로 사고파는 채석장이 있었는데, 관악산에 돌이 많았기 때문에 생겨났다.[1] 마을 사람들은 이들을 '석수쟁이'라 불렀고, 특히 박 씨가 많았다고 한다.

'석수쟁이'라고 알아? 건축할 때 석축 쌓잖아, 축대 같은 거. 이 동네에서 그런 일 하는 사람이 많이 살았어. 박 씨들이 탑골에서 석축 일을 많이 했어.

윤영신 씨(195*년생, 남)

박미마을은 '박산부락'이라고도 불리었으며, 삼성암을 기준으로 '윗박뫼' '아래박뫼'로 구분되었다.[2] 새재미는 현대시장을 기점으로 위쪽은 '큰 새재미', 아래쪽은 '작은 새재미'로 불렸다. 정확하게 알려진 바는 없지만, 산신령을 일컫는 우리말 '새재뫼'에서 따왔다는 유래

탑골마을 지도(『탑골마을 이야기』, 금천구청, 2016, 29쪽.)

1. 『금천지명유래』, 금천문화원, 2016, 182쪽.
2. 『금천지명유래』, 금천문화원, 2016, 201쪽.

시흥2동 탑골 일대

시흥5동 읍내 일대

가 있다. 외꼬지 마을은 기와를 굽던 곳이다. 유래로는 길이 고부라지고 외졌다는 지형적 특징,[3] 또는 일본인 신사가 있었다는 이야기 등이 있다.

일본 사람들이 들어와서 거기다가 신사를 만들었어요. 근데 왜 '왜곶이'라고 그러느냐. 저 호암산에서 새재미하고 4동쪽으로 산줄기가 쭉 내려와 '외꼬지'라는 곳에서 끊어졌어요. 반도처럼 생긴 지형을 '곶이'라고 그러잖아요. 여기는 거기다가 일본 사람들이 신사를 지으니까 '왜곶이'라고 한 거예요.

이석기 씨(193*년생, 남)

발소는 현 시흥1동 일대에 위치하였다. 조선시대에는 역참驛站을 일컬어 '발소' 혹은 '발시'라 하였는데, 발소 또한 이러한 연원에서 유래하였다. 발소는 조선시대부터 형성되었지만, 다른 자연마을과 달리 일제강점기 행정거점으로 새롭게 조성되었다는 점에서 주목할 만하다. 시흥역이 개설되고 그 인근으로 면사무소와 우체국 등이 차례차례 이전하며 여러 행정시설이 자리 잡게 된 것이다. 이에 따라 일본인들의 전입이 증가하고, 이들을 위한 가게 등이 형성되면서 발소의 규모 또한 점차 커졌다.

철로와 신작로를 개설하면서 행정이고 뭐고 근대화시켜야 하니까요. 그러기 위해서 발소에다가 거점을 잡은 거예요.

이석기 씨(193*년생, 남)

한편 지금까지 살펴본 바와 같이 시흥동은 조선시대 이래 일제강점기를 거칠 때까지 행정거점으로 작용하며 관료들이 거주하였다는 특징을 가진다. 1944년에는 군무예비훈련소가 설치되기도 하였다. 군부예비훈련소는 조선총독부가 징병제도를 시행하며 징병 대상자를 훈련하기 위해 만든 시설로 전국에 총 3개소가 있었다. 시흥은 양주와 평양과 함께 그중 한 곳을 담당하였다. 정확한 위치는 현재 파악할 수 없으나, 시흥군 동면 독산리현 공군부대 자리에 있었던 것으로 추정된다.[4]

1942년 시흥군청 앞에서 군청 직원 일동(시흥시사편찬위원회, 『시흥시사3 시흥의 근현대』, 2007, 113쪽.)

3. 『금천지명유래』, 금천문화원, 2016, 162쪽.
4. 『일제말기 경성지역의 강제동원과 일상』, 서울역사편찬원, 2020, 297~300쪽.

이에 따라 시흥동 사람들은 행정상의 편의를 누리기도 하였지만, 여러 고충을 감내해야만 하였다. 무엇보다 오가며 마주칠 수밖에 없는 관리들은 사람들의 실생활에 무심한 채 세금 징수에 혈안이었다는 점에서 여러 갈등을 겪을 수밖에 없었는데, 그중에서도 유명한 일례 중 하나로 구한말의 '잉어세'가 있다.[5] 큰 잉어를 둘러메고 가는 사람을 우연히 발견한 관리가 그 잉어를 조세로 징수하고 다음 해부터 세금으로 잉어를 요구하였다는 것이다.

철산리 인근에 가니까 어떤 사람이 잉어가 두 자 정도 된다고 얘기하더라고요. 두 자는 크죠, 큰 잉어죠. 그걸 어깨에다 메고 가더래요. 그래서 (관리가) 불러 세운 거예요. "어디서 났냐고" 묻자 "저기서 잡았다"고 하더래요. 그래서 관아로 데리고 가서 잉어를 조세로 징수해버렸어요. 그러고 나서 그다음 해에 세대별로 잉어를 몇 마리씩 잡아서 관에 내라고 했대요. 세목이 엄청 많은 거예요. 근데 세상에 그다음에 잉어가 가물었대요. 근데 독촉은 계속 오고요.

이석기 씨(193*년생, 남)

나. 6·25전쟁 이후 시흥동의 변화

한편 1950년 6·25전쟁이 발발하며 시흥동은 한반도의 여느 마을과 다름없이 큰 피해를 입을 수밖에 없었다. 전쟁으로 인하여 수많은 집이 파괴되었기 때문이다. 전쟁 이전 총 19만 동으로 집계되었던 서울시 주택은 6·25전쟁으로 대부분 소실되어 3만 4,742동으로 축소되었다.[6] 이러한 사정은 시흥동 또한 예외가 아니었다. 피란을 떠났던 토박이들이 다시 시흥동으로 돌아왔을 때 대다수 집은 소실되거나 파괴되어 있었다. 비행기 폭격으로 타버린 집도 있었지만,[7] 인민군들이 부수고 간 집이 더 많았다. 인민군들은 토박이들이 떠나고 남은 집에 머무르며 대문을 뜯어 불쏘시개로 사용하는 등 마음대로 집을 파괴하였다. 그저 집의 기둥만 남겨놨을 뿐 멀쩡한 집이 없었다고 할 정도였다.

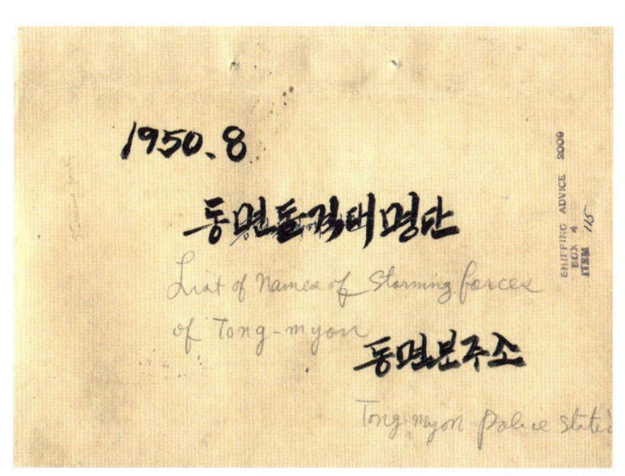
1950.8
동면돌격대명단
List of Names of Storming forces of Tong-myon
동면분주소
Tong-myon Police stati

1950년 시흥군 동면 돌격대 명단(국가전자도서관)

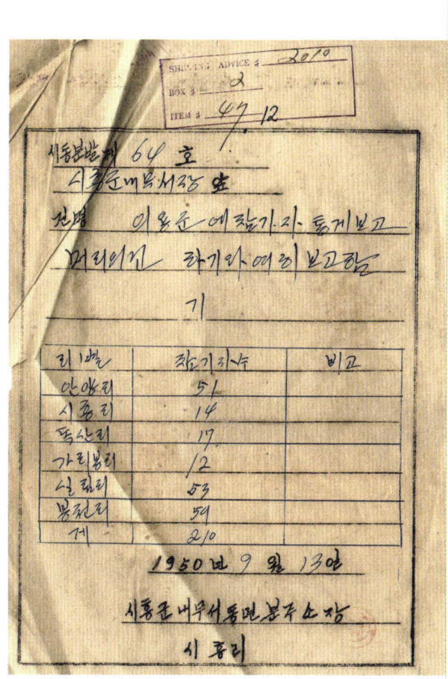
SHIPPING ADVICE # 2010
BOX # 2
ITEM # 47/12

시흥분발 제64호
시흥군내무서장 앞
건명 의용군에 참가자 통계보고
머리의 건 하기와 여히 보고함
기

리별	참가자수	비고
안양리	51	
시흥리	14	
독산리	17	
가리봉리	12	
신림리	53	
봉천리	54	
계	210	

1950년 9월 13일
시흥군내무서동면분주소장
시흥리

1950년 시흥리 의용군 명단(국가전자도서관)

5. 『금천지명유래』, 금천문화원, 2016, 196쪽.
6. 손정목, 「남한의 전후 복구계획: 서울의 전재복구」, 『이상건축』 6, 2000.
7. 『금천지명유래』, 금천문화원, 2016, 193쪽.

근데 인민군들이 말이야. 추우니까 대문 같은 거를 불 질러서 태우고, 하여튼 다 부셔놓고 갔어요. 집에 기둥만 놔뒀지 멀쩡한 게 없어요.

문계인 씨(194*년생, 남)

전후 시흥동은 부서진 집을 복구하느라 여념이 없었다. 특히 문 없는 집들이 많았다. 이에 형편이 되는 사람들은 목수를 불러 문을 고쳤지만, 대부분의 사람들은 문 대신 거적을 걸어두고 쓰다가 형편이 나아지면 문을 만들었다.

그래서 문을 수리하지 못한 사람들은 가마니 거적을 문으로 놓고 썼어요. 문이 없어 바람 불고 추우니까요. 나중에 돈 생기면 문을 만들었죠.

문계인 씨(194*년생, 남)

한편 시흥동 인근에는 여러 부대가 있었다. 총 3개의 부대가 주둔한 것으로 알려졌는데, 말미 마을, 독산동 일대에 탄약고가 크게 조성되어 있었다. 2023년 9월에 시흥동 인근 야산에서 6·25전쟁 당시 미군이 사용한 것으로 추정되는 포탄 4점이 발견되기도 하였다.[8]

희명병원 그쪽으로 원래 탄약고가 있었어요. 야산이라고 그래서 수복해 보니까 미군들이 탄약을 적재해 놨었어요.

문계인 씨(194*년생, 남)

1960년대 말미마을 미군 부대(『금천지명유래』, 금천문화원, 2016, 23쪽.)

8. 「서울 시흥동 산에서 6·25전쟁 당시 불발탄 발견」, 『YTN』, 2023.9.10.

불행 중 다행으로 미군이 주둔하며 비교적 어렵지 않게 다양한 물자들을 구할 수 있었다. 미군 보급기지에서는 다양한 물자들이 흘러나왔다. 주민들은 이를 통해 의식주를 해결하였다. 먼저 각종 자재를 활용하여 집을 짓거나 보수하였다. 지붕은 방수 재질인 밀가루 포대를 활용하였다. 주민들이 대문을 수선하기 위해 고용한 목수들도 미군부대에서 흘러나오는 목재를 이용하였다.

의복도 마찬가지였다. 당시 한국은 옷감을 생산할 만한 여력이 없었기 때문에 옷이 절대적으로 부족한 상황이었다. 이에 주민들은 미군들이 입었던 군복을 생활복으로 활용하였다. 큰 옷은 수선하고, 군복의 흔적은 까만 염색약으로 가렸다.

우리 한국 사람이 입을 게 없었으니까 군복을 미싱으로 줄여 까만 염색을 해서 입었어요. 미군 부대에서 담요 같은 거, 옷 같은 게 많이 나왔어요.

문계인 씨(194*년생, 남)

미군 부대를 통해 밀가루나 치즈, 고기, 통조림 등 구하기 힘든 식자재들도 경험할 수 있었다. 이러한 음식들은 이색적일 뿐만 아니라 먹을 것이 부족하였던 사람들에게 중요한 공급원이 되어 주었다.

미군 부대에서 밀가루, 치즈, 고기 같은 게 빠져나오니까 그걸로 장사하는 사람도 많았어요. 통조림처럼 안 먹어본 것도 많이 흘러나와서 여기 지역 주민들이 혜택을 많이 받았어요. 농사짓는 데도 한계가 있잖아요. 그래서 그런 거를 많이 먹었어요.

문계인 씨(194*년생, 남)

1940년대 중반까지만 해도 대부분의 주민이 불규칙하게 배급되는 식량에 의존해야 하였던 것에 비하면 이러한 변화는 그야말로 '혜택'이 아닐 수 없었다.

일정 때 서울에서는 정기적으로 배급을 줬어요. 근데 시흥에 왔더니 여기는 배급이 비정기적이에요. 그리고 배급을 서울은 현미하고 압맥, 눌린 보리쌀을 주는데 여기는 중구난방이에요. 어떤 때에는 강냉이 부순 것도 좀 나오고, 아니면 콩깻묵을 깨뜨려 달아서 조금씩 나눠주고 그러더라고요.

이석기 씨(193*년생, 남)

한편 미군부대로 인한 새로운 일거리가 창출되기도 하였다. 사람들은 부대 내에서 사무직에 종사하거나, 미군을 상대로 술장사를 하기도 하였다. 미군 부대 진개장현 금천구 노인복지관 인근에서 발생하는 깡통이나 함석 등 각종 폐자재를 분류하여 전문적으로 판매하는 사람들도 생겨났다.[9] 이에 따라 진개장 인근으로 자연스럽게 사람들이 모여들기 시작하면서 마을이 형성되기 시작하였다. 변전소 인근에 있었기 때문에 '변전소 마을'이라고도 불렸는데, 일본이나 만주에서 돌아온 귀환동포나 이북 사람들이 많았다. 이들은 대개 미군들이 버린 상자를 활용하여 만든 판자촌, 일명 '하꼬방'에서 거주하였다.[10]

물론 미군들과의 갈등도 적지 않았다. 탄약중대 소속 미군이 시흥동에 거주하는 여성을 폭행하려다 붙잡히거나,[11] 창문의 유리창을 부수고 폭행하는 사건도 있었다. 그러나 대부분 우호적 관계를 유지하였다. 때로 미군들은 주민들이 자재를 가져가도록 눈감아 주

9. 『금천지명유래』, 금천문화원, 2016, 199쪽.
10. 『금천지명유래』, 금천문화원, 2016, 199쪽.
11. 「美軍人이暴行」, 『조선일보』, 1957.12.18. ; 「美兵士가또暴行」, 『조선일보』, 1962.6.14.

변전소 마을의 현재 모습(금천문화원)

기도 하였다.

> 미군 부대에는 자재가 많으니까. 한 차가 와서 반 차가 없어져도 그다음 또 한 차가 보급창고에서 왔어요.
>
> 문계인 씨(194*년생, 남)

1964년 교회당을 신축할 때 시흥교회는 당시 시흥동에 주둔하고 있던 미군 제58부대에 건축협조 공문을 송부하여 미군들의 협조를 의뢰하였다. 이에 미군들은 중장비 외 차량을 동원하여 대지를 다지고, 모래와 자갈 등을 운반하는 등의 도움을 주었다.[12] 당시 교회의 집사였던 박계순 씨는 감사의 마음을 미군에게 전달하기 위하여 무려 한 달 동안 손수 자수를 놓아 감사패를 만들기도 하였다.[13]

이처럼 전후 시흥동의 가장 큰 변화를 이끌었던 요인 중 하나는 미군 부대의 주둔이었다. 부대 일대를 중심으로 경제가 활성화되었으며, 이로 인해 시흥동을 찾는 이주민들로 인구가 증가하게 되었다.

12 『시흥교회 100년의 발자취』, 시흥교회, 2006, 68쪽.
13 『시흥교회 100년의 발자취』, 시흥교회, 2006, 69쪽.

다. 시흥동 토박이들의 생업

시흥동 토박이들은 주로 농사를 짓고 살았다. 대부분 자작농이었는데 자작농 중에는 탑골 사람들이 많았다고 한다.[14] 외부인이 가지고 있는 땅도 꽤 있었는데 대부분 서울 사람이었다. 농사를 지은 작물은 정미소에 팔았다현 기업은행 자리를 포함해 약 세 군데.[15] 농사를 크게 짓는 토박이들은 안양천을 건너 벌말로 농사를 지으러 다녔는데, 동네 어른들은 이를 "벌에 간다"고 하였다.

시흥에 토박이로 몇 대씩 사는 사람들은 안양천 건너에서 농사를 많이 지었어요. 여기는 실질적으로 벌판은 많지 않았어요. 그런데 거기(안양천)는 다 벌판이에요. 벌이라는 데는 다 벌판이에요. 전체적으로 다 벌이니까 어마어마하죠. 기아산업이고 다 그냥 거의 벌판이었어요. (중략) 그때는 소하동이라는 개념도 없었어요. 서면이라고 했어요. 노인들은 서면이라고도 안 해요. '벌에 간다' 그랬어요.

윤영신 씨(195*년생, 남)

논은 주로 천수답이었다. 현재 철재상가 자리 박미시장 인근에 큰 웅덩이가 있었기 때문에, 근처에서 농사를 짓는 토박이들은 여기에서 물을 펌프로 끌어올려 농사를 지었다.[16]

여기는 천수답이잖아요. 저수지가 없어서 저 별장산에서 내려와서 물을 대야 되는데 물이 딸려서 우물을 팠어요.

문계인 씨(194*년생, 남)

일부 과수원이 조성되어 있었는데 포도밭이 유명하였다.[17] 1957년의 한 기사에서는 시흥군을 소개하며 시흥군의 자랑 중 하나로 '맛 좋은 포도'를 소개하고 있다.[18] 근처 시흥군 소래면의 포도밭이 크고 유명하였기 때문에 동면에도 어느 정도 포도밭이 있었던 것으로 추정된다.

시흥동 논밭과 정미소(금천구청)

14. 『금천지명유래』, 금천문화원, 2016, 185쪽.
15. 『금천지명유래』, 금천문화원, 2016, 185쪽.
16. 『금천지명유래』, 금천문화원, 2016, 200쪽.
17. 『탑골마을 이야기』, 금천구청, 2016, 26쪽.
18. 「活潑한工業·農業」, 『조선일보』, 1959.5.31.

시흥에 오래 사신 분들은 알아요. 송로골에 포도밭이 있었어요. 굉장히 넓었어요. 우리 학교가 길어서 정문으로 못 오고 항상 후문으로 들어갔는데, 그 후문 건너면에 있는 포도밭에서 그거를 따먹지는 못하고 늘 지나다니며 포도 향기를 맡으면서 감성을 키웠어요.

송일봉 씨(195*년생, 남)

인근 아이들은 겨울이 되면 거칠어진 포도나무 껍질을 벗기는 작업을 도와주고 그 대가로 이듬해의 포도를 한아름 얻곤 하였다. 당시만 해도 과일은 밥보다 진귀하였기 때문에, 아이들은 여름이 오기만을 기다리곤 하였다.

포도밭에 얽힌 추억이 정말 많아요. 이거는 재밌는 얘기인데, 그 포도밭 주인이 아이들이 포도를 먹고 싶어 한다는 걸 알잖아요. 그러니까 송로골 애들한테 포도나무를 한 줄씩 주고, 껍질을 다 벗기면 그 다음 해 열리는 포도를 한 10송이씩 줬어요. 겨울에 포도나무는 껍질을 벗겨야 한대요. 그러니까 이게 그냥 먹는 게 아니라 노동을 해서 먹는 거잖아요. 그러면 (아이들은) 빨리 가을이 와서 포도가 익기를 기다려요, 그 뒤 10송이를 받았을 때는 너무너무 뿌듯한 거예요.

송일봉 씨(195*년생, 남)

한편 전후 시흥동으로 넘어온 피란민이나 외지인들은 주로 공장에서 일하는 사람이 많았다. 기아산업의 전신인 삼천리자전거의 김철호 사장은 경북 칠곡군 출신으로 1944년 12월 시흥동에 국내 최초의 자전거 공장을 지었다. 1962년에는 삼륜차를 생산하기 시작하였는데,[19] 김철호 씨가 부산 출신이었기 때문에 그를 따라 경상도에서 시흥동으로 상경한 사람들이 많았다고 한다.

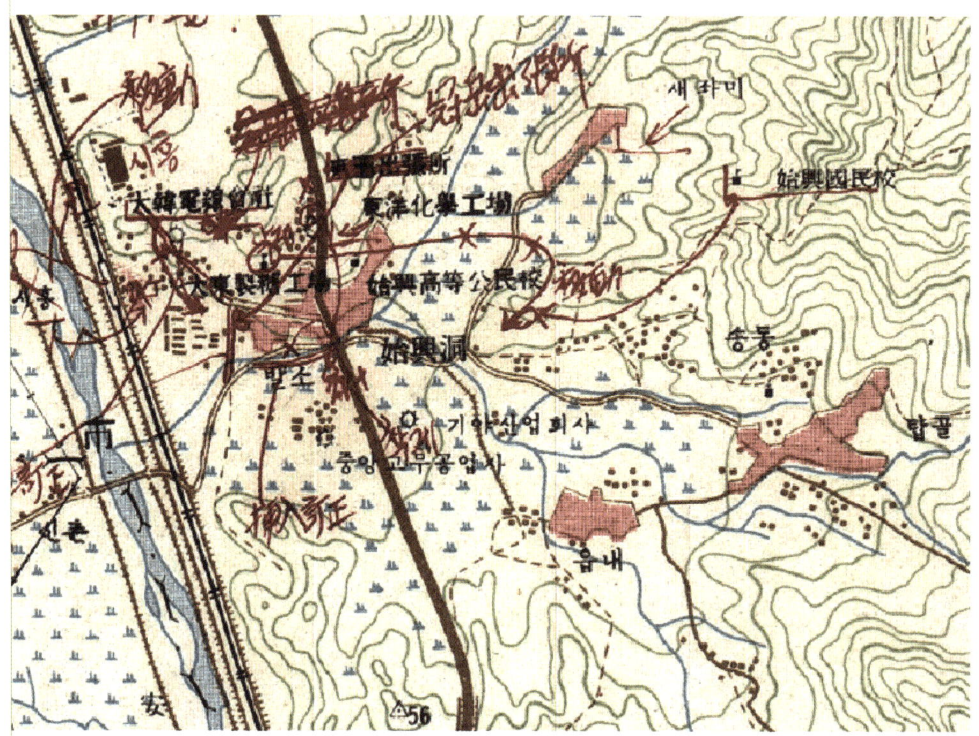

1963년 시흥동 지도에 표기된 공장들(국토지리정보원)

19. 「起亞 産業 金喆浩사장 別世」, 『매일경제』, 1973.11.23.

1959년 지방별지명조사철(국토지리정보원)

1959년 지방별지명조사철(국토지리정보원)

대한전선은 원래가 동케이블을 만드는 회사거든요. 그 회사가 6·25전쟁 전에도 있었어요. 근데 6·25전쟁 후에 복구하려니까 케이블을 만들고, 전선을 만들고 그래서 인원들이 많이 왔어요.

문계인 씨(194*년생, 남)

백산초등학교 인근에는 벽돌공장이 있었다.[20] 석수역 인근의 흙이 유명하였기 때문에 벽돌공장이 장사가 잘되었다. 1946년 시흥교회의 교회당을 신축할 때도 이 벽돌공장에서 벽돌을 얻어 왔다.[21] 공장이라고 해도 지금처럼 밀폐된 것이 아니라 개방된 공간이었다. 윤영신 씨는 어린 시절 오가며 벽돌을 만드는 모습을 구경하였기 때문에 그 과정을 생생하게 기억한다.

벽돌공장이 우리 어렸을 때는 무지하게 커서 여기서는 알아줬어요. 벽돌 만드는 게 색깔만 다르지 카스테라처럼 예뻐요. (중략) 벽돌공장은 밀폐 공간이 아니었어요. 벽돌을 만들어서 들어다가 착착착 쌓아놓았다가 어느 정도 건조되면 크게 올려놓았어요. 옛날에는 다 수작업이었어요.

윤영신 씨(195*년생, 남)

그 밖에도 시흥동에는 여러 공장이 있었다. 1959년 전국지명조사 당시 경기도 시흥군 소재의 행정지명은 총 16개로 동신화학, 발소, 관악출장소, 시흥우체국, 동면지서, 시흥역, 대동제당공장, 시흥산업회사, 동양화학공장현 대도빌라 자리[22], 새재미, 송동, 탑골, 읍내, 박산, 호압사가 해당된다. 다만 시흥국민학교는 송동1911년 7월 1일 개교과 시흥역1954년 8월 5일 개교 두 군데 위치하였다. 시흥산업회사는 시흥군 동면 시흥리 537-1번지에 있던 양조회사로 불로소주不老燒酒를 생산하였다.[23]

그 후에 고무 종류를 만드는 동신화학이 생겼어요. 그 바람에 외부에서 젊은 사람들이 시흥으로 들어왔어요. 공장이 몇 군데 돌아가니까 외부 사람들이 많이 왔어요. 거기다가 미군 부대에서 나오는 게 있고 그래서 동네가 많이 발전했어요. ♣

문계인 씨(194*년생, 남)

20. 『금천지명유래』, 금천문화원, 2016, 203쪽.
21. 『시흥교회 100년의 발자취』, 시흥교회, 2006, 46쪽.
22. 『금천지명유래』, 금천문화원, 2016, 200쪽.
23. 디지털시흥문화대전, 「양조장」 항목(2023.12.22.)

1960년대 수재민 정착촌의 형성

1960년대 시흥동에 큰 변화를 가져온 것은 1966년 수해였다. 수해로 인해 대거 발생한 서울시 수재민들의 정착촌이 시흥2동 산89~산101번지 일대에 조성된 것이다. 본 절에서는 1966년 수해와 서울시 수재민 대책을 비롯해 시흥2동에 생긴 수재민 정착촌의 구체적인 양상과 수재민들의 삶에 대해 살펴보고자 한다.

가. 서울시의 수재민 대책과 1966년 수해

1966년 7월 15일부터 26일까지 약 일주일에 걸친 집중호우가 전국을 강타한다. 수해로 인한 피해액은 22억 원에 달하였으며, 약 9만 명의 이재민이 발생하였다.[24] 서울시에는 1만 6,000여 명의 수재민이 발생하였는데, 특히 한강변 일대의 피해가 컸다. 수해는 무엇보다 미비한 하수도 시설과 체계적이지 못한 치수 정책 등 여러 요인이 복합적으로 작용한 결과였다. 한강은 본래 서울의 지리적 특성상 높고 낮은 서울시 산들의 물줄기가 모두 모이

24. 「死亡67·被害額21億 15日—26日 全國의水害」, 『동아일보』, 1966.7.27.

경성사진 엽서 속 한강 홍수 모습
1925년 7월 18일 경성부 이촌동에서 촬영된 것으로 추정된다.
가옥과 전봇대가 잠겨 있는 모습을 확인할 수 있다.

1966년 한강 수해 현장(국가기록원)

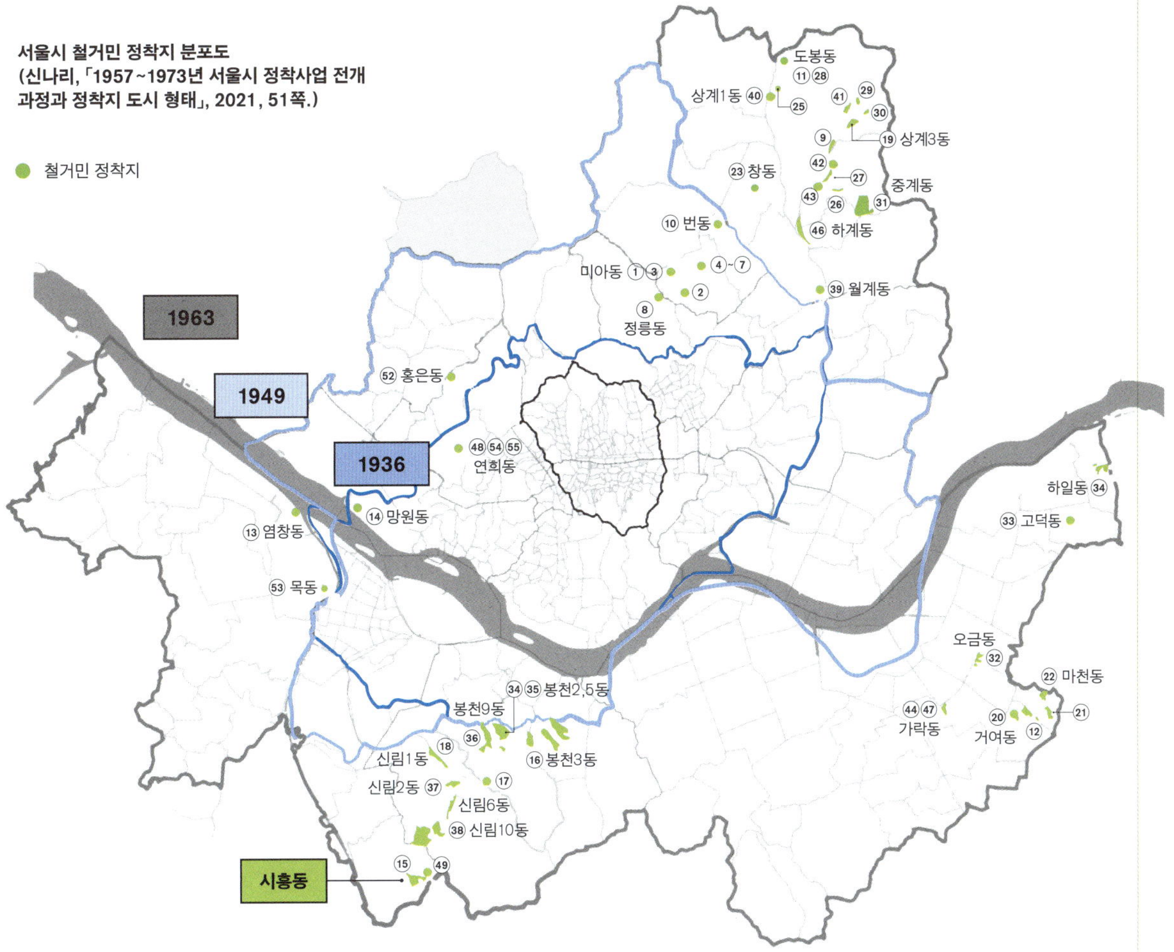

서울시 철거민 정착지 분포도
(신나리, 「1957~1973년 서울시 정착사업 전개 과정과 정착지 도시 형태」, 2021, 51쪽.)

는 곳으로 잦은 범람이 문제가 되곤 하였다. 1925년에는 7월에서 8월까지 약 4차례에 걸친 이른바 '을축년 홍수'로 647명이 사망하였으며, 1만 7,045호의 가옥이 파산되고, 4만 6,813호의 가구가 침수되었다. 피해액은 무려 조선총독부 1년 예산의 절반을 상회하는 금액으로, 한강 일대에서 일어난 역사상 가장 큰 홍수였다.[25] 이에 '한강개수 기본계획'이 수립되며 한 차례 제방을 쌓기도 하였지만, 전쟁으로 제방이 무너지며 한강 지역의 범람과 수해는 반복되었다.

이러한 역사적 배경 속에서 1965년과 1966년 잇따른 홍수로 대규모 이재민들이 발생하자 정부의 치수 정책 및 한강 관리가 사회적 문제로 부상하게 되었다.[26] 이에 김현옥 서울시장은 "한강을 팔아서라도" 수해를 막겠다며,[27] 한강 재정비를 위한 대대적인 저지대 수해 대책을 발표하였다. 한강 지역의 토지정리를 골자로 한강 인근 44개 지역을 건축 금지지역으로 지정, 기존에 들어선 건물 1만 7,000여 동을 철거하겠다는 계획이었다.[28] 수해와 한강의 범람으로 인한 인명피해가 김현옥 시장의 한강개발계획을 가속화한 것이다.[29]

한편 한강 일대의 피해가 클 수밖에 없었던 이유 중 하나는 실제 한강변 일대에 판자촌이 밀집해 있었기 때문이다. 천변 일대의 판자촌은 해방 이후 1950년대에 들어 급증하였다. 기근 문제가 심각해지며 궁핍한 생활을 탈피하고자 서울로 이주하는 농민들이 많아진 까닭에서다.[30] 더욱이 1962년 경제개발 5개년 계획과 함께 시작된 본격적인 산업화의 바람은 이촌향도離村向都 현상을 더욱 가속화하는 계기가 되었다. 1949년 이미 서울시 주택 수19만는 가구 수30만의 절반에도 미치지 못하는 수치였다.[31] 1966년 하천 변의 판잣집 수는 8,109동에 달하였으며, 한강 일대는 그중에서도 가장 규모가 큰 지역으로 3,048동의 판잣집이 들어서 있었다.[32]

25. 「을축년 홍수」, 『한국민족문화대백과사전』(https://encykorea.aks.ac.kr/, 검색일: 2023.12.31.)
26. 「얼룩진 水都 (2) 漢江」, 『경향신문』, 1966.7.22.; 「서울의水防 그 虛點을 캔다」, 『동아일보』, 1966.7.19.; 「물에弱한首都」, 『조선일보』, 1966.7.26.
27. 「漢江을 팔아서 라도…」, 『동아일보』, 1966.7.27.
28. 「漢江 44地域建築禁止」, 『동아일보』, 1966.7.26.
29. 성나연·전봉희, 「김현옥 시정(1966-1970)의 '새서울' 구상과 한강 및 여의도 개발」, 『대한건축학회논문집』 39(1), 대한건축학회, 2023, 149쪽.
30. 『서울 20세기 공간변천사』, 서울시경제개발연구원, 2002, 253쪽.
31. 『서울육백년사』 제5권, 서울특별시사편찬위원회, 1983, 525쪽.
32. 「서울의水防 그 虛點을 캔다」, 『동아일보』, 1966.7.19.

이처럼 1960년대 서울시 인구가 빠르게 증가하며 무허가 주택 또한 함께 급증하였다. 1962년에서 1969년까지 집계된 무허가 주택의 신규증가량은 총 26만 8,805호에 달하였다. 이러한 까닭에 서울시는 판자촌을 철거하기 위하여 고심하였으며, 각종 화재나 수해는 집단이주의 좋은 명분을 제공하였다.[33]

서울시는 이재민이 발생할 때마다 이재민들을 시 외곽으로 이주하는 방침을 고수하였다. 대표적으로 양동 화재가 있다. 1955년에 서울시는 양동 화재로 인한 이재민 1,600가구를 미아동의 사유지로 집단이주하였다. 이후 1958년 9월 한강 수해 당시 서울시는 주한경제조정관실 Office of the Economic Coordinator과 합의하여 수재민 정착 사업의 기본 지침을 수립하였을 때도,[34] 이러한 이주 정책에는 변함이 없었다. 즉 일정한 양의 곡식과 금액을 지원하여 하루하루의 생활을 보장하는 응급대책을 펼치는 한편 난민촌을 조성하여 이재민들을 집단이주하는 것이다.[35] 이에 따라 봉천·신림·정릉·상계·마천 지구 등 서울 외곽지역의 국공유지 20여 곳에 이주 정착촌이 조성되었다.[36] 영세민들의 생활근거지를 고려하지 않은 무분별한 이주에 대한 근본적인 문제의식이 제기되었지만,[37] [38] 1966년의 수재민 대책 또한 이러한 이주사업의 연장선상에서 이루어졌다.

1960년대 초 서울의 수재민 정착지 현황

구분	구	동	정착시기(년)	면적(평)	세대수(세대)	인구수(명)
1	서대문	북가좌동	1957	2,160	270	945
2	서대문	북가좌동	1957	2,760	345	1,207
3	은평	응암동	1958	-	-	-
4	은평	미아동	1958	-	-	-
5	강북	미아동	1958	10,000	1,000	5,000
6	강북	미아동	1958	320	79	328
7	강북	미아2동	1958	28	4	26
8	서대문	연희동	1960	1,536	349	1,487
9	강북	미아동	1961	1,848	88	528
10	서대문	북가좌동	1962	1,280	240	840
11	서대문	북가좌동	1962	768	144	504
12	노원	상계2동	1963	2,500	224	646
13	서대문	남가좌동	1963	486	152	760
14	서대문	남가좌동	1963	846	223	1,115
15	관악	봉천동	1963	46,840	2,318	11,500
16	은평	응암동	1964	7,590	-	-
17	마포	창전동	1968	3,750	223	1,165

신나리, 「1957~1973년 서울시 정착사업 전개 과정과 정착지 도시 형태」, 2021, 40쪽.

나. 시흥2동 수재민 정착촌의 탄생

서울시는 1966년 수해로 발생한 2,500여 가구의 이주정착지 중 하나로 시흥동을 선택하였다. 시흥동 산91번지 일대 시유지 6만 7,000여 평에 3,404가구 1만 3,800명을 이주시킨다는 계획이었다.[39]

33. 송은영, 『서울탄생기』, 푸른역사, 2018, 282쪽.
34. 신나리, 「1957~1973년 서울시 정착사업 전개 과정과 정착지 도시 형태」, 경기대학교 박사학위논문, 2021, 35쪽.
35. 「漢江堤防15M로 높여」, 『경향신문』, 1966.7.26.
36. 권영덕, 「서울시장 김현옥 시정기(市政期) 도시계획」, 『Urban planners』 8(3), 2021, 41~48쪽.
37. 「서울의水防 그 虛點을 캔다」, 『동아일보』, 1966.7.19.
38. 「물에弱한首都」, 『조선일보』, 1966.7.26.
39. 「난민촌에 집단 장티푸스」, 『중앙일보』, 1966.12.19.

1966년 시흥2동 수재민 정착촌 형성 당시(서울시 포토앨범)

1966년 시흥2동 수재민 정착촌 전경(서울시 포토앨범)

그전에 한강 가운데에 모래가 상당히 높았어요. 거기에 피란 온 사람들이 많이 살았어요. (중략) 근데 그 사람들이 한강에 홍수가 나니까 난리가 난 거죠. 그래서 정부에서 그 사람들을 시흥2동 벽산아파트 자리에 실어다 놓은 거예요. 근데 그때 그 사람들이 우리는 서울 아니면 안 간다 그랬어요. 서울 아니면 안 된다. 그때 당시에 여기가 영등포구에 속해 있어서 2동에다가 갖다 막 뿌려놓은 거예요. 그래서 그냥 하꼬방을 지어서 살았었죠.

권영관 씨(194*년생, 남)

이에 따라 서울 각지의 수재민들이 트럭에 몸을 싣고 시흥동으로 이주하였다. 수송 차량이 하루에도 몇 번씩 수재민들을 싣고 왔다. 수재민 수송 차량에는 수재민들을 싣고 온 지역명 간판이 붙어 있었다. 예컨대 용산구행이라고 쓰인 트럭은 용산구에서 수재민을 싣고 와서 시흥2동에 수재민을 내려주고 남아 있는 수재민을 실으러 다시 용산구로 향하였다.

어느 날 갑자기 불도저가 들어와서 벌목하고 계단식으로 다 산을 다 깎았어요. 그래가지고 용산구, 영등포구, 동대문구, 마포구 할 거 없이 구마다 수재민을 실은 차량이 들어온 거예요.

윤영신 씨(195*년생, 남)

아이들은 달리는 수송 차량에서 뛰어들어 한강 여행을 하고 오기도 하였다. 좁고 울퉁불퉁한 흙길을 달리는 트럭의 속도는 아이들이 따라잡기에 충분히 느렸다.

수재민 수송 차량이라고 쓰여 있었어요. 나는 어렸을 때 그 차 타고 한강에 가서 수영하고 다시 집에 와서 밥 먹고 이랬어요. 우리 집 앞으로 차가 지나갔었어요. 길이 좁으니까 차가 막 달리지 못했어요. (중략) 용산에 수재민이 한두 사람이 아니죠. 어마어마해서 용산에서 시흥으로 수재민을 계속 실어 날랐어요. 그러니까 내가 갈 수 있는 제일 가까운 거리가 용산이었어요. 백사장이니까 놀기도 좋았죠. 한강이 지금이야 뭐 아파트가 있지만, 그 당시에 그런 거 없었어요.

윤영신 씨(195*년생, 남)

수재민촌은 길을 경계선 삼아 지역별로 구획되어 있었는데, 당시 시흥우체국에서 근무하던 우체부의 증언을 통해 마포 지역, 영등포 지역, 성동구 지역 등으로 구획되어 우편물이 구분되었음을 확인할 수 있다.[40] 각지에서 온 사람들이 구마다 모여 살았기 때문에 한창 사춘기인 청소년들끼리 패싸움도 심심치 않게 벌어졌다. '싸움질하느라 남아나는 돌이 없었다'는 것이다.

수재민들이 그냥 막 섞인 게 아니에요. 딱 구획정리를 해 놨어요. 영등포는 여기서 여기까지, 마포구는 여기서 여기까지 이렇게 돼 있었어요. 그러니까 수틀리면 동네별로 싸우고 그랬죠.

윤영신 씨(195*년생, 남)

40. 『도고내고개와 가학광산이야기』, 푸른광명21실천협의회, 2010, 107쪽.

1960년대 중반 시흥2동 수재민 정착촌(금천구청)

수재민들에게는 4가구당 1개의 대형 천막이 보급되었다. 장롱 등 커다란 가구를 '뼈대' 삼아 가벽을 만드는 가구도 있었지만, 대다수 수재민에게 그런 가구가 있을 리 만무하였다. 그러니 '천막 안에 4가구가 함께 사는 형상'이었다. 집이라고는 하지만 고작 천막 한 겹이 전부인 한여름의 판자촌은 아무 대비도 없이 겨울을 맞이해야만 하였다. 그렇게 경험한 판자촌의 추위는 살을 에는 정도가 아니라 정말로 사람을 얼어 죽게 하는 것이었다. 수재민들은 얼어 죽은 시신들을 산 아래 공동묘지현재 백산초등학교~전통예술고 인근에 묻었기 때문에 유년 시절 이를 목격한 토박이들도 적지 않았다. 시흥동은 아니지만, 1966년에 인근 봉천 수재민 정착촌에서 한 노인이 볼일을 보러 화장실을 갔다가 변사체로 발견되었다는 기사가 실제로 있었다.[41]

1966년 수해로 집을 잃고 한강에서 봉천 수재민 정착촌으로 이주한 어느 50대 남성은 비바람이라도 부는 날엔 빗물이 몰아치고 천막이 날아갈 듯하여 그런 "음산한 밤이면 어린애들의 울음소리에 구곡간장이 끊어지는 듯하다"[42]고 당시 수재민 천막촌에서의 삶을 생생히 전하고 있다.

다. 수재민 정착촌의 삶

수재민 정착촌 형성 당시 기사를 살펴보면 우물과 화장실이 각각 40가구당 1개소씩 배정되었음을 확인할 수 있다.[43] 공동 화장실은 매달 50원에서 150원 정도 되는 사용료를 내야만 이용할 수 있었다. 사용료는 이른바 '인분비'라 불렸는데, 별도로 고용된 관리인은 이를 내지 않는 사람이 이용할 수 없도록 철저히 감시하였다. 구획마다 관리하는 방법은 다소 상

41. 「共衆便所서凍死」, 『조선일보』, 1966.12.2.
42. 「이사람에게 빛을…」, 『조선일보』, 1966.4.7.
43. 「水災民들 定着地로」, 『경향신문』, 1966.8.9.

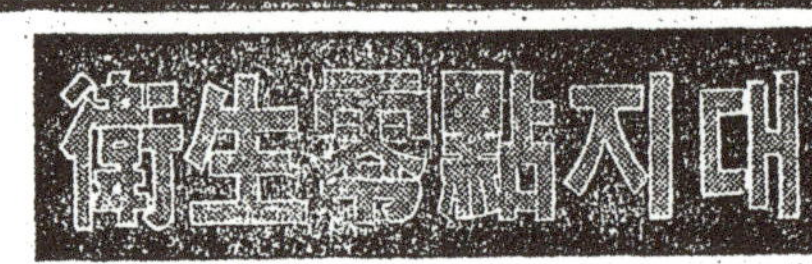

衛生零點지대

糞尿·쓰레기車구경못해

住民萬3千…개울물로 食水대신

장티푸스 集團發生한 永登浦區 始興洞水災民村

집단 장티푸스가 발생한 시흥동 수재민촌은 완전한 위생 무방비지대였다. 시흥에서 서쪽으로 4km남짓 들어간 관악산기슭—. 35도쯤의 경사지 약 4만평에는 판잣집, 천막집이 다닥다닥붙어있다. 지난여름 홍수에 집을 잃고 이곳에 몰려와 있는 수재민수는 2천4백40세대 1만3천여명—. 이 빈민촌은 조그만 울을 이루고 있지만 수도와 전기는 물론 분뇨차도 제대로 다니지않고 있었다.

病魔부른

◇집단장티푸스가 발생, 오염지구로 지정되어 일반의 통행이 금지된 수재민촌 24통일대.

1966년 시흥2동 장티푸스 발병 당시 기사
(『조선일보』, 1966.12.20.)

이하였다. 어떤 구획에서는 관리인이 상주하여 명단을 확인하는 한편, 다른 구획에서는 자물쇠를 맞춰 화장실에 채워놓고 사용료를 낸 가구에만 열쇠를 별도 지급하였다. 만약 돈을 내지 않고 화장실을 사용하다 적발된 경우에는 한 달 치 인분비를 한꺼번에 지불해야만 하였다.

공동 화장실이라는 거는 각 지역에 몇 개씩 있는데 사용 제한이 있었어요. 다 쓰는 게 아니라 어디서부터 어디까지는 이 화장실을 쓰게끔 만들어 놨어요. 그래서 한 달에 한 번씩 그 인분비를 걷었어요. 화장실 유지비로 쓴다고요. 관리하는 사람이 따로 있었고, 거기에 해당되지 않는 사람이 화장실에서 볼일 보다 걸리면 큰일 났어요. 한 달 치 인분비를 받고 이랬었다고요. 인심이 흉흉했었죠.

윤영신 씨(195*년생, 남)

이런 열악한 상황에서 결국 1966년 12월에 집단 장티푸스가 발발하였다. 변변한 식수조차 보급되지 않는 데다가 분뇨마저 제대로 치워 가지 않는 형편이니 한 신문사는 이에 대하여 "밥 먹기보다 대소변 가리기가 더 힘든 곳이니 장티푸스가 발생하지 않으면 더 이상하지 않겠느냐"고 비판의 목소리를 내기도 하였다.[44]

부모님들은 다 생계 때문에 나가서 막노동하시고 그랬어요. 그리고 빈민층인 노인들이나 환자들이 많았어요. 그 당시에는 거의 뭐 난민촌 수준이나 마찬가지였어요. 급수시설이나, 화장실 이런 위생은 완전히 제로였어요.

윤영신 씨(195*년생, 남)

한편 1970년대에 들어서며 집의 형태도 서서히 변하기 시작하였다. 임시로 치고 살던 천막 대신 루핑을 치고 벽돌을 쌓았다. 목수를 고용하거나 새집을 살 수 없는 형편이었기 때문에, 낮에는 일하고 밤이 되면 돌아와서 집을 고쳤다.

44. 「난민촌에 집단 장티푸스」, 『중앙일보』, 1966.12.19.

시흥2동 수재민 가옥(금천구청)

시흥2동 수재민 정착촌 건설현장(금천구청)

먹고살아야 하니까 노인들이 다라를 이고 장사 갔다 와서 조금씩 흙벽돌로 지었었죠.

김재우 씨(196*년생, 남)

벽돌을 쌓은 블록집도 있었지만, 판자를 엮어 만든 판잣집도 많았다. 이 때문에 판자촌의 겨울은 여전히 추워서 입을 벌려 '허~' 하면 입김이 허옇게 나곤 하였다. 1976년의 한 기사는 수재민 정착촌의 겨울을 생생하게 묘사하며 "삶을 이어간다는 것 자체가 절박한 문제인 이들에겐 유난히도 겨울이 길다"고 끝맺고 있다.

"농촌에서도 사라져 가는 호롱불"이 단칸방 한구석에서 방을 밝히고 있다는 기사처럼 수재민 정착촌의 사람들은 대부분 등잔불을 썼다. 정착촌 안에 기름을 파는 가게도 있었다. 전기가 들어왔지만, 그나마 사정이 나은 사람들만이 쓸 수 있는 특권 같은 것이었다. 일명 '도둑 전기'라 하여 전기를 설치한 가구의 두꺼비집에 임시로 선을 끌어와 쓰는 집도 있었는데, 이런 경우에는 계량기를 보고 쓴 만큼 직접 돈을 냈다.

등잔을 꽤 오래 썼어요. 그때도 전기가 들어오긴 들어왔는데, 그것도 돈 있는 사람이 전기를 쓰는 거예요. 돈 있는 사람은 자기네가 계량기를 달아 전기를 쓰는데, 돈 없는 사람은 거기 옆에다 선을 하나 걸어서 도둑 전기를 썼어요. 그리고 계량기 있는 집에 전기세를 줬어요. 그러니까 합법적인 건 아니고 불법이었죠.

윤영신 씨(195*년생, 남)

그러나 무엇보다 가장 큰 문제는 수재민 정착지가 급수시설이 정비되지 않는 미급수 지역이었다는 점이다.[45] 1970년대에 서울시는 급수인구 대비 생산능력 부족 문제를 겪고 있었다. 즉, 가파른 인구증가율을 상수도 생산량이 따라가지 못하고 있었던 것이다. 이로 인해 물 부족으로 고생하는 서울 시민이 많았다.[46] 서울시 집계에 따르면 물 기근은 37개 구 4,550가구에 해당하였는데, 그중에서도 시흥2동 일대는 이러한 '물 사정이 가장 심각한 지역' 가운데 하나였다. 동민 약 5만 명에게 보급된 공동수도는 단 58개에 불과하였다. 수재민들은 물을 구하기가 어려워 관악산 바위틈에서 떨어지는 물방울을 받아 식수로 사용하기도 하였다.

45. 『서울상수도 백년사』, 서울시상수도사업본부, 2008, 139쪽.
46. 『서울상수도 백년사』, 서울시상수도사업본부, 2008, 139쪽.

길게 늘어선 물통들(금천구청)

정부에서 보내주는 물차가 오는 날이면 온 동네 사람들이 몰려드는 바람에 큰 혼란이 벌어지기도 하였다고 한다.[47] 당시 기사에 따르면 주민들은 물을 얻기 위하여 새벽 4시부터 일어나 물통을 내놓고 줄을 섰다. 8시에 시작되는 급수를 위하여 장장 4시간이나 먼저 기상해야 하였던 것이다. 그렇다고 줄을 서면 넉넉히 물을 받을 수 있는 것도 아니어서 목욕과 빨래에 필요한 물의 절반도 얻을 수 없었다.

'급수차가 오면 마치 전쟁터'와 같았고, 공동수도엔 새벽부터 '장사진'을 이루었다.[48] 공동우물과 사설 간이상수도 등을 통해 생활하였지만, 가뭄이 드는 여름철에는 이마저도 원활하게 공급받을 수 없었다.[49]

공동수도가 있는데, 그것은 극소수에게만 혜택이었어요. 예를 들어서 몇백 가구에 하나씩 공동수도가 있는 거예요, 그러니까 그것도 조금 연줄이 있어야 새벽 급수 시간에 나와 물을 받아먹는 거죠. 우리 같은 경우는 산꼭대기에 옹달샘을 파가지고 길어다 먹었어요. 저 산 넘어가서 초등학교 때부터 물지게를 지었어요.

윤영신 씨(195*년생, 남)

이재민 정착지에서 흔히 발생하는 일이기도 하였지만,[50] 시흥동 역시 원주민과의 갈등이 적지 않았다. 1966년 10월 2일 시흥동 104번지 앞에서는 수재민 200여 명과 원주민 150여 명 간의 집단싸움이 벌어져 21명의 부상자가 발생하기도 하였다.[51] 산 아래 아이들이 수재민 촌을 일컬어 '수제비촌'이라 부르는 바람에 한바탕 난리가 나기도 하였다. 쌀을 구하기 어려운 수재민들이 밥 대신 자주 해 먹던 수제비를 빗대어 놀린 것이다.

47. 「꿈과 이상」, 『성결신문』, 2017.1.23.
48. 「감질水道에 목타는 首都시민 물 饑饉」, 『조선일보』, 1977.7.16.
49. 『서울상수도 백년사』, 서울시상수도사업본부, 2008, 139쪽.
50. 「봉천동 주민들 편싸움」, 『중앙일보』, 1966.11.8.
51. 「시흥의 원주민과 난민들|편싸움…21명 부상」, 『중앙일보』, 1966.10.3.

먹을 게 없으니까 밀가루로 수제비나 그런 걸 많이 해 먹어서 '수제비촌'이라고 그랬어요.

윤영신 씨(195*년생, 남)

이처럼 수재민 정착촌의 삶은 아이들에게도 혹독한 것이었다. 초등학교를 이제 막 나온 아이들이 산업 전선에 뛰어들거나, 하다못해 연탄을 나르며 살림을 도와야만 하였다.[52] 특히 물을 길어오는 일이 가장 중요하고 고된 일이었는데, 아이들은 물이 귀한 산속에서 밤이고 새벽이고 저마다 자신만의 물길을 찾아 떠나야만 하였다.

水魔에 家財잃고 옹기종기 막일자리마저 얻기 힘들어

1970년대 연탄을 나르고 있는 시흥동 아이
(『경향신문』, 1976.11.22.)

새벽마다 잠도 못 자고 산꼭대기 옹달샘에서 물을 받는 거예요. 쫄쫄 나오는 거 한 통 받으려면 한 2시간씩 걸려요. 겨울 되면 기다렸다가 한 통 들고 오고 그랬어요. 그래서 보통 사람이 없는 시간, 새벽 3시 한창 졸릴 때 물을 길어오고 그랬어요.

윤영신 씨(195*년생, 남)

라. 수재민 정착촌에서 무허가 판자촌으로

1960년대에 서울시는 무허가 건물을 철거하고 집단으로 이주하는 철거민 이주 정착 사업을 시행하였다. 1960년대 중후반은 이러한 이주사업이 가장 왕성하게 진행되던 시기로, 1965~1969년 사이 이주 가구는 약 3만 6,000가구에 달하였다.[53] 당시 서울시장이었던 김현옥 시장은 서울 변두리 지역에 이주정착촌을 조성하였다. 시흥동은 거여·마천·상계·봉천·신림·신정동 등과 함께 대표적인 이주 지역이었다. 1966년 이후 1969년, 1972년의 호우 때에도 종로·동대문·성동·영등포구·양평·구로동 등지에서 발생한 수재민들이 시흥2동을 찾았다.[54] 아래 표를 통해 1957~1972년 사이 양동과 송종동 등을 비롯한 서울 전 지역의 철거민들이 시흥동으로 이주해왔음을 확인할 수 있다.

집단이주정착지 조성사업의 유형별 현황

이주사유	시기	철거지역	이주지역	규모	이주사례
화재민, 수재민의 이주정착	1955~1967	화재민: 양동, 창신동 수재민: 이촌동, 서빙고동, 한강변	미아동, 상계동, 쌍문동, 도봉동, 연희동, 응암동, 남가좌동	6~30평 (평균 10평)	- 1995년 양동 화재민 1,600가구의 미아동 이주 - 1958년 서부이촌동 수재민 1,244가구 용암동 이주
도시계획사업에 의한 이주정착	1961~1972	도동, 후암동, 명동, 인현동, 광희동, 돈암동, 청계천변	정릉동, 미아동, 번동, 창동, 거여동, 마천동, 상계동, 중계동, 연희동, 홍은동, 수색동, 남가좌동	7~30평 (평균 8평)	- 1961년 도동지역 도로공사로 1,836가구 수색동 이주 - 1964년 5월~1962년 11월 도동, 명동, 청계천변 도로확장 공사로 2,360가구 정릉동 이주
난민의 이주정착	1957~1972	양동, 송종동, 서울 전지역	사당동, 봉천동, 신림동, 구로동, 시흥동, 아현동	7~35평	- 송정동 철거민 2,353가구 아현동 이주
판자촌 등 철거 이주	-	서울 전 지역	가락동, 미아동, 상계동	6~20평	

『서울육백년사』 제6권, 서울특별시사편찬위원회, 1996, 958쪽

52. 「거울걱정태산「零下地帶」다함께 溫情을…(6) 高地帶 영세민」, 『경향신문』, 1976.11.22.
53. 박신영, 「무허가정착지 재개발정책과 그 결과」, 『국토』, 국토연구원, 2021, 14쪽.
54. 「그후의水災民 또水害입은水災移住民」, 『동아일보』, 1977.7.18.

이렇듯 수재민 정착촌에 하나둘 무허가 건물이 지어지면서 시흥동은 어느새 '무허가 정착촌'으로 변모하게 된다. 시흥동은 사당동을 비롯한 도봉동, 봉천동, 신림동, 창동, 염창동, 거여동, 하일동 등과 함께 대표적인 서울의 '불량주거지' 중 하나였다.[55] 시흥동에는 수재민과 철거민뿐만 아니라 상이용사와 화전민 등 국가적 사건이나 재해로 집을 잃은 난민들도 함께 집단을 이뤄 살았다.

1970년대 중후반에 왔어요. 용사촌도 그때 생겼어요. 오래된 사람들은 용사촌 얘기하면 알아요. 화전민은 몰라도 용사촌은 알아요. 화전민은 우리가 살던 방 바로 위쪽에 그 사람들이 살았어요. 화전민들은 20세대밖에 안돼서 아는 사람이 별로 없어요.

윤영신 씨(195*년생, 남)

상이용사란 6·25전쟁에 참전하여 부상을 입은 사람들을 일컫는 말로, 시흥동에는 현 탑동초등학교 인근에 이러한 상이용사들이 모여 사는 상이용사촌이 있었다고 한다.[56] 1976년 기사를 통해 당시 시흥동에 상이군경 용사촌에 30가구가 거주하고 있었음을 확인할 수 있다.[57]

1970년 5월 기준 정부의 원호대상자로 집계된 상이용사는 3만 1,473명으로 이들 중 상해가 심각한 1,139명의 상이용사가 서울 16개소를 포함해 전국 43개소에서 집단부락을 형성하여 생활하고 있음을 확인할 수 있다. 이들은 함께 모여 살고 자활공장을 차려 양말이나 봉투 공예품대방동, 낚싯대반야동, 브러시대전, 감귤제주 화랑촌, 군장답십리 등을 생산하며 생계를 유지하였다. 시흥동에는 플라스틱 공장이 있었던 것으로 추정된다.[58]

용사촌 사람들은 의족 그런 걸 많이 했어요. 지금은 그 자손들도 혜택을 받지만 전에는 그 사람들이 우리보다 더 살기 힘들었어요.

윤영신 씨(195*년생, 남)

1978년 시흥2동 일대 무허가 판자촌(서울시 포토앨범)

55. 김묘정, 「사회사적 관점에서 본 우리나라 도시빈민의 형성배경과 주거문화」, 『한국주거학회논문집』 82, 한국주거학회, 2007, 82쪽.
56. 「상이용사촌 지원 檀大서 자매결연」, 『경향신문』, 1976.9.10.
57. 「工振廳長전달 傷痍軍警용사촌에 援護誠金20만원」, 『매일경제』, 1976.7.2.
58. 「6.25 스무돌에 되새기는 아물지않은 戰禍(2) 傷痍용사」, 『경향신문』, 1970.6.23.

삽시간에 숱한 人命삼킨 恐怖의 물벼락

서울·京畿일원 集中豪雨피해 상보

山沙汰로 25명 떼죽음도

始興洞

3시간동안 폭포처럼 쏟아진 4百mm

濁流에 한가족 몽땅잃어

호암산 무너져 집80여채 破壞

慘禍의 현장

1977년 산사태 현장에 대한 기사(『경향신문』, 1977.7.9.)

1977년 7월 8일부터 이틀간 경기 지방에 내린 집중호우로 인하여 시흥동 특히 시흥2동의 고지대 일대는 큰 피해를 보았다. 1977년 기준 당시 시흥에 내린 강우량은 400㎜로, 집중호우는 한국의 기상관측 역사 이래 최고를 기록하였다. 3시간 동안 400㎜의 비가 내렸으며, 시흥동에서만 25명이 사망하고 29명이 실종되었다. 시흥 및 안양 수해 지구를 복구하기 위하여 군관민 49만 명과 중장비 700대가 투입된 끝에 10여 일 만에 복구될 수 있었다.[59] 1977년에 수해로 무허가 건물 밀집 지역이 큰 피해를 당하자 서울시는 시흥2동 고지대 무허가 건물 3,850호를 비롯하여 안양천 주변의 무허가 건축물 4,000호를 포함한 총 7,850동의 5개년 철거계획을 발표하였다. 시흥2동의 고지대 무허가 건물 3,800동에 대한 5개년 철거계획이 수립되었다.

철거계획이 알려지며 부동산 사기가 빈발하기도 하였다. 부동산투기업자들이 통장이나 반장 등을 내세워 사기를 치는 통에 시영아파트입주추첨권이 팔아 넘겨지는가 하면, 기간 내 자진 철거하면 입주권을 준다고 속이는 경우도 많았다.[60] 수해 위험지역 일대의 주민들에게 자진 철거를 조건으로 약속한 분양가를, 부동산투기업자들이 한 달도 지나지 않아 4배나 올리는 바람에 250여 가구의 철거민들은 오갈 데 없는 신세가 되기도 하였다.[61]

시흥2동 고지대의 일부 주민들은 자진 철거하는 조건으로 아파트 입주권을 받았다.[62] 주택공사는 수재민들을 위한 이재민 아파트를 건설하여 분양하였다. 분양가는 320만 원으로 책정되었으며, 서울시는 국민주택자금을 특별 상향 지원하였다. 이에 따라 13평형 아파트의 국민주택자금이 기존 150만 원에서 183만 원으로 상향 조정되었다.[63]

수해로 인해 간신히 8평 남짓한 '게딱지 같은 판잣집'을 지어 이제 막 보금자리를 마련하였는데, 또다시 같은 이유로 갈 곳 없는 신세가 되어 버린 것이다.[64] ♣

59. 『도고내고개와 가학광산 이야기』, 푸른광명21 실천협의회, 2021, 125쪽.
60. 「속여파는 아파아트入住券」, 『동아일보』, 1977.6.14.
61. 「아파아트入住券있어도 값비싸 갈곳없는水害撤去民」, 『동아일보』, 1977.9.2.
62. 「安養川邊 시흥고지대 無許건물 7,850棟年次 철거」, 『경향신문』, 1977.7.15.
63. 「住公건설 水災民아파트 分讓金 1百83萬원씩 融資」, 『조선일보』, 1977.7.13.
64. 「그후의水災民 또水害입은水災移住民」, 『동아일보』, 1977.7.18.

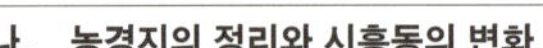

가. 시흥군 동면에서 영등포구 시흥동으로

나. 농경지의 정리와 시흥동의 변화

서울시 편입과 토지구획정리

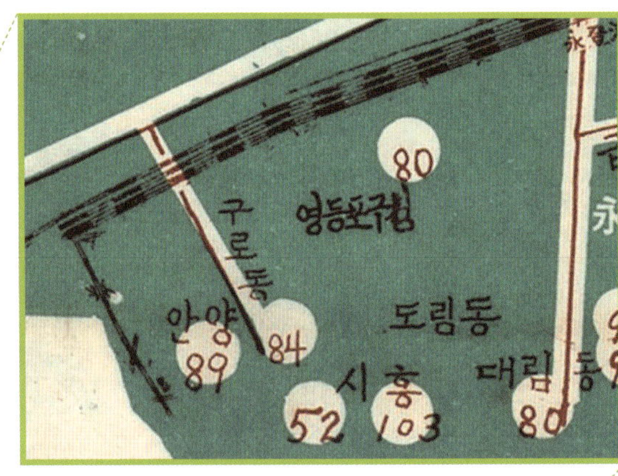

시흥동을 운행하던 52번, 103번 버스

서울시는 새롭게 서울시로 편입된 지구들의 교통편의를 위하여 버스 노선을 연장 운행하였고, 이에 따라 시흥동에도 명동행 버스가 정거하게 되었다(동화백화점-대림동-시흥동).

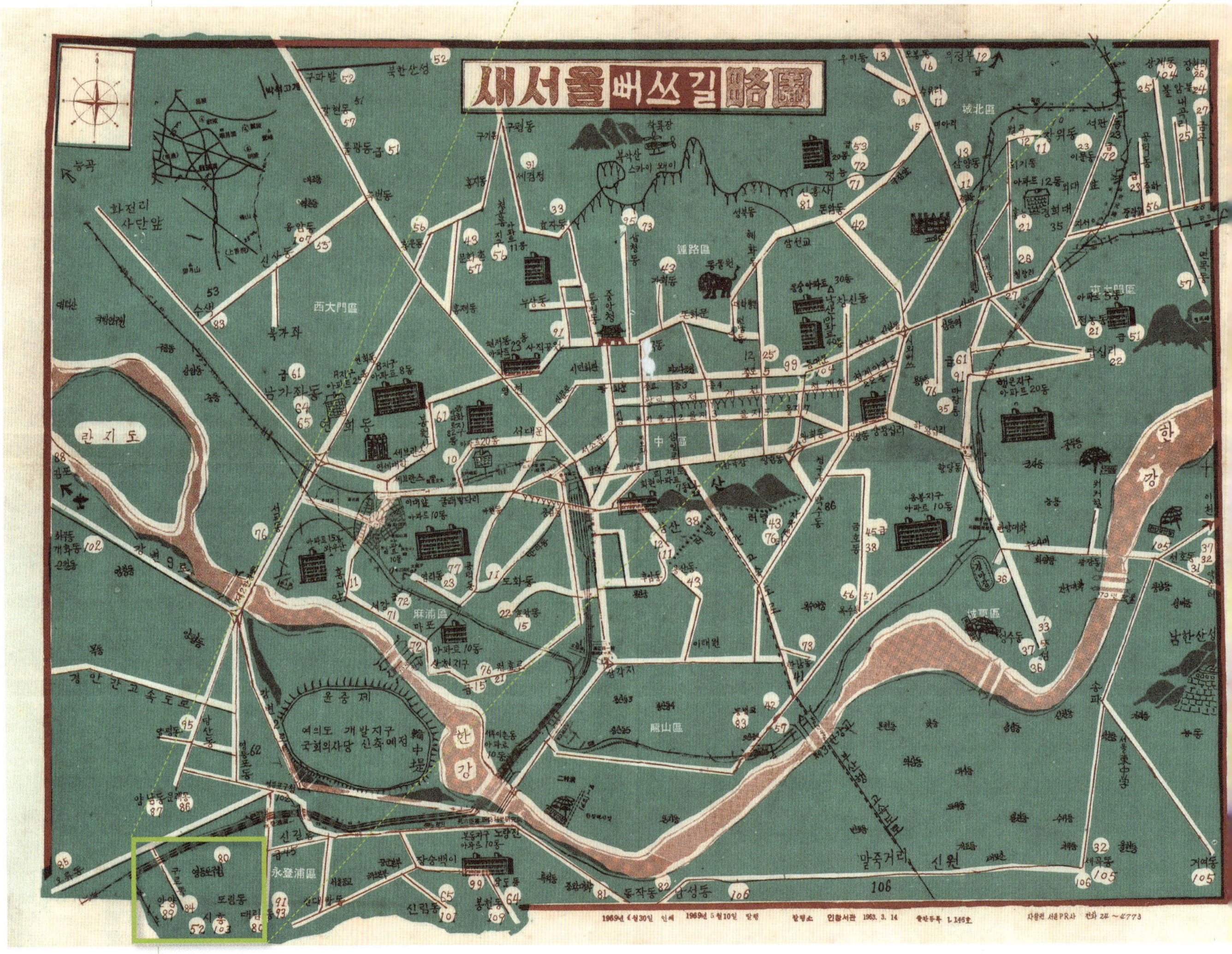

1969년 새서울 버스길 약도

해방 이후 시흥동은 미군 부대를 위시한 경제 활성화와 함께 영등포 인근 준공업지역으로 인식되며 그 규모를 꾸준히 확장해 나갔다. 이러한 변화는 1960년대 초반 본격적으로 시작된 서울시 도시계획과 맞물리며 1963년에 시흥동은 서울시로 편입되었다. 1966년에는 시흥지구의 토지구획정리사업구역으로 지정되며 다시 한번 큰 변화를 맞이하였다. 본 절에서는 1960년대 시흥동의 서울시 편입과 이후의 변화에 대해 살펴보고자 한다.

가. 시흥군 동면에서 영등포구 시흥동으로

1940년대 이후 서울시 인구는 큰 변화를 맞이하였다. 특히 1946년과 1953년은 전년 대비 40% 이상 인구가 증가하였다. 만주나 일본으로 떠났던 귀환 동포들과 피란민들이 대거 서울로 유입되었기 때문이다. 1950년대에는 국가적 차원에서 도심 중심의 산업화를 추진함에 따라 많은 사람이 농촌을 떠나 도시로 향하였다. 이른바 이촌향도 현상이라 일컬어진 이 거대한 흐름과 함께 서울시 인구는 급격히 팽창하게 된다. 1959년 서울시 인구는 200만을 돌파하게 되었으며, 불과 3년 만에 100만 명이 증가하여 1962년에는 300만에 이르게 되었다.[65]

문제는 이렇듯 서울시에 집중된 인구과밀이 심각한 주택난을 발생시켰다는 것이다. 예컨대 1961년 서울시 거주인구는 약 50만 6,200여 가구에 달하였지만, 주택 수는 27만 2,811호에 불과하였다.[66] '세방족貰房族'이라는 용어가 고안될 만큼 서울시 주택난은 심각한 사회적 문제로 인식되었다.

이에 서울시는 한강 이남 지역의 부도심 조성을 통한 인구 분산을 도모하고자 하였다. 1962년 1월 20일 서울시는 최초의 도시계획법을 공포하며 동년 1월 27일 도시계획과를 도시계획국으로 승격시켰다. 그리고 이듬해인 1963년 1월 1일에 서울시는 법률 제1172호에 입각하여 서울의 행정구역 확장을 발표하였다. 이때 현재 시흥동에 해당하는 시흥군 신동면 일대가 서울시로 편입되었다.

1963년 서울 행정구역 확장내역

편입된 구 명칭	편입된 행정구역 명칭
동대문구	양주군 노해면(상봉리, 중하리, 망우리, 묵동리, 신내리)
성동구	광주군 구천면, 중대면(명일리, 수안리, 고덕리, 하인리, 길리, 수리리, 성내리, 풍납리, 곡교리[천호동], 전기리[송화동], 석촌리, 삼전리, 가닥리, 이리, 방재리, 오금리, 문정리, 장지리, 거여리, 마천리, 일원리, 수서리, 자곡리, 율현리, 세곡리) 광주군 언주면(역삼리, 논현리, 신사리, 압구정리, 하계리, 중계리, 상계리, 도봉리)
성북구	양주군 노해면(창동리, 월계리, 쌍문리, 공덕리, 하계리, 중계리, 상계리, 도봉리)
영등포구	시흥군 신동면(양재리, 원리리, 우면리, 방배리, 서초리, 사당리, 반포리, 잠실리[잠원동], 시흥리, 독산리, 가리봉리, 신림리, 봉천리) 김포군 양동면(가양리, 마곡리, 등촌리, 염창리, 목동리, 화곡리, 신월리, 신정리) 김포군 서면(내발산리, 외발산리, 송정리[공항동], 방화리, 개화리, 모곡리, 오금리, 과해리) 부천군 소사읍(오류리, 천왕리, 고척리, 개봉리, 궁리, 영수리, 함리)

『서울2천년사 35. 현대서울의 도시건설』, 서울특별시시사편찬위원회, 2016, 28쪽.

서울시로 편입되며 시흥동과 서울을 잇는 버스 노선이 신설되고 땅값도 크게 올랐다. 그러나 당시만 해도 시흥동은 이름만 '서울'이었을 뿐 도시로서의 면모를 갖추기까지는 적지 않

65. 서울연구데이터베이스, 「데이터로 본 서울 2020」(2023.12.12.)
66. 「超滿員大 서울(2) 山으로뻗는 住宅難」, 『경향신문』, 1962.5.2.

은 시간이 필요하였다. 시흥동의 토박이들에게 서울시 편입은 관할구청의 변화로 체감되곤 하였다. 1963년 이전까지는 경기도에 속하였기 때문에 모든 행정처리를 안양에 가서 하였다면, 서울시가 되고 난 이후로는 영등포구로 가야 하였기 때문이다. 이에 일부 토박이들에게는 서울시 편입은 그저 불편해진 행정처리를 의미하기도 하였다.

1963년도 전에는 시흥이 경기도에 있었으니까 그때는 교육청도 경기도 관할이라 어렸을 때 신체검사하면서 엑스레이 찍고 그러면 안양으로 걸어갔어요.

이종학 씨(194*년생, 남)

영등포구일 때는 구청까지 가려면 너무 머니까 교통도 좋지 않은데 모든 게 불편하고 그랬죠.

윤영신 씨(195*년생, 남)

그런데 이는 비단 시흥동만의 문제는 아니었다. 서울시를 무리하게 확장함에 따라 행정상 편입이 되었을 뿐 생활권 내의 변화는 체계적으로 이루어지지 못한 지역이 많았다. 특히 시흥동이 속해 있던 영등포구는 행정적 '비만증'에 시달리며 '서울의 낙도落島'라는 비난을 면치 못하였다.[67] 영등포가 서울 전체의 20%에 해당하는 지역을 관할하고 있음에도 불구하고, 이를 담당하는 행정기관은 고작 영등포구청 하나에 불과하였기 때문이다.

본격적으로 시흥동의 도시화가 진행되기 시작한 것은 1968년 토지구획정리가 시작되면서부터이다. 1966년 4월에 김현옥 서울시장이 취임하며 서울을 '세계 10대 도시'로 만들겠다는 포부와 함께 본격적인 개발이 진행된 것이다.[68] 김현옥 서울시장은 도시계획을 선전하고 이에 대한 이해를 도모하기 위하여 전시를 기획할 정도로 적극적이었다. 1966년 8월 15일에 시청 앞 광장에 마련된 전시에서는 도시기본계획 모형을 비롯한 구체적인 기본계획의 그림과 모형들을 선보였다. 서울시 직원들이 직접 시민들에게 도시계획을 하나하나 설명하기도 하였다. 남가좌동에서 온 사람에게는 남가좌동의 도면을 보여주며 남가좌동의 도로계획을 설명하는 식이었다. 토지구획정리에 대한 민원이 들어오면 사

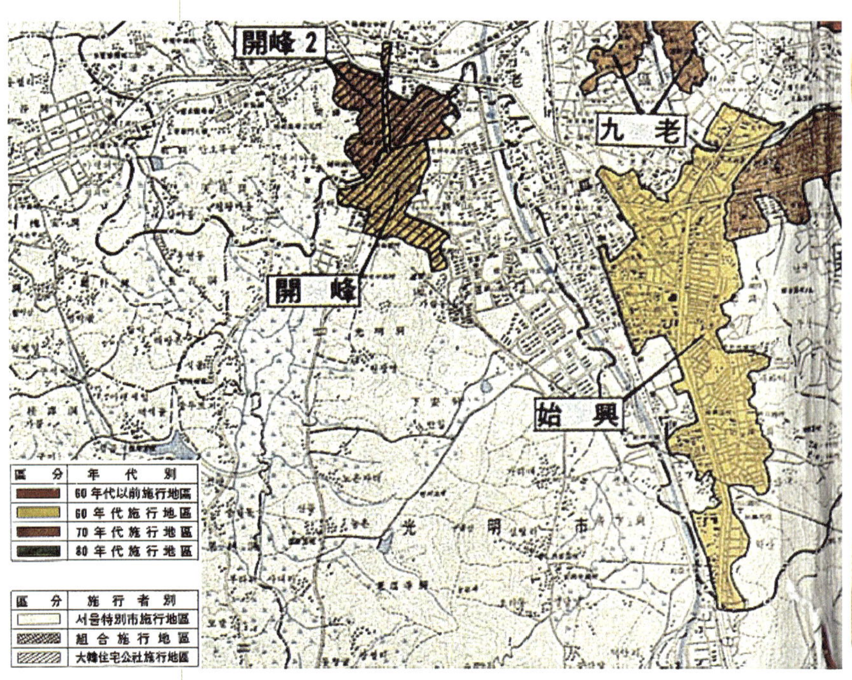

시흥 토지구획정리사업지구
(『서울토지구획정리백서(상)』, 서울특별시 도시재생본부 도시활성화과, 2017.)

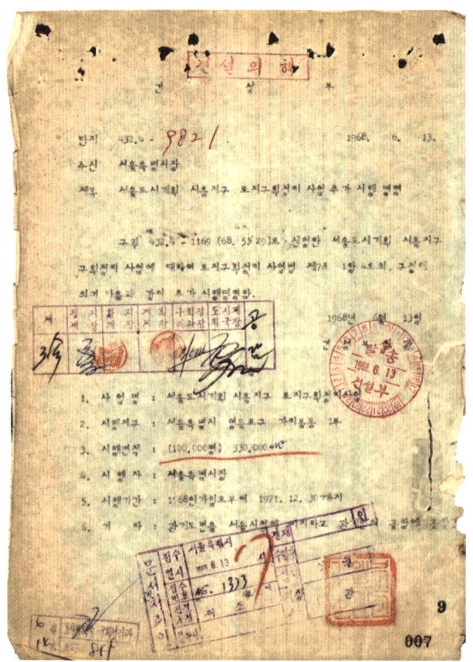

1968년 시흥지구 추가시행명령(서울기록원)

67. 「서울의 落都 永登浦編入지구」, 『조선일보』, 1971.7.11.
68. 『'66년 시정연사』, 서울시편찬위원회, 1969, 74쪽.

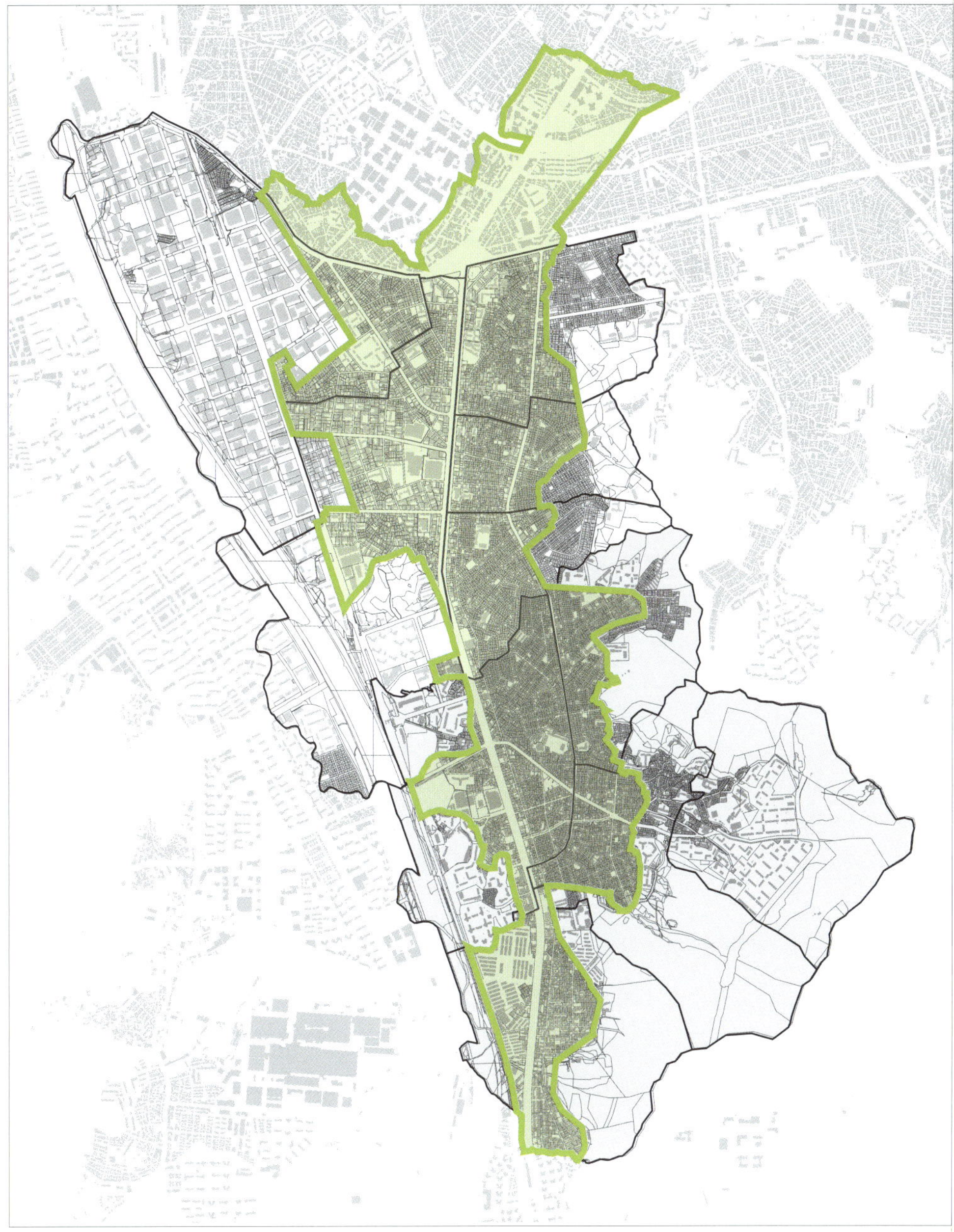

토지구획정리사업 시흥지구

업 이후 바로 옆의 땅을 돌려받을 수 있으니 걱정하지 말라고 설득하였다.[69] 이렇게 개최된 세 달간의 전시 기간에 무려 79만 6,889명이 전시장을 찾았다.[70]

시흥동은 1968년에 서울시의 인구 분산을 위해 선정된 서울시 외곽지역 개발 중 하나인 시흥지구에 포함되며 본격적인 개발에 들어갔다. 시흥지구는 제2차 경제개발 5개년 계획1967~1971의 토지구획정리사업지구 중 하나로 이 지구에는 시흥동 외에도 독산동, 가리봉동, 관악구 봉천동 일부 등이 포함되어 있었다.

시흥 토지구획정리사업지구 개요

위치	구로구 가리봉동, 금천구 독산동, 시흥동, 관악구 봉천동 각 일부
시행면적	5,746,247.9㎡
시행기간	1968.1.23.~1980.10.30.

69. 『서울의 도시계획을 말하다』, 서울시역사편찬원, 2022, 80쪽.
70. 『'66년 시정연사』, 서울시편찬위원회, 1969, 84~85쪽.

1968년 시흥지구 토지정리사업

시흥동은 서울시 내에서도 비교적 토지구획정리가 빠른 편에 속하였는데, 이는 시흥동이 경부선을 지나가는 교통의 요충지 역할을 하였기 때문이다.

옛날에는 시흥이 교통의 요충지였어요. 서울에서 부산을 가든, 호남지방에 가든 철도가 제일 중요했었어요. 그래서 구획정리 같은 것도 시흥지구를 먼저 했어요. 그때는 이쪽이 굉장히 선호돼서 산기슭에 고급 주택들도 많이 들어와 높은 분들도 많이 사셨는데, 사람들이 강남 쪽으로 넘어가면서 이쪽이 상대적으로 좀 낙후됐어요. 그러고는 공단 같은 게 많이 들어오고. 우리나라에 사실 경제 발전의 시발점인 데가 이 지역이 아닌가 하는 생각이 들어요.

손정기 씨(194*년생, 남)

서울시가 구획정리를 제일 먼저 화곡동하고 갈현동에서 하고, 그다음이 여기였는데, 거기는 여기보다 좀 필지들이 크고 땅값이 쌌어요. 여기는 경부철도가 있으니까 아무래도 등급이 그쪽보다는 높았죠. 한동안은 영동(강남)보다 여기가 비쌌어요.

이석기 씨(193*년생, 남)

시흥동은 1968년에 토지구획정리사업지구로 지정되었으나 본격적인 사업착수에 있어서 서울시 예산 문제로 인한 난항을 겪게 되었다. 사업추진 경위를 통해 알 수 있듯 1966년부터 계획된 시흥지구의 토지구획정리는 1980년이 되어서야 완료되었다. 1970년대 초반까지 사업은 제대로 시행되지 못하였는데, 지도를 살펴보면 시흥역 인근 일부 토지를 제외하고 그 외의 지역은 여전히 논밭으로 남아 있음을 확인할 수 있다. '도면상으로만 구획정리가 되었을 뿐' 야산이나 밭이 그대로 남아 있던 것이다.[71] 1970년대 중반까지 시흥동에는 소달구지를 끌고 연탄을 배달하는 사람들이 있었다.

71. 「脚光의 여울따라 ② 電鐵驛주변 不動産 가이드」, 『조선일보』, 1974.3.10.

1960년대 탑동가는 길(금천구청)

1970년대 초반 새마을운동 당시 시흥동(금천구청)

제일 기억에 남는 건 차가 몇 대 안 다니는데 흙먼지가 날렸어요. 옛날에는 소나 말이 연탄 같은 걸 실은 달구지를 끌고 다녔거든요.

이홍석 씨(197*년생, 남)

시흥지구 사업추진경위

1966.12.28.	시설결정(지구결정 공고)	건설부공고 제3008호
1967.7.15.	인가 신청 기간 지정 요청(432.4~1721)	
1967.8.10.	인가 신청 기간 지정	
1967.12.5.	시행 명령 요청	
1967.12.21.	시행 명령	건설부공고 제159호
1967.12.21.	토지구획정리사업계획 공고	서울특별시공고 제211호
1968.1.5.	인가신청	432.4-9
1968.1.23.	시행인가	건설부공고 제8호
1968.2.2.	실시공고	서울특별시공고 제26호
1968.3.2.	변경 계획 실시 공고	서울특별시공고 제46호
1968.3.18.	변경 인가 신청	432.4-655
1968.4.6.	변경 인가	건설부공고 제45호
1968.5.29.	추가 시행 명령 요청	432.4-1169
1968.6.13.	추가 시행 명령	건설부공고 제78호
1968.9.17.	사업계획 변경 실시 공고	서울특별시공고 제197호
1968.10.1.	사업계획 변경 인가 신청(추가)	
1969.8.12.	환지 계획 인가 및 예정지 지정 공고	서울특별시공고 제182호
1969.11.28.	사업계획 변경 인가(추가)	건설부공고 제121호
1969.12.1.	사업계획 변경 실시 공고	서울특별시공고 제269호
1969.12.2.	사업 시행 신고	432.4-2767
1970.8.26.	환지 계획 공고	서울특별시공고 제172호
1970.10.21.	환지 계획 인가 및 예정지 지정	서울특별시공고 제212호
1971.7.14.	환지 계획(일부) 공고	서울특별시공고 제143호
1971.7.31.	사업계획 변경 공고	서울특별시공고 제154호
1971.9.8.	환지 계획 인가 및 예정지 지정	서울특별시공고 제180호
1971.9.15.	사업계획 변경 실시 공고	서울특별시공고 제190호
1971.11.12.	사업 변경(일부) 인가	건설부공고 제98호
1980.10.13.	환지 처분	서울특별시공고 제310호
1980.10.29.	사업 완료 신고	

『서울토지구획정리백서(상)』, 서울특별시 도시재생본부 도시활성화과, 2017, 582쪽.

때로 주민들과 서울시의 마찰이 발생하기도 하였다. 남부사업소에서 토지구획정리에 방해가 된다는 이유로 시흥동 492번지주택은행 건립주택 자리 일대의 급수관 철거를 명령하였고, 주민들은 반대하였다. 이 지하 급수관으로 말하자면 '사방이 산으로 싸인 이곳 주민들의 유일한 생명선'으로 불과 1년 전 주민들이 무려 150만 원이라는 거금을 들여 직접 끌어온 물이었다.[72]

사업은 1970년대 후반까지 마무리가 제대로 되지 않아 주민들의 일상에 불편을 끼치기도 하였다. 1976년 장마 기간에는 시흥동 산357번지 일대에 토사가 쓸려내려 인근 주택가 50여 가구와 도로가 물에 잠기는 일이 있었다. 이는 이 일대가 체비지 지역으로 정지작업을 할 때 배수 공사를 허술히 하였기 때문이다.[73] 이 외에도 시흥1동 160번지 일대는 구획정리사업 후 도로포장을 제대로 하지 않은 채 방치되어 이로 인해 주민들이 불편을 겪기도 하였다.[74]

그러나 이러한 실정과 무관하게 서울시 편입과 시흥지구 선정 등은 부동산 경기의 호재로 작용하였다. 특히 시흥대로가 정비되며 시흥역 일대가 부상하였다. 1974년 기준 시흥역 일대 부동산은 전년 대비 50% 이상 증가하였다. 실제 수요는 크게 없었지만, 같은 시흥지구에 속하였던 독산동과 가리봉동에 비교하면 주거지로서 수요가 높은 편에 속하였다.[75] 상하수도나 전기 등 제반 시설조차 갖춰지지 않았지만, '완전한 주택가'로 변화될 모습이 기대를 모은 결과였다.[76] 1977년 기준으로 시흥동 땅값은 평당 7만 원에 달하였으며, 남부경찰서 뒤편 주택지는 8만~9만 원까지 올랐다.[77] 1978년 기사를 보면 시흥1동과 시흥2동에는 이미 주택이 만원이라 택지가 거의 남아 있지 않으며, 평당 20만 원 선에 책정되었음을 확인할 수 있다.[78]

당시에 어르신들 말씀이 1963년에 시흥동이 서울시로 편입되면서 집값이 확 뛰었대요. (중략) 어르신들이 '왜 내가 여기다가 집을 샀는지 모르겠다. 강남에다 살걸' 그러셨어요. 근데 그 당시에는 강남은 쳐다보지도 않는 땅이었대요.

오현애 씨(196*년생, 여)

72. 「区劃정리 妨害된다고 地下給水管 철거강요」, 『조선일보』, 1969.7.31.
73. 「永登浦구 始興동 山357 替費地일대 비조금만와도浸水소동」, 『경향신문』, 1976.8.4.
74. 「해넘기는 우리区의「宿願」(11) 永登浦區변두리 上·下水道시설 늑장」, 『동아일보』, 1977.12.24.
75. 「區劃정리地域땅값(中)」, 『경향신문』, 1974.2.16.
76. 「宅地값 ㊦ 역촌·영동 작년보다 올라 最高30%까지」, 『경향신문』, 1973.9.29.
77. 「住宅·垈地 집·垈地값부터 電話시세까지 알찬 市民생활을 위한 情報」, 『경향신문』, 1977.4.1.
78. 「南西部지역 땅값」, 『경향신문』, 1978.6.24.

나. 농경지의 정리와 시흥동의 변화

한편 토지구획정리는 기존의 토지를 조사하여 이를 도로나 공원 주택 등 용도에 따라 효율적으로 구획하여 정리하는 일이다. 시흥동의 경우 1970년 지도를 보면 시흥역 인근으로 일부 토지가 정리되었지만, 그 외의 지역에 여전히 논밭이 남아 있음을 확인할 수 있다. 그러다 1970년대 중반 사업이 본격화되며 논밭이 정리되고 택지와 공업용지 등으로 변경되었다. 1970년대 후반 지도를 보면 큰 논과 밭이 대부분 정리된 것을 확인할 수 있다.

내가 초등학교 6학년 때인가? 그때 구로공단이 조성됐어요. 그때 논밭이 다 없어졌어요.

윤영신 씨(195*년생, 남)

논밭이 택지로 개발되면서 땅에 대한 주민들의 생각도 바뀌기 시작하였다. 논밭에 농사를 짓는 대신 건물을 짓기 시작한 것이다. 이러한 변화는 시흥동뿐만 아니라 서울 시민들의 보편적인 경험이기도 하였다. 당시 서울시 도시계획국의 가로계장이던 이민창은 복개 사업이 한창인 1960년대 중후반에 너도나도 자기 주변의 하천을 복개해 달라는 턱에 민원 전화가 끊이지 않았다고 회상하며, 이때부터 시민들이 이른바 '개발 논리의 중심'에 들어오게 되었다고 표현하였다.[79]

1970년도까지는 아마 농사를 지었을 거예요. 그런데 토지구획정리사업을 하면서 땅이 서울시에 50%씩 수용됐어요. 농토가 도로가 되면 농사짓던 사람들이 농사를 못 짓잖아요. 그러니까 개념이 바뀌는 거예요. 농사만 지었는데 택지가 되니까 '집을 지을 수 있다' 이렇게 개념이 달라지는 거지요.

문계인 씨(194*년생, 남)

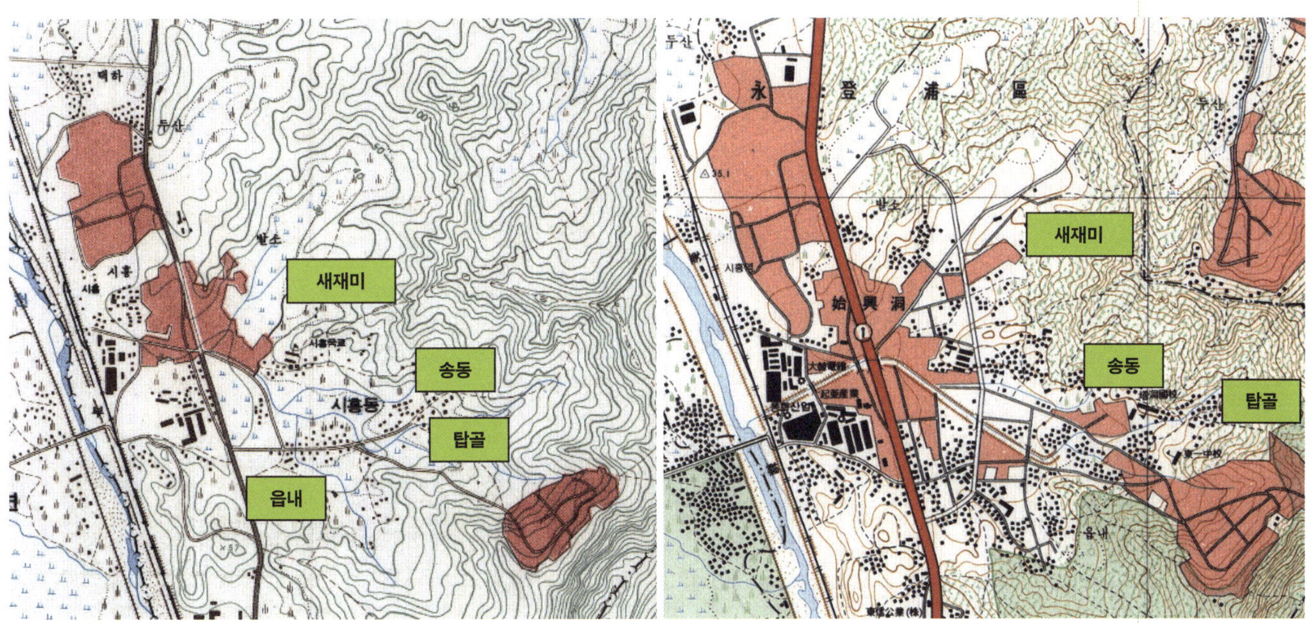

1970년 시흥동 지도

1977년 시흥동 지도

79. 『서울의 도시계획을 말하다』, 서울시역사편찬원, 2022, 80쪽.

시흥 토지구획정리사업지구
(시흥동 확대)

이처럼 변화하는 세상에 적응하며 자신을 변화시키는 사람들도 있었지만, 이러한 논리에 익숙하지 않은 사람들을 상대로 사기를 치는 사람들도 생겨났다. 실제 조합주택과 건설회사 등을 상대로 시흥동 산73 일대 10만 평의 시유지를 매입할 수 있도록 자연녹지를 해제해 주겠다는 사기행각을 벌여 적발되었다.[80]

한편 시흥동의 농경지가 정리되고 안양천을 건너 소하리에서 농사짓는 사람들이 남아 있었지만, 이마저도 소하리가 광명시 도시계획에 포함되며 정리되었다. 이때 시흥동에 위치하던 삼천리자전거가 소하리 일대 17만 평 대지를 구입하여[81] 공장을 신설하였다. 이 공장은 1973년 4월에 완공되었다. 1970년 2월 20일의 한 기사를 통해 서울시로 편입된 시흥군 서면 일대에서 토박이들이 땅을 팔고 농사짓는 사람들이 사라져가는 현실을 확인할 수 있다.[82]

80. 「組合주택「내집마련」의 지름길…'함정' 조심」, 『경향신문』, 1989.2.18.
81. 「國産化比率 실태(12) 오토바이」, 『매일경제』, 1969.11.20.
82. 「遊休地로 전락우려」, 『매일경제』, 1970.2.20.

농사는 개발 바람이 불면서 이제 거의 끝났다고 봐야죠. 소하리가 광명시로 편입되고 슬슬 아파트가 들어서면서 그 사람들도 농사를 그만뒀어요. 1980년대 정도로 생각하면 돼요. 왜냐하면 그 당시에 광명으로도 소하동으로도 아파트가 다 들어왔어요. 옛날에 안양천 옆에 둑방 밑으로 다 공장이었는데 지금은 싹 아파트가 들어섰잖아요.

윤영신 씨(195*년생, 남)

내가 소하리에 28~29세에 왔거든요. 그런데 여기에서 농사짓고 생활하는 시대는 공업화되면서 이젠 사그라지고 없어요. 제일 늦게까지 있었던 게 코카콜라 자리예요. 지금의 독산동 홈플러스 자리요. 코카콜라 건물이 들 가운데에 딱 서 있더라고요. 그리고 1번 국도 따라가는 데가 포장도 안 된 자갈이었고요. 그러니까 한 50년, 길면 한 55년 전에 농사지어 생활했다고는 느낄 수 없는 상태더라고요.

박행규 씨(194*년생, 남)

이처럼 토지구획정리와 함께 시흥동의 농경지가 정리되어 택지나 공업용지로 전용됨에 따라, 시흥동은 이제 완연한 공업단지의 배후 주거지로서의 면모를 갖추게 되었다. ♣

시흥동 주거지의 형성 과정

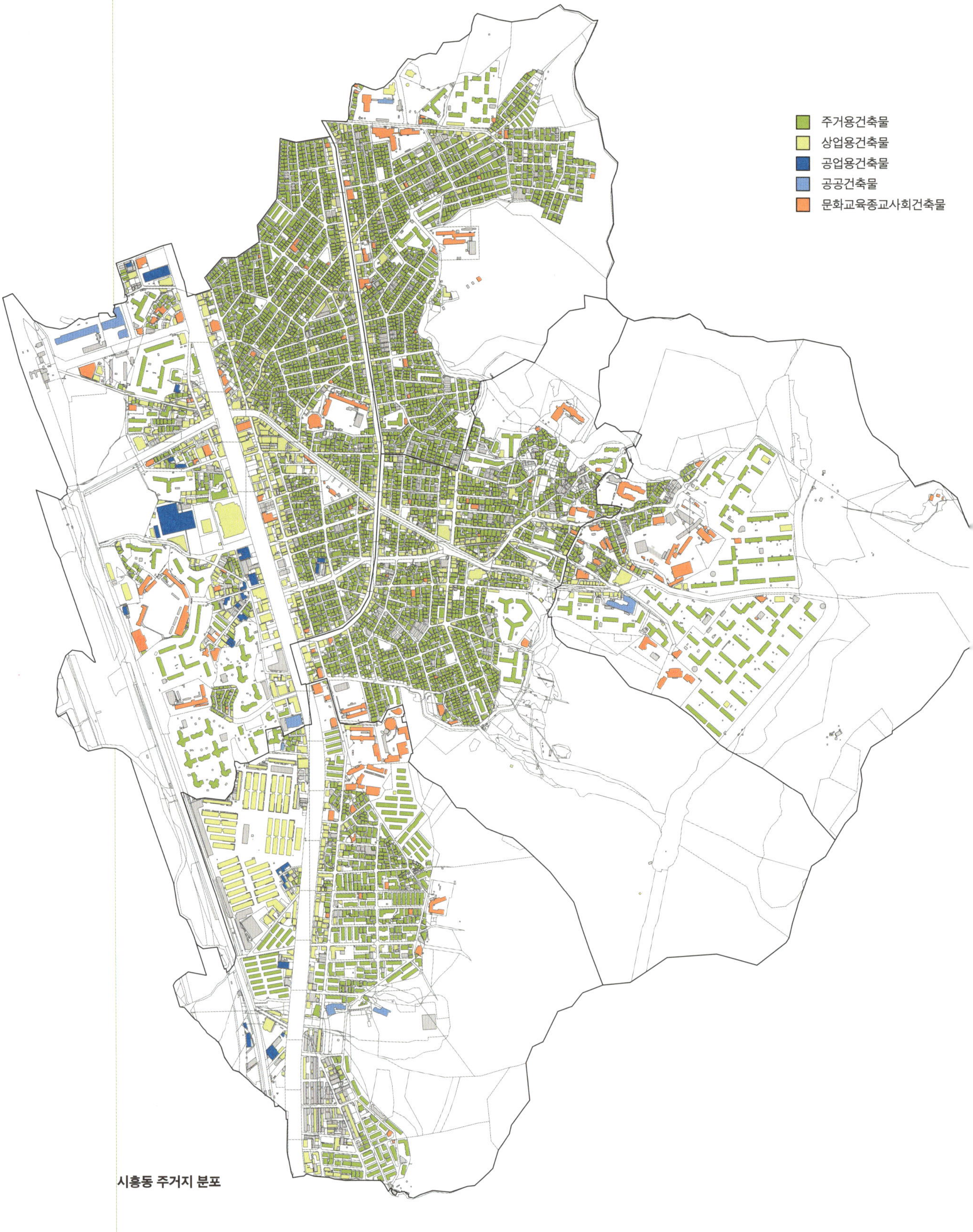

시흥동 주거지 분포

1970년대 토지구획정리와 함께 택지가 개발되며 시흥동은 본격적인 주거지로 변모하게 되었다. 특기할 만한 것은 토지구획정리 사업의 경계를 중심으로 조성된 연립주택과 아파트단지 등의 양분화이다. 토지구획정리사업 내에는 비교적 작은 규모의 저층 주거지들이 들어섰고, 토지구획정리사업 바깥에는 대규모 택지들을 중심으로 아파트단지가 조성되었다. 시흥대로를 기준으로 서측의 일부 민간아파트 단지들을 제외하면 대부분의 주거지는 시흥대로의 동측에 분포하며 행정구역으로 나뉘기보다는 지형적으로 구분된다. 본 절에서는 1970년대 이후 1990년대에 이르기까지 시흥동의 주거지 형성 과정을 살펴보고자 한다.

가. 민간아파트의 등장

1970년대 후반에 서울시는 해묵은 숙제인 주택난을 해소하기 위한 한 가지 방책으로 아파트 개발에 착수하기 시작하였다. 대한주택공사는 공공임대주택 및 근린 주택 등을 보급하는 한편 주택난 해소를 위한 아파트의 필요성을 강조하였다. 신속한 주거 공급을 위해 무엇보다 아파트의 증설이 중요하다는 것이었다. 서울시는 1975년에는 '주택건립 7개년 계획 1975~1981년'을 수립하며 변두리 지역의 적극적인 개발을 추진하는 한편 1976년 1월에는 도시계획법을 개정하고 '아파트지구Apartment Zone' 제도를 도입하였다. 이에 따라 잠실지구, 반포지구, 여의지구, 이촌지구, 압구정지구, 청담지구, 도곡지구, 이수지구, 서빙고지구, 화곡지구, 원효지구 총 11개의 아파트지구가 지정되었다이후 1979년과 1983년 세 지구가 추가됨에 따라 서울시에는 총 14개의 아파트지구가 지정되었다.

1980년대 후반 서울특별시 아파트지구도

시흥동 아파트단지 조성 현황

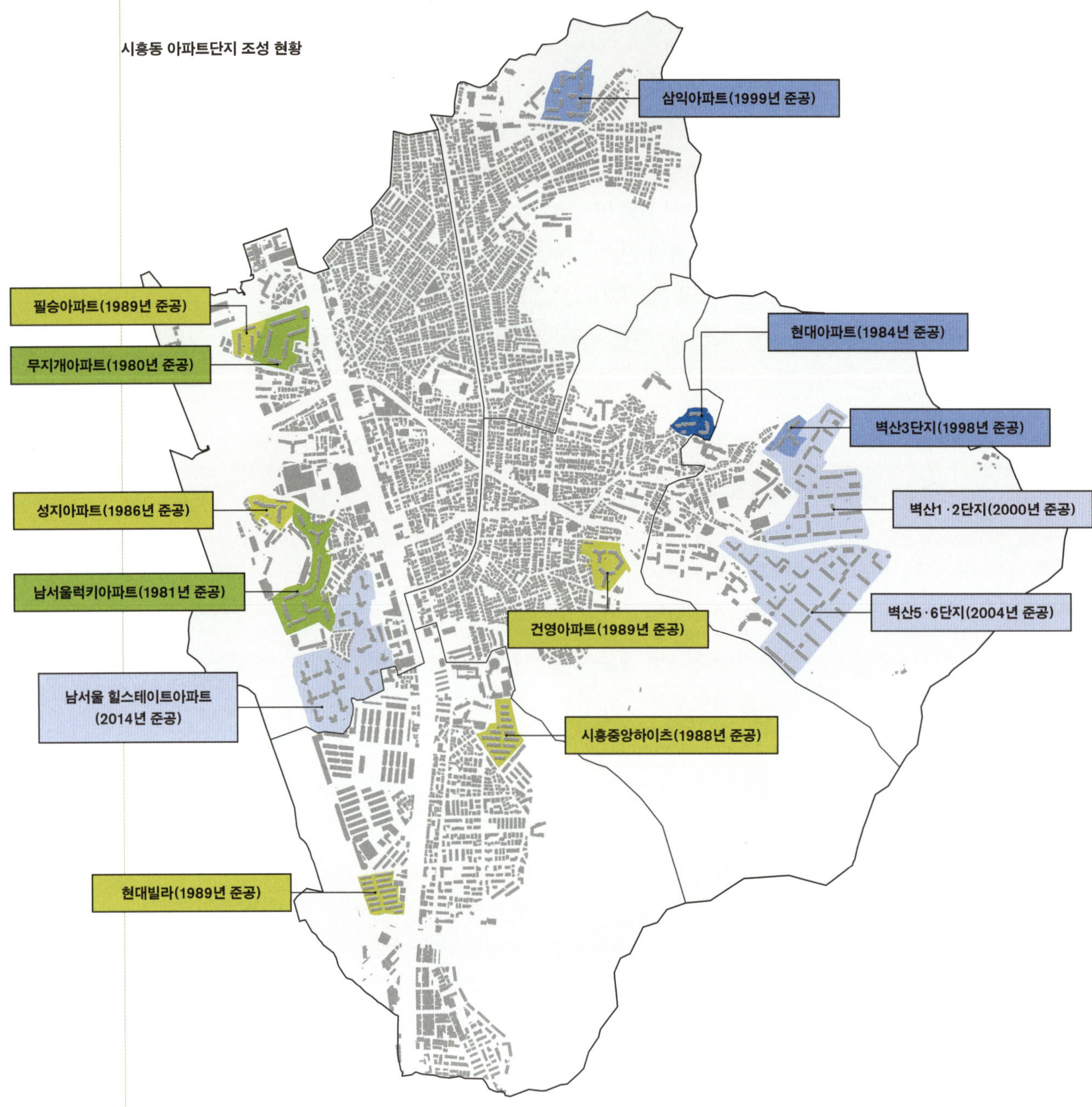

1974년에는 민간기업의 아파트 건설이 합법화되고 민간 주도 주택사업의 규모가 확대되자 본격적으로 대규모 아파트단지가 조성되기 시작하였다. 위의 그림에서 1970년대 후반부터 서울시 아파트 공급량이 급증한 것을 확인할 수 있다.

이처럼 대한주택공사를 필두로 정부의 아파트 건설이 가속화되고 민간기업들 또한 하나둘 아파트 건설시장에 뛰어들게 되면서 1970년대 후반 아파트 시장이 급격히 성장하게 되었다. 그러나 건설사 간의 경쟁이 활성화되고 점차 대규모 필지를 확보하는 데 어려움을 겪게 된 기업은 도심의 외곽지역으로 눈을 돌리기 시작하였다.[83] 이에 서울시의 신축 아파트는 점차 도심에서 멀어지는 양상을 띠게 되는데, 시흥동은 이런 변화 속에서 새로운 아파트단지로 주목받았다. 시흥동은 서울의 '변두리'이긴 하였지만, 교통이 편리하다는 큰 장점이 있었다.[84]

시흥동에 지어진 아파트들의 평형은 가장 좁게는 13평에서 넓게는 33평형 정도에 조성되었다. 한양주택을 필두로 대한종합건설 등 5개의 건설사가 본격적인 아파트 착공을 추진하며 이른바 시흥동 일대에 '착공러시'가 시작되었다.[85] 한양주택은 1977년에 강남구

83. 「아파트지구 패트롤(8) 始興洞」, 『매일경제』, 1979.1.31.
84. 「住宅·垈地 집·垈地값부터 電話시세까지 알찬 市民생활을 위한 情報」, 『경향신문』, 1977.4.1.
85. 「始興에 아파트集中建立」, 『매일경제』, 1978.6.28.

압구정동에 영동 한양아파트를 조성한 데 이어 같은 해 시흥동 동신화학 일대 대지 3만 평을 매입하였다.[86] 1978년에 한양주택은 시흥동에 최초의 민간아파트를 시공하였는데,[87] 여기에는 민간업체 최초의 조립식 공법이 도입되었다.[88] 공급 세대는 총 1,300여 가구로 평당 63만 원에 책정되었다.[89] 럭키개발도 이 지역 일대가 중·고등학교 단지에 밀접해 있으며, 지하철과 남부순환로 등이 지나가는 교통의 요충지라고 판단하였다. 시흥동은 또한 안양유원지나 관악산과 천계산 등과도 가깝다는 이점이 있었다.[90] 이에 럭키개발은 1978년 12월 18일에 시흥동 492-4번지 외 23필지를 구입하였다.

럭키개발이 편찬한 『럭키개발 20년사』는 당시 준공상황에 대해 상세하게 기록하고 있다. 럭키개발은 본래 총 1,350세대를 공급할 계획이었으나 1982년 12월에 986세대로 변경하였다. 유치원 1동과 상가나 슈퍼마켓 등의 부대 시설 14개 동을 포함한 총공사 규모는 1만 5,712평에 달하였다. 본격적인 공사에 앞서 측량작업을 하던 중 지번이 없는 100여 평 규모의 국유지가 발견되면서, 공사는 예상치 못한 난항에 부딪혔다. 다행히 재무부로부터 매입 허가를 받았지만, 이 과정에서 공사가 지체되어 1981년 3월에 이르러서야 본격적으로 진행될 수 있었다.

한편 1980년 10월에 준공된 무지개아파트는 시흥동에 터를 잡고 있던 대한전선의 계열사 대한종합건설의 작품이다. 대한전선은 1978년에 국내 아파트 건설로 사업 영역을 확장하며 대한종합건설 내 아파트건설본부를 신설하였다. 당시 대한전선은 "비 온 뒤 생겨나는 무지개의 깨끗하고 선명한 이미지"를 차용하여[91] '무지개 세탁기'와 '무지개 사료' 등의 제품을 선보이고 있었다. 대한종합건설은 이러한 브랜드 이미지를 따라 새롭게 착수할 아파트의 이름을 '무지개아파트'라 명명하였다. 대한종합건설은 한양주택과 마찬가지로 1978년에 서초동에 이어 방배동을 건립한 다음 시흥동을 선택하였다.[92] 이처럼 영동지구에 이은 민간업체의 시흥동 사업을 통해 1977년부터 시작된 영동지역 아파트 붐을 타고 남부순환도로에 인접한 시흥동이 주목받았다는 사실을 알 수 있다.[93]

시흥동은 본래 영등포구로 편입되기 이전 방배, 서초, 양재 등과 함께 같은 시흥군 신동면에 속해 있었다. 1970년 11월 발표된 '남서울 개발계획'에는 시흥군이 제외된 채

무지개아파트

86. 「아파트 3천家口 건설」, 『매일경제』, 1977.11.28.
87. 「아파트지구 패트롤(8) 始興洞」, 『매일경제』, 1979.1.31.
88. 「漢陽住宅 올하반기 始興漢陽아파트 건설에 組立주택 工法도입」, 『매일경제』, 1978.3.29.
89. 「漢陽住宅 분양가 坪當 63만원」, 『매일경제』, 1978.8.10.
90. 『럭키開發二十年史』, 럭키개발 20년사 편찬위원회, 1991, 36쪽.
91. 『대한전선 50년사』, 대한전선, 2005, 126쪽.
92. 『대한전선 50년사』, 대한전선, 2005, 126쪽.
93. 「아파트 어떻게 변하고 있나 〈2〉 立地條件」, 『매일경제』, 1979.10.4.

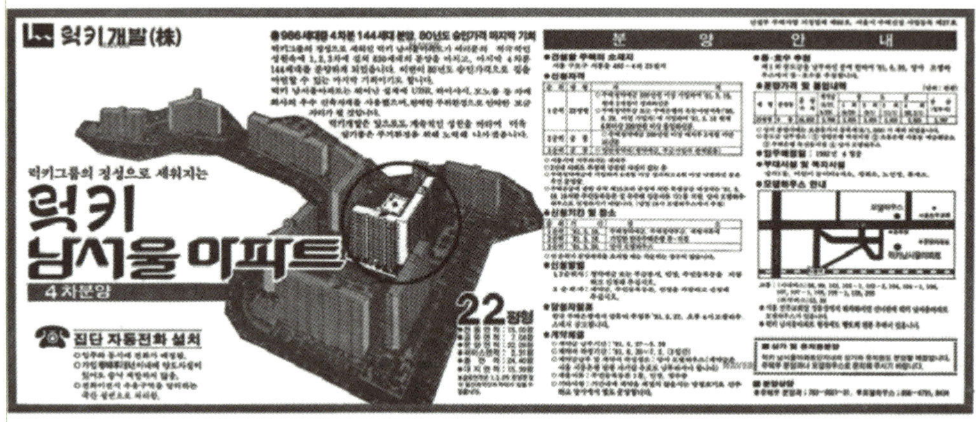

럭키 남서울아파트 분양광고(『조선일보』, 1981.5.17.)

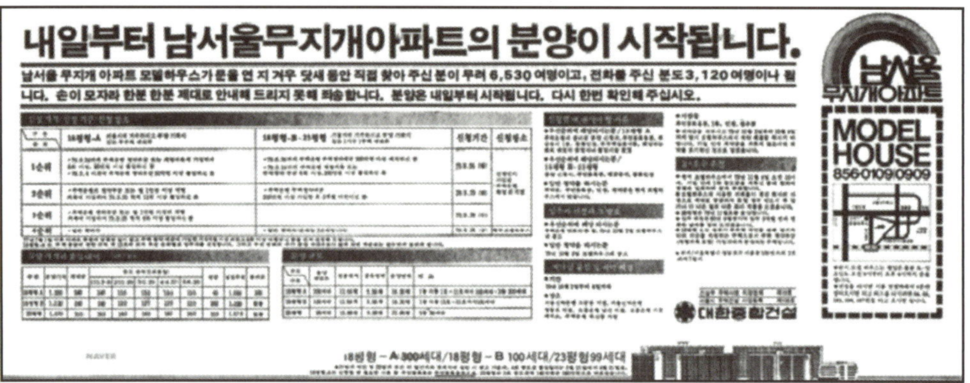

남서울 무지개아파트 분양광고(『조선일보』, 1979.9.23.)

시흥아파트 분양광고(『조선일보』, 1983.3.12.)

반포동 일대에 대규모 남서울 아파트단지가 조성되었지만,[94] 1963년에 박홍식이 '남서울 도시 계획 사업 인가 신청서'를 제출하였을 때는 광주군 은대면, 중대면 등과 함께 시흥군 과천면 일대가 포함되어 있었다. 이런 연유에서인지 당시 시흥동에 준공된 아파트들은 '남서울'을 강조하여 광고하고 있다.

시흥아파트의 광고문구를 살펴보면 조명기구 일체, 싱크대 및 찬장, 레인지, 후드, 신발장 등 다양한 서비스 품목을 강조하며 어린이 놀이터와 공중변소, 슈퍼마켓 등의 부대시설을 갖추고 있음을 홍보하고 있다.[95] 눈에 띄는 것 중 하나는 난방 배관으로 온돌 파이프를 사용하여 녹이나 스케일 없이 오래 사용할 수 있음을 강조하는 광고문구이다. 1960년대까지만 해도 대부분의 아파트에서는 연탄아궁이나 연탄보일러를 사용하였다. 연탄보일러는 잦은 연탄중독 사태로 인한 사회적 문제 속에서 이를 보완하는 시설로 한때 각광받았

94. 『반포본동』, 서울역사박물관, 2019, 66쪽 참조.
95. 「광성주택개발(주) 시흥 아파트 분양 전단광고」, 『조선일보』, 1983.3.12.

으나, 아직 기술력이 미비하여 효율이 낮다는 치명적 단점이 있었다. 이에 기름보일러가 등장하는 등 1960년대 후반 난방시설의 과도기적 단계를 지나 1970년대에 들어서 중앙난방이 도입되었다.

이처럼 1980년대 초 대규모 아파트단지들이 하나둘 완성되며 시흥동은 연립주택과 아파트단지 등이 공존하였다. 아파트 거래가격은 연립주택과 실제 큰 차이가 나지 않았지만, 아파트가 낯설었던 아이들의 눈에는 '선망의 대상'처럼 보였다. 아파트에 사는 사람들은 "세련되고, 좀 깨어나 있는" 사람으로 다가왔다. 특히 한양아파트는 대기업이 건설한 아파트로 "차원이 다른" 아파트로 간주되었다.

제일 부자들은 한양아파트에 살았어요. 그리고 아파트 사는 사람들을 가만히 보니까 돈 있는 것보다도 세련된 사람들이었어요. 좀 깨어 있고요.

이홍석 씨(197*년생, 남)

사실 아파트에 대한 이미지가 재고되기까지는 시간이 다소 걸렸다. 시민아파트가 지어졌을 때만 해도 사람들은 아파트에서 고급스러움보다는 불편함을 느꼈다. 1971년에 한국 최초의 10층 아파트인 여의도 시범아파트와 함께 논현동 공무원아파트 등이 차례로 완공되고 한참 지나서야 단지 내 학교나 공원, 놀이터, 상가 등의 편의시설을 강조하는 대대적인 아파트 광고들이 사람들의 눈길을 끌었다. 1980년대에 비로소 아파트는 중산층의 마음에 자리 잡게 된 것이다.[96]

시흥아파트가 선망의 대상이었어요. 아무것도 없는 산꼭대기에 딱 한 동이 서 있었으니까요.

윤영신 씨(195*년생, 남)

럭키아파트, 남서울 힐스테이트 전경

무지개아파트, 필승아파트 전경

96. 송은영, 『서울탄생기』, 푸른역사, 2018, 420쪽.

나. 연립주택 붐과 집장사

한편 1970년대 후반에 이르러 서울시의 건축규제가 강화되고 아파트단지 건설을 위해 필요한 대규모 토지의 획득이 어려워지자 아파트신축공사가 주춤하고 이에 대한 대안으로 연립주택건축이 붐을 이뤘다.[97] 서울시 주택공급 통계를 보면 1980년대에 들어 아파트 공급이 급감하는 반면 연립주택의 공급은 다시 증가하는 양상을 확인할 수 있다.

연립주택은 아파트와 비교하였을 때 상대적으로 작은 규모의 택지에서 적은 비용으로 공사할 수 있다는 장점이 있다. 무엇보다 공사비를 절감한 만큼 저렴한 가격으로 공급할 수 있었다.[98] 또한 주택에서 살며 관리비를 내본 적 없는 사람들에게 비싼 아파트 관리비는 큰 부담으로 다가와 연립주택이 더 인기를 얻었다.

시흥동에도 아파트단지가 들어서는 한편 연립주택이 조성되기 시작하였다. 특히 시흥3동 일대에 연립주택들이 많이 조성되었다. 대표적으로 삼천리 산업의 연립주택과 함께 하이츠 빌라와 무궁화연립주택 등이 있었다. 1987년에 조성된 하이츠빌라 또한 260가구로 보기 드문 대단지에 속하였다.[99] 연립주택의 규모는 23평에서 63평까지 다양하였다.

집이 군데군데 군락을 이뤘어요. 밭이 있고 평지들도 많으니까요. 좀 잘 살았던 집은 아파트였어요. 1970년대에는 시흥아파트가 있었고, 내가 3학년 때인 1980년도인가 1981년인가에는 한양아파트가 있었어요. 그다음은 연립주택이 붐을 이뤘을 때예요. 이런 옛날 집은 그렇게 많지 않았고요. 그래도 다 벽돌집이었어요. 양옥집이 다 새집이었고, 좀 허름한 집은 옛날 집을 개량한 거죠. 지붕을 개량하고 기와 빼내서 철판으로 덮개하고요.

이홍석 씨(197*년생, 남)

1965~2011년 주택건설 현황

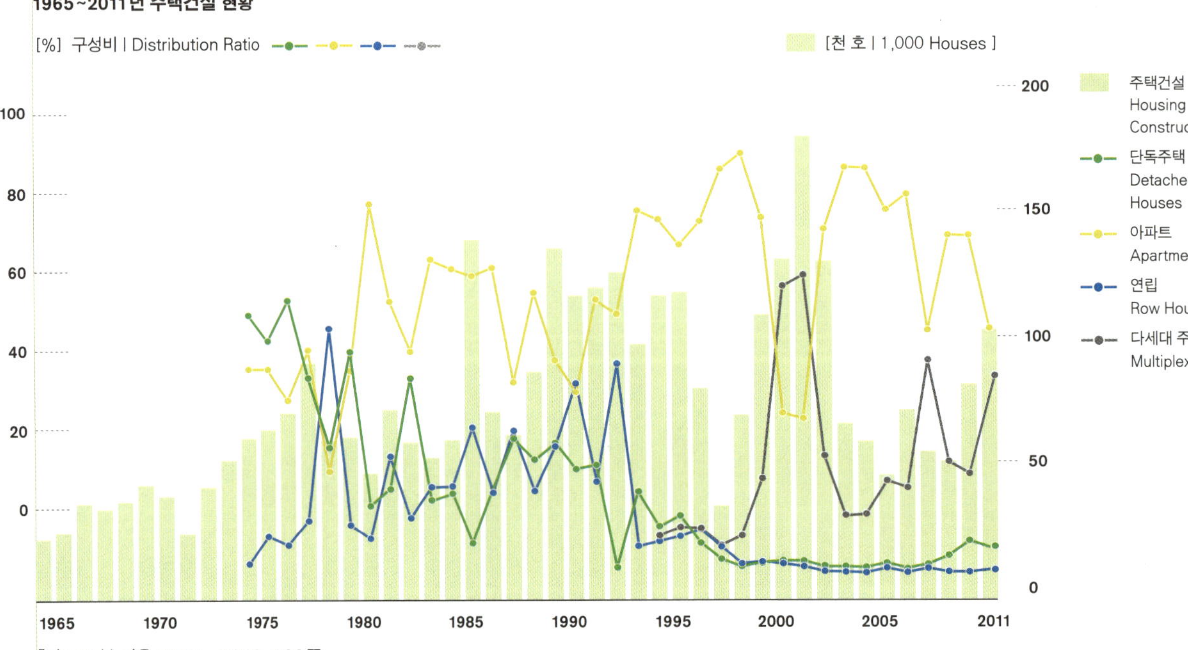

『지도로 본 서울 2013』, 2013, 129쪽.

97. 「건설업계 내년중 연립주택建築붐 일듯」, 『매일경제』, 1978.12.6.
98. 「外廓지역 연립주택 建設 활기」, 『매일경제』, 1978.1.30.
99. 「中央產業 아파트·연립住宅분양」, 『매일경제』, 1987.9.21.

시흥3동 연립주택

무궁화연립주택은 특이하게 4단지로 둘러싸고 가운데에 놀이터가 있었다. 당시만 해도 사람들이 아이들을 많이 낳았기 때문에 단지 내 집마다 아이들이 많았고, 그 이유에서인지 놀이터가 연립주택 한가운데에 있었다. 집에서도 놀이터가 보였기 때문에 어른들은 안심할 수 있었지만, 늘 놀이터에서 뛰어노는 아이들 소리로 시끄러웠다고 한다.

무궁화연립주택에 희한하게 가운데 놀이터가 있어요. 미끄럼틀 있고, 뺑뺑이 같은 거 있고, 정글짐 있고요. 그걸 왜 만들어놨는지 모르겠지만, 아이들이 늘 거기서 놀면 되게 시끄러워요. 지금이야 그런 구조로 설계를 안 하겠죠.

이홍석 씨(197*년생, 남)

연립주택은 아파트 못지않은 신식설비를 자랑하였다. 특히 싱크대를 갖추고 있다는 점이 기존의 주택과 달랐다.

옷 갈아입는 것도 너무 불편했는데 이 연립은 새로 지어진 데다 각자 방이 있으니까 너무 좋았어요. 그리고 재래식 화장실을 쓰다가 싱크대가 생겼잖아요. 싱크대는 우리 엄마의 제일 큰 행복이었어요.

이홍석 씨(197*년생, 남)

건설회사가 대규모 연립주택단지를 조성하였지만, 개인적으로 집을 지어 파는 사람들이 생겨났다. 이들을 일컬어 '집장사'라고 불렀다. 집장사는 1930년대 무렵에 등장한 것으로 추정된다.[100] 일제강점기에 돈암지구나 용두지구 등의 교외에서 '도시형 한옥'을 지어 사고파는 주택회사 '집장사'가 유행하였다는 기록을 찾아볼 수 있는데,[101] 이 당시 건축된 집들은 특히 가회동과 관훈동 등에 밀집되어 있었다.[102] '현대판 집장사'들이 본격적으로 등장한 시기는 1960년대 초이다.[103] 이후 집장사는 서울의 인구 급증에 따른 주택난이 심각한 문제로 부상하자 큰 인기를 끌게 되었다. 1960년대 이후 폭발한 주택 수요에 실질적인 물

100. 「住宅專門誌가 분석한 그由來와 功過 「집장수집」과 住宅文化」, 『경향신문』, 1984.8.7.
101. 염복규, 「[근대성연구] 식민지근대의 공간형성-근대 서울의 도시계획과 도시공간의 형성, 변용, 확장」, 『문화과학』, 39, 문화과학사, 2004, 214쪽.
102. 송은영, 『서울탄생기』, 푸른역사, 2018, 247~249쪽.
103. 「住宅專門誌가 분석한 그由來와 功過 「집장수집」과 住宅文化」, 『경향신문』, 1984.8.7.

량을 공급하였으며,[104] 소비자의 요구를 충족하는 과정에서 실험적인 설계를 시도하기도 하였다.[105] 집장사는 일반적으로 "개별적으로 소규모의 집을 지어 파는 사람"[106]을 일컫지만, 그 종류도 다양하였고 실력도 가지각색이었다.

시흥동의 집장사들은 택지개발이 본격적으로 시작한 1970년대 이후부터 왕성하게 활동하였는데, 주로 2~3층 규모의 다가구 주택을 지었다.

그때는 건설회사가 아니어도 '집장사'라는 사람이 있었어요. 조그만 사업자가 있는지 없는지는 모르겠는데 집장사라는 그 아저씨가 거의 다 짓더라고요. 그 사람이 여기에 좀 유명한 백운건설이에요. 아직도 있는데, 그 당시에는 거의 그 사람이 다 지었어요. 왜냐하면 우리는 집 짓는 사람 정보를 모르니까 '이 집 어디서 지었어요?' 맨 그런 식으로 계속 물어가며 찾았거든요.

이홍석 씨(197*년생, 남)

집장사가 옛집을 허물고 새로 집을 지어놓으면, 처음엔 그 집을 사서 들어갔어요. 그런 집들은 다 집장사가 새로 지은 집이었어요. 그때는 한창 그런 게 유행이었으니까요. 빌라라는 말은 그 당시에 있지도 않았고, 지을 줄도 몰랐어요. 전부 주택이었었지요.

최창록 씨(194*년생, 남)

1984년에는 다가구주택의 보급 확대를 위한 건축법 개정안이 마련되며, 단독주택 내에 가구별로 부엌이나 화장실 외부계단 등의 생활편의시설을 설치할 수 있게 되었다. 지하실 규정도 완화되었다.[107] 즉 종전에는 한 주택당 화장실을 하나만 설치할 수 있었다면, 법 개정과 함께 한 주택 내에 여러 화장실을 설치할 수 있게 된 것이다. 지하실 또한 주거지로 활용되면서 다가구주택이 급증하였다. 많은 신혼부부가 다가구주택에 세를 들어 살았기 때문이다.

이렇게 한 채, 두 채 규모를 늘려 돈을 번 사람들 가운데는 전문적으로 땅을 사서 집장사의 길로 나서는 사람들도 있었다. 그때는 '땅만 있으면 무조건 집을 지을 수 있는' 시절이어서다.

또 한 채 사면 나중에 뻥 튀겨져 두세 채, 네 채 다섯 채 막 이렇게 됐어요. 그럼 결국은 그 사람이 땅을 사서 집장사에 나서는 거예요. 그때는 땅만 있으면 무조건 집 지을 수 있었어요. 땅을 샀다는 계약서만 있으면 됐죠. 은행에서 대출받아서 집을 짓고 그랬어요.

윤영신 씨(195*년생, 남)

한편 집장사는 새로 신축해서 파는 사람도 있었지만, 여럿이서 돈을 모아 함께 집을 구매한 다음 리모델링을 해서 되파는 사람들도 있었다.

집장사, 엄청나게 많았죠. 집장사도 새로 신축해서 파는 사람이 있는가 하면 헌 집 사서 리모델링 해서 파는 사람도 있었어요. 돈이 없으니까 아줌마 두세 명이 뭉쳐서 기와집 같은 헌 집을 사서 사람들한테 맡기는 거죠. 그럼 리모델링 할 거 아니에요? 페인트칠해서 웃돈 주고 파는 거예요.

윤영신 씨(195*년생, 남)

104. 전남일·손세관·양세화·홍형옥, 『한국주거의 사회사』, 돌베개, 2008, 226쪽.
105. 전남일·손세관·양세화·홍형옥, 『한국주거의 사회사』, 돌베개, 2008, 228쪽.
106. 전남일·손세관·양세화·홍형옥, 『한국주거의 사회사』, 돌베개, 2008, 226쪽.
107. 「多家口주택 規制완화」, 『동아일보』, 1984.9.26.

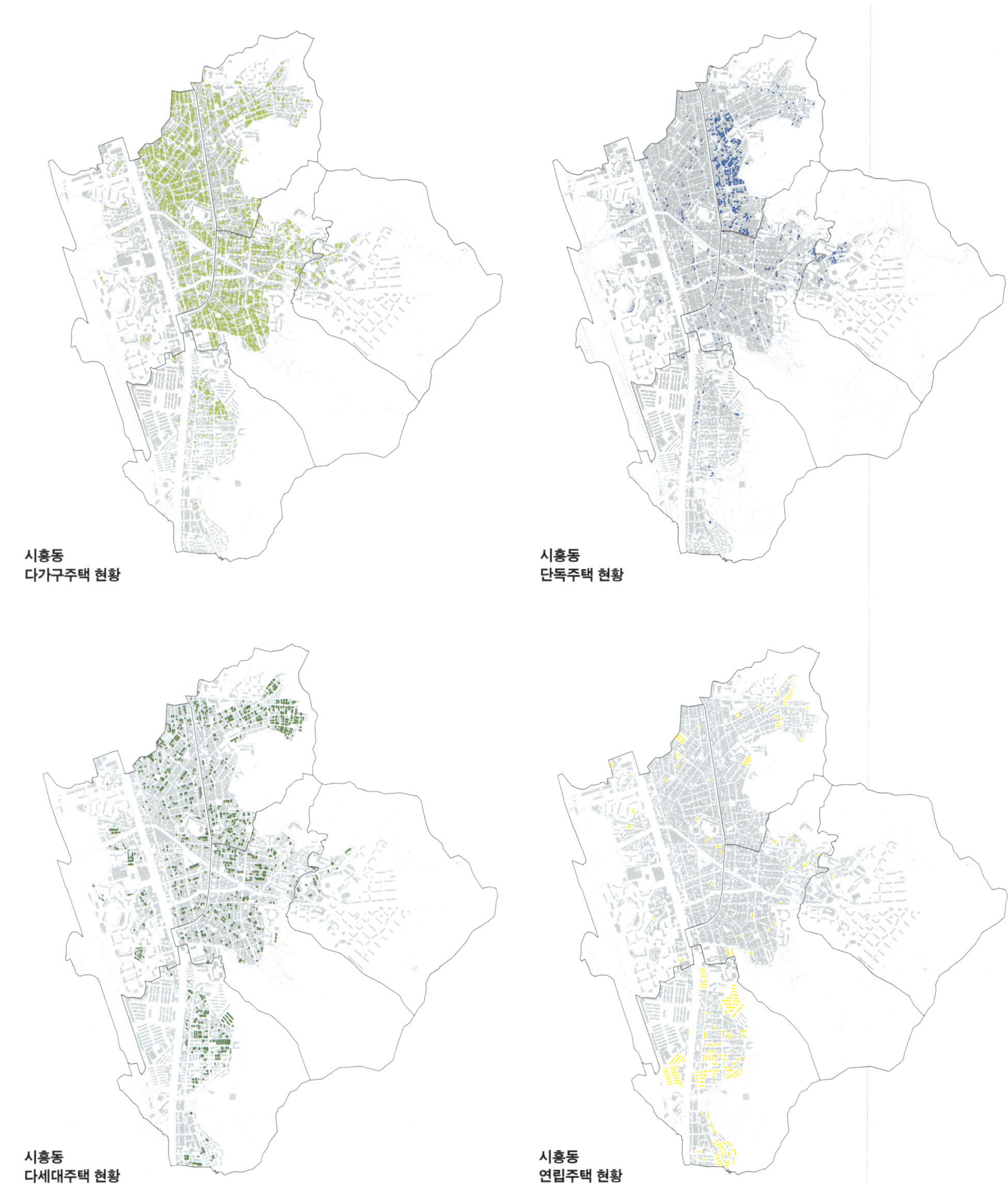

이처럼 집장사는 1980년대까지 활발하게 유행하였지만, 점차 문제점이 드러나기 시작하였다. 집을 짓는 순서대로 번지수를 부여하였기 때문에 집을 찾는 데 애먹기도 하였다.

아무래도 처음에 주소가 바뀌었어요. 그런데 우체국에서 대충 언제부터 바뀌었다 하니까 큰 문제는 없다고 봤었어요. 그때 주소가 여기서 1, 2, 3, 4번 쭉 가야 하는데, 여기 1번 가다가 3번 있다가 8번 있다가 9번은 엉뚱한 저 밑에 내려가 있고. 지금도 여기 옛날 우리 집 보면 4-67인데, 위에는 갑자기 4-15번이고 밑으로 내려가면 44, 43번이에요. 이렇게 되니까 옛날 주소는 찾지를 못하겠어요.

최창록 씨(194*년생, 남)

무엇보다 설계에 대한 기본적인 방침이나 기초적인 검토도 없이 눈에 보이는 외관만 그럴듯하게 시공하는 '날림 공사'가 허다하였다는 점이 문제였다.[108] 이러한 비판이 사회적으로 제기되는 동시에 집장사의 입장에서도 계속 상승하는 목재값과 '수공예적 생산방식'이 수지타산에 맞지 않게 되며 자연스레 집장사는 사라지게 되었다.[109]

당시 조성된 주택은 이후로도 개별 필지별로 개축을 반복하면서도 여전히 다가구, 다세대 위주로 남아 있는 경우가 대다수다. 시흥동의 건축 현황을 살펴보면, 특히 집주인이 직접 임대계약을 할 수 있는 다가구주택의 비율이 단독주택보다 월등히 높은 것을 확인할 수 있다. 이는 1980년대에 건축된 집장사형 다가구주택들이 시흥동 주거지 형성의 주축을 이루었음을 말해준다.

다. 1987년 산사태와 재개발

시흥동의 주거지 형성 과정에서 빼놓을 수 없는 마지막 단계가 있다면, 바로 시흥2동 벽산아파트의 건설이다. 벽산아파트는 수재민 정착촌이 있던 바로 그 자리에 조성된 대규모 아파트단지로 1987년 산사태와 밀접한 관계에 놓여 있다. 즉 1977년에 큰 인명피해가 발생한 산사태와 함께 수해 대책이 마련되었으나, 제대로 시행되지 못하고 1987년에 또 한 번의 산사태로 시흥2동 일대 주민 20명이 사망하는 사고가 발생한 것이다.

1987년 시흥2동 수해 현장(국가기록원)

108. 「날림과 倒壞」, 『동아일보』, 1969.2.18.
109. 전남일·손세관·양세화·홍형옥, 『한국주거의 사회사』, 돌베개, 2008, 227쪽.

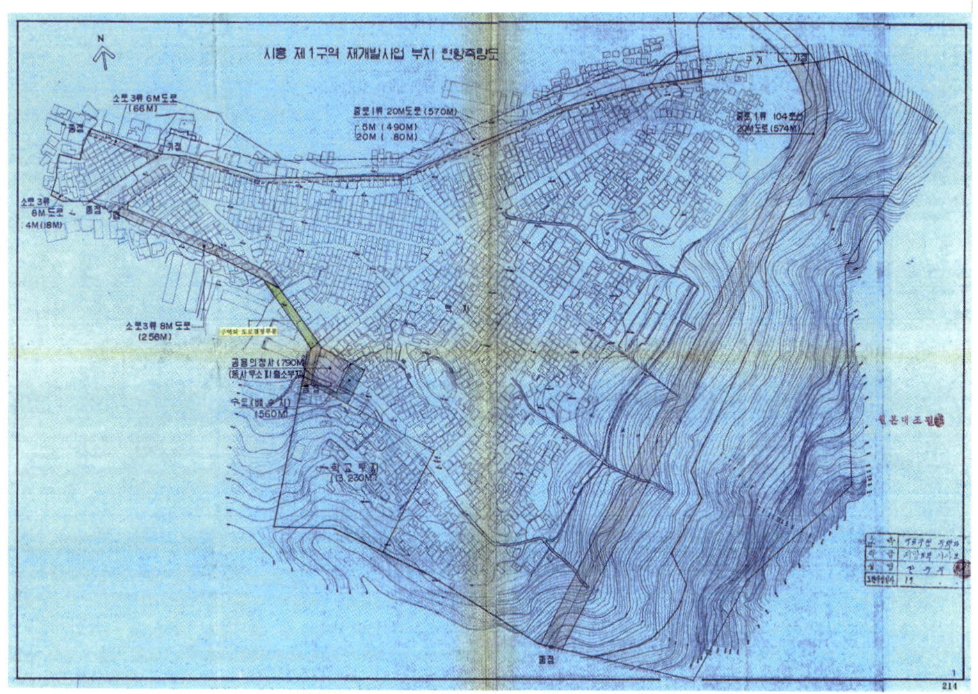

시흥 제1구역 재개발사업 부지 현황측량도, 시흥1 주택개량재개발 사업계획 결정(서울기록원)

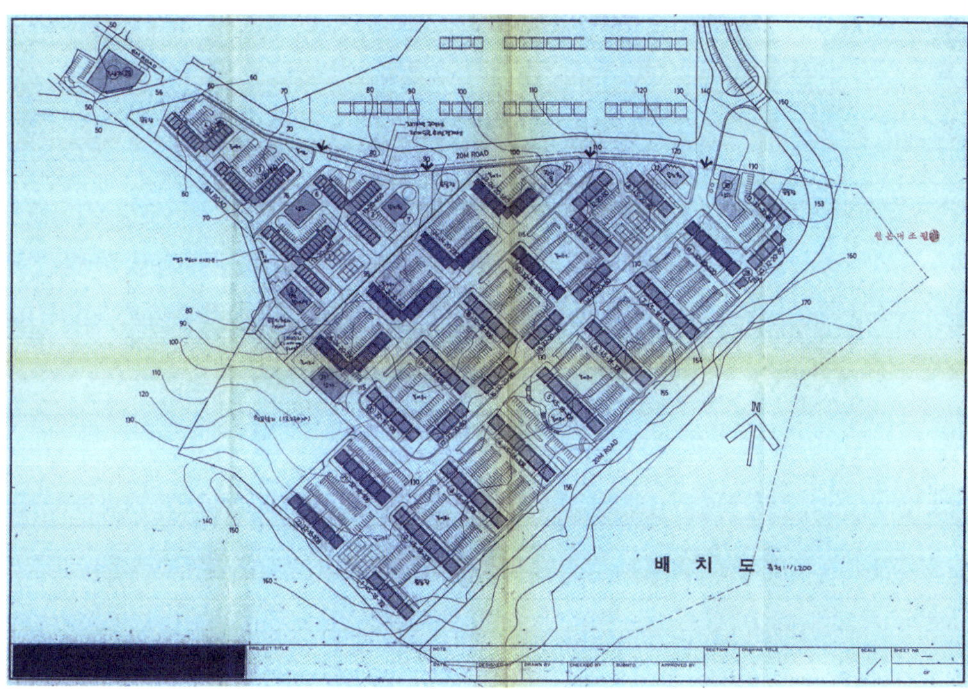

시흥 제1구역 재개발사업 계획안(서울기록원)

당시 기사에 따르면, 이는 1977년에 판자촌을 철거하며 제대로 터를 정리하지 않은 채 10년간 방치한 것이 화근이었다고 한다.[110] 이에 서울시는 1987년 8월에 시흥2동 재개발 추진계획을 발표하였다. 그렇게 사라진 수재민 정착촌 터에 1992년 벽산아파트가 조성되며, 시흥동의 경관이 완성된 것이다. 현재 대표적인 아파트단지로는 벽산아파트6,704세대, 럭키아파트984세대, 남서울힐스테이트아파트1,764세대, 무지개아파트639세대, 필승아파트가 있다. 이 외에는 대부분 소규모 아파트단지나 1개 동으로 이루어진 '나 홀로' 아파트 등이 주거지 외곽에 있다.

110 「달동네 산사태 막을 수 있었는데…」, 『동아일보』, 1987.7.28.

1996년 벽산아파트 1단지 건축 모습(금천구청)

2023년 벽산아파트 전경

벽산아파트 배치도와 단지별 건축 개요

건축물명칭	벽산아파트 3단지
대지위치	서울특별시 금천구 시흥동 1006
대지면적	10,405.60㎡
건축면적	2,696.61㎡
연면적	34,641.36㎡
사용승인일	1998.10.28.
단지규모	공동주택 3개동(270세대), 상가 1개 동

건축물명칭	벽산아파트 1·2단지
대지위치	서울특별시 금천구 시흥동 1010
대지면적	91,574.00㎡
건축면적	16,339.62㎡
연면적	266,394.41㎡
사용승인일	2000.2.16.
단지규모	공동주택 18개동(2,336세대), 상가 4개 동

축물명칭	벽산아파트 6단지
지위치	서울특별시 금천구 시흥동 1013-4
지면적	22,047.60㎡
축면적	3,815.12㎡
면적	79,449.24㎡
용승인일	2004.8.6.
지규모	공동주택 4개 동(1,288세대)

건축물명칭	벽산아파트 5단지
대지위치	서울특별시 금천구 시흥동 1013
대지면적	107,560.80㎡
건축면적	20,363.91㎡
연면적	363,995.29㎡
사용승인일	2004.8.6.
단지규모	공동주택 25개 동(2,810세대), 상가 3개 동

벽산아파트 5단지 단위 세대 평면도

라. 시흥동의 주거지 현황

GIS 정보를 바탕으로 건축물의 용도, 준공연도, 구조, 층수 등을 종합적으로 파악하여 시흥동 주거지 형성 과정과 그 특징을 확인할 수 있다. 시흥동 건축물 층수 현황을 확인해 보면 4층 이하의 다가구·다세대주택이 대부분이며, 시흥동의 외곽에 있는 17층 이상의 고층 아파트인 벽산아파트와 안양천 쪽의 남서울힐스테이트가 주요한 고층 건축물로 시흥동 주거지 경관을 형성하고 있다.

토지구획정리사업과 함께 준공된 1970~1980년대 주택 중 가장 높은 비율을 차지하는 것은 저층 주거지이다. 1990년대 이후에는 개별 필지별로 노후한 단독주택 재건축을 통해 다세대주택과 도시형생활주택 등이 형성되었다. 대부분의 저층 주거지들은 1980년대 이전 노후한 다가구주택과 1990년대 이후 신축된 다세대주택과 연립주택으로 혼재되어 있다. ♣

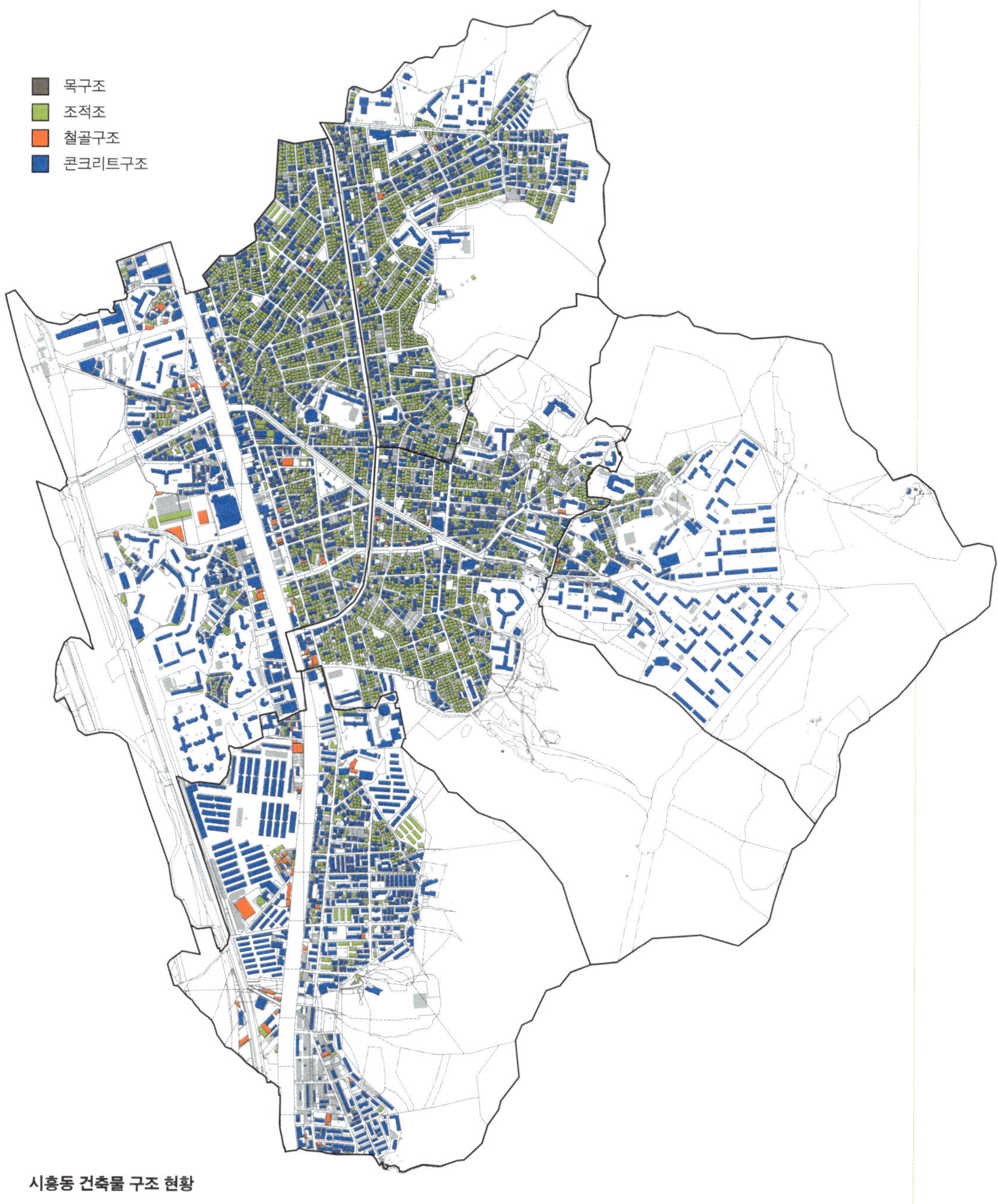

시흥동 건축물 구조 현황

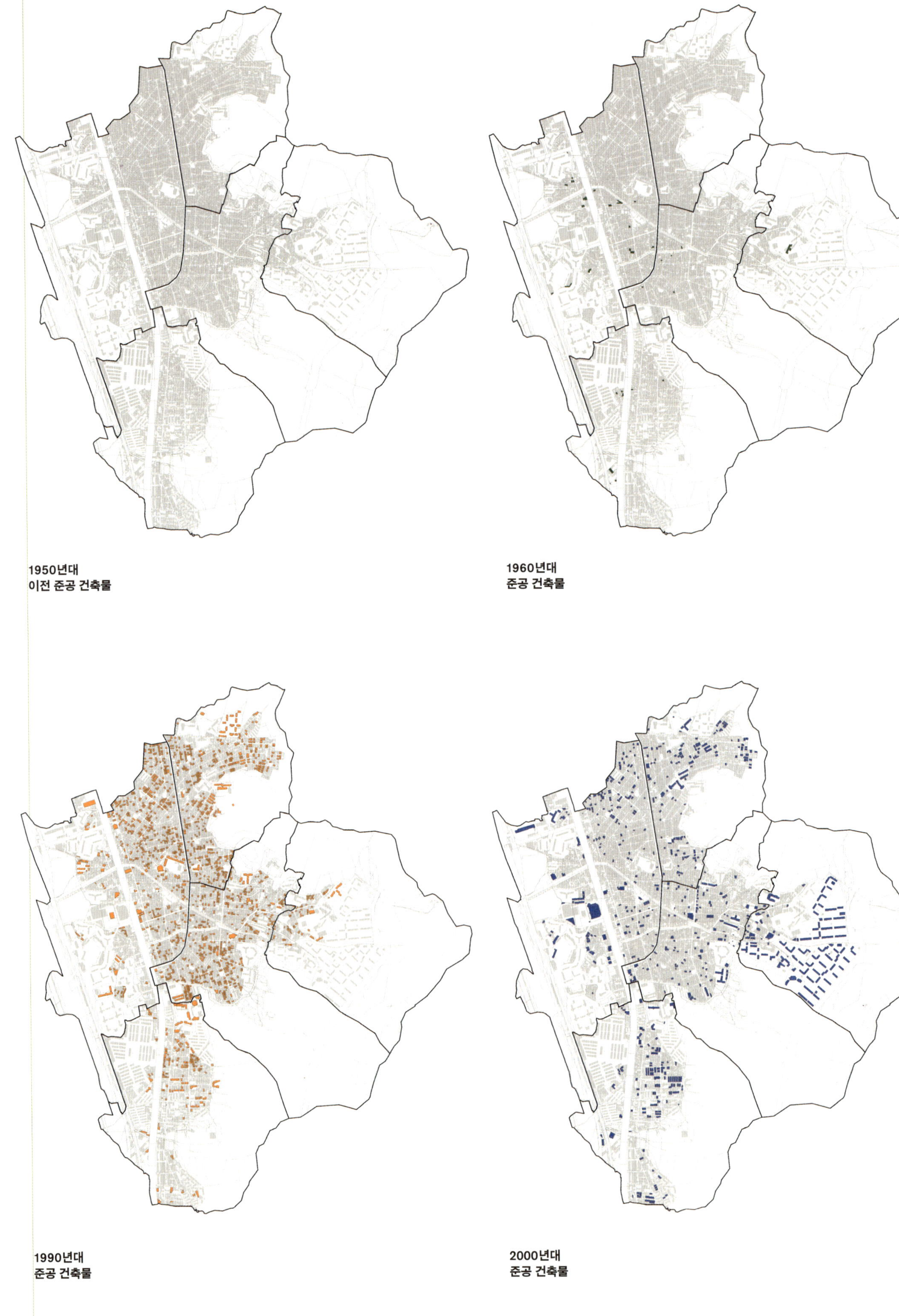

1950년대
이전 준공 건축물

1960년대
준공 건축물

1990년대
준공 건축물

2000년대
준공 건축물

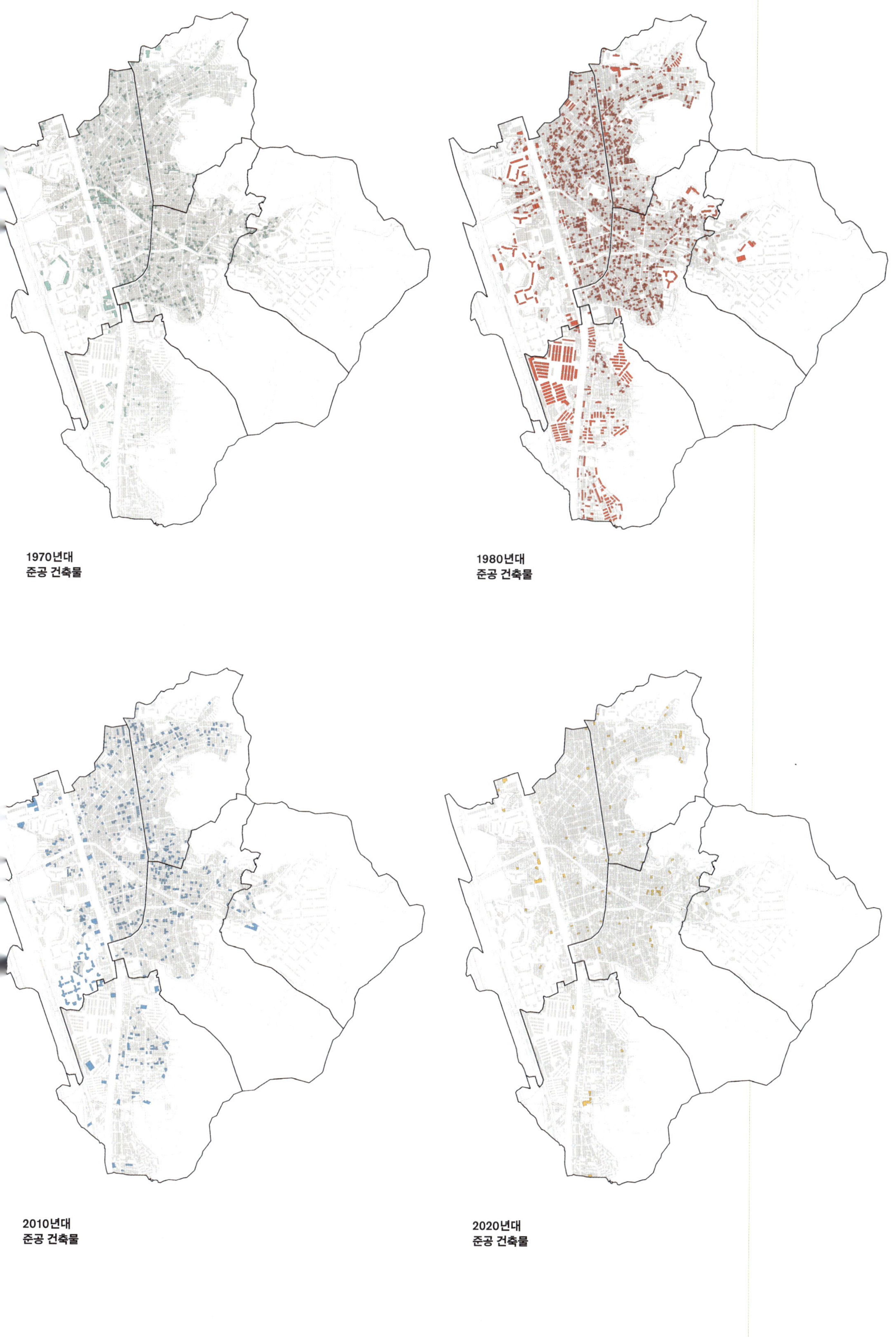
1970년대
준공 건축물
1980년대
준공 건축물
2010년대
준공 건축물
2020년대
준공 건축물

도시재생과 마을 만들기

시흥동은 아파트와 연립주택 등 다양한 주거 양식이 혼재되어 있지만, 그중에서도 가장 높은 비율을 차지하는 것은 저층 주거지이다. 본 절에서는 이러한 주거지 특색에 따라 시흥동에서 이루어지는 주거 사업과 시흥동 주민들이 살기 좋은 마을을 만들어 나가기 위한 다양한 활동들을 살펴보고자 한다.

가. 서울시 도시재생사업과 시흥동

저층 주거지는 시흥동뿐만 아니라 서울시 전체 주거지의 36%를 차지한다. 문제는 이러한 저층 주거지들이 대규모 재개발이나 재건축 지역에 배제되면서, 점차 노후화되어 주민들의 생활에 큰 불편을 초래한다는 점이다. 이에 서울시는 저층 주거지역 환경을 개선하기 위한 정책들을 마련하기 시작하였다. 특히 단순히 주거환경 개선을 넘어 주민 공동체 활성화를 위한 방안이 함께 강구되며 저층 주거지만의 특색을 살리기 위한 다양한 사업들이 도입되었다.

「도시계획법」 제18조 제1항 제1호에서 풍치지구는 도시계획 구역 안에서 도시의 자연 풍치를 유지·보호하기 위하여 지정된 지역을 일컫는다. 1972년에 시흥3동은 풍치지구로 선정되었다. 이후 1997년 1월 15일, 풍치지구의 규정이 변경되면서 건물 제한 높이 규정이 기존 3층에서 5층으로 완화되었다. 그러나 저층 주택의 규정이 5층 이하라는 점에서 시흥5동은 여전히 저층 주택이 밀집한 저층 주거지역으로 분류된다. 2007년 7월에는 도시계획법 변경으로 풍치지구가 경관지구로 용어 변경됨에 따라 현재 시흥3동은 시계市界 경관지구로 설정되어 있다.

'전면 철거형 대규모 개발'을 기반으로 하는 재개발과 재건축은 지역의 고유한 역사성을 상실하게 하고 지역 커뮤니티를 와해하는 등 다양한 문제를 초래하였다.[111] 이에 서울시는 이러한 문제점을 보완하고자 2009년 '살기 좋은 마을 만들기', 2010년 '서울 휴먼타운', 2012년 주거환경관리사업 등 다양한 사업을 시행하였다. 2012년에는 개정된 「도시 및 주거환경정비법」 제20조 및 제21조에 따라 정비구역과 정비예정구역이 해제되었으며,

111. 배웅규·이하영, 「저층주거지 재생을 위한 주민참여형 재생사업 시범 사업의 시행효과 분석 연구」, 『도시설계』 15(4), 한국도시설계학회지, 224쪽.

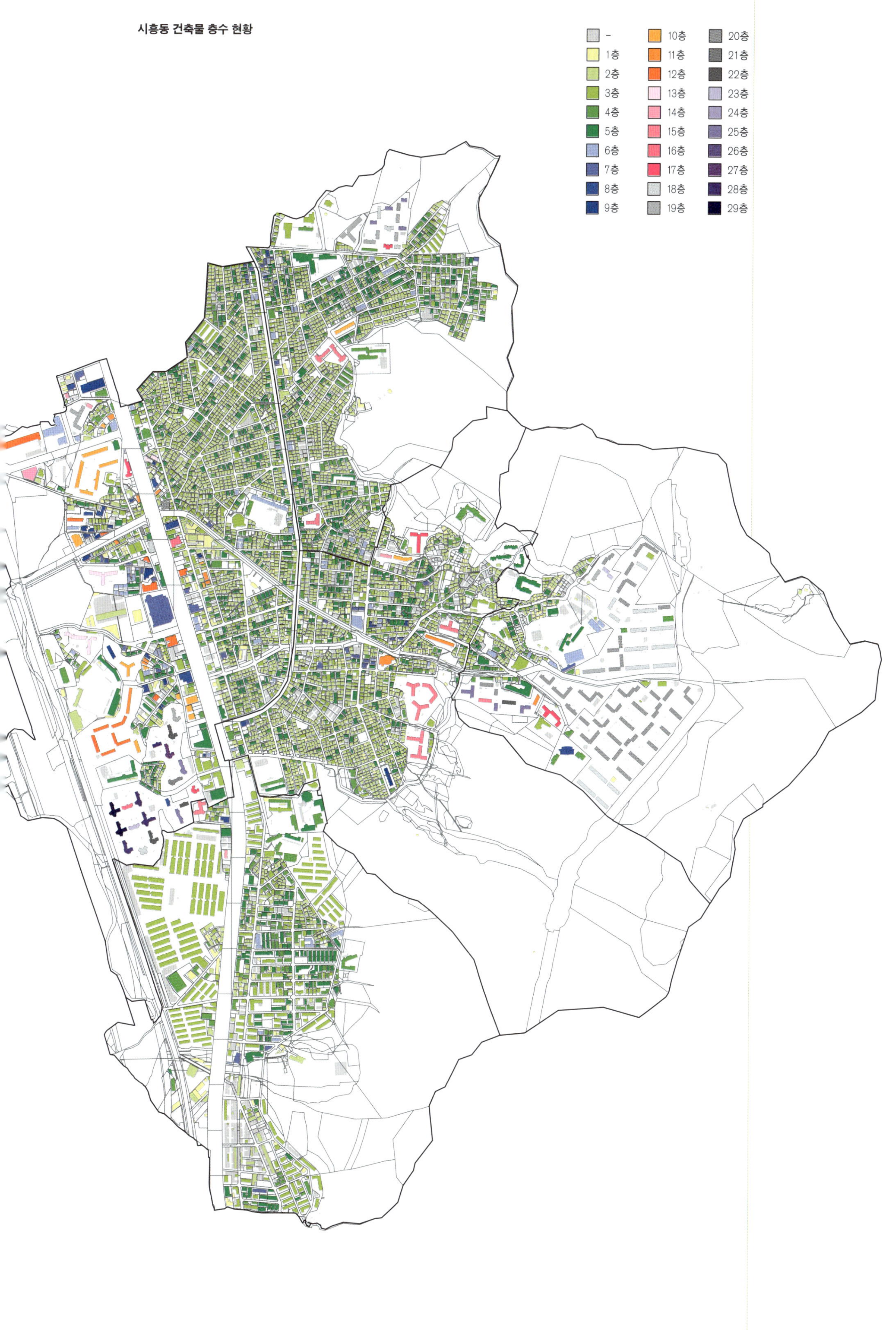
시흥동 건축물 층수 현황
-
1층
2층
3층
4층
5층
6층
7층
8층
9층
10층
11층
12층
13층
14층
15층
16층
17층
18층
19층
20층
21층
22층
23층
24층
25층
26층
27층
28층
29층

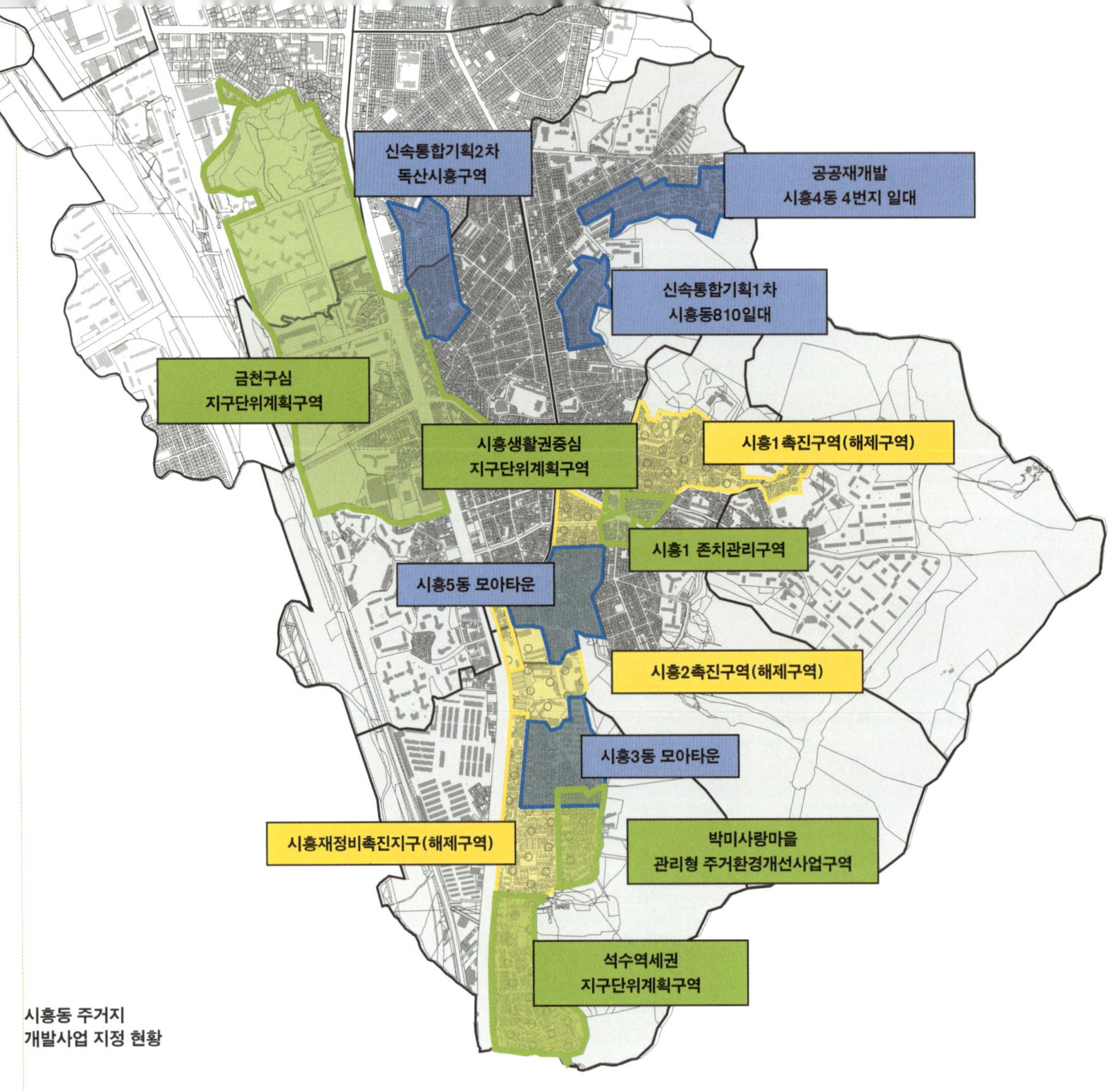

시흥동 주거지
개발사업 지정 현황

이에 따라 '주거환경 관리사업'이 시행되었다. 2018년에는 이러한 사업을 한층 발전시켜 '관리형 주거환경개선사업'이 시행되었다.

서울시 도시재생사업 연혁

	사업명	사업 대상	관련법률
2008년	살기 좋은 마을 만들기	강동구 서원마을 선유골 능안골	국토의 이용 및 계획에 관한 법률
2010년	서울 휴먼타운	마포구 연남동 서대문구 북가좌동 성북구 길음동 동작구 흑석동 금천구 시흥동 도봉구 방학동 구로구 온수동	국토의 이용 및 계획에 관한 법률
2012년	주거환경관리사업	2012년 선정지역 12개 2013년 선정지역 16개 2014년 선정지역 11개 2015년 선정지역 06개 2016년 선정지역 14개	도시 및 주거환경정비법
2018년	관리형주거환경개선사업	2018년 선정지역 10개 2019년 선정지역 04개 2020년 선정지역 02개	도시 및 주거환경정비법 조례 개정

시흥동은 벽산아파트가 건축된 이후 대규모 재건축이 진행된 적이 없기 때문에 주거지의 변화가 크지 않았다. 노후 주거지 개선의 일환으로 2006년에 시흥1·2 재정비촉진구역시흥뉴

타운이 지정되었으나, 2017년에 지정 해제되면서 시흥3동 박미사랑마을 관리형주거환경개선사업, 시흥2구역 주택성능개선지원구역, 시흥5동 새뜰마을사업 등 도시재생 방식의 주거환경개선이 이루어졌다.

기반 시설을 중심으로 주거환경개선만 이루어지던 시흥동 주거지는 현재 2021년 9월 개정된 2025 도시·주거환경정비 기본계획에 근거하여 공공재개발, 신속통합기획, 모아타운 등이 추진 중에 있어 주거지의 큰 변화를 앞두고 있다.

나. 박미사랑마을회관

박미사랑마을회관은 시흥동의 대표적인 주거지 개발사업 결과 중 하나이다. 2011년에 시흥대로18길 46 일대 시흥동 957번지, 면적 49,282㎡가 관리형 주거환경개선사업 1단계에 선정된 이래 2014년에 1단계 사업지역에 인접한 시흥대로20길 10 일대 시흥동 950번지, 면적 97,596㎡가 관리형 주거환경개선사업 2단계에 선정되었다.

관리형 주거환경 개선사업은 다세대주택과 단독주택 등의 밀집한 지역에서 원주민을 보호하고 커뮤니티를 유지하는 한편 주거환경을 개선하고 정비하는 데 그 목적이 있다. 이에 따라 공동이용시설을 확충하고 기반 시설을 정비하는 식으로 사업의 방향이 구성되

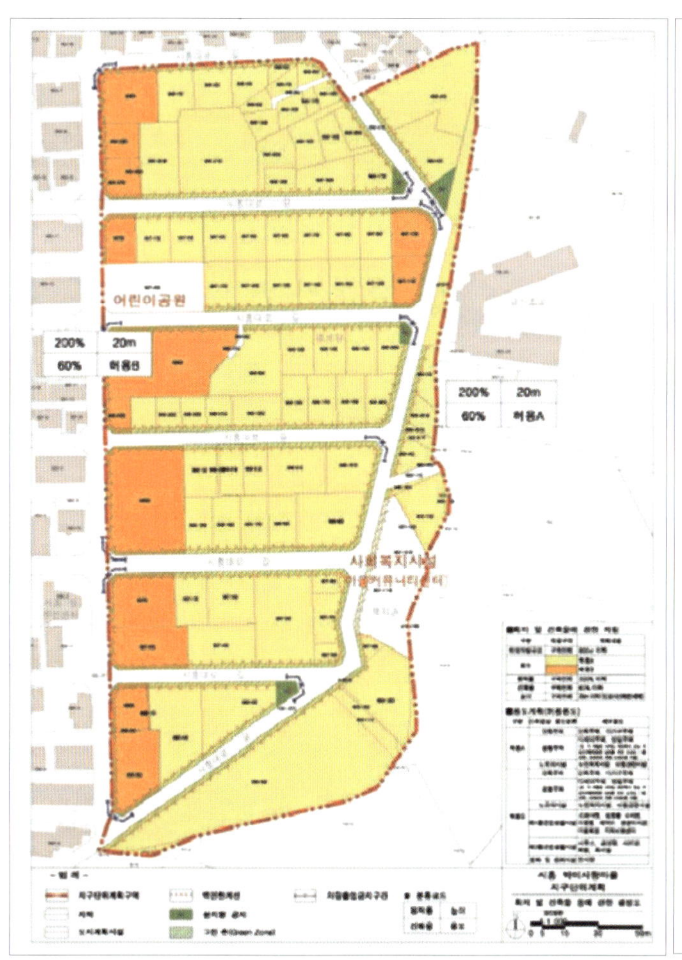

박미사랑마을 1단계 지구단위계획 구역도(금천구청)

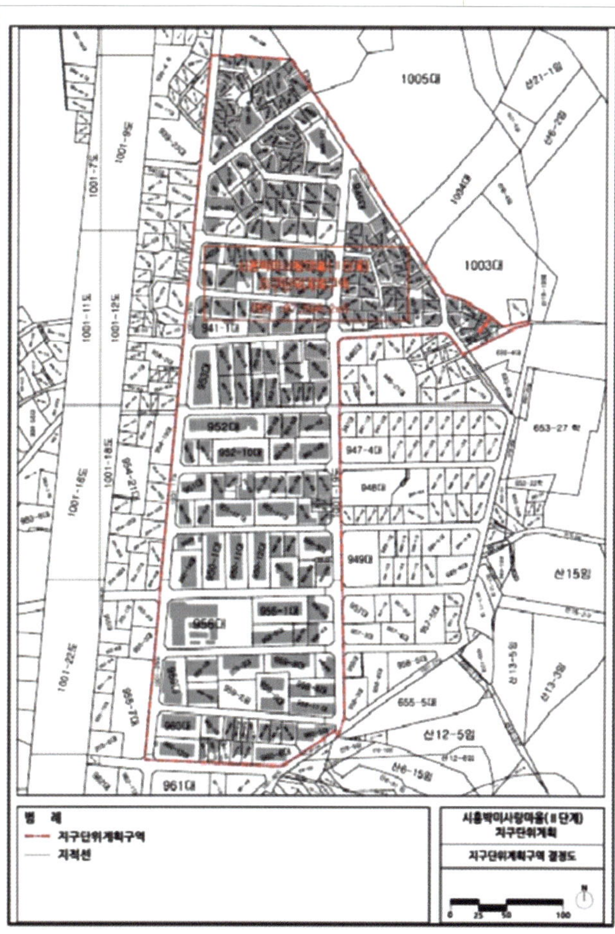

박미사랑마을 2단계 지구단위계획 구역도(금천구청)

박미사랑마을회관 전경

는데, 정성경 씨는 2013년 시흥동에 전입하여 박미사랑마을 사업에 참여하였다. 처음에 그는 도시재생이 무엇인지, 주거환경 개선사업이 무엇인지 잘 알지도 못하였다. 하지만 마을을 좋게 만들고 싶다는 일념 하나로 그 누구보다 열심히 참여하였다.

> 사실 저는 주거재생 사업이 뭔지 정확히 잘 몰랐어요. 근데 여기에서 가깝게 살고 같이 한번 해보자고 그래서. 여기를 뭔가 바꾼다는 거는 어쨌든 좋은 거잖아요.
>
> 정성경 씨(197*년생, 여)

주민자치를 위한 공간이 배정되고 새로운 건물 신설이 확정되자 그 건물을 어떻게 활용할지에 대해 고민이 많았다. 어르신들을 위한 공간이나 아이들을 위한 공간을 생각하기도 하였지만, 이미 경로당도 있었고 놀이터도 많았다. 그러다가 주민들 사이에서 우리도 문화시설이 필요하다는 이야기가 나왔다. 주변에 금천구청이나 금나래아트홀 등의 문화시설이 있긴 하였지만, 어르신들이 이용하기에는 상당히 먼 거리였다. 그렇게 논의가 거듭되며 건물의 용도는 마을 주민들을 위한 공유공간, 그러면서도 '문화적인 것'을 접할 수 있는 공간으로 결정되었다.

> 우리가 여기서 소위 말하는 문화시설이라도 만들고 싶었어요. 문화적인 거를 접하고 싶으면 시흥사거리 아니면 금천구청이나 금나래아트홀 쪽으로 가야 하니까 주민들은 이 안에서 뭔가 하고 싶었던 거예요. 그래서 여기에 모일 수 있는 공간, 뭔가 할 수 있는 곳이 있으면 좋겠다는 생각을 한 거죠.
>
> 정성경 씨(197*년생, 여)

마을회관이라는 공유공간을 짓자고 결정이 되었지만, 막상 시행하려고 보니 이에 대한 주민들의 이해가 필요하였다. 공유공간의 취지를 이야기해도 잘 이해하지 못하거나, 도시에 무슨 마을회관을 짓냐고 하는 사람들도 있었다. 사업의 취지를 알리고 주민들이 이해하도록 직접 손으로 벽보를 써 붙이며 열심히 노력하였다.

'공유공간? 그게 뭐지?'라는 반응이었죠. 처음에 마을회관이 생긴다고 했을 때 사람들이 '마을회관? 그거 시골에나 있는 거지. 도시에 무슨 마을회관이야'라고 이야기하고요. '그거 세워서 뭐 하게?'라고 물으셨죠. 인식이 부족해서 저희들이 시흥3동에서만이라도 광고하려고 많이 돌아다니면서 벽보도 붙이고 그랬어요. 그때만 해도 이렇게 복사가 아니라 직접 썼어요. 대자보 한 25장, 30장씩 써서 모은다고 처음에는 열정이 컸죠.

정성경 씨(197*년생, 여)

그렇게 박미사랑마을회관은 2014년 2월에 준공되었다. 처음 마을회관이 생겨 필요한 것들이 많았을 때는 청소기에서 사소한 물건들 하나하나까지 마을 어르신들이 알뜰하게 챙겨 가져다주시기도 하였다. 마을회관을 주민들이 활발하게 이용하고 '세대 공감'을 할 수 있는 공간으로 만들기 위해 다양한 프로그램을 구성하였다. 어르신들의 참여를 높이기 위해 여름에는 삼계탕을 끓여 나눠 드리고, 인근 고등학교 학생들의 도움을 받아 초등학교 아이들에게 방과후수업을 진행하였다. 수학과 영어 등을 가르치던 고등학생들이 수험생이 되어 바빠지자 금천구청 직원들이 자원하여 아이들에게 미술을 가르쳐 주기도 하였다. 현재 박미사랑 마을회관은 카페, 헬스장, 동아리실 등으로 구성되어 있다. 마을회관에는 별도로 고용된 직원이 있는 것이 아니기 때문에 주민들이 자발적 참여로 돌아가며 운영하고 있다.

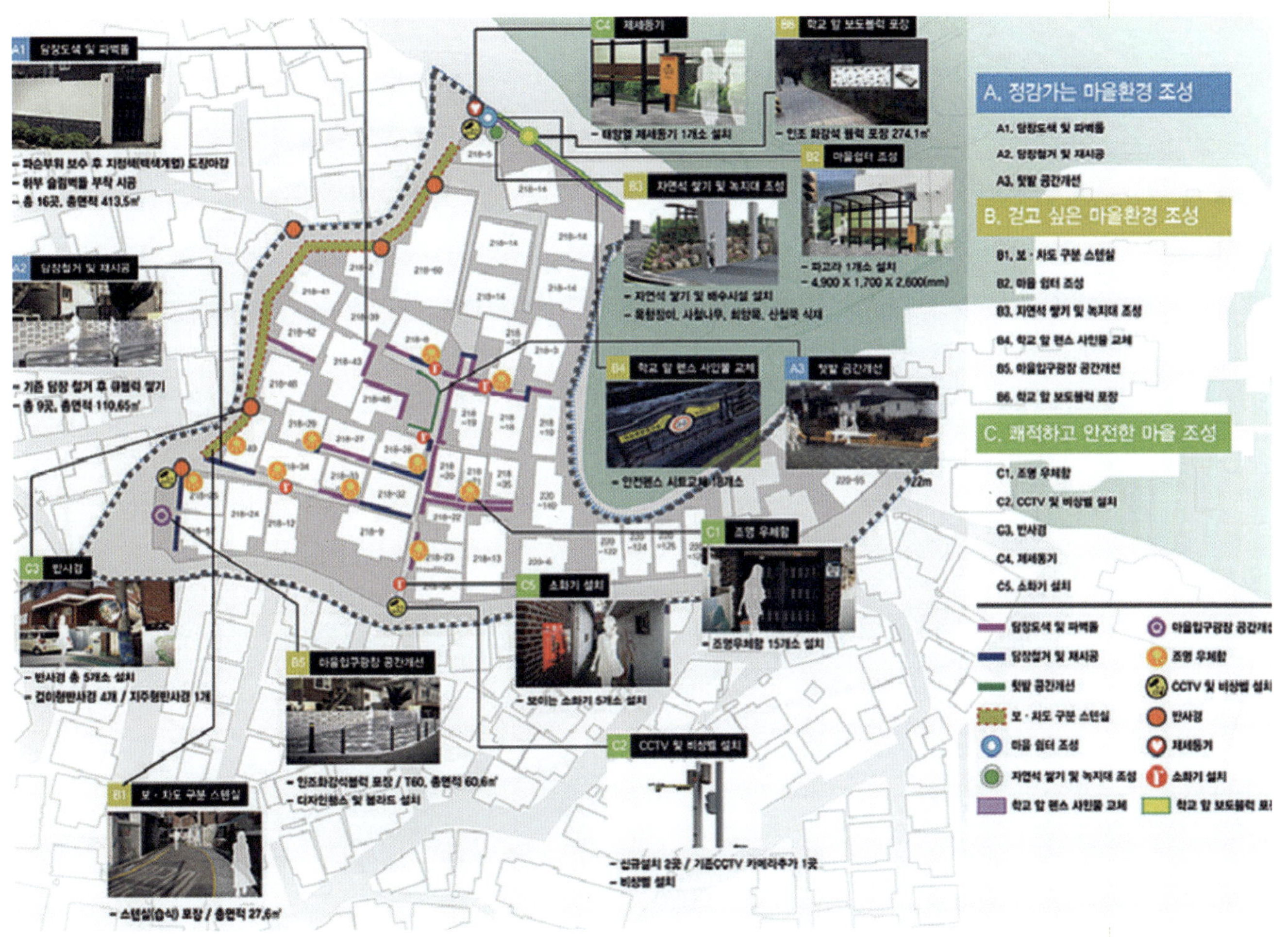

시흥5동 새뜰마을사업 개요(금천구청)

민들레워커협동조합원들(『시흥5동 새뜰마을사업』, 금천구청 도시재생과, 2020, 45쪽.)

다. 민들레워커협동조합과 암탉 우는 마을

새뜰마을사업은 국토교통부와 지역발전위원회가 2015년부터 주관하여 전국의 농어촌과 달동네 등 취약 지역을 대상으로 주거환경을 개선하고 주민들의 역량을 강화하기 위해 시행되었다. 시흥5동 218번지 일대는 2017년부터 2020년까지 4년 동안 사업에 선정되었다. 사업 규모는 약 1만m^2제1종일반주거지역에 해당하였으며, 24억 5,700만 원의 사업비가 투입되었다.

이를 통하여 노후화된 주택과 기초생활 인프라를 정리하는 한편 마을 주민들을 위한 다양한 활동이 지원되었다. 시흥5동 내 사무실이 자리하고 있는 민들레워커협동조합은 이 과정에 참여하며 '암탉 우는 마을' 활동을 진행하였다.

당시 사업을 이끌었던 김혜숙 민들레워커협동조합 대표는 암탉 우는 마을 활동을 진행하며 가장 중점을 둔 부분이 서로가 서로를 지켜주는 안전한 마을을 만드는 것이라고 하였다.

> 옛날에는 우리 어른들이 있었기 때문에 아이들이 안전하게 놀았거든요. 아이들은 그때 당시에 몰랐을 수도 있어요. 그러나 어른이 있다는 그 자체가 아이들이 안심하고 놀 수 있는 거예요. 근데 서울 생활에서는 그게 안 되잖아요. 그래서 '우리 옛날의 따뜻한 정서를 회복하자'는 의미에서 저는 '암탉 우는 마을'을 시작했어요. 활동하면서 농촌 분위기와 정서가 아직 살아 있다고 느껴서 좋았어요.
>
> 김혜숙 씨(196*년생, 여)

몇 년을 살아도 서로 인사조차 하지 않고 지나가는 아이들과 어른들의 관계를 회복하기 위하여 '서로 넘어서'라는 프로그램을 진행하였다.

10살 아이가 20~30년 산 어르신을 보고 인사를 안 하는 거예요. 그게 충격이었어요. 같은 동네인데. 그래서 아이들에게는 어른들을 매일 보더라도 인사해라, 너희를 지켜주는 사람이 바로 이웃이라고 말하죠. 옛날에는 느티나무 있는 곳에서 아이들이 공기놀이 하다가 막 싸우잖아요. 그러면 그 느티나무 그늘에서 장기를 두시거나, 콩을 까거나 하시는 할머니, 할아버지들이 '흠흠' 이래요. 중지하라고 헛기침을 해요. 그러면 애들은 그게 무슨 신호인지 알아요. 그래서 중단한다고요.

김혜숙 씨(196*년생, 여)

금천초등학교 1학년에서 6학년까지 열 명의 아이가 마을 모니터링을 하며 직접 지도를 만들기도 하였다. 토요일마다 어른 두 명과 아이 한 명이 함께 짝을 지어 4개월 동안 활동하며 아이들의 시선으로 각자 느낀 것을 그림과 함께 표현하였다. 언제나 가는 길로만 다녔던 아이들에게 마을 구석구석을 직접 체험할 수 있는 좋은 기회였다.

마을을 모니터링해서 애들 시선으로 보는 거예요. 근데 어느 골목에 살든 얘네들이 학교 등하굣길에 뒤로 안 다니고 앞으로만 다니는 거죠. 그러니까 '어? 이런 게 있네?' 하고 아무도 모르더라고요. 그래서 이번에는 이쪽으로 다니고, 다음 주에는 이쪽으로 다니며 완성했어요. 얘네들이 하나같이 기록일기에 '나는 이렇게 10년을 살아도 여기 이런 곳이 있는 줄 몰랐다'고 쓰더라고요.

김혜숙 씨(196*년생, 여)

아이들이 만든 시흥5동 안심 안전지도

지도에 표기한 각 건물의 특징

시흥5동 할머니들이 만든 마을 지도

바느질이 익숙한 할머니들은 바느질을 통해 마을 지도를 만들었다. 안 입는 옷과 안 쓰는 이불 등을 활용하여 집을 만들고 도로를 만들면서 자기 집에는 솜털을 넣어 표현하기도 하였다.

'마을을 짓는다'고 하니까 할머니들 같은 경우에는 자기 집을 위주로 참여하지 않은 다른 집도 만들어 주면서 우리 동네를 지어보자고 하시더라고요. 자기 집을 지으라고 그러면 솜을 넣더라고요. 봉긋하게, 입체적으로.

김혜숙 씨(196*년생, 여)

라. 새마을지도자협의회

새마을지도자협의회는 살기 좋은 시흥동을 만들기 위한 각별한 노력을 기울이는 마을 단체 중 하나이다. 시흥4동 새마을지도자협의회는 금천구 10개 동내에서도 특히 활동이 두드러진다. 총 10명의 회원으로 구성되며 마을 청소나 방범과 방역 등을 매주 정기적으로 활동한다. 방범은 5월부터 10월까지 금천구 10동에서 한 달에 두 번씩 이뤄지며 당번을 정해 공원 근처 등을 순찰한다. 마을 청소는 일주일에 최소 두 번은 하려는데, 79세 회원은 다리가 아픈데도 매주 나와 청소한다.

우리 시흥 4동 협회에 제일 오래되신 분이 36년 있었어요. 그러니까 이제 연세가 다들 70대 이상이에요.

최상규 씨(196*년생, 남)

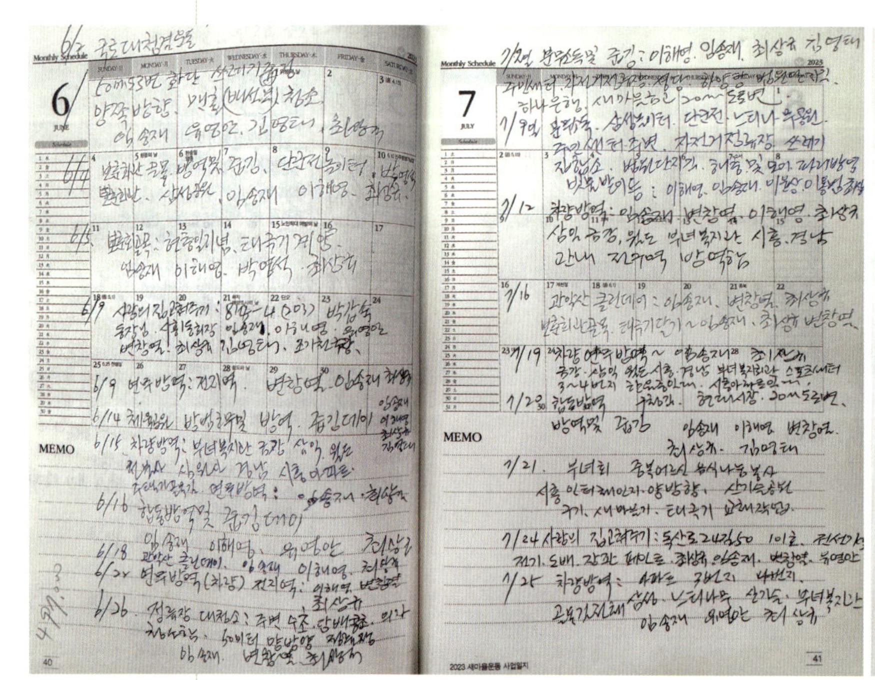

새마을지도자협의회 기록일지(최상규 제공)

2022년 주요사업실적

1. 방역: 년중 계속실시. 매주2회이상
2. 클린데이 발대식: 22년 3월 24일
3. 새봄맞이 새마을 대청소 (봄. 가을)
4. 탄소중립실천 나무심기. (년 1회)
5. 방역발대식: 여름철 모기. 파리. 유충 방역. (5월중)
6. 나라사랑 태극기 달기 (국경일)
7. 가스안전차단기설치: 21가구 저소득가구.
8. 버스정류장 청소: 상하반기 2회
9. 생활쓰레기 10% 감량캠페인: 상하반기 2회
10. 국토대청결운동: 맨홀청소 상하반기 2회
11. 새생명살림운동: 관악산 매월 두번째 일요일 (월1회)
12. 체육공원 방범활동 매월 2회씩 10회 방역.
13. 수해복구 817번지. 현대시장 대명시장. 안양천 쓰레기 수거.
14. 안양천 대청소 2회
15. 사랑의 집고쳐주기 (년 1회)

2022년 새마을지도자협의회의 주요사업실적(최상규 제공)

마을청소 중인 새마을지도자 협의회원들(최상규 제공)

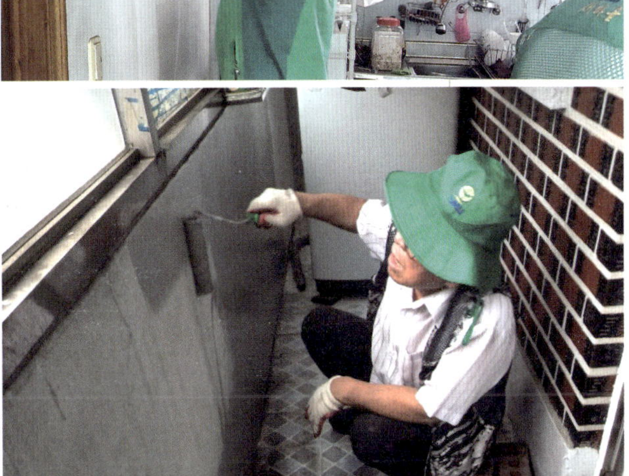

사랑의 집 고쳐주기 현장(최상규 제공)

새마을지도자협의회에서는 직접 주민들의 집을 고쳐주기도 한다. '사랑의 집 고쳐주기'는 서비스를 희망하는 주민들에게 직접 신청받아 운영된다. 양식에 기본적인 정보와 수리 내용을 작성하여 협의회에 전달하면, 협의회는 다시 이를 구청에 전달한다. 이를 통해 구청에서 소정의 재료비를 지원받는다. 집을 고치는 것은 협의회 회원들이 한다. 사랑의 집 고쳐주기를 통해 낡은 장판을 새로 도배해 주고, 페인트를 칠하기도 한다.

협의회에는 설비업에 오래 종사해 온 전문가도 있고 페인트 전문가도 있다. 그뿐만 아니라 직접 전구를 갈지 못하는 어르신을 위해 전구를 대신 갈아 주는 일 등 집을 수리하는 데 필요한 크고 작은 일을 도맡아 한다. 이렇듯 각자 맡은 역할에 충실하여 집을 수리해 주고 나면 큰 보람을 느낀다. 이 외에도 관악산 정화 클린데이, 2022년에만 탄소중립 실천 나무 심기, 버스정류장 청소, 수해복구 등 다양한 활동들을 해오며 협의회 회원들은 바쁜 하루하루를 보낸다.

물난리가 난다든지 나라에 무슨 어려운 일이 있을 때 제일 먼저 달려가는 사람들이 새마을이에요.

최상규 씨(196*년생, 남)

바쁜 와중에도 우리가 직접 하는 거죠. 우리는 설비하는 사람도 있지, 페인트 칠하는 사람도 있지 그러니까 어떻게 보면 콤비라고 그럴까? 호흡이 잘 맞아요. 집들이 엉망이었는데 우리가 해놓고 딱 들어가면 얼마나 좋은데요.

최상규 씨(196*년생, 남)

마. 시흥동의 주거지 경관

시흥동 주거지 경관은 특정한 건축 유형이 있는 독특한 주거지 경관이라기보다는 서울의 저층 주거지의 지층을 그대로 보여주는 몇 가지의 단면으로 볼 수 있다. 1970~1980년대 단독주택과 다가구주택, 흔히 집장사 주택으로 불리는 다세대주택·연립주택, 2000년대 이후의 도시형생활주택들이 고루 분포한 시흥동 주거지의 풍경을 기록하였다.

다양한 주거 양식이 혼재된 시흥동

시흥3동 주거지

1 시흥3동 주거지 경관

박미마을(박미사랑마을)로 불리는 시흥3동 주거지는 기아대교, 시흥산업용재유통센터, 시흥철재종합상가에 인접하여 시흥동에서도 가장 남쪽에 있다. 지형 특성상 금천구 내에서도 구분된 생활권으로 볼 수 있다. 시흥동의 저층 주거지 중에 가장 양호한 환경을 가진 시흥3동은 대부분 평지로 이루어져 있으며, 비교적 필지 규모가 크고 연립주택과 다세대주택이 고루 분포하고 있다.

시흥3동 골목길 입면도

2 시흥4동 주거지 경관

시흥동 주거지는 1970~1980년대의 단독·다가구주택과 1990년대 다세대·연립주택과 2000년대 도시형생활주택(단지형 다세대주택) 등으로 혼재되어 있다. 시흥4동은 경사지에 위치하여 다른 시흥동 주거지역과 지형적으로 단절되며, 현재 공공재개발 예정지로 주거지 경관의 변화를 앞두고 있다. 본 절에서는 토지구획정리사업과 일단의 주택지 조성사업(시흥단지, 서울지검주택조합)으로 조성된 시흥4동 주거지 경관을 기록하였다.

시흥4동 주거지

시흥4동 골목길 입면도

3 시흥5동 주거지 경관

토지구획정리사업지구에 포함된 시흥5동 골목길은 필지 규모가 매우 균일하며, 규모 4층 이하이면서 외장재료로 붉은 벽돌을 사용하고 외부계단을 통한 세대출입구가 있는 유사 형태의 다가구주택들이 주거지 경관을 주로 이루고 있다. ♣

시흥2 · 5동 주거지

시흥5동 주거지

시흥5동 골목길 입면도

시흥동 사람들의 집과 풍경들

가. 기와집과 장독대

아래 사진은 조선시대에 지어진 기와집 중 하나로, 이종학 씨의 할아버지 때부터 100년 동안 3대가 이 집에서 거주하였다. 집 규모가 상당히 컸는데 비슷한 규모의 집이 말미마을에 4채 정도 있었다고 한다. 집 안에 우물은 물론 외양간도 있었다. 가장 많이 살 때는 미혼의 고모·삼촌들까지 전부 13명이 함께 거주하였다. 이종학 씨의 집은 전통적인 기와집으로 사랑채와 안채가 별도로 분리되어 있었다. 할아버지는 사랑채에 거주하며 손님을 맞이하였는데, 식사는 안채에서 함께하였다. 할아버지 생신은 여름이었는데, 생신 때가 되면 잔치를 크게 열어 동네 사람들은 모두 초대하였다.

생일잔치를 열어서 동네 어른들을 다 불렀어요. 그 집이 큰일 한다니까 동네 사람들이 다 와서 음식도 하고요. 낮이면 할머니들이 마루에서 놀고 하던 생각이 나요. 지금은 민어 같은 게 무지하게 비싸잖

말미마을 기와집(이종학 제공)

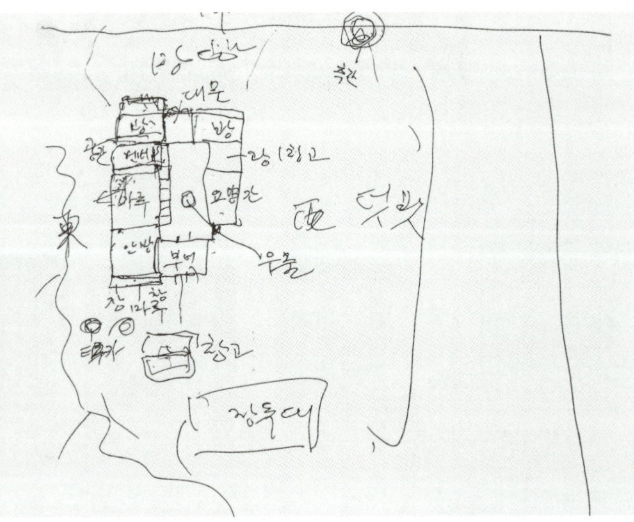

이종학 씨 자택 도면(이종학 제공)

이종학 씨 가족들과 장독대(이종학 제공)

이종학 씨 자택 마당의 장독대(이종학 제공)

아요. 그때도 그게 비쌌나 봐요. 새끼에다 민어를 끼워서 생일 선물로 들고 오는 사람도 있었어요.

이종학 씨(194*년생, 남)

집 안에 창고가 있었지만, 집 밖에도 별도로 큰 창고와 장독대를 보관하는 터가 따로 있었다. 집안 한편에는 터줏가리가 있어 가을이면 쌀을 넣어두었다. 대감독은 광에 보관하였다. 이사할 때 장독대들을 함께 가져왔는데 어머니가 예전에 넣어둔 돈이 뒤늦게 발견되기도 하였다.

옛날에는 터줏가리도 있었어요. 이렇게 짚단으로 해서 독을 묻고 거기다 쌀도 넣어놓고 가을이 되면 빌고요. (중략) 대감독에다 쌀, 곡식 이런 것도 넣고, 어떤 때에는 돈도 넣고요. 옛날에 여기(현재 집) 지하실 공사하러 온 사람들이 열어봤는데 돈이 있더라고(웃음).

이종학 씨(194*년생, 남)

나. 초가집과 잔치

앞서 살펴본 것처럼 시흥동은 역사가 깊은 마을답게 3대째 사는 토박이들도 상당히 남아 있다. 문계인 씨는 읍내 토박이로 문계인 씨의 할아버지 문희성 씨 때부터 3대가 약 150년간 시흥동에 살고 있다. 문계인 씨의 집은 조선시대 지어진 초가집으로 1960년대 후반 기와로 개량하여 1970년대 토지구획정리로 이사 가기 전까지 읍내에 거주하였다. 당시 동네 집들이 대부분 'ㄱ'자 집이었던 것에 반해 문계인 씨의 자택은 'ㅁ'자 집으로 큰 편에 속하였다. 대문은 두 개가 있었고 집 안에 우물도 있었다. 집 내부는 거실과 안방을 포함한 방 3개, 창고, 부엌으로 구성되어 있었으며, 화장실은 부엌에 붙어 있어 외부로 통하는 별도의 출입문을 통해서만 들어갈 수 있었다. 대문을 나서면 바로 길가로 이어졌다.

한편 읍내에는 돈을 모아 함께 소를 잡아먹는 새참계[112]가 있었다. 계원은 14명 정도로 설날이 되면 일 년 동안 모은 돈으로 소를 잡았다. 소는 서산시장에서 구매하여 화물차에 싣고 읍내까지 끌고 왔다. 잡은 소로 불고기 등을 해 먹고 남은 소고기는 계원들끼리 저울로 달아 나눠 가졌다. 문계인 씨의 집이 비교적 큰 편에 속하였기 때문에 문계인 씨 자택에서 주로 잔치를 열었다. 전후 새롭게 조직된 계로 그리 오래 유지되지는 않았지만, 먹을 것이 없던 시절 함께 고기를 나눠 먹고 동네 사람들에게도 베풀던 즐거운 추억이 되었다.

새참계는 고기를 나눠 먹는 게 목적이에요. 돈을 얼마씩 내서 그걸 모아 1년에 한 번씩 서산이나 예산 같은 저 밑에 가서 소를 잡아 와서 놀았어요. 동네에서 새참계 드는 사람들은 같이 와서 고기 구워 먹고 막걸리 마시고 그랬죠.

문계인 씨(194*년생, 남)

1960년대 후반 초가집이 대부분이었던 시절, 문계인 씨의 집은 초가집에서 기와집으로 개량하였다. 초가집은 매년 이엉을 새로 올려서 지붕의 무게가 상당하고 매해 작업이 번거로웠기 때문이다. 지붕에서 걷어낸 이엉은 논에서 태워 거름으로 썼다. 마을에 기와공장이 있어서 기와를 공수하는 것은 어렵지 않았다. 공사는 서로 품앗이로 도와줘 마무리 되었다.

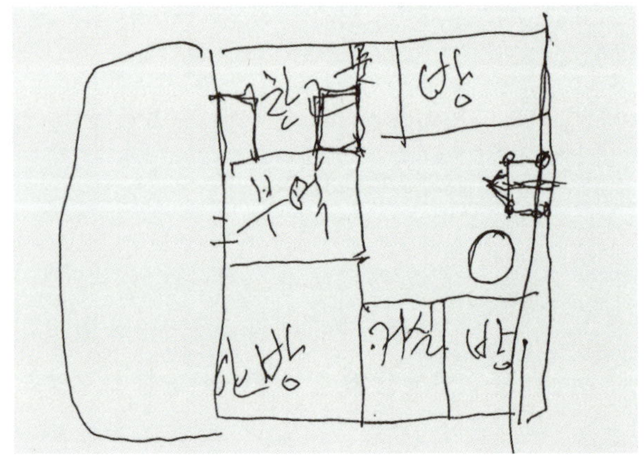

문계인 씨 자택 도면(문계인 제공)

112 문계인 씨의 구술에 따른 표현으로 정확한 명칭은 확인이 어렵다.

1960년대 탑골의 초가집(『금천지명유래』, 금천문화원, 2016, 29쪽.)

이엉을 엮어 올리려니까 힘들잖아요. 기와는 한 번 올리면 끝나잖아요. 그러니까 아버님이 이엉을 걷어내고 거기다 기와를 올린 거예요. 근데 그 당시에 기와집이 많지 않았어요. (중략) 서로 품앗이로 도와주며 우리가 그렇게 고쳤어요.

문계인 씨(194*년생, 남)

문계인 씨는 어머니가 환갑을 맞이하였을 때도 바로 이 기와집에서 잔치를 열었다. 아버님이 일찍 돌아가셨기 때문에 어머니 환갑은 더욱 성대하게 치렀다. 잔치를 5일 동안 열어 동네 사람들에게 국수나 갈비와 빈대떡 등을 대접하였다.

요리사가 롯데 은박지에 갈비쌈을 했어요. 수입 갈비가 없을 때라 한우죠. 아침, 점심, 저녁으로 사람들이 와서 먹었어요. 환갑잔치를 한 닷새 했나 봐요. 아버지가 일찍 돌아가셔서 환갑잔치를 오래 했어요. 멸칫국물을 내서 국수 삶고 빈대떡 같은 것도 부치고요.

문계인 씨(194*년생, 남)

다. 다가구주택과 화장실

1980년대 시흥동에 아파트단지가 대거 신축되었지만, 여전히 다가구주택에 거주하는 사람들이 많았다. 다가구주택은 대개 2층에서 3층 높이로 가장 위층에는 주인집이 살았다. 주인집을 제외한 방에는 세입자들이 거주하였는데, 공용 화장실을 썼다. 1980년대부터 1990년대 초반에 이르기까지 마당에서 함께 쓰던 공용 화장실은 이 시절의 가장 인상 깊은 일이기도 하다. 아침마다 마당에 긴 줄이 늘어설 정도로 화장실이 붐볐다면, 저녁에는 마당까지 화장실을 가는 게 무서워서 못 가기도 하였다.

저희 살던 집에는 공용 화장실이 있었어요. 입구에 들어오면 오른쪽에 2개가 있거든요. 어린 마음에는 밤에 가기 무서워서 못 가고 그랬죠.

육심연 씨(197*년생, 여)

이 때문에 직접 간이화장실을 만들어 쓰는 사람들도 있었다. 공동수도 근처에 모여 앉아 두런두런 이야기하며 다 같이 하던 설거지도 다시 한번 돌아왔으면 하는 시절이 되었다.

회사 가야 하는데 아침마다 화장실을 5~6명이 기다리니까 아버지가 땅을 파서 그 자리에 빨간 다라를 묻고 발판을 만들어서 화장실을 만드셨어요.

이홍석 씨(196*년생, 남)

땅을 파서 대야를 묻고 직접 화장실을 만들었더니 허락도 없이 옆집 사람이 쓰기 시작하는 바람에 싸움이 났다는 웃지 못할 해프닝이 벌어지기도 하였다. 그도 그럴 것이 분뇨를 수거하기 위해서는 그 값을 직접 지불해야 하였기 때문이다.

원래는 공용화장실을 써야 하는데 이 아줌마가 우리 화장실을 쓰는 거예요. 가까우니까. 그래서 한동안 싸웠어요. 왜냐하면 여기는 원래 우리만 쓰는 거였거든요. 우리가 쓰고 정화조 차가 오면 돈을 내니까요. 그러면 자기네들도 돈을 내겠다고 해서 나중에는 같이 썼어요.

이홍석 씨(196*년생, 남)

분뇨차(서울기록원)

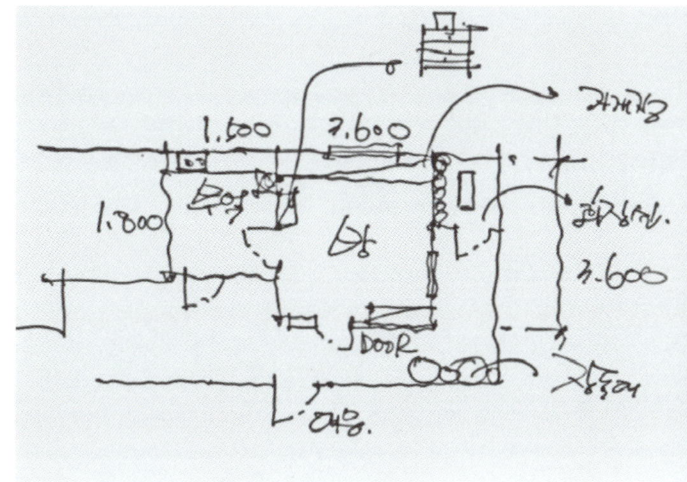

1970년대 이홍석 씨네 다가구 주택 도면(이홍석 제공)

1980년대 시흥동 자택 앞에서 육심연 씨(육심연 제공)

한편 개별화장실이 없었기 때문에 샤워하는 것도 고역이었다. 이 때문에 부엌에서 간단하게 샤워를 하는 경우가 많았다. 문을 열면 작은 현관이 있고 현관 옆에 바로 부엌이 있었다. 현관 옆에 창문이 있는 경우에는 보자기로 가리고 사용하였다.

현관에 들어가잖아요. 그러면 요만큼이 부엌이에요. 부엌 겸 현관인 거예요. 세탁기도 여기다 놓고요. 현관에 모든 게 다 있었어요. 그래서 여기서 씻어요. 화장실이 없으니까.

육심연 씨(197*년생, 여)

그러니까 제일 힘들었던 거는 주방에서 목욕하는데 한 사람씩 해야 하는 거예요. 그래서 엄마가 먼저 하면 그다음에 여동생 둘이 하고, 아버지가 하고, 마지막으로 내가 하는데 다라에 물을 받아서 하니까 그게 힘들었어요.

이홍석 씨(196*년생, 남)

산기슭 공원이 조성되기 이전에는 산에서 흘러나오는 물로 샤워하는 사람들도 있었다. 1992년까지 현 산기슭 공원 근처에는 공사를 하기 위한 커다란 하수도 배관이 방치되어 있었는데 이 배관 안으로 맑은 물이 흘렀다고 한다. 사람들은 밤마다 배관 안에서 샤워하였다. 이 배관은 벽산아파트가 생기면서 사라졌다고 한다.

내가 4~5학년 때만 하더라도 시흥4동 위 산에서 다 목욕했던 것 같아요. 산에서 물이 흘렀거든요. 그게 뭔지 모르게 기억이 나는데, 거기 가면 여름에 다 목욕하고 있었어요. (중략) 동그란 하수도 배관 큰 게 이렇게 있었어요. 그 안에서 물이 막 흐르고 있는데 물이 깨끗해서 사람들이 거기서 다 씻었던 것 같아요.

이홍석 씨(196*년생, 남)

안양천 밑에 물가 있는 데서 목욕하고 옛날에는 그랬죠. 여기도 시골이나 마찬가지로 산에서도 물 맑은 데서 목욕하고 그랬어요.

최창록 씨(196*년생, 남)

이 때문에 공중목욕탕이 활성화되기도 하였는데, 1980년대 목욕탕을 운영하던 문계인 씨는 당시 목욕탕 입장료가 한 사람당 450원이었다고 한다.

연탄보일러였으니까 물을 데워서 씻고 어렸을 땐 그랬죠. 그래서 목욕탕을 자주 다녔죠. 집 근처에 목욕탕이 있었어요. 목욕탕이 되게 컸어요. 집에서 씻는 것보다 목욕탕 다니는 게 더 편했죠. 집에는 씻을 수 있는 게 뭐가 없으니까요. 그렇다고 매번 다니는 것도 아니고, 돈이 나가니까요.

육심연 씨(197*년생, 여)

일요일, 토요일 같은 날엔 70~800명씩 오니까 하루에 손님이 엄청 많이 들어왔죠. 목욕비가 450원이라도 그때는 큰돈이니까 잘됐죠.

문계인 씨(194*년생, 남)

라. 단독주택과 옥상텃밭

1990년대에는 직접 단독주택을 짓거나 리모델링하는 경우도 생겨났다. 최창록 씨는 집 앞에 피어 있던 장미가 너무 예뻐서 집을 샀었다. 공군 중령이 살던 집이었기 때문에, 다른 집에 비해 상대적으로 규모가 크고 내부상태도 좋았다.

최창록 씨는 운동을 다니면서 매일 다른 집들을 부지런히 보며 내 집은 어떻게 지으면 좋을지 고민하였다. 부엌과 거실 사이에는 특별히 미닫이문을 두어 요리를 하더라도 거실로 냄새가 흐르지 않도록 하였다. 집을 지어 세를 주었을 때 아이들이 혹시나 옥상에 올라

1990년대 최창록 씨 부부(최창록 제공)

1990년대 최창록 씨 자녀들(최창록 제공)

최창록 씨의 집 내부

최창록 씨의 집 옥상

옥상 텃밭에서 최창록 씨

옥상의 아궁이

가서 사고가 날 수도 있을까 봐 옥상으로 가는 계단을 집 내부로 설계하였다.

내가 여기에 이걸 지으면서 돈을 더 준다고 했어요. 더 줄 테니까 내가 해 달라는 대로 해 달라고 했었죠. 시멘트도 두껍게 깔아서 높였어요. 15㎝로 해야 하는데, 9㎝나 10㎝로 깔면 조금만 움직여도 아래가 울리잖아요. 그래서 각종 재료를, 특히 철근 빼먹지 말고 제대로 박으라 했어요. 100원 달라고 하면 내가 150원 줄 테니 이대로만 지어 달라고 했죠.

최창록 씨(194*년생, 남)

현재 옥상에서는 텃밭을 가꾸며 오이나 참외 등 다양한 채소를 심고 있다. 옥상 한쪽에는 아궁이를 마련하여 친구들이 놀러 오면 삼계탕을 해 먹기도 한다.

마. 시흥동 주민들의 인지지도

시흥동 주민들이 그린 '우리 집 가는 길'을 통해 시흥동 주민들에게 일상생활에서 중요한 의미를 지닌 주거환경을 확인해 볼 수 있다.

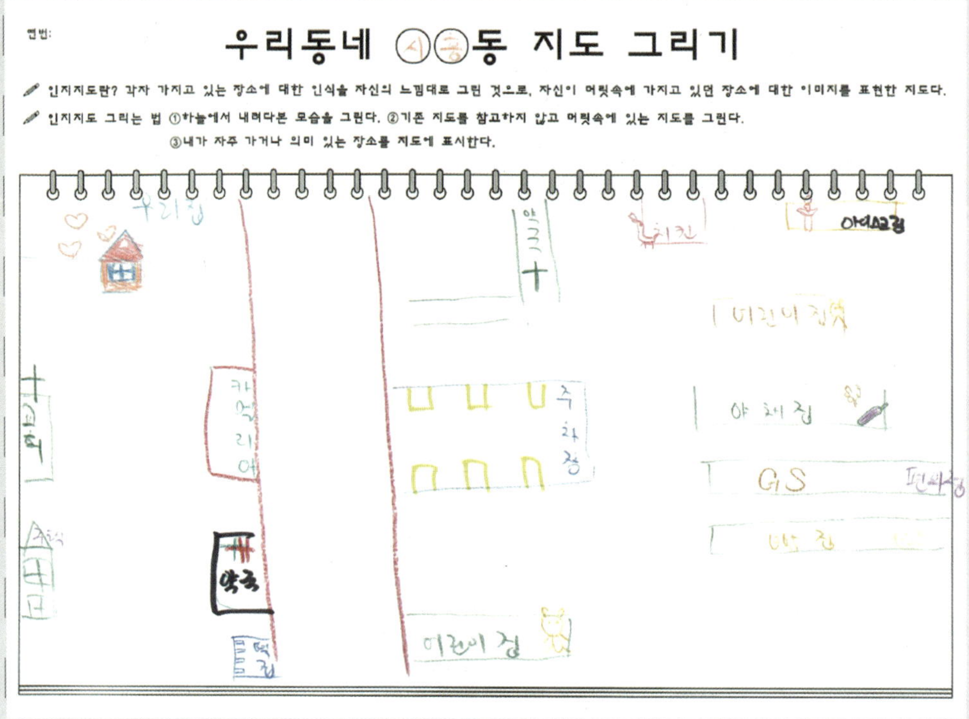

시흥동 주민이 그린 '우리 집 가는 길'1
카멜리아와 교회 등 집으로 가는 길에 보이는 커다란 건물 위주로 작성되었다.

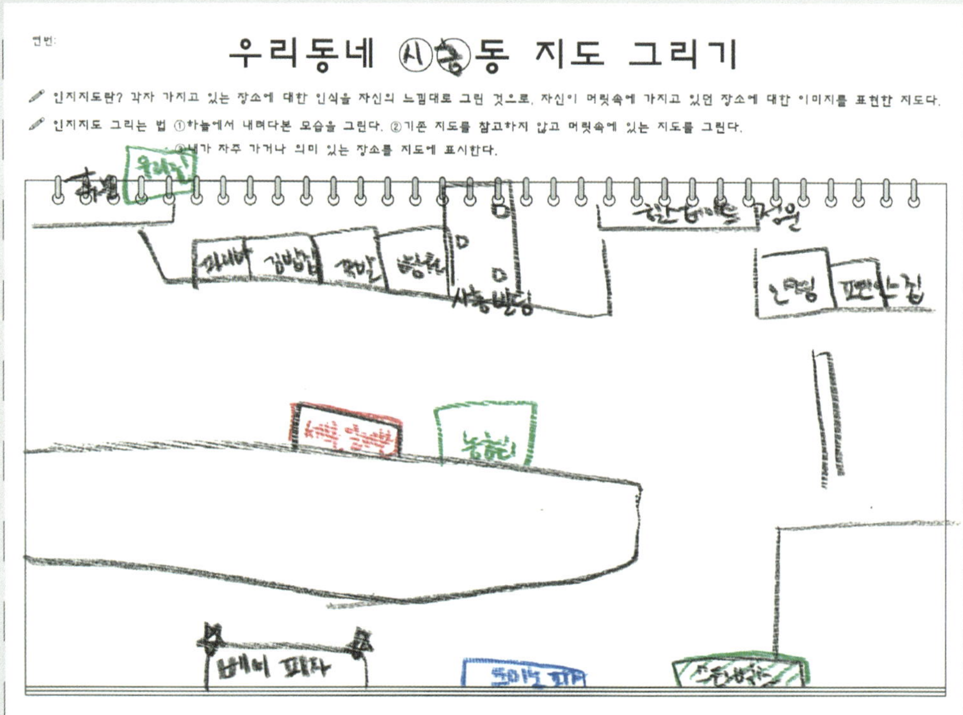

시흥동 주민이 그린 '우리 집 가는 길'2
피자가게와 카페 등 집으로 가는 길에 자주 들르는 '맛집'이 표기되어 있다.

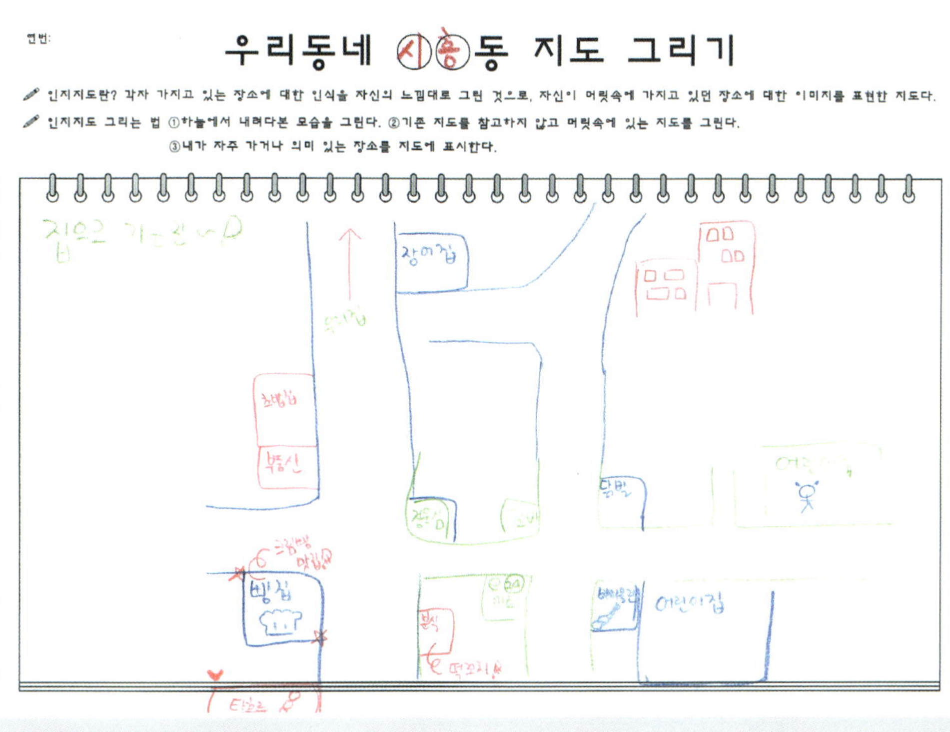

시흥동 주민이 그린 '우리 집 가는 길'3
빵집과 분식집 등 주로 가는 음식점 등을 표기하며, 그중에서도 특히 즐겨 먹는 음식을 강조하였다.

시흥동 주민이 그린 '우리 집 가는 길'4
집으로 가는 길 시작점에 시흥동 성당이 위치하는 것을 통하여 작성자의 일상생활에서
시흥동 성당이 차지하는 비중을 확인해 볼 수 있다.

1 1970년대 단독주택

1970년대 단독주택 개요

대지위치	서울특별시 금천구 시흥동 4-73번지
대지면적	145㎡
건축물용도	단독주택
사용승인일	1975.12.10.
건축물구조	연와조
건축물규모	지상 1층
건축면적	83.85㎡
연면적	83.85㎡

실측 대상지 위치

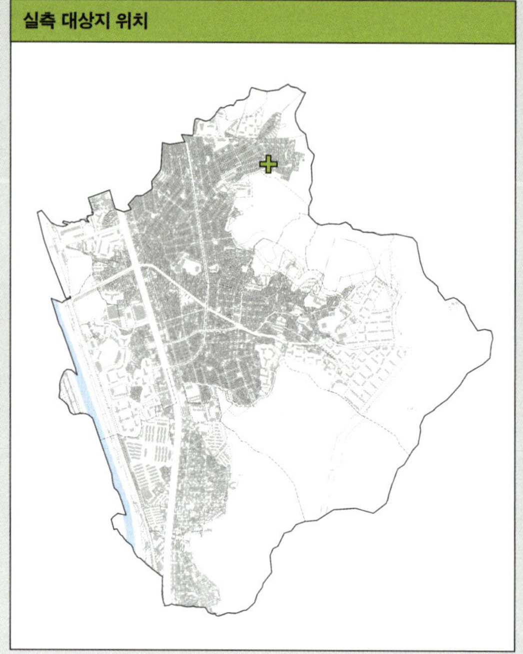

실측 주택은 시흥동 저층 거주지에서 많이 보이는 1970~1980년대 단독주택의 모습이 나타난다. 150㎡ 내외의 대지에 있는 단독주택으로 시흥동에서 흔히 볼 수 있는 규모이며, 수평증축을 하여 1970년대 준공 당시 원형에서 내부구조가 변경되어 있다. 실측 대상지인 시흥4동은 경사지에 자리한 저층 주거지로 입지 여건상 대규모 주거지 개발이 어려워 대부분 필지별로 다세대주택으로 신축하거나 기존 건축물을 리모델링하였기 때문에 실측 대상 주택처럼 증축 및 리모델링을 진행하여 현재까지 주택으로 이용하는 경우가 많다.

해당 주택은 전면에 마당이 있으며 지상 1층을 지면에서 1m 정도 높게 계획하였고 옆 마당 쪽으로 수평증축하여 주방과 거실과 방 3개로 규모가 넓은 편이다. 안방에는 다락으로 연결되는 계단이 있으며, 경사지붕을 최대한 활용하여 넓은 다락을 갖고 있다. 수평증축으로 생긴 부분은 평지붕으로 계획하여 옥상도 텃밭 공간으로 활용하고 있다.

실측 주택 지상 1층 평면도

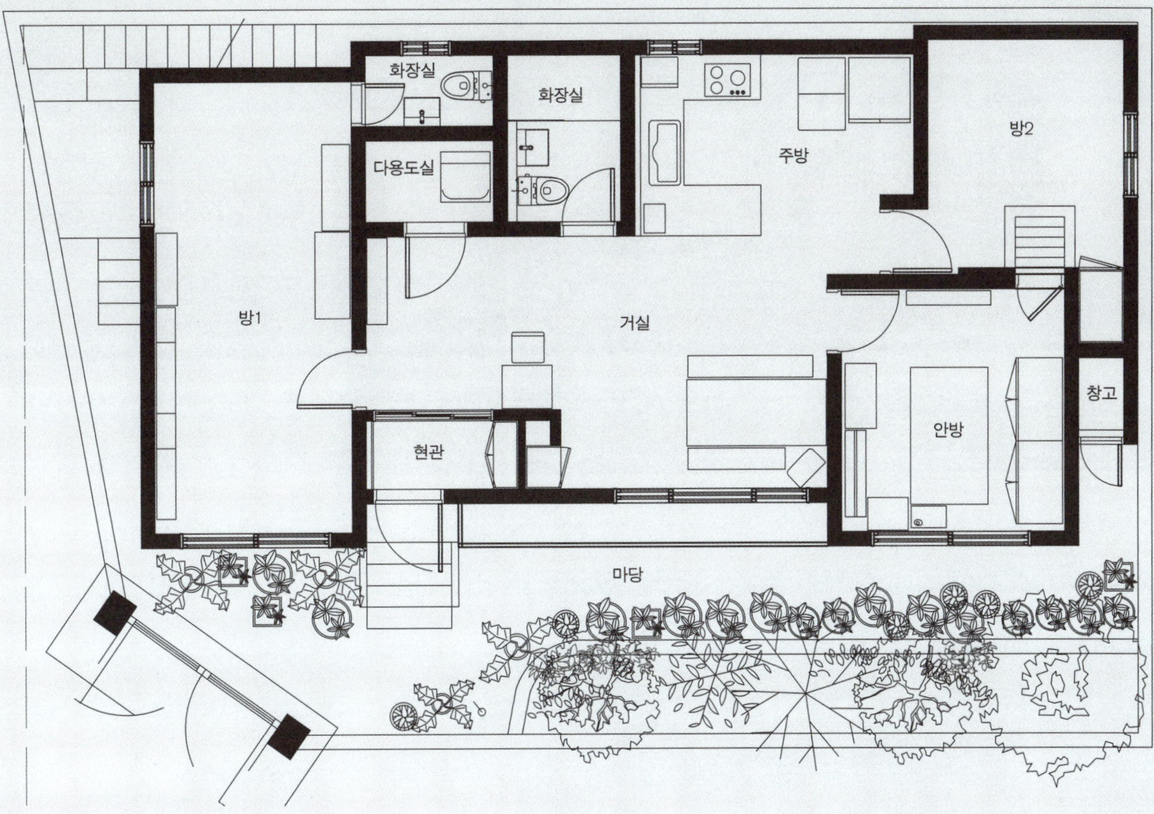

실측 주택 다락층 평면도

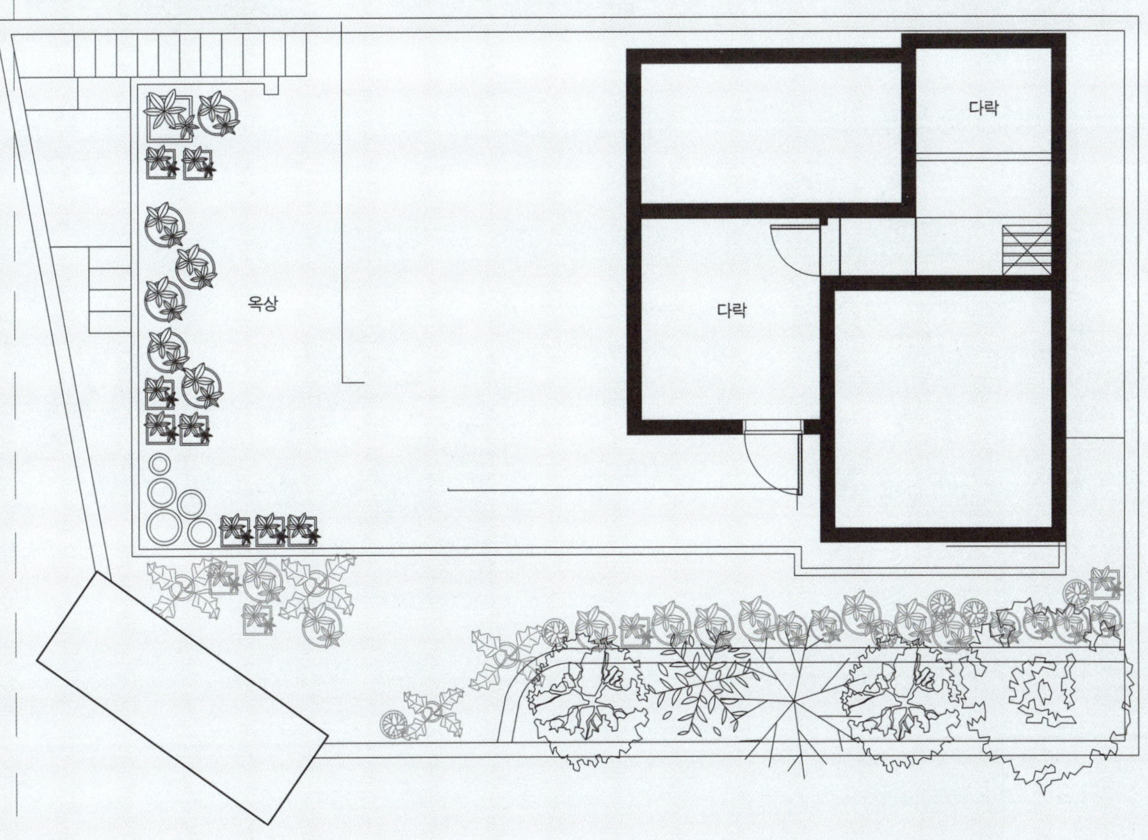

단독주택 내외부

앞마당

앞마당, 대문

주방에서 바라본 거실

거실

안방

방2

방1

주방

메인 화장실

작은 화장실

다락

옥상

2 1980년대 상가주택

1980년대 상가주택 개요

대지위치	서울특별시 금천구 시흥동 3-117번지
대지면적	198㎡
건축물용도	단독주택, 점포
사용승인일	1984.6.7.
건축물구조	연와조
건축물규모	지하 1층, 지상 2층
건축면적	96.96㎡
연면적	218.4㎡

실측 대상지 위치

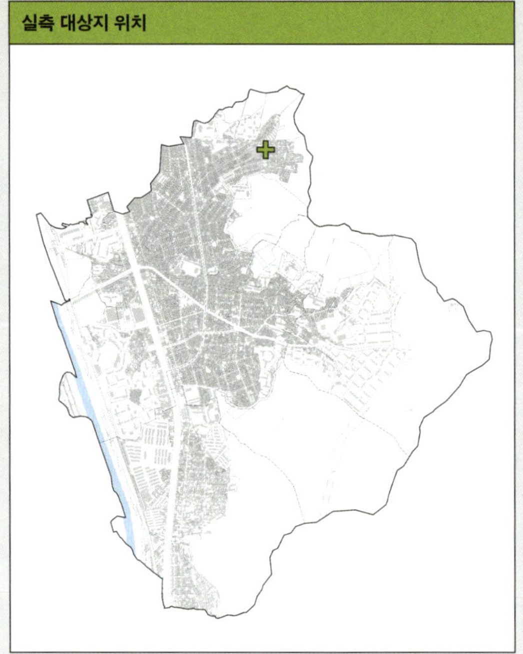

시흥동에는 슈퍼, 음식점, 생활편의시설 등 주거지에 필요한 근린생활시설이 1층에 위치한 상가주택이 많다. 도심지처럼 근린생활시설 용도의 건축물보다는 1970~1980년대부터 조성된 주택이 그대로 유지되며 필요에 따라 지상 1층이 점포로 용도 변경되어 주거지에 필요한 시설들이 자연스럽게 조성되었다고 볼 수 있다.

실측 대상 주택은 지상 1층이 슈퍼로 이용되고 있는 전형적인 상가주택이며, 지상 1층의 점포와 지상 2층의 주택이 별도의 출입구를 갖춰 동선이 명확하게 구분되어 있다. 경사지를 활용하여 건축되어 메인 골목길에서는 슈퍼로의 진입이 이루어지고 이면도로를 통해 주택의 출입구가 위치한다. 경사지를 활용하여 지상 2층의 주택도 지면에 접한 지상 1층 주택과 유사하게 독립적인 마당과 주차장을 갖고 있다.

실측 주택 평면도

상가주택 내외부

외부전경, 슈퍼 출입구

외부전경, 주택 출입구

마당

거실

거실-주방 방향

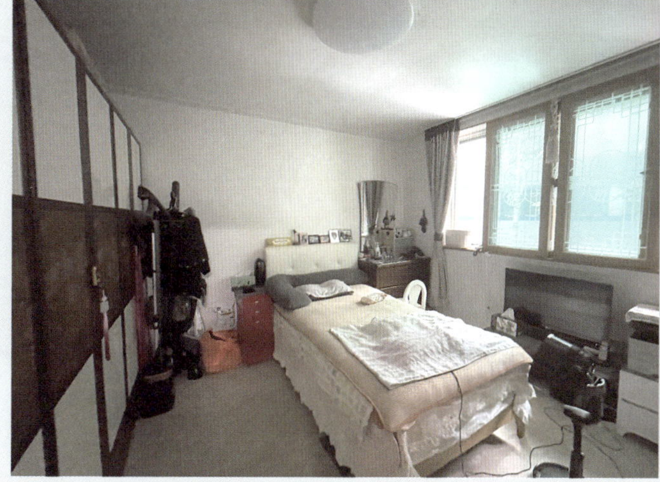
안방

주방

다용도실

작은방

화장실

거실-작은방 방향

3 1990년대 연립주택

1990년대 연립주택 개요	
대지위치	서울특별시 금천구 시흥동 3-101번지
대지면적	344㎡
건축물용도	연립주택(19세대)
사용승인일	1996.6.4.
건축물구조	철근콘크리트조
건축물규모	지하 1층, 지상 4층
건축면적	401.28㎡
연면적	2,193.65㎡

실측 대상지 위치

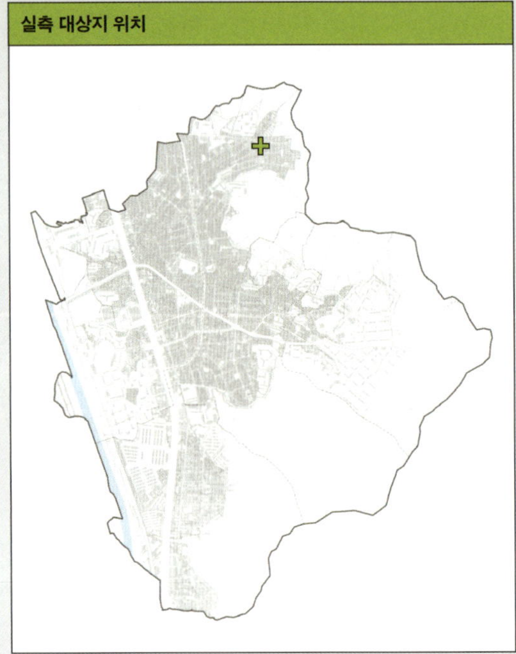

시흥3동과 시흥4동에서는 1990년대 이후 건축된 연립주택들도 다수 확인된다. 아파트가 조성되기 어려운 대지에 단독형, 단지형 연립주택들이 분포되어 있다. 다가구·다세대주택보다 규모가 있는 연립주택 유형에 대해서도 실측을 진행하였다. 해당 주택은 최상층(지상 4층)에 위치한 주택으로 해당 지상 1~3층의 주택보다 큰 평형으로 계획되었다.

실측 주택 평면도

외부

외부

방4

방3

방1

안방

방2

화장실

거실

거실

주방

주방

4 1980년대 아파트

1980년대 아파트 개요	
대지위치	서울특별시 금천구 시흥동 1002-1번지
대지면적	10,609.9㎡
건축물용도	아파트
사용승인일	1981.12.23.
건축물구조	철근콘크리트조
건축물규모	지하 1층, 지상 10층
건축면적	489.26㎡
연면적	5,231.12㎡

실측 대상지 위치

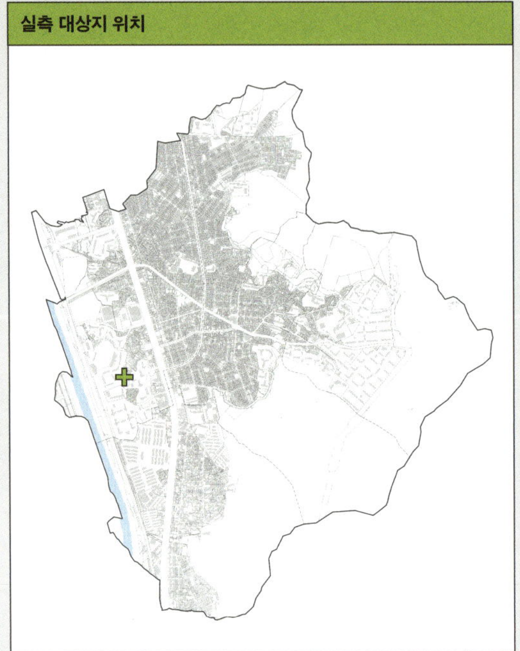

1980년대 시흥동에 지어진 대표적인 아파트는 남서울럭키아파트, 현대아파트, 무지개아파트, 필승아파트이며 이 중 현대아파트는 남서울힐스테이트로 재건축되었다. 남아 있는 아파트 중에서 가장 대단지인 남서울럭키아파트를 실측했다.

실측 대상 건축물은 2000년대 리모델링을 진행하여 내부구조가 일부 변경된 평형으로, 기존 안방이었던 공간을 거실로 변경하고, 주방 옆 다용도실을 철거하여 내부공간을 최대한 확장해 둔 주택이다. ♣

실측 아파트 평면도

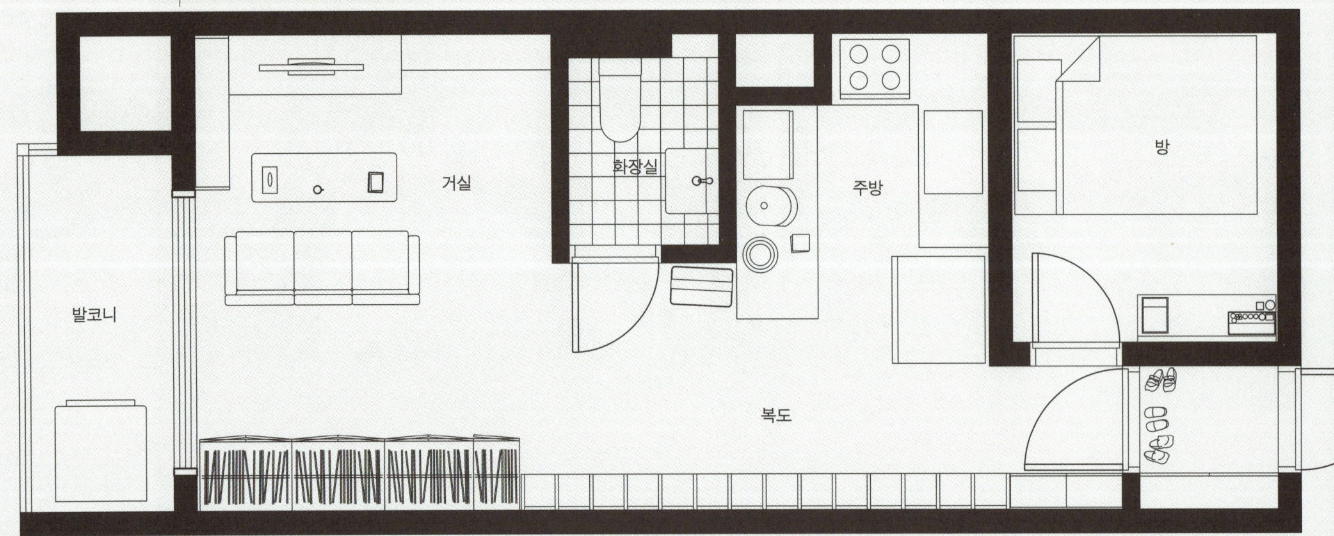

실측 아파트 내부

거실

방

복도

주방

#4

탑동초등학교

정흥섭

1962년(1세) → 성동구 뚝섬 상원 출생
1966년(5세) → 시흥동 산91번지 이주
1976년(15세) → 탑동초 졸업(7회)
1978년(17세) → 시흥2동 산91번지에서 연립주택으로 이주
1979년(18세) → 신림중 졸업
1982년(21세) → 마포고 졸업
1984년(23세) → 안양공업전문대학 토목과 졸업
1989년(28세) → 결혼
2003년(42세) → 탑동초 총동문회 발족.
3대·11대·12대 총동문회장 역임

"시흥2동은
서울의 수재민이 모여서
만들어진 동네예요."

정흥섭은 성동구 상원뚝섬에서 태어나 다섯 살 무렵에 시흥동으로 이사를 왔다. 그해 여름철 집중호우로 인해 뚝섬을 비롯한 서울 각지에는 수재민이 대거 발생하였다. 정부는 이들을 시 외곽 지역으로 이주시키기로 하였다. 뚝섬의 수재민이었던 그도 이때 시흥동 산91번지로 이주해 왔다. 수해 현장에서 건져 올린 가재도구와 함께 군용 트럭에 실려 시흥2동에 당도하였을 때 느낀 침울한 분위기를 그는 또렷이 기억한다. 또 그는 초창기 천막촌의 구역 구분과 군용 텐트에서의 살림살이, 판잣집과 루핑집이 빽빽한 '달동네'로 변모하는 과정에서 곳곳에 설치된 공동변소의 형태나, 식수를 구하기 위한 주민들의 노력, 영등포사회복지관의 개관과 기능 등 이곳 주민들의 삶을 이루었던 다양한 요소들을 생생히 기억하고 있다.

1. 시흥2동 수재민촌의 형성과 정착
2. 수재민촌·판자촌에서의 일상과 놀이
3. 탑동초 재학과 영등포사회복지관에서의 봉사활동
4. 탑동초 총동문회와 금천문화유산환경정책연구소에서의 활동
5. 시흥동을 돌아보며

정흥섭은 현재 탑동초등학교 총동문회 회장직을 맡고 있다. 탑동초등학교는 시흥2동 수재민촌의 학령기 아동을 교육할 목적으로 지은 학교로, 시흥초등학교와 더불어 시흥동을 대표하는 교육기관이다. 탑동초 7회 졸업생인 정흥섭은 중학생 때 탑동초 동창회 모임을 주최한 이후 꾸준히 동문회 모임에 관심을 기울여오다 2003년 탑동초 총동문회의 창설에 기여하였다. 그는 탑동초 총동문회가 국내에 둘도 없는 끈끈한 조직이라고 자부한다. 이 유대감의 근저에는 '달동네'를 배경으로 힘겨운 시절을 함께 보내왔다는 동지애가 있다. 가령 1977년과 1987년에 있었던 시흥2동의 산사태는 이곳 주민들이 서로의 생사를 확인하고 행방을 찾아보는 일에 나서는 등 운명공동체로서의 감각을 키운 계기였다. 탑동초 총동문회의 번영 사례는 시흥2동에 터를 잡았던 사람들이 서울시 외곽의 '달동네' 주민으로 소외되는 가운데 서로를 돌보며 생사고락을 함께해 온 세월을 짐작할 수 있게 한다.

시흥2동에 관한 문헌 기록은 이곳 주민들의 구체적인 삶의 모습이나 인식에 관해서는 설명해 주지 않는다. 대개 수재민 천막촌에서 무허가주택이 즐비한 '불량지구'로 변모하였다는 점, 이를 개선하기 위해 벽산아파트 단지 건설을 비롯한 도시계획이 진척되었다는 점을 중점으로 개발사업의 경과를 기록할 뿐이다. 그런 점에서 정흥섭의 이야기는 시흥2동의 '달동네' 시절을 좀 더 깊게 이해하도록 도와주는 증언 자료가 될 것이다.

1. 시흥2동 수재민촌의 형성과 정착

뚝섬에서 살다가 수재를 입고 시흥동으로 이주해 왔어요.

제가 태어난 곳은 뚝섬 상원인데 거기서 살았던 기억이 아직도 또렷해요. 한강둑 넘어가는 6~8m 정도의 도로가 있었는데 그 부근에 민가가 있었어요. 집은 경동초등학교에서 그리 멀지 않은 곳이었는데 근처에 채소장이 있었어요. 멀리 한양대학교가 보이는 곳이었어요. 어머니 등에 업혀서 한양대 학생들이 데모하는 모습을 내다보곤 했었어요. 그러다 다섯 살 무렵에 시흥동으로 이사를 와요. 여름 장마철에 대홍수로 서울시 전역에 물난리가 났을 때거든요. 정부가 뚝섬의 수재민들을 여기로 이주시켰는데, 그때 우리도 덩달아 온 거예요. 집이 완전히 침수되기 전에 되는 대로 세간살이를 챙겨 나와서 임시피난처에서 얼마간 지내다가 한 달쯤 됐을까 어느 날 군용 트럭이 와서 수재민을 이주시킨다고 그랬어요. 처음엔 어디로 가는지도 몰랐는데, 딱 와 보니까 시흥동 호암산자락인 거예요. 당시에 여기는 그냥 돌산이었어요.

그때 우리 어머니가 45세 정도 되셨거든요. 왜정倭政도 겪고 6·25전쟁도 겪으신 분이고, 청계천 판잣집에서도 지내신 분이세요. 그렇게 갖은 고생을 다 하셔도 꿋꿋하셨던 어머니가 여기 시흥에 딱 오셔서는 대성통곡을 하셨어요. 이런 데서는 살 수 없다고, 여기는 사람이 살 수 있는 데가 아니라면서 털썩 주저앉으시던 모습이 지금도 선명해요. 그래도 어떻게든 살아야 하니까 되는 대로 정부가 제공해 준 군용 텐트를 치고 살았어요. 텐트의 한가운데에 칸막이를 놓아서 하나의 텐트에 두 집이 살림하는 식으로 여기 수재민촌 사람들은 다 그렇게 살았어요. 그러다 2~3년 정도가 지나면 차츰차츰 루핑집과 판잣집이 생기기 시작해요. 근처에 기아산업과 같은 공장이 많았으니까 거기서 나오는 폐자재를 가져다 집을 지은 거죠.

수재민촌 주소는 산89번지·산90번지·산91번지·산101번지였고, 번지마다 3, 4개의 통이 있었어요.

수재민이 오기 전부터 출신 구별로 정착 구역이 정해져 있었어요. 정부에서 구획을 미리 해두었던 거죠. 그래서 성동구면 성동구대로 한쪽 귀퉁이에 모여 살고, 서대문구면 서대문구, 영등포구면 영등포구, 용산구면 용산구 이런 식으로 끼리끼리 모여 살게 됐어요. 우리 집은 성동구 구역이었는데 주소로 말하면 산 91번지 24통 1반이었어요. 이주민 중에서 그나마 한문을 좀 읽고 쓸 줄 안다는 사람이 통장을 맡아서 동네일을 봤죠. 수재민촌이 먼저 채워진 데는 산90번지와 91번지예요. 그 밑에 있는 산89번지하고 산101번지는 뒤따라 채워졌어요. 산101번지 같은 경우는 수재민만 사는 게 아니고 서울에서 못사는 사람들이 무허가 주택을 짓고 사는 곳이기도 했어요. 동사무소에서 그런 집들을 철거해 가면 다음 날에 또 들어와서 토굴을 지어 살았어요. 나중에 그쪽에는 상이용사촌이 생겨요. 탑동초 뒤쪽이 원래 예비군 사격장이었는데 그걸 없애고 상이용사촌을 만든 거예요. 용사촌이라 해서 상이용사만 살았던 건 아니고 수재민이나 지방에서 올라온 사람도 섞여 살았어요. 한 30~40가구가 있었던 것 같아요. 어렸을 때 손에 갈고리 낀 어른이 술을 잡수시고 동네를 돌아다니는 걸 가끔 봤죠. 어떻게 보면 시흥2동이 생긴 게 서울에서 오갈 데 없는 사람들이 모여서 만들어진 거예요. 어딘가 등은 붙이고 잠자리는 할 수 있는 데가 있지 않겠느냐 해서 찾아오는 곳이 바로 여기인 거죠.

2. 수재민촌·판자촌에서의 일상과 놀이

수도가 놓이기 전까지는 수도집에서 물을 길어 먹고 우물과 물차에 의존해 살았어요.

초창기에는 호암산에서 흘러내리는 시냇물을 음용수와 허드렛물로 썼어요. 차츰 수재민이 모여들면서부터 시냇물은 더러워져 사용할 수 없게 되었어요. 대신 아랫동네의 펌프집에서 물을 길어다 썼죠. 밤새 물지게를 지고 펌프집에 가서 물 나올 시간까지 기다린 다음 시간이 딱 되면 2~5원 정도를 내고 물 두 통 정도를 받아오는 거예요. 물지게를 어떻게 지느냐, 그때 저는 몸통이 작은데 물통은 훨씬 더 길잖아요. 그럼 물통이 끌리니까 어깨 끈을 'X' 자로

시흥2동 수재민촌 초기 전경(금천문화원)

시흥2동 수재민촌 텐트(금천문화원)

시흥동 구호품 배급(금천문화원)

시흥2동 수재민촌(금천문화원)
사진 가운데 보이는 건물은 공동변소이다.

메서 물지게를 날랐어요. 펌프집에는 그런 식으로 사람이 모이고 기다리는 게 되니까 나중에 보면 연탄집도 겸하고 조그맣게 구멍가게도 하고 그래요.

판자촌이 되면서는 공동우물을 만들어 썼어요. 땅을 파고 남포다이너마이트를 터트려서 돌을 부수고, 노깡을 넣어서 우물을 만들죠. 그런데 이런 우물은 대부분이 건수라 물 해결에 크게 도움을 못 주었어요. 시간이 지나면 우물은 방치되고 쓰레기장처럼 변하고요. 그다음에는 공동수도를 쓰게 돼요. 격일마다 급수차가 올라와 물을 공급해주기도 하고요. 보통 물차라고 하죠. 그게 오면 주민들이 물통을 갖고 와서 쭉 일렬로 줄지어서 기다려요. 그러면 물차에서 소방 호스 같은 걸로 물을 쫙 뿌려주죠. 저 같은 경우에는 물통을 들고 차 위에 뛰어 올라가서 떠내고 그랬어요. 개인수도는 1980년대가 되면서 놓였어요.

벽산아파트를 짓기 전까지도 우리는 공동변소를 썼어요.

처음에 왔을 때부터 구역마다 공동변소가 먼저 설치돼 있었어요. 푸세식에 스텐스테인리스강으로 된 대형 군용 소변기가 있는 화장실인데, 아침마다 줄을 서 기다리면서 추위에 떨고 오는 게 일이었어요. 개천 근처의 집은 개천 위로 집을 넓혀서 거기다 화장실을 만들어 깨끗한 물에다가 오물을 내보내고 그랬어요. 판잣집이 생기면서부터는 주변의 몇 집끼리 공동으로 변소를 만들어 썼어요. 골목골목에다가 땅을 파서 항아리를 묻어요. 1m 20㎝ 정도 땅을 파서 드럼통이나 항아리를 묻어서 위에 널빤지 깔면 그게 화장실이에요. 그다음에 개별적으로 똥차들이 와서 퍼가는 거죠. 나중에 그런 공동변소는 볼일만 보는 게 아니라 쓰레기를 버리는 곳이 돼요. 점점 더러워지고 관리도 잘 안 하니까 한 5~6년 내로는 사용할 수 없게 되고요. 그러면 방치돼 있다가 어느 순간에 없어져요. 벽산아파트 짓기 전까지 그런 화장실을 쓰고 살았어요.

처음에는 '대통령이 주신 건빵'을 먹었고 나중에는 꿀꿀이죽을 먹었어요.

처음에 여기 왔을 때는 당장 먹을 게 없었어요.

시흥2동 수재민촌 주민의 일상(금천구청)

개천 다리 공사에 부역 중인 시흥동 주민들(금천문화원)

식량을 어떻게 구했냐면, 여기 군데군데에 개천이 흘렀거든요. 그때까지만 해도 개천물은 상당히 깨끗했으니까 당장은 가재나 물고기를 잡아먹을 수 있었어요. 수재민촌의 초창기에 한동안은 정부가 건빵을 줬어요. 지금도 형들이나 친구들과 모이면 어렸을 때 우리가 박정희 대통령께서 주신 건빵을 먹으며 살았다고 얘기하곤 해요. 비닐봉지에 건빵을 담아서 주는데, 우리 식구는 입이 일곱 개니까 일곱 봉투를 줘요. 그러다 한 보름에서 한 달쯤 지났을 때쯤부터는 한 가정에 한 봉투만 주는 걸로 바뀌었어요. 두 식구여도 한 봉투, 일곱 식구여도 한 봉투를 주는 거죠. 그럼 이제 우리 식구들은 굶는 거예요. 실제로 저는 3일을 굶어 봤어요. 어디 시골에 살았다면 그나마 고구마라도 쪄먹을 수 있었을 텐데 여기서는 그런 것도 못 먹으며 살았던 거죠. 나중에는 수재민촌 안에서 조그만 양계장을 하는 집이 생겼어요. 닭을 키우니까 달걀을 얻어먹으러 가기도 하고 닭 모이로 주는 깻묵도 얻어먹고 그랬죠.

롯데캐슬 자리에 있었던 미군 부대에서 짬밥을 가져다 먹기도 했어요. 보통 꿀꿀이죽이라고 그러죠. 그런 걸 아랫동네시흥사거리나 서면에 가면 구할 수 있었어요. 5원을 가지고 가면 한 말 정도가 되는 밥통에 꿀꿀이죽을 담아 줘요. 그럼 그걸 집으로 가져와서 한 번 더 끓이고 간도 맞추고 어느 정도 조리한 다음에 먹는 거예요. 어떨 때는 꿀꿀이죽을 먹다가 담배꽁초를 씹을 때가 있어요. 미군들이 피우다가 버린 시가 필터가 나오는 거죠. 금반지가 나오는 경우가 있는데 그건 재수가 좋은 거예요. 금반지가 나왔다 하면 그 집은 한동안 꿀꿀이죽 안 먹어도 된다는 얘기니까요.

어른들이 부역 나가서 받아온 밀가루로 곧잘 칼국수나 수제비를 해 먹었어요.

여기서 호암산 꼭대기를 바라보면 한우물에서 흐르는 물이 얼음으로 얼려 있는 게 보였거든요. 그게 여기 사람들이 일할 때냐 아니냐를 알려주는 신호 같은 거였어요. 얼음이 얼려 있으면 날이 추워 일자리가 없을 테니 놀아도 된다는 소리이고, 얼음이 녹아 안 보이면 날이 풀렸으니까 어디 부역을 나가든 뭐 건설 현장을 나가든 돈을 벌러 나갈 때가 됐다는 소리이죠. 여기 시흥동 어디에서 공사를 한다고 하면 동네 사람들이 대개 부역을 나갔어요. 축대를 쌓는다거나 시흥천이나 안양천에서 공사한다고 하면 가서 일해주고 밀가루를 한 포대씩 배급을 받아오는 식이에요. 그런 공사철에 통장네 집에 가 보면 배급용 밀가루가 가득 쌓여 있는데 그걸 나눠주는 거예요. 우리 식구 중에는 동네 일로 부역을 나가는 사람이 없었어요. 아버지는 주로 인천이나 여주, 이천과 같은 외지로 부역을 나가셨고 큰형님은 성동기계공고에 다니며 그 지역 학생들의 가정교사로 생활하셨고 작은형님과 저는 아직 어렸으니까요. 그래서 우리 집은 어머니와 누나가 고생을 심하게 했죠. 동네 사람들은 부역을 나갔다가 타온 밀가루로 칼국수나 수제비를 많이 해 먹었어요. 그래서 나중에는 동네에 국숫집도 생기고 그랬죠.

수재민촌 안에는 가내공업센터와 후생식당이 있었어요.

부역 일 말고도 가내공업센터에서 일할 수 있었어요. 그건 정부가 여기 사람들에게 일자리를 만들어주고 직무교육도 해주려고 만든 시설이에요. 무슨 일을 하냐면, 스웨터를 짜거나 나일론이나 PVCPolyvinyl Chloride 같은 걸 써서 꽃바구니 같은 걸 짜는 일을 하는 거예요. 수재민촌 사람들이 일하기도 하고 외지에서도 와서 일하기도 하죠. 가내공업센터 안에는 우동가게가 하나 있었는데 그건 수재민촌 사람들 먹여야 한다고 정부에서 만들어준 후생식당이에요. 5원 정도를 내면 한 말 정도쯤 되는 주전자에 우동을 한가득 담아줘서 온 식구가 먹을 수 있어요. 그 식당이 초등학교 3, 4학년일 때쯤에 생겨서 2~3년 뒤에 없어졌을 거예요. 6학년 때까지 그 식당의 우동을 먹은 기억은 있으니까요. 수재민촌의 가내공업센터 말고도 장택상 별장 주변에 가발 공장이 있었는데 그것도 4~5년 있다가 없어졌어요.

아이들은 출신 구區별로 무리를 지어 놀았는데 보름날마다 전쟁놀이를 하며 놀았어요.

여기가 서울 각 구에서 몰려든 사람이 사는 곳이니까, 같은 데서 온 사람들끼리 조금 더 친밀히 지내는 게 있었어요. 아이들 같은 경우에는 출신 구區별로 석전石戰을 했어요. 상시로 했던 건 아니고 보름날이 되면 어디 시골에서 쥐불놀이하는 것처럼 같은 출신끼리 무리를 만들어서 기세 싸움을 했어요. 무리마다 대장, 참모 역할을 다 정해서 전쟁하는 것처럼 노는 거예요. 7, 8세 정도 어린애들은 간첩 역할을 시키는데 제가 또 간첩 역할을 그렇게 잘했어요. 간혹 실제로 다툼이 일어날 때도 있는데 그렇다고 막 크게 싸우거나 다친 적은 없어요. 이런 게 이 지역 아이들끼리 친해지는 방법인 거죠. 어렸을 때는 여우나 늑대가 우는 소리를 실제로 많이 들었어요. 한겨울에 눈이 많이 올 때는 동물 발자국도 많이 봤어요. 한번은 매우 큰 동물 발자국이 있어서 사

1987년 시흥2동 산사태 피해 현장(e영상역사관 국가기록사진)

1987년 시흥2동 산사태 피해 복구 작업(e영상역사관 국가기록사진)

람들이 호랑이 발자국이라고 그랬어요. 우리 집의 뒷집에서 셰퍼드 두 마리를 키우고 있었는데, 그 큰 발자국이 찍힌 날에 마침 뒷집 개들이 없어졌거든요. 그러니까 동네 사람들이 그 발자국이 호랑이 발자국이라고, 호랑이가 개들을 물어간 거라고 하면서 한참 떠들썩했던 적이 있어요.

중학생 때 물난리가 나서 여기가 쑥대밭이 되었는데 그걸 10년 뒤에 또 겪어요.

1977년 여름에 집중호우가 와서 산사태가 크게 났어요. 그 전날에 저는 복지관현 청담종합사회복지관에서 공부하고 있었어요. 저녁이 돼서 집에 가려고 나서는데 선생님이 비가 많이 오니까 가지 말라고, 여기서 밤새 있어도 좋으니까 밖에 나가지 말라며 붙잡으셨어요. 그렇게 복지관에서 하루를 보내고 이튿날 아침에 나와서 보니까 동네가 아주 난장판이 되었단 말이죠. 피해를 제일 많이 본 곳은 산 89, 90, 91번지예요. 그쪽은 배수로가 제대로 안 된 곳이고 콘크리트 없이 모래주머니랑 가마니만으로 축대를 쌓은 곳이 많았거든요. 또 그때가 정부에서 녹지사업을 한다고

판잣집을 밀어내고 사방공사를 하던 때예요. 배수가 잘 안 되고 평소보다 지반이 많이 약해진 상태였으니까 집중호우에 그냥 무너져 내린 거죠. 이때 사고로 죽거나 다친 사람이 50명 정도가 나왔고 이재민도 400명 정도가 생긴 걸로 알아요. 그 사람들은 정부가 탑동초등학교에 만들어준 임시 피난처 아니면 영등포사회복지관에서 지냈어요. 장마가 끝난 다음에는 집터로 달려가서 물에 젖은 가구류, 식기, 이불 같은 걸 건져서 말렸고 통별로 예비군과 민방위 대원을 모아서 복구 작업에 나섰어요. 수색대를 편성해서 시체 수색작업도 벌였어요. 수색대는 아랫동네나 멀리 안양천까지 내려가서 시체를 건져오고 그랬어요. 복구 작업이 완료되고 이듬해에 우리 집은 삼성공원 근처의 연립주택으로 이사 갔어요.

그러고 한 10년 뒤에 폭우로 인해서 산사태가 또 크게 나요. 그때는 제가 군인이었는데 마침 휴가를 나와서 피해 상황을 직접 볼 수 있었어요. 완전히 무너져 내린 집이 여럿이고 자동차들은 굴러서 막 엉켜 있고 10년 전과 피해 상황이 거의 비슷했어요. 그리고 그 산사태로 제 친한 후배가 사고사를 당했어요. 듣기로는 가족은 몰살당했고, 후배는 돌멩이에 머리를 맞아 쓰러진 채 산사태에 쓸려갔다고 그래요. 복구 작업하면서 시신을 못 찾으니까 죽었는지 살았는지를 알 수 없는 상태였어요. 그래서 다른 친구하고 광명병원이니 고대병원이니 할 것 없이 사고사를 당한 사람이 있다는 곳은 다 찾아다녔어요. 그러다 겨우 찾았는데, 후배와 같은 학교의 체육복을 입은 시신인데 머리가 없다는 거예요. 보통은 체육복에는 자기 이름을 주기해 놓잖아요. 확인해 보니까 옷은 갈가리 찢겨 있는데 후배의 학교 체육복에다가 후배의 성姓이 주기 돼 있는 걸 딱 발견했어요. 그래서 맞는 것 같다, 그 친구인 것 같다고 해서 수습하고 장례를 치러주었죠. 이런 재해를 겪고 난 다음에 정부가 대책을 내놓은 게 여길 재개발한다는 거였어요. 그렇게 무허가주택을 싹 밀어내고 지금과 같은 아파트를 지은 거죠. 그 시절에 여기에 살았던 사람들은 물이라면 아주 지긋지긋할 거예요. 수재를 피해서 여기에 정착한 건데 또 수재를 입어 재산과 목숨을 잃고 다른 데로 떠나야 하는 처지였으니까요.

3. 탑동초 재학과 영등포사회복지관에서의 봉사활동

탑동초를 개교하고서 시흥초에서 1학년서부터 5학년까지 데려왔어요.

탑동초는 시흥2동 아이들을 위해서 지은 거예요. 그전에 거기는 혜명보육원의 김 할머니의 땅이었고 삼층석탑이 있던 자리였어요. 석탑은 학교를 짓고 지금 자리시흥2동 230-40번지로 옮겼어요. 탑동초에서 6년을 다니고 정상적으로 졸업한 기수는 6회부터예요. 저는 그 두 번째인 7회 졸업생이에요. 우리 기수의 학급은 10개 반이 있고 한 반에 70~80명 정도가 있었어요. 나중에는 재학생이 너무 많아져서 6학년 때 100명 정도를 시흥초로 보내서 졸업시켰어요.

6학년 때 '1인 1특기' 체육활동이 있어서 저는 씨름부에 들어갔어요.

축구, 육상, 씨름, 핸드볼, 배구 등이 있고 종목별로 담당 체육 선생님이 한 분이 계셔서 지도를 해주셨어요. 운동부 학생은 종목이 다르더라도 서로 더 친하게 지냈어요. 같은 운동장을 쓰면서 자주 보고 부대끼고 때론 싸우기도 하면서 정이 더 드니까요. 우리 씨름부는 대회 성적이 꽤 좋은 편이었어요. 전국장사씨름대회에 나가서 7위도 하고 서울대회에 나가서는 삼성초등학교에 아쉽게 져서 2위를 하고 그랬으니까요.

육성회비가 제일 적을 때는 50원, 제일 많을 때는 600원이었어요.

옛날엔 육성회비라는 게 있었죠. 그때는 선생님들이 육성회비를 못 내는 학생들을 혼내고 벌세우고 부모님 불러오라면서 면박 주던 시절이에요. 저는 육성회비를 제때 낸 적이 거의 없어요. 그래서 그런지 선생님께 한 번만 혼나도 되는 걸 두 번 혼나고 그랬어요. 선생님이 육성회비 때문에 부모님 모시고 오라고, 집 가서 받아오라고 내보낸 적도 있어요. 그럴 때는 그냥 동네 친구들하고 동일중학교 밑에 개천에서 물장구치며 놀고 별장 산에 올라가 놀고 그랬어요. 육성회비 못 내는 걸로 학생을 탓하지 않는 선생님도 있긴 했어요. 초임 선생님들이 대개 그런 편인데, 나중에 가면 그런 분들도 악독해져요. 지금 생각해 보면 육성회비를 잘 걷어야 학교에서 능력을 인정해 주는 분위기가 있었으니까 그랬던 것 같아요. 육성회비 때문에 학교에 대한 추억이 그리 좋은 편은 아니에요. 제가 가슴 깊이 애정을 갖는 대상은 학교라기보다는 여기에서 살았던 주민들, 그 어려운 시절을 함께 지내 온 이웃들인 거예요.

초등학생 때부터 직접 돈을 벌고 그걸로 육성회비를 내곤 했었어요.

제가 초등학교 다닐 때 '아이스 깨끼' 장사를 하면서 돈을 벌었어요. 갈월동이나 장충동까지 다니다가 길을 잘못 들어서 천호동까지도 간 적도 있어요. 또 수재민촌에 시장이 있었는데, 흥일극장현 시흥5동주민센터 앞에서 거기까지 채소나 콩나물을 자전거나 손수레에 잔뜩 싣고 올라가는 걸 뒤에서 밀어주면 10원씩 받을 수 있었어요. 그렇게 번 돈으로 만화방 가서 놀거나 텔레비전 보고 저녁 늦게 집에 들어간 적이 많아요. 흥일극장 앞에서 그런 식으로 푼돈 벌려는 아이들이 저 말고도 많이 있었어요. 칼바위에서도 몇 번씩 푼돈을 번 적이 있네요. 등산객이나 호압사에 오는 사람이 칼바위 끝에 서보라고 하거든요. 그 아래가 낭떠러지인데 칼바위 끝에 올라서서 까치발로 있어 보라고 하면서 성공하면 돈을 준다는 거예요. 어렸을 때는 겁도 없이 그게 위험한 건 줄 몰랐어요. 체구도 작고 날쌨으니까 그런 걸 쉽게 하고 그랬죠.

탑동초 졸업생이 가장 많이 진학한 곳은 신림중학교하고 강서중학교였어요.

탑동초를 졸업하고 저는 신림중학교로 진학했어요. 통학은 두 가지 경로가 있어요. 범일금하로733-1에서 104번을 타고 대림동에서 내려서 신림동으로 가는 걸 갈아타는 방법, 버스를 두 번 탈 바에야 아예 대림여자중학교현 한울중학교에서 문교초등학교 뒤쪽으로 산을 넘어 신림동으로 가는 방법이죠. 저는 버스를 두 번 탈 바에야 걸어가는 게 편해서 주로 걸어 다녔어요. 고등학교는 마포고등학교를 나왔어요. 동네에는 명지고등학교나 관악고등학교, 성남고등학교에 다니는 친구가 많았어요. 시흥동에는 상급학교가 없었으니까 타지의 학교로 통학해야만 했기 때문이죠.

정흥섭의 인터뷰 모습

그래도 탑동초에서 인연을 맺은 친우들과는 졸업 후 학교가 갈렸어도 계속 막역하게 지내왔어요. 송유근, 권영종, 지옥정, 이경신, 김용구 등등이 있는데 지금도 돈독한 관계를 유지하고 있어요. 탑동초에 다닌 덕분에 서로 무슨 일이 있으면 자기 일처럼 도와주는 끈끈한 친우를 만날 수 있었다고 생각해요.

영등포사회복지관에서 인생의 스승님을 만나 봉사활동도 하고 공부도 하며 지냈어요.

시흥동에 있는 청담종합사회복지관이 예전에는 영등포사회복지관이었어요. 캐나다유니테리언봉사회Unitarion Service Committee of Canada에서 건물을 짓고 국내 사회사업가에게 위탁해서 운영하던 복지관이었죠. 1975년에 생긴 기관인데 초대 관장이 사회복지학계의 원로이신 김만두 교수님이세요. 제가 중학교 2학년부터 고등학교에 들어가기 전까지 여기서 봉사활동을 했었어요. 그전까지 제 행실을 보면 불량한 학생이었다고 할 수 있을 거예요. 운동부 출신으로 비교적 체격도 힘도 좋을 때였으니까 동네에서 쌈박질도 많이 하고 누가 함부로 대하지 못할 정도로 힘자랑하고 다니고 그랬으니까요. 그런데 복지관이 생겨서 한번 가봤는데 거기서 인생의 스승님을 만나서 인생이 바뀌게 됐어요. 김종석 선생님이라고 제가 그분을 통해서 인생살이를 배웠거든요. 우리 복지관 아이들한테 누누이 강조하셨던 게 '힘 자랑하지 마라. 하려거든 동네에서 하지 말고 밖에 나가서 하라' '연애할 때도 그렇고 결혼해서도 바람피우지 마라' '노름하지 마라' 이 세 가지예요. 그분이 아니었다면 저는 못된 길로 빠졌을지도 몰라요

복지관 아이들은 저를 '선생님' '대장님' '형'으로 부르며 따랐어요.

복지관에서 했던 봉사는 사회사업학과 선생님이 하는 아이들 상담을 보조하거나, 기타를 치면서 레크리에이션recreation을 하거나 공부를 따로 좀 더 봐주는 일을 했어요. 또 복지관에서 보이스카웃 활동으로 319지역대회를 할 때는 제가 대장을 맡은 적도 있어요. 제가 복지관에서 활동할 때는 아이들의 일거수일투족을 살피는 일이 중요했어요. 가령 40명 정도를 맡아서 얘네들이 오늘 무슨 일이 있을 거다, 언제 모여서 어디로 도둑질하러 간다는 걸 파악하고 관리하는 거예요. 여기가 잘 못사는 동네이다 보니까 사회에서나 가정에서나 소외되는 아이들이 많아요. 이런 환경 속에서는 문제아동들이 생기기 마련이거든요. 문제아동의 집에 찾아가 보면 말이에요. 아버지가 맨날 술 마시고, 담배 피우고, 여름에 팬티만 입고 드러눕고 있어요. 그 밑에 자식이 어떻겠냐고요. 어떤 날은 한 아이가 안 오길래 집으로 찾으러 갔는데, 아버지가 그 아이를 빨간색 큰 고무 물통에 넣고 뚜껑에 못질해서 가둬둔 거예요. 그런 부모 밑에서 자란 아이들이 못된 길로 빠지지 않을 수가 있나요. 담배나 도둑질은 기본이에요. 돈을 어떻게 훔치느냐면, 명동거리나 백화점을 한 바퀴 빙 돌면서 두 손가락으로 행인 주머니를 낚아채요. 그런 식으로 하루에 60만~70만 원씩 털어요. 그리고 그 돈으로 '588'을 가요. 애들이 나이만 10대이지 정신연령은 벌써 20~30대예요. 사회나 가정이 아이들을 품지 못하면 그런 문제가 생길 수밖에 없는 거죠.

4. 탑동초 총동문회와 금천문화유산환경정책연구소에서의 활동

중학생 때 동창회 모임을 주최하면서 품었던 총동문회 창단의 꿈을 마흔 살이 다 되어서 이루었어요.

우리 총동문회는 규모가 꽤 큰 편이에요. 예를 들어 체육대회를 한다고 하면 1회부터 22회까지 전부 참여하니까 사람이 500~700명은 모여요. 아마 서울시 내는 물론이고 전국적으로 봐도 이렇게 모이는 데가 없을 거예요. 사실 저는 동문회 모임이 필요하다는 생각을 초등학교 졸업하고서부터 하고 있었어요. 중학교 2학년 때는 실제로 동창회 모임을 주최해서 100명 정도를 모은 적도 있어요. 학교에 요청해서 교실 두 개를 빌리고, 제가 사회를 보면서 장기자랑과 게임을 했죠. 우리 7회 졸업생의 동창회를 기념하는 페넌트도 제작해서 나눠줬고요. 이게 계기가 돼서 언젠간 동문회를 만들어야겠다고 생각을 했는데 사는 게 바빠서 실행은 못하고 있었어요. 그러다 2000년대 들어서면서 '아이러브스쿨'이라는 게 유행하거든요. 그게 학교 선후배를 찾아주는 건데, 그걸로 동일중학교에서 동문회를 만들었다

2015년 탑동초 총동문체육대회(금천구청)

2018년 탑동초 총동문산악회 시산제(금천구의회)

2022년 탑동초 11회 동문회 봉사활동(금천구청)

2021년 탑동초 11회 동문회 봉사활동(금천구청)

는 소식을 들었어요. 그러니까 우리 동창들 사이에서도 총동문회를 만들어보자는 의견이 일어났어요. 기존에는 친한 동창들끼리 소규모로 모이던 걸 총동문회를 발전시켜 보자는 거였죠. 그래서 2001년부터 준비모임을 가져서 2003년도에 총동문회를 정식으로 만들었어요. 올해가 21년 차가 되네요. 저는 3대 총동문회장을 했고, 그다음에 11대를 하고 12대를 연임해서 지금 세 번째 회장직을 수행하는 중이에요.

총동문회의 가장 큰 행사는
4월 봄에 하는 체육대회예요.

보통 체육대회는 가을에 하는데 우리는 봄에 해요. 체육대회가 끝나면 임원들이 워크숍을 하고요. 여름에는 더우니까 '호프데이'라고 해서 일일 찻집, 일일 호프를 하고 가을에는 산악등반대회를 해요. 한 번씩 바자회나 볼링대회, 래프팅을 하고요. 산하 동아리로는 문화동아리가 여럿 있는데 가장 왕성히 활동하는 게 산악회예요. 등산이 인기가 좋으니까 참여 인원도 제일 많고 자체적으로 시산제도 올리면서 운영이 아주 잘되고 있어요. 주민센터나 복지관, 어린이센터와 같은 데에 쌀이나 김장을 나눠주는 봉사도 해요. 기수별로 송년회를 하면 총동문회 차원에서는 신년회를 해요. 동문 사람들은 총동문회에 무슨 일이 있다고 하면 자발적으로 나서서 도와줘요. 우리가 끈끈히 연결된 게 다 어려운 환경에서 같이 자라온 배경이 있기 때문이에요.

호암산성 발굴조사 현장(금천구청)

호암산 한우물

금천구에서 가장 중요한 건 시흥행궁을 복원하는 일이에요.

탑동초 총동문회장 말고도 우리 동네 문화유산과 관련된 일을 하고 있어요. 어렸을 때부터 주변의 문화유산을 많이 보고 자라서 그런지 사회생활을 하면서도 그런 데에 관심을 많이 쏟아 왔거든요. 뜻이 맞는 사람들이 모여서 '금천구(옛 시흥현) 문화유산 보전회'라는 걸 만들었는데, 제가 거기서 활동하고 있어요. 활동한 지는 좀 되었는데 최근에는 환경이 이슈니까 문화유산과 환경을 같이 다루는 단체라는 의미를 담아 '금천문화유산환경정책연구소'라고 이름을 바꿨어요. 여기 금천구에 사는 사람들이 꼭 이루어야 할 숙제는 시흥행궁을 복원하는 일이라고 생각해요. 실제로 정조대왕이 여기까지 행차를 왔고 주민들은 격쟁을 울려서 임금과 대화하고 그랬잖아요. 말하자면 시흥동이 우리나라 민주주의의 시원始原이 되는 장소인 셈이죠. 호암산성 복원 사업도 빨리 이루어져야 하고, 거기에 있는 석구상이나 한우물을 좀 더 전문적으로 조사하고 연구할 필요가 있어요. 저는 석구상이 석호상이라고 생각해요. 제가 아는 전문가도 그게 사실은 석호상에 가깝다고 그랬으니까 이걸 제대로 규명하는 게 시급한 일이라고 봐요. 또 호압사 아래에 문인석이 있는데 그게 왜 거기에 있는 건지, 여기에 묏자리가 어떻게 들어서려고 했었던 건지 등등을 밝혀야 해요. 옛날에 청담복지관 옆에서 타고 놀았던 양바위가 지금은 사라졌는데 독산동에 비슷한 게 있거든요. 그런 것도 연구할 필요가 있죠. 은행나무 비석도 좀 더 안전하게 관리할 필요가 있어요. 우리 시흥동이 알고 보면 문화관광 자원이 많은 곳이에요.

석구상과 정흥섭(정흥섭 제공)

자연유산이나 문화유산, 비등록 문화재 등이 많죠. 이런 것들을 잘 관리해서 금천구 관광지구 같은 걸 만들어 지역 가치도 높이면 좋겠어요. 그러기 위해서 저도 나름대로 노력 중이에요.

5. 시흥동을 돌아보며

시흥동은 처음엔 지옥이었는데 어느새 천당이 되어 있었어요.

어머니가 90세에 돌아가셨거든요. 그때 하시는 얘기가 뚝섬에서 여기로 이주해 왔을 때는 지옥에 온 것과 같았는데 어떻게든 살림을 꾸리며 자식새끼들 다 키우고 시집, 장가를 다 보내어 손주도 보게 되었으니 이 시흥동이 그렇게 좋은 동네가 아닐 수 없다고, 지옥과 천당은 한군데에 있으니까 마음먹기에 달렸다고 그러셨어요. 그 뒤로 저도 시흥동을 다시 돌아보게 된 것 같아요. 처음에 왔을 때는 여기에서의 삶이 힘든 건지 어려운 건지 뭔지 몰랐어요. 다섯 살인데 뭘 알겠어요. 그렇지만 나중에 중·고등학교 다니면서 봤을 때는 우리 동네가 다른 동네보다 못사는 동네다 이런 걸 알잖아요. 그럴 때는 이 동네를 좀 벗어나고 싶기도 했었어요. 그런데 지금은 여기가 저한테 딱 맞는 것 같아요. 여기서 자라면서 저는 부모님께 손을 벌린 적이 없어요. 스스로 해야 할 일, 할 수 있는 일을 찾아서 자립적으로 컸다고 할 수 있죠. 제 자식들도 여기서 그렇게 교육하며 키웠어요. 어떻게 보면 시흥은 부족하면 부족한 대로 정말 사랑스러워요. 요즘은 여기서 평생 살아서 뼈를 묻어야겠다고 생각할 때가 많아요.

#5 자연滋涎목욕탕

이상덕

1964년(1세) → 시흥5동 읍내 출생
1976년(13세) → 시흥초등학교 졸업(63회)
1979년(16세) → 문일중학교 졸업
부친 이윤우, 새마을목욕탕 개업
1988년(25세) → 부친 이윤우, 자연목욕탕 증축 후 인수
1991년(28세) → 결혼
2000년대 초반 → 자연목욕탕 경영 시작
2019년(56세) → 자연목욕탕 리모델링

"새마을목욕탕 때부터 시흥동에서
3대째 목욕탕업을 하고 있어요."

1. 시흥동의 목욕탕 집안
2. 새마을목욕탕에서 자연목욕탕으로
3. 자연목욕탕의 손님과 단골
4. 목욕탕을 경영해 온 세월을 돌아보며

이상덕은 1964년 읍내에서 태어났다. 당시의 지번으로 말하면 영등포구 시흥동 434번지, 읍내의 마지막 초가집에서였다. 그의 집안은 이상덕의 부친 이윤우 때부터 목욕탕업을 가업으로 삼고 있다. 새마을운동이 한창이던 시절 시흥동의 마을 가꾸기 사업을 이끄는 지위에 있었던 이윤우는 사비 1억 원을 들여 집 근처 433-9번지의 123.6평 대지에 지하 1층, 지상 2층, 총건평 99평의 새마을목욕탕을 지어 경영하였다. 이 목욕탕은 영세민, 생활보호자, 원호대상자, 60세 이상 노인들이 목욕 시설을 값싸게 이용할 수 있는 마을 공용 시설이었다. 이후 이윤우는 시흥1동의 자연목욕탕을 인수하고 아들 이상덕에게 물려주어 가업을 잇게 하였다.

이상덕은 원래 마포구의 건자재 회사에 다니는 평범한 직장인이었으나 아버지의 대물림을 수용하여 2000년대 초반부터 자연목욕탕 경영에 전념하였다. 당시는 전국적으로 사우나 열풍이 불며 소규모 영세 목욕탕의 입지가 좁아지던 때였다. 그러나 그는 현대적인 새 사업을 벌이는 대신 오래된 '동네 목욕탕'의 길을 택하였다. 기초적인 목욕탕 시설을 정비하는 한편 주민에게 마당을 내어주고 동네 노인을 위한 목욕 봉사를 벌이는 등 목욕탕의 공간을 이웃들의 마실 공간으로 꾸리는 데에 힘을 쏟은 것이다. 그리고 지금은 그의 자녀가 이 '동네 목욕탕'의 길을 이어가기 위한 준비를 하고 있다.

조사팀은 시흥동의 도시화 과정에 따른 주민의 일상 변화를 보여줄 사례로 목욕 문화에 주목해 보았다. 치산치수와 상하수도 시설의 미비, 장마철 홍수와 산사태, 식수난과 목욕탕 설치 청원 등 '물'이라는 키워드가 시흥동의 과거와 현재를 살피는 과정에서 빠짐없이 떠올랐기 때문이다. 시흥동에서 제일 오래된 목욕탕은 은행나무시장 안의 용수탕이지만, 여성 전용인 데다 규모도 비교적 작은 편이어서 시흥동 주민 일반의 목욕 문화를 파악하기에는 한계가 있다. 이에 조사팀은 시흥동에서 두 번째로 오래된 목욕탕인 자연목욕탕을 찾아가 이상덕의 이야기를 들었다. 그 과정에서 이상덕의 부친이 신문에 단 몇 줄밖에 나오지 않는 시흥동 새마을목욕탕을 건립하고 경영한 주인공이라는 사실을 확인할 수 있었다. 새마을목욕탕은 대중목욕시설이 급증하던 도시의 사정과 달리 목욕 시설이 없거나 부족했던 농어촌을 위해 지어진 공동목욕시설로, 마을 구성원이 건립 비용을 각출하고 공동 경영했다는 특징이 있다. 시흥동의 새마을목욕탕은 개인의 사비로 건립된 목욕시설이되 공공 이익을 위한 주민 공용 시설의 성격을 갖는다. 이상덕의 집안에서 그와 같은 새마을목욕탕을 경영하였다는 사실은 도시와 농촌의 경계에 있던 시흥동의 특색을 엿볼 수 있는 대목이 될 것이다.

1. 시흥동의 목욕탕 집안

우리 집은 읍내에서 마지막으로 없어진 초가집이었어요.

1964년 읍내의 초가집에서 태어났어요. 백산 초등학교 근처였는데, 옛날 주소로 얘기하면 영등포구 시흥동 434번지예요. 그때 우리 집 주변에는 벽돌공장이랑 집 몇 채가 있었고 나머지는 전부 논밭이었어요. 집의 맞은편 아래쪽에는 공동묘지가 있었어요. 그 동네는 토지구획정리사업을 하고서 주택지로 바뀌었어요.

아버지가 새마을지도자를 하시면서 새마을목욕탕을 경영하셨어요.

아버지는 안양시 평촌동 출신이세요. 용산에 있는 미군 부대에서 일하시면서 시흥동에 자리 잡으셨어요. 그러다 새마을운동이 한창일 때는 새마을지도자를 맡으셨고요. 개인 돈을 들여서 집 근처에 새마을목욕탕을 짓고 운영하셨어요. 새마을목욕탕을 그만두신 다음에는 지금의 자연목욕탕을 인수해 경영하셨고요. 저는 원래 마포구에 있는 건자재 회사에 다녔는데, 아버지가 은퇴하신 다음에 자연목욕탕을 물려받아서 지금까지 운영하고 있죠. 이렇게 우리 집안은 목욕탕 집안이 됐어요.

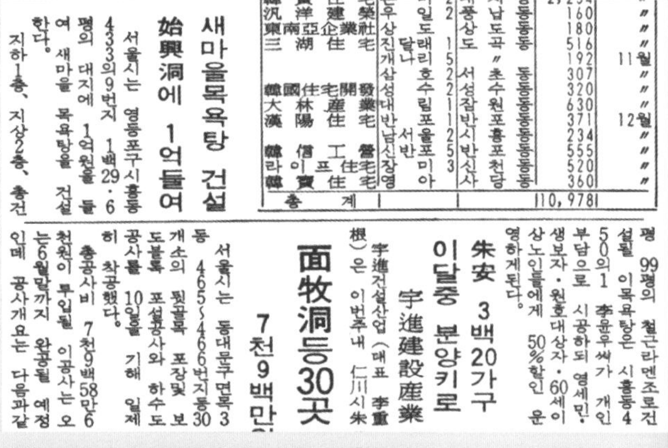

汎洋建築	160	〃
東南亞企業社	180	〃
三湖住宅	516	〃
	192	11월
	307	〃
韓國住宅開發	320	〃
大林産業	630	〃
漢陽住宅	371	12월
	234	〃
韓信工營	555	〃
라이프住宅	520	〃
韓寶住宅	360	〃
총계	110,978	

새마을목욕탕 건설
始興洞에 1억들여

서울시는 영등포구시흥동 433의9번지 1백29·6평의 대지에 1억원을 들여 새마을 목욕탕을 건설한다。 지하1층、지상2층、총건평 99평의 철근라멘조로건설될 이목욕탕은 시흥동450의1 李윤우씨가 개인부담으로 시공하되 영세민·생보자·원호대상자·60세이상노인들에게 50%할인 운영하게된다。

朱安 3백20가구
이달중 분양키로
宇進建設産業

宇進건설산업(대표 李重根)은 이번주내 仁川시朱

面牧洞등30곳
7천9백만

서울시는 동대문구면목3동 465~466번지등30개소의 뒷골목 포장및 보도블록 포설공사와 하수도공사를 10일을 기해 일제히 착공했다。 총공사비 7천9백58만6천원이 투입될 이공사는 오는6월말까지 완공될 예정인데 공사개요는 다음과같

부친 이윤우의 새마을목욕탕 건립 계획 소식(「경향신문」, 1979.5.11., 3면)
이윤우는 사비 1억 원을 들여 시흥동 433-9번지의 123.6평 대지에 지하 1층, 지상 2층, 총건평 99평의 목욕탕을 건설하고, 영세민·생활보호자·원호대상자·60세 이상 노인들에게 반값 할인으로 운영할 예정이라고 한다.

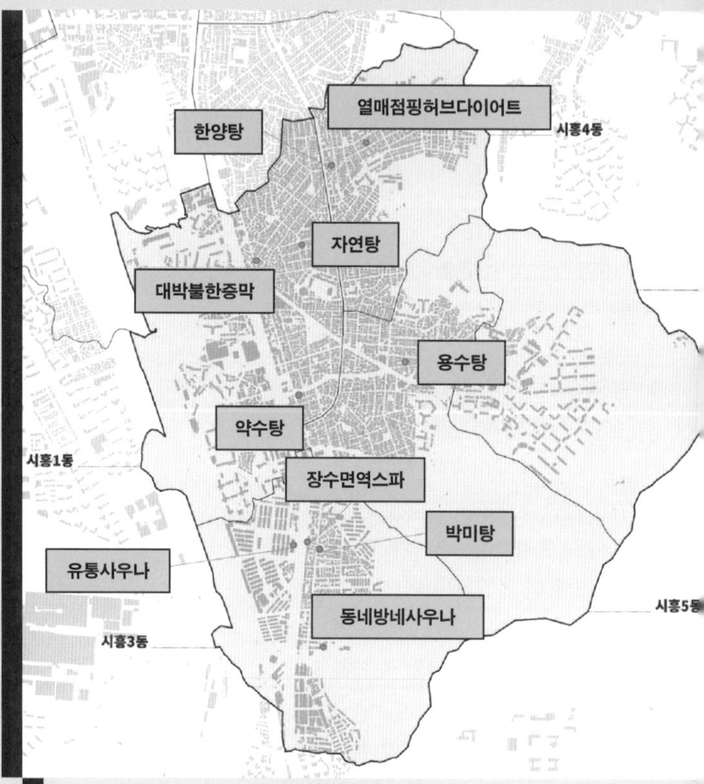

시흥동 목욕탕 분포도(2023)

새마을목욕탕은 1층에 있었고 그 위 2층에 우리 살림집이 있었어요.

목욕탕 입구에 들어오면 가운데에 있는 카운터를 기준으로 양쪽에 남탕과 여탕이 있었어요. 남탕과 여탕 모두 40평 정도였는데 여탕이 조금 더 컸어요. 안에는 온탕하고 냉탕이 있고 바가지탕이 조그맣게 있었어요. 평수가 작아서 샤워기 시설은 많지 않았어요. 한증막도 없었고요. 캐비닛 열쇠는 돌리는 방식이 아니라 꽂는 형태였어요.

지하엔 연료를 때는 기관실이 있었어요. 그때는 연료로 기름을 잘 못 때던 시절이에요. 구하기도 어려웠고 무엇보다 기름값을 감당하는 게 힘들었으니까요. 연탄을 때거나 장작을 많이 땠어요. 시흥동 주변에 공장이 많으니까 거기서 땔감을 많이 얻었는데 특히 동아제약 같은 음료수 회사에서 쓰고 남은 나무 자재를 받아 와서 연료로 썼죠. 한때는 벙커C유bunker fuel oil C만 때던 시절이 있었어요. 그게 값이 다른 연료보다 절반 이하로 싼데 화력은 월등해서 가성비가 좋았어요. 그런데 벙커C유를 쓰면 시커먼 매연이 나와서 주변에 그을음이 생겨요. 그래서 옛날 목욕탕집은 다 높은 굴뚝이 있었죠. 주변의 주택가에 피해를 주지 않고 매연을 배출해야 하니까요. 나중에는 정부에서 벙

커C유의 매연 때문에 대기오염이 심해지니까 굴뚝에 집진기를 의무적으로 설치하게 했어요. 그러다 지금처럼 보일러 등유를 연료로 쓰게 되고, 또 기술도 좋아지니까 굴뚝에서 매연을 방출할 일이 없어져서 목욕탕집에 굴뚝이 필요 없어졌죠.

새마을목욕탕은 시흥동의 세 번째 목욕탕이에요.

새마을목욕탕을 짓기 전에는 은행나무시장 안에 있는 용수탕금하로25길 13과 이 자연탕독산로31길 24 말고는 동네에 목욕탕이 없었어요. 새마을목욕탕은 읍내에 지었으니까 주로 읍내 사람들이 많이 왔는데 근처의 벽돌공장에서 일하던 사람들이 특히 많이 이용했어요.

옛날에 목욕탕집이라고 하면 속된 말로 부잣집이라는 소리를 들을 만큼 목욕탕 값이 싼 편은 아니었어요. 그런데 우리 목욕탕은 영세민과 연로자의 경우 요금을 반만 받았어요. 목욕탕 마당이 꽤 넓어서 평상을 두고 손님이 쉬다 갈 수 있도록 해놨어요. 가끔가다 평상에서 음식도 해 먹고 손님들과 나눠 먹기도 했어요.

자연목욕탕 마당에서 인터뷰 중인 이상덕의 모습

2. 새마을목욕탕에서 자연목욕탕으로

우리 집이 자연목욕탕의 세 번째 주인이에요.

아버지는 새마을목욕탕을 그만두시고 다른 일을 찾으려 하셨어요. 목욕업이 너무 힘들어서 그만해야겠다고 자주 말씀하셨거든요. 그런데 평소에 아버지와 친하게 지냈던 자연목욕탕의 전 주인이 좋은 조건을 제시해서 자연목욕탕을 인수하시고선 목욕탕업을 이어가셨죠. 우리 동네 목욕탕집 주인들은 원래부터 형·동생 하는 사이로 알고 지내던 사람들이 많아요. 어머니의 동네 언니 하시는 분이 용수탕을 했고, 어머니의 동네 동생 하시는 분이 한양탕 독산로40길 9을 했던 것처럼요. 형·동생 하다가 동종업계 종사자가 되면 서로 정보도 교환하고 알음알음 생업을 같이 꾸려나가는 측면이 생기는데, 아버지도 그렇게 이전 주인

1990년대 자연목욕탕의 간판(이상덕 제공)

자연목욕탕의 현 간판

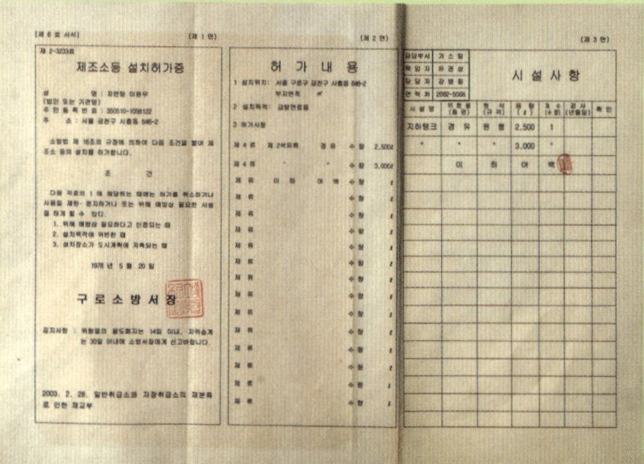

자연목욕탕 급탕연료용 제조소등 설치허가증(1978)(이상덕 제공)

과 얘기를 나누다가 목욕업을 계속하기로 하신 거예요.

자연목욕탕은 올해로 51년 된 건물이에요. 원래는 단층이었는데 35년 전에 지금과 같은 3층으로 증축했고, 그 상태로 아버지가 인수하셨어요. 최근에 보일러 공사를 하면서 뜯어보니까 오래된 건물인데도 건물 내부에 크랙 crack이나 부식된 부분이 매우 적어서 공사 인부들이 다들 놀라더라고요. 50년 정도 지났으면 벌써 두 번은 부숴어야 하는데 여전히 이렇게 튼튼하다는 거죠. 그 정도로 시공이 워낙 잘된 건물이래요.

새마을목욕탕 때도 그렇고 지금도 그렇고 냉탕은 지하수를 쓰고 다른 건 수도를 써요.

왜냐면 지하수는 약간 철분 기가 있어서 좀 뻣뻣한데, 수도는 소독한 물이라 부드러우니까요. 그게 씻을 때 차이가 커요. 누구보다 손님이 제일 먼저 알아차리죠. 그래서 온수나 샤워할 때는 수도를 쓰고, 지하수는 샤워 용도로는 못 써서 냉탕처럼 한번 훅 들어갔다 나오는 경우밖에 쓸 수 없어요.

옛날 목욕탕집은 기관사를 두고 관리를 맡기는 게 일반적이었어요.

새마을목욕탕을 할 때 직원은 기관사, 세신사, 이발사가 있었어요. 월급을 주는 직접 고용이 아니고 그분들이 손님을 직접 받아 수입을 얻고 그 일부를 자릿세로 내는 거예요. 그 방식은 지금도 똑같아요. 옛날에는 장작이나 벙커C유를 연료로 썼으니까 이걸 전문적으로 다루는 기관사가 있어야 했어요. 물 온도를 살피면서 보일러랑 물탱크,

자연목욕탕 전경

자연목욕탕 입구

매표소와 여탕 출입구

목욕탕 내부

펌프를 관리하는 게 기관사의 주된 일이었죠. 목욕탕에서는 자기가 하는 만큼 돈벌이가 되니까 기관사는 자잘한 건물 수리나 세신을 하기도 했어요. 요즘은 보일러를 전자동으로 관리할 수 있으니까 기관사를 따로 둘 필요가 없어요. 그래서 한 20년 전쯤부터 목욕탕집에서 기관사가 사라지기 시작했죠. 우리 집도 지금은 세신사와 이발사만 근무하는 중이에요.

남탕에 이발사가 있다면,
여탕에는 음료수 판매 직원이 있어요.

새마을목욕탕을 할 때는 이발사가 없었는데 지금은 이발사가 있어요. 그때는 평수가 작아서 이발할 공간을 둘 만큼의 여유가 없었어요. 이발사는 세신사가 자격증을 따서 겸하는 목욕탕집이 많은데 우리 집도 그래요. 사우나나 찜질방은 사정이 다르겠지만, 요즘 동네 목욕탕은 다 이런 추세예요.

여자 손님은 한증막 할 때나 목욕하고 나와 쉬면서 음료를 사먹는 경우가 많아요. 그래서 어느 목욕탕이나 여탕에는 음료수를 판매하는 직원이 있죠. 주로 커피가 많이 나가는데 우리 집은 원두커피가 제일 잘 팔려요. 커피 말고도 식혜, 오미자, 숭늉, 감식초, 석류, 매실, 박사박카스와 사이다의 혼합, 포박포카리 스웨이트와 박카스의 혼합, 데박데미소다와 박카스의 혼합 등등 다양하게 판매하고 있어요. 남탕도 여탕처럼 냉장고 놓고서 음료수를 파는 데가 있긴 있는데, 남자 손님은 대부분 샤워만 하고 가는 경우가 많고 손님도 여탕보다는 적으니까 여탕처럼 구색이 잘 갖춰져 있는 편은 아니죠.

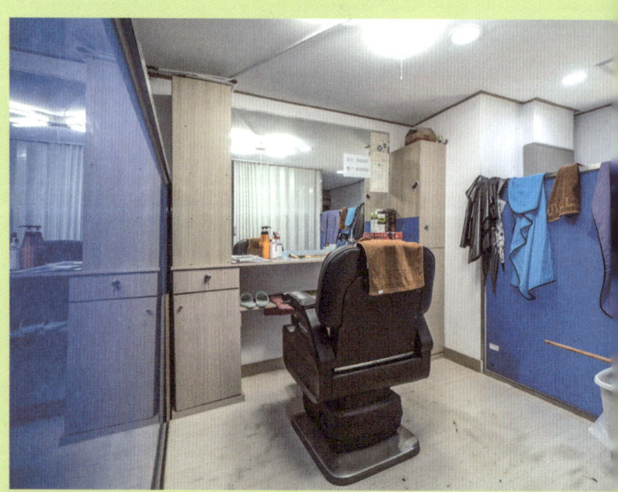

남탕 이용실

여탕 사우나 시설

여탕 매점 안내문구

여탕 매점에서 판매하는 원두커피

여탕 매점 공간

세신은 서로를 위해서 예약제로 운영하고 있어요.

세신사는 여탕에 두 명, 남탕에 한 명이 있어요. 세신사를 구할 때는 인력 공고를 내서 구하는 목욕탕집도 있는데 보통은 기존의 세신사가 그만두기 전에 지인을 소개하고 자리를 넘겨주고 요즘 세신사는 예전보다 젊어지는 추세예요. 또 조선족도 많아지는 추세고요. 우리 집에서 세신은 손님이 많아 예약하지 않으면 할 수 없도록 했어요. 예전에 새마을목욕탕에서는 현장에서 바로 손님을 받았는데 이렇게 하면 세신 순서가 엉키는 경우가 생기기도 하고, '누구는 편의를 더 봐주네' '누구는 덜 봐주네' 하면서 얼굴 붉히는 상황이 생기기도 해요. 그래서 자연목욕탕에서부터는 예약제로 바꿨죠. 그렇게 하니까 손님도 계획한 대로 시간을 쓸 수 있고, 세신사도 일하기 편해서 더 좋아졌어요.

세신	
등	12,000
세신	23,000
등마사지	25,000
미니(머리포함)	40,000
오일(오이+머리)	50,000
전신	60,000
아로마	70,000

여탕 세신 가격표

3. 자연목욕탕의 손님과 단골

새벽같이 와서 기다리는 손님들을 위해서 개장 시간을 앞당겼어요.

영업시간은 새벽 4시 반에서 오후 5시까지예요. 개장 시간을 맞추려면 2시간 전부터 준비해야 해요. 보일러 틀어서 물 데우고, 탕에 물 채우고, 밸브를 점검하고 탈의실을 정리하고 등등 할 게 많은데 이걸 여탕·남탕 두 쪽에 해야 하니까요. 원래 개장 시간은 5시 반이었는데, 그보다 더 일찍 와서 기다리는 손님들이 꽤 있었어요. 개장 시간을 지키겠다고 이분들을 계속 밖에 서 있게 하는 게 미안해서 받아주다 보니 이렇게 개장 시간이 앞당겨진 거예요. 5시 마

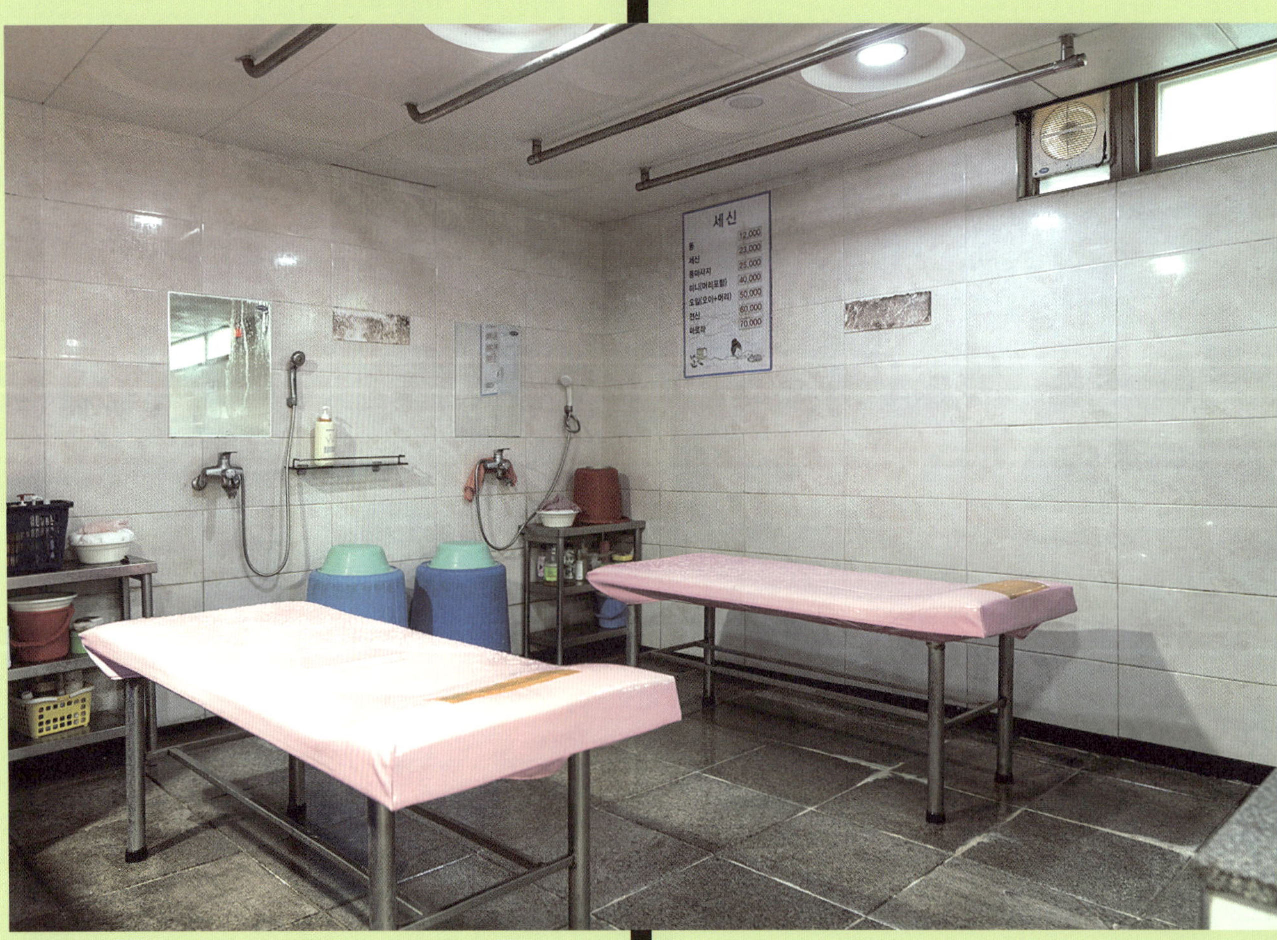

여탕 세신실

감을 고수하는 건 아버님 때부터 해왔던 방식이에요. 손님들이 여기에 익숙해져서인지 4시만 되면 오지를 않아요. 남자 손님은 왔다가 샤워만 하고 금방 가는 경우가 많으니까 드물게 오긴 오는데, 여자 손님은 1시간 안에 할 걸 다 못해서 그런지 4시쯤 되면 거의 오지 않아요. 그래서 4시부터 슬슬 정리하다 보면 자연히 5시에 마감을 할 수 있죠.

최근에 새로 유입되는 손님이 많아지면서 간판을 바꿨어요.

원래는 간판에 신경을 안 썼어요. 동네 목욕탕이고 찾는 사람도 거의 다 동네 주민이고 어차피 아는 사람이니까 필요를 못 느꼈거든요. 타지 사람은 거의 안 오니까요. 그런데 코로나19 사태로 잘 다니던 목욕탕이 폐업하니까 우리 목욕탕으로 옮겨 오신 손님이 몇 분 있어요. 얘기를 들어보면 목욕탕 위치를 찾기가 좀 어려우니까 간판을 좀 잘해줬으면 좋겠다고 그래요. 예상 밖으로 새로 유입되는 손님도 있고, 앞으로도 어떻게 될지 모르니까 간판을 새로 달았죠.

여자 손님들이 더 자주, 많이 이용하다 보니까 여탕에 조금 더 투자할 수밖에 없어요.

우리 목욕탕이 동네 목욕탕치고는 꽤 큰 편인데 여탕이 남탕보다 조금 더 커요. 아무래도 여자 손님이 남자 손님보다 많고, 단골도 더 많다 보니까 여탕에 더 신경을 쓸 수밖에 없어요. 그래서 몇 년 전에 리모델링할 때도 여탕에 조금 더 투자해서 맥반석으로 된 소금방을 새로 단장했어요. 전체 비율로 보자면 여자가 7, 남자가 3이에요. 연령대는 거의 40대 이상이에요. 40대 이상은 평일이나 주말 구분 없이 많이 오는데 젊은층은 주로 주말에 와요. 손님이 제일 많을 때는 주말 아침이에요. 목요일은 일주일 중에 하루 종일 손님이 가장 적을 때예요.

남자 손님은 와서 씻고 가는 게 대부분인데, 여자 손님은 한 번 오면 2~3시간은 기본으로 있다가 가는 경우가 많아요. 그렇게 오래 있다 보니까 손님들끼리 교류도 하세요. 걸상에 앉아 TV 연속극을 보면서 담소를 나누고 그래요. 그렇게 하다 보면 두세 시간은 기본이고 어떨 때는 5시간이 넘게 있다가 가시는 손님도 있어요.

남탕 탈의실

여탕 탈의실

여탕 탈의실 비품

그렇게 서로 얼굴 익힌 단골손님들끼리는 알음알음 친목 모임을 하는 것도 같아요. 목욕 끝나고서 가실 때 보면 마당에 있는 평상에서 손님들끼리 못다 한 얘기를 나누곤 해요. 남자 손님 같은 경우는 같이 담배 피우고, 여자 손님 같은 경우는 커피 한잔씩 하면서요. 여탕의 경우는 주말마다 모이는 두 팀이 있어요. 이분들은 가끔가다 목욕 끝나고서 같이 식사하러 가기도 해요.

여탕 샤워 타월

단골손님들은 자기만의 방식으로 목욕 시설을 이용하고 있어요.

단골손님의 경우는 평일이나 주말 상관없이 꼭 오는 시간대에만 오고, 개인용품을 '자기 자리'에 두고 다니세요. 여자 손님은 목욕 바구니를 두고 다니고, 남자 손님은 서랍장에 용품을 보관하는 게 대표적이죠. 여탕이 남탕보다 그런 경우가 많아요. 예를 들어 주말에 오픈할 때면 문 앞에 여자 손님이 열 분 정도 대기하고 계세요. 오픈 시간이 돼서 문을 열면 후다닥 뛰어 들어가서 자기가 쓰던 자리에 가방하고 바구니를 두고 다시 요금을 내러 되돌아 나오고 그래요. 그만큼 '내 자리'라는 게 있는 거죠. 단골손님이니까 저희도 그걸 인정하고 최대한 편의를 맞춰 드리려 하고 있어요. 개인 세신 용품이나 목욕 바구니를 두고 갈 수 있게 만들어 놓은 것도 그래서고요. 탈의실 라커룸로커도 항상 쓰던 데를 드리려고 하죠.

여탕 단골의 목욕 바구니

다양한 손님을 만나면서 웃지 못할 일도 많았어요.

손님 중에는 가끔가다 카운터에서 무례하게 구는 손님도 있고, 탕에 들어가기 전에 안 씻고 들어가서 다른 손님에게 피해를 주는 손님도 있어요. 손님 물건을 훔쳐 가는 사람도 있고요. 연세 드신 분 중에는 목욕하시다가 쓰러진 분도 몇 분이 있었어요. 원래 지병이 있으셨던 분이 목욕하시다가 잘못돼서 돌아가신 적도 있어요. 연로하신 손님에게 혼자 오시지 말고 보호자랑 함께 오라고 안내하는 것도 그래서고요. 어느 목욕탕이나 마찬가지겠지만, 저희는 도난 방지나 안전에 최대한 신경 쓰고 있어요. 2000년대 중반부터는 중국 손님이 많아졌어요. 중국 손님도 남자보다 여자가 많은 편이에요. 목욕 문화가 우리하고 좀 달라서 오해가 생기기도 했는데 지금은 서로 맞춰 가는 중이에요.

4. 목욕탕을 경영해 온 세월을 돌아보며

새마을목욕탕을 할 때, 자연목욕탕의 초창기 때가 제일 좋았어요.

새마을목욕탕을 할 때가 더 좋았던 것 같아요. 물값도 싸고 벙커C유를 쓰니까 원가가 지금보다는 훨씬 적게 들었죠. 그 시절에 우리나라가 경기도 좋았고, 사업장에서는 지금처럼 규제가 심하지 않았고, 86아시안게임이랑 88올림픽을 하면서 목욕탕이랑 사우나가 활성화됐을 때라 손님들이 많았어요.

자연목욕탕 초창기 때도 아주 잘됐어요. 그때는 여유가 좀 생기니까 한 달에 한 번씩 동네 어르신에게 목욕 봉사를 할 수 있어요. 독거노인을 50분 정도 초대해서 음식을 대접하고 목욕도 시켜 드렸었죠. 도와주시는 봉사자분들과 함께 3층에서 음식을 만들어 마당에서 식사하고, 목욕한 다음에는 탈의실에서 동네 아이들을 초청해서 공연도 보여주고요. 나중에는 소문이 나 점점 판이 커져서 우리가 감당하기가 조금 부담스러워 그만둘 수밖에 없어졌어요. 상황만 되면 또 하고 싶은 마음이에요.

동네 목욕탕답게 큰 욕심 안 부리고 지킬 걸 지키는 게 중요하다고 생각해요.

동네 주민들 상대로 하는 동네 목욕탕이니까 작은 것 하나도 규정대로 하는 게 오히려 더 남는 거예요. 이윤을 보겠다고 반칙을 쓰고 불법을 저지르는 건 도리도 아니고요. 목욕탕업에서는 특히 수질이나 소방 관리가 중요한데 저는 지금껏 규정대로 준수할 걸 다 지켜왔어요. 또 매해 상반기·하반기마다 목욕탕 업주들을 대상으로 하는 집체교육도 성실히 이수하고 있고요.

후회는 없는데 아이들과 많은 시간을 보내지 못한 게 좀 미안해요.

직장을 다니다가 목욕탕을 했으니까 여가 생활이나 가족과 보낼 시간이 많이 줄어들었던 게 사실이에요. 목욕탕은 공휴일이나 주말에도 쉬지 못하고 일해야 하니까요. 그래서 아이들한테는 미안한 마음이 크죠. 어렸을 때 같이 좀 놀고 여행도 다녔어야 했는데 그러지 못해서 돌이켜 보면 아쉬운 마음이 들어요. 아들까지 목욕탕을 이어받을지 어떨지 모르겠지만 딱히 권하고 싶지는 않아요. 힘든 일이기도 하고 무엇보다 자기가 하고 싶은 걸 하는 게 중요하니까요.

사람과 물자의 나들목, 시흥동

278 ▸ 373

1

시흥동의 전통시장

시흥동의
전통시장 분포

시흥동의 전통시장은 은행나무시장금하로 25길, 대명여울빛거리시장시흥대로 58길, 시흥대로 52길, 비단길현대시장시흥대로 62길, 독산로 39길 등 모두 3곳이 있다. 그중 은행나무시장은 옛 시흥행궁 터 주변에 위치하고, 대명시장과 현대시장은 시흥사거리 주변에 있다. 시간상으로 보았을 때 은행나무시장과 대명시장에 사람이 몰리던 시기를 거쳐 현재는 현대시장이 가장 활성화된 상태이다. 이들 시장은 시흥동의 여러 지역으로 이동하는 길목에 있어 사람들의 왕래가 잦아 시장으로 발전하게 되었다. 은행나무시장은 현 벽산아파트 구 수재민촌 지역시흥2동으로 이동할 때의 길목으로 발전하였고, 대명시장은 시흥3동 쪽에서 시흥사거리로 드나드는 길목이었으며, 현대시장은 시흥4동에서 시흥사거리로 오갈 때의 길목이다.

지금도 각 시장은 주민들이 물건을 사고파는 장소로서만 기능하는 것이 아니라 때로는 이야기가 오고가는 사랑방과 같은 공간이 되고, 때로는 함께 장구를 치며 흥을 나누는 자리가 된다. 시장은 또한 가게 주인과 손님 간에 단골로 신뢰를 쌓고, 오랜 기간 대를 이어서까지 함께하며 추억을 쌓는 곳이다. 온라인 유통이 발달한 현재, 이전만큼 시장을 잘 찾지 않는다고들 하지만 시흥동의 시장은 지역상권이 가지는 장점을 면면히 이어가고 있다.

가. 은행나무시장

은행나무시장은 1980년대에 몇몇 가게가 드문드문 있다가 1990년대 이후부터 본격적으로 시장이 형성되기 시작한 것으로 추정된다. 1965년에 시흥동에 이사를 와서 40여 년 전부터 은행나무시장에서 장사를 시작한 야채가게령현야채 사장님 말에 따르면 1970년대에만 해도 시장 일대가 허허벌판이었다고 한다. 당시에 큰 시장은 오히려 시흥2동, 현재의 벽산아파트 부근이었다. '백년가게'로 선정된 궁중떡집 사장님 말에 따르면 서로 부딪쳐서 다니지 못할 정도로 사람이 많았다고 한다. 노점상도 있었고 가격이 저렴한 재래시장이었다. 또 현재의 카멜리아 쇼핑몰 자리에는 중앙시장이 있었다. 2층짜리 상가로 형성되어 정육집·기름집·야채집 등 여러 가게가 있었고, 시흥2동의 재래시장보다는 조금 더 고급스럽고 정돈된 느낌이었다고 떡집 사장님은 말한다.

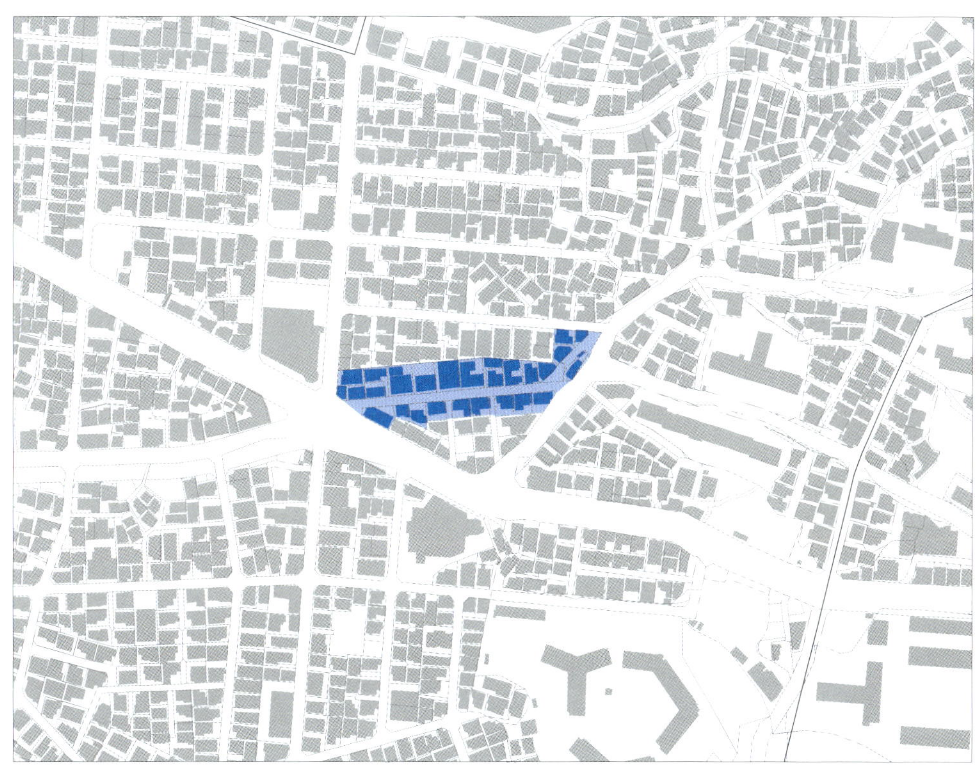

은행나무시장의 위치

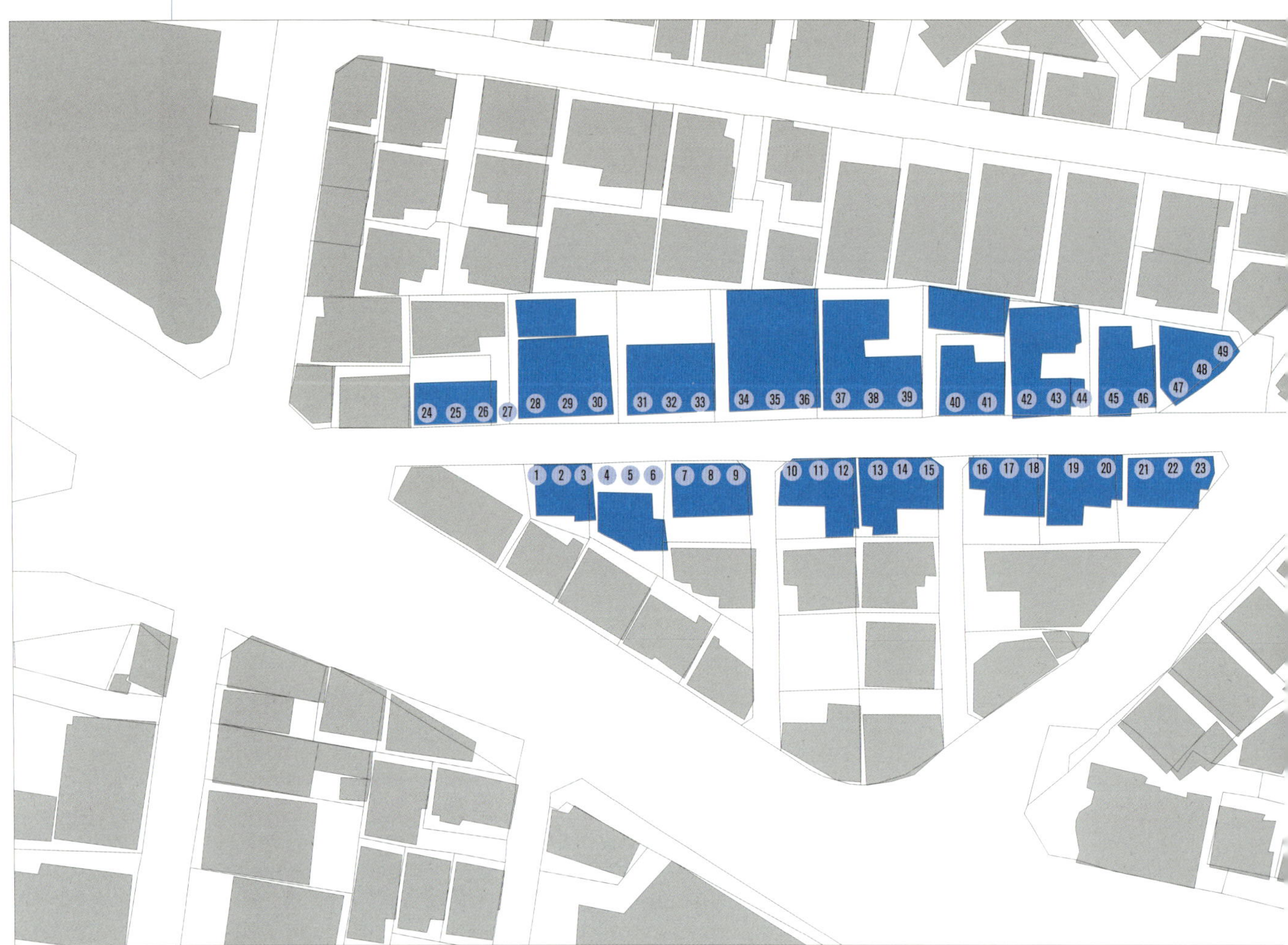

은행나무시장 점포 배치도

01 시장어묵
02 착한해적
03 령현야채
04 전 전문점
05 밥상조합 생선구이
06 두부박사
07 횡성한우
08 웰빙나라
09 화신청과
10 은진미용실
11 궁중떡집
12 자매반찬
13 국숫집
14 장서영옷수선
15 구이92
16 호남닭집
17 짱구미용실
18 명품옷
19 은행나무떡집
20 토종한우
21 금천맛집
22 오늘누룽지
23 남부식품 건어물
24 김밥천국
25 수현건강식품
26 엄마축산
27 강진건어물
28 중국식품
29 엄마분식
30 은행나무하림닭, 찜닭
31 캉캉반찬
32 왕과일
33 은행나무수산
34 목욕탕
35 칼슘두부
36 학교종이 땡땡땡
37 은행반찬
38 과일나라
39 에벤에셀
40 정원청과
41 배달하는 닭집
42 서울마님죽
43 바로삶은 보쌈족발
44 동광전기
45 대산정육점
46 해정이네반찬
41 배달하는 닭집
42 서울마님죽
43 바로삶은 보쌈족발
44 동광전기
45 대산정육점
46 해정이네반찬
47 이모네반찬
48 진 상회
49 노씨야채

용수탕 입구와 정초석

시장에서 가장 오래된 건물로 '용수탕'이라는 목욕탕이 있는데, 그 옆으로 기와공장현대기와과 그 반대편으로는 벽돌공장이 있었다고 한다. 은행나무시장에 있던 벽돌공장에서는 이른바 '보루꾸'라고 하는 블록 벽돌을 생산하였고, 호압사 입구에는 흙벽돌을 만드는 곳이 있었다. 기와공장과 벽돌공장이 있었던 이유는 시흥동이 수재민 정착촌으로 조성되면서 각지의 수재민이 모두 시흥동으로 모여들어 집을 많이 지을 필요가 있었기 때문이다. 용수탕의 정초석 날짜가 1972년 9월 22일임을 고려할 때 1970년대에는 현재와 같은 형태의 시장은 없었던 것으로 보인다. 현재 여성 전용 목욕탕이 되어 버린 용수탕은 이전에는 남탕과 여탕이 모두 있었고 사람이 많이 드나들었다. 1988년부터 장사를 시작한 궁중떡집 사장님은 가게를 열기 전에 목욕탕에 사람이 많이 다니는 것을 보고 떡집을 열기로 결심하였다. 그때만 해도 주변에 가게가 두붓집, 지물포, 국숫집, 계란집 정도 있었다고 한다. 그러다가 떡집을 열고 나서부터 가게가 하나둘 들어오기 시작해서 생선이나 과일 장사도 생겨났다.

그때만 해도 떡집은 가장 새로운 형태의 가게 중 하나였다. 보통 가래떡과 인절미 정도만 할 뿐 요즘 떡집에서 흔하게 볼 수 있는 여러 종류의 떡을 잘 팔지 않았기 때문이다. 그런 떡들은 고급 떡에 속하였다. 그래서 예전에는 동일중학교 학생들이 가게 문을 열자마자 줄을 설 정도로 인기가 있었다.

그때 여기 떡집이 없었어요. 여기 2동이고 저기고 고급 떡 하는 데가 없었고. 왜 여기에 내가 떡집을 넣었냐면, 내가 저 위에서 있으면서 부업을 했어, 앉아서. 그런데 노니까, 아 고모, 여기서 놀지 말고 떡집이나 내지 하는 거야. 그때는 떡집에서 가래떡하고 인절미밖에 안 했어. 딴 떡은 못혀. 하지를 않아. 할 줄도 모르고. (중략) 그런 떡을 본 적도 없잖아. 이런 떡을. 그러니까 동일중학교 학생들이 문 오픈하자마자 줄을 서는 거야, 줄을. 세상에 하루 종일 떡을 파는데, 여기가 학생들 끝나고 내려오는 길이라 버스 탈라면 종점이니까, 학생들이 줄을 서면 이렇게 허리 펼 시간이 없는 거야. 계속 담아야 되는 거야. 그렇게 잘되었어.

현말녀 씨(194*년 생, 여)

은행나무시장의 전성기는 1990년대였다. 야채가게 사장님 말에 따르면 빈 가게가 나와도 3일이 가지 않았다. 즉 회전율이 빨랐다. 은행나무시장이 활성화될 수 있었던 이유는 사람들이 드나드는 골목이었기 때문이다. 그때까지는 마을버스가 없어서 은행나무 앞에서 버스를 타고 출퇴근을 하였는데, 그러기 위해서는 은행나무 시장을 거쳐 가야했다. 그러다가 2000년 이후 벽산아파트가 들어서면서부터는 장사가 잘 안되기 시작하였다고 한다. 사람들이 외부에서 바로 벽산아파트까지 차나 버스를 타고 들어가기 시작하면서 방문객이 줄어들었다.

2012년에는 상인회를 등록하면서 '인정시장'이 되었고, 2016년부터 정부 지원사업들에 선정되면서 현재와 같이 시설이 정비되었다. 2016년과 2017년에는 중소기업청 주관 시설현대화사업 공모에 선정되어 고객 편의시설을 리모델링하고 아케이드를 설치하

제2017-(00093)호

상 장

대 상 서울 은행나무시장

위 시장은 중소벤처기업부와 소상공인시장진흥공단이 주최·주관한 「2017년 전통시장 컨퍼런스」에서 위와 같이 입상하였기에 이 상장을 드립니다.

2017년 10월 27일

소상공인시장진흥공단
이사장 김 흥 빈

전통시장 컨퍼런스 대상 상장

은행나무시장 특성화첫걸음사업 육성사업단 사무실

였다. 중소기업청과는 별도로 서울시 2기 신시장 모델 육성사업에도 선정되었다. 해당 사업의 정식 명칭은 〈전통시장 다시살림 프로젝트 신시장 모델 육성〉 사업으로, 2014~2016년에 5개 시장을 선도시장으로 선정하여 서울형 신시장으로 육성한 것을 필두로 진행되었다.

이 사업에 2017년 은행나무시장이 두 번째로 선정되어 지원을 받았다. 그 과정에서 현재 은행나무시장 상인회장의 역할이 컸다. 해당 사업에서 직전에 선정되었던 5개 시장은 일정 규모 이상의 시장들이었다. 사업에 공모하려면 점포 수 등의 조건이 이미 갖추어져 있어야만 하였다. 그래서 상인회장이 이제 막 시작하는 단계에 있거나 규모가 작은 시장도 지원해 달라고 요청하였고, 이것이 받아들여져 육성사업 공모에서도 선정될 수 있었다. 이 밖에도 2016년부터 상인대학을 개설하여 2년간 교육을 하였다. 이를 바탕으로 2017년에는 전통시장 컨퍼런스 대회에서 대상을 받았다. 2023년에는 소상공인진흥공단 공모사업인 특성화 첫걸음시장으로 선정되어 사업을 진행 중이다.

은행나무시장이 현재와 같은 모습을 갖추기까지 과정은 쉽지만은 않았다. 상인회장은 시장을 어떻게 하면 발전시킬 수 있을지 벤치마킹을 하기 위해서 발품을 많이 팔았다. 먼저 성공한 시장을 방문하여 노하우를 습득하고 은행나무시장에 맞게끔 적용하는 작업을 하였다. 이러한 노력과 상인대학 교육을 종합하여 전통시장 컨퍼런스에서 발표를 하였다. 전통시장 컨퍼런스는 먼저 지역별로 예선을 하고 서울에서 본선을 한 후에 전국 단위의 대회에 나간다. 서울과 강원은 하나로 묶여 있어서 은행나무시장은 서울-강원 지역에서 경쟁을 하였다. 발표 내용은 상인대학 교육으로 변화된 점과 시장 활성화를 위한 활동 내용이었다. 상인회장은 전국에서 온 시장 상인 및 심사위원 12명 앞에서 10분 동안 발표하는 시간이 길게만 느껴졌다고 술회하였다. 그렇지만 이 대회에서 대상을 타고 난 이후부터 관련 사업을 신청할 때마다 점수가 높게 책정되어서 선정이 잘될 수 있었다. 현재 첫걸음사업 외에 상인 및 고객을 위한 종합건물을 짓는 사업에도 선정되어 추진을 준비 중이다. 이 건물에는 공

첫걸음통장 표지(은행나무시장 첫걸음육성사업단)

날짜	결제편의			가격/원산지 표시		위생청결		안전관리			상인역량강화		적립금
항목	신용카드 가능한가요	제로페이 가능한가요	모바일 온누리 가능한가요	가격 표시가 정확한가요	원산지 표시가 정확한가요	내 점포를 깨끗하게 청소하였나요?	대청소에 참여하였나요?	화재보험/풍수재해 보험에 가입에 되어있나요	내 점포 가스/전기 시설 점검을 하였나요?	안전 교육에 참여하였나요?	고객에게 친절하게 인사하였나요?	사업단에서 추진하는 사업(교육)에 적극참여하였나요?	
7/1 (토)													
7/2 (일)													
7/3 (월)													
7/4 (화)													
7/5 (수)													
7/6 (목)													
7/7 (금)													

첫걸음통장 내지(은행나무시장 첫걸음육성사업단)

용화장실과 휴게 공간, 사무실, 강당 등이 들어설 예정이다. 이처럼 은행나무시장이 현대화된 시설을 갖추게 된 지는 얼마 되지 않았다. 시설 현대화사업으로 아케이드를 지을 수 있었지만 아케이드가 완공된 2019년 12월 24일 이후 코로나19가 발생하는 바람에 3년간 홍보도 제대로 하지 못하였다. 또한 현재 상인회 사무실이 있는 자리는 원래 지하실이어서 바닥에 물이 찼다고 한다. 상인대학 교육을 할 때도 장소가 따로 없어서 지하실의 물을 퍼내고 습기 찬 공기를 선풍기로 환기하며 하였다고 한다. 사무실이 생긴 이후로는 상인대학 교육이나 회의·사무 공간으로 사용하고 있다. 상인회 사무 담당자가 평소에 사무실로 사용하고 시장 동아리 중 하나인 장구 동아리의 연습공간으로 활용하기도 한다. 노래방 기계도 있는데 방음벽을 설치해 놓아서 문제가 되지 않는다.

2023년 특성화 첫걸음시장으로 선정되어 첫걸음 사업을 시행하면서부터는 시설뿐만 아니라 다방면에서 현대화를 하려고 노력해 왔다. 첫걸음사업의 목적은 3대 서비스 혁신편리한 직불결제, 고객 신뢰, 위생 청결과 2대 역량 강화안전한 시장, 상인역량 강화를 통해 근본적인 경쟁력을 갖추고 상인회 주도적 특성화를 위한 사전 추진기반을 구축하는 것이다. 고객 신뢰를 위해서 제품 가격표를 가게 전면에 배치하고 원산지를 표시하고 있다. 그리고 위생 청결을 위해 방역업체와 계약을 맺어 정비를 하였고, 2주에 한 번씩 대청소를 진행하고 있다. 안전한 시장을 위해서는 2023년 6~11월에 6회에 걸쳐 금천소방서와 함께 심폐소생술 및 자동심장충격기 사용법에 관한 소방안전교육을 받았고, 8월에 금천경찰서와 기초질서 지키기 캠페인을 진행하고 업무협약MOU을 체결하였다. 상인역량 강화를 위해서는 8월 17일부터 9월 18일까지 상인대학을 운영하였다. 상인대학 교육 내용은 성공 상인의 핵심 요소와 마케팅 전략, 선진지강릉·속초 중앙시장 견학, 상품 가치를 높이는 상품 개발, 디자인 경영, 장사에 도움이 되는 세무상식, 금융상품 바로 알기와 소상공인을 위한 재테크, SNS인스타그램, 블로그 활용 방법과 홍보 요령 등으로 구성되었다. 또한 이상의 다섯 가지를 지키도록 하기 위해서 체크리스트 통장을 상인에게 배부하였다. 그래서 결제 편의, 가격·원산지 표시, 위생 청결, 안전 관리, 상인역량 강화에 관한 체크리스트를 상

기둥 도색 및 고객선 정비(은행나무시장 첫걸음육성사업단)

상인대학 수료식(은행나무시장 첫걸음육성사업단)

인 스스로 점검하도록 하였다.

그 밖에 시장 내에 있는 기둥을 다시 도색하고 노란색으로 고객선을 표시하기도 하였다. 고객선은 진열된 상품이 고객이 지나다니는 통로를 넘어가지 않도록 하여 편리한 쇼핑환경을 제공하고 화재 시 소방차가 진입할 수 있는 공간을 마련하기 위해서 도입되었다. 전통시장 내 통로에 무질서하게 진열된 상품이 고객들이 시장을 외면하는 요인으로 지속적으로 제기되어서 2009년부터 시작되었으며, 현재 많은 전통시장에서 시행 중이다.

경쟁력을 갖추기 위한 위와 같은 노력 외에도 여러 이벤트를 통해서 고객 유치를 시도하였다. 2023년에는 5월과 9월에 두 차례 동행축제가 진행되었다. 중소벤처기업부와 중소기업유통센터, 소상공인진흥공단이 주관하는 동행축제는 대형유통사와 중소기업, 전통시장이 모두 상생하자는 취지에서 만들어졌으며 주로 중소기업 및 소상공인 제품의 소비를 촉진하는 행사를 진행한다. 5월에는 버스킹 공연, 자전거 동력을 이용하여 솜사탕 만들기, 1만 원 이상 구매 영수증 제시 시 페이스페인팅 혹은 캐리커처 그려주기 등의 이벤트가 있었다.

그리고 이와 연계하여 어린이 시장 체험도 진행하였다. 5월 12일에는 금천초등학교 학생들에게 장바구니와 상품권을 지급하고 상품권으로 물건을 사는 경험을 하도록 하였다. 6월 14일에는 시흥5동 어린이집 은행나무시장 현장체험학습이 있었다. 어린이들이 가게 곳곳을 돌아다니면서 전통시장에 익숙해지는 경험을 하고 수산물 가게에서는 미꾸라지를 직접 만져보는 등의 체험을 하였다. 9월에 진행된 동행축제에서는 은행나무시장에서 5,000원 이상 구매한 고객에게 농수산물, 닭, 떡 등을 선착순 50% 할인가에 제공하는 '동행세일 50% 할인 부스', 주민 노래자랑, 키즈마켓 체험 등의 행사가 있었다. 키즈마켓 체험에서는 장바구니 만들기에코백에 그림 그리기, 피에로 풍선아트, 마술 공연 등이 진행되었다.

9월부터 12월까지는 '화요반짝세일'을 진행하여 상품 패키지를 특가에 구매할 수 있도록 하였다. 구매한 사람은 행운의 룰렛 이벤트에 참여하여 사은품을 받을 수 있었다. 행사 기간 매월 셋째 주 화요일에는 버스킹 공연도 진행하였다. 11월에는 시장의 이름을 따라 은행나무잎에 시장에 대한 생각과 앞으로 시장에 바라는 점을 쓰는 이벤트도 있었는데, 다음과 같은 의견이 제시되었다. "시장 간판, 기둥 및 바닥 청결이 많이 좋아졌고 시장에서 산 음식들을 한 곳에서 먹는 공간 및 시설이 필요" "천장이 생겨서 좋아요. 시설이 점점 좋아졌음 좋겠어요" "재밌는 행사를 많이 해서 좋아요" "가까운 이웃과도 만나고, 물건도 좋고"….

화요반짝세일(은행나무시장 첫걸음육성사업단)

이렇게 2016년, 2017년, 2023년 꾸준히 상인대학을 개설해 오면서 그곳에서 배운 내용을 실제로 해 보려는 노력도 있었다. '강진건어물'의 이순금 상인은 상인대학에서 교육받은 내용대로 진열 방식디스플레이을 고민하고 더 친절하게 하는 말투와 손님에게 인사하는 방법 등을 적용해 보고자 하였다. 특히 배운 것을 응용하여 '만능 다시물팩'을 직접 발명하였다. 만능 다시물팩은 멸치·새우·북어채 등 국물맛 내는 몇 가지 재료를 큼직하게 종이팩에 담은 상품으로, 찌개류·칼국수·수제비 등의 국물을 손쉽고 간편하게 우려낼 수 있어 젊은 주부들에게 인기라고 한다. 시장에서 하

은행나무 소원 행사(은행나무시장 첫걸음육성사업단)

은행나무잎에 시장에 대한 생각과 바라는 점 쓰기

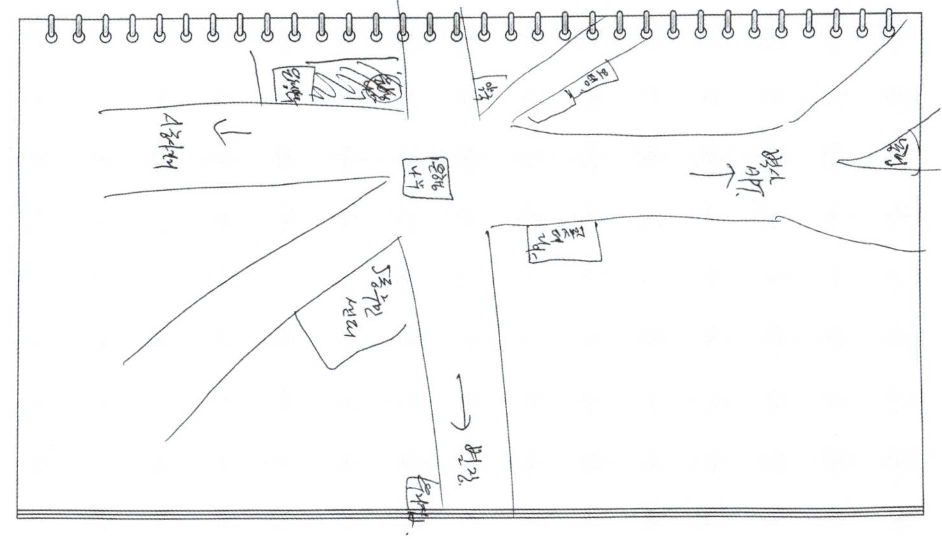

시흥동 인지지도

는 이벤트에서 이 국을 끓여서 맛보게끔 하거나 솥을 내놓고 직접 끓여 가면서 영업을 하는 등의 계획을 가지고 있다.[1]

한편 은행나무시장은 은행나무 바로 옆에 있어서 그러한 이름을 가지게 되었는데, 은행나무는 시흥동 주민들이 생각하는 시흥동의 상징 중 하나라고 할 수 있다. 연구진이 시흥동 주민을 대상으로 한 자체적인 설문조사에서도 시흥동의 상징으로 은행나무를 꼽은 사람이 전체 응답자 50명 중 40명으로 가장 많았다. 위 인지지도를 보면 은행나무가 시흥사거리와 별장, 벽산아파트 방면으로 가는 길목의 중심에 있어서 은행나무가 어떤 위치를 가지고 있는지를 짐작할 수 있다.

은행나무시장은 길이 140m로 도보로 5분 이내면 걸을 수 있을 정도로 규모가 작은 시장이다. 그래서 전통시장 컨퍼런스에서 대상을 수상하였을 때도 놀라움을 안겨 주었다. 그런데 도리어 그러한 특성이 단합을 더 잘하도록 만들어 주기도 한다. 큰 시장과 비교하면 파벌이 생기지 않는 것도 강점이다. 상인회장의 말을 빌리면 여기서 '아!' 하면 저쪽에서 듣고 반대쪽으로 다시 내려올 정도로 소통이 빠르다. 40년간 장사를 해온 떡집 사장님도 다음과 같이 비슷한 의견을 가지고 있다.

1. 정원사, 『은행나무 상인정신』, 2017.

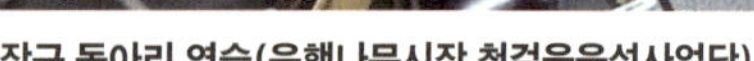
장구 동아리 연습(은행나무시장 첫걸음육성사업단)

전국 우수시장 박람회 우리 시장 뽐내기 대회 출전
(은행나무시장 첫걸음육성사업단)

"골목이 길면 사람이 많은 만큼 말이 많아서 단합이 잘 안돼. 근데 이거는 길지도 짧지도 않고 적당한 길이감의 골목시장이라…. 사람들이 소수정예라, '이렇게 하자' 그러면 딴소리 할 틈 없이 단합이 잘되어 가지고 '으쌰으쌰' 하면서 잘됐던 것 같아요."

단순히 단합만 잘되는 것이 아니라 상인 간의 관계도 좋다. 은행나무시장에 있다가 다른 곳으로 이사를 간 한 사장님은 그곳의 분위기가 너무 살벌해서 적응하지 못하겠다며, 은행나무시장은 분위기가 좋아서 괜찮았는데 다시 이사 오고 싶다고 떡집 사장님에게 말하였다고 한다. 실제로 시장 상인들끼리 오가면서 안부를 자연스럽게 묻는 모습을 볼 수 있었다. 상인들 사이에는 '그래도 남보다는 가깝다'는 인식이 있다는 말도 있다.

나아가 제2의 가족과 같이 여겨지기도 한다. 옆집 가게가 자리를 비울 때면 대신 봐주곤 한다. 이처럼 상인들 사이에는 서로 의지하고 서로 도움받고 도와주고 하는 부분이 있다. 떡집 사장님에 따르면 중간중간에 섭섭한 일이 없는 건 아니지만 그것을 크게 생각하면 이렇게 유지를 못한다고 한다. 식구하고는 적대하고 그러지 않고 그냥 이해하고 넘어가 주듯이, 상인들 사이의 관계도 제2의 가족이기 때문에 관계를 좋게 유지한다는 것이다. '칼슘두부'를 운영하는 이범식 사장님은 "인근 매장과는 돈통도 맡기고 다닐 정도로 서로 믿고 돕는다"고 말한다.[2]

전체 상인회 차원에서는 봄이나 가을이면 야유회를 가기도 한다. 2018년부터 시작하여 벌써 6년째를 맞이하는 장구 동아리는 일주일에 한 번 상인회 사무실에서 연습을 한다. 2023년 가을에는 전국 우수시장 박람회 우리 시장 뽐내기 대회에서 우수상을 수상하기도 하였다. 복날이면 함께 연습 끝나고 맛있는 음식을 먹으러 가는 등의 친목 활동도 한다.

상인끼리만이 아니라 상인과 손님간의 끈끈한 관계로 이어져 있다. 전통시장은 단골손님이 많은 것이 일반적인 특징이지만 은행나무시장은 규모가 작고 앞서 언급하였듯이 길목으로서의 기능은 더 이상 많지 않기 때문에 손님 중 대부분이 근처 시흥5동 주민이다. 그래서 한 번 단골이 되면 그 가게에서만 사려고 하는 경향이 있다. 이에 관해 은행나무시장 상인회장은 다음과 같이 말하였다.

2 정원사, 『은행나무 상인정신』, 2017, 46쪽.

오시는 분이 거의 계속 오세요. 그런 습성이 있어요. 그 사람이 미우나 고우나 한 번 사면 저 집은 내 집이다. 그렇게 고집하는 분들도 많아요. 똑같은 물건을 옆에서 팔아도 안 가요. 다음날 와서 사 갖고 가든지 기다렸다 다시 오든지 하세요.

설우종 씨(196*년 생, 남)

매일같이 들러서 "두부 한 모 주세요" 하는 단골손님은 물론이고, 매일 가게에서 음식을 먹는 손님도 있다. 시장의 죽 전문점에는 매일 오는 할아버지와 할머니가 있는데, 보통 호박죽이나 잔치국수를 먹는다. '마님죽' 정정자 사장님은 매일 오시는 손님 중 기초생활 수급자이고 혼자 사는 분들을 살뜰히 챙긴다. 사장님은 치매로 돈 관리가 어려운 할머니께 음식을 대접하고 동사무소 복지과에 비용을 정산하기도 한다. 이 가게는 8년째 죽 가격을 올리지 않고 있는데, 그 이유를 사장님은 다음과 같이 말한다. "여기는 비싸면 안 돼. 시장에 맞춰야지…."

이처럼 시장 가게의 운영이 경제적 논리에 따라 이윤을 추구하기보다는 동네의 분위기에 따르고, 또 동네 사람들과의 관계가 더 중시되곤 한다. 닭과 오리를 취급하는 '삼우유통' 역시 손님 집까지 직접 가는 배달 서비스를 운영하고 있다. 플랫폼 업체의 배달 서비스가 더 흔해진 요즘에 보기 드물어진 배달 형태이다. 삼우유통 오현아 사장님에 따르면 물건을 보지 않고 시킨다는 것은 믿음이 있다는 의미로, 이 때문에 도리어 더 좋은 물건을 주려고 한다. 그리고 닭을 주문할 때 채소도 필요하다고 하면 옆에 가게에서 구매해서 함께 배달해 준다. 그렇게 하면 옆의 가게에도 이득이고 손님에게도 편하기 때문이다. 가게 상인과 손님이 직접 소통하는 배달 형태는 상인 간의 상부상조, 그리고 상인과 손님 간의 유대관계를 보여준다. 여기서 더 나아가 가게가 동네 사랑방 역할을 하기도 한다. 과일가게 '왕과일'에서는 70~90대 되는 어르신이 쉴 새 없이 이야기를 나누다가 간다.[3]

이러한 관계는 손님이 이사를 가 더 이상 동네 주민이 아니게 되었어도 유지된다. '두부박사'를 운영하는 전월식 사장님은 영등포, 일산, 성남에서도 일부러 찾아오는 손님이 제법 된다고 한다. 왕과일을 운영하는 이연화 사장님 역시 안양, 마포, 혜화 등지로 흩어진 손님들이 이제는 다 큰 자녀 손을 잡고 방문한다고 한다. '궁중떡집' 손님 중 한 명도 먼 곳으로 이사를 갔지만 쌀가루를 빻으러 일부러 찾아오기도 한다. 멀리서도 찾아오는 이유는 신뢰 관계가 형성되었기 때문이기도 하지만 어렸을 때부터 관계를 맺었기 때문이기도 하다.

단골 관계가 형성되고 몇십 년 대를 이어서 하는 가게이다 보니 손님과의 관계도 대를 이어서 형성된다. 특히 떡은 백일, 돌, 결혼식 등 일생 의례의 행사가 있거나 특별한 일이 있을 때 맞추기 때문에 생애의 일련의 사건을 알게 된다. 그래서 지금 2대째 이어서 떡집을 하고 있는 사장님은 다음과 같이 말한다.

저희 엄마 때부터 해서 그런지, 엄마 때 백일·돌 떡 받았던 아기가 어른이 돼 결혼해서 아기 백일·돌 떡 하러 오세요. 어떤 분은 '나 어렸을 때 이 집 떡 먹고 커서 우리 애들도 이 집 떡 먹여야 되니까 문 닫지 말라'고 얘기하셨던 분도 계셔요. 절대 문 닫지 말라고, 멀리 살아도 꼭 여기 와서 사 가니까 문 닫지 말라고 신신당부하고 가신 분도 계셔요. 그것도 참 신기한 거 같아요. 그분들 성장 과정도 저희가 다 알거든요. 왜 그러냐면 백일과 돌 떡만 하고 안 오는 게 아니라 계속 일이 있으면 떡을 맞추고 하다 보니까 성장 과정을 다 알게 되더라고요.

이재임 씨(197*년 생, 여)

3. 이상의 사례는 정원사, 『은행나무 상인정신』, 2017 참조.

어렸을 때 부모님을 따라 시장을 방문하였던 경험은 하나의 추억으로 자리를 잡는다. 특히 야채와 과일, 생선과 정육처럼 1차 농수산품 및 축산품이 아니라 가공식품인 떡의 경우에는 그 맛에 길들여지기 때문에 다른 곳을 가지 못하게 된다.

우리 집에서 떡 먹으면서 자랐던 애들이 이민을 가거나 유학 간 경우도 많거든요. 옛날 생각이 난다고 일부러 와 가지고 떡 사 가지고 가는 애들도 많아요. 여기 떡 먹고 싶어서 비행기 내리자마자 왔다는 손님도 있어요. (중략) 우리집 스타일로 드셨던 분은 딴 걸 먹으면 낯설어요. 다른 집도 맛있을 텐데도 낯설고 왠지 맛없게 느껴지거든요. 우리 간에 익숙해지니까. 그래서 엄마 밥처럼 익숙하게 대를 이어서 먹게 되는 거더라고요.

이재임 씨(197*년 생, 여)

상업의 중심이 온라인으로 이동하였지만, 이러한 특성이 오프라인을 유지하게끔 하는 원동력이 되기도 한다. 온라인에서 여러 사람이 찾는 상점은 아니더라도 '대를 이어서 나만 아는 떡집'이 되는 것이다.

나. 대명여울빛거리시장

대명여울빛거리시장은 전통시장인 대명합동시장과 주변 상점가 일대를 아우르는 비교적 넓은 구역으로 구성되어 있다. 2012년 대명합동시장에 아케이드를 설치하고 주변 상점가에 빛의 거리를 조성함으로써 현재의 대명여울빛거리시장이라는 이름으로 불리게 되었다. 대명시장은 1구역에서 6구역으로 구분되어 있는데 1구역과 2구역은 전통시장, 3~6구역은 상점가로 나눌 수 있다. 1구역과 2구역, 3구역으로 둘러싸인 아케이드화된 전통시장에는 여전히 예스럽고 정겨운 풍경이 남아 있다.

시장 내에는 시흥동 대명시장을 검색하면 가장 먼저 뜨는 '떡볶이랑 걸레만두랑'은 물론이고 각종 찌개류와 닭발, 돼지껍데기 등 안주류를 파는 음식점이 있다. 이들 음식점은 열린 공간에 사각형 탁자와 의자가 놓여 있고 주인과 마주보며 음식을 먹을 수 있어 주인과 손님의 거리가 가깝다. 실제로 혼자 온 손님과 주인 간에는 종종 대화가 오가곤 한다. 이들 가게에서는 '선영이네'와 '유라네' 등 유독 누군가의 이름이 써진 간판이 많이 보인다. 대개는 자녀들의 이름을 따서 만든 상호이다. 2011년에는 여기서 음식점을 운영하던 '장씨네' 김옥분, '영호네' 강순애, '철수네' 박인홍, '현정이네' 안영자 할머니가 수해복구지원금으로 지급된 100만 원을 각자 모아 총 400만 원을 저소득 주민을 위해 금천구에 기부하기도 하였다.

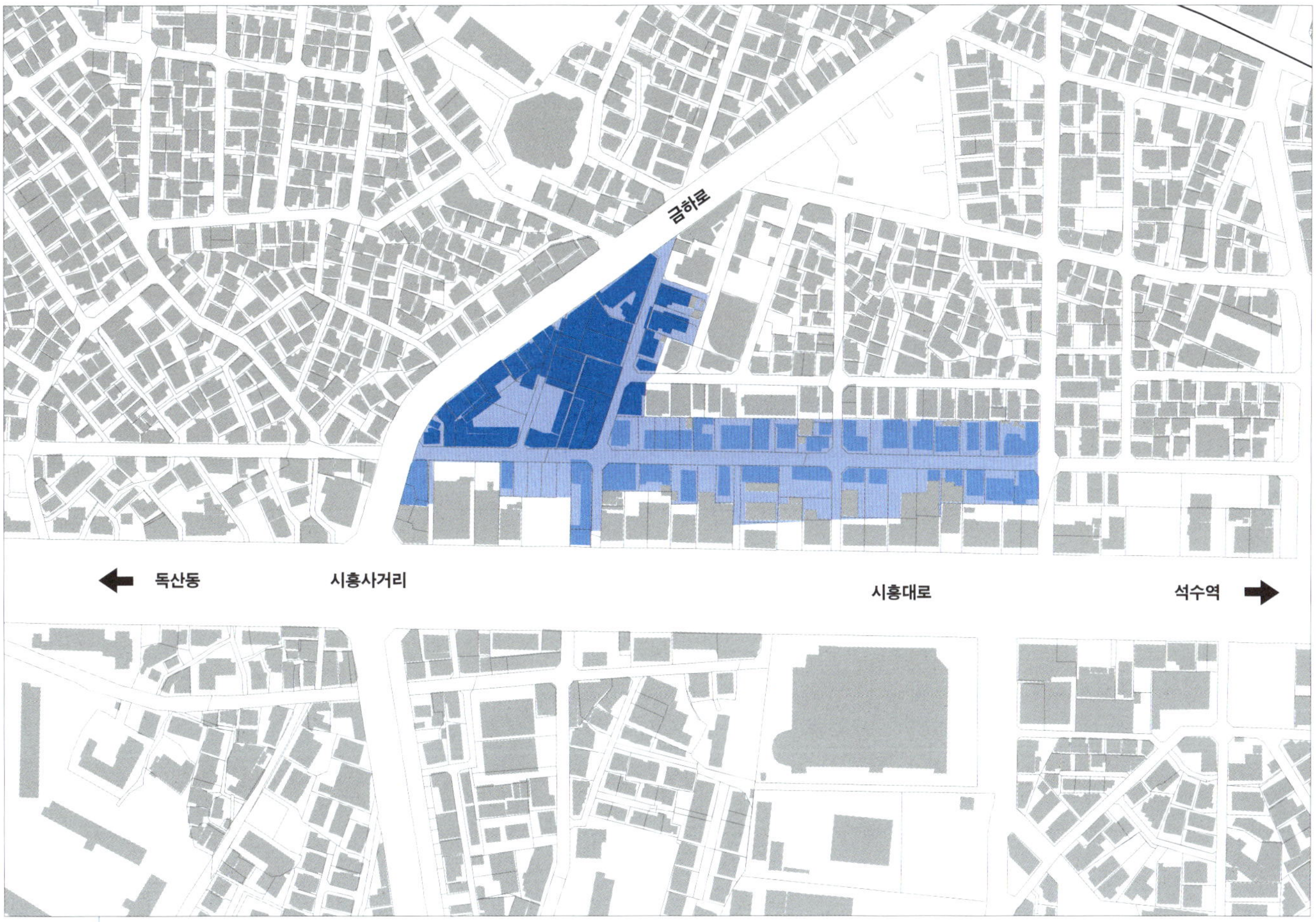

금하로
독산동
시흥사거리
시흥대로
석수역

대명여울빛거리시장의 위치

2구역
1구역
시흥대로58길
시흥사거리
시흥대로52길
안양
3구역
5구역
6구역
4구역

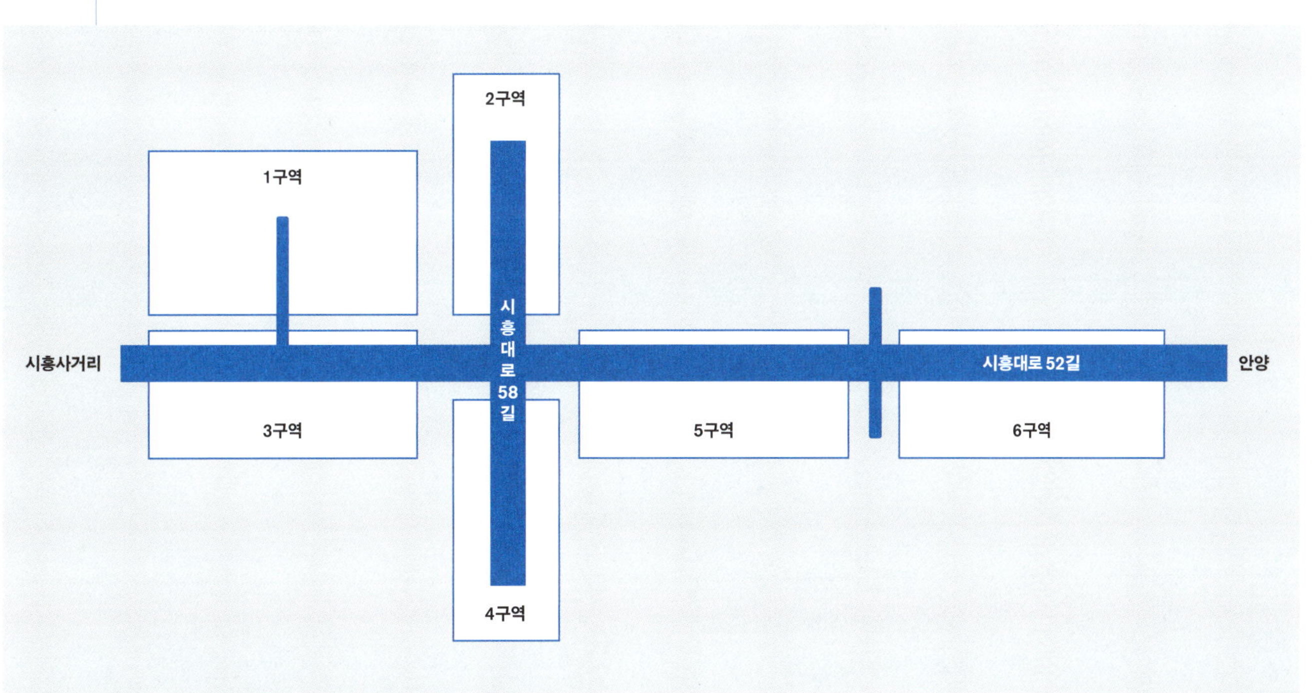

대명여울빛거리시장 구역 배치도(대명시장 홈페이지)

대명시장의 전통시장 구역은 아케이드화로 지붕을 씌우기 전부터 있었던 골목이 그대로 남아 있는 것이 특징이다. 그래서 지금도 시장 내부로 진입하는 입구가 여러 곳에 있다. 입구로 들어가면 내부로 이어지는 골목이 나온다. 어떤 입구는 자세히 보지 않으면 찾기 어렵고 매우 좁은 골목으로 연결된다. 아래 그림에서 화살표로 표시된 부분이 시장 내부로 들어가는 입구이고 내부의 골목은 연두색으로 표시하였다.

대명시장 내의 음식점

시장 내에서는 영신상회, 만나상회, 삼화상회 등 오래된 이름을 가진 가게를 찾아볼 수 있다. 3~7번, 9번 가게는 제일주단, 윤희고전의상실, 청실홍실마춤전문과 같은 이름에서 알 수 있듯이 옷이나 한복을 취급하는 곳으로 대명시장이 생긴 후부터 지금까지 장사를 지속하고 있다. 이전만큼 한복을 자주 입지 않는 지금, 찾는 사람이 많지는 않지만 마룻바닥이 깔린 가게에서 동네 사람들과 담소를 나누거나 멀리서 찾아온 손님과 도란도란 이야기꽃을 피우곤 한다. 시흥대로52길을 따라서 이어지는 3~6구역의 상점가는 주로 음식점·카페·주점·노래방 등으로 구성되어 있으며, 지금도 시흥동 주민이 약속 장소로 많이 찾는다. 그런 점에서 후술하듯이 거리에 사람이 부딪칠 정도로 많았던 이전의 모습과 연속성을 지니고 있다.

대명시장은 적어도 1970년대 중반부터 시장으로 활성화된 것으로 보인다. 대명시장 장소는 원래 사유지였기 때문에 1977년도에 땅 주인이 대명합동시장이라는 이름으로

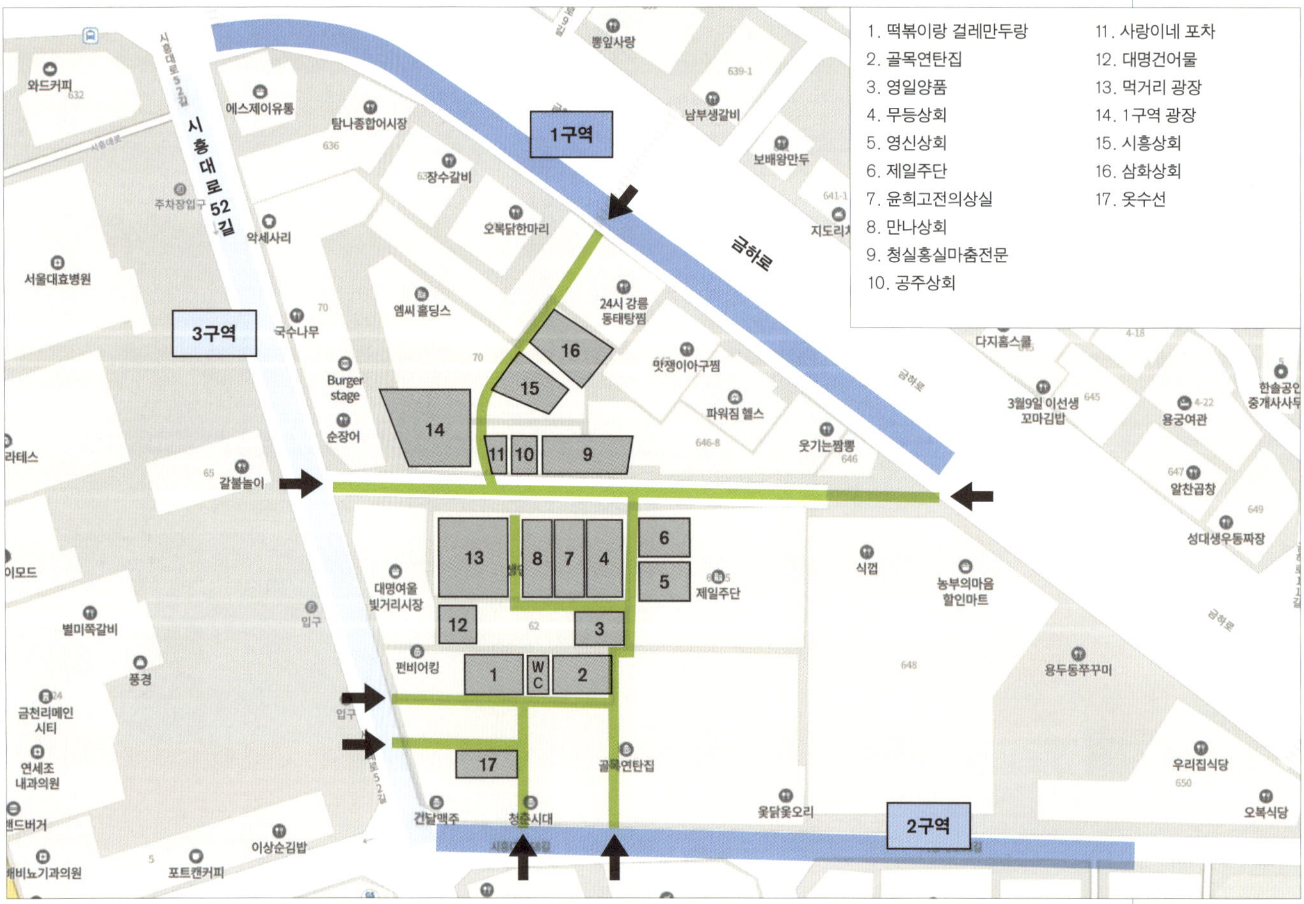

1. 떡볶이랑 걸레만두랑
2. 골목연탄집
3. 영일양품
4. 무등상회
5. 영신상회
6. 제일주단
7. 윤희고전의상실
8. 만나상회
9. 청실홍실마춤전문
10. 공주상회
11. 사랑이네 포차
12. 대명건어물
13. 먹거리 광장
14. 1구역 광장
15. 시흥상회
16. 삼화상회
17. 옷수선

대명여울빛거리시장 중 전통시장 구역

사설 시장 등록을 하였다고 한다. '백년가게'로 선정된 음식점 '대호정'의 임순자 대표는 한 자리에서 지금까지 대명시장의 역사를 지켜본 산증인이다. 임순자 대표는 1974년에 '한남체인'이라는 슈퍼마켓을 운영하기 시작하였다. 그때는 따로 CCTV가 없었으므로 천장에 거울을 달아 놓아서 도둑이 드는지 안 드는지를 지켜보았다.

1970년대에서 1990년대까지 대명시장은 시흥동에서 가장 큰 시장이었고, 광명과 안양 등지에서도 와서 장을 보는 곳이었다. 은행나무시장이 시흥5동, 현대시장이 시흥1동과 4동 사람들이 많이 오는 동네 기반의 시장이었다면 대명시장은 규모가 커서 주변 여러 지역의 사람들이 이용하였다. 은행나무시장과 현대시장이 1980년대 이후 본격적으로 활성화되기 이전에는 시흥동 사람들이 대명시장에서 장을 보곤 하였다. 시흥사거리 부근에서 규모가 컸던 대한전선 등에서 일하던 사람들이 월급날이면 다 대명시장으로 왔다고, 50년째 대명시장에서 자리를 지키고 있는 '영신상회' 사장님은 말한다. 대명시장 부근으로 사람들이 모여들었음은 지금은 없어진 '시흥캬바레'를 통해서도 간접적으로 알 수 있다. 대명여울빛거리에 인접한 리메인시티 빌딩에 시흥캬바레가 있었는데, 영등포와 안양 사이에 가장 큰 카바레였다고 한다. 그래서 광명과 구로 등지에서도 이 카바레를 찾았다. 지금은 작고한 허장강이라는 배우도 시흥캬바레에 출연할 정도로 유명한 곳이었다. 이처럼 대명시장 거리는 주변 지역에서 장을 보기 위해, 또 유흥을 즐기기 위해 모여드는 장소였다.

당시 대명시장 골목으로는 차가 다니지 않았고 대신에 노점과 리어카로 꽉 차 있었다. 차가 다니지 않아서 흥미로운 풍경도 볼 수 있었다. 대호정 옆에 전파사가 있어서 그곳에서 흘러나오는 노래에 맞춰 술 취한 사람들이 춤을 추곤 하였다. 그때까지만 해도 부잣집이 아니고서는 전축이 없어서 집에서 음악을 들을 수가 없었기에 전파사 앞에서 '공짜' 음악

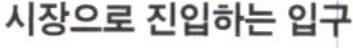
시장으로 진입하는 입구

시장으로 진입하는 입구

을 들었던 것이다. 이전에는 전통시장 구역에 닭장이 있어서 직접 닭을 잡아서 파는 곳도 있었고, 생선가게와 야채가게도 있었다. 현재는 야채가게를 찾기 어렵고 잡곡이나 기름과 닭을 파는 가게가 드문드문 있으며, 음식점이 주를 이룬다. 1970년대에는 대명시장에 사람이 너무 많아서 사람들끼리 부딪쳤다고 한다.

1976년도에 임신을 했는데 우리 딸을 8월에 낳았으니까 7~8월에 만삭이잖아요. 그런데 옷을 입고 바깥에 나가면 배가 쓸려서 못 나가요. 사람들이 부딪쳐 갖고. 그래서 시장 보러 나갈 때 막대기를 배에다가 이렇게 하고 나갔어요. 그 정도로 사람이 많았어요.

임순자 씨(195*년 생, 여)

1995년에는 금천구가 구로구에서 분구되면서 금천구 임시 청사가 시흥대로 주변 건물로 확정되었다. 그러면서 대명시장의 노점상을 단속하기 시작하여 노점상은 현대시장 쪽으로 이동하였다. 야채와 과일 등 신선식품 가게는 많이 사라졌고, 대신에 공무원을 상대로 장사하는 백반집은 성업하게 되었다.

대명시장은 약 50년간의 세월을 지나왔기에 한국 현대사의 굵직한 사건과 더불어 부침을 겪었다. 대호정 대표에 따르면 광명에서 시흥으로 건너오는 다리가 수해로 끊어지고 난 이후에 한 번 사람이 끊겼고, 박정희 대통령 사망 이후 또 한풀 꺾였다. 실제로 1979년 10·26사건 이후 비상계엄이 선포되면서 야간통행금지가 강화되어 자정부터 새벽 4시까지였던 통금시간이 저녁 10시부터 새벽 4시까지로 2시간 연장되었다. 2008년에는 광우병으로 인한 촛불집회가 있으면서 또 한 번 위기를 겪었다. 광우병 파동 외에도 구제역이 발생할 때마다 독산동에서 대호정 자리까지 고깃집이 다 없어지는 상황이 세 번 발생하였다. 그래도 지금까지 대호정은 버티고 있다.

특히 2008년은 금천구청이 임시 청사에서 현재의 자리로 이전한 해이기도 하다. 금천구청 신청사가 금천구청역 주변에 지어지면서 주로 공무원을 상대하던 식당들은 쇠퇴하게 되었다. 임순자 씨는 금천구청 이전 이후의 변화를 다음과 같이 기술한다.

면담자 금천구청 이전하면서 사람이 적어진 건가요?

임순자 그쪽으로 가면서 많이 줄었죠. 저 인구가 다 여기 있었으니까요. 지금 퇴근시간 되면 역으로 올라가는 인구가 물밀듯이 올라가잖아요. 근데 저게(금천구청) 여기 가운데 있었으면 그래도 여기서 걸러걸러 갈 거 아니에요. 저쪽에서는 차를 타고 나가지만 여기서는 볼일을 봐러 왔어도 커피나 한잔 먹을까, 소주 한잔 할까 하고, 이런 게 그래도 10~20%라도 남을 거 아니에요.

면담자 임시 청사 있었을 때까지는 괜찮았어요?

임순자 그럼요. 그 뒤쪽 상권이 대단했어요. 또 그 사람들이 점심 먹고 저녁 먹잖아요.

임순자 씨(195*년 생, 여)

전성기였던 때보다는 손님이 줄었기에 대명시장 상인회장은 "여기서 장사 20년, 30년 하신 분들은 그때 돈 번 걸로 지금까지 있는 거"라고 말하기도 한다.

대호정은 1980년대에 인기 있는 외식 메뉴였던 옛날식 불고기 전문점으로, 이전에는 피로연이나 약혼식·환갑잔치를 하는 고급 식당이었다. 지금은 입식으로 바꾸었지만 예

백년가게로 선정된 대호정

'떡볶이랑 걸레만두랑' 가게에 놓여있는 예전부터 사용하던 의자와 테이블

전에는 마루와 방이 있었다. 유일하게 천장에 서까래 모양의 장식은 옛날부터 지금까지 그대로 유지하고 있다. 40여 년간 가게를 운영하다 보니 손님들과 개인사를 공유하게 되기도 한다.

면담자 아까 듣기로는 여기서 피로연했다고….

임순자 밥을 먹으면서 나를 흘끗흘끗 쳐다봐서 나중에 보면 자기 아빠하고 데이트하던 데라고 하고, 또 어떤 사람은 나가면서 자기 여기서 피로연했다고 그래요. '우리 집에서 피로연한 사람은 다 잘 산대요.
제가 1982년도에 우리 막내아들 백일잔치 끝나고 시작을 했거든요. 아주 아기였잖아요. 그 아이가 지금 서른여덟이 됐어요. 근데 이렇게 오랫동안 손님들이 와주시고 도와주시고 어떤 손님은 제가 장사하면 아기 데리고 나가서 안고 놀다가 과자 사줘서 오시는 분들도 있고. 또 칭얼거리면 동네 분들은 업고 나가서 재워서 오시는 분들도 있었고. 금천구는 서울에서 오는 것도 아니고 안양에서 오는 것도 아니고 다 동네 사람들이 해주시는 거예요.

임순자 씨(195*년 생, 여)

1974년부터 영업을 시작하여 며느리가 이어서 운영하는 '떡볶이랑 걸레만두랑' 가게 역시 오랜 단골손님과의 관계로 이어져 있다. 가게를 찾는 손님은 대부분 10년 이상 된 손님들이고 3대째 오는 손님도 있다고 한다. 지금은 건물을 가지고 있지만 이전에는 포장마차 형식의 가게였다. 그래서 예전에는 장의자와 좁은 테이블이 있었다. 넓은 테이블과 여러 개의 플라스틱 의자를 갖춘 지금도 한쪽 구석에는 그때 쓰던 의자와 테이블이 놓여 있다. 예전에 포장마차에서 떡볶이를 먹던 손님들이 그때를 추억하고 회상하고 싶어서 그 의자와 테이블에서 먹고 가기 때문이다. 그 당시에는 지금처럼 먹거리가 많지 않았기 때문에 학생들이 하교하면 뛰어와서 줄 서서 먹고 가곤 하였다. 포장마차에는 5~6명밖에 앉을 수 없었기 때문에 이전 손님이 다 먹고 나면 그다음 손님이 앉아서 먹었다고 한다.

사실 음식과는 거리가 먼 '걸레'라는 이름이 들어간 상호명도 손님에 의해서 만들어졌다. 원래는 가게를 찾던 여학생들이 반으로 자른 만두에 떡볶이 소스를 묻혀서 주면 만두소가 풀어져서 걸레 같다고 말했었다. 그래서 "걸레 두 개 주세요."라고 하면 주인에게 "어디 음식에 걸레 소리를 붙이냐"고 혼나기도 하였다. 그러다가 라디오 프로그램에 어떤 손님이 "대명시장에 '걸레만두집'이라고 있다"고 말한 것이 일파만파 퍼지면서 방송에도 출연하게 되었고, 지금의 상호로 굳어지게 되었다. 이후 TV에 열 번 넘게 출연하면서 손님이 굉장히 많아졌다. 외부 손님이 많아진 것은 동네 사람에게는 반가운 현상은 아니었다. 가장자리에 차도 세워 놓고 복잡해졌기 때문이다. 지금도 주말이나 공휴일에는 전국에서 방문하고 배달과 택배도 한다.

2012년부터 조성된 여울빛거리라는 이름은 루미나리에에서 착안하였다. 루미나리에에서 빛거리를 따오고, 복개 공사 이전에 개천이 흐르던 곳이기에 여울을 붙였다. 대명시장은 구 금천구청 청사의 존재와 더불어 식당가가 발달한 곳이기도 하였지만, 시설을 현대화하면서 음식점이 아닌 채소가게나 과일가게 등의 소매상은 더욱 장사가 잘 안되게 되었다. 시설 현대화로 상온이 유지되면서 채소나 과일을 오늘 내로 팔지 않아도 되었고, 그래서 오히려 신선도가 떨어져서 찾아오는 손님이 감소한 것이다. 현재 대명시장에는 소매상이 많지 않고 음식점 중심으로 운영되고 있다.

대명시장은 시장 활성화를 위해서 여러 노력을 기울여 왔다. 2016~2017년에는 서울예술인복지재단에 등록된 예술인과 매칭하여 사업을 진행하였다. 시장 앞 공터에서 버스킹을 하거나, 바닥에 트릭아트와 같은 그림을 그리거나, 대명시장만의 독특함을 담은 스토리텔링을 만들었다. 각각은 노래와 춤, 미술, 문학에 해당하는 예술 영역으로 복합적인 시도를 하였다. 2017년 11월에는 지역 사람들이 모두 시장에 모였던 이전의 모습을 되살려 연령과 성별에 상관없이 지역 사람들 누구나 예술로 놀아보자는 취지로 '다시, 시장'이라는 제목의 공연을 하였다. 노래와 춤, 악기 연주로 구성된 이 공연에는 작가와 시인, 작곡가, 무용가, 연주자 등이 함께하였으며 직접 작사하고 작곡한 노래를 불렀다. 이 공연에서 하였던 것처럼 시장 시엠CM송을 직접 작사·작곡하여 시장에서 틀기도 하였다. 시엠CM송은 멜로디와 가사를 다르게 하여 네 가지 버전을 만들었다. 다음은 시엠CM송 가사이다.

(버전 1)
안 가본 사람은 있어도 한 번만 가본 사람은 없다는 대명시장을 소개한다
하나, 아케이드 빛의 거리 조성 사업 완료
둘, 190개의 다양한 음식점으로 포진
셋, 80년대 추억의 이미지 구축으로 먹거리 상권 조성
넷, 고객 편의시설을 활용한 커뮤니티 기능 회복
다섯, 문화예술이 꽃피는 문화시장으로의 발전
지역 주민의 희로애락이 있는 소통의 장터
연륜과 젊음을 아우르는 대명여울빛거리시장으로 오세요
대명시장은 여러분과의 추억을 기다립니다

(버전 2)
오라 오라 시장으로 오라

옳아 옳아 대명은 옳아요
오라가 번쩍번쩍한 여울빛거리는 언제나 옳아요
시장하면 대명시장 하면 밥 먹으러 오라
오호라 이제부터 대명여울빛거리로
아니라고 말하는 자 모두 오라를 받아라

(버전 3)
대명시장 속이 뻥 뚫린다
이것저것 물가 올라 딱딱한 경제 상황
해답이 필요할 땐 대명시장 가봐
뻥 뚫려 뻥 뚫려 확 뚫려 뻥 뚫려
대명시장 인심에 내 속이 뻥 뚫려
상사가 화를 내고 애들은 안하무인
여유가 필요할 때 대명시장 가봐
뻥 뚫려 뻥 뚫려 속 뚫려 뻥 뚫려
대명시장 웃음에 답답함 뻥 뚫려

(버전 4)
대명시장 렛츠고!
밥 맛있고 술 맛있고 떡 맛있고 고기 맛있고
(얼씨구 절씨구 좋지)
남김없이 퍼주고 막 퍼주고 더더더 퍼주고
(암은 그렇지 그렇고)
깨끗하고 깔끔하고 청결하고 편리하고
친절하고 다정하고 상냥하고 자상하고
가격 좋고 품질 좋고 위치 좋고 사람 좋고
맛도 좋고 기분 좋고 누이 좋고 매부 좋고
아이고 좋은 것도 많고 1년 365일을 대명시장으로 고고고
냉큼 가세

2017년 6월부터는 청년몰 사업을 시도하여 청년 사장을 지원하기도 하였다. 청년몰은 중소기업청에서 실시한 청년상인 창업지원 사업으로 진행되었다. 지금은 없어졌지만 1구역 광장에 떡볶이, 튀김, 꼬치, 수제 맥주, 디저트 등 먹거리를 파는 점포가 있었다. 2019년에는 시흥군에 거주하였으며 시흥초등학교를 졸업한 기형도 시인을 테마로 삼아 기형도 문화거리 조성 프로젝트를 진행하고 기형도 사생대회를 열었다. 또한 유치원이나 초등학생 대상으로 사진전, 그림그리기 대회, 글짓기 대회 등을 개최하거나 아이들 대상으로 1일 상인 체험 혹은 1일 시장 체험을 진행하도록 하여 학부모와 함께 시장을 방문하도록 하였다. 2층에는 스마트팜을 위한 설비를 구비하고 개장 준비 중이다. 올해 10월에는 '백 투 더 대명'이라는 이름으로 축제를 열어 주민의 호응을 얻었다. 색소폰, 아코디언, 드럼 연주자가 시장거리를 행진하며 악기를 연주하는 악기 퍼레이드, 뮤지컬 수록곡을 노래하는 뮤지컬 갈라

청년몰 사업 당시 간판

대명시장에서 진행한 프로그램 홍보물(금천구청 블로그)

쇼, 마술쇼 등이 진행되었다. 여행바우처 이벤트도 진행되었는데 1등에게는 100만 원, 2등에게는 50만 원, 3등에게는 30만 원의 여행지원금이 주어졌다.

이처럼 시장에 현대적인 요소를 도입하거나 여러 이벤트를 통해서 시장을 홍보하려는 노력은 은행나무시장과 비슷한 측면이 있다. 특히 어린이를 대상으로 하는 프로그램이 꼭 있는 이유는 어린이의 손을 잡고 부모님이 같이 오기 때문이다. 따라서 어린이 프로그램에는 부모님 고객을 확보하기 위한 목적이 담겨 있다고 할 수 있다. 은행나무시장 상인회가 서울시나 중소기업청 등 정부에서 전통시장을 지원하는 사업을 적극 활용하고 있다면 대명시장 상인회는 소상공인을 대상으로 한 여러 정책과 지원을 상인들에게 홍보하고 있다. 지원을 받기 위한 전략의 일환일 수 있으나 은행나무시장은 '전통시장'이라는 관점에서, 대명시장은 '소상공인'이라는 관점에서 접근하고 있다는 점이 특징이다.

2023년 5월 8일부터 12일까지는 금천구 소기업소상공인협회 주최 및 대명여울빛거리시장 상인회 주관으로 소상공인발전위원회의 도움을 받아 경영애로진단 및 경영환경개선지원을 진행하였다. 이 기간 소상공인발전위원회 관계자가 대명시장 2층에 위치한 교육장에서 컨설팅 교육을 하였으며, 직접 여러 가게를 들러 관련된 프로그램을 홍보하고 점주로부터 애로사항들을 듣기도 하였다. 가게를 방문하여 진행한 컨설팅에서는 경영환경실태조사가 이루어졌다. 경영환경실태조사 항목으로는 노란우산공제 및 고용지원금 신청에

대명여울빛거리 경영애로진단 및 경영환경개선지원 홍보 현수막
(대명시장 홈페이지)

가지는 어려움, 사업소득세에 대한 사업자 연말정산 여부, 브랜딩이나 콘텐츠 홍보에 가지는 어려움, 고금리 혹은 정부 정책자금 지원신청에 대한 어려움 등이 있었다.

소상공인발전위원회는 이 밖에 사업장 홍보가 잘될 수 있도록 해주는 브랜딩 지원, 여러 기관에서 제공하는 특례지원금 진단, 인사 노무 조언, 저금리 정책자금 안내 등의 경영 지원을 하고 있으며 도심형 신선소분센터를 건립하여 새벽 경매시장에 나가지 않고도 상품을 소분 및 진열할 수 있도록 돕고 있다. 2023년의 실태조사 결과에 따르면 국가 고용지원금이나 정부 정책 자금 신청에 어려움을 겪고 있다는 응답이 절반 이상이고, 브랜딩 혹은 콘텐츠 홍보가 잘되지 않아 어려움을 겪고 있다는 응답 또한 약 60%에 달해 소상공인발전위원회의 지원이 일정 부분 도움이 될 수 있을 것으로 보인다.[4] 이와 더불어 소상공인발전위원회는 경영환경 개선을 위해 여울빛거리에 삼겹살을 주요 메뉴로 판매하는 음식업체가 밀집한 곳을 '삼겹살거리'와 같은 특화거리로 조성할 것을 제안하였다. 이처럼 대명시장은 지금도 꾸준히 상권을 발전시키기 위해서 노력하고 있다.

다. 비단길현대시장

비단길현대시장은 길이가 650m이고 250여 개의 점포가 입점한 금천구 최대 규모의 전통시장이다. 시흥대로62길과 독산로39길을 따라서 기다랗게 형성되어 있다. 처음에는 건물형 시장에서 시작되었으나 하천이 복개되면서 하나둘 생겨난 노점이 현재 형태의 시장으로 발전하였다. 따라서 시흥천이 복개되면서부터 현대시장이 본격적으로 형성되기 시작되었다고 할 수 있다. 복개 시점은 1970년대 중반 정도로 추정된다. 하천을 확인할 수 있는 1970년 지도와 달리 1977년 시흥동 지도를 보면 이미 현대시장의 길목은 복개가 되어 있음을 확인할 수 있다. 1978년부터 1980년대에 시흥동 고지 배수로 복개공사를 시행하여 시흥사거리로부터 시흥2동으로 올라가는 길이 복개되었다.

비단길현대시장의 위치

1977년부터 노점상을 하다가 시장 내에 자리를 잡은 '한마음건어물' 주인은 복개 이전에 개천에 다리가 있었고 복개 이후에 좌판이 생기면서 시장이 생겼다고 구술하였다.

옛날에는 이렇게 오작교가 몇 개 있었어요. 여기서 개천을 건너가려면 다리가 있어야 되잖아요. 그러다가 저 밑에 4구역 있는 데 들어오는 입구 50m 도로에서부터 복개를 하면서 좌판이 생긴 거예요. 아줌마들이 다라 갖다 놓고, 콩나물도 조금 갖다 놓고 팔고, 미나리도 좀 갖다 팔고, 열무 같은 것도 팔면서 이게 시장이 형성된 거예요.

안상훈 씨(196*년 생, 남)

현대시장 골목은 시흥사거리에서 시흥4동으로 가는 통로 역할을 하였기 때문에 유동인구가 많아서 시장이 활성화되었다. 은행나무시장 상인회장에 따르면 시흥4동을 지나는 독산로20m 도로에서 시흥사거리까지 바로 가는 버스가 없기에 현대시장이 있는 주택가 골목을 지나갈 수밖에 없다. 현대시장 길목은 시흥4동 쪽에서 금천구청으로 가는 지름길이기도 하다. 그래서 현대시장은 건어물가게 사장님 말에 따르면 망하려야 망할 수 없는 시장, 무조건 장사는 되는 시장이다.

현대시장은 원래부터 상점가가 있던 자리가 아니었기 때문에 지상 2~3층 다가구주택의 1층을 가게로 만든 형태가 가장 많다. 다음 장에 나와 있는 현대시장 골목 입면도에서 볼 수 있듯이 건물 1층을 터서 가게로 만든 상가주택의 형식이 가장 많으며, 건축물과 건축물 사이의 공간을 활용한 점포도 있다. 그리고 시장 상인 다수가 건물세를 내고 장사를 하고 있다. 건물에 직접 거주하면서 1층에서 장사를 하는 경우는 몇 집을 제외하고는 거의 없다. 현대시장은 아케이드가 없어 대다수 점포에서 개별적으로 차양을 설치하였고, 시장 차원에서 골목길에 차양 등을 설치하여 시장을 이루고 있다. 너비 6m의 도로에 자리한 현대시장은 도로 양측의 점포에서 1m 내외의 좌판 등을 설치하여 실제로는 3~4m의 유효폭을 갖고 있다. 아케이드는 없으나 2011년 시설현대화사업을 통해 주차장 및 화장실 등 편의시설을 확충하였다.

현대시장은 길이가 워낙 길기 때문에 1구역에서부터 4구역까지 나뉘어 있다. 구역당 60여 개의 점포가 있다. 이를 표시한 지도가 다음 장에 나와있다. 이 중 1구역 및 2구역에 이전부터 계속 있었던 가게가 많고 주로 단골이 많다. 반대로 3구역 및 4구역은 신규로 입점하는 가게나 외부 손님이 많다. 이러한 현상은 현대시장 골목이 통로의 역할을 해 왔던 것과 관련이 있다. 퇴근하고 시흥사거리에서 시흥4동에 있는 집으로 돌아가는 길에 장을 본다면 3~4구역에서 구매해서 들고 올라가면 무거우니까 집과 가까운 1~2구역에서 구매하는 것이다. 이를 방증하듯이 1~2구역의 매출이 이전보다는 줄어들었다고 한다. 시흥4동에 중형 마트가 생기면서 아예 그곳에서 장을 보는 손님이 늘었다. 1~2구역은 단골의 방문으로 장사를 유지하고 있다. 오가는 손님이 물건을 사가는 경우보다 단골이 와서 인사하고 바로 사가는 일이 많다. 3~4구역은 아무래도 시흥사거리와 더 가깝기에 외부 손님도 많고, 3~4구역 근처에 집이 있다면 1~2구역까지 올라가지 않기 때문에 1~2구역으로 갈수록 유동인구나 잠재적 손님이 줄어든다. 3구역과 4구역 사이에는 작은 광장 겸 쉼터가 있는데 거기서 오가는 손님이 앉아서 쉬기도 하고 행사를 하기도 한다.

점포에 개별적으로 설치된 차양

시장 차원에서 설치한 차양

현대시장 광장

현대시장의 경관을 기록하는 방식으로 골목 입면도와 평면도를 작성하였다. 아울러 개별 점포를 실측함으로써 시장을 거시적 관점과 미시적 관점 양 측면에서 파악해보고자 하였다. 현대시장을 위에서 내려다본 평면도를 보면 시장을 형성하는 골목 주변으로 주택가가 형성되어 있다. 시장이 주택가 중간에 있기 때문에 꼭 시장이 시작되는 곳과 끝나는 곳이 출입구로 사용되는 것이 아니라 골목 사이사이에서 시장으로 진입할 수 있다.

개별 점포 실측은 정육점과 떡집 두 군데를 대상으로 진행되었다. 두 곳 모두 건축물 용도가 1층은 점포, 2·3층은 주택 혹은 근린생활시설로 분류되어 있다. 점포의 구성은 크게 손님을 맞이하고 물건을 판매하는 앞의 공간과 상품을 보관하고 가공하는 뒷공간으로 나눌 수 있다. 정육점의 경우 육류를 손질하고, 떡집의 경우 팥앙금을 만들거나 떡을 찌는 일이 모두 이 뒤의 공간에서 이루어진다. 점포 내부의 사진을 통해서는 보통 손님의 입장에서 바라볼 수 있는 가게의 매대가 아니라 상인의 시점에서 바라보는 시장의 모습을 볼 수 있다.

현대시장 골목 입면도

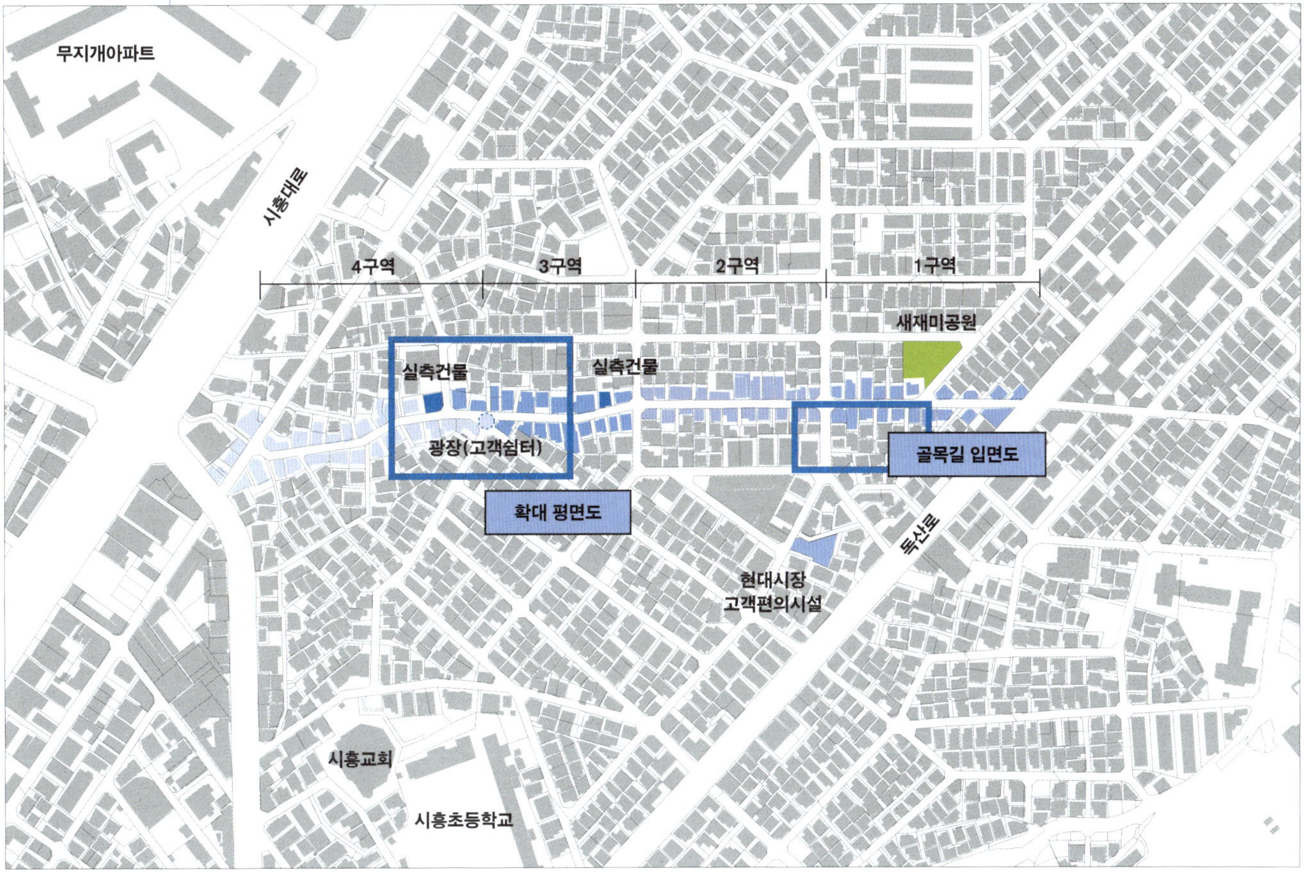

현대시장 배치도

현대시장의 구역 구분

현대시장 골목 평면도

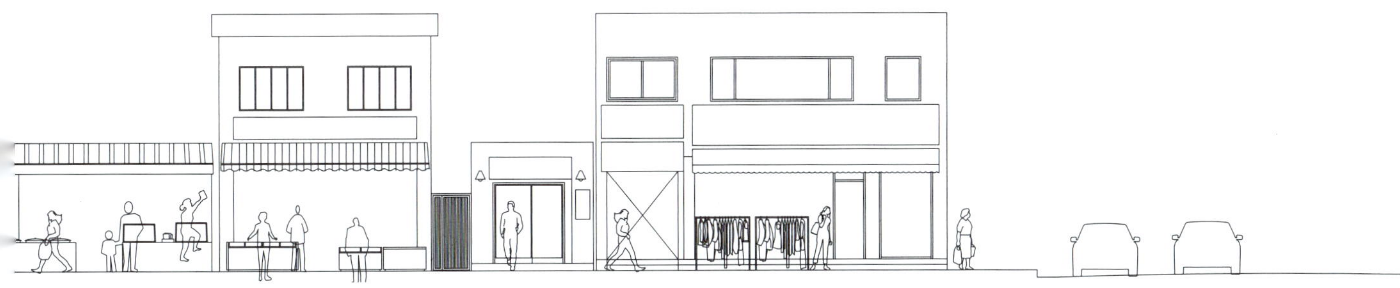

1 현대시장 실측: 정육점

대지위치	서울특별시 금천구 시흥동 873-26
건축물용도	1층 점포, 2~3층 주택
사용승인일	2007. 7. 31.
건축물구조	철근콘크리트구조
건축면적	112.45㎡
연면적	259.43㎡
건축물특성	현대시장 하늘소정육점

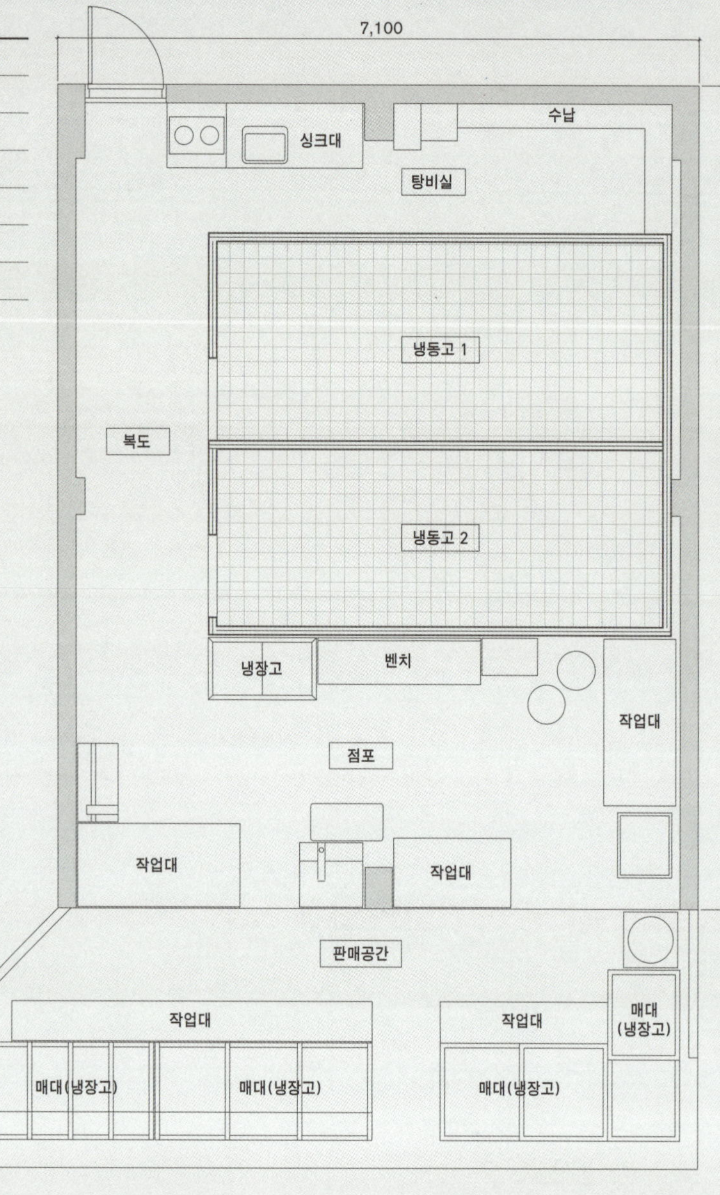

현대시장 정육점 실측 평면도

정육점 내외부

2 현대시장 실측: 떡집

대지위치	서울특별시 금천구 시흥동 881-62
건축물용도	1층 점포, 2~3 근린생활시설
사용승인일	1972. 8. 1.
건축물구조	연와조, 철근콘크리트구조
건축면적	85.88㎡
연면적	208.76㎡
건축물특성	현대시장 형제떡방

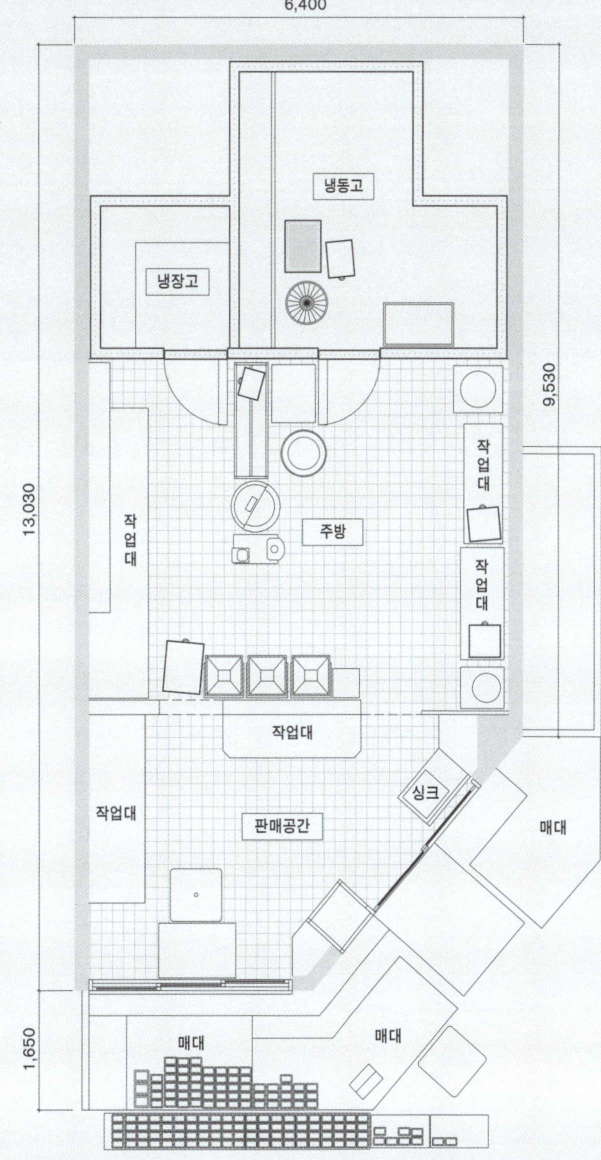

현대시장 떡집 실측 평면도

떡집 내외부

앞서 언급하였듯이 1995년 금천구청 임시 청사가 시흥사거리 쪽에 자리 잡으면서 대명시장 앞에 성행하였던 노점과 좌판에 대한 단속과 도로정비 작업이 이뤄졌다. 건물형 시장이었던 대명시장으로 들어갈 수 없었던 노점상은 현대시장 쪽으로 이동하게 되었다. 이렇게 현대시장에 더 많은 수의 점포가 생기기도 하였지만 지금까지도 아케이드화를 하지 않은 것이 도리어 현대시장의 활성화에 긍정적으로 작용하였다. 아케이드화를 하지 않으면 야채와 같은 1차 식품은 조금 더 일찍 시들기 때문에 저녁이 되면 싸게라도 빨리 팔아야 한다. 그렇게 되면 손님 입장에서는 저녁에 떨이 가격으로 조금 더 저렴하게 구매할 수 있다. 또한 하루 안에 판매를 하기 때문에 물건이 싱싱하다는 인식이 생겨나고 너무 늦게 방문하면 물건이 없을 수도 있다는 생각에 빨리 사가게 된다. 이렇게 현대시장은 지금까지도 신선한 1차 식품을 저렴한 가격에 살 수 있는 곳으로 자리하고 있다.

아케이드화를 하지 않은 데에는 건물주의 반대도 작용하였다. 주택이 워낙 오래됐기 때문에 그곳에 아케이드를 설치하면 건물이 흔들리고 리모델링도 못하게 된다는 논리였다. 또한 2~3층에 임대를 주기에는 공기가 안 통하고 답답하다는 이유도 있었다. 결국 현대시장은 지금까지도 아케이드 설치를 하지 않은 전통시장으로 남아 있지만 현대시장 상인들은 "아케이드 미설치로 환기가 더 잘돼서 코로나에 안 걸릴 수 있었다"고 긍정적으로 해석하기도 한다.

현대시장은 길목으로의 특성과 입지가 긍정적인 영향을 주기도 하였지만 이를 넘어서는 단골 관계가 상인과 손님 사이에 형성되는 모습도 찾아볼 수 있다. 건어물가게 사장님은 원래 노점으로 시작해서 현재의 가게에 자리 잡았지만 이전에 노점을 하러 돌아다니던 곳의 손님이 찾아오기도 한다. 이렇게 단골 관계가 형성될 수 있었던 것은 노점이 아니라 가게를 잡았기 때문이기도 하다. 이른바 '깔세'라고 불리는 가게 앞에서 약간의 세를 주고 물건을 펼쳐 놓고 파는 경우에는 애초에 신뢰 관계를 기반으로 장사를 하기보다는 저렴한 가격으로 손님을 유인하기 때문에 단골 관계가 형성되기 어렵다. 아래는 이와 관련된 구술이다.

안상훈

그러니까 나는 여기서 13년째지만 노점을 10년 이상 했어요. 시장 앞뒤로 해서 노점 할 때부터 아는 사람들이 가게를 잡았다고 그러니까 오기 시작하고, 또 노점 했을 때 구로동, 오류동을 다녔잖아요. 거기 있는 손님들이 차 타고 여기를 왔었어요. 지금도 물건이 좋다고 오세요. 광명시에서도 땀 삐질삐질 흘리면서 끌차 끌고 여길 와요. 저 밑에 이런 장사들이 많은데도 단골 찾아서 오는 거예요. 그러면 2,000원짜리 김이라도 갈 때 쓱 하나 넣어줘요. 물건이 나쁘면 안 와요. 암만 단골이라 그래도 물건 더러운 거 팔면 안 오죠. 그러니까 그 광명시에서도 여기로 오죠. 소하리 철산동에서 끌차 끌고 여기 오려면 20분 이상을 소요해야 하거든요.

안상훈 씨(196*년 생, 남)

현대시장은 복개한 곳에 형성되었고, 시흥사거리 쪽으로 갈수록 지대가 낮아지는 입지 특성상 비가 많이 오면 현대시장을 따라서 시흥사거리 쪽으로 물이 모이게 된다. 따라서 수해를 많이 보는 곳이기도 하다. 작년에는 100여 곳의 점포가 침수 피해를 보았다. 그래서 시흥사거리에 가까운 3구역과 4구역 가게들은 한두 계단 정도 높게 가게를 만들어 놓기도 한다.

그리고 비가 오기 전에는 높은 곳에 물건을 올려 두어 상품의 피해를 최소화하려는 방식으로 대응이 이뤄졌다. 워낙 비 피해가 많아 부녀회장의 주요 활동이 시장에서 수해 복구 작업을 하는 것이었다.

2017년부터는 골목형 특성화 사업의 일환으로 '비단길현대시장'으로 개칭하였다. 사업을 신청하려면 이름 그대로 특성을 살려야 하는데, 현대시장은 전국에 여러 곳이 있을 정도로 흔한 이름이기에 차별화가 필요하였기 때문이다. '비단길'이라는 이름을 붙인 데에는 여러 이유가 있다. 우선 현대시장이 650m 이상 되는 긴 길이를 가지고 있기에 길다는 의미를 담고 있다. 그리고 비단길, 즉 실크로드는 인류 문명의 교역로를 뜻하기에 국제적으로 손님을 유치하자는 의미도 있다. 여기에 최근에 증가하고 있는 중국인을 비롯한 다문화 가정도 포함하여 시장을 발전시키고자 하는 의도도 있다. 현대시장에는 이전보다 중국인과 중국식품점이 증가하였다. 중국인은 주로 중국식품점을 이용하기는 하지만 여럿이서 함께 모여서 먹는 문화가 있기 때문에 한번 모임이 있으면 시장에서의 지출이 많다. 중국인 손님은 큰손이기에 중국인 없이는 장사가 잘 안될 수도 있다고 생각하는 상인도 있다.

상인회는 특성화 사업을 시작하기 전인 2009년에 발족하였고, 현재 상인회 건물도 그때 생겼다. 상인회의 월 회비는 2만 원이며, 이 회비로 새로 가게를 연 사람에게 화분을 주거나 현금을 지원해 준다. 혹은 애경사가 있을 때도 지원금을 준다. 다만 한 가게에 몰리는 것을 방지하기 위해 5번으로 제한하고 있다. 이 외에도 배달비 수수료를 상인회 전체로 내서 부담을 덜거나 행사가 있을 때 상인회에 가입한 가게에 추첨권을 제공한다. 상인회가 없었을 때는 술 한잔 하는 친목 모임이 있었다. 동네 이름을 따서 '새재미모임' '말미 모임' 등이 있었다.

2017년 특성화 사업에서의 지원금으로 풍물 교육을 시도하였다. 장소가 마땅치 않아 건물 지하에 연습실을 마련하여 1년 동안 연습하였다. 그 결과 2018년에는 전국 우수시장 박람회의 우리시장 뽐내기 경연대회에서 대상을 수상하였다. 2019년에는 정식으로 민속놀이 보존회를 설립하였다. 이전에 시흥군에 속해 있던 광명 지역에서 전해 내려오는 광명농악이 현재 경기도 시도무형문화재로 지정되어 보존 전승되고 있듯이 새재미의 민속놀이도 발전시켜 보자는 목적으로 민속놀이 보존회를 만들게 되었다. 특히 농악과 같이 농촌

비단길현대시장 소개 패널

비단길현대시장 조성 모습

비단길현대시장
상인회 건물 입구

비단길현대시장
상인회 건물

지역에서 하던 음악 혹은 어촌에서 하던 음악은 전통으로 계승된 사례가 많은 반면 상인과 관련된 활동은 그렇지 않아 이를 발굴 및 복원해 보고자 하였다.

새재미 민속놀이의 연출을 담당한 박홍식 선생님은 처용무에서 아랍 상인의 모습을 한 탈이 있음을 예로 들면서 조선시대에도 상업이 활발하였음을 지적한다. 걸어 다니며 장사를 하였던 행상인인 보상褓商과 부상負商도 그러한 상업활동 중 하나이며, 이들이 마을에 들어올 때 손님을 끌기 위해서 풍물을 하거나 죽방울놀이를 하는 등 볼거리를 제공하였다. 새재미 민속놀이와 비슷한 예로 예덕 상무사 보부상놀이 보존회가 있는데, 예산과 덕산 지역의 보부상을 관리하던 정부 관서를 중심으로 전승되었던 놀이를 재현하고 있다.[5]

보존회는 새재미 민속놀이를 발굴하고 지속적으로 공연하여 서울시 무형문화재에 등록되는 것까지 기대하고 있다. 아직은 활동기간이 오래되지 않았기에 꾸준하게 활동을 하고 또 지자체 차원에서 지역문화보존회를 지원하는 조례를 만들도록 힘쓰고자 한다. 새재미 민속놀이 활동은 시장 대외 홍보 효과도 있다. 〈6시 내고향〉에 비단길현대시장이 방영될 때 가장 처음 등장하여 전국 우수시장 박람회에서 수상하였음을 알리기도 하였다. 우리시장 뽐내기 대회 외에도 서울시청 앞에서 열린 지역 특산품 행사, 정조대왕 능행차 재현 행사, 금천구의 단오축제, 시장 내 정월대보름 액맥이 등의 행사에 참여하여 공연을 해 왔다. 시장 내의 행사라면 각 점포에서 5만 원이나 10만 원씩 내놓기도 한다. 정기적으로 매주 화요일 저녁 7시부터 10시까지 3시간씩 연습을 하고 있으며, 월요일 저녁에는 따로 민요 연습 시간이 있다. 처음에는 시장 상인만 참여하였지만 지금은 지역 주민이 절반 이상 함께하고 있다.

새재미 민속놀이에 대한 상인들의 호응은 매우 좋았다. 특히나 상도 타고 선물도 받으니 더욱 그러하였다. 여기에 민속놀이 보존회의 단원이라는 자부심까지 더해졌다. 현대시장에서 잡곡마트를 운영하고 있는 사장님은 원래 시골에서 추석 때 잘 모른 채 장구를 쳐왔는데 이제는 제대로 악보대로 칠 수 있게 되었으며, 원래 춤에 관심이 많아 시흥으로 이사오기 전에 문화원도 다니곤 하였는데 이렇게 공연을 나갈 수 있게 되어서 좋다고 말하였다. 엿장수 역할을 맡은 건어물가게 사장님은 공연 도중 엿을 관중에게 뿌리는 부분이 하이라이트라며 관객이 매우 좋아한다고 뿌듯함을 내비쳤다. 다음의 구술은 보존회 활동이 어떻게 받아들여지고 있는지를 잘 보여준다.

새재미 민속놀이 보존회 수상 이력

5. 보부상은 오일장과 같은 지역의 시장권을 단위로 형성되고 발전해 왔다. 1866년에는 중앙에 보부청이 설립되는 등 전국 단위의 상단이 형성되었다. 보부청은 '상무사'라고도 알려져 있는데, 이는 상무사가 1904년을 마지막으로 해체되기 이전에 불리던 이름이었기 때문이다. 다만 충남지역의 상무사는 1970년대까지도 존속되었으며, 예덕 상무사 보부상놀이 보존회의 이름도 이에서 기인하였다.

저희는 동아리 모임이라고 그러는데, 민속놀이 보존회 같은 이런 거는 진짜 좋아요. 우리 장사하는 사람들은 알게 모르게 스트레스를 많이 받거든요. 장사 안 돼서 스트레스, 손님들하고 갈등도 있고요. 그래서 저는 힘들어도 거기 가서 한바탕 치고 나든지 한바탕 민요를 하고 나든지 하면 스트레스가 다 풀어지면서 뭐 그냥 '룰랄라' 하고 집으로 가요.

정은자 씨(195*년 생, 여)

새재미 민속놀이의 구체적인 공연 순서는 다음과 같다. 우선 새재미 민속놀이 보존회, 새재미마을, 말뫼마을이라 써진 깃발 세 개를 들고 기수가 입장한다. 이어서 풍물패, 광주리·짚신·항아리·비단·엿장수 등의 상인, 흰 저고리에다 머리에 수건을 두르고 허리에 앞치마를 두른 아낙네, 갓 쓰고 두루마기 입은 양반이 입장한다. 그리고 액맥이 타령을 부른다. 액맥이 타령은 정월 초에 풍물패가 각 가정을 방문하여 제액 초복을 빌어주는 지신밟기를 할 때나 새로 집을 지은 곳에 집들이를 할 때 부르는 노래이므로 처음에 액맥이 타령으로 시작한다. 그러고 나서 비단길현대시장이라는 이름의 특성을 살려 비단 타령을 부른다. 액맥이 타령과 비단 타령의 가사는 다음과 같다.

– 액맥이 타령 –

어루액이야 어루액이야 어기영차 액이로구나

정월이월에 드는 액은 삼월사월에 막고
삼월사월에 드는 액은 오월단오에 다 막아낸다

어월유월에 드는 액은 칠월팔월에 막고
칠월팔월에 드는 액은 구월귀일에 다 막아낸다

구월귀일에 드는 액은 시월모날에 막고
시월모날에 드는 액은 동지섣달에 다 막아낸다

정칠월 이팔월 삼구월 사시월 오동지 육섣달
내내 돌아가더라도
일년하고도 열두달 만복은 백성에게
잡귀잡신은 물알로 만대유전을 비옵니다
어루액이야 어루액이야 어기영차 액이로구나

– 비단 타령 –

청색 홍색 오화잡색 당물 당천 거래시에
동경천이며 남경천, 동양천이며 서양천이라

새재미 민속놀이 보존회 연습 장면

동서양 거래시에 진속목속 포속천
고물신물 비단천 송금대단 통비단
오릉촉백 촉대단 시면 좋은 남색단
무늬 많은 만화단, 일락서산 석양단이요 소화신령 모초단이라

노래가 끝나면 각 상인이 장사를 하다가 실랑이가 붙어서 넘어지는 장면이 우스꽝스럽게 연출된다. 그 이후 한 사람을 따라서 원 모양을 만들어 중심부로 들어갔다가 다시 반대 방향으로 나오는 멍석말기와 풀기를 하고 전체 놀이를 마무리한다.

시흥동에는 대형마트가 많음에도 여전히 현대시장을 이용하는 사람이 많다. 시흥동 주민 50여 명을 대상으로 한 연구진의 자체 설문조사에서 장을 볼 때 주로 이용하는 곳으로 전통시장, 대형마트, 동네마트 순으로 답변한 수가 많았다. 전통시장을 이용하는 이유로는 저렴하다는 답변이 가장 많았다. 며느리 보러 시골에서 올라와서 현대시장이 시골보다도 더 싸서 장을 보고 내려간다는 어르신도 있었다. 또한 한 주민은 "명절 때는 사람이 많아 움직이기 힘들고 고기를 사려면 30분은 기다려야 한다"고 말하였다. 저렴함 다음으로 전통시장을 이용하는 이유로 꼽히는 것이 가까움이다. 어떤 시흥동 주민은 산책하는 길에 장을 보고 집으로 돌아간다고 한다. 이는 현대시장이 길목이라는 점에 힘입어 발전한 것과도 연관이 있다. 현재 시흥대로 양옆으로는 프랜차이즈 상점이 들어서 있지만 시흥사거리 바로 옆에는 전통시장인 현대시장이 활성화되어 있다. 지금도 사람들이 많이 찾는 현대시장은 관광형으로 발전하기보다는 실제 지역 주민이 이용하는 생동하는 장소이다. ♣

시흥동을 넘어선 산업유통시설

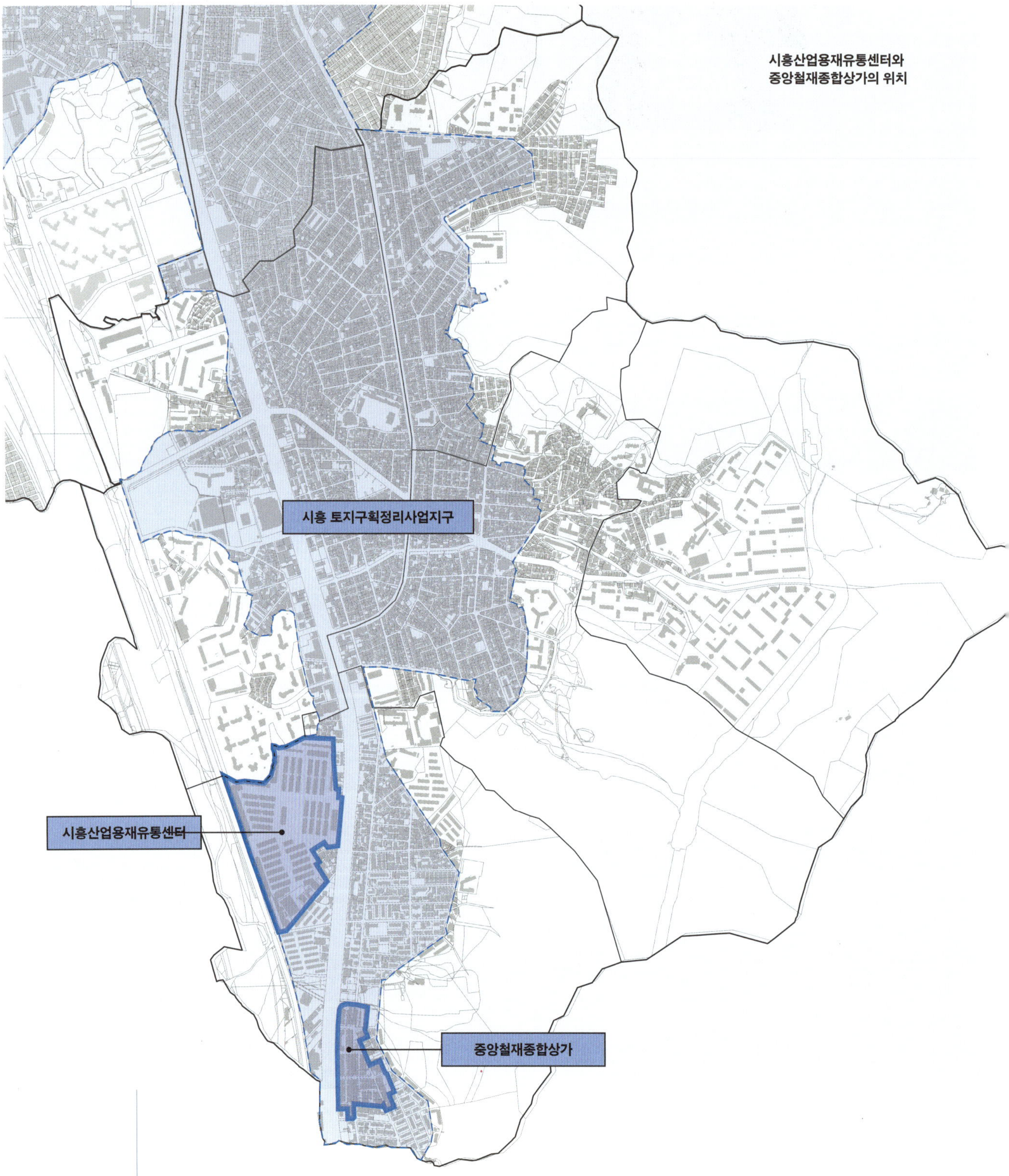

시흥산업용재유통센터와 중앙철재종합상가의 위치

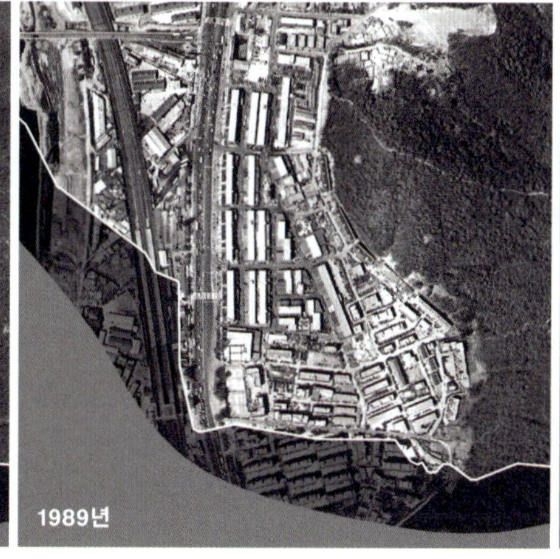

시흥동 항공사진(스마트서울맵)

시흥동의 전통시장이 이 지역에 거주하는 주민들과 긴밀하게 관련된 시설이라면, 시흥3동에 자리한 시흥산업용재유통센터와 중앙철재종합상가는 주민들의 생활과는 분리된 것처럼 보인다. 이 단지들은 시흥동을 넘어서 구로공단이나 반월공단은 물론 인천과 수원 등 수도권의 산업시설에 필요한 물품을 공급하는 상가단지로 발전하였기 때문이다. 1987년 시흥동에 자리한 이 시설은 시흥대로를 중심으로 좌우로 들어서 있으며, 시흥동 전체에서도 남부에 위치하여 주거 밀집지역과 어느 정도 거리를 두고 있다.

위 그림은 시흥산업용재유통센터와 중앙철재종합상가의 위치를 표시한 것이다. 이와 함께 시흥동의 1970년대 토지구획정리 당시 구역을 표기하였다. 이 그림을 통해 두 상가의 위치가 과거 토지구획정리 때 주거지구로 계획되었던 곳이 1980년대 서울시의 정책적인 지원 속에서 상업지구로 변화한 곳임을 확인할 수 있다. 이 지역의 세부적인 변화는 위의 항공사진을 통해 살펴볼 수 있다. 1978년 항공사진은상업시설로 변화하기 이전의 모습을 담고 있다. 이 사진에서는 중앙철재종합상가 자리는 상당히 넓은 황무지로 나타난다. 이 모습은 1989년 항공사진에서 크게 변화하는데, 중앙철재종합상가가 자리한 모습이 나타난다. 2021년 항공사진에서는 새롭게 강남순환로가 생기면서 중앙철재종합상가 일부가 여기에 포함되어 사라진 모습이 담겨 있다.

이 장에서는 시흥동에 자리한 두 상업시설이 시흥동에 자리하고 운영되는 과정에 대해 정리한다. 이를 통해 해방 이후 공장이 들어섰던 자리가 1970년대 주택지구로 지정되고, 1980년대에는 다시 상업시설로 변화하였음을 살펴볼 것이다. 나아가 현재 추진 중인 재개발 사업이 물류 중심 단지로 시흥동을 변화시킬 중요한 단초로 작용하고 있음을 살펴볼 것이다.

가. 시흥산업용재유통센터

1) 시흥산업용재유통센터의 개설부터 입주까지

시흥산업용재유통센터의 부지는 한때 동신화학이 자리하였던 곳이다. 1980년대 초까지 이곳에 자리하였던 동신화학은 각종 화학제품과 타이어를 생산하였다. 당시의 동신화학은

시흥산업용재유통센타

청계천상권의 대이동, 시흥유통센타로

- 연건평 4만6천평의 국내최대규모
- 최고의 영업수익, 최대의 자산가치를 보장하는 황금상권 형성
- 이미 많은 유력사업자가 입주를 결정

산업용재의 새로운 번영기 기대

시흥유통과 쌍용이 손잡고 건설하는 시흥산업용재유통센터

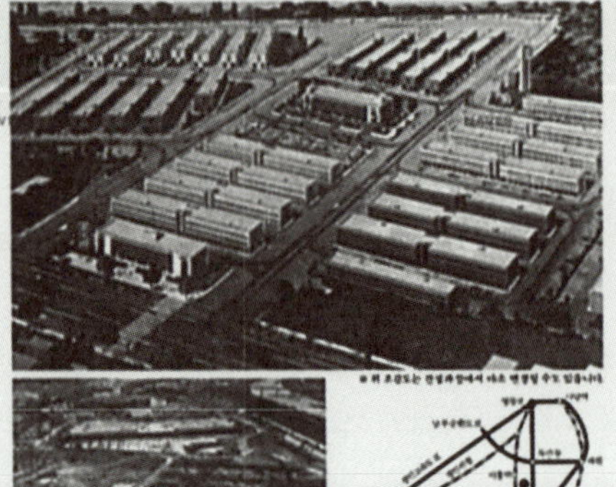

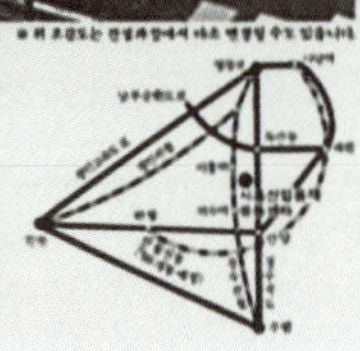

분양안내

시행자: 始興流通産業(株)

시공자: 쌍용건설(주)

1986년 10월 시흥산업용재유통센터 매장 분양 광고

분양안내
1 분양대상: 산업용재점포(점포당 1·2·3층 30평)
2 점포위치: 서울특별시 구로구 시흥동 984번지 외 6필지
3 계약순위: 1순위 – 중구, 종로구, 동대문구, 영등포구, 구로구 산업용재 사업자
2순위 – 기타 도심지역 산업용재 사업자 *동순위 내 선착순 분양
4 계약기간: 1986년 11월 3일~11월 8일
5 계약장소 및 문의처: 서울특별시 중구 수표동 27-1(세한빌딩 803호) 시흥유통산업㈜
분양사무실 전화 000-0000/0
6 분양가격: 5,200만 원(부가세 별도), 계약금 450만 원
7 융 자: 회사융자 2,000만 원, 20개월 원리금 분할 상환
8 준 비 물: 계약금, 사업자등록증 사본 1부, 주민등록증 1부, 인감도장, 인감증명서 1부(용도: 상가계약용)

삼양타이어와 한국타이어가 공동출자하여 만든 회사였는데, 1983년 은행부채의 해결을 위해 시흥동에 설립하였던 공장의 부지를 판매하면서 이 지역의 개발이 본격화되었다.[6] 당시 이곳의 부지는 쌍용종합건설이 구매하였다. 1970년대 이후 주거지가 대거 확장되었고, 1980년대 시흥동에 한양·럭키·건영 등의 아파트가 빠르게 증가하는 상황에서 쌍용건설은 4만 3,400여 평의 부지에 아파트를 설립할 계획을 세웠다.[7] 이 계획은 1984년에 쌍용남서울뉴타운이라는 대규모 연립단지의 형태로 구체화되었다. 27평 170가구, 35평 460가구, 40평 200가구, 47평 100가구, 54~68평 60가구 등 990가구를 건립하는 것으로 동신화학 자리가 주거지역으로의 개발을 눈앞에 두었다.[8]

그런데 이 계획은 1년 뒤인 1985년에 산업용재유통센터로 급격히 선회한다. 즉 기존 부지에 산업용재를 취급하는 1,300여 개의 점포를 갖춘 상가를 건립하는 것으로 바뀐 것이다. 이 지역은 토지구획정리 범위 내에는 들어가 있었지만, 동신화학이 자리하고 있었고, 준공업지역으로 남아 있던 지역이다. 이런 조건에서 준공업지역을 주거지역으로 전환하여 아파트를 건립하는 것보다는 이를 그대로 유지한 채 산업용재유통센터를 건립하여 도심지의 기계공구상가를 비롯한 이전 대상 업종을 수용할 수 있는 시설을 만드는 것이 쉽다고 판단하여 방향을 전환한 것으로 보인다. 이는 당시 구로구와 영등포구에 공구상가 이전

6. 「경영다각화를 위한 포석」, 『매일경제』, 1983.8.13.
7. 「쌍용종합건설 시흥동에 택지매입, 내년에 아파트 착공」, 『매일경제』, 1983.8.10.
8. 「쌍용종건 시흥에 연립주택단지」, 『매일경제』, 1984.5.7.

공정률 20% 때의 시흥산업용재유통센터

공정률 90% 때의 시흥산업용재유통센터

을 위한 상가 건립이 활발하였고, 서울시 역시 행정적으로 적극적인 지원을 하고 있던 상황과도 맞물려 있었다. 총 사업비 550억 원을 투자하여 점포는 물론 각종 편의시설 등도 건립하는 방향으로 선회하였다.[9]

공사는 1986년 7월 「수도권정비심의위원회」를 통과하면서 시작되었고,[10] 1987년 6월에는 대규모 분양 광고를 주요 신문사를 통해 내보내게 된다. 앞서 제시한 분양광고를 통해 시흥산업용재유통센터 초기 입주 과정을 세부적으로 살펴볼 수 있다. 우선 현재 시흥산업용재유통센터의 점포는 3,701개소로 언급하고 있다. 이에 비해 초기 분양 신청 시 입주점포를 1,200여 개로 언급하였다. 이러한 숫자 차이는 점포 구성의 변화로 인한 것으로 볼 수 있다.

센터는 1층에 점포를 두고 2·3층에는 창고나 사무실을 두어 사용하는 것으로 구상되었다.[11] 이는 위 분양안내 1번 항목에 '점포당 1·2·3층 30평'으로 언급되는데, 당시 분양에 참여하였던 권용만 씨에 따르면 각 층당 10평씩 총 30평을 분양하였다고 기억하였다. 즉 1동 1호 라인은 101호, 201호, 301호가 한 세트였던 것이다. 이것이 약 1,200개 점포로 구성되어 개별분양이 이뤄졌다.

계약 우선순위는 기존 업체의 주소지에 따라 결정되었다. 1순위 계약 대상자는 중구, 종로구, 동대문구, 영등포구, 구로구의 업체였다. 계약 우선순위에서도 도심부적격시설 이전 대상지중구, 종로구, 동대문구에 거주하거나, 주요 건립지영등포구, 구로구에 거주하는 업체에 우선권을 주고 있음을 확인할 수 있다. 2순위 계약 대상자는 5개구 외 도심지의 산업용재 사업자를 대상으로 하였다.

동순위의 계약자를 대상으로는 추첨을 통해서 점포를 분양받게 되었다. 당시 추첨에 대해 권용만 씨는 다음과 같이 기억하였다.

권용만 1987년 당시에 1개 계좌가 1층, 2층, 3층 이렇게 해서 1개 점포가 그렇게 해서 분양을 대부분 다 받았죠.

면담자 그럼 선호하는 동이라든가 위치라든가 이런 것들이 있었을지도 모르겠어요.

권용만 내가 어떤 동이나 위치를 좋아한다고 그래서 되는 게 아니고, 그때는 은행알을 집어 넣고 뽑아서 배정을 했어요.

권용만 씨(195*년 생, 남)

9. 「공구-베어링등 부품 종합 판매장 시흥에 세워」, 『조선일보』, 1985.7.4.; 「시흥에 대규모 산업용재센터」, 『동아일보』, 1985.7.4.
10. 「시흥에 산업용재 유통센터」, 『매일경제』, 1986.7.11.
11. 「시흥에 산업용재 유통센터」, 『매일경제』, 1986.7.11.

즉 동순위자들이 현재 입주한 자리를 받을 때에는 추첨을 통해서 동호수를 받았는데, 본인이나 진행자가 구슬을 뽑는 방식으로 추첨이 진행되었다는 것이다.

당시 분양 안내에 따르면 분양가는 5,200만 원에 부가세는 별도였다. 권용만 씨는 당시 분양가를 약 6,000만 원 정도로 기억하였다. 이는 분양가에 부가세 및 부대비용을 합친 것으로 본다면 거의 일치한다. 이 밖에도 쌍용종합건설에서는 회사 차원의 융자금 2,000만 원을 빌려주고 20개월 동안 원리금을 분할 상환할 수 있도록 하여 영세한 산업용재 사업자들의 적극적인 참여를 유도하였다.

권용만 씨에 따르면 매달 일정한 액수를 지불하여 상환하는 방식으로 이뤄졌다고 밝혔으며, 분양안내에 따르면 계약금이 540만 원이었기에 이를 제외한 돈은 일정 기간마다 상환하는 부금의 방식으로 이뤄졌던 것으로 보인다. 또한 금전적인 여력이 없는 경우에는 여러 명이 함께 한 계좌를 신청하는 경우도 있었다. 즉 3개 층에 대해서 3명이 각자 2,000만 원을 내서 각각 나눠 받는 경우도 있었다. 이는 분양 당시 1,200여 개의 점포가 지금은 3,701개로 언급되는 이유를 보여준다. 즉 초기에는 1·2·3층 모두를 합한 점포로 계산한 것이며, 분양 이후로는 각 층의 시설을 따로 거래할 수 있었기에, 현재에는 3배에 달하는 3,701개로 언급하게 된 것이다.

1986년 10월에 공구상에 대한 점포 분양이 이뤄졌다면, 1987년 6월에는 일반상가에 대한 분양이 이뤄졌다. 이는 현재 지원상가 A·B동에 대한 분양이었다. 당시의 광고는 업체 차원에서 각 동의 지상 및 지하층이 어떤 방식으로 활용되길 기대하였는지를 보여준다.

일반상가 분양 표

구분			분양면적(평)	입주 권장 업종
지상	A동	1층	483.62	금융기관, 전시장
		2층	563.40	의료기관, 각종 사무실
		3층	553.47	예식장, 각종 사무실
	B동	1층	325.57	증권회사, 제2금융, 전시장
		2층	368.70	보험대리점, 자동차대리점
		3층	417.28	세무사, 회계사무실, 각종 사무실
지하	A동		959.69	식당, 다방, 이발관, 목욕탕
	B동		3,674.37	식당, 다방, 문방구, 제과점, 약국

목욕탕은 별도입찰을 통해 분양 실시

우선 주목되는 것은 지상층과 지하층에 대한 용도 구별이다. 지상층이 주로 업무 관련 업종이 포함되었다면, 지하층은 식당·다방·제과점을 비롯한 요식업과 문방구·약국·이발관·목욕탕 같은 개인위생과 관련되거나 업무에 필요한 일상품을 구매할 수 있는 시설들이 주로 기획되었다. 이와 달리 지상층은 1층엔 주로 각종 금융시설과 전시장을 배치하고, 2층에는 의료기관·보험대리점·자동차대리점을, 3층에는 도로변인 A동에는 예식장을 유치하고, B동에는 각종 세무·회계 사무실이 들어올 것을 기대하였음을 살펴볼 수 있다. 이러한 초기 기획은 현재에도 일부 영향을 미치며, 이는 주로 지하와 지상의 구분이 지금까지 이어지는 배경이 된다.

이주 초기 시흥산업용재유통센터는 상대적으로 한산하였던 것으로 보인다. 입주가 1987년 9월부터 이뤄졌지만, 이듬해 1월까지만 해도 점포의 입주율은 30%에 그치고 있었다.[12] 시흥산업용재유통센터에 우선 이주한 이들은 도심의 상인들보다는 외곽에서 이주한 이들이었다.[13] 초기의 낮은 이주율은 시흥산업용재유통센터만의 상황은 아니었고, 주변 구로 및 영등포 지역에 산재한 유통상가 전반에서 나타났던 양상이었다.

입주율 문제는 1988년 5월을 지나면서 점차 해결되었던 것으로 보인다. 이때를 지나면서 입주율 역시 60%까지 확대되었다.[14] 나아가 1989년 9월에 이르면 입주가 마무리되었다고 할 만큼 입주율이 높아졌고, 선호 부지에 대해서는 웃돈이 얹어질 정도에 이르게 되었다.[15]

물론 입주율의 증가가 곧 상권의 활성화를 의미하는 것은 아니다. 1982년 먼저 문을 연 구로기계공구상가 역시 1988년까지도 입주율에 비해 영업실적은 청계천 변의 도심 철재·기계공구상에게 밀리는 상황에서 소매상인의 이전이 지연될 수밖에 없었다.[16] 상권의 형성까지 시간이 지연되면서 도심지의 옛 상업시설과, 영등포·구로·시흥의 신규 시설이 동시에 나타나는 이분화 역시 진행되었다. 특히 이 시기에는 도심에 있는 기존 점포는 그대로 유지하면서 신규점포를 추가로 확보하는 양상도 나타났다.[17] 이러한 양상은 아직 시흥동의 산업유통시설에서 상권이 안정화되지 않았음을 보여주는 것이기도 하다.

면담자 시흥산업유통센터의 최전성기가 언제라고 할 수 있을까요?

권용만 시장이 한 번 개설되면 몇 년간은 장사가 잘 안돼요. 홍보도 해야 하고 자리도 잡아야 하니까. 한 5년 후부터 어느 정도 됐던 거 같아요.1990년대 초부터 어느 정도 됐다고 보면 돼요.

면담자 상가 자체에서 홍보하거나 유치하기 위한 노력들은 어떤 걸 하셨어요?

권용만 그 당시는 별로 하지도 않았어요.

면담자 그럼 알아서 소문이 나야 하는 거예요?(웃음)

권용만 저기 공구상가가 구로동에 있고, 여기 있고, 나머지들은 별로 없었으니까 뭐 자동적으로 사람들이 알아서 오기도 하고 그랬죠.

권용만 씨(195*년 생, 남)

위 대화에서 권용만 씨는 시흥산업용재유통센터가 설립되고 활성화되기까지 소요된 기간을 5년 정도로 이야기하였다. 설립은 1987년에 되었지만, 본격적으로 활성화된 시기는 1990년대에 접어들면서였다. 상권 자체가 알려지면서 구로동과 시흥동 모두가 기계와 공구를 구하기 위한 중심지로 자리할 수 있게 되었던 것이다.

12 「영등포 구로 공구상가 썰렁」, 『매일경제』, 1988.1.20.
13 「철재·공구상 외곽 이전 "제자리"」, 『조선일보』, 1988.1.5.
14 「영등포·구로 등 철재·기계·산업용품상가 입주지 늘어 활기」, 『매일경제』, 1988.5.12.
15 「서울 도매상권 판도 바뀌었다」, 『매일경제』, 1989.9.19.
16 「도심 전문상가 이전 뒤안길 (中): 철재·공구상가」, 『매일경제』, 1988.7.16.
17 「도심 공구상 영등포로」, 『매일경제』, 1988.11.4.

2) 시흥산업용재유통센터의 구성

가) 시흥산업용재유통센터 단지

시흥산업용재유통센터 단지 개요

건축물 명칭	시흥산업용재유통센터
용도지역	준공업지역, 가로구역별 최고높이 제한지역
대지위치	서울특별시 금천구 시흥동 984 외 7필지
대지면적	127,749㎡
건축면적	60,567.68㎡
연면적	153,067.85㎡
지상층 연면적	134,163.01㎡
건폐율	47.41%
용적률	105.02%
건축물 용도	판매시설, 업무시설, 제2종 근린생활시설
사용승인일	1987.9.8.
건축물 구조	PC조
건축물 수	37동(일반동 33동, A·B 지원동, C·F 창고동)

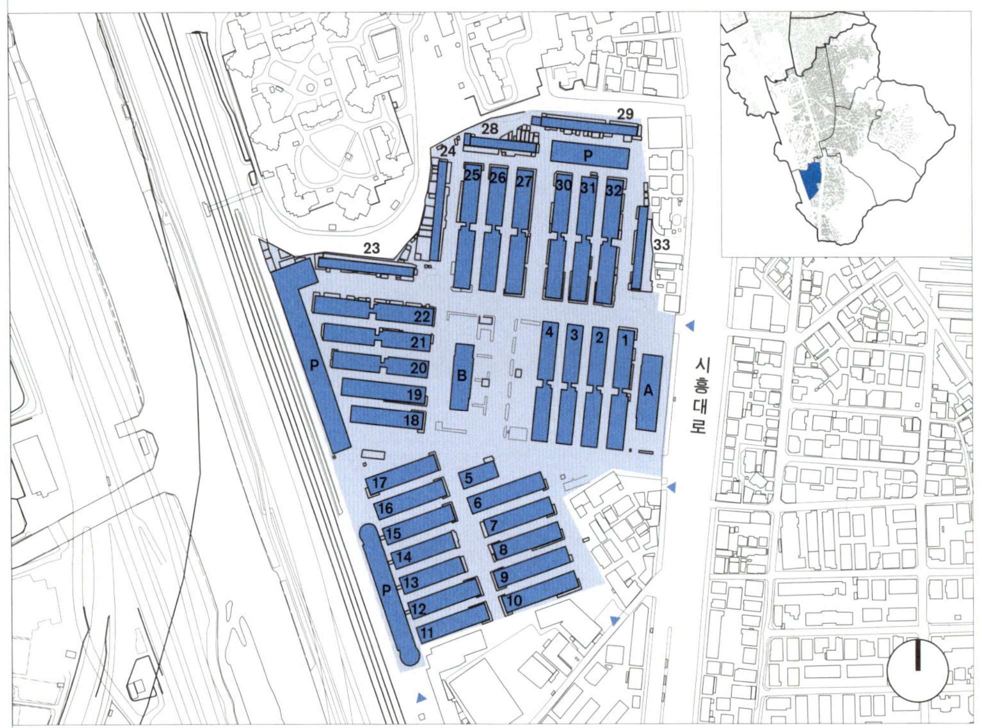

시흥산업용재유통센터 배치도

시흥산업용재유통센터는 총 37개의 건축물로 구성되어 있다. 33개의 일반동, 2개의 지원동, 2개의 창고동이 그것이다. 이 밖에 주차장 건물이 3곳 마련되어 있다. 시흥산업용재유통센터는 시흥대로 방향으로 진입로가 열려 있는데, 전면에서 단지 건물이 잘 보이지 않도록 A 지원동이 대로 방향을 가려주는 구조로 되어 있다.

33개의 일반동은 전부 3층으로 구성되어 있으며 산업용재 매장이 이곳에 들어서게 된다. 일반동은 크게 동력동과 비동력동으로 나뉜다. 동력동은 10Kwh까지 전력을 사용할 수 있어서 공장처럼 활용이 가능한 건물이다. 위의 배치도상 23·24·28·29·33번 건물이 동력동이다. 동력동의 경우 우측의 24번 건물처럼 한 겹으로 동이 구성되는 것이 특징이다.

1996년 시흥산업용재유통센터(금천구청)

2023년 시흥산업용재유통센터

동력동은 대부분 벽을 등지고 만들어졌다는 점이 특징이다. 홑겹의 건물이기 때문에 매장이 유통상가 내부를 바라보게 설계되어 있으며, 상가 바깥쪽을 등지도록 구성되어 있다.

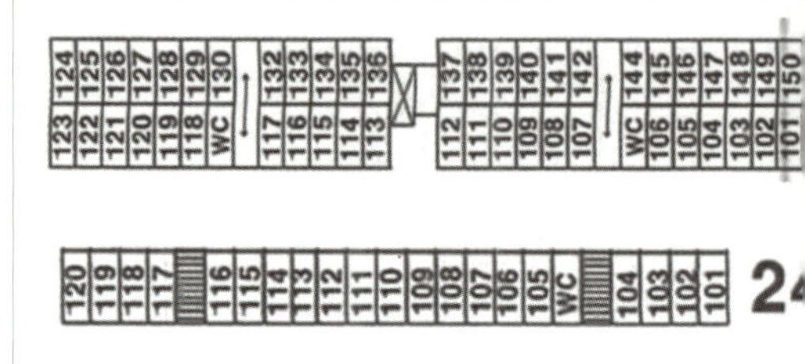
동력동(4동) 및 비동력동(24동)의 특징

이와 달리 비동력동은 3Kwh까지만 사용할 수 있는 곳으로, 위의 5개 건물을 제외한 28개 건물이 여기에 해당한다. 비동력동은 4번 건물의 내부도면처럼 앞뒤의 두 겹으로 되어 있다. 전체 업소의 수는 동력동에 비해 비동력동이 훨씬 많다. 총 3,567개 호실 중에서 비동력동이 3,297개소이고, 동력동은 270개소로 숫자로 본다면

동력동과 비동력동의 위치

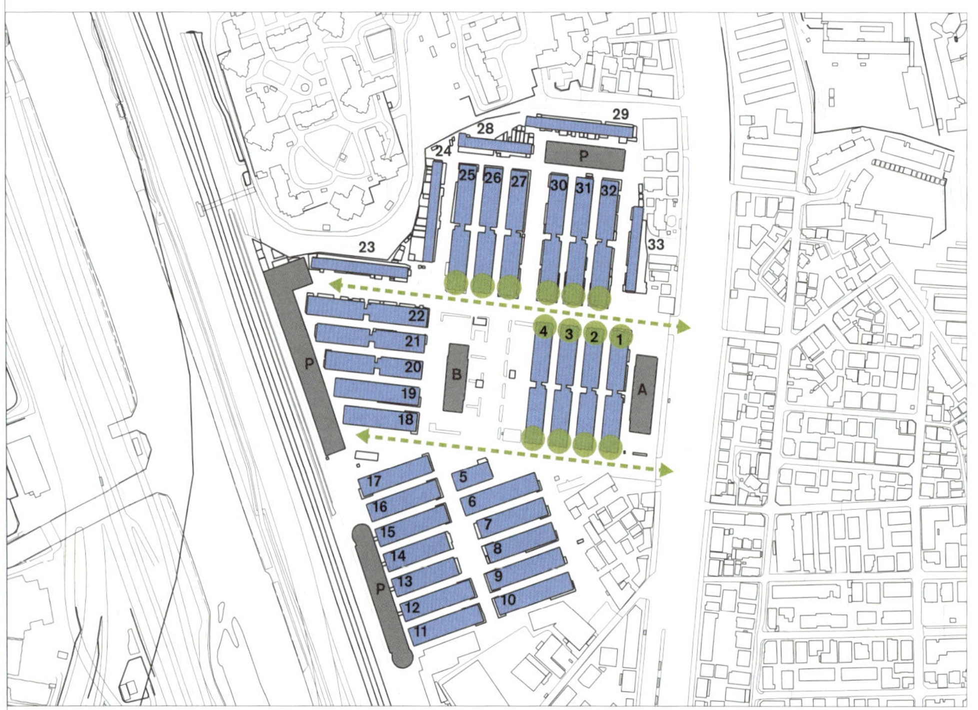
시흥산업용재유통센터 선호 구역 위치도

8%도 되지 않는 소규모이다. 다만 그 특수성 때문에 다른 용도로 쓸 수 있다는 장점이 있다.

시흥산업용재유통센터 중에서도 선호되는 지역은 시흥대로에서 바로 진입할 수 있는, 좌측 하단 도면에서 둥글게 표시된 지역이다. 이곳은 차량을 타고 들어오면 바로 보인다는 점에서 접근성이 뛰어나다. 반대로 입구에서 멀고 구석에 자리할수록 매장에 대한 선호도는 떨어진다.

나) 시흥산업용재유통센터 업체 구성의 특징

현재 시흥산업용재유통센터에 온라인상 등록된 업체는 1,881개이다.[18] 등록 업체를 공구, 기계, 부품, 작업용구, 금속, 비금속, 건설·건축, 화학·화공, 통신·전기·전자, 지원업, 기타 등 11개 종류로 분류하였다. 분류에 포함된 업종의 예시는 다음의 표와 같다.

시흥산업용재유통센터 업체의 업종 분류

분류	포함 업종
공구	각종 공구, 용접 관련 물품 업체, 컴프레서 등
기계	유압기계, 펀칭기, 고압펌프, 컨베이어벨트 등
부품	베어링, 용접봉, 각종 볼트나 너트 등
작업용구	장갑, 의상, 보호구, 로프, 추락방지망, 작업복, 안전화, 각종 행거, 사다리, 포장자재 등
금속	철, 비철, 철가공 등
비금속	섬유, 호스(고무), 필름, 필터, 석면, 유리, 아크릴 등
건설·건축	주택건설업, 소방기기, 인테리어, 크레인 임대, 강화 마루 등
화학·화공	배터리, 화공약품, 각종 유류 취급점 등
통신·전기·전자	컴퓨터 및 주변기기, 전자제품, 전선 등
지원업	부동산, 세무사, 법무사, 청소용역, 슈퍼, 문구, 각종 명판, 식당, 카페 등
기타	위 내용을 제외한 업종

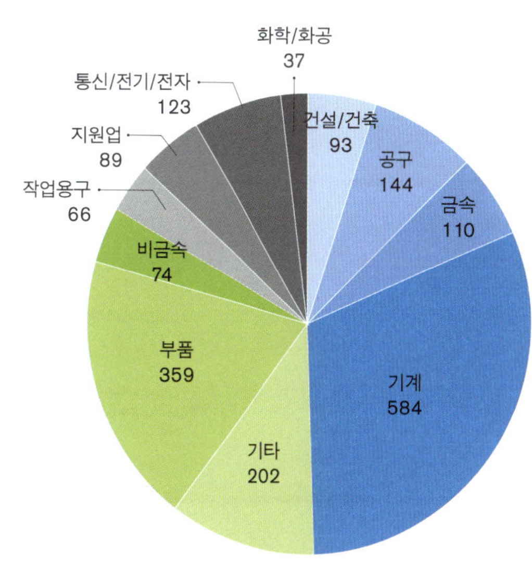

시흥산업용재유통센터 등록 업체 업종별 분류(단위: 개)

가장 많은 부분을 차지하는 것은 각종 기계584를 판매하는 업체였다. 그러나 기계를 판매하는 업체는 실제 다루는 기계의 종류가 너무 다양하다는 점에서 하나로 분류되기에는 내적 다양성이 매우 크다는 점도 특징이다. 각종 유압기계, 호이스트는 물론 펀칭기, 고압펌프 등 다양한 기계들을 모두 포함하고 있다.

다음으로 주목할 수 있는 것은 부품359이나 공구144, 그리고 각종 작업용구66를 다루는 업체이다. 이 세 가지 종류는 공구를 다루거나 작업상 필요한 다양한 물품을 함께 판매한다는 점에서 묶어서 이해할 수 있다. 부품에는 베어링과 용접봉 및 다종의 볼트와 너트를 다루는 업체들이 있고, 이는 공구와 함께 사용될 수 있다는 점에서 연속성을 갖고 있었다. 또한 작업용구는 장갑, 의상, 보호구, 로프, 작업복, 안전화, 각종 행거, 사다리 등을 포함하고 있어서 이 또한 부품과 공구와 잘 맞물리는 업종이었다. 또 공구와 부품의 경우 앞서 살펴본 기계와 달리 내적인 다양성이 상대적으로 적으며, 유사한 물품을 판매한다는 점에서도 특징이 있다.

18. 시흥유통상가 홈페이지(2023년 7월 15일 기준)

시흥산업용재유통센터의 출발이 도심에 자리하였던 기계·공구상을 외부로 이전한 것으로 본다면, 기계·공구·부품·작업용구 등 4가지 분류는 초기 의도에 합치하는 업종으로 볼 수 있다. 현재에도 여기에 해당하는 업체가 1,161개소로 전체 등록업체의 60%를 차지한다는 점은 시흥산업용재유통센터의 특징이 여전히 기계·공구상을 중심으로 나타나고 있음을 보여준다.

다음으로 주목할 수 있는 것은 금속110과 비금속74이다. 시흥산업용재유통센터의 동력동을 중심으로 중앙철재종합상가와 비슷한 금속과 비금속 관련 업체가 자리함을 살펴볼 수 있다. 이는 시흥산업용재유통센터에서 동력동을 둔 이유가 철재상까지 입점시키려 했기 때문임을 보여주는 것이다. 다만 동력동은 270개소이고, 1층은 90개소이므로 시흥산업용재유통센터의 중심으로 보기는 어렵다.

이 밖에 지원업은 89개소로 나타나는데, 여기에는 부동산·세무사·법무사를 비롯하여 청소용역업체, 문구점, 명판업소, 각종 보험대리업소를 포함한 업체를 말한다. 이러한 업소는 2개의 지원동뿐 아니라 33개 일반동에도 다수 자리하고 있다.

다음의 표는 위 분류에 따라 업체들이 층별로 위치하는 경향을 표시한 것이다.

시흥산업용재유통센터의 층별 업종 분포

분류	1층	2층	3층	1층 비율
기계	279	144	161	47%
공구	103	24	17	71%
부품	270	43	46	75%
작업용구	49	8	9	74%
금속	72	26	12	65%
비금속	48	17	9	64%
건설·건축	38	26	29	40%
화학·화공	17	13	7	45%
통신·전기·전자	53	36	34	43%
지원업	12	45	32	13%
기타	60	68	74	29%
총합계	1,001	450	430	53%

먼저 살펴볼 수 있는 것은 1층에 자리한 업체의 수가 2·3층에 자리한 업체 전체를 합친 수보다도 많다는 점이다. 시흥산업용재유통센터에서 1층이 2·3층에 비해서 훨씬 선호된다는 점을 확인할 수 있다.

지원업과 기타 업종을 제외한 전 업종에서 2·3층보다는 1층을 선호하는 경향이 나타나는데, 그중에서도 1층에 대한 선호가 두드러지는 품목은 공구·부품·작업용구이다. 이 업종의 경우 전체 업체 중에서 공구는 71%, 부품은 75%, 작업용구는 74%의 업체가 1층에 자리한다는 점이 특징이다. 공구상의 경우 1층의 업소를 선호하는 경향을 보여준다.

세 업종만큼은 아니지만, 금속과 비금속을 다루는 업체 역시 1층에 대한 선호도가 높은 편이다. 금속은 65%, 비금속은 64%로 상대적으로 높은 비중으로 1층에 자리하고 있었다.

이와 달리 지원업의 경우 1층에 자리한 비율이 13%로 2·3층을 뚜렷하게 선호하는 경향을 보여준다. 특히 부동산·세무사·법무사의 경우 주로 2층을 선호하는 경향이 있었다. 총 15개 업소 중에서 11곳이 2층에 위치하였고 4곳이 3층에 위치하였는데, 3층에 자리한 4개 업체는 모두 세무사였다.

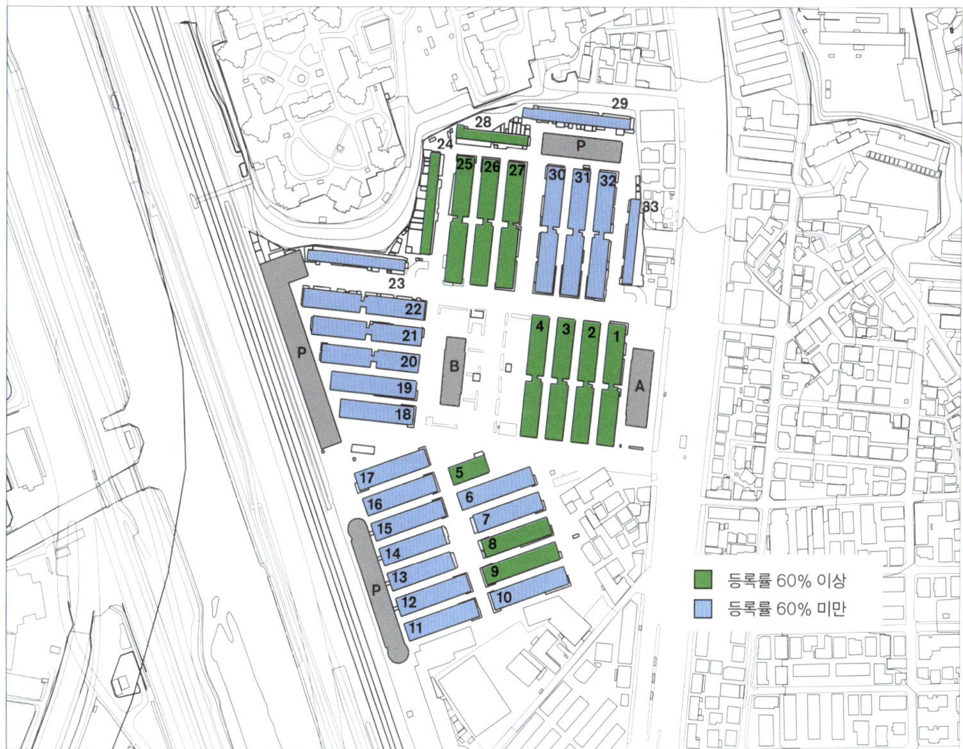

시흥산업용재유통센터 업체 동별 등록률

이 밖에 기타 업체의 경우에는 층에 대한 뚜렷한 선호가 잘 드러나지는 않았으며, 1·2·3층 모두에 고르게 위치한 경향을 보여준다는 점도 특이하였다.

이와 함께 온라인에 등록한 업체를 중심으로 본다면, 시흥산업용재유통센터에서 동별 등록률이 상대적으로 높은 동을 다음과 같이 표기해 볼 수 있다. 이는 시흥대로에서 편하게 들어올 수 있는 도로변 자리의 선호도가 높다는 것과 비교해 볼 수 있는 경향성을 보여준다.

시흥산업용재유통센터 동별 입점 업체 등록률

동수	총호수	등록호수	등록률	동수	총호수	등록호수	등록률
1동	150	104	69%	18동	93	40	43%
2동	150	112	74%	19동	111	46	41%
3동	150	94	62%	20동	120	57	47%
4동	150	107	71%	21동	138	52	37%
5동	45	27	60%	22동	156	72	46%
6동	99	48	48%	23동	60	27	45%
7동	87	50	57%	24동	60	37	61%
8동	87	56	64%	25동	156	101	64%
9동	99	71	71%	26동	156	105	67%
10동	99	45	45%	27동	156	111	71%
11동	93	45	48%	28동	42	35	83%
12동	93	42	45%	29동	60	34	56%
13동	81	36	44%	30동	156	80	51%
14동	81	30	37%	31동	156	65	41%
15동	93	38	40%	32동	156	79	50%
16동	93	39	41%	33동	48	25	52%
17동	93	52	55%				

온라인상의 등록률이 높은 동은 1~4동, 5~9동, 24~28동 등 세 묶음으로 나눠서 볼 수 있다. 여기에 해당하는 동은 1층만이 아닌 2·3층까지 모두 활용도가 높다는 것을 보여준다. 전반적으로 앞서 시흥대로로부터 진입하는 진입로 주변 라인에 대한 선호도가 높은 것의 연장으로 볼 수 있다. 특히 입구에 가까운 1~4동에서 이런 경향이 두드러지며, 5~9동은 6·7동의 등록률은 낮지만, 전반적으로 시흥대로와 가깝다는 특징이 있다.

하지만 24~28동의 등록률이 높은 것은 이것만으로 설명되지 않는다. 이는 오히려 24동과 28동이 동력동으로 선호되는 상황과 관련성이 높아 보인다. 여기에 근접한 25~27동의 등록률이 30~32동의 등록률보다 높다는 것도 주목된다.

반대로 시흥대로의 출입구로부터 먼 11~17동 라인과 18~22동 라인은 전반적으로 등록률이 떨어졌다. 특히 2·3층의 활용도에 있어서 다른 동보다 낮게 나타난다는 점은 교통로와의 근접성이 크게 영향을 미치고 있음을 보여준다.

다) 시흥산업용재유통센터 비동력동 건물과 사무실 이용

수치상 다수를 차지하는 비동력동을 중심으로 시흥산업용재유통센터 건물의 특징을 살펴본다. 다음은 시흥산업용재유통센터 7동의 실측 평면도와 입면도이다.

시흥산업용재유통센터 7동 사무실의 특징

시흥산업용재유통센터 사무실		
대지위치	서울특별시 금천구 시흥동 984	
실측대상 건축물	시흥산업용재유통센터 7동	
건축면적	899.64㎡	
연면적	2,645.26㎡	
층수	지상 3층	
주구조	PC조	
층별 면적	지상 1층	845.98㎡
	지상 2층	899.64㎡
	지상 3층	899.64㎡
총호수	85호	

우측의 평면도와 입면도에서 우선 주목되는 것은 지상 1층의 양상이다. 먼저 지상 1층은 단지 내 도로와 접하는 점포의 특성상 내부 복도가 없다. 즉 1층 점포의 크기를 최대로 계획하였으며, 2·3층에 비해 실사용면적이 넓다. 다만 이로 인해 건물 내의 전용공간은 출입구, 계단, 화장실로 구성된 두 개의 코어부로만 계획되어 있음을 확인할 수 있다. 또한 단지 내 도로로 둘러싸인 건축물의 특성을 최대한 고려하여 건축물의 정면-배면의 구별이 없는 구조로 설계하였다. 즉 앞뒤 동일한 크기의 입구가 양측에 배치되어 앞면과 뒷면 모두를 점포로 사용할 수 있도록 기획한 것이다.

7동 건물 외벽에는 지상 1층 점포의 간판들이 설치되어 있으며, 지상 1층 점포 대부분이 개별적으로 캐노피와 차양 등을 설치하여 공간을 활용하고 있었다. 이는 다음의 사진을 통해서도 살펴볼 수 있다.

시흥산업용재유통센터 7동 지상 3층 평면도

시흥산업용재유통센터 7동 지상 2층 평면도

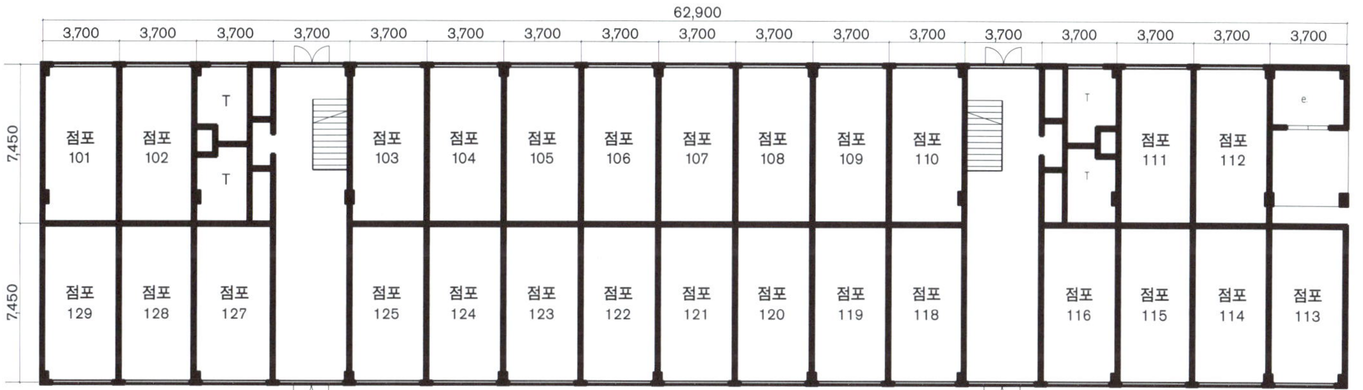

시흥산업용재유통센터 7동 지상 1층 평면도

시흥산업용재유통센터 7동 입면도

시흥산업용재유통센터 단지 전경

시흥산업용재유통센터 1동

시흥산업용재유통센터 지상 1층 공용공간

시흥산업용재유통센터 지상 3층 공용공간

시흥산업용재유통센터 3층 사무실 내부

지상 2층과 3층은 동일한 평면으로, 분양 당시에는 창고와 사무실로 사용되도록 계획되었다. 그러나 현재는 지상 1층 점포와 반드시 연결되지는 않으며 독립된 사무실로 사용되는 경우가 훨씬 많다.

개별 사무실은 9평가량의 공간을 활용한다. 다음의 실측 대상 사무실 역시 3층 공간을 독립적으로 사용하고 있다. 내부 공간 배치를 최대한 효과적으로 하기 위해 창가 선반을 이용해 프린터 같은 사무용기를 놓고, 좁은 공간에도 책상 4개를 배치하였다. 창가의 책상 2개는 창문을 등지고 배치하되 그 앞에 칸막이를 두어 전체 공간을 다시 두 영역으로 나눈 것도 특징이다.

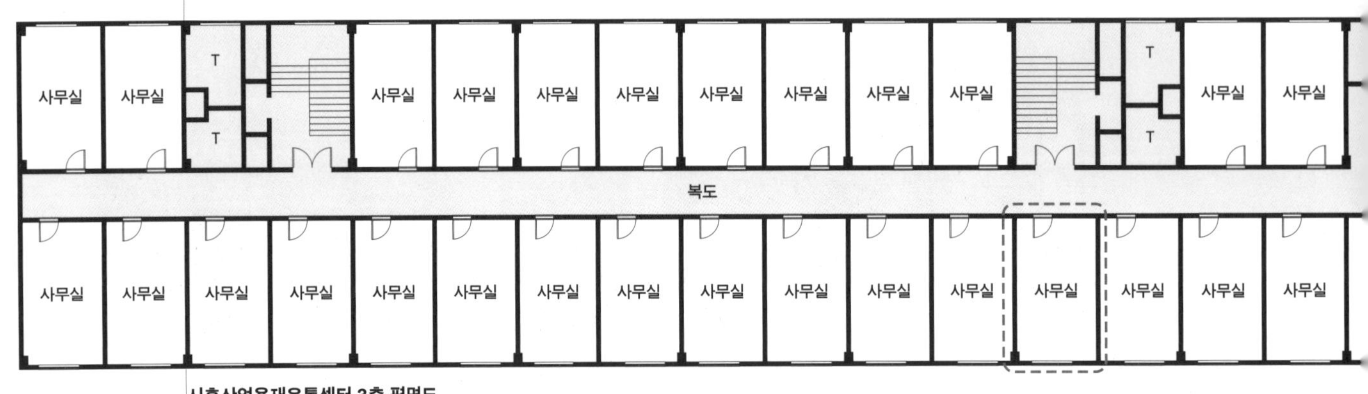

시흥산업용재유통센터 3층 평면도

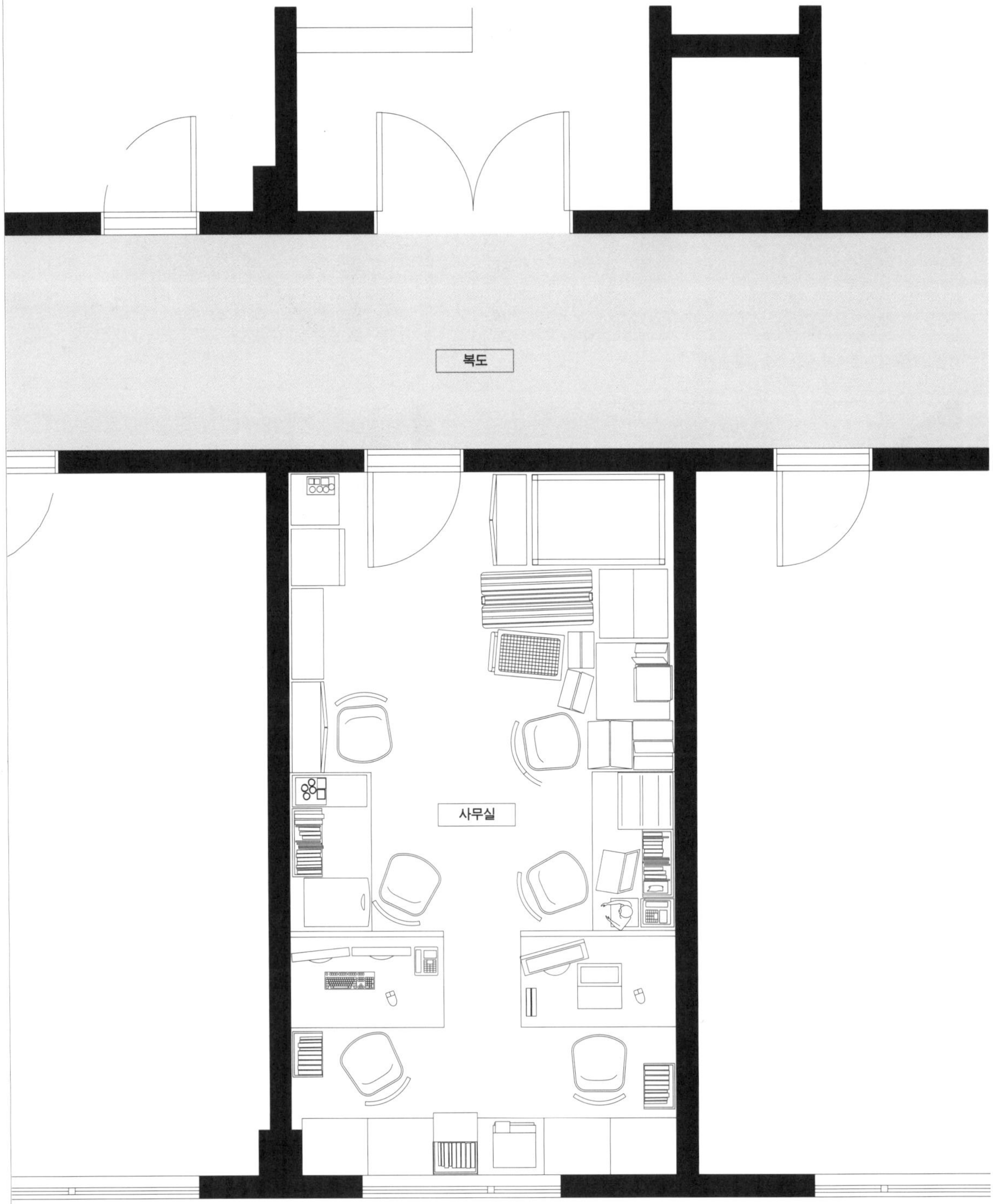

시흥산업용재유통센터 사무실 실측 평면도

라) 천장출입구를 활용한 사무실 연결 이용

시흥산업용재유통센터 건물 이용의 특징으로 두드러지는 것은 1층의 상점, 2·3층의 창고와 사무실을 사용하되, 세 층의 호실을 연결하여 이용하는 방식이다. 애초에 1동 1호에 당첨되었다면 같은 위치 1·2·3층의 모든 호실을 분양한 것이기 때문에 이를 연결하여 이용하는 방식이 발달하였다. 이는 2021년 발간된 『시흥산업용재유통센터 관리규정』에서도 확인할 수 있다. 관리업무규정 제4조는 건물시설물의 안전보호 및 유지·관리에 관한 규정을 다룬다. 여기에는 7번 항목에서 '천장출입구 설치요령'을 규정하고 있다. 이를 통해 1층 천장을 뚫어 1·2층을 연결하거나 2층 천장을 뚫어 2·3층을 연결하여 사용할 수 있도록 조항을 만들었다.

천장출입구는 폭 1m의 스판크리트의 옆면을 기준으로 위·아래 33㎝ 이하, 가로 길이는 130㎝ 이하로 잡아 규정하였다. 우측의 그림과 같은 방식으로 설치하게 된다. 즉 천장의 출입구는 세대 구분벽 아래 지지대 역할을 하는 보에 스판크리트가 안정적으로 올라설 수 있는 방식으로 시공하도록 제안되며, 우측 중단의 그림에서 보여주듯이 가능하면 세대 구분벽을 넘어서 좌우 세대에서 천공 위치가 같은 라인상에 놓일 수 있도록 시공하는 것을 권장하고 있다. 또한 천공 후에는 해당 부분을 보강하여 천장출입구의 설치로 인해 발생할 수 있는 구조적 약화 문제를 해결하고자 하였다.

이렇게 천장출입구를 설치하여 업체에 따라서는 내부에 수직 동선 리프트를 설치하여 1층의 매장과 2층의 창고를 보다 유기적으로 사용하는 경우도 나타났다. 실제 사례를 통해 이러한 천장출입구가 어떤 방식으로 활용되는가를 살펴본다.

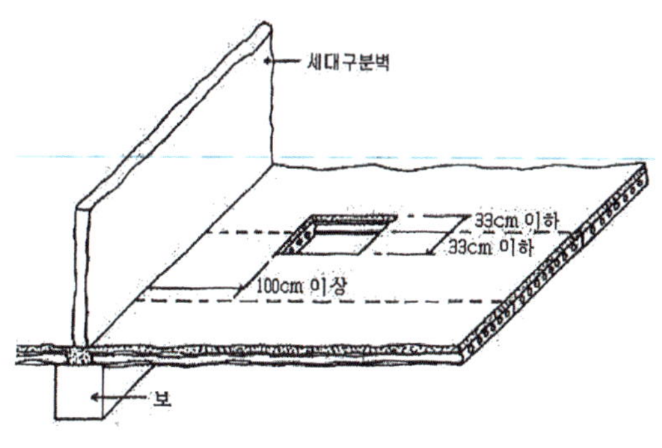

천장출입구 천공 방식
(『시흥산업용재유통센터 관리규정』)

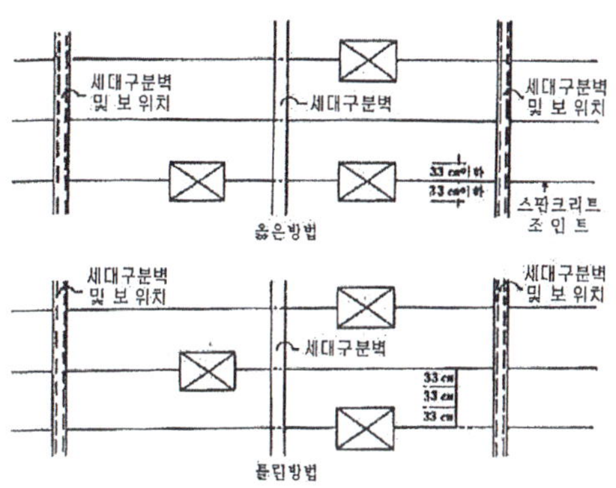

천장출입구 천공 시 유의점
(『시흥산업용재유통센터 관리규정』)

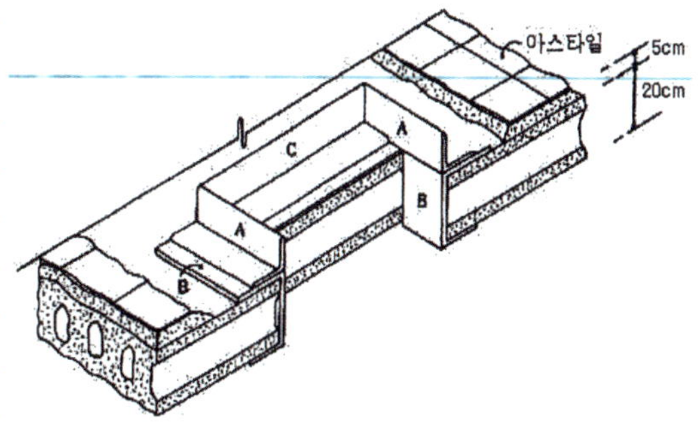

천공 후 보강 방식
(『시흥산업용재유통센터 관리규정』)

시흥산업용재유통센터 3동 현황

시흥산업용재유통센터 – 대길상사		
대지 위치	서울특별시 금천구 시흥동 984	
실측대상 건축물	시흥산업용재유통센터 3동	
건축면적	1,469.71㎡	
연면적	4,293.57㎡	
층수	지상 3층	
주구조	PC조	
층별 면적	지상 1층	1,354.15㎡
	지상 2층	1,469.71㎡
	지상 3층	1,469.71㎡
총호수	148호	

이 점포는 일반동의 입점에서 가장 선호되는 시흥대로와 연결되는 주 출입구와 맞닿은 끝부분에 위치한 점포이다. 이 점포는 정면과 측면 모두에 출입구를 설치하였다.

시흥산업용재유통센터 실측 대상 점포(대길상사)

지상 3층
사무실

지상 2층
사무실

LIFT

중층
창고

지상 1층
점포

시흥산업용재유통센터 점포 단면도(대길상사)

이 점포의 특징은 좌측의 단면도에서 가장 잘 드러난다. 대길상사는 1·2·3층 모두를 소유하는 점포로, 그중에서 1층과 2층 사이에 층간 출입구를 설치하였다. 이 출입구를 통해 위 도면 가장 좌측에 보이는 철제 리프트가 움직이게 되고, 두 층 사이를 보다 편리하게 활용하는 양상이 확인된다.

이와 함께 주목되는 것은 1층과 2층 사이에 중간층을 설치한 점이다. 이 중간층은 1층 점포의 층고가 높다는 점을 활용하여 1층 점포의 상단부에 또 하나의 천장을 설치함으로써 별도의 공간을 마련하였다. 현재 이곳은 창고로 사용되고 있으며, 중층을 설치하여 1층의 점포, 중층과 2층의 창고를 연결하는 공간 활용 방식을 보여준다. 점포에 따라서는 수직 리프트 외에 계단을 설치하는 경우도 있는데, 모두 층간의 연결성을 극대화하려는 전략의 일환이라 할 수 있다.

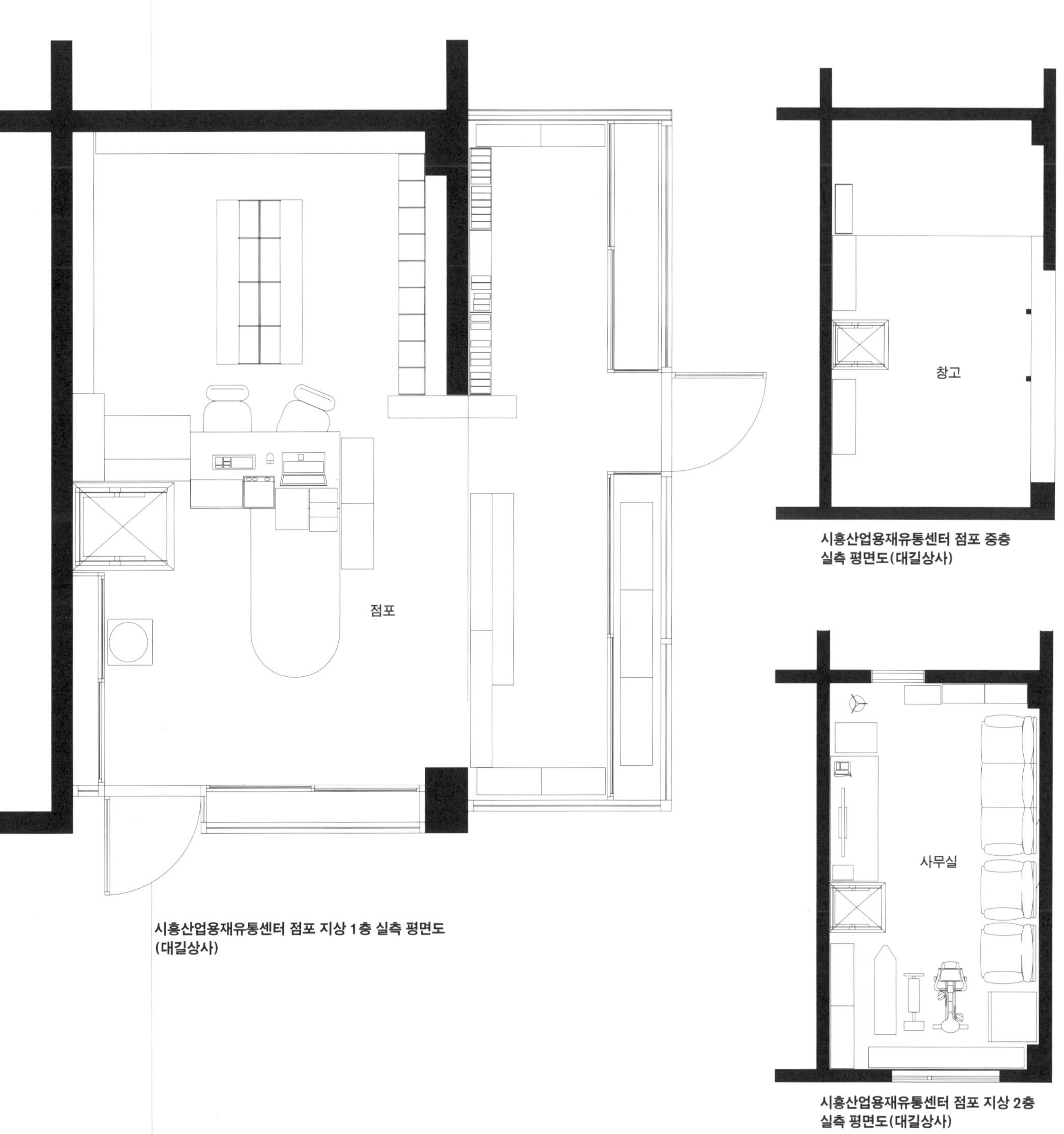

시흥산업용재유통센터 점포 지상 1층 실측 평면도 (대길상사)

시흥산업용재유통센터 점포 중층 실측 평면도(대길상사)

시흥산업용재유통센터 점포 지상 2층 실측 평면도(대길상사)

시흥산업용재유통센터 실측 대상 점포 지상 1층 내부(대길상사)

대길상사 점포 내 설치된 승강기(LIFT)

대길상사 중층 내부

대길상사 지상 2층 내부

나. 중앙철재종합상가

1) 중앙철재종합상가의 개설부터 입주까지

1977년 「수도권 인구재배치 기본계획」 이후 '도심부적격업소'에 대한 이전이 본격화되면서 1979년 서울시 중구 산림동의 철재상들이 새마을정화위원회를 구성하고, 서울시에 시흥동으로의 이전 계획을 건의하면서 중앙철재종합상가 건립 계획이 본격화되었다. 당시 철재상들은 이전 초기부터 현재의 상가가 위치한 시흥동 678번지 일대를 대상으로 상가 건립 계획을 구체화하고 있었다. 다음의 지도는 초기 이전 계획 부지를 보여준다.

1980년 당시 계획은 총 2만 931평대지 1만 5,248평, 공원 290평, 도로 5,393평을 대상으로 부지를 마련할 계획이었고, 그중에서 1만 985평은 한국건업의 소유로 되어 있었다. 한국건업은 1977년부터 시흥동 지역에 아파트를 건립할 계획을 갖고 있었으며,[19] 해당 부지는 동신화학 건너편 부지로, 현재 중앙철재종합상가가 자리한 부지를 포함하였다. 이 시기는 한양주택, 반도건설, 우주주택개발, 대서종합건설 등이 적극적으로 시흥동 일대에 아파트나 연립주택을 건립하고자 나서던 때였다.[20] 그러나 1980년 한국건업은 1970년대 말에 야심차게 추진하였던 주택사업을 포기하고 기존에 마련하였던 주택 택지를 매각하는 방향으로 선회하게 된다.[21] 이런 배경 속에서 산림동의 철재상들이 당시 한국건업의 소유지를 중심으로 철재상 건립을 추진하게 된다.

이곳은 토지구획지구 내에 위치하였기에 주거지구였지만,[22] 입지 조건상 철재상 이전에 적합하게 여겨졌다. 당시 이전계획 문헌에도 "동측은 임야그린벨트, 북측은 주거지역이나 200m 이상 거리가 있고 남측은 공장지대로서 주변환경 저해 없음도로 월변 풍치지구도 공장지대임"이라고 기록되어 있을 정도로, 이곳은 철재상을 건립하기에 적절한 장소로 주목받았다.

하지만 철재상가 건립은 건설부의 반대로 공전하게 된다. 1982년 「철재상이전단지처리방안」은 당시의 상황에 대해 다음처럼 정리하고 있다.

> 중구 산림동 일대 철재상(183명)은 서울시의 도심부적격시설 이전 방침에 따라 구로구 시흥동에 이전부지를 매입하였으나(10,907평 – 23억 원), 건설부에서 동 부지의 풍치지구해제 및 용도지역 변경(주거지역–상업지역) 불허에 따라 차선의 방향으로 현 상태에서 시장 시설결정 후 철재상 건물 신축 요망
>
> 「철재상이전단지처리방안」, 1982.

1982년 철재상들은 조합을 형성하였으며, 당시 황경주를 대표로 하였던 철재상 조합은 이전을 위한 행정적 도움을 요청하는 민원을 서울시에 제기하였다. 이미 조합은 시흥동의 부지 1만 907평을 23억 원에 매입한 상황이었지만, 건설부는 이곳을 풍치지구로 유지하였을 뿐 아니라 주거지역에서 상업지역으로의 용도지역 변경도 허가해 주지 않았다. 건설부에서는 서울과 안양의 시가지가 연결되는 지점에 유통시설을 세울 경우 인구가 집중될 수밖에 없고, 그 결과 교통장애가 생길 뿐 아니라 국도 주변의 미관을 해칠 우려가 있다는 이유를 들어 두 차례 서울시의 풍치지구 해제 요청을 거절하였다.[23] 이런 상황에서 철재상가의 건립은 지연될 수밖에 없었다.

결국 서울시는 주거지역과 풍치지구의 규정을 변경하지 않는 범위 내에서 철재상가를 이전할 수 있는 방안을 탐색한다. 1982년 법률 검토를 한 문서를 보면, 건축법 제3조용도

19. 「시흥에 아파트 착공」, 『매일경제』, 1977.11.29.
20. 「시흥에 아파트 집중건립」, 『매일경제』, 1978.6.28.
21. 「주택업체 "지정" 포기 늘어」, 『매일경제』, 1980.3.20.
22. 「세운상가변 철재상 시흥동에 이전키로」, 『매일경제』, 1980.6.27.
23. 「170여 상인 진정 풍치지구 해제요구」, 『경향신문』, 1981.5.20.

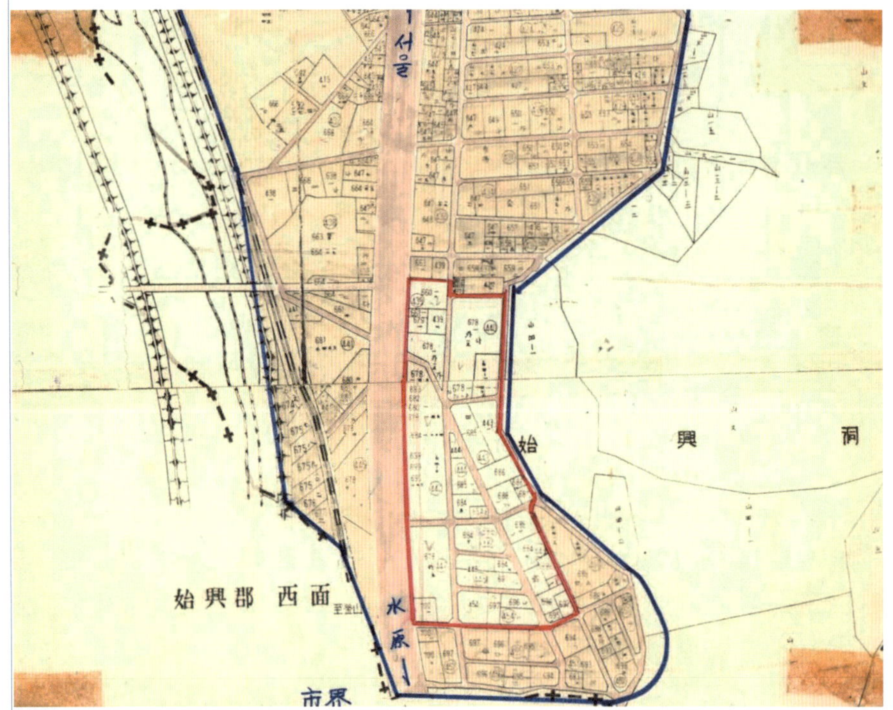

중앙철재종합상가 부지지도(「도심철재상이전계획」, 1980.)

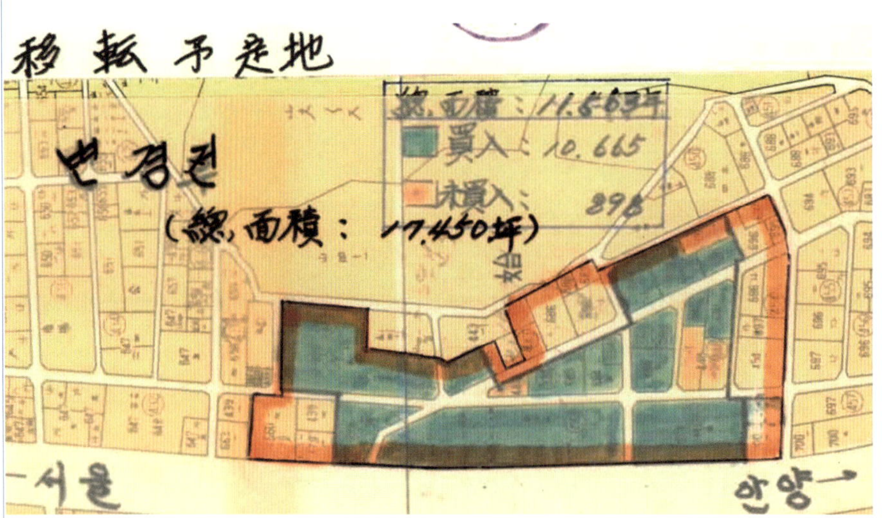

초기 이전 예정지(「도심철재상이전계획」, 1980.)

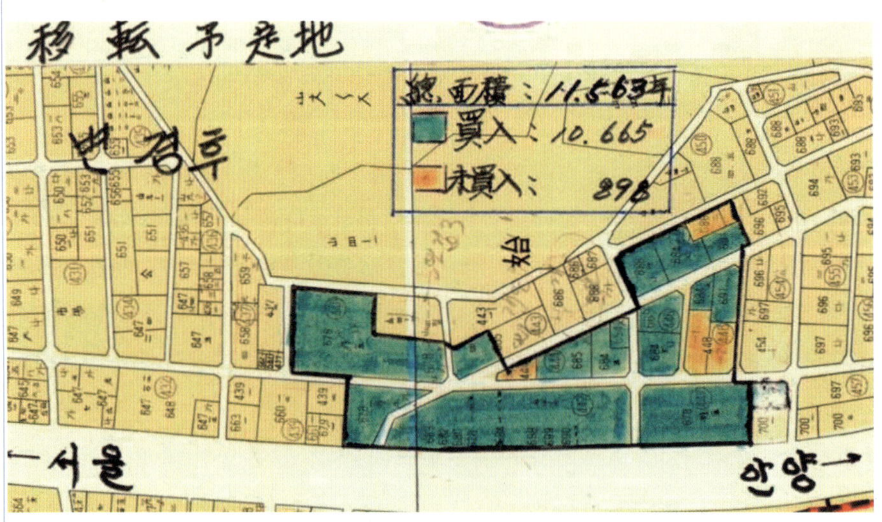

변경된 이전 예정지(「도심철재상이전계획」, 1980.)

1982년 철재상가 이전 부지(「철재상이전단지처리방안」, 1982.)

제한의 규정에 따라 풍치지구 내에 철물상 건축이 금지되지만, '도시계획의 시설 설치에 대해서는 지역·지구 안의 용도규제를 배제할 수 있다'는 특례시행령 제82조 1항 조항을 통해 서울시장의 권한으로 도시계획시설로서 철재상가 구역을 설치하려 하였음을 알 수 있다. 한편 주거지역·풍치지구라는 조건을 유지할 때 생기는 제한은 건축물의 높이제한으로 나타났다. 먼저 건축물 높이는 3층 이하이고, 12m 이하가 되어야 하였다. 이는 현재 중앙철재종합상가 건물이 모두 3층 이하의 건물이 된 것과 연관이 있다. 또한 건축법 시행령 제92조에 따른 제한으로 1,000㎡ 이상의 판매시설은 전면도로에서 4m 이상 후퇴해야 한다는 조항 역시 고려된 것으로 보인다. 아울러 건설부가 제기한 문제에 대한 대책은 다음과 같이 제시되었다.

종합철재상가 이전의 문제점과 대책(「철재상이전단지처리방안」, 1982.)

문제점	현황	대책
주변 생활 환경 저해	○ 해당 지역 양측에 연립주택, 아파트 등 주거용 건물이 건립되어 있음 ○ 소음 및 환경오염 우려	○ 측면 및 후면 경계선에서 충분한 수림대 설치(3m 이상) ○ 건축 허가 시 인접지와 접하는 부분의 출입을 통제하도록 배치계획 등을 조정, 주변생활에 불편이 없도록 조치
도시 미관 저해	○ 경수 간 산업도로 주변으로 도로왼편은 공장지대	○ 전면 간선도로 변에서 5m 이상 후퇴하여 건축 ○ 후퇴 부분에 수림대 설치 ○ 전면 간선도로 변에는 상가출입구 설치 금지

서울시는 1983년 5월 19일 국장회의 심의를 통해 이전과 동일하게 철재상 이전 계획을 추진하도록 결정하여,[24] 7월 27일에 서울시장에게 보고를 마쳤다. 종합철재상가는 이러한 절차를 거쳐 1984년부터 건립이 가시화되었다. 당시 약 74억의 건축비를 들여 233개 점포와 식당·다방 등의 일반점포 27개소로 구성하여 산림동 철재상들이 우선적으로 입주할 수 있도록 하였다.[25]

그러나 1985년을 목표로 한 건립 계획은 즉각 이행되지 못하였다. 결국 1986년 서울시가 1988년의 올림픽을 앞두고 철재상과 공구상을 도심에서 외곽으로 이전하도록 보다 강한 행정력을 발휘하게 되면서 중앙철재종합상가의 이전 역시 가속화된다.[26] 그 결과 1987년 2월 10일에 건립을 마치고 입주를 시작하게 된다.[27]

하지만 시흥산업용재유통센터와 마찬가지로, 철재상가 역시 정착과 활성화까지는 시간이 걸렸던 것으로 보인다. 상대적으로 입주가 일찍 시작되었지만, 1년 뒤인 1988년 1월까지도 입주율은 60%로 100여 개의 점포가 비어 있었다.[28] 더구나 을지로4가의 상인들

24. 서울시 도시계획국, 「철재상이전단지처리방안」, 1982.
25. 「을지로 철재상가 집단이주」, 『경향신문』, 1984.10.18.
26. 「도심 부적격업소 87년까지 이전」, 『매일경제』, 1986.2.27.
27. 「시흥 대규모 철재상가」, 『매일경제』, 1987.1.19.
28. 「철재·공구상 외곽 이전 "제자리"」, 『조선일보』, 1988.1.5.

에게 시흥동의 철재상가는 당시 상권이 형성되지 않은 곳이었고, 그럼에도 권리금은 높은 곳이었다. 반대로 도심의 기존 업체를 포기하고 나올 경우 권리금을 요구할 수 없는 상황이었다. 이런 상황에서 기존 도심의 상권과 신설 지역의 상권이 이중화되는 현상이 철재상에게서도 나타났다. 또한 시흥산업용재유통센터의 상인들이 보여준 것처럼, 새 단지로 입주는 하되 기존의 도심 상가를 유지하는 전략적인 선택도 나타나고 있었다.[29] 게다가 입주 과정에서 중앙철재종합상가의 준공검사가 늦어졌던 것도 걸림돌이었다. 문제가 된 것은 전체 중의 3개 동으로, 원래 근린상가로 계획이 되어 있었으나 다른 용도로 사용된다는 점이 지적된 것이다. 결국 1988년 7월까지도 준공허가를 받지 못하고, 가사용허가 상태로 한동안 사용될 수밖에 없었다.[30] 다만 이 문제가 오래 지속되지는 않았으며, 시흥산업용재유통센터에 비해 빠른 시기에 상권이 안정화된 것으로 보인다.[31]

29. 「시흥 대규모 철재상가」, 『매일경제』, 1987.1.19.
30. 「준공검사 안나 안달」, 『매일경제』, 1988.7.12.
31. 「서울 도매상권 판도 바뀌었다」, 『매일경제』, 1989.9.19.

2) 중앙철재종합상가의 구성

중앙철재종합상가는 시흥동의 최남단에 자리한다. 시흥대로에서 상가로 들어서는 길은 크게 세 곳이 있는데, 전면의 상가 출입구 설치를 제한하였던 서울시의 의도에 따라 이곳에는 별도의 상가 출입구 표시가 없다.

총 23개 건물로 구성되었고, 현재는 2개 동이 철거되어 21개 건물이 남아 있다. 건물은 2층 건물과 3층 건물이 혼합되어 있다. 현재 위치를 살펴보면 1·6·9·12·14·22·23동이 3층 건물로 되어 있다. 여기서 12동이 중앙철재종합상가의 관리사무소가 있는 중심 시설이라는 점을 제외한다면 대부분의 3층 건물은 철재상가를 외부의 도로로부터 가려

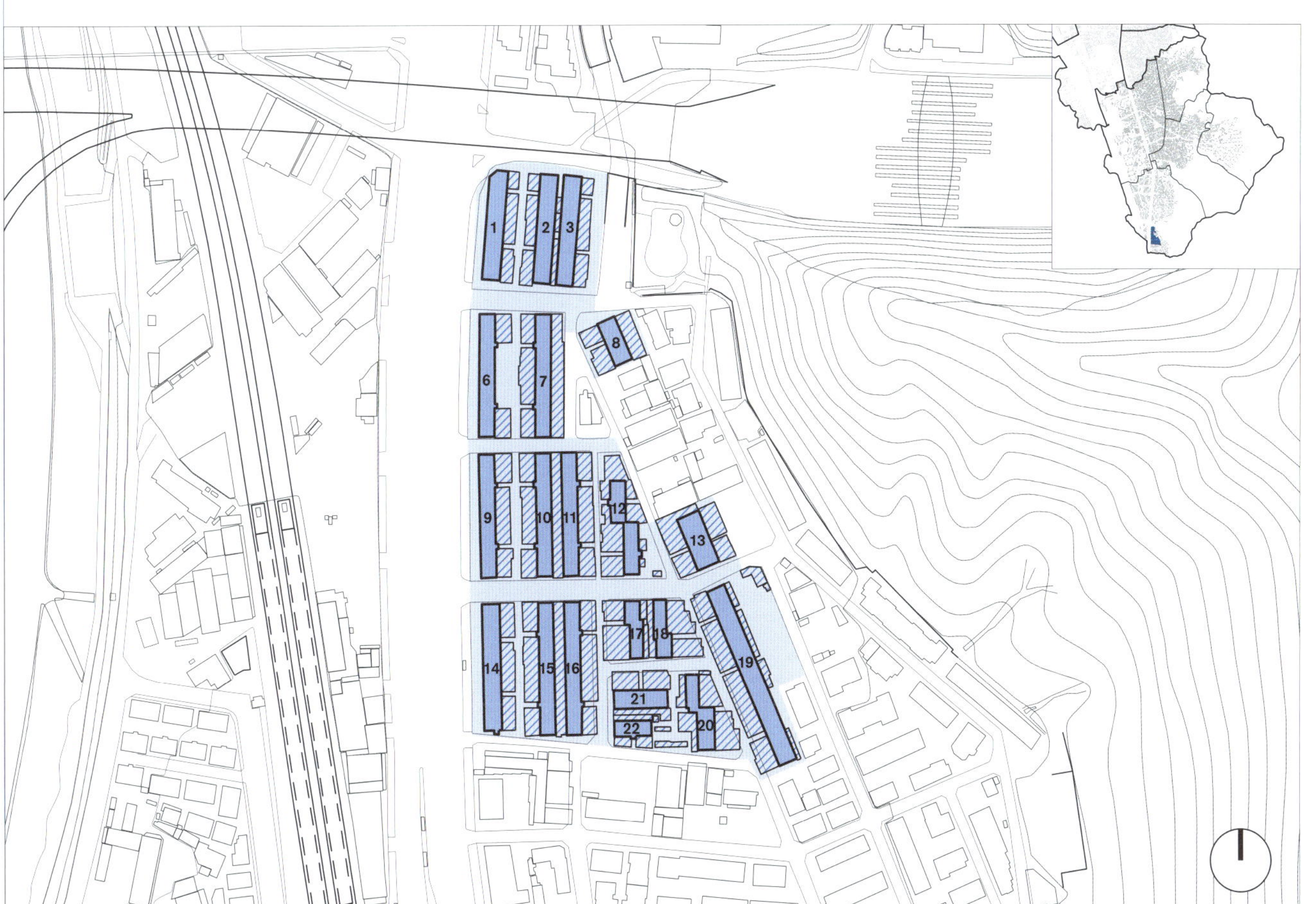

중앙철재종합상가 배치도

중앙철재종합상가 개요

건축물 명칭	중앙철재종합상가
용도지역	제2종일반주거지역
대지위치	서울특별시 금천구 시흥동 962-6 외 36필지
대지면적	35,231.9㎡
건축면적	10,272.42㎡
연면적	29,530.47㎡
지상층 연면적	25,266.61㎡
건폐율	29.16%
용적률	71.72%
건축물용도	판매시설
사용승인일	1987.6.12.
건축물구조	철근콘크리트 구조
건축물 수	21동

주는 역할을 한다. 특히 1·6·9·14·23동 건물은 시흥대로에서 철재상가 내부를 가려주는 역할을 한다고 볼 수 있다.

이러한 구성은 철재상가 이전 초기부터 도로 외곽에서 볼 때 생길 수 있는 미관 저해의 문제를 해결하기 위한 '고육책'으로 보인다. 1980년 서울시 도시계획국에서는 「도심철재상이전계획」을 통해 '국도미관: 경수 간 국도 변에 접하고 있어 미관상 도로변은 철재류 이외의 일반상가, 완제품 상가, 전시장으로 활용'하는 것으로 계획을 잡고 있었다. 1982년 「철재상이전단지처리방안」에서도 국토부가 제기한 국도 주변의 미관을 해칠 수 있다는 우려에 대해 서울시 측에서는 대안으로 전면 간선도로 변에서 5m 정도 이격을 둔 상태에서 이 공간에 나무를 심어 미관을 해치지 않도록 기획하였다. 이는 단지 기획에도 반영된 것으로 보이는데, 국도변 건물을 3층으로 잡았을 뿐 아니라 단면의 상가 방향은 단지 안쪽을 바라보도록 설계되어 있다. 1989년 당시 항공사진을 보면, 시흥대로와 철재상가 사이에 녹화지대가 설립된 것을 확인할 수 있다.

중앙철재종합상가는 업체가 단면으로 입주하였는데 1동과 2동이, 6동과 7동이, 9동과 10동이 서로 마주보는 방식의 구조로 되어 있다. 비슷하게 11동과 12동이, 16동은 17동과 마주보도록 구성되어 있다. 이러한 구성을 통해 철물의 모습이 외부의 대로에서 보이지 않도록 단지를 기획하였다. 대로변 3층 건물을 통해 단지 내부 모습을 차단하였다면, 단지 내에 건물은 대부분 2층 건물로 지하가 없는 형태로 되어 있다.

본래 1동부터 23동까지 총 23개 건물이 건축되었으나, 4·5동은 강남순환로 건립 과정에서 2010년대 말에 철거되어 사라졌다. 또한 이 과정에서 1·2·3동 역시 영향을 받았으며, 과거 101·102호 영역 역시 이 과정에서 철거된 것으로 보인다. 세 건물 모두 현재에는 103호부터 114호까지 남아 있다.

건물 이용의 특성을 살펴보기 위해 온라인에 등록된 업체 현황을 파악하였다.[32] 우선 업체들이 온라인상에 등록한 점포의 현황을 기준으로 볼 때, 등록률이 매우 높다는 점이 주목된다. 이를 정리하면 다음의 표와 같다.

중앙철재종합상가의 건물별 등록률

동수	총호수	등록호수	등록률	동수	총호수	등록호수	등록률
1	36	28	77%	14	42	33	78%
2	24	22	91%	15	24	21	87%
3	24	24	100%	16	24	20	83%
6	36	34	94%	17	10	10	100%
7	24	23	95%	18	10	9	90%
8	15	13	86%	19	42	34	80%
9	36	35	97%	20	14	11	78%
10	24	23	95%	21	12	8	66%
11	24	28	75%	22	12	12	100%
12	27	23	85%	23	21	18	85%
13	14	13	92%				

32 중앙철재종합상가 홈페이지(2023년 7월 21일 검색).

이 표에서 표기하진 않았지만, 1층의 등록률은 매우 높은 편인데, 전체 23개 건물을 합쳐서 1층 공실은 7곳만 확인될 정도로 1층은 선호도가 매우 높다. 전체 단지 중에서 90% 이상의 등록률을 보여주는 건물을 표기하면 〈중앙철재종합상가의 건물별 등록률〉 표와 같다. 상대적으로 1번과 14번 건물은 시흥대로에 인접해 있음에도 등록률이 낮은 편이었다. 이에 비해 2·3동과 6·7동, 9·10동의 경우에는 시흥대로와 인접해 있으면서도 등록률 또한 높은 편이다. 특히 17동과 22동은 도로와의 거리에 무관하게 등록률이 100%로 나타난 점도 특징이지만, 해당 건물은 호수가 적다는 점을 고려할 필요가 있다.

현재 중앙철재종합상가에 온라인상 등록된 업체 수는 총 436개이다. 등록 업체를 철금속, 철가공, 비철금속, 파이프, 기계, 지원업, 기타로 분류하였다. 분류된 업종은 다음 표에서 제시한 예시를 포함한다.

중앙철재종합상가의 업종별 분류표

분류	내용
철금속	철판, 형강, 특수강, 스테인리스 스틸 등
철가공	벤딩·절단·절곡·용접·모형절단 등으로 각종 금속도 다루지만, 가공을 전면에 내세운 업체를 주로 분류
비철금속	알루미늄을 포함한 비철금속.
파이프	재료에 무관하게 파이프 판매를 특징으로 내세운 업체
기계	기계 제작을 특징으로 제시한 업체
지원업	세무사, 법무사, 은행, 부동산, 사무기기 관리 및 대여, 통신공사·장비, 용달화물운송, 매점 등
기타	위의 분류로 나눠지지 않는 모든 업체

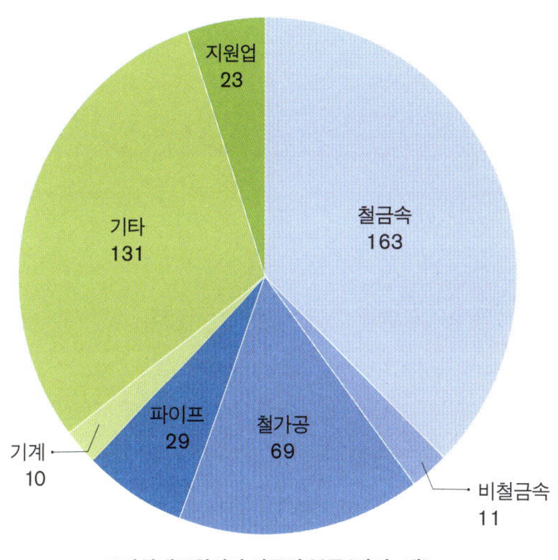

중앙철재종합상가 업종별 분류(단위: 개)

위 표에서 분류한 것처럼 이곳에 가장 많은 것은 철금속을 다루는 업체로 163곳이다. 여기에는 철판, 형강, 특수강, 스테인리스 스틸 등의 각종 철금속이 포함되어 있다. 다음으로 많은 수를 보여주는 것은 철가공 업체로 69곳이다. 철가공은 벤딩, 철단, 절곡, 용접, 모형절단 등의 다양한 가공을 담당하는 업체들을 말한다. 수는 적지만 비철금속을 다루는 업체들도 11곳 있었다. 대부분 알루미늄을 주요 판매품으로 제시하였다. 사실 철금속, 비철금속, 철가공을 담당하는 업체들은 완전히 구별되지는 않았다. 때에 따라서 철금속 업체에서도 비철금속을 취급하였고, 철가공 업체에서 철금속이나 비철금속을 취급하는 경우도 많았다. 다만 철재상이라고 할 때 중심은 철금속과 철가공에 있으며, 여기에 속하는 업체가 232개 업체로 전체 436개 업체의 반수를 넘는다는 점은 중앙철재종합상가의 특징을 잘 보여준다고 할 수 있다.

이 밖에도 파이프를 취급하는 업체가 29곳 등록되어 있었다. 파이프는 철금속이나 비철금속을 뒤섞은 재료를 사용하고 있었기에 별도로 분류하였다. 또한 기계 제작을 특징으로 제시한 업체는 10곳이 있었다. 지원업 23곳은 세무사, 법무사, 부동산, 은행을 포함하여 화물 운송 및 택배업체, 사무기기 업체, 통신업체, 매점 등 단지 내 입점 업체들의 편의를 위해 자리한 업체들이다. 마지막으로 가장 많은 수인 기타 업체는 131곳이 자리하였다.

1989년 항공사진에서 확인되는 녹화지대

2023년 중앙철재종합상가 앞 녹화지대

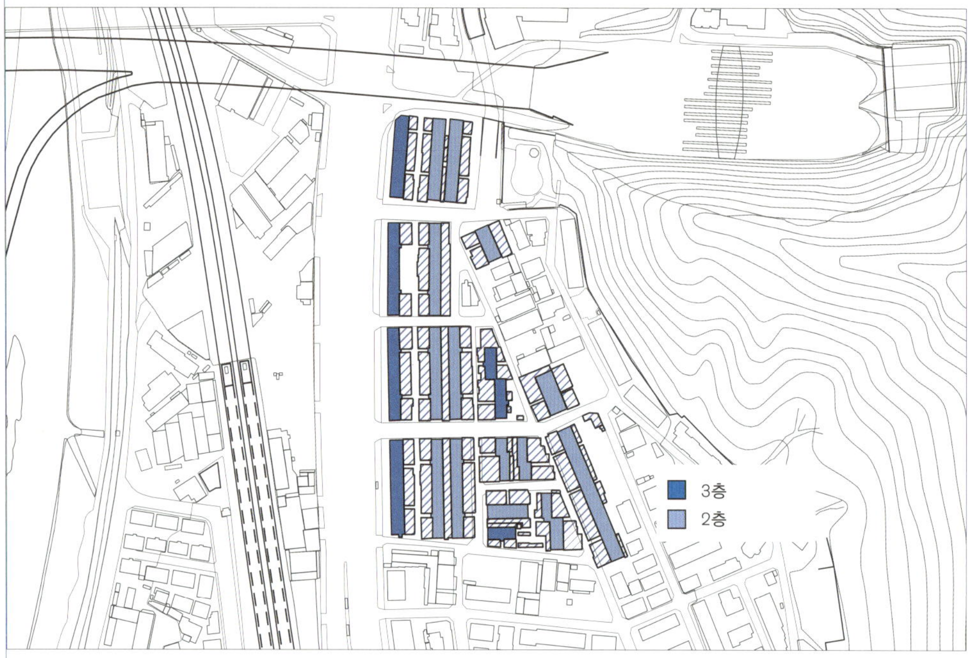

중앙철재종합상가 층수

중앙철재종합상가의 동별 입점률 분포

여기서 제시한 업체들의 층별 입점 현황은 다음의 표와 같다. 주목되는 것은 철가공 업체가 두드러지게 1층을 선호한다는 점이다. 전체 69개 업체 중에서 62개 업체가 1층에 자리를 잡았으며 2층에 자리한 곳도 1층과 동일한 업체에서 함께 소유한 경우가 많았다. 이러한 경향은 비철금속이나 기계에서도 나타났다. 하지만 철금속의 경우에는 1층과 2·3층을 소유하는 비율이 비슷하다는 점에서 1층에 대한 선호와 함께 추가적인 공간을 2·3층을 통해 보유하는 경향을 볼 수 있으며, 일부 업체들은 아예 2·3층에 매장을 두는 경우도 있었다.

중앙철재종합상가의 업종별 입주 층수 현황

분류	합계	1층	2·3층
철금속	163	78	85
철가공	69	62	7
비철금속	11	9	2
파이프	29	17	12
기계	10	8	2
지원업	23	8	15
기타	131	26	105
합계	436	208	228

이처럼 금속이나 비금속 관련 업종들이 상대적으로 1층을 선호하는 것과 달리 뚜렷하게 2·3층을 선호하는 경향은 지원업과 기타 업종에서 두드러졌다. 지원업의 경우 1층보다 2층에 자리한 경우가 많았고, 1층에 자리한 지원업은 6동의 기업은행이 대표적이다. 세무사, 법무사, 부동산은 주로 2층에 자리하는 양상이 나타났다. 이 밖에 기타 업종의 경우에도 1층보다는 2·3층을 선호하는 경향이 나타나는데, 상대적으로 1층이 선호되고 남은 2·3층을 철재상과 무관한 업종이 들어오는 양상이 나타났다. 온라인상 등록되지 않은 호실은 1층이 7곳, 2층이 57곳으로 2층에 훨씬 많은 공실이 있음을 확인할 수 있다.

다. 시흥동 산업유통시설의 미래

1987년 건립된 시흥산업용재유통센터와 중앙철재종합상가는 모두 2023년을 기준으로 건립된 지 35년이 넘어선 노후 건물단지이다. 중앙철재종합상가는 오이도의 스틸랜드 같은 철재상을 운영할 수 있는 대안적인 상권이 등장하였고, 기존의 노후화된 상가 건물에 대

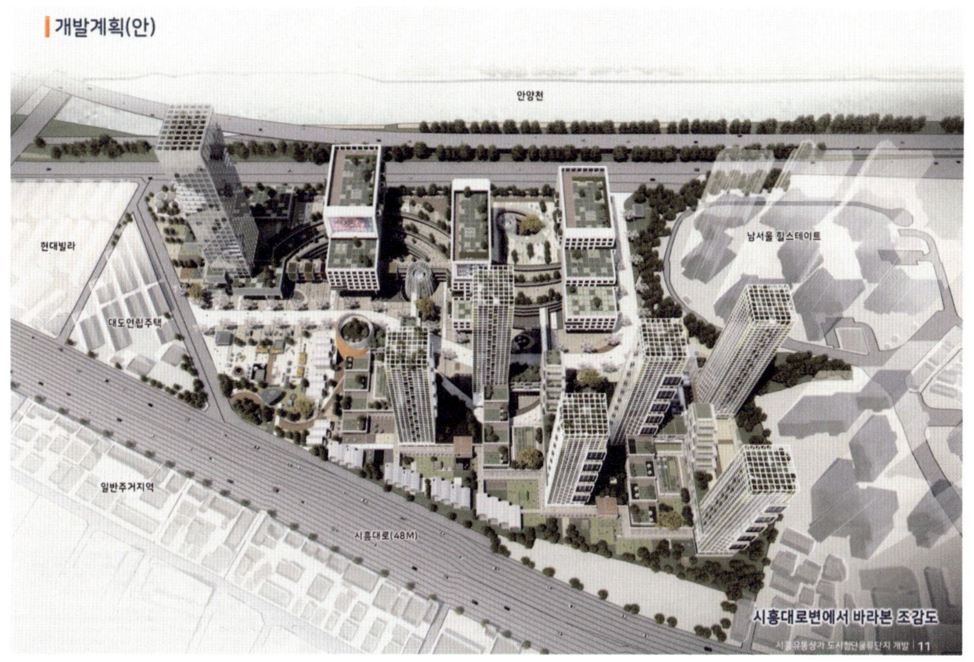

2021년 당시 제시된 도심첨단물류단지 계획안(시흥산업용재유통센터 유튜브 홍보영상)

한 재건축 논의도 활발하게 이뤄지고 있다. 주요 논의는 2016년을 기점으로 등장하였다.

시흥산업용재유통센터는 2016년 국토교통부가 도시첨단물류단지를 지정한 것을 계기로 재건축 논의가 활발하게 이뤄지고 있다. 당시 6개 시범단지가 선정되었는데, 5곳은 일반물류터미널로 서울시 서초구의 한국트럭터미널, 양천구의 서부트럭터미널, 지역으로는 청주화물터미널, 광주화물터미널, 대구화물터미널이 선정되었다. 시흥산업용재유통센터는 유통업무시설로는 유일하게 시범단지에 포함되었다. 이에 따라 물류단지, 상업시설, 연관산업, 각종 지원시설을 포괄하는 단지 형태를 통해 복합건축물을 만드는 방식으로 새롭게 변화해 갈 예정이다.

다만 사업의 진행은 아직 계획단계로, 2021년 도시첨단물류단지 조성사업단 주식회사를 중심으로 한 차례 사업의 구체화가 시도되었다. 그러나 사업시행자 설립 운영에 관

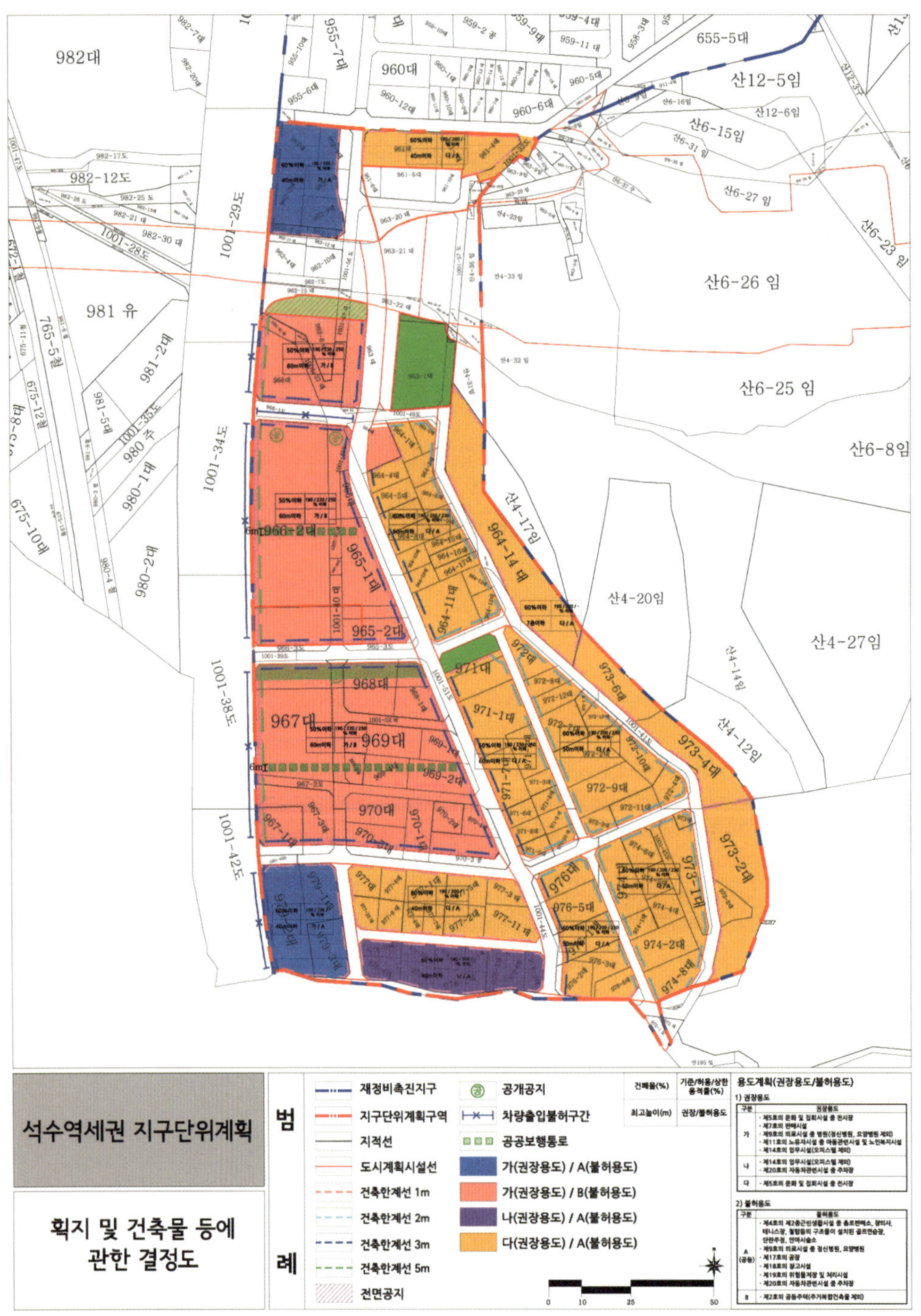

석수역세권 지구단위계획 종합결정도(석수역세권 지구단위계획 결정문서, 금천구청 홈페이지)

재건축이 시작된 중앙철재종합상가(입구 부근)

재건축이 시작된 중앙철재종합상가(건물 측면)

한 협약안이 시흥산업용재유통센터 주주총회에서 부결되면서 물거품이 되었다. 2023년에는 다시 시흥유통상가 SPC㈜가 구성되어 새롭게 개발에 뛰어들고 있는 상황이다. 아직 재건축의 향방이 어떻게 이어질지는 미지수이지만, 서울시 남동부의 서초, 서부의 양천과 함께 서남부 물류의 중심으로 시흥동이 주목받고 있음을 보여준다는 점에서 시흥산업용재유통센터의 변화가 새로운 의미를 가져올 것으로 기대를 모은다.

중앙철재종합상가의 재건축은 2016년 '석수역세권 지구단위계획'의 발표에 따라 이전 추진이 본격화되었다. 이 계획에서는 금천구 시흥동 970번지 일원을 총 5개 구역으로 나누었는데 중앙철재종합상가는 그중에서 5구역에 해당한다. 2018년 중앙철재종합상가의 정기총회를 통해 경기도 화성시 마도공단 일대로 이전을 위한 신규 부지를 설정하였다.[33] 2021년에는 38회 정기총회의 7호 의안으로 '이전부지 조성과 상가 개발매각에 관한 건'이 통과되면서 화성철강단지를 새롭게 조성하여 이전하는 방향이 구체화되었다.[34] 2022년 엠제이와이홀딩스가 시행사로 선정되면서 이전 사업을 진행하고 있으나 아직 세부계획까지 진척되지는 않았다.

앞서 시흥산업용재유통센터가 서울 서남부의 관문으로 첨단물류단지로 탈바꿈하는 과정에 있다면, 중앙철재종합상가의 경우 시흥동에서 새로운 장소로의 이전이 이뤄지는 상황이라고 볼 수 있다. 현재의 계획이 이뤄진다면 철재상가를 대신해 고층 상업시설이 이 지역에 들어설 가능성이 높다. 이런 점에서 본다면 철재상은 1970년대 후반 서울 도심에서 밀려나기 시작하여 1980년대에는 경기도와 서울의 경계지대라 할 수 있는 시흥동의 남쪽에 자리하였다가, 2020년대에는 서울 밖으로 위치를 바꾸게 되는 흐름을 보여준다고 할 수 있다. ♣

33. 「시흥중앙철재종합상가 화성시 마도면 일대로 이전 계획」, 『철강금속신문』, 2018.3.13.
34. 「시흥중앙철재종합상가, 화성철강단지(가칭) 이전작업 가시화」, 『철강금속신문』, 2021.4.15.

#6

은행나무시장

김재우

1961년(1세)	→	영등포구 신광동 출생
1965년(5세)	→	시흥2동 이주
1970년대	→	은행나무시장에서 가족과 함께 장사
1975년(15세)	→	시흥초등학교 졸업(62회)
1977년(17세)	→	강서중학교(현 세일중학교) 졸업
1991년(31세)	→	결혼
1994년(34세)	→	은행나무시장 〈령현야채〉 개업
2012년(52세)	→	은행나무시장 상인회 총무
2014년(54세)	→	시흥5동 주민센터 기부활동 시작

"은행나무시장 쪽은 조용한 주택가였는데 판자촌 사람이 내려오면서 번화하게 된 거예요."

1. 시흥2·5동의 옛 모습

시흥2동은 호암산 자락의 험준한 경사지대로 본래 돌산뿐이었다. 지금과 같은 모습이 된 시발점은 1966년의 기록적인 폭우이다. 서울시가 장마로 인해 발생한 시내 수해 이재민을 집단 수용하기 위한 이주지구로 시흥동을 선정한 이후 이 돌산 지대는 수재민촌이 되었다가 판잣집과 루핑집이 즐비한 '달동네'로 변모하기 시작하였다. 이후 이 지역은 서울 도심에서 밀려난 무허가 철거민이나 일자리를 찾아 상경한 사람이 찾아드는 정착지 또는 경유지가 되었다.

호암산의 '달동네'는 1990년대 후반 철거되기 전까지 시흥동의 배경을 이루는 한편 시흥동 개발의 마중물 역할을 하였다. 탑동초등학교가 세워지고, 은행나무시장이 조성되며 시흥동 내 버스 종점이 들어선 것은 모두 '달동네'의 인구를 기반으로 한 시흥동의 변화이다. 인구 3만 5,000명이 넘는 서울시 내의 7개 동을 분동하겠다는 1985년의 '서울특별시 동사무소 설치 조례'에 따라 시흥5동이 시흥2동에서 분리된 것도 '달동네'의 거주 인구가 크게 불어났기 때문이다. 이렇듯 시흥동의 '달동네'는 서울의 도시화 과정의 단면을 나타내며, 원주민과 이주민이 얽혀 사는 서울 외곽 지역의 특성을 잘 보여준다.

2. 은행나무시장의 형성과 발전

3. 마을공동체 활동과 기부·봉사활동

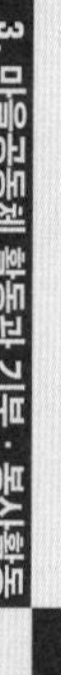

김재우는 1961년 영등포구 신광동에서 태어났다. 다섯 살이 되던 해 장마철 침수피해를 겪고 서울시의 수재민 이주정책에 따라 가족과 함께 시흥동으로 이주해 왔다. 열 살 무렵에는 은행나무시장 부근에 정착하였다. 그런 뒤 그의 삶은 줄곧 은행나무시장과 함께하였다. 학창 시절 부모님을 도와 은행나무시장에서 장사를 시작한 이래 밀가루·그릇·김치 장사와 당구장 사업 등 안 해본 장사가 없으며, 결혼 후에는 아들의 이름을 딴 '령현야채'를 차려 가정과 육아를 건사하였다. 세월이 흘러 은행나무시장의 터줏대감이 된 그는 2010년대 초반에 시장의 인정시장 등록과 상인회의 발족에도 이바지하였다. 그는 시흥5동 주민자치 활동을 주선하는 활동가이기도 하다. 천년 은행나무를 일찍부터 시흥동의 상징으로 여겨 보살펴 온 그는 오늘도 나무 주변을 청소하며 보존책을 궁리하고 있다. 그는 10여 년째 음으로 양으로 봉사와 기부를 베풀어 온 독지가이기도 하다. 주민들의 친목과 화합을 꿈꾸며 소규모 주민축제를 기획하거나 지원해 왔으며, 지역 소외계층에게 생필품을 기증하고 식사를 대접하거나, 하루 매출액의 일부를 조금씩 모아 연초마다 시흥5동 주민센터에 희사온 지 오래다. 그렇게 그는 자신의 '고향'에 대한 애착과 자부심을 바탕으로 오늘도 시흥동을 가꾸기 위해 노력하고 있다.

4. 시흥동을 돌아보며

1. 시흥2·5동의 옛 모습

영등포에서 살다가 수해를 입고 시흥동으로 이주해 왔어요.

1961년 영등포 신광동현 신길2동 일대에서 태어났어요. 신광동에는 미군 부대와 진로 회사가 있었는데 그 근처의 판잣집에서 부모님 슬하 오 형제가 같이 살았죠. 그러다 다섯 살이 되던 해의 장마철에 수해를 입고 시흥동으로 이사를 온 거예요. 당시 폭우가 심해서 서울에 물난리가 크게 났고 수재민이 많이 생겼어요. 지금 시흥2동의 벽산아파트 단지는 원래 돌산이었는데 서울시가 집단 수재민촌을 조성하고 서울 각 지역의 수재민들을 이주시켰죠. 우리 집을 포함해 영등포 수재민 대부분이 그때 이 시흥동으로 이주해 들어왔어요.

시흥2동 수재민촌 광경(서울시 포토앨범)

시흥2동 수재민촌 조성 모습(금천문화원)

시흥2동 수재민촌 풍경(서울시 포토앨범)

현 금하로 초입에서 바라본 시흥2동 수재민촌의 초기 모습
(금천문화재단 금천아카이빙)

공동변소에 공동우물을 쓰느라 아주 고생이 많았어요.

초창기에 수재민들은 모두 천막집에서 살았어요. 사정이 좀 나아지면 루핑집을 지어 살았고요. 옛날에 이 주변에는 벽돌공장하고 기와공장이 많이 있었는데 그 자재로 흙벽돌집을 지어 사는 사람이 차츰 많아졌죠. 끼니는 시흥동 미군 부대에서 나오는 꿀꿀이죽으로 해결했고요. 변소는 공동변소를 썼는데 환경이 아주 형편없었어요. 식수를 구하기도 어려워서 수재민들이 직접 벽산아파트 6단지 뒤쪽, 동일중학교탑골로10길 45 뒤쪽, 호압사 쪽으로 우물을 팠죠. 그러고 한 7~8년이 지나고 동일여고탑골로10길 45 뒤쪽으로 공용 상수도가 생겨서 동네 사람들이 거기까지 지게에 양동이를 이고 가서 물을 사왔어요.

시흥2동 수재민촌 재건 모습(서울시 포토앨범)

시흥2동 수재민촌 재건 모습(서울시 포토앨범)

시흥2동 수재민촌 구호품 배급 현장(금천문화재단 금천아카이빙)

1970년대 탑동초등학교(금천문화재단 금천아카이빙)

벽산아파트 단지 아래 위치한 서울탑동초등학교

탑동초등학교는 수재민촌 아이들을 학교 보내려고 지은 거예요.

탑동초등학교에 입학해서 5학년까지 다니다가 시흥초로 전학을 갔어요. 수재민촌의 아이들은 거의 다 탑동초등학교에 다녔어요. 그런데 재학생이 너무 많아지니까 아이들을 주변 학교로 분산을 시켰어요. 저는 시흥초로 가서 62회 졸업생이 될 거예요. 탑동초에 계속 다녔으면 7회 졸업생이 됐을 거예요. 탑동초에서는 한 반에 70~80명씩 총 7개 반, 오전반·오후반으로 수업했던 걸로 기억해요.

흥일극장과 버스 종점은 항상 사람이 와글와글 모이는 곳이었어요.

동일여고 위쪽에는 서울시가 수재민촌 사람들에게 직장을 제공해주겠다고 건립한 가내공업센터가 있었어요. 거기에 식당이 있어서 우동을 팔고 그랬는데 형제들끼리 하루 용돈을 모아서 그걸 사 먹으러 가곤 했어요. 동일중학교 쪽에는 조그만 시장이 있었고 그 주위에 연탄 가게, 얼음 가게, 슈퍼 등등이 있었어요. 호압사 입구 쪽에는 흙벽돌공장이 있었어요. 옛날의 시흥5동 주민센터 자리금하로21길 14 앞 공터에는 근로재건대[1] 집합소가 있었고, 지금의 시흥5동 주민센터금하로24길 6 자리에는 흥일극장이 있었어요. 그 옆의 만천명월예술인가은행나무로44 자리에는 조그만 카센터가 있었고요.

지금 버스 종점금하로733-1은 같은 회사가 이름을 바꿔서 계속 쓰고 있는 거예요. 삼양운수, 신도운수, 옥성운수였다가 지금은 범일운수가 됐죠. 옛날에 출근 시간 때에 종점에서 나가는 버스를 보면 항상 만원이었는데 그게 다 판자촌 주민들이었어요. 그 정도로 이 동네에 사람이 아주 많이 살았죠. 은행나무시장 쪽은 원래 주택가였는데 판자촌에서 내려온 사람들을 기반으로 와글와글 붐비는 번화가가 되면서 시장이 만들어진 거예요.

1. 1962년 정부는 넝마주이들에게 관할시 등록하여 증명을 받고, 지정된 복장과 명찰을 달고 지정구역 내에서만 취업하도록 하였으며, 미등록 넝마주이는 처벌하고 폐품 수집을 하지 못 하도록 했다. 이 같이 등록된 넝마주이들 근로재건대라는 명칭으 경찰의 관리, 감독을 받았다(「근로재건대」, 『한국민족문화대백과사 한국학중앙연구원).

시흥2동 수재민촌 전경(『시흥불량주택지구정비계획』, 서울기록원, 참조번호 RG135-SR263-FI3673-IT180591))

흥일극장 부지(현 시흥5동 주민센터, 금하로24길 6)

범일운수 종점(금하로733-1)

2. 은행나무시장의 형성과 발전

은행나무시장 자리에는 벽돌공장과 기와공장이 많았어요.

수재민촌에서 5년 정도 살다가 1970년대 초반에 은행나무시장 근처로 이사 왔어요. 옛날에 여기에는 벽돌공장하고 기와공장이 많았거든요. 우리 가게 라인이 쭉 벽돌공장이었고, 지금 용수사우나금하로25길 13 바로 옆에 기와공장 큰 게 하나 있었어요. 아버지가 그 기와공장에서 나오는 자재를 경운기나 말 마차로 동네에 배달하는 일을 하셨어요. 우리 집이 이쪽으로 이사를 온 게 아버지 일 때문이었죠.

동네 사람들이 출퇴근하면서 이용하던 길에 은행나무시장이 들어선 거예요.

1970년대까지만 해도 은행나무시장 주변에는 건물이 몇 개 없었어요. 그러다 차츰 주택개발이 진행되면서 은행나무시장 자리에 주택가가 형성된 거예요. 지금의 시장 골목은 주택가에서 은행나무 쪽 버스정류장까지 이어지는 통행로였어요. 출퇴근 시간 때 동네 사람들이 아주 많이 지나다녔죠. 그러다 보니까 차츰 난전 형태로 장사하는 사람들이 드문드문 생기더니 지금과 같은 시장이 된 거예요. 우리 집은 그 난전 시절에 장사를 시작해서 지금까지 하고 있어요. 저는 어려서부터 부모님을 도와 장사를 시작했는데 밀가루 장사부터 그릇 장사, 김치 장사, 당구장 운영 등등 안 해본 일이 없어요. 지금 하는 채소가게는 30년 전에 결혼하고서 아내랑 같이 차린 거예요. 우리 아들 이름을 따서 가게 이름을 '령현야채'로 지었어요.

벽산아파트와 카멜리아가 생기면서 손님이 많이 줄었어요.

은행나무시장은 1990년대까지만 해도 장사가 잘되는 편이었어요. 그때는 시흥2동에 유입되는 인구를 기반으로 손님도 불어나서 시장 골목이 사람 머리로 바글바글할 정도였어요. 빈 가게가 거의 없었고, 생겨도 금방 채워졌죠. 그런데 벽산아파트가 들어서면서 주변에 대형마트가 생기고, 시장의 바로 옆에 카멜리아 백화점금하로705이 지어지면서부터는 손님이 많이 줄었어요. 우리 시장이 동네 사람들의 출퇴근길이었으니까 아침저녁으로 통행하는 사람이 그대로 손님이 되는 경우가 많았거든요. 그런데 벽산아파트에 입주한 사람들은 대부분 자가용으로 출퇴근하니까 굳이 우리 시장을 지나다닐 일이 많이 없어요. 자가용으로 출퇴근하면서 마트에서 장을 봤다가 집에 들어가는 경우가 많죠. 카멜리아 백화점이 생기기 전까지 그 자리에는 '시흥중앙시장'이 있었어요. 그 시장에 장을 보러 온 손님이 옆에 있는 우리 시장에도 들러 같이 장을 보곤 했죠. 그런데 시흥중앙시장 대신에 카멜리아 백화점이 들어서고 그 영향으로 우리 시장을 찾는 손님도 줄어들기 시작했어요.

은행나무시장 입구

은행나무시장 내부

1990년대 은행나무거리와 시흥중앙시장의 모습
(『향토문화지』, 1996.)

시흥중앙시장을 대체한 카멜리아 백화점(금하로705)

2012년에 시장 상인회가 출범하고 은행나무시장이 인정시장이 됐어요.

그때 상인회 총무를 맡고 있었는데, 우리 시장의 이름을 정식으로 정하는 자리에서 '근처에 천년 은행나무 세 그루가 있으니까 시장 이름을 은행나무시장으로 하자'고 의견을 냈어요. 상인회가 출범하고서는 상인회 차원에서 은행나무에 고사도 지냈어요. 충청남도 서산에서 새끼를 가져와 직접 꼬고 은행나무에 두른 다음에 나름대로 상도 차려서 제를 올렸죠. 동네 사람들이 십시일반 협찬해 주어서 그 비용으로 빈대떡과 막걸리를 나눠 먹고 난타 공연을 벌이기도 했어요. 당산제를 주민 한마당축제처럼 한 거죠. 지금 은행나무 당산제는 구청 차원에서 지역 통합 축제로 발전시키고 있어요.

시장 상인회에는 현재 61개 점포가 등록돼 있어요. 상인들은 대부분 오전 8시에 문 열고 저녁 7시 반에서 8시 사이에 문을 닫아요. 대부분 식품점인데 정육점이 5개나 있는 게 특징이죠. 주 고객은 시흥2·5동 동네 주민들이고요. 시장이 조그마하니까 단합이 잘되는 편이에요. 제가 총무를 볼 때는 아침마다 일찍 은행나무 주변을 청소하고 커피를 타서 점포마다 돌리곤 했어요. 또 제 지인들한테 조금씩 협찬받은 걸 보태서 상인회 야유회도 갔고요. 상인회에서는 봉사하는 마음으로 알차고 재밌게 활동했었죠.

3. 마을공동체 활동과 기부 · 봉사활동

시흥동에 오래 산 만큼 뭔가 좋은 일을 하고 싶었어요.

2014년 봄에 세월호 참사가 났잖아요. 그해 10월에 제가 시흥5동 주민센터 주변에서 주민 추모 집회를 주최했었는데, 그 경험이 뜻깊어서 마을공동체 활동을 계속해야겠다고 마음먹게 되었어요. 그래서 그다음 해에 바로 시작한 게 은행나무 보존 활동이에요. 시흥5동 주민들이 주도해서 죽어가는 은행나무를 되살리자는 취지로 '시흥동 천년은행나무 주민네트워크'를 만들었는데 거기에 참여한 거죠. 성균관과 방학동에 오래된 은행나무가 관리가 아주 잘된 상태로 있고, 보존대책도 잘 세워졌다는 소식을 듣고 거기까지 견학을 다녀온 적도 있어요. 은행나무 주변 환경을 개선하고 보존할 방안을 모색하거나, 동네 사람들을 대상으로 '은행나무 지킴이'를 모집하는 등 은행나무를 되살리기 위해 갖가지 노력을 많이 했었어요.

2016년에는 시흥5동 주민센터에서 시행하는 동 특성화 사업에 참여해서 '시흥동 역사·문화 탐방로'를 제안하는 활동을 했었어요. 시흥동에 역사·문화 유적이 많으니까 대표적인 유적지를 10개 골라서 조사하고 공부한 다음에 유적지마다 안내 현판이랑 푯말을 설치하고, '시흥동 역사문화길' '호암산 역사문화길'을 주제로 노선을 짜서 탐방 안내도를 만들었어요. 이때 우리가 했던 자료와 결과물은 구청에 문의하면 구할 수 있을 거예요.

2014년 세월호 참사 당시 추모 집회 주도(김재우 제공)

2015년 김장 나눔 봉사(김재우 제공)

동네 사람들끼리 합심해서
잔치를 벌이며 정을 나누고 있어요.

8월마다 은행나무시장 입구에서 '맥주 빨리 마시기 대회'를 해요. 휴가철에 어디 놀러 가지 못한 동네 사람들을 불러 모아 한번 신나게 놀아보자는 취지로 시작한 거예요. 맥주도 마시고 상금도 받고 공연도 보고 음식도 만들어서 해 먹고 동네잔치를 벌이는 거죠. 남성부, 여성부 나눠서 상금으로 1등은 20만 원, 2등은 10만 원, 3등은 5만 원 해서 현금으로 드려요. 금천구 주민이면 참여할 수 있어요. 맥주 대회를 2017년에 시작했는데 코로나19 때 못하다가 작년에 재개했어요. 올해가 5회째인데, 500명 정도가 모여서 재미나게 놀았었죠.

은행나무당산제 준비(김재우 제공)

2016년 어르신 짜장면 대접 봉사(김재우 제공)

주부가요제, 어르신가요제도 있어요. 주부가요제는 안양천 다목적광장에서 하고, 어르신가요제는 금천구민문화체육센터에서 열어요. 예심과 본심을 거쳐 수상한 1~3등에게는 상금도 두둑하게 챙겨드리죠. 이렇게 벌이는 축제 비용과 물품은 다 동네 주민들이 십시일반 협찬해 줘서 진행할 수 있는 거예요. 다들 시흥동에서 오랫동안 이웃하며 살아왔으니까 서로 도와주고 합심해서 잔치도 벌이고 정을 나누는 거죠.

장사하며 번 돈을 조금씩 모아서 기부하며
봉사활동을 한 지도 어느새 10년이 됐어요.

'사랑밭'이라는 복지단체가 있어요. 이 단체

기부금 모금(김재우 제공)

에서 운영하는 노인복지시설이 인천시 계양구에 있는데, 2010년쯤 거기에서 봉사활동을 시작했어요. 장사하면서 번 돈을 조금씩 모아서 과일이랑 라면, 김치, 생활용품을 기증하는 게 첫 봉사활동이었죠. 지금은 시흥5동 주민센터를 통해 봉사와 기부를 하고 있어요. 주로 김장철이 되면 김치 500포기와 생필품을 기증하고, 동네 어르신들이나 형편이 어려운 주민들을 주민센터로 초대해서 짜장면이나 설렁탕을 대접하는 일을 해요.

기부에는 나름의 원칙이 있어요. 한 해 동안 매일 아침의 첫 손님하고 저녁의 마지막 손님에게서 받은 매출액을 1년 동안 생수통에 모아뒀다가 신년이 되면 기부하는 거예요. 가게에는 생수통과 저금통이 2개가 있고 집에도 저금통이 여러 개 있어서 푼돈이 생길 때마다 언제든 저금할 수 있도록 만들어 놨어요. 잔돈이 급하게 필요한 일이 생기면 일단 빼서 쓰더라도 나중에 반드시 채워 넣는다는 게 제 신조예요. 이건 제 자신과 한 약속이니까 반드시 지켜야 한다고 항상 다짐하고 있어요.

4. 시흥동을 돌아보며

시흥2·5동 주민들에게 지금 제일 필요한 건 목욕탕이에요.

근로재건대 집합소가 있었던 옛날의 시흥5동 주민센터 자리금하로21길 14 앞 공터는 동네에서 유명한 '최부자' 어르신의 땅이었어요. 이 어르신이 그 땅을 1980년대 중반에 주민들을 위해 쓰라고 구청에 희사해서 구청이 거기에 5동 주민센터를 지을 수 있었던 거예요. 지금은 5동 주민센터가 새 건물로 이사 가서 그 자리는 비어 있는데 여기에 주민편의시설이 들어섰으면 좋겠어요. 특히 시흥2·5동에는 집에 목욕 시설이 없어서 불편을 겪는 주민들이 많으니까 공중목욕탕이 들어서면 좋죠. 목욕탕을 짓는 게 '최부자' 어르신의 뜻을 잇는 방법이기도 하고요.

은행나무를 중심으로 동네에 활기가 넘쳤으면 좋겠어요.

시흥동은 은행나무가 유명하니까 '은행나무축제' 같은 게 생기면 좋겠어요. 정조대왕 능행차나 벚꽃축제처럼 은행나무를 거점으로 주민들이 활기차게 어울릴 수 있는 축제를 만드는 거죠. 은행을 소재로 은행막걸리·은행빵·은행호떡과 같은 상품을 개발하고, 은행나무를 지역 명소로 다양한 사업이 생겨서 지역 경제도 살리고 동네 활기도 넘쳐나게 되길 바라요.

시흥동은 이웃들 간에 정이 많아서 사람 사는 냄새가 나는 동네예요.

예전에 아들 태어났을 때는 교육 문제로 시흥동을 떠날 생각도 잠깐 했었는데, 여기가 고향이나 다름없다 보니까 떠나기가 쉽지 않았어요. 또 아버님이 손주를 많이 예뻐하셨는데, 그 모습을 저버리고 저 혼자 먹고살겠다고 나가 살 수도 없는 노릇이었어요. 그렇게 시흥동에서 평생을 살게 됐죠. 지금까지 살아오면서 이웃들과 나눈 정도 많다 보니까 동네에 대한 애착은 더 깊어졌어요. 이 나이에 다른 데 가기도 어렵잖아요. 시흥동이 물가가 저렴해서 서민이 살기도 좋고요. 지금처럼 장사하고 제 고향에 뭔가 도움이 되는 일을 하면서 그럭저럭 살다 마무리하면 좋겠다는 생각이에요.

#7

비단길현대시장

김영기, 신장식, 정은자, 가희수

비단길현대시장 상인회 임원 연혁

가희수 → 1953년 충청남도 서산 출생, 비단길현대시장 상인회 이사

김영기 → 1955년 전라북도 고창 출생, 비단길현대시장 상인회 회장

신장식 → 1960년 전라남도 고흥 출생, 비단길현대시장 상인회 부회장

정은자 → 1957년 전라남도 화순 출생, 비단길현대시장 상인회 감사

비단길현대시장 연혁

1960년대 → 건물형 시장으로 태동(독산로35길 15-7)

1980년대 → 건물 주변으로 골목시장(1구역) 형성

2007년 → 인정시장 등록

2012년 → 주민 편의시설 설치(주차장, 화장실 등)

2017년 → 중소벤처기업부·소상공인진흥공단 주관 '골목형시장 육성사업' 선정

2018년 → 비단길현대시장으로 개칭. 전국우수시장 박람회 대상 수상

2019년 → 새재미 민속놀이 보존회 창립. 전국우수시장 박람회 장려상 수상

2021년 → 전국우수시장 박람회 대통령 표창 수상

2022년 → 전국우수시장 박람회 대상 수상

"우리 시장은
건물형 시장에서 태동해 골목형 시장으로
발전했어요."

비단길현대시장은 금천구에서 제일 큰 골목형 재래시장이다. 시흥1동 시흥사거리부터 시흥4동 법원단지까지 이어지는 약 650m의 골목길을 따라 길게 늘어선 상설점포들이 각종 먹거리와 생필품을 팔고 있으며, 관내 전통시장 중 가장 유동인구가 많고 고객층도 다양하다는 특징이 있다. 하지만 시장이 초창기부터 이런 모습이었던 것은 아니다. 본래 시장은 건물형 상가독산로35길 15-7였고, 시장 골목은 삼성산의 물줄기가 안양천으로 흘러드는 개천이었다. 지금과 같은 모습을 띠기 시작한 것은 서울시의 도시계획에 따라 상가 건물 주변에 주택가가 밀집하고, 개천이 복개되어 주민의 출퇴근길로 이용된 이후부터이다. 상가 주변의 복개된 길 위로 지나다니는 통행 인구가 급증하자 이를 대상으로 하는 노점상이 등장하며 상권을 형성한 결과 오늘날과 같은 골목형 시장이 나타나게 된 것이다.

시장이 지금처럼 번창한 시기는 1990년대 중반 이후부터이다. 특히 금천구 신설과 시흥사거리 개발의 영향이 컸다. 개발에 수반된 각종 규제로 인해 시흥동의 으뜸 시장이었던 대명시장의 상권은 스러져 간 반면 그 반대급부로 현대시장의 상권은 공고해졌기 때문이다. 그런 가운데 현대시장은 2007년 인정시장이 되었고, 2011년에는 시설 현대화 사업을 추진하여 주차장·화장실·회의실 등의 고객 편의시설을 마련하였다. 2017년에는 중소벤처기업부·소상공인진흥공단이 공모한 '골목형 시장 육성사업'에 선정되어 시장 특화 사업을 전개하였다. 이때 '비단길현대시장'이라는 이름을 공식화하여 약 650m 길이의 일자형 골목을 시장의 정체성으로 내세웠다. 또 비단길현대시장 상인회 산하에 시흥의 역사와 전통을 반영한 풍물패 동아리를 운영하기 시작해 '금천구 새재미 민속놀이 보존회'로 발전시켰다. 현재 보존회는 중소벤처기업부가 주최하는 전국우수시장박람회의 시장 뽐내기 공연에서 대상 2회2018·2022, 장려상 1회2019를 수상하는 등 지역 전통문화를 전승하는 데 앞장서고 있다. 또한 금천구 관내의 문화행사에 활발히 참여하는 등 지역 문화 발전에 이바지하는 단체가 되기 위해 노력하는 중이다.

조사팀은 4명의 비단길현대시장 상인회 임원을 만났다. 김영기서울축산유통는 현대시장이 골목형 시장으로 변모하던 시기에 입점한 상인으로, 2016년부터 비단길현대시장 상인회 회장직을 맡아 시장의 현대화·특성화 사업을 이끌어 온 인물이다. 금천구 새재미 민속놀이 보존회의 보부상 두레놀이에서는 처서순을 맡아 극의 중심을 잡고 있다. 가희수부산어묵, 신장식떡사랑, 정은자잡곡마트는 모두 1990년대에 입점하여 시장의 발전과 도약을 이끌어 온 인물이다. 신장식은 비단길현대시장 상인회 부회장을, 가희수는 이사를, 정은수는 감사를 맡고 있다. 보부상 두레놀이에서 정은자는 짚신장수를, 가희수는 엿장수를 맡아 극의 전개를 이끄는 역할을 한다. 이들은 조사팀과의 인터뷰에서 비단길현대시장의 내력을 시간순에 따라 설명해 주었다. 그리고 금천구 새재미 민속놀이 보존회에 대한 자부심은 물론 시흥동에서 터전을 일구어 온 사람들이 함께 어울려 살길 바라는 그들의 꿈에 대해 들려주었다.

초창기 현대시장 상가건물(독산로35길 15-7)

1. 비단길현대시장의 형성과 발전

우리 시장은 건물형 시장에서 태동해서 골목형 시장이 된 거예요.

김영기 여기 앞에 있는 건물독산로35길 15-7이 1960년대에 지은 건데 그게 원래 현대시장이었어요. 지금은 중국집, 봉제공장만이 남아 있고, 주로 지하 주차장으로 활용하고 있죠. 시장이 있는 곳은 삼성산에서 내려오는 물이 안양천으로 흘러가는 구릉지대예요. 시장 골목길에는 원래 개천이 흐르고 있었죠. 그런데 1960~1970년대에 이 일대를 주거지로 개발하면서 개천을 복개하고 주택가를 만들었어요. 개천이 있던 곳은 빨간 담벼락이 쭉 늘어서 있는 주택가 골목으로 변해서 인근 주민들이 출퇴근길로 이용하는 길이 되었죠. 지나다니는 사람이 많아지니까 상인들이 노점을 펴기 시작했고, 인근의 건물주들이 담벼락을 헐고 점포를 하나씩 놓으면서 지금과 같은 골목형 시장이 된 거죠.

신장식 우리 시장 골목길은 새재미의 법원단지에서 시흥사거리로 나가는 길이에요. 20m 도로독산로와 50m 도로시흥대로를 연결하는 길이기도 하고요. 자연히 유동 인구가 많을 수밖에 없어요. 사람들이 이 길을 따라 출퇴근을 하니까요.

1980년대까지는 지금의 1구역만 시장이었어요.

김영기 지금 시장은 4개 구역으로 나뉘어 있는데, 1·2구역은 예전부터 장사해온 가게가 많고, 3·4구역은 새로 오픈하는 가게가 많아요. 1980년도만 해도 1구역의 사거리까지만 시장이었거든요. 그 밑에 2구역에도 점포가 조금씩 있긴 했는데 주로 주택가였었죠. 그러다가 시흥사거리 쪽으로 점포들이 점점 늘어나기 시작해서 시장이 꽉 차게 됐어요. 시장 상권이 계속 확대되니까 10년 전부터는 4개 구역으로 나눠 관리해오고 있어요.

신장식 현재 우리 시장에는 약 250개 점포가 있고, 이 중에서 회원 점포는 약 210개예요. 시흥동에 있는 다른 시장보다 우리 시장이 2~3배는 큰 중형시장이에요. 구역마다 점포 수는 50여 개로 비슷하게 있어요.

2. 비단길현대시장 상인과 손님

시대 변화에 따라 업종이 점점 다양해지고 있어요.

김영기 상인 연령층을 보면 60~70대가 많지만, 요즘에는 젊은 사람들이 많이 들어와요. 새로 들어오는 젊은 친구들은 주로 3·4구역에 많이 있고 수산과 정육을 많이 하죠. 우리 시장의 주 업종은 식품과 육류, 건어물, 의류, 생활필수품이에요. 요즘에는 다양한 먹거리가 들어오는 추세예요. 특히 중국식품점이 많이 늘어났어요.

1·2구역에는 단골이 많고, 3·4구역은 외부 손님이 많아요.

김영기 작년에 조사해 보니까 우리 시장의 1일 평균 이용객이 평일에는 6,000~7,000명, 주말 같은 경우는 1만 명 정도 된다고 그래요. 주로 가까운 시흥4동 주민들이 많이 찾아오고 시흥3동이나 5동 주민들, 독산동의 주민들도 많이 찾아오죠. 단골손님은 1·2구역에 많아요. 겉으로 보기에는 이쪽 구역에 손님이 없는 것처럼 보여도 단골들이 왔다가 인사하고 바로 사 가는 경우가 많아요. 오래된 가게가 많은 곳이니까 아무래도 꼭 찾아오는 단골들이 있는 거죠. 3·4구역은 외부에서 오는 손님이 많아요. 시장 입구 쪽이고 시흥사거리에 가까워 교통이 좋으니까 외부 손님이 찾아오기 편하기 때문이죠.

신장식 금천구청역까지 전철을 타고 온 사람이나 버스를 타고 시흥대로에서 내린 사람이 시흥사거리로 지나 우리 시장을 거쳐 집에 돌아가는 경우가 많아요. 3·4구역이 시흥사거리 쪽에 있으니까 거기서부터 1·2구역 쪽으로 올라가면서 자기 집 방향으로 흩어지는 거죠. 그래서 1·2구역보다는 상대적으로 3·4구역이 유동 인구가 많은 거예요.

김영기 우리 시장은 명절 때 한 달 전부터 바빠요. 떠난 사람도 잘해주면 돌아오듯이 가까운 관악이나 안양, 광명으로 이사 간 사람들이 찾아오는 경우가 있어요. 옛 동네 주민

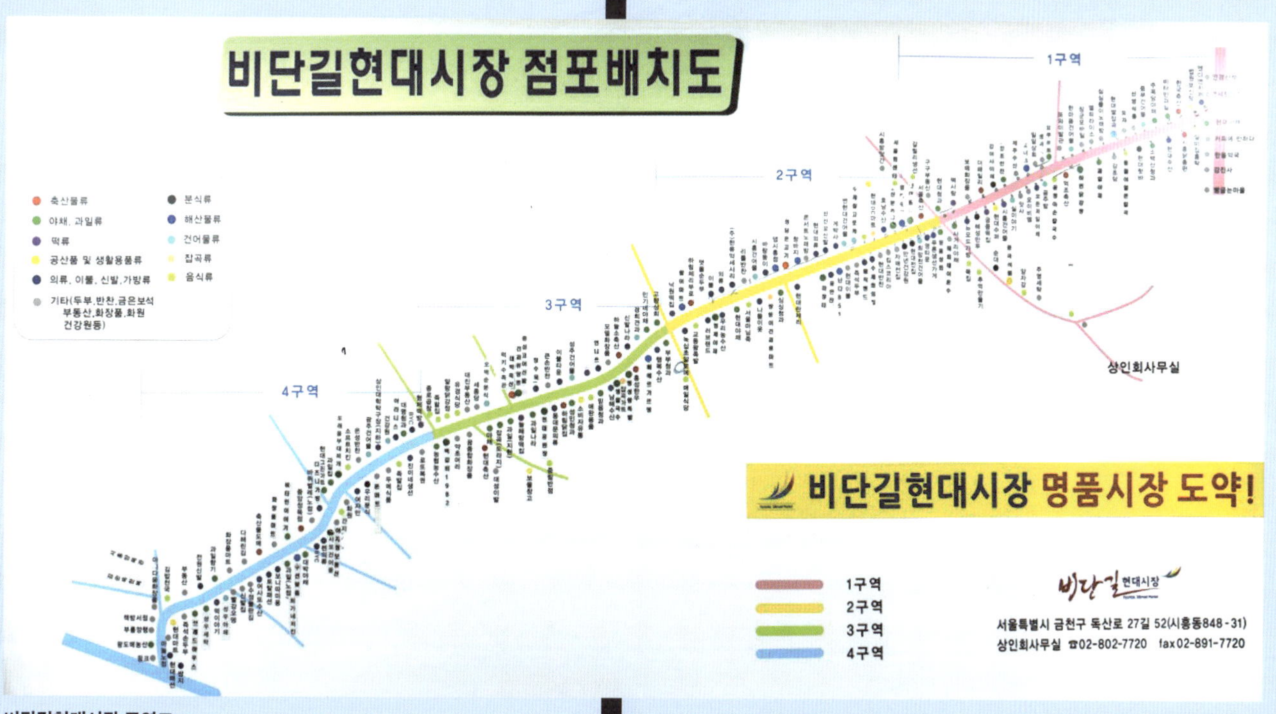

비단길현대시장 구역도

비단길현대시장 1·2구역

비단길현대시장 3 · 4구역

이 '현대시장 한번 가 볼까?' '명절 때만이라도 가 보자' 하고 찾아오는 거예요. 최근에는 다문화가족 손님들이 많아졌어요. 시장이 좀 더 발전하려면 다문화가족과도 어울려야 한다 생각해서 다문화 행사도 추진하고 김장도 해서 나눠 주기도 해요.

3. 상인회 발족과 비단길현대시장으로의 변모

상인회가 만들어지기 전에도 상인들 간에 친목 모임이 있었어요.

김영기 우리 시장은 2007년에 인정시장이 됐어요. 그리고 2011년에 상인회를 창립했죠. 상인회가 없을 때는 구역마다 개별적인 친목회가 있었어요. 대표적으로 새재미모임이 있었죠. 그러다 상인회를 정식으로 만든 건 2011년에 시장 현대화사업을 하면서부터예요. 이때 아케이드 공사를 했는데, 상인들의 입장을 대변할 대표조직이 필요해서 상인회를 정식으로 꾸린 거예요. 그 뒤로 주차장이랑 화장실도 마련하고 상인회 관리동 건물을 지어서 회의실도 만들었어요.

시장의 특성을 살려 '비단길현대시장'으로 이름을 새로 지었죠.

김영기 2017년에는 우리 시장이 중소기업벤처부의 '골목형시장 육성지원 사업'에 뽑혀서 시장 특화사업을 했어요. 우리는 '문화관광시장'이었는데, 사업 회의를 하면서 '현대시장이 너무 많으니까 이름부터 바꾸자'는 이야기가 가장 많이 나왔어요. 현대시장이 서울만 해도 대여섯 개가 넘어서 그냥 현대시장이라고만 하면 우리 시장인지 잘 모르니까요. 회의를 하면서 우리 시장처럼 650m 이상 일직선으로 된 시장이 별로 없으니까 이 특징을 살려서 이름을 지어 보자는 쪽으로 의견이 모였어요. 그렇게 '비단길현대시장'으로 이름이 정해진 거죠. 비단길이 옛날 중국에서부터 서역을 잇는 교역로를 뜻하니까 우리도 그 말마따나 국제적인 시장이 되어 보자, 또 우리 지역에 외국인이 많이 사니까 이들도 우리의 손님이라는 의도를 담은 거예요.

2001년 비단길현대시장 4구역 초입부(금천구청)

2011년 비단길현대시장 고객 편의시설 준공식(금천구청)

2017년 골목형시장 육성사업 비단길현대시장 특화 사업 착수행사(금천구청)

비단길현대시장 설명문

비단길현대시장 마스코트

시장 브랜드를 개발하면서 비단길과 어울리는 낙타를 상징물로 삼았어요.

김영기 뉴욕 월스트리트Wall Street에 황소 조형물이 세계적으로도 유명하잖아요. 그것과 비슷하게 조형물을 설치해서 랜드마크land mark를 만들어 보기로 했어요. 우리는 '비단길'이니까 낙타를 선정했죠. 그 주변에 포토존도 만들고 행사도 이것저것 할 수 있게 아주 열심히 준비했었어요. 예산 대책도 짜놓고, 조형물을 설치할 장소도 선정하고, 안전대책도 세우고, 그런 조형물을 잘 만드는 곳이 부산에 있다고 해서 거기까지 견학도 갔다 오는 등 갖가지 준비를 다 해놨는데 그때 딱 메르스 전염병이 터졌어요. 메르스의 원인이 낙타 때문이라는 얘기가 있었잖아요. 그래서 낙타 조형물에 거부감이 커졌죠. 그 때문에 우리가 계획한 시장 활성화 행사도 줄일 수밖에 없었고, 기대한 만큼 성과도 볼 수 없었어요.

4. 새재미 민속놀이 보존회의 창립과 활동

새재미 민속놀이 보존회는 비단길현대시장 상인회 산하 풍물 동아리가 모태예요.

김영기 '골목형시장 육성지원 사업'을 하면서 우리 지역의 전통문화를 전승할 수 있는 활동을 하면 좋겠다는 의견이 많이 나왔어요. 그래서 풍물 동아리를 만들어서 금천문화원이랑 연계해서 풍물을 배우고, 배운 걸 지역 문화 행사에서 공연도 해볼 생각으로 시작을 했어요. 1년 정도 배운 다음에 2018년에 중소벤처기업부가 주최하는 전국우수시장박람회에 참가해서 우리 풍물 동아리가 대상을 받았어요. 그 이듬해에는 우리가 상도 받았으니 이참에 정식으로 민속놀이 보존회를 만들어 보자는 의견이 모여서 '금천구 새재미 민속놀이 보존회'를 만들게 된 거예요.

상인의 원조는 보부상이니까 보부상놀이를 벌이는 거예요.

김영기 광명시의 광명농악이 전국적으로 아주 유명해요. 지금은 안양천을 경계로 금천구와 광명시가 갈라져 있지만, 1900년대 중반까지만 해도 같은 시흥군이었고, 안양천의 다리를 통해서 서로 활발히 교류했어요. 마을끼리 민속놀이나 풍물놀이를 같이 벌이는가 하면, 두 지역을 오가는 봇짐장수도 있었어요. 소금장수, 옹기장수, 비단장수 등등이 대표적이었죠. 우리는 물건을 파는 사람, 상인이잖아요. 상인의 원조는 보부상이고요. 그래서 우리 상인회가 풍물패

2019년 금천구 새재미 민속놀이 보존회 창립총회(비단길현대시장 상인회)

비단길현대시장 상인회와 금천구 새재미 민속놀이 보존회 현판

동아리를 운영하는데, 이왕 하는 김에 우리의 원조인 보부상을 주제로 한 풍물놀이를 전승하고 광명농악처럼 활성화해 보자는 취지에서 보부상놀이를 시작한 거예요.

초창기에는 상인들 위주로 했는데 지금은 주민들도 같이하고 있어요.

김영기 보존회 예산은 회비와 찬조금, 그리고 서울시와 금천구에서 주는 지원금으로 마련하고 있어요. 현재 회원 수는 40~50명 정도예요. 초창기에는 상인들 위주로 했는데 상인들만으로는 한계가 있더라고요. 상인들은 가게에 신경 쓰느라 바빠서 잘 참여하지 못하게 되니까요. 그래서 지역 주민까지 회원으로 받기 시작했어요. 처음엔 무료로 받았는데 소문이 나니까 점점 많이 들어오는 거예요. 그래서 지금은 입회비를 받아요. 요즘은 회원 수가 많아서 장구가 30명, 나머지 꽹과리·북·징 등등이 25명 정도예요. 사람은 많은데 연습 장소는 협소해서 한 번에 교육받지 못할 때도 있어요. 연습 시간은 일주일 1회, 저녁 7시부터 3시간씩이에요. 월요일은 민요·판소리반이고 화요일은 풍물반이에요. 우리 보부상놀이에는 민요랑 판소리를 부르는 대목이 있는데, 이왕 하는 김에 좀 제대로 배워보자는 취지로 전문가 선생님을 초빙해서 배우고 있어요.

가희수 평소에는 각자가 맡은 소품만 주로 연습하다가 행사에 나갈 일 있으면 전체적인 보부상놀이를 본격적으로 연습하게 돼요. 그러다 재미가 붙고 정도 들면 피곤한 줄도 모르고 연습하고, 자기가 맡은 것 말고도 다양하게 배우게 되고요. 3시간 연습 중에 어떨 때는 2시간 장구, 1시간은 꽹과리를 치고 간 적도 있어요.

정은자 우리 상인들은 민속놀이 보존회를 '동아리 모임'이라고 부르는데, 저는 이 동아리 모임을 하면서 하루 종일 장사하면서 쌓인 스트레스를 풀어요. 장사하는 사람들이 알게 모르게 스트레스가 정말 많거든요. 장사가 안 돼서 스트레스를 받고, 손님과 갈등을 빚어서 스트레스를 받아요. 그럴 때 동아리 모임에 가서 풍물을 치고, 또 민요를 부르고 나오면 스트레스가 해소돼서 신난 상태로 집에 갈 수 있어요. 저뿐만 아니라 연습을 오는 다른 상인들도 비슷할 거예요. 낮에 일하고 밤에 가서 또 몇 시간씩 앉아서 한다는 게 보통 열정으로는 되는 게 아니거든요.

인터뷰 중인 김영기 회장(우)과 신장식 부회장(좌)

금천구 새재미 민속놀이 보존회 연습(비단길현대시장 상인회)

다양한 활동을 통해 보존회 회원들의 자부심을 만들어주고 싶어요.

김영기 보존회의 주요 활동이라면 중소벤처기업부와 소상공진흥공단에서 주최하는 전국우수시장 뽐내기대회에 매년 참가하는 거예요. 지금까지 대상 두 번, 장려상 한 번 받았어요. 또 서울시에서 하는 금천구 정조대왕 능행차 행사에 참여하고요. 우리 금천구의 단오축제나 상인연합회의 행사에 초청받으면 가서 공연도 하고요. 풍물 동아리 활동 자체가 즐겁고 경험도 쌓이다 보니까 생각 같아서는 관내 공연 말고도 관외 대회에도 참석해 보고 싶은 마음이 커요. 어디 춘향제라든지 전국민속놀이축제라든지 지역 축제가 많이 있잖아요. 그런 데에 참여해서 우리 공연을 한번 뽐내 보는 것도 좋겠다는 생각이에요. 그렇게 다양하게 활동하고 성과도 내면서 '내가 여기 단원이야' 하는 자부심을 지니게 만들고 싶어요.

5. 비단길현대시장 상인회와 새재미 민속놀이 보존회의 전망

우리 현대시장은 무궁무진한 전망이 있는 시장이에요.

신장식 시장이 앞으로도 발전하려면 한 번 방문한 손님이 계속 찾아올 수 있도록 하는 게 중요해요. 그러기 위해서는 우리 상인들이 무엇보다 친절해야 하죠. 그래야만 손님

2019년 전국우수시장 박람회 장려상 수상(비단길현대시장 상인회)

2022년 전국우수시장 박람회 대상 수상(비단길현대시장 상인회)

금천구 새재미 민속놀이 보존회 수상 내역

2020년 비단길현대시장 신년 맞이 행사(금천구청)

2023년 금천문화원 단오축제 공연

이 찾아오지, 그렇지 않으면 찾아오지 않을 거예요. 그것만 된다면 우리 시장은 금천구에서 제일 큰 시장이고 또 물건이 다양하고 싸고 좋으니까 앞으로도 발전할 가능성이 무궁무진하다고 생각해요.

동아리모임으로 장사하며 쌓인 스트레스를 풀 수 있어 좋아요.

가희수 상인들이 우리 지역 주민들과 어울리면서 평소 같으면 접하지도 못했을 장구나 꽹과리도 쳐 보고, 그걸로 상도 타고 선물도 받고 하니까 얼마나 좋은지 몰라요. 생전 안 해 보고 몰랐던 것들 좀 배우면 뿌듯해지잖아요. 보존회 활동을 하면서 그런 만족감을 많이 느껴요.

정은자 앞으로도 동아리 모임이 계속 이어지고 발전해 갔으면 좋겠어요. 동아리 모임을 하면서 우리 시장에서 장사하는 사람들이 이렇게 열정도 많고 끼도 많은 사람이라는 걸 알게 되고 더 친밀해질 수 있어서 좋고요.

새재미 민속놀이 보존회를 통해서 상인과 주민이 서로 공생하길 바라요.

김영기 앞으로도 꾸준히 민속놀이 보존회 활동을 이어 나갈 계획이에요. 새재미 민속놀이는 우리 금천구의 민속놀이니까 계속 고증하고 전승해 나갔으면 좋겠어요. 이렇게 활동하다가 끊겨서 '그거 하다가 도중에 없어졌어' 이런 식으로 기억되지 않길 바라고요. 꾸준히 이어져서 금천구와 서울시에서 인정받고 지역 주민에게 오래도록 기억되면 좋겠다는 마음이에요. 그러려면 지역 주민들의 지속적인 관심과 호응이 필요하고, 우리 상인들도 지역 주민들과 함께 어울리기 위해서 노력을 많이 해야 하겠죠. 보존회를 계기로 우리 지역 문화를 전승하면서 시장도 발전하고, 주민들도 우리 시장을 믿고 이용할 수 있게 된다면 더 바랄 게 없어요.

#8

시흥산업용재유통센터

권용만

- 1955년(1세) → 전라북도 전주 출생
- 1975년(21세) → 상경
- 1979년(25세) → 구로동에 절삭공구 도소매 전문 〈대길상사〉 개업
- 1987년(33세) → 시흥산업용재유통센터 분양, 대길상사 확장 이전
- 1990년(36세) → 시흥유통관리주식회사 출범
- 2019년(65세) → 시흥유통관리주식회사 대표이사 취임

"시흥산업용재유통센터는 약 3,700업체가 6만여 품목을 취급하고 있어요."

시흥동은 서울과 경기 서남부를 연결하는 시계市界로, 지하철 1호선과 왕복 10차선의 시흥대로가 지나며 KTX광명역과 서부간선도로·서해안고속도로가 인접해 교통망이 사통팔달로 짜여 있다. 이 때문에 오랜 기간 여러 시장과 공장이 들어서는 상공업 중심지로 발달해 왔다. 특히 1963년 서울 편입 이후 서울의 도심 개발을 뒷받침하는 외곽 지역으로서 준공업지역으로 설정된 것은 시흥동이 수도권 서남부 물류체계의 중심지로 부상하는 계기가 되었다.

시흥산업용재유통센터는 시흥동의 상공업 중심지로서의 면모를 대변한다. 국내 최대 규모를 자랑하는 이 센터는 서울시의 수도권 재정비 사업이 한창이던 1987년에 지어졌다. 당시 서울시는 교통 혼잡과 각종 공해를 일으킨다는 이유로 청계천과 을지로 일대에 즐비한 공구상가를 '도심 부적격업소'로 규정하여 도심 밖으로 밀어내고자 하였다. 그 일환으로 서울 외곽 지역에 산업용재 전문 공급기지를 만들어 공구상을 이전할 방안을 수립한 결과 시흥동에 이 센터를 짓기에 이른다. 교통망이 좋은 데다 수원시·안양시·안산시·인천시 등지의 공업지대와 인접한 시계市界라는 시흥동의 이점을 활용한다는 의도였다. 이후 센터는 시흥동 일대의 교통망 확충과 함께 수도권 서남부 물류체계의 중심지로 성장하게 된다. 현재는 약 3,700업체가 6만여 품목의 산업용재를 취급하며 그 명성을 이어가고 있다.

40여 년의 세월 동안 수많은 공구상의 삶의 터전이었던 시흥산업용재유통센터를 기록하고자 조사팀은 권용만을 찾았다. 1955년 전라북도 전주에서 태어나 영등포에서 공구상을 시작한 그는 1979년 구로동에 '대길상사'를 개업한 뒤 센터가 개장할 때 이전해 들어온 센터의 1세대 구성원이다. 2019년부터는 시흥유통관리주식회사의 대표이사가 되어 센터 경영에 혼신을 기울여 왔다. 조사팀을 만난 그는 지난날을 추억하며 센터의 초창기 모습과 특징, 센터 내 점포의 구성과 구조, 공구상업의 변화상 등에 대해 이야기해 주었다. 아울러 시흥유통관리주식회사의 대표이사직을 수행하며 실천한 경영 방침을 비롯해 2016년 국토교통부의 '도시 첨단물류단지 조성 사업지'에 선정됨으로써 머지않아 착수될 예정인 센터의 재건축 사업에 관해 설명해 주었다.

1. 시흥산업용재유통센터 입점

구로동에서 대길상사를 개업하고 시흥산업용재유통센터로 들어왔어요.

저는 전라북도 전주 출신이에요. 검·판사 되는 게 꿈이어서 전주에서 학교를 다니다가 서울의 모 대학에 편입하려고 상경했어요. 처음 서울에 와서는 영등포에서 공구상을 하고 계신 친형님이랑 살면서 장사를 배우며 생활했어요. 옛날엔 일요일도 안 쉬고 일했잖아요. 그러다 보니 정작 학교는 제대로 못 다니게 됐어요.

그렇게 일 배우다가 독립해서 구로동에 '대길상사'를 개업했어요. '입춘대길立春大吉' 할 때 그 '대길大吉'이에요. 절삭공구 도소매 전문이었다가 중간에 전동공구 같은 것도 잠시 취급했어요. 근데 그게 인건비가 너무 많이 나가더라고요. 그래서 시흥산업용재유통센터에 상가를 분양받아 와서는 절삭공구만 취급하기로 정했어요.

센터 내 점포들은 대부분 1층을 판매장, 2층을 창고, 3층을 사무실로 해서 한 세트로 이용해요.

시흥산업용재유통센터에 상가를 분양받을 때 부금賦金을 부었어요. 한 구좌口座가 6,000만 원 정도였는데, 1·2·3층을 한꺼번에 분양받는 거였어요. 층마다 10평씩이니까 총 30평짜리 작은 빌딩을 분양받는 셈이에요. 1층은 판매장, 2층은 창고, 3층은 사무실로 해서 한 세트로 사용할 수 있어요. 세 개 층을 하나로 쓰다 보니까 위아래로 오가기 편하게 내부에 승강기를 설치한 곳도 있어요. 우리 대길상사도 그렇게 쓰고 있어요. 세 개 층을 한 세트로 다 분양받기 어려워 한 칸씩 나눠서 분양받은 집도 있어요.

전체 상가를 다 똑같은 금액으로 분양했기 때문에 입주 전에 자리를 은행알로 제비뽑기해서 배정했어요. 분양받은 사람이 직접 은행알을 뽑았는데, 그렇지 못한 사람은 "대타로 누구 걸 뽑겠습니다" 하면서 뽑아서 주는 식이었어요. 우리 가게는 운 좋게 최고로 좋은 자리인 3동 101호를 분양받았어요. 1문에 가까워서 출입이 좋고 코너 자리라서 점포 확장도 가능하고, 주차도 쉬워요. 또

시흥산업용재유통센터 전경

시흥산업용재유통센터 제1 정문

시흥산업용재유통센터 3동의 대길상사

대길상사 내부 엘리베이터

시흥산업용재유통센터 상가 외경

지원동에 있는 은행이랑도 가까워서 제일 좋은 자리라 할 수 있어요.

2. 시흥산업용재유통센터의 구성과 입지

우리 센터는 단일상가로서는 국내에서 제일 큰 산업기자재 유통 전문 상가예요.

정식 명칭은 '시흥산업용재유통센터'예요. 그런데 1990년에 '시흥유통관리주식회사'가 발족하면서 '시흥유통상가'라 부르기도 하고, 공구를 취급하다 보니까 쉬운 말로 '시흥공구상가'라고도 불러요.

우리 센터는 대지면적이 넓고 점포 수가 많아서 갖가지 물건들이 모이기 좋은 환경을 갖췄어요. 전국의 어느 공구상가보다도 인프라 구축이 잘돼 있다고 할 수 있죠.

시흥산업용재유통센터 상가 배치도(시흥유통관리주식회사)

B 주차장
17동 주차장
11동 주차장
10동 주차장
29동 주차장
제4정문
제3정문
제2정문
제1정문
B 지원상가
A 지원상가
<- 안양방향
서울방향

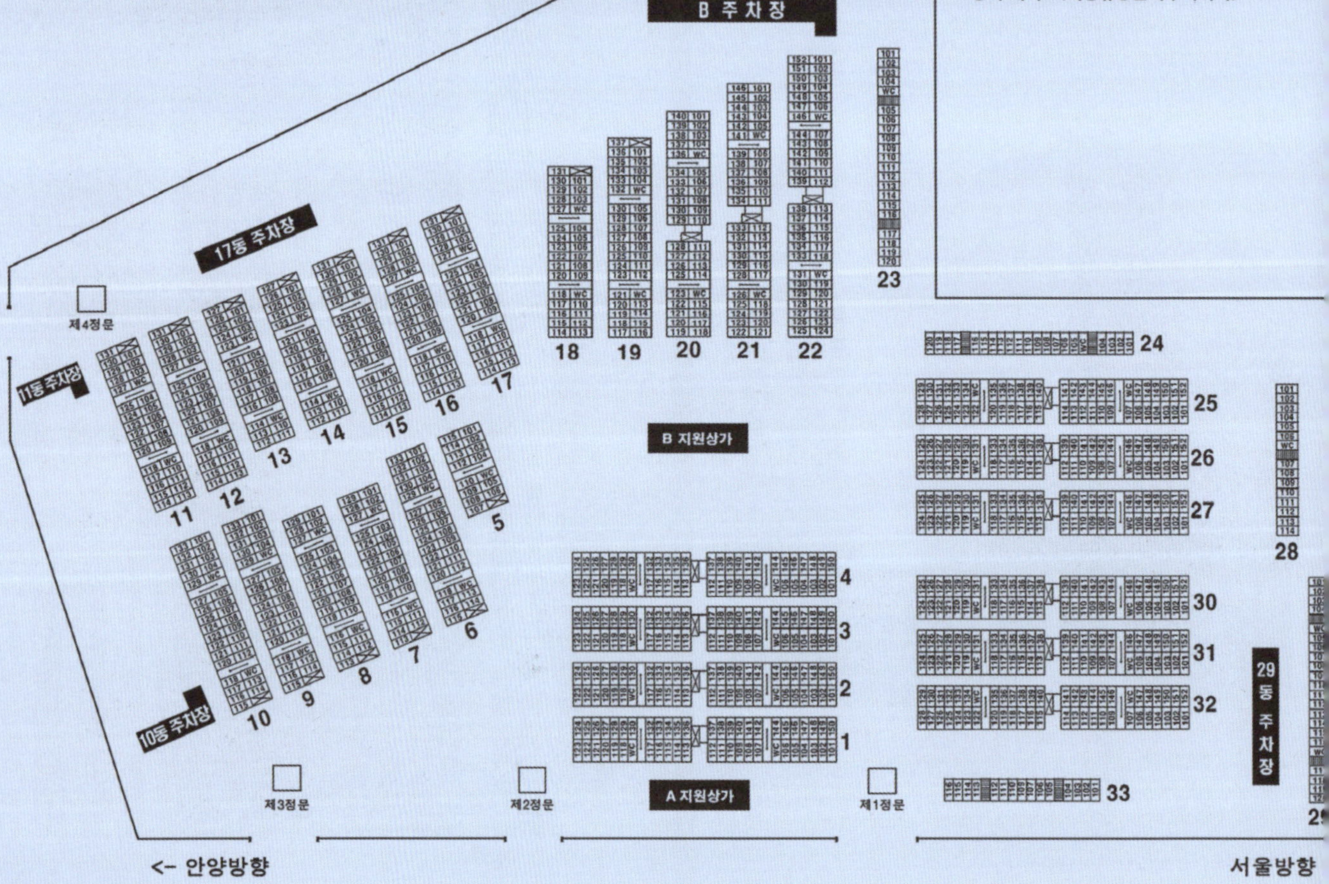

3만 8,000평 정도 부지에 35개 동 3,700여 개 점포가 있고, 6만여 품목을 취급하고 있어요.

개점 때부터 건물마다 동 번호를 부여했어요. 전체적으로 보면 일반동 33개에 지원 상가동 2개로 나뉘어요. 일반동 중에서도 23·24·28·29·33동은 동력動力동이라고 불러요. 다른 동은 1층에서 3층까지 3㎾만 들어오는데, 동력동은 공장 기계장치를 돌릴 수 있게 10㎾를 쓸 수 있어요. 지원 상가동은 A 지원동과 B 지원동이 있어서 주차시설이나 편의시설, 창고, 식당 등이 입점해 있어요.

상가 입점에 별다른 제재 사항은 없어요. 사업자등록증만 있으면 업종과 관계없이 들어올 수 있어요. 산업용 잡자재, 공구, 전동공구, 공업용 의류 등등 전부 취급하고 있죠. 다만 식당이나 편의점을 하려면 지상에서는 할 수 없고, 지하로 내려가야 해요.

옛날부터 이 근방은 제조업체랑 공장이 많아서 입지 조건이 좋은 편이었어요.

우리 센터의 상점들은 전국을 상권으로 삼아요. 주로 화물로 운송하기 때문에 센터 안에 화물사무소도 들어와 있죠. 1987년 개장 당시엔 교통이 지금처럼 좋지 않았어요. 1번 국도가 지금처럼 정비되지 않았었고, 제3경인고속도로나 서해안고속도로가 개통하기 전이라서 지금처럼 사통팔달한 건 아니었어요. 그래도 구로공단이랑 그 밑으로 제조업체들이 많았으니까 입지 조건이 좋은 편이었다고 할 수 있죠.

독산동이나 경기도 시흥시, 안양시 쪽에 공장이 많았어요. 이게 배경이 되어서 공구상가가 1981년 구로동에 생기고, 그다음에 1987년 시흥동에 생겨요. 그다음에 인천, 안양, 평택 쪽으로도 많이 생겼어요.

여기 옆에 철재상가금천구 시흥대로 46가 우리 센터에 미치는 영향도 좀 있다고 봐요. 우리 공구를 사러 오는 손님들이 철재상가에 철재도 사러 가고, 철재상가에 오는 사람이 우리 센터에 공구도 사러 오고 이렇게 서로 유기적인 게 있죠.

3. 시흥산업용재유통센터의 번성과 부침

2000년대까지는 장사가 잘되는 편이었어요.

센터가 오픈하고 한 5년이 지나서야 장사가 잘되기 시작했어요. 원래 시장이 개설되면 자리를 잡기까지 처음 몇 년간에는 장사가 좀 잘 안돼요. 우리 센터 같은 경우는 한 5년이 지나서, 그러니까 1990년대 초부터 활성화되기 시작했어요.

2000년대에도 장사가 잘되는 편이었어요. 1997년에 아이엠에프IMF, 외환위기 오기 전까지는 돈 세는 기계를 갖다 놓고 일해야 할 정도였다니까요. 우리 가게는 너무 많이 써서 계수기計數器를 두세 번 바꿀 정도로 번성했어요. 그리고 아이엠에프 지나면서 서서히 침체기로 접어들긴 했는데 그래도 장사가 안 되는 건 아니었어요. 최근에는 코로나19로 사회적 거리두기를 하면서 많이 죽었죠. 그래서 요즘엔 점포별로 인터넷 판매를 진행하기 시작했어요.

1996년 시흥산업용재유통센터의 초기 모습(금천구청)

2000년대 초 시흥산업용재유통센터(금천구청)

비투비B2B; Business to Business와 비투시B2C; Business to Consumer, 이런 쪽으로 해서 앞으로는 더욱 잘될 거라고 봐요.

건축자재나 전동공구는 여전히 잘되고, 금형 공구랑 절삭공구는 사양길에 접어들었어요.

그때나 지금이나 잘되는 건 건축자재예요. 지금 아무리 건축 경기가 안 좋다고 해도 우리나라는 건축업이 굉장히 발전했잖아요. 건물 유지·보수 때문이라도 어느 정도 매출은 꾸준히 일어나게 되죠. 전동공구 품목도 잘되는 편인데 그중에서도 무선충전기 공구가 성능이 많이 좋아져서 지금 완전히 대세예요.

사양길에 든 품목으로는 금형 공구가 첫 번째예요. 예전에는 금형을 우리나라에서 많이 했었는데 지금은 중국이나 말레이시아, 인도네시아, 베트남 쪽에서 싸게 제작해 와요. 그래서 금형을 제작하는 공구를 가지고 있는 가게들은 재고가 아직도 많이 남아 있어요. 그다음은 절삭공구예요. 옛날에는 절단을 톱으로 했는데 지금은 그라인더가 보편화됐어요. 그전에는 제일연마 이런 데서 물건이 나왔었는데 지금은 스리엠3M이라는 회사 제품을 주로 써요.

4. 시흥산업용재유통센터의 사람들

초창기 멤버가 하는 점포가 지금도 꽤 있어요.

현재 시흥산업용재유통센터에서 자가 점포를 가지고 있는 사람들은 20% 정도밖에 없어요. 나머지는 다 임대 점포예요. 아직도 1세대가 운영하는 곳이 몇백 개, 한 10% 이상은 돼요. 2세한테 넘겨주고 1세대는 현업에서 물러나 있는 곳도 많고요.

옛날에는 초창기 멤버끼리 만든 모임이 있었는데, 중간에 돌아가신 분들도 계시고 점포를 다른 곳으로 이전한 분들도 계셔서 지금은 흐지부지 다 없어졌어요. 그래도 남아 있는 몇 사람끼리 종종 골프 모임을 하곤 해요. 상가 내 공식 조직은 입점자대표회의 위원회, 주주자문위원회, 시흥유통진흥사업협동조합, 한국산업용재협회 서경지회 등이 있어요. 사조직으로는 호남향우회, 충청향우회, 그다음에 영남향우회 등이 활동하고 있고요. 주변 상가랑 특별히 교류하는 건 없는데 상인들끼리는 개별적으로 교류하는 것 같기도 해요. 보통 안양이나 구로나 영등포 쪽으로 아는 사람들이 많이 있으니까 그쪽과 교류가 이루어지는 거죠.

일 년 내내 센터 전체가 문을 닫는 일은 없어요.

간혹 오전 6시에 여는 곳도 있는데 대부분은 8시에 연다고 보시면 돼요. 퇴근은 오후 6시 반 정도에 하고요. 옛날에는 오후 8시까지 했었는데 최저임금이 올라가면서 일찌감치 퇴근하는 분위기가 됐어요. 오후 6시가 넘으면 손님은 안 오는데 종업원이 있을 필요가 없잖아요. 그래서 인건비 문제 때문에 직원은 퇴근하고 사장이 남아서 일하는 경우가 더러 있어요.

점포마다 쉬는 날은 다 달라요. 사정에 따라 개별적으로 쉬는데, 대부분 일요일은 안 해요. 자가 점포라서 임대료에 크게 영향을 안 받는 곳은 주말이나 공휴일은 보

2000년대 초 시흥산업용재유통센터 내 향후회 활동 현수막(금천구청)

2017년 시흥산업용재유통센터 내 '공동체 사랑방' 개소식(금천구청)

시흥산업용재유통센터의 내력에 관해 설명 중인 권용만

시흥산업용재유통센터 B 지원상가 내 협동조합 공판장

시흥산업용재유통센터 B 지원상가 내 지하 상점

통 쉬지만, 임대 점포는 임대료 때문이라도 공휴일이나 주말 상관없이 열기도 해요.

점심은 여기서 먹고 저녁은 나가서 먹어요.

지원 상가 지하에는 식당이나 커피숍, 문구점, 부동산 등등이 있어요. 제일 오래된 식당은 서울식당BB동 B56, 만두라BB동 B530예요. 우리 상인들은 보통 오전 11시 반부터 오후 1시 사이에 지하 식당가에서 점심을 해결하거든요. 그래서 주로 점심 장사가 대부분이에요. 배달하는 업체도 몇 군데 있어서 시켜 먹기도 하고요.

5. 시흥유통관리주식회사의 운영

법과 원칙, 절차와 명분을 중시하면서 센터를 운영하고 있어요.

초창기부터 시흥유통관리주식회사를 유심히 지켜봤는데, 원칙이나 절차가 지켜지지 않는 일이 비일비재했어요. 비정상을 정상으로 돌려놓고 싶은 마음에 대표이사가 되기로 했죠.

대표이사 임기는 「상법」에 따라 3년으로 하다가 지금은 「집합건물법」에 따라서 2년으로 변경됐어요. 1년에 한 번 주주총회가 열리고 주주들이 정식으로 선거해서 대표이사를 선임해요. 예전에는 주주가 아니어도 이사나 대표이사가 될 수 있었는데 제가 대표이사가 되고서는 정관을 바꿔서 12주 이상을 가진 주주여야 투표권을 행사할 수 있게 만들었어요. 1구좌를 가지고 있으면 12주예요. 결국은 여기에 점포가 있어야 주주도 되고 이사도 될 수 있는 거죠.

업무체계를 바로잡고 센터 내 전반적인 시설을 대폭 개선했어요.

2020년에 대표이사가 되고 제일 먼저 한 일은 회사 내 업무체계를 바로잡은 거예요. 적재적소의 순환근무, 일한 만큼의 대가 지급을 원칙으로 삼는 게 핵심이었죠. 예를 들면 근태 지문 체크기 설치, 취업규칙 개정, 임금피크제, 시니어 계약제도 등을 도입했어요. 그리고 직원 평가를 단원평가로 하고 직장 내 괴롭힘 방지, 직원 휴게시설 설치 등 직원 복리후생을 확대했어요. 야유회도 1년에 한 번씩 가고요.

시설도 많이 개선했어요. 예전에는 배수로에 슬러지sludge가 엄청 많이 쌓여 있어서 우기 때마다 역류했는데 이제 배수로 준설작업을 새로 했기 때문에 이젠 비가 와도 괜찮아졌죠. 또 지하주차장 물청소를 1년에 두 번씩 하고 있어요. 화장실은 전부는 아니지만 대부분 양변기를 설치하고, 비누랑 화장지도 비치했어요. 센터 내 나무도 새로 심고, 화단도 조성해서 상가 미관을 가꿨고요. 지역 케이블 방송에 광고를 내보내서 홍보도 하고 있어요.

고객 서비스 차원에서 주차장 입·출차 시스템도 새로 설치했어요. 점포별로 차량 1대 무료 주차를 가능하게 했고, 고객 주차는 30분에서 1시간으로 연장했어요. 전기차

충전소를 42개소 설치했는데 곧 급속충전기가 4대가 더 들어올 거예요. 코로나19 때는 자체 방역을 110번이나 했죠.

6. 시흥산업용재유통센터 재개발 계획과 전망

도시 첨단물류 시범단지로 지정돼서 재개발을 앞두고 있어요.

우리 센터는 2016년 6월에 국토교통부의 물류터미널 부지 재개발사업인 도시첨단물류단지 사업에 선정되었어요. 다용도 융복합 시설로 재개발될 예정이에요. 추진 업체의 계획을 보면 78%를 주거단지로 설정해서 3,500가구 규모의 아파트를 짓고, 22%를 지식산업센터나 쇼핑센터와 같은 비주거 공공시설로 짓는다고 그래요. 현재는 건물주들의 동의를 구하는 작업을 하고 있어요. 재개발 사업이 본격적으로 추진되기까지는 적어도 10~15년 이상은 더 걸린다고 봐요. 요즘 건설 경기도 내림세니까 더 걸릴지도 모르죠.

입점 점포들을 위한 대책도 같이 추진하고 있어요.

입점 점포들의 이주대책도 세워둔 상태예요. 이주 예정지는 평택시나 시흥시를 생각하고 있는데 어느 한 곳이라고 딱 정해지지는 않았어요. 여기 점포들이 다 없어지는 건 아니에요. 재개발해도 상업지역을 따로 두니까 '내가 여기서 꼭 장사해야겠다'고 마음먹은 점포는 여기 남아서 계속 장사할 수 있게끔 추진하고 있어요.

아직 장사가 잘되는 점포 중에는 재개발을 반대하는 곳도 있어요. 하지만 지원 상가의 지하 점포나 뒤쪽 상가동에 있는 점포들은 하루빨리 재개발되기를 원하죠. 그 사람들은 임대료도 별로 안 나오고 또 건물이 35년이나 돼서 유지·보수 비용이 더 들어가니까요.

시흥산업용재유통센터 재건축 사업 조감도

다들 내 살림 돌보듯이 열정과 책임을 느끼고 일했으면 좋겠어요.

대표이사가 되고서는 센터 관리에만 전념해 왔어요. 리더는 열정 없이 생각만으로는 될 수 없어요. 뛰는 심장이 필수죠. 그러다 보니 임기 5년 동안 휴가를 한 번도 못 갔어요. 몸무게도 한 8㎏ 빠졌어요. 올해2023가 임기 마지막인데, 이다음에 누가 대표가 되고 임원이 되든지 열심히 일할 수 있는 분위기를 만들어 놓고 나가려고 해요.

제 좌우명이 협창공생協創共生, 함께 어울려 조화를 이루면서 창의력을 발휘해야 한다는 거예요. 그 말마따나 우리 상가 모든 구성원이 다들 내 살림 돌보듯이 열정과 책임을 느끼고 일했으면 좋겠어요.

돌이켜보니 1987년 7월에 개장하고부터 한 40년을 여기서 보냈어요. 세월이 이렇게 빨리 갔나 싶어요. 고향에서 살았던 세월보다 두 배를 더 살았으니 여기가 나의 고향이나 마찬가지예요.

생동하는 시흥의 일상과 공동체

374 ▸ 473

놀이와 여가

가. 안양천의 변화

오늘날 안양천은 시흥동 주민들이 가장 손쉽게 다가갈 수 있는 여가 공간이다. 안양천을 따라 자전거를 즐기는 사람들, 정기적으로 안양천에서 마라톤을 뛰는 모임, 안양천을 산책하는 사람들은 이 지역에서 흔하게 볼 수 있는 일상의 여가 모습이다. 금천구청에서는 매년 혹한기와 혹서기를 제외하고는 한 달에 한 번 모여서 함께 안양천을 걷는 문화행사를 열고 있다. 'Happy Walking 금천 한가족 건강걷기' 행사는 안양천 다목적광장에 모여서 금천교를 지나 철산교에서 반환하여 다시 다목적광장으로 돌아오는 경로로, 시흥동 주민을 비롯해 금천구민 누구나 참여할 수 있다. 경품 추첨을 통해 완주자에게 선물을 증정해서 주민들의 호응도 좋다.

안양천
안양천을 따라 여가를 즐길 수 있는 자전거도로와 체육시설을 볼 수 있다.

안양천에서 여가를 즐기는 주민들

안양천 주변으로 정비된 자전거도로

시흥동의 특징은 산과 안양천이죠. 자연이 저희를 감싸고 있어요. 산도 보이고, 제가 저쪽 아파트에 사는데, 아파트 바로 옆이 안양천이에요. 그래서 아파트에서 내려가면 바로 안양천에 갈 수 있거든요. 나이가 들어서 그런지 자연이 주변에 있다는 게 엄청난 혜택이라는 게 조금 느껴지기 시작하더라고요.

진선희 씨(197*년생, 여)

(시흥동에는) 안양천이 있으니까 한 달에 한 번씩 아침 7시에 나와서 걷기, 구청장님이랑 모여 걷기 하면 상품도 주는 축제가 있어요. (중략) 플로킹이라고 자원봉사센터에서 자원봉사 하시는 분들이 아침에 일어나서 안양천을 돌아다니며 운동도 하고 걷기도 하면서 줍기도 하고 그런 거죠.

박미라 씨(195*년생, 여)

요즘에는 여가와 힐링의 공간이 되었지만, 언제나 안양천이 지금처럼 주민들에게 휴식의 공간이 되었던 것은 아니다. 1970~1980년대의 안양천은 어떠한 생물도 살 수 없는 '죽음의 하천'이었다.[1] 본격적인 도시화가 이루어지기 전인 1960년대만 해도 시흥동에 흐르는 개천과 안양천은 매우 물이 맑았다. 시흥동에서 1960년대를 보낸 사람들은 여름이 되면 개천과 안양천에서 물놀이를 하였던 어린 시절의 추억을 떠올린다.

1960년대와 1970년대 초반에는 서울시지만 여기선 시골에서 할 수 있는 거 다 했어요. 예를 들어서 금천 물이 되게 맑았어요. 그리고 물이 굉장히 깊었어요. 수량도 많고. 그래서 1년에 한두 번씩은 여기서 익사 사고가 났었어요. 그 정도로 물이 깊었어요. 여름철에는 거기(금천) 가서 물놀이하고, 실제로 저 초등학교 졸업할 무렵까지도 여기 나와서 빨래하는 사람들이 있었어요.

송일봉 씨(196*년생, 남)

송일봉 씨가 기억하기로는 겨울에는 아이들이 골목에 나와서 팽이치기나 구슬치기를 하며 놀았지만, 여름에는 골목에 나와서 노는 아이들이 없을 정도로 아이들 대부분이 개천이나 안양천에 가서 물놀이를 하였다고 한다. 조성식 씨195*년생, 남의 기억도 비슷하다. 시흥초교 앞 개천[2]에서는 물이 얕아서 주로 멱을 감았고, 안양천에서는 물이 깨끗하고 많고 모래밭도 좋았기 때문에 주로 수영을 하였단다. 인근의 논두렁에서 미꾸라지를 잡기도 하였다. 그러나 불과 십수 년 후인 1970년대에 어린 시절을 보낸 최원길 씨196*년생, 남의 안양천에 대한 기억은 매우 다르다. 그는 안양천에 들어가서 논 적이 한 번도 없었고, 그가 기억하는 과거의 안양천은 사람이 들어갈 수 있는 곳이 아니었다.

1970년대 들어 안양천 인근으로 군포공단·안양공단·구로공단 등의 대규모 공업단지가 조성되고, 기계나 전기전자와 화학 등의 공장들이 들어섰다. 노동자들이 모여들며 일대 지역은 빠르게 변화하였다. 공장에서 나오는 오수와 폐수, 인근의 생활하수는 그대로 하천으로 흘러들어 갔다. 송일봉 씨의 회고에 따르면 그 시절에는 산업화에 주력하느라 환경에 대해서는 전혀 생각하지 못하였다. 사람들도 '물은 흘러간다'고만 생각하였다. 그러나 공장에서 흘러나온 노폐물들은 흘러가지 않고 강바닥에 쌓였다. 안양천은 바닥부터 썩어 들어갔고 극심한 냄새가 났으며 심각한 수질오염을 겪게 되었다.

(70년대의 안양천에 대해) 냄새도 많이 나고… 중학생 되면서 그런 놀이(물놀이)는 거의 안 하는

1. 「'썩은 물' 안양천은 어떻게 되살아났나」, 『오마이뉴스』, 2012.4.10.
2 현재는 복개되었다.

데 늘 지나가면서 생각했죠. '우리가 놀던 곳이고 빨래하던 자리인데….'

송일봉 씨(196*년생, 남)

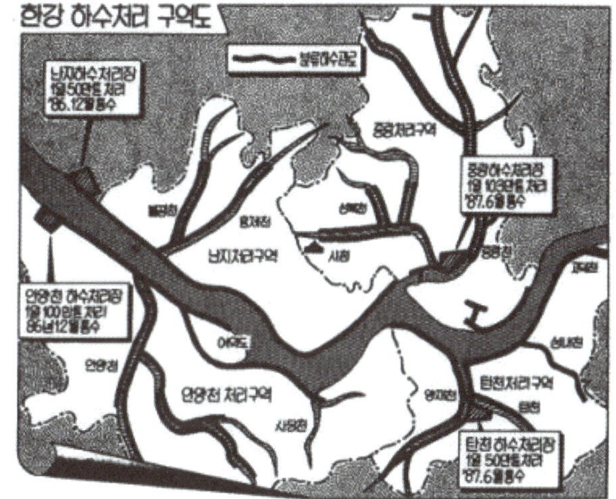

한강 하수처리 구역도(『경향신문』, 1986.11.25.)

1987년 서울특별시 안양하수처리장이 생기면서 서울의 서남권 지역은 1987년 3월부터 하수가 처리되기 시작하였다. 이어서 안양시 박달하수처리장1992년, 안양시 석수하수처리장2002년, 부천시 역곡하수처리장2006년 등이 차례로 준공되면서 수질은 점차 개선되기 시작하였다. 안양천은 2000년대 중반부터 가시적으로 변화를 겪었다. 2000년부터 안양천 유역의 시민단체와 자치단체 등이 모여 '안양천 살리기 네트워크' 활동을 벌였고, 서울 및 경기도의 지자체들은 안양천 수질 개선 협의회를 구성하였다. 하천 공원화 사업을 통해 안양천 둔치에는 여가를 즐길 수 있는 여러 시설물이 들어섰고, 물이 맑아지자 쇠백로·청둥오리·왜가리 등 각종 동물도 돌아왔다. 안양천이 맑아지면서 사람들은 다시 여가를 즐기러 안양천을 찾고 있다. 그러나 1960년대의 안양천처럼 물에 직접 들어가 멱을 감거나 수영하는 어린이들은 찾아볼 수 없다. 안양천의 환경은 회복되었지만, 여가를 대하는 사람들의 문화는 1960년대 전과 비교해 많이 달라졌다.

나. 변화하는 여가시설

1) 운동장에서 열린 영화 상영회

시흥동에 토지구획정리사업이 시작되기 전인 1960년대까지 시흥동에는 여가시설이 다양하지 않았다. 읍내에 홍일극장이 있긴 하였지만, 서울시흥초등학교 운동장에 영사기를

1959년 진행된 '영화의 밤'(서울기록원)
'영화의 밤'은 서울 시내 각 학교 운동장에서 시민을 대상으로 무료로 영화를 상영하던 행사였다.

가져와 영화를 틀어주는 사람들도 있었다. 시흥동 토박이 조성식 씨와 서병옥 씨196*년생, 남는 그 시절에 대해 기억하고 있다. 1960년대 서울시흥초등학교 운동장에서 영화 상영회가 열리면 안 쓰는 종이, 책 같은 고물을 입장료로 내야 하였다. 종이도 귀하던 시절이니 영화를 보여주는 대가로 나중에 팔아서 돈이 될 만한 고물을 받은 것이다. 동네 사람들은 어려운 형편 속에서도 영화를 보기 위해 집에 있던 고물들을 모아서 가지고 왔다. 어린이들은 '담치기'를 해서 몰래 들어가기도 하였다. 운동장에 들어서면 정글짐에 천이 걸려 있었다. 영사기를 돌리면 '더러러러'하고 필름 돌아가는 소리가 나면서 영화가 상영되었다. 어릴 적 기억이라 어떤 영화를 봤는지까지는 기억나지 않지만, 어린이부터 어른까지 온 동네 사람들이 모여서 영화를 보았다고 한다.

1950~1960년대 동네 초등학교 운동장이나 동네 공터에서 영사기로 영화를 틀어주었던 영화 상영회는 시흥동뿐만 아니라 전국적으로 찾아볼 수 있다. 텔레비전이 보편적으로 보급되지 않았던 시절, 이렇게 모여서 보는 영화가 당시의 문화생활이었다. 앞의 사진은 서울기록원의 자료로, 서울 어느 학교의 운동장에서 열린 무료 영화 상영회의 모습이다. 서울시흥초등학교의 모습은 아니지만, 조성식 씨와 서병옥 씨가 기억하는 서울시흥초등학교에서의 영화 상영회도 비슷한 모습이었을 것이다. 이러한 영화제에 매우 많은 사람이 찾아왔음을 알 수 있다.

2) 텔레비전에 대한 추억

한국에서 텔레비전은 1960년대부터 본격적으로 보급되기 시작하였다.[3] 1960년대 초반, 사람들은 TV가 있는 이웃 집에 모여 함께 시청하곤 하였다. 그 시절에는 특히 레슬링의 인기가 높았다. '박치기왕' 김일은 그중에서도 스타였다. 송일봉 씨도 방에 이불을 깔고 동생이랑 엉켜서 레슬링을 하며 놀곤 하였다. 레슬링 경기가 있는 날이면 동네 사람들이 텔레비전이 있는 집으로 몰려가 함께 레슬링을 시청하였다.

레슬링! TV에서 레슬링 한다! 그러면 한 집으로, 테레비 있는 집으로 싸악 몰려가고 (후략).

홍혜봉 씨(196*년생, 남)

TV 보급이 더욱 확대되면서 방송 프로그램도 다양해졌다. 어린이를 위한 방송도 늘어났다. 최원길 씨는 어린 시절 만화영화를 틀어주던 구멍가게에 대한 추억이 있다. 최원길 씨가 초등학생이던 시절, 지금의 금빛공원 자리는 놀이터였다. 그 옆에는 간판도 있었는지 없었는지 모를 작은 구멍가게 같은 집이 있었는데, 그 집에서 떡볶이를 한 그릇 사 먹으면 조그만 다락방으로 올려 보내주었고 다락방에서 30분씩 영사기로 만화영화를 틀어주었다. 그때 재미있게 보았던 만화는 '마루치아라치'였다. 아이들은 만화영화를 보려고 그곳을 자주 찾았다. 정해진 30분이 끝나면 한 번 더 보려고 떡볶이 한 그릇을 일부러 더 시켜 먹기도 하였다.

이러한 가게들은 '텔레비전 방'이라고 불리기도 하였다. 윤영신 씨195*년생, 남의 기억으로는 요금으로 10원에서 20원 정도를 내고 보기도 했는데, 시흥2동 판자촌의 아이들은 빈 병을 주어서 팔든 아이스크림 장사를 하든 어떻게든 각자 마련해서 텔레비전을 보러 왔다. 여하간 부모님께 돈을 받아서 오는 아이들은 없었다. 그렇게 돈을 내고 가면 네댓 시간

3. 채백·최창식·강승화·허윤철, 「TV의 보급 확대와 공동체의 변화」, 『커뮤니케이션 이론』 14(4), 한국언론학회, 2018, 139~182쪽.

'청춘가요와 째즈의 대향연' 포스터

1968년 '황금박쥐' 영화 광고
(『조선일보』, 1968.7.16.)

텔레비전을 볼 수 있었다. 주로 이른 저녁에 가서 10시 정도까지 보았다. 텔레비전을 보러 오는 사람들의 연령대는 초등학교도 가지 않은 아이들부터 20대까지 다양하였지만, 초등학교 5~6학년 정도 되는 10대 청소년들이 가장 많았다. 아이들은 만화를 좋아하고 청소년들은 가요무대를 좋아하였기 때문에 텔레비전 채널을 두고 파가 갈리기도 하였다.

아이들도 돈 내고 많이 와요. 그러니까 파가 갈려요. 아이들은 만화영화, 이제 좀 나이 먹은 10대 애들은 대중가요. (중략) 우리들은 거의 트로트, 나훈아·남진·이미자·조미미 이런 사람들 좋아했죠.

윤영신 씨(195*년생, 男)

주말에는 '주말의 명화' 같은 프로그램이 방영되어 영화를 볼 수 있었기 때문에 요금이 더 비쌌다. 이렇게 동네 아이들에게 즐거움을 주던 '텔레비전 방'은 1970년대 중후반에 가정마다 텔레비전이 보급되며 자연스레 사라졌다.

토요일이면 요금이 비싸. '주말의 명화' 같은 거 하니까. 지금은 없지만, 옛날엔 그게 있었어. 극장이지. 옛날 서부영화 보안관 같은 거. 만화영화는 요괴 인간, 황금박쥐. 그 요괴 인간이 많아. 아톰도 있고.

윤영신 씨(195*년생, 男)

3) 월급날의 대폿집

오늘날처럼 여가 문화가 발전하지 않았던 과거에는 동료들과 술잔을 기울이며 노동의 피로를 씻어내는 것이 곧 여가였다. 기아산업이 시흥동에 있었던 시절, 월급날이 되면 불야성을 이루었던 대명시장 일대를 기억하는 토박이들이 있다. 조성식 씨의 말에 따르면, 기아산업의 월급날 시흥교회 앞으로 난 지금의 금하로 일대는 '이쪽 끝에서 저쪽 끝까지' 온통 사람들로 줄을 이루었고 밤늦도록 북적였다. 대명시장 안에 있는 대폿집에서 술을 마시기 위해서였다. 그 당시는 월급을 봉투에 직접 담아서 주던 시기인데, 월급날이 되면 다들 일을 마치고 대폿집에 들러 술을 마시고 돈을 썼다. 실컷 놀고 집에 들어가기 전이면 '월급봉투에 적힌 월급을 슬쩍 고쳐서 들어갔다'며 웃었다. 우스갯소리로 기아산업의 월급날이 되면 이 근방 개들도 만 원짜리를 입에 물고 돌아다닌다고 할 정도였다.

4) 여가를 위한 전용시설들과 다양한 프로그램

1990년대부터는 여가선용을 위한 시설들이 많이 생긴 것으로 보인다. 『鄕土文化誌』에 따르면 1990년대 사람들은 여가생활로 체력단련을 겸한 운동을 가장 많이 즐겼다. 책에 수록된 금천구의 체육시설 통계표에 따르면 당구장이 208개소로 가장 많았고, 일반 체력단련을 위한 체육도장이 38개소가 있었다. 노래방은 65개로 시흥사거리와 은행나무사거리를 중심으로 밀집되어 있다. 헬스장은 25개로 주거 지역 곳곳에 분산되는 모습을 보였다. 당구클럽은 43개로 시흥사거리와 은행나무사거리 등 큰길가를 따라 줄지어 위치하였다.[4]

대표적인 여가시설로는 구에서 관리하는 금나래문화체육센터를 살펴볼 수 있다. 금나래문화체육센터는 시흥1동 시흥대로79길에 있으며, 지상 4층에 지하 2층의 규모로 무용룸·피아노룸·문화강좌룸·GX룸·체육관·헬스장·쿠키룸·스피닝룸·수영장 등의 체육 및 여가시설을 갖추고 있다. 취미 베이킹반, 바리스타반, K-pop 댄스, 필라테스, 줌바댄스, 요가, 훌라, 배드민턴, 농구, 탁구, 수영 등 다양한 강좌를 개설하고 있다. 이용요금을 납부하면 금천구민이 아니더라도 회원가입을 할 수 있다. 다만 금천구민은 매월 24일부터, 타 지역주민은 매월 26일부터 프로그램 신청을 할 수 있다. 프로그램 신청은 회원으로 가입한 사람만 할 수 있다. 금나래문화체육센터뿐만 아니라 각 동의 자치회관에서도 지역주민의 여가 및 스포츠 활동을 장려하기 위해 다양한 프로그램을 갖추고 있다. 구청과 금천구체육회에서 준비하는 생활체육대회도 구민들에게 인기를 얻고 있다. 대표적으로 안양천을 걷는 해피워킹 프로그램과 격년으로 열리는 금천구 체육대회가 있다. 금천구체육회는 시흥5동의 어울샘 건물 1층에 사무실을 자리하고 있다.

시흥동의 다양한 여가 관련 프로그램

기관	여가 및 스포츠 프로그램
금나래 문화체육센터	헬스, 수영, 배드민턴, 탁구, 농구, 요가, 에어로빅, 댄스워크아웃, K-pop댄스, 훌라댄스, 어린이발레, 줌바댄스, 벨리댄스, 소도구필라테스, SNPE바른자세, 스피닝, 캘리그래피, 한국화, 한글서예, 바리스타, English Story and Art, 창의미술, 한자속독, 피아노, 화과자 쿠킹, 제빵·제과
시흥1동~5동 자치회관	헬스, 캘리그래피, 줌바댄스, 수지침, 스포츠댄스, 요가, 전통매듭, 노래교실, 문인화, 서예교실, 소도구 필라테스 & 요가, 라인댄스, 탁구, 배드민턴, 웰빙댄스, 한국무용, 중국어회화, 오카리나, 어린이영어, 생활영어, 기타교실, 민요교실, 한글교실

4. 허회태, 『鄕土文化誌』, 서울특별시 금천구, 1996, 35-531쪽.

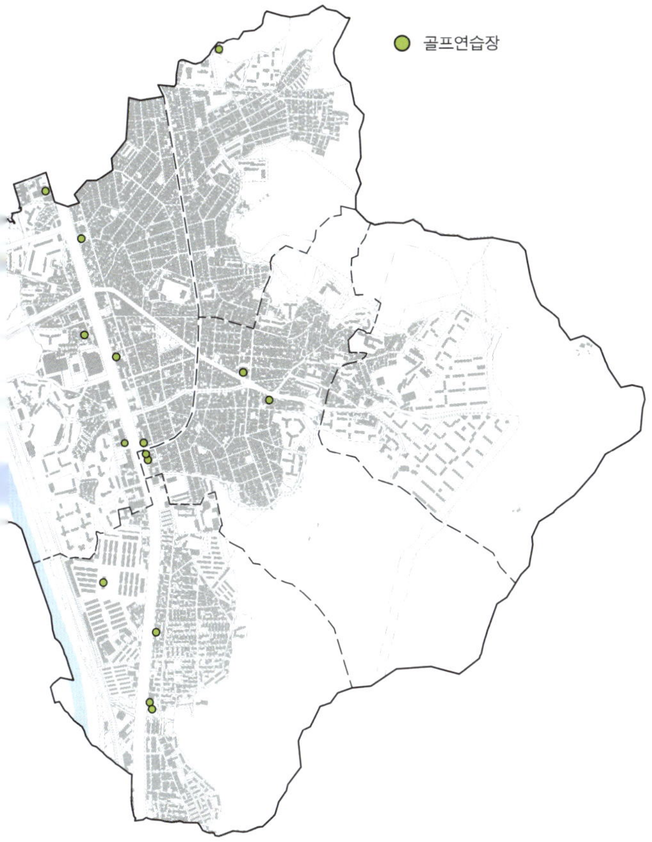

골프연습장

시흥동의 골프연습장

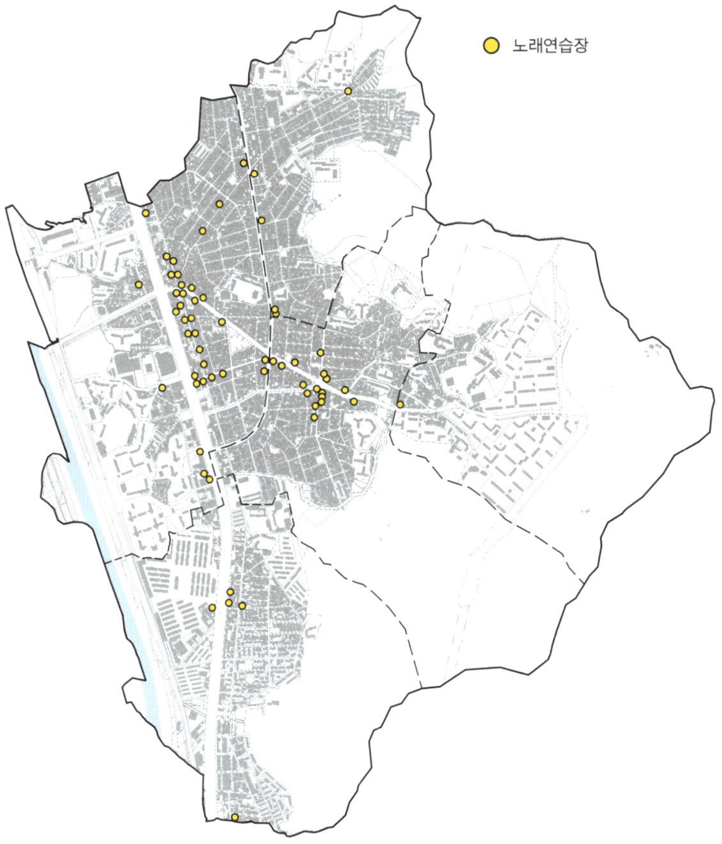

노래연습장

시흥동의 노래연습장

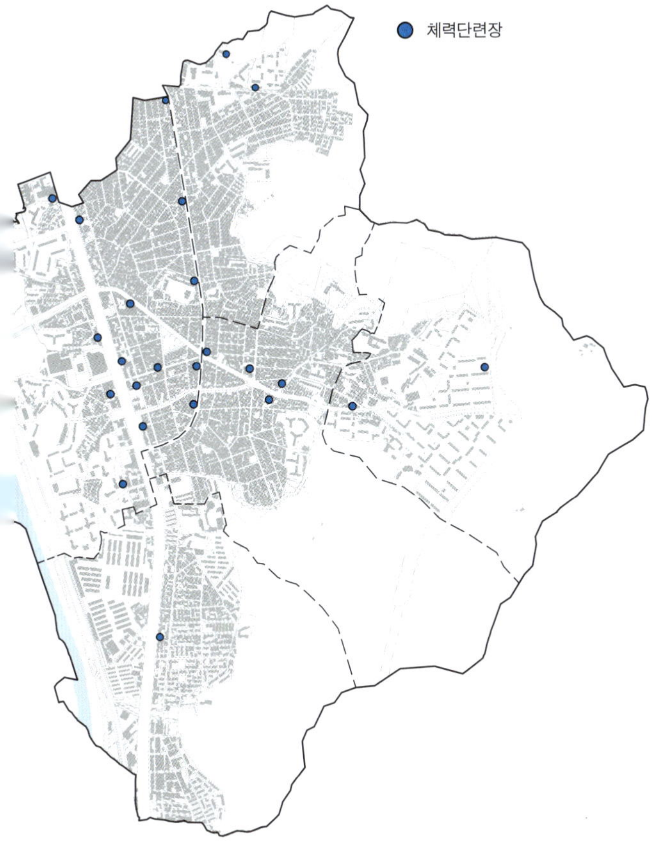

체력단련장

시흥동의 체력단련장

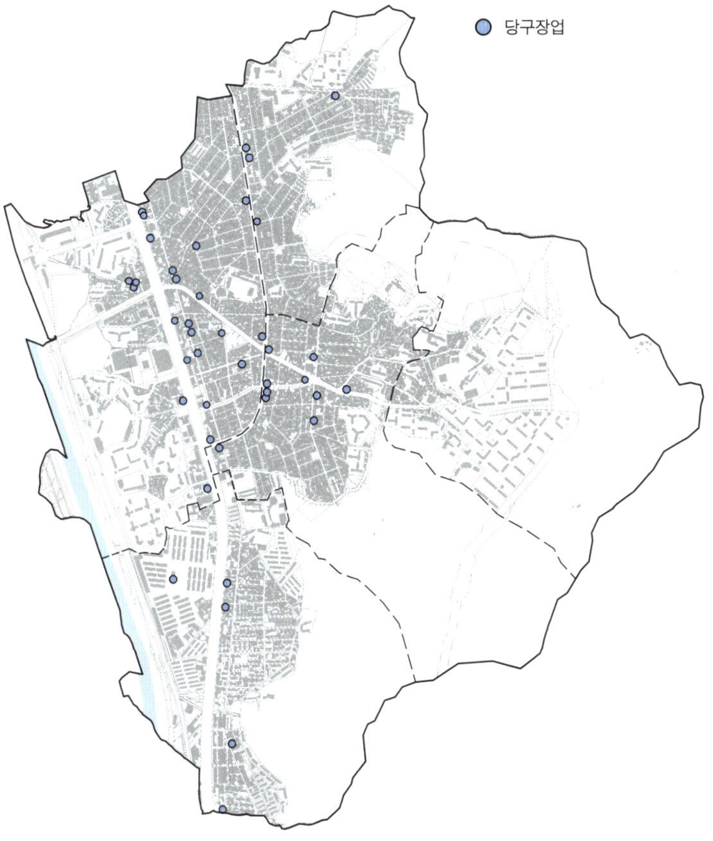

당구장업

시흥동의 당구클럽

다. 어린이 놀이의 변화와 전래놀이의 전승

1) 1950~1960년대의 어린이 골목놀이

조선 후기의 어린이 놀이는 전통명절 및 세시와 관련하여 이루어졌으며 어린이만의 놀이라기보다는 어른과 함께 즐기는 놀이였다. 아이들은 연날리기, 줄넘기, 제기차기, 널뛰기, 팽이치기, 바둑 등 다양한 대중적인 놀이를 즐겼다. 세시풍속적인 놀이를 즐기던 어린이들이 점차 계절과 관계없는 연중 놀이를 즐기게 된 것은 20세기 초반을 넘기면서부터이다.[5] 해방 후 1950~1960년대 서울의 어린이들은 골목길, 학교 운동장, 학교 교실, 집 주변의 다양한 장소들, 한강 주변 등지에서 놀았다. 다양한 놀이 장소들이 있었지만 가장 기본적인 놀이 장소는 '골목길'이었다. 어린이들은 구슬치기, 딱지치기, 굴렁쇠 굴리기, 숨바꼭질, 술래잡기, 말타기, 무궁화꽃이 피었습니다 등의 놀이를 하였다.[6]

불 깡통 돌리며 놀고, 겨울이 끝나갈 무렵 되면 얼음이 녹으면서 갈라져 둥둥 떠다녀요. 그러면 대나무로 노를 하나 만들어 얼음 배를 타요. 얼음 배가 깨지는 듯이 지직거리는데도 그 얼음 배를 타는 거예요. 그러다가 빠지는 경우도 있고요. 옛날에는 양말이 귀해서 빠지면 말려서 가야 했어요. 그런데 말리면 양말이 거의 나일론이어서 불에 안 닿아도 이게 녹아서 빵구가 나 버려요. 나일론 양말은 꿰매지도 못해요. 쥐불놀이하고 얼음 배 타다가 그러면 엄마한테 혼나는 거죠. 옛날에는 물자가 귀해 양말도 꿰매서 신던 시절이니까 엄마는 속상한 거예요.

송일봉 씨(196*년생, 남)

1960년대 시흥동에서 초등학생 시절을 보낸 송일봉 씨에 따르면 골목놀이는 주로 겨울에 이루어졌다. 여름에는 물놀이하거나 논두렁에서 미꾸라지와 우렁이를 잡기에도 하루가 모자랐기 때문이다. 1960년대 시흥동에는 골목 쪽으로 창이 난 집들이 많았다. 그런 집들의 안쪽에는 주로 어른들이 지냈고, 골목 쪽 방에는 주로 아이들이 지냈다. 동네 아이들은 골

1967년 시흥2동 수재민 정착촌의 아이들

5. 국성하, 「우리나라 어린이 놀이의 변화에 관한 연구」, 『어린이와 박물관 연구』 2, 국립민속박물관, 2012, 137~165쪽.
6. 안주영, 「해방 후 서울 어린이들의 연중놀이와 계절놀이의 장소성 – 서울 한강변 지역을 중심으로」, 『남도민속연구』 44, 남도민속학회, 2022, 123~178쪽.

목으로 나 있는 창문을 두드리며 놀자고 친구를 불러냈다. 골목에서는 구슬치기, 홀짝, 오징어게임, 딱지치기, 쥐불놀이 등을 하며 놀았다. 구슬치기는 땅에 삼각형을 그려서 그 안에 구슬을 몇 개씩 넣고 친구들끼리 순서를 정해 구슬을 던지면서 시작한다. 모여 있던 구슬에 던진 구슬이 맞으면서 삼각형 밖으로 나오는 구슬을 따는 방식이다. 시흥동에서 오징어게임은 '오징어가이상'이라고 불렀다. 오징어게임은 땅에 오징어 형태를 그려놓고 공격과 수비를 나누어 고지를 탈환하는 놀이이다. 오징어 머리 쪽으로 가는 부분의 폭이 좁기 때문에 그 부분으로 상대팀을 유인해서 밀고 넘어뜨리는 것이 게임의 핵심이다. 딱지는 주로 달력을 뜯어서 만들었다.

과거의 어린이들은 밥 먹고 잠 자고 학교 가는 시간 말고는 하루 종일 동네 친구들과 모여서 놀았다. 친구들과 함께하는 놀이를 통해 한 동네라는 결속력을 키웠다. 학교에 가면 친구들이 사는 동네 이름으로 별명을 지어 불렀고, 우리 동네 아이들끼리 너희 동네 아이들끼리 몰려다니며 놀았다. 동네 아이들끼리 장난삼아 다른 동네 친구들을 놀리기도 하고 텃세를 부리기도 하였다. 그만큼 동네를 기반으로 한 놀이공동체의 결속감이 강하였다.

2) 1970~1980년대의 어린이 놀이

1970~1980년대에는 우리나라 전반적으로 급속한 도시화가 이루어지면서 도시로 인구가 집중되고 대규모 주택공급 정책이 추진되었다. 이와 함께 어린이 놀이터가 확산되기 시작하였다.[7] 초창기 놀이터는 법적 기준에 부합하기 위해 만들어지는 경우가 많아 대체로 획일화된 형태를 가졌다. 1980년대부터는 우리나라의 자동차 보유량이 급속도로 늘면서 어린이들이 거리에 나가 노는 것이 점차 위험해졌다.[8] 자녀들에게 피아노, 바이올린, 태권도, 미술 등을 가르치는 집들이 많아지며 어린이들이 집 밖으로 나가 놀 시간이 줄어들기도 하였다. 어린이를 위한 TV 프로그램과 아동용 비디오 등도 늘어나 어린이들은 점차 집 안에서 노는 경우가 많아졌다. 그러나 저층 주택의 비중이 높은 시흥동에서는 여전히 골목놀이를 하였다.

저 어렸을 때 지금 생각해 보니까 차가 그렇게 많지 않았나 봐요. 이런 길에 큰 놀이판을 그리고 놀았어요. 근데 어쩌다 한 번 차가 지나가서 놀이가 끊긴 적은 있지만 웬만하면 안 끊겼던 것 같아요. 그리고 동네에 공터도 있었어요. 집이 없는 공터 같은 곳에서 놀았었거든요.

진선희 씨(197*년생, 여)

1980년대에 시흥동에서 초등학교를 다닌 진선희 씨와 남현숙 씨197*년생, 여는 어린 시절 밖에서 뛰어논 기억이 생생하다. 남현숙 씨에 따르면 어린이들이 호압사에 가서 놀기도 하고 석구상에 올라가서 놀기도 하였다. 동네에서 놀 때는 아무것도 채워지지 않은 공터에서 술래잡기를 하거나 바닥에 낙서를 하면서 놀았다. 동네의 작은 개천들이 복개되지 않았을 때라서 개천에서 놀기도 하였다. 그러나 혼자 버스를 타고 다닐 수 있는 나이가 되었을 때부터는 동네에서 별로 놀지 않았다고 한다.

중고등학교 때는 좀 번화가에서 놀고 싶지 않습니까? 그때는 금천구에서 안 놀았어요. 중학교 때는 롤러장 간다고 대림동에 갔고, 고등학교 때는 신림동에 갔어요.

남현숙 씨(197*년생, 여)

7. 서왕진, 『아동참여형 놀이터의 특성과 시사점』, 서울연구원, 1~60쪽.
8. 「[전북인 100년의 삶] 어린이 놀이의 변화」, 『전북일보』, 2000.7.18.

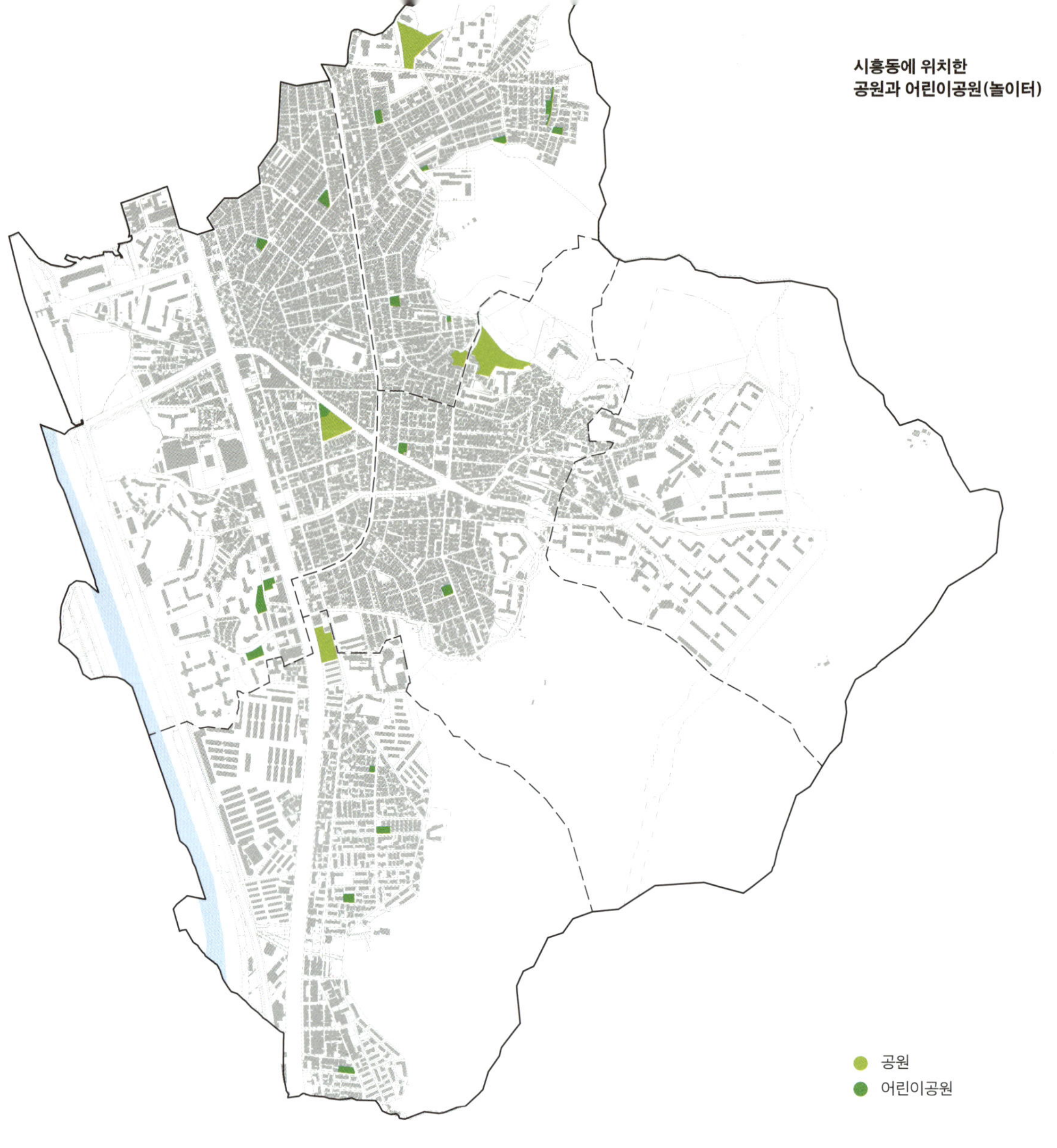

3) 1990년대 이후 어린이 놀이환경

1990년대 어린이들은 주로 아파트 주변이나 아파트 단지의 놀이터에서 놀거나 집에서 컴퓨터 게임을 하며 놀았다.[9] 기존의 획일화된 놀이터는 1990년대 들어서 변화하기 시작하였다. '어린이공원 현대화사업'이 전개되면서 기존의 놀이터 시설을 현대화하는 대대적인 리모델링이 이루어진 것이다.[10] 어린이 놀이터는 어린이에게 모험과 흥미를 제공하는 놀이 및 휴식 공간이라는 인식 아래 조성되기 시작하였다. 2000년대 중반부터는 아이들의 창의성을 유발하고자 하는 다양한 테마의 놀이터들숲속놀이터, 생태놀이터, 모험놀이터 등이 생겼으며 놀이시설의 안전과 위생에 대한 고민이 높아졌다. 실내놀이터의 개념은 1990년대에 등장하였다. 실내놀이터는 차량이나 실외의 위험 요소로부터 분리되어 있어 어린이 사고에 대한 우려를 줄여주었다. 실내놀이터 역시 계속 변화하며 성장하는데, 최근에는 '키즈카페'가 인기를 끌고 있다. '키즈카페'란 실내놀이터와 카페를 접목한 공간으로 아이들에게는 놀이와 교육을, 부모에게는 휴식을 제공함으로써 아동과 부모가 함께 여가를 즐길 수 있는 공간이다.[11] 대한민국 공식 전자정부 누리집에서 제공하는 공공데이터에 따르면 시흥동에 있는 어린이공원은 19개이다. 이 외에도 각 아파트 단지마다 놀이터를 소유해 실제로 어린이들

9. 「[전북인 100년의 삶] 어린이 놀이의 변화」, 『전북일보』, 2000.7.18.
10. 서왕진, 『아동참여형 놀이터의 특성과 시사점』, 서울연구원, 1~60쪽.
11. 양지영·황연숙, 「아동의 행태특성을 통한 키즈카페 공간분석」, 『한국실내디자인학회 학술대회논문집』 2014(5), 한국실내디자인학회, 2014, 200~204쪽.

이 뛰어놀 수 있는 공원 공간은 이보다 더 많을 것으로 추정된다.

시흥동은 서울의 타 지역에 비하면 여전히 저층 주택의 비중이 높은 편이다. 하지만 현대의 어린이들이 주택가에 산다고 해서 예전처럼 골목에 나와 친구를 부르며 전래놀이를 하지는 않는다. 골목길에 나와서 놀고 있는 어린이는 요즘 찾아보기 힘들다. 평소에 자주 놀러 가는 곳을 그려 달라는 요청에 어린이들은 대체로 어린이 전용의 놀이터 공간을 그리거나 친구 집을 그렸고, 카페와 식당 등 엄마와 함께 찾아다니는 장소를 그린 경우도 많았다. 아래 그림에서 한 어린이는 별장산 놀이터를 그리며 자신이 자주 놀러 가는 곳이라고 설명하였다. 놀이터 뒤로 도시의 건물보다는 푸릇한 산을 크게 그려 넣은 부분이 인상적이다. 다른 어린이는 집과 학교, 어린이집을 중심으로 친구 집과 자주 다니는 놀이터들의 위치를 표시하였다. 집 근처에 놀이터가 3개나 표시되어 있다. 또 가족과 자주 가는 국숫집과 자신이 다니는 태권도장도 그렸다. 또 다른 어린이는 이야기하는 것을 어머니가 대신 그려주었다. 이 어린이는 그림을 보며 집에서 버스를 타고 나오면 건널목을 볼 수 있고, 조금 더 가면 엄마와 자주 가는 김밥집과 국숫집을 지나 놀이터와 친구 집에 갈 수 있다고 설명하였다.

진선희 씨는 요즘의 어린이들도 직접 몸을 움직이며 노는 전래놀이를 좋아한다고 이야기한다. 그러나 현대사회에서 아이들끼리 모여서 전래놀이를 하며 뛰어놀 만한 상황은 쉽게 만들어지기 어렵다. 친구들과 시간을 맞추기도, 뛰어놀 만큼 안전한 장소를 찾기도 어려워졌기 때문이다.

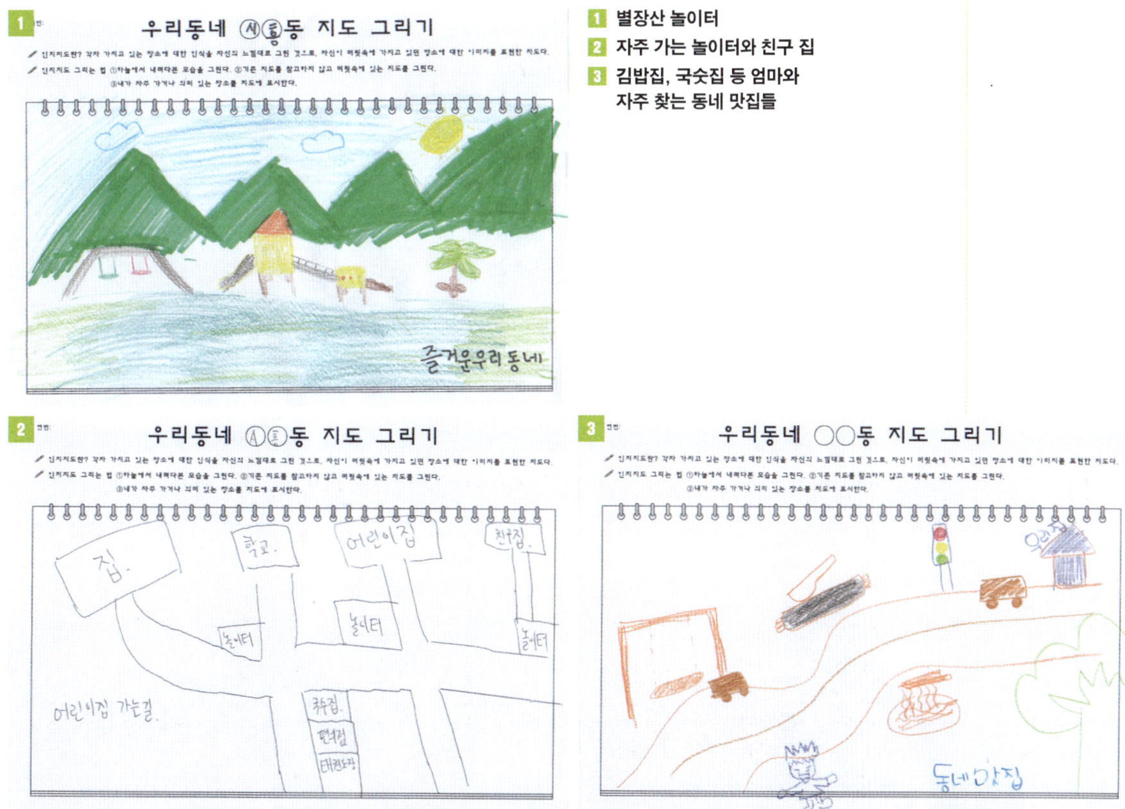

1 별장산 놀이터
2 자주 가는 놀이터와 친구 집
3 김밥집, 국숫집 등 엄마와 자주 찾는 동네 맛집들

아이들이 (전래놀이를) 너무 좋아해요. 왜냐하면 실제로 아이들이 땀을 흘리면서 놀 수 있는 기회가 많지 않거든요. 놀려면 어쨌든 친구가 있어야 하는데 친구들이랑 시간 맞추는 게 쉽지 않잖아요. 그리고 놀 수 있는 공간이 없어요.

진선희 씨(197*년생, 여)

4) 어린이 전래놀이 회복을 위한 어른들의 노력

현대에 와서 전래놀이는 모두 사라진 것일까? 요즘은 일부 어른들의 노력에 의해 전래놀이의 전승이 이루어지고 있다. 대표적인 예로 시흥5동에서 놀이를 주제로 교육활동을 하는 산아래문화학교를 들 수 있다. 별장거리를 지나 벽돌 주택들이 모여 있는 시흥5동의 골목에는 산아래문화학교가 있다. 겉보기에는 여느 주택들과 다를 바 없어 보이는 평범한 주택이지만 다양한 교육 및 참여 프로그램을 진행하면서 동네의 사랑방 역할을 하고 있다. 산아래문화학교의 독특한 활동 중 하나는 '놀이 워크샵'을 통해 놀이활동가를 키워내고, 놀이활동가들이 지역의 어린이들과 함께 놀이하며 놀이를 가르친다는 점이다. 놀이활동가이자 산아래문화학교의 공동대표인 진선희 씨는 인근 초등학교의 방과후 문예체 수업에서 전래놀이를 가르치고 있다. 수업 시간이 되면 아이들은 얼음땡, 돈까스 등 옛날 어린이들이 골목에서 친구들과 함께 뛰어놀던 놀이를 배우고 반 친구들과 함께 땀을 흘려가며 신나게 논다. 과거의 어린이들이 놀이할 때와 달리 문예체 수업 시간에 행해지는 놀이는 정해진 종료 시간이 있다. 어린이들은 이제 곧 전래놀이를 마칠 시간이라는 말에 무척 아쉬워하고 때로는 속상한 마음에 울음을 터뜨리기도 한다. 요즘의 어린이들이 수업 시간 이외에는 친구들과 함께 뛰어놀기 어렵다는 것을 잘 알기에 진선희 씨는 때론 '이렇게 놀이를 알려주는 게 맞나' 하고 생각한 적이 있다고도 하였다.

산아래문화학교의 '마스터' 프로그램으로 학생들이 직접 만든 화보집

산아래문화학교의 실내

2023년 산아래문화학교의 '놀이 워크샵' 모집 포스터

놀이에 대한 교육은 학교뿐만 아니라 동네의 놀이터에서도 이루어진다. 산아래문화학교에서는 매년 '놀이 워크샵'을 통해 놀이활동가를 키워낸다. 수개월 동안 '놀이 워크샵'에서 전래놀이 방법을 배우고 체험한 놀이활동가는 시흥동의 각 놀이터로 파견된다. 요즘의 어린이들은 주로 부모와 함께 놀러 다니지만, 부모와 함께 놀러 다니지 못하는 아이들이 놀이터에 혼자 나와 있기에 그런 아이들에게 안전하고 즐겁게 놀이할 수 있는 시간을 마련해 주기 위해서 놀이터를 활동 장소로 정하였다. 놀이활동가는 놀이터에서 놀고 있는 아이들에게 다가가서 "나 이거전래놀이의 하나 하고 놀 거거든. 나랑 같이 놀래?"라는 식으로 말을 걸며 아이들을 모은다. 진선희 씨에 따르면, 함께 놀이하자는 말에 어린이들 대부분은 "저도 놀래요." 하며 모여든다고 한다. 아이들이 모이면, 놀이활동가는 그때그때 상황에 따라 여러 가지 놀이하는 방법을 가르쳐주고 아이들과 함께 직접 몸으로 뛰며 한바탕 논다. 어느 정도 시간이 지나면 놀이활동가는 아이들에게 "선생님은 다음 주 이 시간에 여기에 또 올 거야. 다음 주에도 놀고 싶으면 여기에서 보자"라고 약속을 잡고 떠난다. 한 학기, 두 학기 놀이터에서 어린이들과 놀이하다 보면 자연스럽게 전래놀이의 전승이 이루어진다.

산아래문화학교는 어린이들의 놀이 교육활동뿐만 아니라 여가 및 마을교육과 관련한 다양한 프로그램을 진행하는 비영리 협동조합이다. 매년 꾸준히 진행하며 동네에서 큰 호응을 얻고 있는 프로그램으로는 '마스터' 프로그램이 있다. 시흥동의 프로 사진작가와 함께하는 프로그램으로 어린이들을 데리고 마을 구석구석의 사진을 찍으며 자신만의 화보집을 만드는 프로그램이다. 매일 지나다니는 길, 매일 보는 풍경 등 익숙함에 가려져 있던 동네의 멋을 발견하면서 프로그램에 참여한 어린이들은 자신의 동네에 애착을 갖게 되고 새로운 생각을 하는 힘을 키울 수 있다. 시흥계곡에서의 여름 캠핑 프로그램도 동네에서 크게 인기를 얻었다. 어린이들뿐만 아니라 어른들을 위한 프로그램도 진행한다. 2023년에는 과거 금천구 지역에 봉제공장이 많았다는 점에 착안하여 지역의 역사에 대해 생각해 보고 재미있는 활동도 해볼 겸 바느질, 마크라메 만들기처럼 손으로 작업하는 '노작' 프로그램을 기획하기도 하였다.

라. 시흥동의 동아리 문화와 진지한 여가

시흥동은 주민들끼리 모여 활동하는 동아리 문화가 발달하였다. 금천구에서 매년 5월에 열리는 금천하모니축제, 격년으로 10월에 열리는 '금천 구민의 날 행사', 매년 가을에 열리는 '은행나무 당고사 축제' 등 지역의 축제는 금천구에서 활동 중인 동아리 회원들이 준비한 공연 무대로 다채롭게 채워진다. 2023년 은행나무 당고사의 시작을 알리는 길놀이는 금천구에서 활동 중인 풍물 동아리들의 연합에서 담당하였다. 이 중 가장 대표적인 동아리는 금천구에서 20년 넘게 활동해 온 풍물굿패 동아리 '청노세'[12]이다. 청노세는 '청년부터 노년까지 아우르는 세상'을 의미하며 2002년에 창단된 이래 지금까지 금천구에서 활발하게 활동 중이다. 은행나무 당고사가 끝난 뒤 바로 이어진 주민한마당 잔치에서는 풍물놀이 외에도 민요·한국무용·난타 공연이 이루어졌는데, 공연자는 전문예술인이 아닌 지역 동아리 회원들이었다. 같은 날 금천구청 앞에서 행해진 금천구민의 날 행사에서도 가장 메인

12 금천구 주민을 대상으로 회원을 모집하며 가산동에서 정기모임 및 연습을 하고 있다.

2023년 은행나무 당고사 풍물놀이

2023년 은행나무 당고사 민요공연

2023년 은행나무 당고사 한국무용 공연

2023년 은행나무 당고사 난타공연

이 되는 무대는 지역 동아리 회원들의 공연이었다. 동아리 회원들은 그동안 연습하며 쌓아 온 기량을 축제 무대에서 발휘하였다. 위 사진들은 2023년 은행나무 당고사가 끝난 뒤 이어진 주민한마당 잔치에서 펼쳐진 공연 모습으로 공연자들은 모두 지역에서 오랜 기간 활동해 온 동아리 회원들이다.

1) 동아리 활동을 위한 주민들의 자치 공간, 시흥5동의 어울샘

시흥5동에는 주민 동아리 활동을 위한 마을공간 '어울샘'이 있다. 어울샘이 있는 자리는 원래 시흥2동의 고지대에 상수도를 공급해 주기 위해 물을 끌어올려 주던 '시흥가압장'이었다. 시흥가압장은 1981년 12월에 사용승인을 받았고, 지상 1층짜리 콘크리트 건물이었다. 지역주민들은 '펌프장'이라고도 불렀다. 시흥2동 지역에 벽산아파트 단지가 들어서고 상하수도 시설이 정비되면서 시흥가압장은 더 이상 쓸모가 없어졌다. 시흥가압장은 2003년 이후 오랜 시간 폐건물로 자리하며 방치되었다. 2013년, 서울시는 공약 중 하나인 마을예술창작소 사업을 시작하였다. 마을예술창작소 사업은 더 쉽고 즐겁게 문화예술을 체험하고 창작할 수 있는 공간을 주민들이 스스로 만들어 나가자는 취지로 시작됐다. 마포구, 도봉구, 송파구, 강북구와 함께 금천구는 마을예술창작소 사업의 시범구역으로 지정되었고 시흥가압장은 마을예술창작소로 변모하였다. 마을예술창작소는 주민들을 위한 공유부엌, 카페, 다목적홀, 최소한의 사무실 등을 갖추고 마을의 작은 문화공간이 되고자 하였다. 예술에 관심 있는 주민들이 문화를 향유하는 문화주체로 성장하도록 지원하고, 공간과 콘텐츠 등의 문화자원을 공유할 수 있는 플랫폼을 구축하며, 생활문화 활동의 공간을 확충하자는 것이 마을예술창작소의 목표였다. 2013년에 리모델링이 끝나고 마을예술창작소가 오픈하자 주민들로부터 크게 호응을 얻었다. 특히 동네 주민들의 동아리 활동이 활성화되면서 어울샘을 중심으로 생겨난 동아리들이 만드는 마을 축제 '어울씨구나'도 연례행사로 열리게 되었다. 주민들의 활발한 이용과 관심 속에서 2018년에 마을예술창작소는 기존의 건물을 헐고 현재의 5층짜리 건물로 재건축되며 복합문화공간 '어울샘'으로 개소되었다. 어울샘은 '쉬어갈 수 있는 휴식처, 예술의 열정을 불태울 수 있는 문화예술 공간, 새로운 놀이를 찾을 수 있는 문화 놀이터'가 되어 주민들의 생활에 스며들었다.

마을예술창작소 시절부터 현재의 어울샘에 이르기까지 마을공간의 기획과 운영은 주민들의 자치로 이루어진다. 다만 행정적 효율을 위해 금천문화재단 소속 직원이 어울샘 사무실에 상주하며 행정적 도움을 지원한다. 금천주민이라면 누구나 어울샘의 공동운영단이 될 수 있고 어울샘의 생활문화 프로그램에 대해 제안하고 실행할 수 있다. 생활문화사업과 동아리지원사업은 어울샘의 주된 활동이다. 이러한 다양한 활동을 할 수 있는 공간은 어울샘 건물에 마련돼 있다. 지하 1층에는 '창작나눗샘'과 '소리곱샘'방이 있는데, '창작나눗샘'에서는 전신거울과 각종 음향 및 조명설비와 흡음재 마감 등이 갖춰진 연습실에 들어가 음악·공연·댄스 등을 연습할 수 있고, 2개의 '소리곱샘'방에서는 소규모 모임을 할 수 있다.

어울샘
지하 1층에 지상 4층의 건물로 1층은 '금천구체육회'와 함께 사용하고 있다.

어울샘 3층의 어울샘홀에 비치되어 있는 보드게임

3층에는 유리가벽으로 막았다 열었다 할 수 있는 공간인 '예술덧샘'방과 커다란 어울샘 홀과 공유부엌이 있다. 퀼트, 가죽공예, 미술 등 소규모 프로그램들을 진행할 수 있고 큰 규모로 행사를 기획할 수도 있다. 평상시에는 누구나 들어와서 테이블을 이용하고 간단한 간식을 먹을 수 있어서 동네 사랑방으로 인기가 있다. 4층에서는 '고민빼샘'이라는 다목적 방에서 회의, 악기연습, 그림 그리기 등 다양한 활동을 할 수 있다. 어울샘에서는 매년 동아리를 모집하는데, 어울샘의 동아리가 되면 이러한 공간들을 정기적으로 사용할 수 있고, 자유로운 출입을 위해 회원들의 지문을 등록하기 때문에 직원들이 상주하지 않는 시간에도 공간 이용이 가능하다. 다만 소음 문제 때문에 밤 10시까지로 운영 시간을 제한하고 있다.

2021년 어울샘 기획참여단으로 마을 활동을 시작해 현재 어울샘 공동운영단으로 활동 중인 송경미 씨는 2021년 생활문화사업의 일환으로 어울샘의 각 층에서 미술 전시와 음악 공연을 하는 행사를 기획·실행한 적이 있다. 생활문화사업은 지역의 특성을 반영하고 지역에 활기를 불어넣는 다양한 활동들을 지원하는 사업이다. 송경미 씨는 어울샘 운영 활동에 참여하게 된 계기에 대해 다음과 같이 인터뷰하였다.

그때는 뜻이 있었죠. 저희 아이도 음악을 하는 아이여서 어울샘에서 그런 걸 하면 어떨까 했죠. 이 아이를 위해서 생각했던 것인데 그거를 실현하고 싶어서 기획참여단에 참여한 거예요. 클래식을 하는 아이인데, 클래식을 먼저 했던 선배들과 만나서 배우고 같이 연주하는 그런 시간을 좀 가졌으면 좋겠다 싶었어요. 그러기가 쉽지 않으니까요. 바이올린, 첼로 하는 친구들과 피아노 하는 친구들을 트리오로 해서 대학생분들과 같이 공연하고, 그분들한테 아이들이 레슨도 받고 했었죠.

원래 제 아이가 클래식을 하기 때문에 프로그램을 기획했지만 (동네에서) 신청받아서 한 거예요. (중략) 저희가 국악이나 이런 쪽은 많이 하는데 클래식을 많이 안 하더라고요. 그래서 그거를 좀 깨고 싶어서 '여기도 클래식을 하는 아이들을 위한 뭐가 있었으면 좋겠다'라는 마음으로 한 거였죠. 그래서 했는데 너무 좋게 잘된 거예요. 아이들도 잘하고 그 친구들 다 예고에 들어갔더라고요.

송경미 씨(197*년생, 여)

어울샘의 프로그램들은 지역의 필요와 요구를 누구보다 잘 아는 주민들이 직접 제안하고 있기 때문에 동네 사람들로부터 크게 호응을 얻는 편이다. 송경미 씨가 기획참여단으로 활동하던 2021년은 코로나19로 인해서 여러 가지 행사 기획에 제약이 많던 시기였다. 때마다 바뀌는 방역방침에 따르다 보니 1년간 이렇다 할 활동을 하지 못하고 있다가 12월이 되어서야 비로소 행사를 진행할 수 있었다. 클래식 음악을 공부하는 자녀를 위해 떠올린 아이디어였지만 동네에서 클래식 음악을 공부하던 다른 아이들에게도 유익하고 뜻깊은 시간이 되었다. 동네 사람들에게는 코로나19로 지쳐 있던 한 해를 기분 좋게 마무리할 수 있는 즐거운 추억의 시간이 되기도 하였다.

2013년부터 약 10년 동안 이곳에 자리하면서 어느덧 어울샘에 등록된 동아리는 18개가 되었다. 2023년 어울샘에서 정기적으로 공간을 대관하여 활동 중인 동아리만 해도 11개이다. 동아리의 활동 분야와 회원들의 연령과 성별은 다양하다. 퀼트 작품을 만드는 '내가 만든 퀼드', 4차 산업을 근간으로 한 인터렉티브아트 동아리 '모야이건', 중장년 여성들로 구성된 오카리나 앙상블 동아리 '비울림 오카리나', 1960~1980대 회원들의 통기타 동아리 '어기동', 밴드 동아리 '요구르트', 끼와 열정으로 뭉친 하와이훌라팀 '원더맘', 가

어울샘홀의 유리창에 붙어 있는 메모
이곳을 찾는 주민들에게 어울샘이 어떤 의미를 갖는지 적고 있다.
"나에게 어울샘은 '최고의 놀이터'이다"
"나에게 어울샘은 '기쁨'이다"
"나에게 어울샘은 '삶의 일부(가장 큰)'이다"
"나에게 어울샘은 '삶의 활력소'이다"

죽으로 만든 모든 것에 관심이 있는 '은행나무 가죽동아리', 우쿨렐레를 통해 음악과 소통하는 '자화자찬', 예술에 관련된 과거를 가진 사람들이 모여서 만든 미술동아리 '캐미', 해금동아리 '해보세', 종이접기 동아리 '유니트 종이접기' 등이 현재 활동 중이다. 어울샘에 대한 동네 주민들의 만족도는 큰 편으로, 2022년 진행한 만족도 조사에서 '매우 만족'과 '만족'이 합해서 86% 나왔다. 동아리 활동을 위한 공간 제공에 특히 만족하고 있었다.

2) 어울샘의 하와이안 훌라 동아리 '원더맘'

원더맘은 어울샘에서 활동하고 있는 하와이안 훌라 동아리다. 벌써 햇수로 7년이 넘게 활동하고 있는 어울샘의 오래된 동아리 중 하나이다. 동아리를 시작하게 된 계기에 대해 원더맘 회원인 박미라 씨195*년생, 여는 아래와 같이 설명하였다.

저희는 금천구에 사는 주부들인데 이제 나이를 먹으니까 50~60대들이 모여서 같이 모임을 하다가 '이제 애들도 다 키웠으니까 이 나이에도 모여서 뭔가를 좀 해보자.' 하고 이야기했죠. 그래서 모이게 됐는데 같이 모인 분 중에서 하와이 훌라를 하시는 분이 계셨어요. 그럼 우리 하와이 훌라를 한번 해볼까 했죠. 근데 공간이 필요해서 어울샘을 빌리게 됐죠. 어울샘이라는 곳이 지하에 가면 같이 춤출 수 있는 홀이 있어요.

박미라 씨(195*년생, 여)

주부들이 모여서 동아리 활동을 하겠다고 신청하자 어울샘은 흔쾌히 공간을 빌려주었고, 일주일에 한 번씩 모여서 연습을 할 수 있게 되었다. 다들 끼가 넘치는 대단한 엄마들이라고 해서 동아리 이름은 '원더맘'으로 지었다. 안정적으로 활동할 수 있는 공간을 확보하면서 어울샘에 공고도 냈다. 라인댄스 경험자가 회원이 되면서 지금은 하와이안 훌라와 라인댄스를 접목해서 공연하기도 한다. 처음에는 친한 주부들 5~6명이 모여서 만든 동아리였는데 지금은 12명까지 인원이 늘었다. 가입하고 싶어 하는 사람들은 더 많지만, 연습실에서 훌라를 추다 보면 옆 사람과의 간격이 어느 정도 필요하기 때문에 어쩔 수 없이 인원의 한계가 생겼다. 지금 인원 이상으로는 더 이상 받을 수 없다 보니 결원이 생기면 연락 달라는 대기 인원까지 생겼다.

원더맘의 활동은 박미라 씨와 회원들의 삶에 활력을 가져다준다. 즐겁고 재미있어서 열심히 활동하다 보니 어느덧 7년이 지났고 다들 준전문가가 되었다. 처음에는 선생님을 모셔 와서 훌라를 배웠지만, 이제는 그동안 배웠던 안무를 이용해 직접 안무를 만들기도 한다. 오랜 시간 지역에서 나름대로 입지를 다지게 되어 공연 의뢰도 많이 들어온다. 회원들이 주부들이다 보니 집안 대소사가 있거나 날짜가 안 맞으면 공연 신청을 거절할 수밖에 없지만, 그래도 최대한 많은 공연에 참석 중이다. 회원들은 공연 준비에 매우 열성적이다. 원더맘의 정기모임은 매주 화요일 오후 2시부터 5시까지로 일주일에 3시간 정도지만, 공연이 다가오면 3시간으로 부족해 연습실이 비는 대로 예약해서 연습한다. 더 멋진 공연을 보여주기 위해 돈을 내고 전문가 선생님을 모셔 와서 특별 안무를 받아 연습하기도 한다. 회원들은 훌라 전용 댄스복을 해외에서 직구하여 다 같이 맞춰 입고 공연에 나선다.

재밌어요. 그러니까 활력이 되죠. 주부들한테는 재미있고 큰 무대 같은 데 서면 재밌고, 또 지역사회에서 알아주셔서 초대해 주시고, 주민총회 있으면 '와서 좀 해주세요' 이러면 가서 해 드려요. 노인대학 이런 데는 어르신들이니까 저희가 무료로 가서 또 봉사도 해 드리고요.

몇 년 되다 보니까 많이들 불러주시죠. 처음에는 버스킹 공연도 하고 그랬거든요. 저희를 이제 많이 아셔요.

더워도 공연하는 순간에는 거기다가 쏟으니까 땀 흘려도 모르죠. 지금 이 더위에도 어디서 공연해 달라면 가서 하는데요, 저희가 할 수 있으면.

박미라(195*년생, 여)

박미라 씨는 시흥동에 동아리 문화를 즐길 만한 여건이 잘되어 있다고 설명한다. 특히 동아리 활동을 할 수 있는 전용공간이 있다는 점이 중요하다고 여러 차례 강조하였다. 연습도 연습이지만 연습 전후로 회원들끼리 모여서 회의도 해야 하고 안무도 짜야 하기 때문에 연습실, 공유부엌, 회의실, 다목적 홀이 한 건물에 모여 있는 어울샘을 요긴하게 사용하고 있다.

여기가 아니면 우리가 어디서 할 장소가 없어요. 솔직히 조그만 데서는 춤 같은 거 못 추니까 넓어야 하잖아요. 그래서 어울샘의 장소를 저희가 유용하게 잘 쓰고 있죠. (중략) 2시에 연습한다고 그러면 1시간 전에 와서 차를 마시고 3층 어울샘홀에 앉아서 얘기하고 놀다가 지하 연습실로 내려가요. (중략) 우리가 또 새로운 걸 해야 하면 평일에도 여기 모여서 같이 차 마시니까 여러모로 어울샘을 많이 사용하는 것 같아요.

박미라 씨(195*년생, 여)

박미라 씨는 시흥동이 속한 금천구에서 동아리 활동에 대한 지원을 많이 해준다고 설명한다. 우선 금천구에는 동아리들이 참석할 수 있는 지역 축제가 많다. 원더맘도 매년 봄에 열리는 '금천 하모니 축제'에 참가해 실력을 선보이고 있다. 어울샘은 어울샘 소속의 동아리들이 모여서 공연하는 '어울씨구나 축제'를 매년 가을~겨울에 진행한다. 원더맘도 벌써 수년째 '어울씨구나 축제'에 참가 중이다. 격년으로 열리는 '금천 구민의 날 행사'에도 동아리들이 많이 참석한다. 축제 이외에도 전문가가 아닌 동아리 회원들이 공연을 열 수 있는 장소들이 많다. 예를 들면, 금천구청의 금나래아트홀에서도 아마추어 회원들이 공연할 수 있도록 장소를 대관해 준다. 취미와 여가를 배울 수 있는 강좌도 많이 열린다. 강좌에서 함께 수업을 들은 사람들이 모여서 동아리를 만드는 경우도 많다.

(어울샘 같은) 이런 곳들이 금천구는 꽤 있거든요. (중략) 주민들이 뭔가를 할 수 있게끔 많이 만드는 것 같아요. 금천구청에도 '평생학습관'이라고 그래서 주부, 어르신들이 참여할 수 있는 사진반도 있고 그림 그리기반도 있어요. 그런 데서 배워 동아리로 나와서 자기네들끼리 놀러 가서 사진 찍고 오고 이렇게 다 연결되는 거예요. 그러다 보니까 동아리들이 점점 활성화돼 지금 제가 알기로 엄청 많아요. 수십 군데서 많이 활동하시는 걸로 알고 있어요.

박미라 씨(195*년생, 여)

아마추어 취미 수강생들이 배우는 것에 그치지 않고 공연이나 전시 등의 활동으로 이어지도록 함으로써 지역의 동아리 문화가 활성화된다. 공연과 전시를 보고 동아리 활동에 가입하는 사람들이 늘어나고, 동아리 회원들 스스로가 행사를 준비하며 더 큰 재미를 느낀다고 한다. 공연과 전시에 함께 참여한 다른 동아리 사람들과의 교류도 생긴다. 어울샘의 경우는 '어울씨구나 축제'를 준비하면서 축제에 참여하는 동아리들끼리 서로 인사하는 자리를 마련해 준다. 한 해, 두 해 시간이 지나면서 자신의 동아리뿐만 아니라 매년 함께 공연을 준비하는 다른 동아리 회원들과도 교류가 생긴다. 박미라 씨도 어울샘 건물이나 동네에서 오며 가며 다른 동아리 사람들을 만나면 서로 인사도 나누며 지내고 있다. 동아리의 공연 행사는 무엇보다 가족들에게도 삶의 활력과 기쁨이 되기도 한다. 박미라 씨는 동아리 활동을 하면서 가족들로부터 많은 응원과 지지를 받고 있다고 이야기한다.

저희 애들이 공연한다니까 와서 보고 '대박'이라고 우리 엄마가 그렇게 할 줄 몰랐다는 거예요. 엄마들이 저런 걸 할 줄 몰랐다고 놀래고 또 많이 인정해줘요. 공연한다고 그러면 동영상도 찍어주고 식구들도 엄청 좋아하더라고요. 우리 자신도 막 춤추고 이럴 때는 다른 걸 잊어버리고 즐겁게 하니까 활력도 되고 좋죠.

박미라 씨(195*년생, 여)

3) 진지한 여가로서의 동아리 활동

Stebbins는 현대인들이 여가를 즐기는 모습을 '일상적 여가' '프로젝트성 여가' '진지한 여가'로 분류하였다.[13] '진지한 여가'란 꾸준하고 심도 있게 여가 활동에 몰입하여 전문성을 갖추는 여가 방식을 의미한다. '진지한 여가'를 즐기는 사람들은 여가 활동 중에 부상이나 실패 등의 부정적인 체험을 하더라도 적극적인 노력을 통해 극복하고 여가 활동에 필요한

13. Robert A. Stebbins, *Serious Leisure: A Perspective for Our Time*, Transaction Publishers, 2007.

기술과 지식, 경험을 축적하는 모습을 보인다. 일반적인 여가가 휴식이나 기분전환 등의 단순한 의미를 갖는 것과 비교해 '진지한 여가'는 여가 참여자로 하여금 자기발전과 자아실현을 이룰 수 있게 한다. 동아리 문화가 발달한 시흥동에서 동아리에 참여하는 주민들은 오랜 기간 실력을 키워 준전문가로서 지역의 축제에서 공연하는 등 '진지한 여가'로서의 모습을 보이곤 한다.

송경미 씨만 해도 취미로 소규모의 앙상블 활동을 하고 있었는데, 시간이 흐르면서 회원들도 늘어나고 다양한 악기와 실력을 갖추게 되면서 어느새 앙상블은 '금천 앙상블 챔버 오케스트라'가 되었다. 오케스트라는 정기 연주회도 열고, 지역의 여러 기관이나 행사에 초청되어 공연하기도 한다. 2023년에도 어린이집을 대상으로 큰 공연을 열었다. 처음에는 회원들과 지인들이 모여서 작게 시작하였던 공연들이 시간이 지나면서 더 전문적으로 변하고 규모도 커졌다. 송경미 씨는 시흥동에 유독 취미로 시작하였다가 전문적인 규모를 갖추게 되는 동아리들이 많이 있다고 답하였다. 송경미 씨는 현재 오케스트라에서 음악 감독 역할을 맡고 있다. 직업이라고 볼 수는 없지만 단순 여가 활동으로 보기에는 지나치게 전문적인, '진지한 여가'의 모습을 잘 보여준다.

시흥동에서 오래 살았어요. 시흥동에 계시는 분들은 소그룹으로 굉장히 잘 뭉쳐요. 뭉치고 하시고 싶은 게 있으면 어떻게 다 만나서 많이 하시더라고요. 처음에는 그냥 취미처럼 만나서 하시는데 시간이 지나면 약간 전문적으로 변하잖아요. 또 한곳에서만 하지 않고 이거 하셨던 분들이 또 다른 곳에 동아리 여러 개에 걸쳐서 하시기도 하고요.

송경미 씨(197*년생, 여)

'진지한 여가'로서 동아리에서 활동을 시작하여 직업 그 이상의 전문적인 활동을 하는 단체로 금천 동화 읽는 어른 모임 '함박웃음'과 '은행나무 어린이도서관'을 살펴볼 수 있다. 지역의 독서문화 형성에도 큰 영향을 주고 있는 '함박웃음'과 '은행나무 어린이도서관'의 활동을 살펴보기에 앞서 시흥동의 독서문화에 대해서 살펴보고자 한다.

마. 시흥동의 독서문화와 은행나무 어린이도서관

1) 금천구의 독서문화진흥계획과 시흥동의 도서관들

금천구는 '전 생애 독서문화 확산책 읽는 금천 만들기'이라는 목표 아래 '독서문화진흥계획'을 추진하고 있다. '금천형 도서관 활동가 양성과정'을 개설하여 작은 도서관에 도서관 활동가를 파견하고, 책 읽는 공동체에 50만 원 내외의 지원금을 지원하며, 초등학교 저학년 학생을 대상으로 학교 연계 책 읽기 프로그램을 실시하는 등 지역의 도서문화 조성을 위해 다양한 활동을 하고 있다. 매년 9월에서 10월에는 금나래중앙공원시흥1동과 모두의마을 공간커뮤니티센터독산동에서 북페스티벌을 열고 있다. 시흥동에는 아래와 같이 11개의 도서관이 있다.

시흥동의 도서관

	구립도서관	작은 도서관	
		공립	사립
시흥1동	금천구립금나래도서관	맑은누리 작은도서관	산돌 어린이 작은도서관 소망의나무어린이작은도서관 트리니티작은도서관 은행나무 어린이 작은도서관
시흥2동	금천구립시흥도서관		
시흥3동		꿈꾸는 작은도서관	
시흥4동		도란도란 작은도서관	
시흥5동		행궁마을 작은도서관	나누리작은도서관 길빛작은도서관

2) 금천 동화 읽는 어른 모임 '함박웃음' 회원들의 '은행나무 어린이도서관'

시흥1동의 금천침례교회 건물 옆 계단을 따라 내려가면 '은행나무 어린이도서관'이 있다. 2002년 9월에 개관하여 금천 지역의 독서문화 발전을 위해 다양한 활동을 활발하게 진행해온 도서관이다. 가정집처럼 생기기도 하고 유치원처럼 생기기도 한 지금의 공간은 은행나무 어린이도서관의 다섯 번째 보금자리이다.[14] 은행나무 어린이도서관이 이렇게 많이 이사 다닌 데에는 사정이 있다. 다른 도서관들과 달리 은행나무 어린이도서관은 '금천 동화 읽는 어른모임 함박웃음'의 회원들이 운영하는 도서관이다. 확실하게 정해진 장소, 도서관을 위한 직원도 없이 벌써 20년째 회원들의 후원금과 자원봉사만으로 왕성하게 활동을 이어오고 있다.

시흥 지역에서 동화 읽는 어른 모임이 처음 결성된 것은 1993년 12월이었다.[15] '동화 읽는 어른 모임'은 사단법인 '어린이도서연구회'[16] 소속의 모임으로 금천구뿐만 아니라 전국 각지에서 찾아볼 수 있다.[17] 일종의 '어린이도서연구회'의 지회라고도 볼 수 있는데, 단체마다 지역의 이름을 '동화 읽는 어른 모임'의 앞에 붙이고, 뒤에는 단체 고유의 이름을 지어 붙인다. 금천의 경우 '함박웃음'이 단체 고유의 이름이다. 전국적으로 '동화 읽는 어른 모임'은 매주 모여 어린이책을 읽는 활동, 각 지역의 아동센터, 도서관, 학교, 복지시설 등에서 책 읽어 주기 자원활동, 독서 강연, 책 전시회, 어린이도서관 설립 등의 다양한 책문화 활동, 어린이책 연구 활동 등을 하고 있다.

14. 현재의 공간은 금천침례교회에서 최근까지 어린이집을 운영하던 곳이다. 어린이집이 문을 닫으면서 은행나무 어린이도서관이 2023년 6월에 이사 오게 되었다. 도서관의 4번째 둥지였던 시흥5동의 주택에서 오랜 시간 활동해 왔지만 재개발 등의 이슈로 인해 더 이상 사용할 수 없게 되었다. 시흥5동 주택에는 아직 도서관의 간판이 붙어 있다.

15. '어린이도서연구회'의 홈페이지(https://childbook.org)에 따르면 '시흥 동화 읽는 어른 모임'은 1993년 12월에 결성되었다. 그러나 실제로 현재 은행나무 어린이도서관에서 활동 중인 '함박웃음' 초기 멤버들의 기억에 따르면 1997년부터 결성되었다. 동아리로서의 본격적인 활동은 1997년부터 시작되었던 것으로 보인다.

16. '어린이도서연구회'는 어린이책을 읽고 바람직한 독서문화를 가꾸기 위해 활동하는 비영리 시민단체로, 1980년에 출범하여 1997년에 사단법인이 되었다. 서울 양서협동조합의 어린이책 연구 소모임인 '어린이독서연구모임'(1979.5.)이 전신이다. 우리나라 작가의 좋은 동화를 알리고, 어린이 독서교육을 바로 세우며, 어린이가 평생 책을 즐길 수 있는 독서문화를 만들기 위해 노력해 왔다. 나아가 독서와 출판 환경의 주요 쟁점에 대해 고민하며 작가 및 출판 문화계와 연대하고, 도서관 문화 발전을 위한 프로그램을 기획하며 운영자 교육을 지원한다. 공공 및 민간도서관에 어린이도서연구회의 독서교육 방향을 안내하고 해마다 좋은 어린이책을 골라서 추천 목록을 제공한다. 매달 정기 간행물을 발행하고 있기도 하다.

17. '함박웃음'은 2009년부터 '어린이도서연구회' 소속에서 나오게 되었다. 지금은 사단법인 '어린이와 작은도서관협회'에 가입하여 다른 회원 도서관들과 연대하고 있다.

은행나무 어린이도서관의 외부

은행나무 어린이도서관의 내부

가) 은행나무 어린이도서관의 운영과 특징

1990년대 후반, '함박웃음'이 막 생겼을 때는 주민센터 같은 곳에서 모였다. 20~30명씩 모여서 같이 책을 읽고 이야기를 나누곤 하였다. 초기 회원들이 '함박웃음'을 통해 모여서 책을 읽다 보니 너무 좋았고, 지역의 아이들과 좋은 책을 나눌 수 있는 공간이 있으면 좋겠다는 생각에 십시일반으로 책과 돈, 노력 등을 모아서 '은행나무 어린이도서관'을 개관하였다. 은행나무 어린이도서관은 이사를 많이 다녔다. 월세방에서 시작해서 반지하 공간에 자리를 잡은 적도 있었다. 은행나무 어린이도서관의 관장도, 지킴이[18]도 모두 '함박웃음'의 회원들이다. 관장은 동아리 회원들이 돌아가며 맡는데 임기는 2년이다. 지킴이 활동은 할 사람들만 자발적으로 나와서 활동한다. 활동 중인 지킴이는 30명 정도 된다. 지킴이 활동을 하는 사람들은 매번 바뀌었지만, 도서관이 처음 만들어졌을 때부터 지금까지 신기하게도 지킴이의 전체 인원은 항상 30명 정도를 유지하고 있다. 도서관은 평일엔 오전 10시부터 오후 6시까지, 토요일엔 오후 1시부터 6시까지 운영한다. 지금 도서관이 위치한 공간은 원래 교회 공간이기 때문에 일요일에는 교회에서 공간을 사용한다. 따라서 일요일에는 은행나무 어린이도서관을 운영하지 않는다. 도서관의 운영을 위해 편집부, 교육문화부, 자원활동부 등으로 부서를 만들어서 운영 중이다. 운영비는 전부 후원회원들이 보내주는 후원금으로 충당한다. 후원회원은 현재 '함박웃음'에서 활동 중인, 또는 과거에 활동하였던 회원들이다. 이들 중에는 다른 지역으로 이사가 더 이상 시흥 지역에 살지 않는 이들도 있지만 '함박웃음'에서 활동할 때의 추억을 떠올리며 3,000원, 5,000원, 1만 원씩 후원금을 보내준다고 한다. 은행나무 어린이도서관은 다양한 활동을 시도하며 활발하게 활동하는 도서관이다. 도서관이 만들어지기 전, '함박웃음'만 활동하던 2001년부터 매년 5월이 되면 어린이날 행사를 진행해 왔다. 7~8월(여름방학 기간)에는 '여름방학 독서 교실', 9월에는 도서관 개관행사, 10월에는 '책잔치', 1~2월(겨울방학 기간)에는 '겨울방학 독서 교실' 행사를 연례적으로 진행한다.

18. 도서관이 문을 열면 누군가는 도서관을 지키며 손님을 맞이해야 하기 때문에 회원들이 돌아가며 도서관에 나간다. 이렇게 도서관에 나와 있는 사람을 '지킴이'라고 부르고 있었다.

은행나무 어린이도서관은 연례행사 외에 비정기적인 다양한 프로그램을 진행하기도 한다. 시미선 씨는 과거 은행나무 어린이도서관이 시흥2동 탑골에 있었던 시절을 회상하였다. 당시는 '노는 토요일'이 막 시작하던 때였다. 원래 학교에 나가던 토요일을 쉬게 되면 지역의 아이들이 무엇을 하며 시간을 보낼지 고민이 되었다. 아이들이 컴퓨터에만 빠져 있게 하지 말자는 생각에 시미선 씨는 선배들과 모여 프로그램을 하나 기획하였다. 동네 아이들과 함께 골목놀이를 하는 프로그램이었다. 토요일 아침 9시, 평소 은행나무 어린이도서관을 자주 찾아오던 아이들의 집 근처로 가서 아이의 이름을 부르며 "○○야, 놀자!" 하고 외쳤다. 마침 집에서 심심하게 있던 아이들은 선생님[19]의 목소리를 듣고 골목으로 나왔다. 아이들을 데리고 골목에서 신나게 골목놀이를 하다 보면 어느새 동네에 사는 다른 아이들도 나와서 함께 놀게 되었다. 아이들을 데리고 놀이도 하고 도서관으로 데려와서 간식도 만들어 먹이며 '노는 토요일'을 함께 보냈다. 놀이는 다양하게 진행하였다. 시미선 씨가 어린 시절 동네에서 하던 놀이를 가르쳐주기도 하고, 요즘 아이들이 알고 있는 놀이를 시미선 씨가 배우면서 함께 놀기도 하였다. 놀이와 관련된 책을 읽으면서 새롭게 알게 된 놀이를 시도해 보기도 하고 때로는 아이들과 함께 전에는 없던 새로운 놀이를 창작해서 놀기도 하였다.

근데 이제 그 아이들이 다 컸어요. 그 아이들을 가끔 만나서 물어보면 그때가 제일 좋았어요. 이런 이야기 하거든요. 이게 보람인 거예요. 그 아이들이 성장했고 그때 선생님들하고 만나서 그렇게 즐겁게 놀았던 추억들 잊지 않고 가지고 있는 거, 그게 그 아이들의 성장했을 때도 바탕이 되어 주는 것들이 잖아요.

시미선 씨(196*년생, 여)

책을 보고 싶은데 보지 못하는 사람들을 위해서 '책수레' 프로그램을 진행하기도 하였다. 도서관이 가까이에 있어도 가게를 비울 수 없기에 도서관을 갈 수 없는 은행나무시장의 상

산기슭공원에서 열린 '책잔치'(2023.10.14.)
'책잔치' 행사는 원래 은행나무 어린이도서관에서 매년 진행하던 독서 문화행사이지만 요즘은 은행나무 어린이도서관과 금천작은도서관협의회가 주최가 되어 지역 내 다른 작은도서관들과 함께 연합하여 행사를 진행하고 있다. 작은도서관뿐만 아니라 '금빛노을인형극단'도 참여해 인형극 공연을 선보였다. '금빛노을인형극단'은 지역 내 노인들이 활동하는 인형극 동아리다.

은행나무 어린이도서관의 활동가로 책잔치에 참여한 시미선 씨(왼쪽)와 김현실 씨(오른쪽)
시미선 씨는 '함박웃음' 7기 회원,
김현실 씨는 '함박웃음' 5기 회원이다.

19. 은행나무 어린이도서관에 지킴이로 나오는 회원들을 이름 대신 별명을 적은 명찰을 차고 있다. 아이들은 지킴이 회원들을 '별명+선생님'으로 부른다.

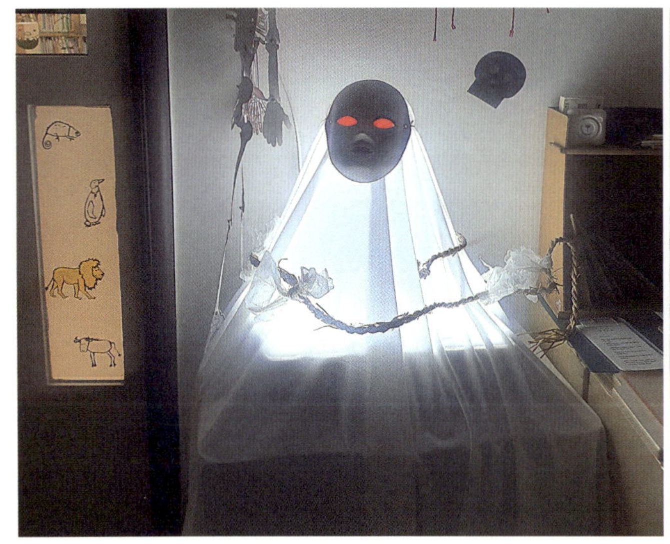

'무서운 이야기 1박 2일' 프로그램

'무서운 이야기 1박 2일' 실내 꾸미기

인들을 위해서 수레에 책을 실어 일주일에 한 번씩 시장으로 나갔다. 읽고 싶은 책을 신청받아서 노트에 장부를 적고 책을 빌려주기도 하였다. '책수레'는 상인들뿐만 아니라 시장을 찾은 손님들에게도 인기를 얻었다. 손주에게 갖다준다며 책을 빌려 간 할아버지도, 아기에게 읽어주면 너무 좋아한다며 책을 빌려 간 아기 아빠도 있었다. 하지만 여건이 안 돼서 책수레 프로그램은 몇 해 정도 하다가 그만두게 되었다. 지금은 '책수레' 프로그램의 후속으로 미용실, 김밥집, 어린이집 같은 곳에 책을 한 가방씩 배달해 주는 활동을 하고 있다. 배달해 준 책들은 일주일 후에 다른 책들로 교체해 주고 있다. 그러면 손님들이 가게를 찾았다가 기다리면서 책을 보기도 하고 가게 주인도 일주일 주기로 새로운 책을 읽기도 한다.

2009년부터 지적장애 청소년을 위해 매달 2~3번, 금요일 아침마다 도서관을 개방하기도 하였다. 지적장애 청소년들이 자유롭게 도서관을 이용할 수 있도록 하고, 도서관의 활동가가 올 때마다 책도 읽어주고 놀이도 해주었다. 동네의 이야기를 담은 책 『탑골마을 이야기』를 발간하기도 하였다. 책을 만들기 위해서 동네 어르신들 인터뷰도 하고 동네의 역사에 대해서 공부도 하였다. 2023년 여름에는 동네 아이들을 데리고 '무서운 이야기 1박 2일' 프로그램을 진행하였다. 도서관에서 1박 2일 머무르면서 이야기책도 읽고 밥도 만들어 먹이고 손톱에 봉숭아물도 들이고 '이야기 잇기'[20] 게임도 하면서 놀았다.

김현실 씨와 시미선 씨는 은행나무 어린이도서관이 다른 도서관들에 비해 다양하고 유연하게 독서문화 활동을 기획하고 실행할 수 있는 이유로 '함박웃음'을 꼽는다. 돈을 받고 일하는 직원이 아니라 독서문화 활동에 관심을 갖고 모인 '함박웃음'의 회원들이 동아리에 대한 애정, 지역에 대한 애정, 독서문화에 대한 애정을 바탕으로 자발적으로 활동하기 때문에 누구보다 열성적일 수 있다는 것이다.

'은행나무 어린이도서관은 나에게 실험실이었다'라고 얘기를 하거든요. 이런저런 생각을 해요. 그리고 이걸 실현을 해봐서 안되면 다음에 조금 보완해서 또 하지 이게 바로 실험이 아닐까 싶고 그 과정에서 나는 성장한다고 생각하고 있어요.

다른 도서관에서는 인건비를 먼저 마련해야 프로그램을 기획하잖아요. 근데 우리는 사립이고 은행나무어린이 도서관이기 때문에 가능한 거죠.

김현실 씨(196*년생, 여)

지역에 다른 사립 작은 도서관들은 저희처럼 이렇게 '동화 읽는 어른 모임'이라는 동아리를 통해서 키워진 사람들이 없어요. 그러니까 운영자 혼자 앉아 있는 경우가 너무 많고, 활성화가 안 되죠.

아이들이 즐거워하는 모습을 보면 그게 힐링이 되는 것 같아요. 처음 작은 도서관 활동을 시작할 때는 내 아이에게 좋은 책을 좀 보여주고 싶어서였는데 책을 읽고 여기 오는 아이들에게 책을 읽어주기도 하고 프로그램을 기획하면서 아이들이 즐거워하는 모습이 저한테 힘이 되고 자양분이 되어서 또 새로운 것들을 할 수 있게 만들어 주는 거 같아요.

시미선 씨(196*년생, 여)

나) '함박웃음'의 운영방식과 끈끈한 소속감

'함박웃음'은 기수제로 운영된다. 회원들은 기수에 따라 '선배' '후배' '동기'라고 서로를 부르며 돈독한 관계를 형성한다. 1997년부터 매년 한 기수씩 모집하여 2023년 올해 25기가 모집되었다. 원래대로라면 26기를 뽑았어야 하였지만, 코로나19 시기를 겪으면서 회원 모집 시기를 가을에서 봄으로 옮기는 과정에서 한 기수가 밀리게 되었다고 한다. 동아리의 정기모임은 기존 회원들의 경우 월요일 모임과 화요일 모임이 있고, 신입 회원은 목요일에 모임교육을 한다. 동아리 내에서 서로의 기수가 뚜렷하게 구분되는 이유는 신입 교육과정 때문이다. '함박웃음'에 가입한 회원들은 첫 1년간 신입회원을 위해 특별히 준비된 교육 커리큘럼을 듣는다. 신입교육의 커리큘럼은 '동화 읽는 어른 모임'이 갖고 있던 커리큘럼을 기본으로 선배들이 준비한다. 교육은 그림책, 동화책, 옛이야기 등의 과정으로 이루어지는데, 분야마다 유명 강사를 초빙해 강의도 듣고 선배들과 함께 책을 읽고 이야기를 나누는 시간도 갖는다. 회원들은 책을 읽고 이야기를 나누는 시간을 통해 자기 자신을 발견하기도 하고 다른 사람들에 대해 깊이 알게 되기도 한다.

선배들하고 같이 공부하는 거죠. 공부라기보다 책 읽고 이야기하는 거예요. '책을 읽는다'라는 건 그 안에서 나를 발견하고 내가 또 생각해 볼 수 있는 거잖아요. 그런 얘기를 하다 보면 울기도 하고 뭐 별의별 일들이 다 있죠. 그러니까 다음에 또 오는 거예요. (중략) 얘기를 풀어내면서 내면의 것들을 드러내고 또 자기도 뭔가 발견하고 새로운 것을 하고 싶은 욕구가 있으니까 오는 거라고 저는 생각해요.

김현실 씨(196*년생, 여)

신입 과정을 거쳐 동아리에 남게 되면 신입 후배들을 위해 교육을 준비할 기회가 오기도 하는데, 그럴 때면 아무래도 평소의 책모임에 임할 때보다 더 책임감을 갖고 모임을 준비하게 된다. 또한 은행나무 어린이도서관을 운영하면서 진행하는 이런저런 프로그램들을 준비하는 과정에서 선배로부터 가르침을 받기도 한다. 준비하는 당시에는 힘들기도 하지만, 힘든 과정을 함께 이겨냈기에 동아리 특유의 끈끈한 공동체 정신이 만들어진다.

(신입교육) 커리큘럼이 처음에는 기존에 정해져 있는 '동화 읽는 어른 모임'에서 저희 나름대로 계속 조금씩 바꿔 가고 있어요. '이거 너무 옛날 책이야', '이 작가보다는 요즘 나오는 이 작가가 더 좋은 거 같아' 하면서 약간씩 수정해 나가는 거예요. 그리고 이제 선배들이 '네가 이번엔 그림책 두 달 해', '너는 옛이야기 두 달 해' 이렇게 하면서, 내가 후배들을 만나서 책을 읽고 이야기해 주려면 내가 공부가 돼야 하잖아요. 그러면서 나도 성장이 되는 거죠. 그렇게 우리는 스스로들을 키워 가는 거예요.

우리는 매주 모여서 공부를 한다고 그랬잖아요. 그러면 우리는 '공부한 걸 너만 갖고 네 아이만 하면 안 돼' 이거거든요. 선배들이 되게 무서웠어요. 요즘은 선배들이 뭐라고 하면 후배들이 도망갈까 봐 그렇게 말 못 하는데 우리 때는 선배들이 되게 강하게 했어요. 그리고 무서웠지만 따를 수밖에 없었고 '너는 책 읽고 네 애들한테 다 읽어줬잖아. 그러면 그 지역에 풀어내야 돼' 해서 수업 계획안 리허설 이런 것들을 다 했어요. 그러면 선배들이 지적하면 다시 수정을 하면서 독서 교실을 했어요. 그 과정들이 힘들었지만 그게 나한테 득이 되고 내가 성장하는 게 보이니까 계속 남게 된다고 저는 생각하거든요. 그래서 지금 남아 있는 사람들도 아마 그런 마음이지 않을까 싶어요.

김현실 씨(196*년생, 여)

기수에 따라서는 동아리 활동과 별개로 함께 신입교육을 들었던 동기끼리 따로 친목모임을 갖는 경우도 많다. 동아리 속 동아리들도 있다. 직장 사정상 기존의 월요일 모임과 화요일 모임에 참석할 수 없는 사람들끼리 격주 토요일 모임을 만든다든가, 밤늦은 시간에 모임을 갖는다든가 하는 식으로 다양한 동아리들이 생겼다. '책갈피 동아리', '마음 그릇 동아리' 등 내부 동아리 고유의 이름을 갖고 있기도 하다. 이러한 동아리들은 이름과 활동 시간이 다를지언정 책을 기본으로 한 책 읽는 모임이라는 점에서 같다. 동아리 모임이 야간에 있는 경우 은행나무 어린이도서관의 운영시간이 아니더라도 도서관 공간에서 모임을 진행한다. 김현실 씨는 코로나19로 인해 비대면 회의 프로그램인 줌ZOOM을 알게 되어 좋다고 말한다. 회원들이 낮에는 직장을 가거나 살림을 돌보는 등 각자의 본업 활동을 하다 보니 낮에 만나기 어려운 경우가 많았는데, 이 프로그램을 알게 되면서 '달빛줌방'달빛이 뜨는 밤 9시에 만나는 방을 열 수 있었다. '함박웃음'에서 공부하였던 내용을 바탕으로 동아리 외부에서 마을 활동을 하는 사람들도 많다. 앞서 소개한 바 있는 '산아래문화학교'의 공동대표 중 한 명도 '함박웃음' 출신이다.

금천구에 다른 마을 공동체나 여러 가지 단체들에 가서 또 자신의 역량이라고 그럴까 이런 것들을 펼치고 있는 우리의 도서관 출신들이 많아요. 도시농업에도 가 있고 문화 활동도 하시는 분들이 의외로 많아요.

시미선 씨(196*년생, 여)

다) 진지한 여가로서의 '함박웃음' 활동

시미선 씨와 김현실 씨는 낯선 동네인 시흥동으로 이사를 와 자녀를 낳고 키우면서 아이에게 좋은 책을 보여주고 싶어서, 아이를 잘 키워보고 싶어서 '함박웃음'에 가입하였다. 책을 읽는 게 즐거워서, 동네에 도움을 주는 게 보람 있어서, 같이 활동하는 선배·후배와의 친목 때문에 등 여러 가지 이유로 계속 '함박웃음' 활동을 이어갔다. 프로그램을 준비하느라 "마당쇠"처럼 일하고 힘든 와중에도 회원들과 함께 있으면 하하 호호 웃음이 끊이지 않았다. 엄마 등에 업혀서 도서관에 나오던 아이들은 청소년이 되자 엄마의 일손을 도왔고, 이제는 어엿한 직장인이 되어 후원회원으로서 도서관 운영에 도움을 주고 있다. 시미선 씨와 김현실 씨는 긴 시간 동안 '함박웃음'에서 활동하고 '은행나무 어린이도서관'에서 봉사하면서 마음을 터놓을 수 있는 친구들을 사귈 수 있었다. 업고 다니던 아이가 대학에 가기까지, 오랜 시간을 활동해 온 회원들에게 '함박웃음' 활동과 은행나무 어린이도서관 활동은 동아리와 여가 그 이상의 의미를 지닌다.

저는 은행나무 어린이도서관이 저를 성장시킨 곳이라고 생각해요. 도서관에서 활동하면서 사서 자격증을 땄고요. 준사서지만 사서 자격증을 2014년에 늦깎이로 공부를 했고, 또 하다가 보니까 식물 키우기와 관련한 프로그램을 기획하게 됐어요. 그래서 복지원예사, 원예치료사 자격증도 땄어요.

김현실 씨(196*년생, 여)

나는 왜 이렇게 계속 있었을까 그런 생각을 해보면 제가 도서관에서 생활한 시간이 나의 30~40대를 도서관에서 보낸 거예요. 서른 중반에 들어왔는데 지금 이제 20년이 지나 버렸으니까요. 언젠가 누가 '당신에게 도서관이 뭐야' 그러길래 '나의 청춘이었네요' 그런 얘기를 한 적이 있어요. ♣

시미선 씨(196*년생, 여)

지역의 발전을 향해 나아가는 시흥의 교육

가. 과거 시흥의 교육

1) 시흥향교

지금의 범일운수 종점 부근 횡단보도 앞에는 시흥향교가 있었다. 현재는 표석으로만 남아 있는데, 표석에는 "조선시대에 공자 등 성현을 봉안하고 유생들을 교육하던 곳으로 1944년 일제가 과천향교에 통합시켰음"이라는 문안이 적혀 있다. 시흥향교는 현의 동쪽 1리에 있었다가 인조 20년1642에 현의 서쪽 1리로 옮기고 다시 숙종 27년1701에 동쪽 옛날 자리로 옮겼다.[21] 건물은 공자와 유교 성현을 모시던 대성전이 6칸, 유학을 가르치던 명륜당이 6칸이었다. 1904년 2차 시흥민중봉기 때 관아가 불타면서 잠시 관아로 사용하였던 시절도 있었다. 1914년, 시흥군은 과천군 및 안산군과 합쳐져 하나의 커다란 행정구역이 되었다. 이후 1944년에 일제가 1군 1향교 정책을 펼치면서 시흥향교와 안양향교가 과천향교로 통폐합되었고, 과천향교는 '시흥향교'로 이름을 바꾸게 되었다. 결과적으로 지금의 시흥동 자리에 있던 옛 시흥향교는 향교로서의 기능을 잃었다. 다만 건물은 6·25전쟁 당시까지 남아 있었다고 전해진다. 1996년, 과천에 있는 '시흥향교'는 '과천향교'로 이름을 복원하였다. 『탑골마을 이야기』에 따르면, 시흥향교가 있던 자리에는 커다란 느티나무가 있었는데 5월 단오가 되면 사람들이 이 느티나무에 그네를 달아서 탔고 주변에서 널뛰기하며 놀았다고 한다.[22]

2) 지역 최초의 근대식 학교, 서울시흥초등학교

시흥동 일대 최초의 근대식 학교는 서울시흥초등학교이다. 근대식 학제를 도입하여 공식 개교한 것이 1911년으로, 무려 110년이 넘는 세월 동안 서울시흥초등학교는 이 지역주민들의 추억에 자리하며 구심점 역할을 해왔다. 서울시흥초등학교는 3번의 이전을 겪었다.

21. 책으로 따뜻한 세상 만드는 책구름, 『탑골마을 이야기』, 서울특별시 금천구, 2016.
22. 책으로 따뜻한 세상 만드는 책구름, 『탑골마을 이야기』, 서울특별시 금천구, 2016.

시흥향교 터

서울시흥초등학교

서울시흥초등학교가 위치하였던 장소를 중심으로 서울시흥초등학교의 역사를 되짚어 보고자 한다.

가) 1905~1923년, 학당에서 근대적인 학교로

서울시흥초등학교는 구전에 따르면 '사립 치명治明학교'가 전신이라고 전한다. 다만 이를 보여주는 명확한 문서 기록은 전하지 않는다. 주목되는 것은 1905년 시흥동에 '시흥한문' 이라는 학당이 만들어졌다는 점이다.

始興学校 始興郡内塔洞居	시흥학교: 시흥군 탑동에 거주하는
千司勇駿基氏가 自家에 学堂을	천사용·천준기 씨가 자기 집에 학당學堂을
設立ᄒᆞ고 学徒 二十余人을 募集ᄒᆞ야	학생 이십여 인을 모집하여
金教員相郁氏를 延聘ᄒᆞ야 熱心教育ᄒᆞᆷ으로	교원教員 김상욱 씨를 모셔서 열심히 교육하기에
該郡守 金漢睦氏가 千金両氏의	시흥군수 김한목 씨가 두 사람의
教誨不倦ᄒᆞᆷ을 勧■ᄒᆞ기 為ᄒᆞ야 学校ᄂᆞᆫ	꾸준한 가르침을 권■하기 위하여 학교는
始興漢文이라 改称ᄒᆞ고 金郡守가 校長이되고	시흥한문이라 개칭하고 김한목 군수가 교장이 되고
千司勇이 校監되야 校務를 拡張ᄒᆞᆫ다더라	천사용이 교감이 되어 교무를 확장한다고 하더라.

「시흥학교」, 『황성신문』, 1905.6.3.

위 기사에 따르면 시흥군 탑동에 거주하는 천사용과 천준기가 자가에 학당을 설립하여 김상욱金相郁 씨를 초빙하여 20여 명의 학생을 가르쳤으며, 이에 당시 시흥군수였던 김한목이 교육을 권장하기 위해 학교를 '시흥한문'으로 개칭하였고, 군수가 교장이 되고, 천사용이 교감이 되었다고 전한다. 주목되는 것은 『서울 시흥초등학교 百年史』에 수록된 김호남 씨 1916년 졸업, 제4회 동문의 회고에서 당시 치명학교가 시흥군의 유일한 서당이었고, 김교관이라고 불리는 훈장이 있었다고 기억하였다는 점이다. 여기서 김교관은 위 기사에서 김상욱 씨를 교관으로 모셨다는 것과도 일치한다. 이와 함께 천준기는 1912년 『토지조사부』에 따르면 시흥동 226번지와 295번지에 대지를 갖고 있었다. 시흥동 295번지가 시흥 읍내라면, 시흥동 226번지는 탑동에 위치한 곳이다. 천준기의 토지가 1900년 당시부터 변화하지 않았다고 가정한다면, 시흥동 226번지에 자리한 240평의 자택에서 학당이 시작하였다고도 볼 수 있다.

이와 함께 주목되는 증언은 박광운 씨1925년 졸업, 제13회 동문의 회고로, 이에 따르면 시흥군 동면 읍내에 옛 동헌이 있었고 원님도 있었는데 동헌이 없어지면서 학교가 생겼다는 것이다. 우선 시흥공립보통학교는 1911년에 조선총독부에서 인가를 받는데,[23] 1915년 1:25,000 지도에는 시흥행궁으로 추정되는 건물에 위치한 것으로 표기되어 있다. 즉 일련의 증언은 시흥행궁 건물이 한때 동헌으로 활용되었고, 그 건물에 학교가 세워졌음을 보여준다. 이는 시흥군수 김한목이 교장이 되어 '시흥한문'을 확장하면서 천준기의 집에서 시흥군 관아로 학교가 옮겨왔다는 점을 보여준다. 그리고 이 학교는 1911년 일제가 시행하였던 「제1차 조선교육령」[24]에 앞서 시흥공립보통학교가 된 것이다. 교육령에 따르면 조선의 학교는 보통학교, 고등 보통학교로 부르도록 하였고, 보통학교의 학제는 3~4년제로 운영하도록 하였다. 이는 일본인의 학교가 소학교·중학교·고등학교로 구분되고, 조선의 보통학교에 해당하는 일본의 소학교 학제가 6년제로 운영되던 것과는 다른 점이었다.

당시 학교에 대한 졸업생들의 회고에서 이 학교가 시흥군 동면의 읍내현재 시흥5동 은행나무 근처에 위치한 큰 한옥집으로 학교 문 옆으로 우물이 있어서 학생들이 물을 떠 마실 수 있었고 학교 앞으로는 하천이 흘렀다고 전하는 것은 시흥행궁으로 추정되는 건물에 1915년 당시 시흥공립보통학교가 자리하였다는 것을 통해서도 엿볼 수 있다. 다만 1911년에는 이미 시흥공립보통학교라는 명칭을 썼다는 점에서 왜 '치명학교'라는 이름이 전해지는가는 확인하기 어렵다.

당시 모든 학교에는 일본인 교장이 임명되었다.[25] 1911년에 인가된 시흥공립보통학교에는 오다케 간조大竹澗造가 일본인 교장으로 발령을 받아 1915년까지 5년간 근무하였고, 이후로도 보통 2~3년 근무한 교장은 모두 일본인이었다. 개교 당시에는 교장을 제외하고 모두 조선인 교원이 근무하였으나 1930년대가 지나면서 일본인 교원의 비율이 점차 증가하여 50% 정도가 되었다.

『서울 시흥초등학교 百年史』에 수록된 여러 회고록을 종합하여 볼 때, 시흥공립보통학교의 학군은 지금의 독산동, 대림동, 가리봉동, 구로동, 신림동, 봉천동, 영등포, 노량진, 경기도 서면과 안양 등지까지도 해당되었던 것으로 보인다. 학군이 너무 크다 보니 기존의 한옥집으로 감당하기 어려울 만큼 학생 수가 늘어났고, 시흥공립보통학교는 이 문제를 분교를 세움으로써 해결하였다. 첫 분교는 서면 분교로 서면 소화리에 있던 사립학교 '윤양의숙'이 모태가 되어 1911년 9월에 설치되었다고 한다.[26]

이 시기 학생들의 나이는 8세부터 20세까지 다양하였다. 회고록에 따르면, 학생들은 나이가 달라도 말을 놓으며 친하게 지냈고, 사방치기, 제기차기, 물놀이 등의 놀이를 함께하였다고 한다. 학생들이 적지 않은 나이 차이에도 불구하고 함께 놀이하고 어울렸다. 개교 초창기 학생들에게 교복이나 책가방은 따로 없었으며 무명옷을 입고 광목에 책을 싸서 허리나 어깨에 두르고 다녔다고 한다.

1919년은 전국적으로 3·1운동이 벌어졌던 시기다. 『始興市史3 시흥의 근현대』에 따르면,[27] 시흥 지역은 서울과 인접하였기 때문에 3월 1일 첫 시위 때부터 시위에 대한

23. 『조선총독부 관보』, 제263호, 명치 44년(1911) 7월 15일.
24. 「제1차 조선교육령」(1911.8.23.).
25. 「칙령 제256호 조선공립보통학교관제」(1911.10.16.).
26. 이후 1면 1교제가 실시되면서 1927년 '서면공립보통학교'로 분리되었다.
27. 『始興市史3 시흥의 근현대』, 시흥시사편찬위원회, 2007, 12~508쪽.

소식을 듣고 있었을 것으로 추정된다. 서울과 동일한 생활권이었기에 시흥 지역에 살면서 서울에서 열린 3월 1일 시위에 참가한 사람들도 다수 있었을 것이라고 추정하기도 한다. 1919년 3월 10일 자 『매일신보』 기사에 따르면, 3월 1일에서 얼마 지나지 않은 1919년 3월 7일, 시흥공립보통학교의 학도 전원은 동맹휴교에 참여하고 '조선독립만세'를 외쳤다. 주도자 다섯 명은 연행되어 조사받고 훈계를 듣기도 하였다. 이로부터 100년이 지난 2019년 3월 1일, 금천구는 시흥공립보통학교 학도들의 결의를 기억하기 위해 서울시흥초등학교 운동장에서 3·1운동 기념식을 개최하였다. 기념식이 끝난 뒤에는 약 400명이 '대한독립 만세'를 외치며 시흥초교 운동장에서 금천구청 앞 평화의 소녀상까지 행진하는 만세시위 재현행사도 벌어졌다.

나) 1923~1953년, 시흥역 부근의 평옥 연와 건물

교육령이 개정1922년되면서 일제는 조선 보통학교의 학제를 6년제로 바꾸도록 하였지만, 시흥공립보통학교는 6년제로 바꾸지 않고 기존의 4년제를 유지하였다. 다만 늘어나는 학생 수를 감당하기 위해 학교의 이전을 계획하였다. 1923년 6월 3일, 시흥공립보통학교는 시흥역 부근에 새로운 평옥 연와 건물을 짓고 교실을 증축하여 이전하였다. 이 위치는 대한전선 건너편 현재의 무지개아파트와 칠성아파트 사이로, 6·25전쟁이 터지기 전까지 약 30년간 이곳에서 학교가 운영되었다. 회고록에 따르면 이때의 학교는 운동장이 매우 넓었으며 벚나무가 축대를 따라 수림을 이루고 있어 벚꽃이 피면 매우 아름다웠다고 한다.

1922년에 개정된 신교육령은 수신지금의 도덕, 국어일본어, 조선어, 산술, 국사일본사 등의 기본 교과목 이외에 지역의 상황에 따라 수공, 농업, 상업, 한문 중 하나를 선택하여 가르치도록 하였다. 시흥은 예로부터 농사를 짓던 농촌마을이었다. 새로 개정된 교육령에 따라 시흥공립보통학교에서는 선택과목으로 농업을 가르쳤다. 회고록에 따르면, 학생들은 다섯 마지기 정도의 학교 소유 논에서 씨뿌리기·모내기·김매기 등의 농사일을 실습하였고, 학교 뒤뜰의 커다란 뽕나무밭에서 누에를 치기도 하였다. 학교에서 배우는 농사일 이외에도 대부분의 학생들이 가정의 농사일을 도우며 학교에 다녔다고 한다. 1922년에는 첫 여학생이 입학하였다. 여학생들은 재봉·수예·뜨개질 등의 수업을 듣도록 하였는데, 당시에는 남자 선생님들밖에 없어서 선생님의 부인이 와서 가르쳐주었다고 한다. 여학생들의 나이는 다양해서 많게는 20대 후반의 학생도 있었는데, 여학생 대부분이 학교를 다니는 중간에 혼인하면서 그만두었다고 한다. 시흥 지역에는 보통학교 이상의 상위학교가 존재하지 않았다. 그래서 남학생들은 시흥공립보통학교에서 4학년을 마치고 나면 영등포나 군포에 있는 6년

1923년 개교 당시 시흥초교의 모습
(『서울 시흥초등학교 百年史』, 서울시흥초등학교 총동문회, 2011, 14쪽.)

1944년 제31회 졸업사진
(『서울 시흥초등학교 百年史』, 서울시흥초등학교 총동문회, 2011, 21쪽.)

제 일본학교의 5학년에 편입하였다.

1934년에는 교실 2개를 더 증축하고 학제도 4년제에서 6년제로 바꾸게 되었다. 이 시기 시흥공립보통학교는 '보통학교 졸업생 지도' 제도를 전국적으로 실시하기에 앞서 그 효과를 시험해보는 시범학교가 되기도 하였다. 시흥공립보통학교에서 시행한 보통학교 졸업생 지도 제도의 성과가 좋자, 이 제도는 전국적으로 실시되게 된다. 거듭 개정되는 일제의 교육령에 의해 1938년에는 '시흥공립심상소학교'로, 1941년에는 '시흥공립국민학교'로 교명을 개칭하였다. 시흥국민학교의 교세는 꾸준히 발전하였고 학생 수가 늘어남에 따라 분교도 계속 생겨났으며, 시흥역 부근의 본교 평옥 건물도 계속 증축하여 1944년에는 총 15개 학급이 구성되었다. 시흥국민학교의 교세 확장과 별개로 제2차 세계대전은 막바지에 달하였고 전국의 학교들은 잠시 문을 닫게 되었다.

일제가 패망하자 1945년 9월 24일에 시흥국민학교는 다시 개교하였다. 『서울 시흥초등학교 百年史』의 조사에 따르면, 개교식에는 태극기가 걸리고 애국가가 울렸으며, 한국인 교사들 외에 1명의 소사와 1,265명의 학생이 참석하였다고 한다. 같은 해 10월 31일에 첫 한국인 교장이 부임하였고 축구부, 육상부, 실습과 소풍, 운동회 등 각종 특별활동이 활성화되었다. 미군정 시기에는 일제의 간섭을 벗어나 한국인의 주도하에 교육과 관련된 중요한 결정들이 이루어지고 있었다. 홍익인간의 새로운 교육이념이 세워졌고 조선어학회에서는 국어 교과서를 엮어 학교에 배부하기도 하였다. 그러나 얼마 지나지 않아 6·25전쟁이 발발하면서 경기도의 수복 상황에 따라 시흥국민학교는 휴교와 개교를 반복하게 된다.

다) 1953~1956년, 단군전 앞, 시흥교회, 산과 들에서 이루어진 분산수업

6·25전쟁이 벌어진 직후 당시 시흥국교의 교사였던 임규완[28] 씨가 전교생의 학적부를 항아리에 담아 사택의 부엌 바닥에 묻고 피란을 떠났다. 서울 수복 후에 돌아와 보니 폭격으로 사택이 무너졌어도 학적부는 무사하였고, 이 학적부를 바탕으로 학급을 꾸릴 수 있었다고 한다. 그러나 시흥국민학교의 건물에는 이미 유엔군 부대가 주둔한 이후였다. 1954년에 부임한 김군삼 교장은 학교의 건물을 돌려받는 것이 시급하다고 생각해 시흥국민학교 건물 앞에서 시위를 벌이기도 하고 학생들과 함께 마을을 돌아다니며 학교를 지어 달라고 외치기도 하였지만, 학교 건물은 끝끝내 돌려받을 수 없었다. 이 시기 학교 건물에 유엔군과 미군이 주둔하는 일은 드문 일이 아니었다. 1954년 9월 13일 자 『경향신문』은 아직 많

1952년 단군전 앞에서 찍은 제39회 졸업사진
(『서울 시흥초등학교 百年史』, 서울시흥초등학교 총동문회, 2011, 21쪽.)

28. 임규완 교사는 서울시흥초교의 교가를 작사하였다. 임규완 교사에 대한 회고는 『서울 시흥초등학교 百年史』에 수록된 글로 「2001년 서울시흥초등학교 동문회보」에 게재되었던 내용을 전재한 것이다.

은 학교가 유엔군으로부터 학교를 반환받지 못한 점을 지적하며 동절기가 다가오고 명년 새학기가 되면 수용학생이 늘어날 것이기에 교사반환이 시급하다고 호소한다. 기사에 따르면, 시흥국민학교에는 1953년 11월부터 유엔군이 주둔하였다고 한다. 학교 건물이 없었던 이 시기 동안 고학년들은 단군전 앞에 임시 천막 교실을 지어 수업을 들었고, 저학년들은 각 마을의 부서진 건물이나 큰 집의 대청과 안씨 문중의 야산 등지에서 수업을 들었다. 교무실은 빈 판잣집에 차려졌고 졸업식처럼 전교생이 모여야 하는 날에는 시흥장로교회의 건물을 빌렸다고 한다.

라) 1956년부터 현재까지, 목조 건물 3채로 시작한 현재의 건물

김군삼 교장은 학교 건물을 구하기 위한 오랜 노력 끝에 과수원이 있던 얕은 산을 학교 부지로 얻게 되었는데, 이곳이 현재의 서울시흥초등학교 부지이다. 학교 부지가 생기자 학생들과 교사들은 삽과 곡괭이를 들고 수업 전후로 직접 땅을 파고 돌을 골라 학교터를 다듬었다고 한다. 더러는 미군[29]이 '불도저'를 밀고 와서 도와주었다고도 하며 학교를 지을 목재 마련도 미군이 도왔다고 한다. 1956년, 3개 동의 목조 건물이 지어졌다. 재미있는 점은 현재 넓은 운동장이 자리한 이 부지가 원래는 야트막한 산이었다는 점이다. 『서울 시흥초등학교 百年史』에 따르면, 1960년대 들어 탑동의 주민들이 시흥국교를 위해서 직접 삽과 곡괭이를 들고 와서 운동장을 확충하였다고 한다. 당시의 교장 선생님이 주민들을 응원하고자 금강산 타령을 불러서 박수갈채를 받았다는 일화도 있다. 그뿐만 아니라 처음 학교의 전등을 가설하였을 때, 교장의 회갑을 맞이하였을 때, 학교의 예술제 때 등 학교에서 축하할 일이 생기면 지역주민들과 학부모들이 학교에 모여 잔치를 벌였다고도 하였다. 이러한 일화들은 예로부터 이 지역에서 졸업생들을 배출해 온 서울시흥초등학교가 학생들뿐만 아니라 지역주민들의 구심점 역할도 해오고 있음을 보여준다.

1963년 1월 1일, 행정구역의 개편으로 시흥국민학교는 큰 변화를 겪는다. 학교의 위치는 그대로였지만 주소지가 '경기도 시흥군 동면 시흥리'에서 '서울시 영등포구 시흥동'으로 바뀌게 된 것이다. 서울시에 편입되면서 교명도 '서울시흥국민학교'로 개칭되었다. 논과 밭이 대거 주택지로 변하면서 시흥동은 서울 변두리의 주택 지역으로 큰 인기를 얻게 되고, 지역의 학생 수도 급속도로 늘었다. 1963년 18개 학급에 불과하였던 시흥국민학교는 3년 만에 42학급으로 늘어나고, 이후에도 계속해서 학급이 늘어 1981년에는 110학급에 달하게 되었다. 1960년대 말경에는 학급당 학생 수가 80~100명에 이르기도 하고, 3부제 수업1학년과 2부제 수업2~4학년으로 운영을 하기도 하였다. 지역의 취학 인원을 감당하기 위해 시흥동에는 계속해서 초등학교가 지어지며 서울시흥초등학교의 인원을 분산해 갔다. 2023년 현재까지 총 12개의 초등학교가 서울시흥초등학교로에서 분리된 것으로 본다. 한편 늘어나는 학생 수를 감당하기 위하여 건물은 계속해서 증축 및 신축되었고, 1980년대가 되자 처음 지은 목조 건물 3채는 모두 헐리게 되었다.

1960~1970년대에 서울시흥국민학교에 다녔던 송일봉 씨196*년생, 남의 회고에 따르면, 당시 어린이들은 사는 동네에 따라 별명을 지어 불렀다. 그는 독산동에 사는 친구들은 '논두렁', 물탱크가 있던 동네에서 오면 '물땅코', 박미마을은 '방미', 박미마을 가는 길 벽돌공장 부근에 살면 '벽돌막', 지금의 금빛공원 근처는 '부장촌', 탑동은 '똥탑' 등으로 불렀다고 기억하였다. 또한 지금까지도 '자기네 동네 애들'끼리 모이는 경향이 있다고 한다. 당시 어린이들은 사는 동네에 따라서 약간의 위계 의식이 은연중에 있었던 것으로 보인다.

29. 시흥동 토박이들은 시흥역 부근 옛 시흥국민학교 건물에 있던 부대를 '미군부대', '미군58부대'라고 칭한다. 기사에 따라서는 미군이 사용하였다고도 하고 유엔군이 사용하였다고 하기도 하는데(「校舍는 언제返還 되나?」, 『경향신문』, 1954.09.13.), 1960년대 기사에서는 시흥에 주둔하는 부대가 '미 제오팔 탄약 경비중대'라는 언급(「美軍部隊에窃盜」, 『조선일보』, 1960.09.01.)되거나 유엔군 사령부 공보국에 등록된 미육군병 부대로 언급(「토막소식」, 『조선일보』, 1961.08.05.)되기도 한다.

1950년대 시흥초등학교
뒤에 보이는 건물이 현재 자리에 처음 지어진 목조 건물이다.
(『서울 시흥초등학교 百年史』, 서울시흥초등학교 총동문회, 2011, 14쪽.)

송일봉 씨는 시흥 본동에 살던 친구들은 '잘난 아이들'이라고 표현하였다. 박미마을에 살던 친구들은 통학하려면 중간에 '벽돌막' 동네를 지나가야 하였는데, 벽돌막 아이들이 박미마을 아이들을 은근히 무시하며 통행세를 내라고 장난을 쳤고, 박미마을 아이들이 수적으로 적었기 때문에 대들 생각을 못하였다는 추억을 이야기하기도 하였다. 당시에는 서울시흥초등학교의 인원을 분산시키기 위해 인근 지역에 다른 학교들이 많이 지어지던 시기였다. 그러나 학부모들은 역사가 오랜 시흥초교에 자녀를 진학시키기를 원하였다고 한다.

그러니까 은행나무 있는 데서 그 위쪽에 있는 아이들은 새로 생긴 탑동초등학교로 가야 해. 그래서 애들이 막 울고불고 그랬었어요. 거기 안 간다고, 이상한 유배 가는 느낌을 좀 가졌던 것 같아요. 그리고 엄마들이 더 난리였어. 새로운 학교 가면 시설도 안 좋고 그러니까 왠지 교육이 좀 떨어질까 봐 안 보내려고 해서 좀 힘 있는 사람들은 탑동 살면서도 그래도 시흥초교에 붙어 있고. 옛날에는 그게 가능했어요.

송일봉 씨(196*년생, 남)

멀리에서는 소하동현재는 광명시에서도 1시간을 걸어 등교하였다. 드물게는 대방동에서도 오는 경우가 있었다. 송일봉 씨에 따르면 대방동처럼 먼 곳에서 오는 경우는 대부분 자녀를 시흥초등학교에 보내기 위해 시흥동에 있는 친척 집으로 주소지를 이전한 경우였다고 한다.

송일봉 씨가 처음 학교에 다닐 때는 목조 건물에서 수업하였다. 1960년대 후반 같은 부지 내에 새로운 건물이 지어지면서 졸업하기 전에 새로운 건물로 이전하게 되었다. 이와 관련해 당시 아이들 사이에선 구렁이 전설이 돌았다. 시흥국민학교를 짓기 위해 산을 깎다가 학교 소사가 구렁이를 죽였는데, 그 때문에 시흥국민학교에서 소풍 갈 때가 되면 여지없이 비가 온다는 전설이었다. 이는 우리나라 학교 괴담의 대표적인 이야기로 전국적으로도 많이 찾아볼 수 있는 괴담 중 하나다. 이 당시에는 소풍 가면 호압사나 별장산으로 가곤 하였다. 소풍은 1학년부터 6학년까지 전 학년이 함께 학교에서부터 행렬을 이루어 걸어서 갔다. 김형일 씨196*년생, 남에 따르면, 이 시기 학생 수가 어찌나 많던지 행렬의 끝부분이 이제 막 학교를 떠날 때면 앞부분은 이미 소풍지에 도착할 정도였다고 한다.[30] 6학년 학생들은 6학년끼리만 따로 모여 조금 더 먼 안양유원지를 가기도 하였다.

30. 김형일 씨는 시흥동에서 산 지는 7년밖에 되지 않았으나, 시흥교회의 담임목사로 활동하면서 시흥동 토박이들로부터 위와 같은 옛 추억 이야기를 많이 들었다고 한다.

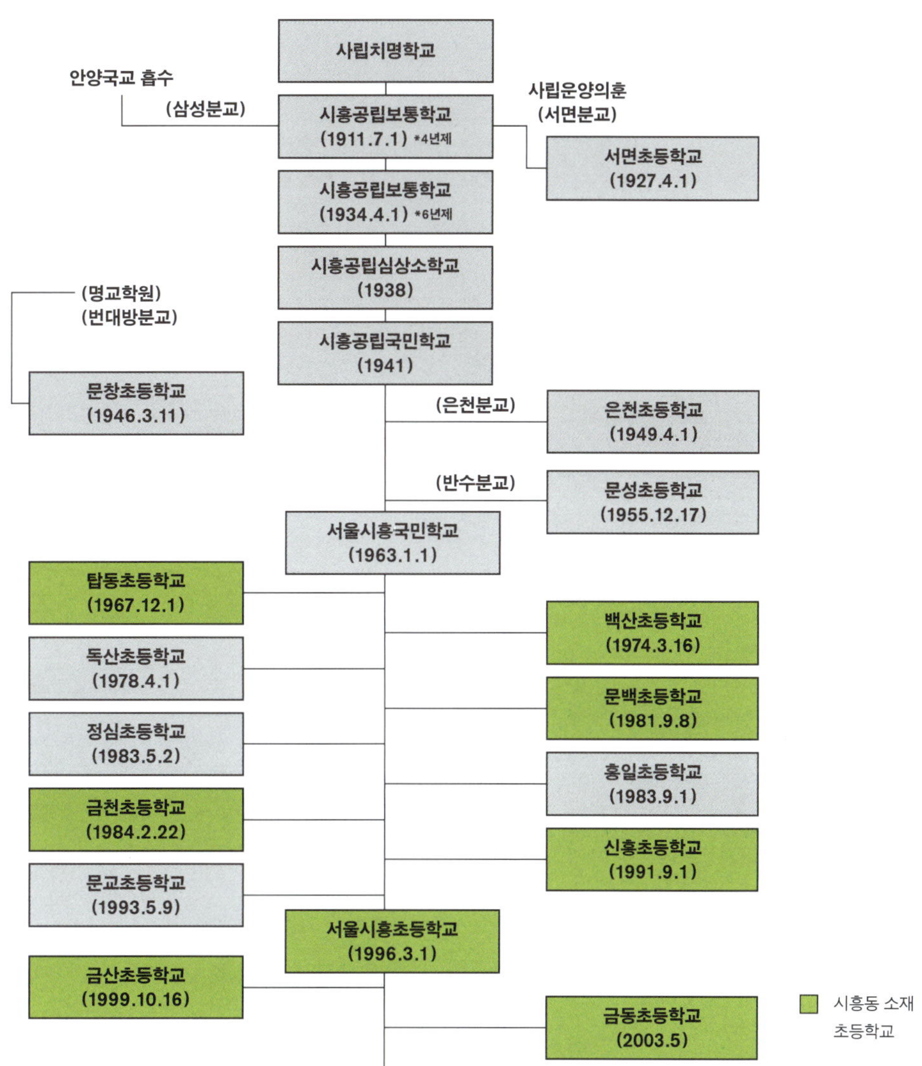

서울시흥초등학교 분리 현황
(『서울 시흥초등학교 百年史』, 서울시흥초등학교 총동문회, 2011, 267쪽.)

나. 오늘날 시흥의 교육

1) 시흥동의 학교와 학원들

시흥동의 초등학교들은 서울시흥초등학교에서 분리되어 나온 경우가 대부분이다. 시흥동 관내 초등학교 현황을 살펴보면 시흥1동의 서울문백초등학교, 서울시흥초등학교, 시흥2동의 서울금동초등학교, 동광초등학교, 서울탑동초등학교, 시흥3동의 서울금산초등학교, 서울백산초등학교, 시흥4동의 서울금천초등학교, 서울신흥초등학교가 있다.[31] 이 중 관내 유일의 사립 초등학교인 동광초등학교를 제외하고는 모두 서울시흥초등학교에서 분리된 학교들이라고 볼 수 있다. 이를 개교 순서대로 살펴보면, 탑동초등학교1967.12.1.-백산초등학교1974.3.16.-문백초등학교1981.9.8.-금천초등학교1984.2.22.-신흥초등학교1991.9.1.-금산초등학교1999.10.16.-금동초등학교2003.5. 순이다. 시흥2동의 동광초등학교는 2001년에 개교하였으며, 인근의 동일중학교·동일여자고등학교·서울매그넷고등학교동일여자상업고등학교에서 교명 변경와 함께 동일학원재단 소속이다. 오늘날 학교 교육의 걱정거리로 손꼽히는 이

31. 서울특별시에 있는 공립 초등학교는 이름 앞에 '서울'을 붙인다. 동광초등학교는 금천구 유일의 사립초등학교로 공립과 달리 이름 앞에 '서울'을 붙이지 않는다.

시흥동의 학교 분포

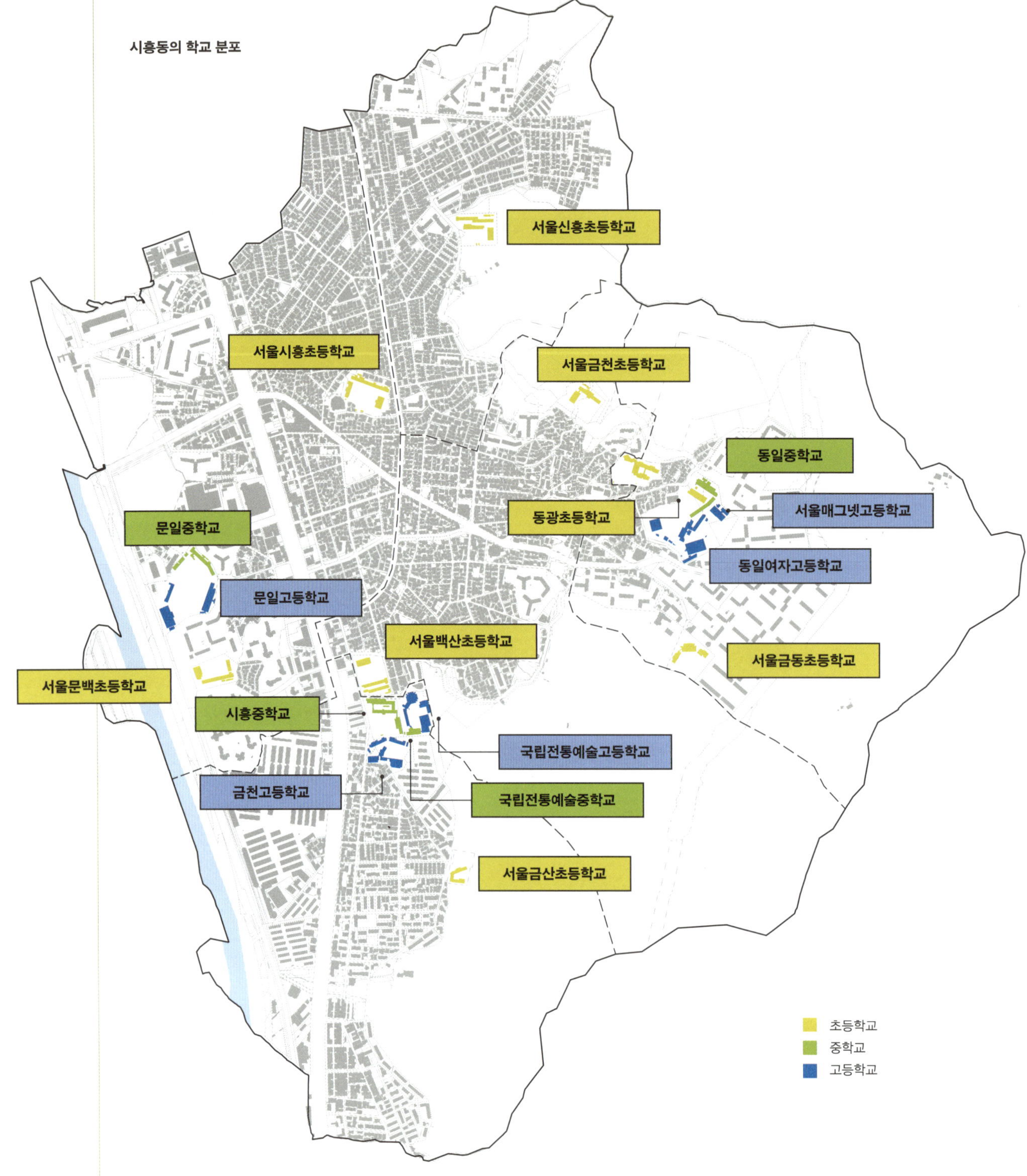

슈는 학생 수 감소 문제로, 중소도시는 물론 서울에서도 많은 학교가 학생 수 감소로 인해 폐교 위기에 놓였다는 기사를 자주 찾아볼 수 있다. 한때 한 반에 80여 명씩 한 학년에 18개 반까지 있었던 적도 있다던 서울시흥초등학교도 현재는 1학년부터 6학년까지 전 학년의 총학생 수가 467명에 불과하다. 다른 학교들 역시 상황은 비슷하여 가장 적게는 전교생 143명금천초등학교부터 많게는 전교생 688명금동초등학교 정도가 고작이다. 전교생 수가 줄어들면서 교원 1인당 학생 수도 상대적으로 줄어들었는데, 한국교육개발원에서 조사한 '교육기본통계'에 따르면, 2023년 한국 초등학교 교원 1인당 학생 수는 13.3명으로, 시흥동의 초등학교들도 학교마다 조금의 차이는 있지만, 평균적으로 전국 통계와 비슷한 양상을 보이고 있다.

시흥동의 초등학교 정보(2023)

위치	교명	개교일	구분	교목/교화	학생 수	교원 수	교원 1인당 학생 수	학급당 학생 수
시흥1동	서울문백초등학교	1981.9.8.	공립	은행나무/장미	591명	46명	14.8	19.1
	서울시흥초등학교	1911.7.1.	공립	느티나무/수수꽃다리	467명	38명	15.1	18
시흥2동	서울금동초등학교	2003.5.	공립	소나무/진달래	688명	50명	16.8	21.5
	동광초등학교	2001.3.1.	사립, 동일학원재단	느티나무/개나리	469명	44명	11.7	27.6
	서울탑동초등학교	1967.12.1.	공립	은행나무/개나리	469명	38명	16.2	19.5
시흥3동	서울금산초등학교	1999.10.16.	공립	소나무/목련	280명	26명	14	20
	서울백산초등학교	1974.3.16.	공립	옥향나무/개나리	244명	24명	12.2	15.3
시흥4동	서울금천초등학교	1984.2.22.	공립	느티나무/개나리	143명	22명	8.4	11.9
	서울신흥초등학교	1991.9.1.	공립	느티나무/개나리	514명	38명	16.6	19.8

시흥동의 중고등학교 정보(2023)

위치	교명	개교일	구분	성별	교목/교화	학생 수	교원 수	비고
시흥1동	문일중학교	1967.12.14.	사립, 문일학원재단	남학교	은행나무/개나리	384	36	
	문일고등학교	1974.12.27.	사립, 문일학원재단	남학교	은행나무/개나리	854	76	
시흥2동	동일중학교	1969.3.6.	사립, 동일학원재단	공학	느티나무/개나리	532	43	
	동일여자고등학교	1972.12.19.	사립, 동일학원재단	여학교	느티나무/개나리	622	70	
	서울매그넷고등학교	1987.1.12.	사립, 동일학원재단	여학교	느티나무/개나리	448	62	특성화고등학교 (전)동일여자상업고
시흥3동	시흥중학교	1991.10.30.	공립	공학	느티나무/개나리	521	56	
	금천고등학교	1983.12.8.	공립	공학	은행나무/장미	688	69	
시흥4동	한울중학교	1971.12.29. (개교: 독산동) 2016년(이전)	공립	공학	오동나무/모란	542	49	
시흥5동	국립전통예술중학교	1960.5.13. (개교: 관훈동) 1992.10.(이전)	국립	공학	은행나무/목련	214	59	
	국립전통예술고등학교					518	111	특수목적고등학교

표는 각 학교의 홈페이지 및 학교알리미에 올라온 정보를 참고하여 작성하였다.

이 지역에 중학교와 고등학교가 들어선 것은 1960년대였다. 문일학원재단의 문일중학교1967와 동일학원재단의 동일중학교1969가 지역의 첫 중고등학교라고 볼 수 있다. 동일중학교는 여학교로 개교하였으나 현재는 공학으로 운영되고 있으며, 문일중학교는 개교 이래부터 지금까지 계속 남학교를 유지 중이다. 한울중학교의 이전과 관련해서 이 지역의 유명한 에피소드가 있다. 한울중학교는 원래 문성중·난곡중과 함께 독산3동에 있던 학교이다. 현재 한울중학교가 있는 자리인 시흥4동에는 서울흥일초등학교와 전경 기동대가 있었다. 당시 시흥4동에 중학교가 부재하여 인근의 중학생들은 걸어서 1시간, 버스 타고 30분이 넘는 거리로 통학해야만 하였다. 한편 흥일초등학교의 학생들은 바로 옆에 붙어 있는 전경 기동대의 훈련 모습에 고스란히 노출되는 상황이었다. 이에 초등학교 근처에서 기동대 훈련을 하는 것이 부적절하다는 의견과 시흥4동에 중학교를 유치해야 한다는 의견 아래 2011년 '기동대 이전 중학교 유치 주민 대책위'가 조성되었다. 학부모, 교사, 인근 지역의 주민, 마을 활동가들의 오랜 의견 절충 과정 끝에 기동대는 다른 지역으로 이동하고 서울흥일초등학교는 근처의 서울신흥초등학교와 통합하여 폐교되었으며2015, 독산동에 있던 한울중학교는 서울흥일초등학교 부지로 이전하게 되었다2016. 기존 한울중학교가 있던 독산동 부지에는 '모두의학교'[32]가 생겼다. 이러한 과정을 기념하여 한울중학교 축제인 모란제는 마을과 학교가 서로 이해하자는 취지에서 학교만의 축제가 아닌 마을축제로서 열리고 있다.

32 시민이 주도하는 평생학습종합센터

문일고는 금천구에서 동일여고와 함께 역사가 있는 학교죠. 우리 아들 하는 얘기가 '문일고 나오면 군대 가도 걱정이 없다'라고 할 정도로…. (하략)

운영자 씨(196*년생, 여)

문일고의 경우 지역 내에서 시흥초교 졸업생 못지않은 영향력과 결속력을 가진다고 해서 졸업생들이 학교에 대한 자부심을 보이곤 한다. 서울매그넷고등학교는 동일여자상업고등학교로 개교하였으나 2022년에 서울매그넷고등학교로 교명을 변경하였다. 아직까지 지역주민들에게 동일여상으로 더 잘 알려져 있다. 이 지역의 독특한 학교로 국립전통예술중고등학교를 살펴볼 수 있다.

국립전통예술중고등학교는 1960년 5월 종로구 관훈동에서 '국악예술학교'라는 이름으로 개교하였다. 국악예술학교는 1984년에 '서울국악예술고등학교'로 교명을 변경하고 1992년에 현재의 시흥동 교사로 이전하였으며 2008년에 '국립전통예술중고등학교'로 다시 교명을 변경하였다. 서울 강남구 개포동에 위치한 '국립국악중고등학교'와 함께 서울 내에서 전통예술을 가르치는 특수학교로 전국 각지에서 학생들이 진학을 희망하고 있다. 국악 및 한국무용만 가르치는 국악고에 비해 전통예술고가 더 다양한 전공을 개설하고 있다.[33] 이정란 씨의 인터뷰에 따르면, 국립전통예술중고는 지역주민들 사이에서 시흥동의 학교라는 느낌이 들지 않는 학교라고 한다. '우리시흥동 아이들'이 진학할 학교가 아니기 때문이다. 비록 시흥동의 학생들이 진학하는 학교는 아니지만, 전국에서 모여든 전통예술중고 학생들은 시흥동에서 기숙사 생활을 하며 전통예술인으로서의 꿈을 키우고 있다. 학생들은 학교 안에만 머무는 것이 아니라 지역에서 열리는 축제와 행사에 참여하며 자기 장기를 선보이고 시흥동에서의 추억을 쌓기도 한다. '정조대왕 능행차 시연행사'의 공연에 참가한 전통예술중학교 학생들의 인터뷰에 따르면, 교내 공연단체인 '아리랑예술단'은 학생들 중에서도 실력이 좋은 학생들만을 선발하여 입단하도록 하는데, 이 단체에서 활동하면 1년에 5~6번 공연에 참가하게 된다고 한다. 학교가 위치한 시흥5동 주변에는 예술을 연습할 수 있는 각종 연습실이 많이 있어서 학생들은 학교와 연습실을 중심으로 생활하고 있다. 10대 대부분의 시간을 시흥동에서 보낸 전통예술중고 학생들은 졸업 후에도 시흥동을 중심으로 예술활동을 이어가기도 한다. '금아랑'은 전통예술고등학교를 졸업한 젊은 예술인들과 현재 재학 중인 학생들 일부가 만든 국악 관혁악단으로 지역 내에서 예술 공연 활동을 진행하고 있다. 시흥5동 학교 인근에 위치한 금천 문화예술인 커뮤니티 공간 '만천명월예술인家'에서 활동하며 일반인들을 대상으로 국악에 대해 강의하는 졸업생들도 찾아볼 수 있다.

서울열린데이터광장의 인허가 정보 통계에 따르면, 시흥동에는 181개의 학원이 운영되고 있다. 이 중 입시, 보습, 외국어, 논술 등과 관련된 학원이 가장 많은 비중을 차지한다. 시흥동에서 가장 큰 규모로 운영되며 유명한 입시학원은 '진학학원'이다. 진학학원은 초등관, 중등관, 고등관, 어학원 4개의 전문영역으로 구성된다. 고등관은 시흥대로에, 매티스트관은 금천구청역 부근의 롯데캐슬 상가에, 어학원과 초중관은 동일중학교 근처에 위치한다.

2) 오늘날 학생들의 생활상

시흥2동에는 탑동초등학교와 동일재단의 학교들인 동광초등학교, 동일중학교, 동일여고, 서울매그넷고등학교구 동일여상가 있다. 은행나무시장과 마을공용공간 어울샘을 지나 혜명

33. 국립국악고등학교의 전공: 가야금, 거문고, 해금, 대금, 피리, 아쟁, 타악, 정가, 판소리, 민요, 한국무용
국립전통예술고등학교의 전공: 무용과, 음악연극과, 한국음악과(가야금, 거문고, 해금, 대금, 피리, 아쟁, 판소리, 민요, 가야금병창, 정가, 국악이론, 국악작곡, 타악연희·타악장단) * 음악연극과에서 판소리를 다룬다.

탑동초등학교 앞의 문구점

교통지도 중인 봉사자

보육원 근처부터 탑동초등학교에 이르기까지는 어린이보호구역이다. 이곳의 횡단보도에는 나이가 지긋하신 봉사자들이 각기 '금천호암노인종합복지관'과 '금천시니어클럽'이 쓰인 형광색 조끼를 입고 나와 아침부터 오후까지 어린이들과 보행자들을 위해 노란 깃발을 들며 교통 안전지도를 하고 있다. 어린이들이 학교에서 수업을 듣느라 길에 나와 있지 않은 시간에도 봉사자들은 길가에 놓인 간이의자에서 간간이 휴식을 취하며 보행자들의 교통안전을 돕고 있다. 탑동초등학교 교문 바로 앞에는 오래된 문방구가 있다. 문방구에서는 아이돌 사진이 그려진 카드, 과자, 문구류, 자그마한 장난감 등을 길가 좌판에 늘어놓고 팔고 있다. 과거 초등학교 근처에는 어린이들을 대상으로 간식을 만들어 파는 작은 분식집들이 있었지만, 오늘날 탑동초등학교 근처에서 분식집은 '꼬꼬마분식' 한 개뿐, 많이 찾아볼 수 없다. 대신 교문 바로 앞에 무인 아이스크림 가게에서 다양한 과자와 간식을 팔고 있었다.[34] 오후 2시 30분에서 40분 사이, 하교하는 어린이들은 무인 아이스크림 가게나 편의점에 들러 아이스크림, 음료수 등을 사서 들고 친구들과 함께 떠들며 은행나무시장 쪽으로 내려온다. 어린이들이 내려오는 길가에는 작은 규모의 미술학원야호창작소, 음악학원키즈 음악원, 원 바이올린 교습소, 중앙 피아노 교실, 예지 음악학원 등, 태권도학원고려대 대중 태권도장, 영어학원조이영어, 뮤엠 영어학원 등 등이 있다. 학교에서 내려와 학원이 있는 건물에 들어가며 건물 앞에서 친구들과 인사를 나누는 어린이들도 찾아볼 수 있었다. 은행나무시장 쪽으로 내려오는 길에는 마을공용공단 어울샘이 있는데, 짧은 시간이지만 이곳에 들르는 어린이들도 많이 볼 수 있었다. 어린이들은 3층에 위치한 어울샘홀에서 친구들과 간식을 먹으며 잠시 담소를 나누거나 공용공간에 마련된 보드게임을 하기도 하였다.

탑동초등학교에서 골목으로 조금 더 올라가면 가파른 언덕에 동일학교재단의 동광초등학교, 동일중학교, 동일여고, 서울매그넷고등학교가 모여 있다. 학교 앞 큰길 건너편으로는 금천종합복지타운 건물이 보인다. 금천종합복지타운 건물에는 시흥2동 주민센터, 금천구립시흥도서관, 금천구립탑골어린이집, 늘솔나루 마을활력소, 사랑채 요양원이 함께 있다. 이쪽 큰길가에는 보습학원들이 있다. 진학학원, 정현학원, 한샘에듀학원, 리더스 채움학원, 스카이 학원, 정상어학원, 파닉스 영어학원, 잉글리쉬 마스터즈, 매쓰프로 수학학원, 특공수학, 지성의 숲 수학과학학원 등 교과공부 위주의 학원들이 모여 있다. 동일학교재단의 교문 바로 앞에는 '동일프라자'라는 이름의 서점이 있는데, 이곳에서는 초중고생을

34. 오늘날 학생들이 즐겨 찾는 장소마다 무인 아이스크림 가게가 있다. 시흥대로38길 인근에는 서울백산초등학교·시흥중학교·국립전통예술중고등학교·금천고등학교가 모여 있는데, 이곳에도 무인 아이스크림 가게가 있다. 학생들이 무인 아이스크림 가게에 들러 간식을 사먹는 모습을 쉽게 볼 수 있다.

동일프라자 서점

하교 중인 동일중학교 학생들

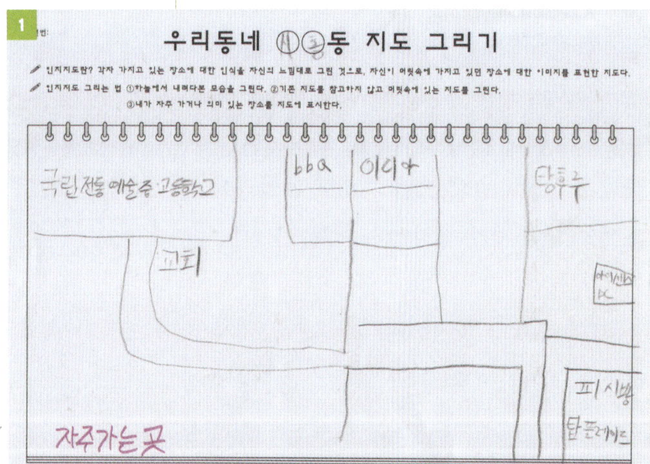

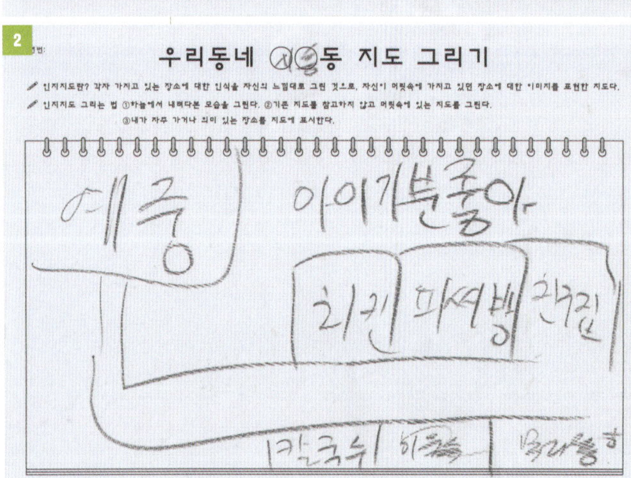

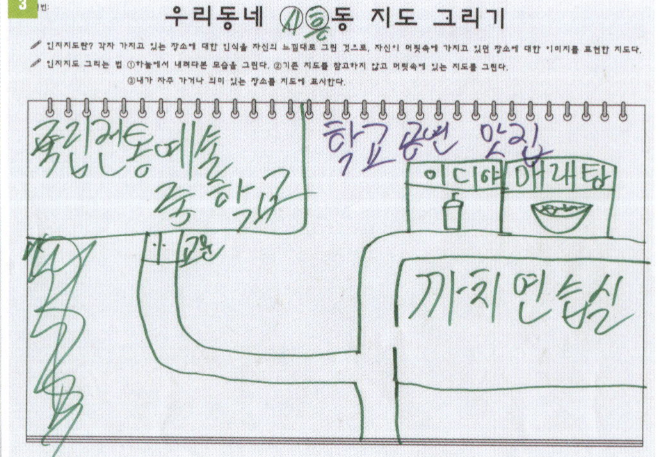

1 전통예술중학교 학생이 시흥동에서 자주 가는 장소들에 대해서 그린 그림으로 PC방과 탕후루 가게를 볼 수 있다.

2 전통예술중학교 학생이 시흥동에서 자주 가는 장소들에 대해서 그린 그림으로 PC방, 치킨집, 칼국수 가게 등을 볼 수 있다.

3 전통예술중학교 학생이 시흥동에서 자주 가는 장소들에 대해서 그린 그림으로 연습실과 마라탕집을 볼 수 있다.

대상으로 하는 각종 참고서 및 문제집을 팔고, 바로 옆에 있는 진학학원의 교재도 판다. 제본, 복사, 출력, 코팅 등도 할 수 있고 문구도 팔고 있어 학생들이 자주 찾는다.

오후 4시가 되면 동일중학교 수업을 마친 학생들이 하교하느라 학교 앞이 북적해진다. 탑골초등학교 근처와 마찬가지로 교문 앞 횡단보도에는 봉사자들이 교통지도를 한다. 학생들은 하교하며 인근 버스 정류장을 많이 이용한다. 요즘 10대가 선호하는 음식으로 '마라탕'이 꼽히기도 하는데,[35] 학교와 학원이 많이 위치한 이곳 큰길가에서도 마라탕 가게를 찾아볼 수 있다. 그뿐만 아니라 핫도그, 탕후루, 떡볶이, 붕어빵 등의 간식을 먹을 수 있는 식당들도 있다. 학생들은 주로 프랜차이즈 식당을 많이 이용하고 있었다. 날씨가 쌀쌀해지자 잉어빵을 사 먹기 위해 가판대 앞에 줄을 서서 기다리는 학생들도 많이 볼 수 있었다. 전통예술중학교 학생들이 시흥동에서 자주 다니는 장소에 대해 그린 그림에서도 마라탕과 탕후루 가게를 찾아볼 수 있다. 그 외에도 자주 찾는다는 설명과 함께 PC방도 그린 것을 볼 수 있다.

3) 시흥동의 교육환경 개선을 위한 지자체와 시민들의 노력

우리나라의 교육 분야에서 자사고와 특목고 등 명문 학교로의 쏠림 현상은 해결해야 할 오랜 과제 중 하나로 손꼽히고 있다. 서울에서는 특히 서울특별교육시청 8학군소위 강남 8학군을 선호하는 현상이 유명하다. 중고등학교 평준화가 실시된 지는 오래지만, 예로부터 명문으로 여겨지던 학교들이 강남구와 서초구 일대로 대거 이전한 데다, 이 지역에 크고 유명한 학원들이 모여 있기 때문이다. 강남 8학군의 교육열과 학원 시스템은 드라마 소재로도 자주 사용되어 이제는 전국적으로도 '강남 8학군'이라는 말이 명문 학교 지역이나 교육열이 강한 지역을 일컫는 일반명사화되기도 하였다. 강남 8학군이 유명해지다 보니 서울에서 8학군에 해당하지 않는 지역은 상대적으로 교육환경이 좋지 않은 것처럼 여겨지기도 한다. 시흥동에서도 이러한 분위기를 살펴볼 수 있다.

교육환경은 뭐 말하고 싶지 않아요. (중략) 금천구에서는 더 좋은 학교에 가려면 다른 데로 가야해요. 특목고 같은 데를 가야죠.

윤영자 씨(196*년생, 여)

금천구에서 주민들이 가장 해결해야 한다고 하는 문제는 교육 문제예요. 지금도 마찬가지지만 초등학교 5학년이면 애들을 전학시키려고 하는 움직임들이 많아요. 실제로 학급 수가 줄어요. 한 번씩 '이사 가야 하는 거 아니야'라는 고민을 하거든요. 그래서 여기 옆에 목동으로 가거나 신림동으로 가거나 하죠.

오현애 씨(196*년생, 여)

공부 잘하는 애들은 다 외부로 나가요. 근데 걔네들이 좋은 대학을 간 이후에 다 다시 돌아와요.

이정란 씨(196*년생, 여)

초등학교 고학년의 이주율이 높아요. 중학교부터 다른 데로 보내려고 이사 간다는 그런 이야기가 있다고 들었습니다.

남현숙 씨(197*년생, 여)

35. 「요즘 10대 소울푸드 '마라탕'… 불량음식으로 불릴 근거」, 『헬스조선』, 2023.10.4.

주민들은 '자녀가 초등학교 고학년이 되면 교육환경이 더 좋은 지역을 찾아 이사 가야 한다'는 이야기를 농담 반, 진담 반으로 주고받는다. 본 연구팀에서 50명을 대상으로 진행한 설문조사에서 '귀하가 생각하시는 시흥동의 불편한 점이 무엇입니까?'라는 질문에는 '교육환경'과 '문화 및 여가생활'이 각각 26%로 가장 높은 응답을 차지하였다. 그러나 주민들의 인식과 달리 통계로 살펴본 금천구의 교육환경은 실제로 나쁘지 않은 편이며, 오히려 서울의 평균보다 좋은 편이다.

서울열린데이터 상급학교 진학률 통계(2020)

자치구별	고등학교별	고등학교별	2020				
			졸업자(명)	진학자 수(명)	진학률(%)	취업자(명)	기타(명)
서울 전체	고등학교(합계)	소계	83,638	49,087	58.7	5,855	28,696
		일반고	53,715	34,439	64.1	875	18,401
		특수목적고	4,095	2,437	59.5	433	1,225
		특성화고	14,105	5,084	36.0	4,391	4,630
		자율고	11,723	7,127	60.8	156	4,440
금천구	고등학교(합계)	소계	1,485	989	66.6	184	312
		일반고	809	596	73.7	53	160
		특수목적고	169	148	87.6	-	21
		특성화고	247	55	22.3	124	68
		자율고	260	190	73.1	7	63

시흥동과 인근 지역 학교 수 비교

구분	시흥동	독산동	가산동
초등학교	9	9	1
중학교	5	5	-
고등학교	5	1	-

서울열린데이터광장에서 공개한 상급학교 진학률 통계에 따르면 서울의 평균 진학률은 58.7%이지만 금천구의 진학률은 66.6%에 달한다. 금천구 안에서는 특히 시흥동의 교육환경이 좋다고 볼 수 있다. 시흥동의 학교는 총 19개로, 초등학교와 중학교의 수는 인근의 독산동과 비슷한 수준이지만 고등학교의 수는 월등히 많다.

금천구의 교육환경 개선은 지역에서 오랜 해결과제로 여겨졌다. 지자체와 여러 시민단체는 교육에 대해 꾸준히 관심을 갖고 개선을 위해 노력해 왔다. 금천교육나눔협동조합의 오현애 씨에 따르면, 금천구의 교육 관련 시민단체들의 연대는 '금천 어린이 큰잔치'에서 이루어지기 시작하였다. 금천구는 2007년부터 어린이날이 되면 '금천 어린이 큰잔치'라는 행사를 크게 치러 왔다. 지역사회에서 어린이 문제에 관심을 가지는 각종 시민 모임들이 부스를 열고 행사에 참여하곤 하였다. 행사가 매년 열리다 보니 정기적으로 참여하는 단체끼리 서로를 인지하게 되었고 점차 '느슨한' 형태의 연합이 만들어졌다고 한다. 네트워크를 중심으로 금천구의 교육 문제를 해결해보자는 움직임이 만들어지던 찰나에 마침 금천구청에서 '교육드림사업 10대 연구과제' 사업 공모를 실시하였다. 이는 2010년 금천구청이 금천교육 발전을 위한 중장기 계획을 수립하고자 실시한 사업이었는데, 주민이 적극적으로 참여할 수 있는 교육환경을 구축하겠다는 것이 공모의 주된 목표였다. 공모는 아동보육, 학력증진, 평생학습, 지역사회문제, 자유주제의 5개 분야로 진행되었다. 느슨하였던 네트워크는 함께 교육 사업공모를 준비하며 공고해졌다. 한편 2012년부터 금천구는

금천구의 초3 사회과 마을교과서 '여기 사는 내가 좋아'(남부교육청 홈페이지)
금천구 마을교과서는 금천교육네트워크에서 발간하였다.

'서울형혁신교육지구 사업'의 시범사업 지구로 지정되었다. '서울형혁신교육지구 사업'이란 서울시와 서울시교육청이 주관하는 사업으로, 학교와 지역사회가 함께 아이들을 키워야 한다는 기조 아래 자치구와 교육지원청, 학교, 지역사회가 협력체계를 구축하여 학생 교육을 위해 공조하고 민관학 거버넌스 체계를 시도해 교육정책의 패러다임 전환을 이루는 것을 목표로 한다. 학교 교육에 지역사회와 시민들의 참여가 요구된 것이다. 이러한 분위기 속에서 금천교육네트워크라는 이름 아래 이 지역의 교육 관련 시민단체들의 연합이 생겼다. 금천교육네트워크에서 진행한 대표적인 사업은 초등학교 3학년 마을교과서인 '여기 사는 내가 좋아'의 발간이다.

현재 초등학교 3학년 사회과 교육과정은 '마을'을 주제로 학습하도록 구성되어 있다. 그런데 마을에 대해 가르쳐야 하는 선생님들이 정작 이 지역주민이 아닌 경우가 많았다. 금천네트워크에는 선생님, 학부모, 마을 활동가 등 다양한 사람들이 모여 있었기 때문에 함께 마을 교육과정을 직접 만들어 보자는 의견이 나왔다.[36] 네트워크를 중심으로 간담회도 개최하고 지역 탐방도 하고 워크숍도 열며 처음에는 교사용 마을 지도서를 만들게 되었고, 이후 1년간의 연구 작업을 통해 전국 최초로 2016년에 마을교과서『여기 사는 내가 좋아』를 발간하게 되었다2016. 2017년부터 지역의 초등학교에 마을교과서가 배포되어 실제 교육이 이루어졌다. 금천구의 마을교과서 제작사례는 모범사례로서 서울시 교육청에 전파되었고, 현재는 다른 25개 자치구에서도 지역 교과서를 만들게 되었다. 후속으로 중고등학생용 마을알기 배움책인『걸어서 금천 속으로』도 발간되었다. ♣

36. 금천학부모모임, 금천도시농업네트워크, 살구여성회, 마을신문 금천in, 전교조 초등(금모래), 시흥다리밟기보존회, 금천교육복지센터, 두드림 청소년지원센터, 숲지기강지기 등 다양한 단체들이 네트워크에 참여하였다.

주민들과 울고 웃으며, 시흥의 종교

시흥동의 종교시설 분포(전체)

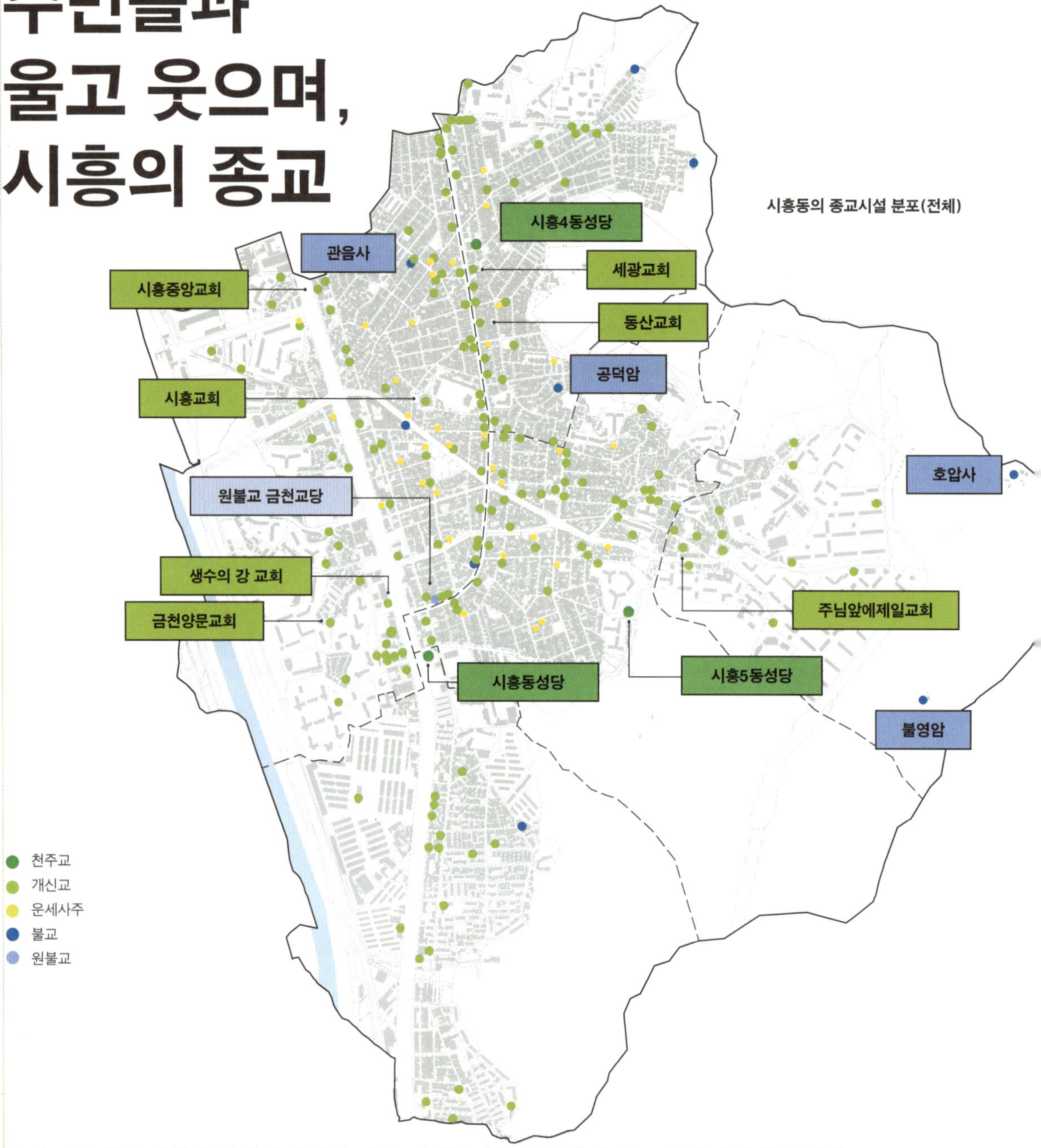

읍치로서 인근 지역의 구심점 역할을 해온 시흥동에는 일찍부터 종교 공동체가 형성되었다. 이 장에서는 우선 불교와 개신교·천주교·원불교의 전체적인 종교시설 통계를 조사하고, 오랜 역사를 지닌 절과 교회·성당을 중심으로 시흥동의 종교 생활에 대해 살펴보고자 한다. 특히 조선의 건국과 함께 세워진 호압사, 약 100년의 세월 동안 자리를 지켜온 시흥교회와 시흥동성당, 지역의 가난한 이들을 돌보아 온 전·진·상 의원/복지관과 민중교회들을 통해 주민들과 함께 울고 웃어 온 시흥동의 종교 생활을 살펴보고자 한다. 마지막으로 시흥동 지역에서 오랫동안 터를 이루어 살아온 원주민들이 구전으로 이어 받아온 탑골의 산제에 대해 소개하며, 오늘날의 주민들이 마을의 안녕과 화합을 기원하는 마음으로 만들어 낸 은행나무 당고사에 대해서도 소개하고자 한다.

가. 시흥동의 종교 현황

먼저 시흥동에 분포한 종교시설의 분포를 살펴본다. 교회는 총 179개소로 접근성이 높은 시흥대로와 독산로를 중심으로 다수 분포하고 있으며 성당은 시흥대로에 있는 시흥동성당을 포함하여 3개소가 있다. 절·사찰은 호암산에 있는 호압사를 포함하여 9개소가 있으며, 원불교도 1개소가 있어 주요 종교시설이 고루 분포하고 있다. 또한 저층주거지를 중심으로 운세·사주 등 점집도 다수 분포하고 있다. 종교별 분포는 아래와 같다.

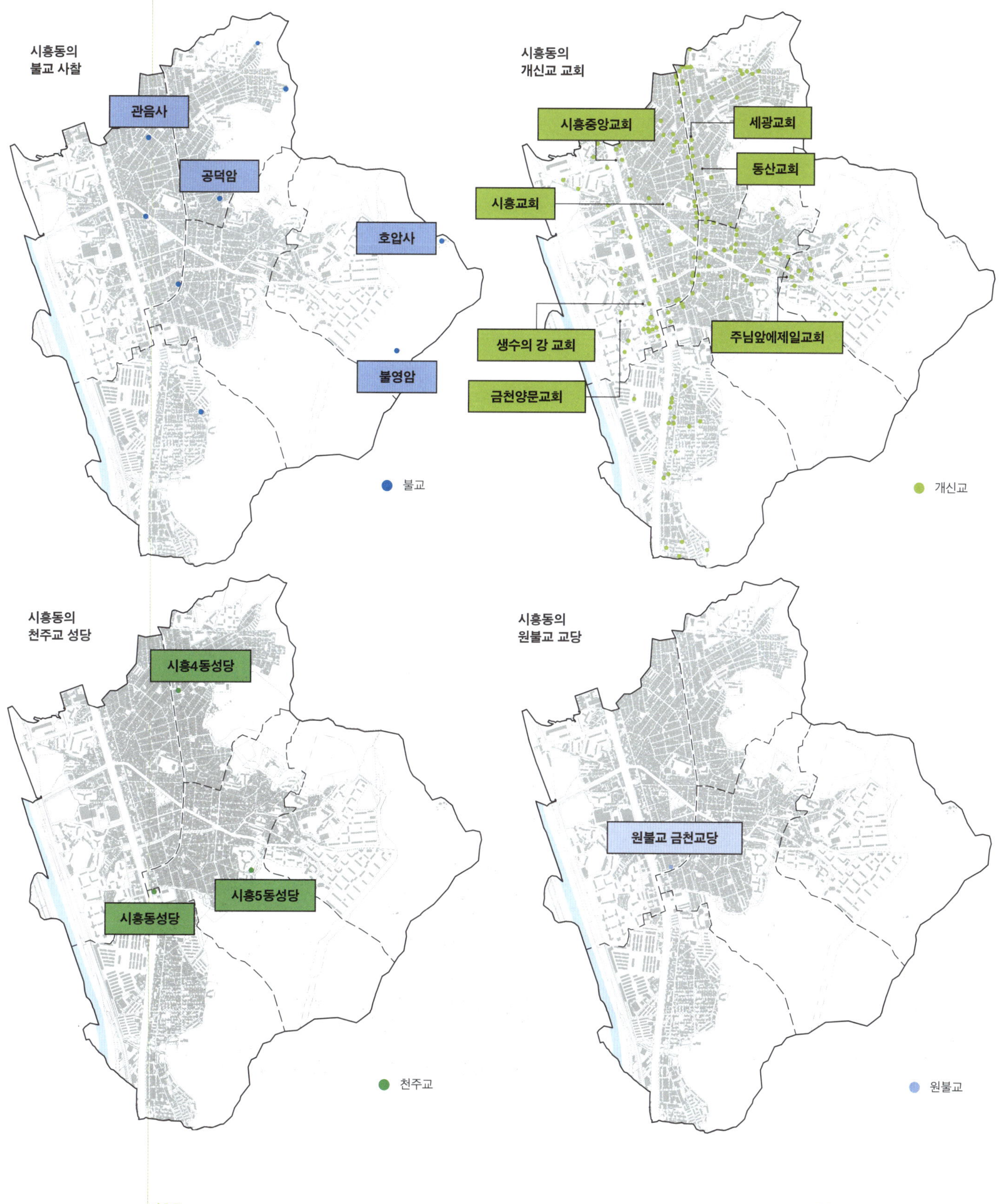

나. 일찍이 형성된 시흥동의 종교 공동체

1) 호압사

호압사는 대한불교조계종 종파의 전통 사찰로 시흥2동 삼성산자락인 호암산에 위치한다. 산으로 둘러싸여 있지만 호압사를 들어가는 입구 바로 앞으로 벽산아파트 단지와 버스정류장이 있어서 접근성이 좋다. 계절마다 달라지는 산세를 즐길 수 있어 호압사는 인근 주민들에게 좋은 산책로이자 휴식처가 되고 가깝게 갈 수 있는 소풍 장소가 되기도 한다.

호압사 쪽에 보면 둘레길이라고 장애인들이나 어린 아이들도 다닐 수 있게끔 굉장히 잘해 놨어요.

윤영자 씨(196*년생, 여)

호압사는 태조가 조선을 건국할 때 한양을 수호하기 위해 만든 비보사찰裨補寺刹이다. 한국의 사찰 중에 뚜렷한 창건연기를 갖는 사찰은 많지 않다는 점에서 호압사는 특별하다.[37] 호압사의 창건연기는 『동문선』과 『신증동국여지승람』에 수록되어 있다. 그 내용은 다음과 같다. 고려가 스러지고 조선이 건국될 무렵, 태조 이성계는 도읍을 한양으로 옮기고 궁궐을 짓기 시작하였다. 그런데 궁궐 공사가 원활하게 진행되지 않았다. 터를 닦고 기둥을 세우면 밤새 건물이 허물어지기 일쑤였다. 공사가 지연되고 태조가 대목을 불러 나무라자, 대목은 밤새 궁궐의 일터를 지켜보았는데 반은 호랑이요, 반은 형체조차 알 수 없는 괴물이 나타나서 낮 동안 세워 놓은 건물을 부수고 있었다고 대답하였다. 이에 태조가 친히 부하들을 거느리고 궁궐의 일터를 지켜보자 대목의 말처럼 반은 호랑이고 반은 알 수 없는 괴물이 불길을 내뿜으며 나타났다. 태조가 활을 쏘았지만 괴물은 아랑곳하지 않고 건물을 무너뜨렸다. 침실로 돌아온 태조에게 한 노인이 나타나 남쪽 산봉우리를 가리켰다. 태조가 노인이 가리키는 곳을 바라보자 호랑이 형상을 한 산이 보였다. 호랑이 형상의 산봉우리가 한양을 짓누르고 있었던 것이다. 태조는 노인에게 봉우리의 기운을 누를 방도를 물었고, 노인은 '호랑

호압사

37. 김상영, 「호암산 호압사의 역사와 寺格」, 『역사와 교육』 25, 역사와교육학회, 2017, 141~168쪽.

호압사 경내

호압사 약사불

이란 본디 꼬리를 밟히면 꼼짝 못하는 짐승'이라며 봉우리의 꼬리 부분에 절을 지으면 만사가 형통할 것이라 조언하였다. 다음 날 태조는 노인이 말한 대로 절을 짓도록 명령하였다. 절이 완성되고 나자 순조롭게 궁궐 건축을 마칠 수 있었다.

전설에 나오는 절이 호압사로, 이름부터 호랑이를 누른다는 뜻을 담고 있다. 호랑이 형상의 산은 금천구 시흥동의 동쪽에 있는 삼성산을 말한다. 호압사의 앞쪽에는 사자라는 이름의 암자가 있는데 이 역시 호암의 기세를 누르려는 풍수적 시도였다. 김승호는 대체로 창사 전설들이 길한 장소를 찾아 절을 짓고 부처님의 가호를 받고자 하는 서사를 가지는 것과 달리 호압사는 사람을 위협하는 불길한 터인 호암의 기세를 제압하여 혹시 발생할지 모를 재앙을 방비하고자 하고 있음에 주목한다.[38] 그에 따르면 이러한 서사는 민간풍습에 바탕을 둔 것으로 호압사의 창건연기에는 풍수와 비보사상을 신봉하는 민중의식과 민간풍습이 담겨 있다고 볼 수 있다. 호압사는 '虎押寺' '虎岬寺' '虎压寺' '虎巖寺' 등의 이름으로 표기되어 오다가 18세기 이후부터 현재의 '虎压寺'로 통칭된 것으로 보인다.[39] 16~18세기 호압사는 꾸준하게 사세寺勢를 유지하고 있었던 듯하다.

호압사의 주불은 약사불인데, 이 역시 호압사의 특별한 점 중 하나이다. 김상영은 그의 논문에서 "호압사는 비보도량으로서, 보찰로서, 약사도량으로서, 금천구를 대표하는 전통사찰로서 사격을 가지며 대한불교조계종 포교전법 모범도량으로서의 사격을 갖추어 가고 있다"고 평가하였다.[40] 금천구의 유일한 전통사찰로서 호압사는 지역사회에서 많은 역할을 수행 중이다. 금천구 학생들을 위한 장학사업, 보행약자들과 함께하는 걷기대회 개최, 지역 다문화가정의 초중생을 위한 장학금 수여 등 지역사회를 위한 사업을 하고 있다. 새해를 알리는 타종식이 호압사에서 매년 진행되고 있기도 하다. 서울 서남지역에선 유일하게 불교대학을 운영하고 있고, 약사 후원회는 소외계층과 승가복지후원 등의 기부활동을 이어가고 있다.

38. 김승호, 「사찰풍수의 문학적 반영과 그 의미: 호암산, 호압사를 중심으로」, 『보조사상』 47, 보조사상연구원, 2017, 439~468쪽.
39. 김상영, 「호암산 호압사의 역사와 寺格」, 『역사와 교육』 25, 역사와교육학회, 2017, 141~168쪽.
40. 김상영, 「호암산 호압사의 역사와 寺格」, 『역사와 교육』 25, 역사와교육학회, 2017, 141~168쪽.

2) 시흥교회

1904년 2월 7일 시흥리 탑골 배경무사의 사가에서 도정섭, 윤상덕의 전도로 임희서, 정자 외 수인이 첫 예배를 드렸다. 당시 시무는 언더우드 선교사였다. 시흥교회는 이날을 시흥교회의 시초로 삼고 있다. 호러스 그랜트 언더우드 선교사는 우리나라에 장로회를 전도한 최초의 선교사로 1885년 조선에 입국하였다. 입국하자마자 그는 제중원[41]의 의학당에서 의예과 과목을 가르치고 정동에 언더우드학당[42]을 설립하였으며, 고종황제로부터 '원두우'라는 한국식 이름을 하사받았다. 1887년에 언더우드는 한국 최초의 장로회 교회인 새문안교회를 한양에 설립하였고, 새문안교회는 경기도 지역에 활발하게 지교회 설립운동을 펼치며 교세를 확장해 갔다. 시흥리에 전도하러 온 도정섭과 윤상덕이 바로 새문안교회의 전도사였다. 시흥교회는 언더우드 선교사가 세운 14번째 교회이다. 1911년, 예배 장소가 임희서의 사가로 이동하였고 임희서가 자신이 갖고 있던 280평의 밭을 교회 대지로 헌납하면서 1914년 5월 18일에 본격적으로 교회당 건축이 시작된다. 이 위치는 현재 시흥5동 255번지 장미주택 자리라고 추정되며 당시는 13평 규모의 집이었다고 한다.

현재의 위치로 이동한 것은 1946년이다. 일제가 패망한 후 교인들은 신사를 불태워 버리고 신사터 4,000평을 미군정으로부터 불하받았다. 교인들은 시흥역 근방에 있던 창고를 매입한 뒤 헐어서 자재를 만들고 인근의 벽돌공장에서 벽돌을 얻었으며 목수 경험이 있던 교인의 협조로 건물을 짓기 시작하였다. 1946년 7월, 시흥리 134번지현위치에 30여 평의 벽돌 예배당이 자리 잡게 되었다. 이 위치에서 점점 교세를 넓히던 시흥교회는 1967년에 지역의 미군58부대, 기아산업, 대한전선 등으로부터 후원을 받아 석조 예배당을 건축하였다. 석조 예배당의 신축 봉헌식에는 예수교 장로회 총회장서울 덕수교회과 증경총회장인천제일교회, 서울 연동교회 등 외부의 교회 지도자들이 대거 참여하여 축사를 하였는데, 이는 당시로서는 흔치 않은 풍경이었다. 이후 시흥교회는 점차 교육관, 사택, 목사관 등을 증축하다가 1990년에 석조 예배당을 철거하고 1991년 현재의 건물이 완성되었다.

가) 교인들의 생활

과거에는 우리나라 교회에서 예배할 때 남녀가 좌석을 분리해 따로 앉았다. 아주 어린 시절부터 부모님을 따라 시흥교회를 다녔다는 조성식 씨195*년생, 남는 이 시절을 분명하게 기억하고 있었다. 그에 따르면 예전에 시흥교회가 나무 마룻바닥 건물이었던 시절만 해도 남녀가 따로 앉아서 예배를 드렸다고 한다. 교회 연보에 따르면 시흥교회에서는 1970년부터 교회 내 남녀 혼석을 허용하였다고 한다.

우리나라에 복사기가 보급되기 전에는 다량의 문서 복사본을 만들 때 등사기를 사용하였다. 시흥교회에서는 1957년부터 등사기를 이용해 주보를 제작하였다. 등사기는 공판 인쇄의 일종이다. 등사기로 복사본을 만들기 위해서 먼저 밀랍이나 왁스가 코팅된 반투명한 등사지에 송곳 같은 철필로 왁스 코팅을 긁어 내어 등사 원고를 작성한다. 등사 원고를 실크 스크린에 붙이고 종이 위에 덮은 다음 유성 잉크를 묻힌 롤러를 스크린에 대고 굴리면 왁스코팅이 긁어져 나간 부분만 잉크가 배어 나와 종이에 묻게 된다. 등사기로 제작한 주보에는 원고 작성자의 필체가 그대로 드러나게 된다. 시흥교회의 연보에 따르면 1968년부터 주보를 등사물에서 인쇄물로 변경하였다고 기록되어 있다.

1957년에는 어린이 주일학교가 생겼다. 시흥교회의 오병수 목사는 어린이 헌장을 발표하고 주일학교 교가를 만들었다. 시흥교회에서는 비슷한 연령대의 신자들이 모여 단

41. 한국 최초의 서양식 병원으로 1885년 4월에 개원하였다.

42. 언더우드학당(경신학당)은 1915년 경신학부 대학부가 되고, 1917년에는 연희전문학교가 된다. 연희전문학교는 연세대학교의 전신 중 하나이다.

시흥교회

체 활동을 한다. 중등부, 고등부, 대학부, 성인들도 연령에 따라 교회에서의 활동에 따라 다양하게 그룹을 조직해 함께 공동의 활동을 하며 친교를 쌓는다. 전 교인들이 모여 인근의 산과 들과 강으로 야외예배를 나가기도 하고, 성탄절 행사, 대운동회, 산악모임 등 특별한 행사를 통해 우정을 돈독히 하기도 한다. 조성식 씨, 최삼현 씨195*년생, 남, 서병옥 씨196*년생, 남, 최원길 씨196*년생, 남는 모두 시흥동에서 나고 자란 토박이로 어린 시절부터 시흥교회에서 종교활동을 하였다. 결혼하면서 지금은 모두 군포, 안양 등지로 이사 가게 되었지만, 여전히 주말이면 시흥교회에 오기 위해 시흥동을 찾는다. 이들은 어려서부터 만나 온 사람들이 다 여기시흥교회에 있기 때문에 이사를 가더라도 다른 교회를 나가기는 쉽지 않다고 이야기한다. 최원길 씨는 집 인근의 교회들에 다녀보려고 시도하였지만 어려서부터 익숙해진 시흥교회의 분위기와 맞는 곳을 찾을 수 없었다. 매주 함께 예배를 드리고 계절마다 체육대회, 야외예배, 등산과 같은 행사를 함께하며 추억을 쌓아온 교인들에게 교회의 일과와 공동체는 일상 깊숙이 자리하고 있다.

나) 지역과 시흥교회의 관계

시흥동에서 100년이 넘는 시간 동안 자리하며 시흥교회는 지역사회와 크고 작은 도움을 서로 주고받았다. 1950년대에 서울시흥초등학교의 건물에 유엔군 부대가 들어서고 학생들이 분산수업을 하던 시기, 시흥교회는 학생들이 모여서 아침 조회를 하거나 졸업식과 같은 행사를 치를 수 있도록 교회당 건물을 장소로 제공해 주었다. 1966~1967년, 시흥교회가 새로운 석조 예배당을 지을 때는 지역의 미군 부대, 기아산업, 대한전선 등으로부터 건축 장비와 자재를 후원받기도 하였다. 시흥에 주둔하던 미군 부대는 부대의 중장비와 일반 차량을 동원해 교회 부지의 땅을 고르고 모래와 자갈을 운반해 주었다. 시흥지역에 위치하던 산업체인 기아산업에서는 파이프를, 대한전선에서 전선을, 한국유리에서 유리를 지원받기도 하였다. 1990~1991년 예배당 신축공사를 하는 동안에는 인근의 문일고[43] 강당에

43 사립학교인 문일고등학교의 이사장과 교장은 모두 시흥교회 교인이다.

서 예배를 진행하였다.

시흥교회는 지역의 불우이웃 돕기에 큰 관심을 갖고 있다. 의료봉사, 치과봉사, 미용봉사, 노인 목욕봉사, 무료급식, 노인대학소망대학 등 다양한 이웃돕기 프로그램을 운영 중이다. 신도들이 기억하는 시흥교회의 원로 목사[44]는 늘 불우한 이웃을 돕고 지역에 헌신하던 사람이었다. 모두가 가난하였던 옛 시절에는 신도들이 현금이 아닌 쌀을 교회에 가져와 성미하곤 하였다. 밥을 짓기 전에 한 줌씩 쌀을 모아 목사에게 주면 이는 목사와 그 가족이 먹을 식량이 되었다. 시흥교회의 원로목사는 가난한 이웃집 가정을 방문할 때마다 이 쌀을 가지고 가서 도왔다고 한다. 또 가난한 이들의 집을 방문하며 돕는 과정에서 폐병을 얻었고 수술의 후유증으로 항상 몸이 기울어진 채로 다녔다고 한다. 시흥교회 앞의 부장천 놀이터 현 금빛공원는 오랜 시간 시흥지역의 가난한 이들을 위한 무료급식 장소였다. 최원길 씨에 따르면, 시흥교회는 현재에도 운영비 등을 줄이는 대신 교회 예산의 15~20%를 지역의 불우이웃 돕기에 쓰고 있다. 지역 내에서 도움이 필요한 곳을 정확하게 파악하고 있는 곳은 구청이라고 생각해서 주로 구청에 불우이웃돕기 성금을 전달하고 있으며, 시흥교회 개별적으로도 불우이웃을 위한 성금을 운영한다고 한다. 최원길 씨는 "시흥교회는 이 지역에서 오랜 시간 활동해 온 교회이기 때문에 지역의 어려움과 힘든 이웃을 돕는 것이 교회의 가장 중요한 역할 중 하나라고 생각한다"고 응답하였다.

공연문화가 지금처럼 발전하지 않았던 시절, 교회는 공연문화를 접할 수 있는 얼마 되지 않는 장소 중 하나였다. 시흥교회에서 진행하던 체육대회, 악단 연주, 어린이들의 공연 등은 교인뿐만 아니라 지역주민들이 모두 와서 즐기는 마을 행사가 되기도 하였다. 조성식 씨의 기억에 따르면 시흥교회에서는 예전부터 크리스마스이브에 성탄절을 축하하는 축제를 열었다. 이때 교회에 오는 모든 사람에게 빵을 나눠 주었는데, 1년 중 이날 하루만 와서 빵만 받아 가는 사람이 많았다고 기억한다. 비록 교회에서 자주 볼 수 있는 교인이 아니더라도 빵을 나누며 함께 성탄절을 축하하였다. 또 어린이들은 성탄절이 다가오면 지역의 미군 부대에 위문공연을 하러 갔다. 이는 일종의 재롱잔치였는데, 이날 미군 부대에 가서 준비하였던 춤과 장기를 보여주고 나면 평소에는 먹기 어려운 맛있는 음식들을 잔뜩 먹을 수 있어서 좋았다고 회상하였다. 추수감사절이 되면 시흥교회는 전 교인이 참여하는 대운동회를 개최하였다. 교회 앞마당에서 개최하던 대운동회는 1980년대부터 문일고 교정에서 진행하였는데, 이때부터는 지역주민들과 함께하는 행사로 발전하였다고 한다. 이 외에도 언더우드 선교사가 세운 교회들끼리의 연합모임, 시흥 지역 내 다른 교회들과의 연합 체육대회 등 다른 교회들과의 친교 활동도 활발히 이루어졌다. 다만 2019년 코로나19가 터진 이후로 이런 연합 활동은 잠시 주춤해져서 워크숍 등으로 대체되었다고 한다.

1960년대에 구로공단이 조성되면서 시흥동을 비롯한 금천구 지역은 구로공단 노동자들의 배후 거주지역으로 기능하기 시작하였다.[45] 시흥동에도 공단 노동자들이 많이 입주하였다. 시흥교회는 시흥 및 독산 지역의 근로자를 위한 위로 행사로 1974년 10월부터 '근로자를 위한 밤' 행사를 열었다. 이후 매년 성탄절 즈음에 행사가 열렸다. 근로자를 초대하여 예배와 저녁 식사, 오락 행사, 선물 증정, 교회 소개 등을 진행하였다. '근로자를 위한 밤' 행사를 계기로 많은 근로자가 시흥교회에 다니기 시작하였다. 공단의 근로자들은 대체로 젊은 청년들이었다. 시흥교회의 청년부는 대학생을 주축으로 한 '대학부'와 공단 근로자를 주축으로 한 '근로청소년부'로 나뉘었는데, 이들은 하는 일과 소속은 달라도 서로 비슷한 나이의 청년들이었다.

44. 고 차관영 목사로 차성수 전 금천구청장(제7·8대)의 부친이기도 하다.
45. 안지성, 「금천 시민사회운동의 형성과 성장」, 안병순 편, 『서울 서남권 시민사회 역사 기록』, 서울시서남권NPO지원센터, 2021, 147~192쪽.

1980년대에 시흥교회는 근로자를 위한 노동야학을 열었다. 최원길 씨는 "당시 시흥교회에만 노동야학이 있었던 것은 아니다"라며 "그 시절 종로 기독교회관에 있던 대학교선교연합이 주도하여 노동야학 활동을 한 것이고 일부 큰 교회에서 장소를 빌려준 것"이라고 설명하였다. 시흥교회도 이 지역에서 꽤 규모가 있는 교회이다 보니 대학교선교연합에서 와서 야학을 열고자 하였다. 당시 노동야학에서 근로자들을 가르치던 이들은 대부분 대학생이었는데 시흥동 근처에 서울대학교가 있는 것도 야학의 활성화에 한몫하였다고 덧붙였다. 노동야학에서 활발하게 활동하였던 조성식 씨는 당시 시흥교회 목사의 정치 성향도 시흥교회에서 노동야학을 열 수 있도록 허락한 데 영향을 주었을 것이라고 답하였다. 『서울 서남부 시민사회 역사 기록』에 따르면 시흥교회의 차관영 목사는 독재정권에 저항하던 청년들을 숨겨주고 도와주던 것으로 유명하였다고 한다. 조성식 씨의 기억에 따르면, 시흥교회의 노동야학에서는 주로 가르쳤던 것은 영어·수학 등의 공부였지만, 이에 못지않게 시국에 대한 내용과 이념 교육도 많이 하였다. 대학교선교연합에서 민주운동을 많이 하였고 시흥교회에도 민주운동을 하던 학생들을 잡으러 경찰이 오곤 하였다. 조성식 씨 역시 청년 예배에서 하였던 발언이 문제가 되어 경찰들로부터 쫓겨 한참을 도망 다닌 적이 있다고 입을 열었다. 그는 "그 당시는 정부에서 나온 사복경찰이 예배에 참석해서 감시하고 내용을 문제 삼고 그러던 시절이었다"고 회상하였다.

3) 시흥동성당

개신교와 달리 천주교는 교계제도와 교구를 갖고 활동한다. 이러한 천주교의 특성상 시흥동 지역은 행정구역이 변화함에 따라 시흥동을 관할하는 본당이 바뀌기도 하고, 지역 인구의 증감에 따라 공소에서 본당으로 승격하기도 하였으며 인근에 다른 성당이 생기면서 인원이 분산되는 변화를 겪기도 하였다. 시흥동성당도 시흥교회와 마찬가지로 신자들을 위한 다양한 단체가 있으며 신자들의 회합을 위한 행사를 운영하고 지역과 이웃을 위한 활동에도 많은 노력을 기울였다. 신자조직으로 성가대·연령회·청년회 등 목적이나 기능에 따른 조직도 있지만, 가장 기본적인 조직은 구역 모임으로 행정구역별로 신자 조직을 나누어 구역 활동을 하는 것이 천주교의 특징이다. 신자들을 위한 성서 공부 '여정', 청년성서모임, 성서 못자리 등 현재 시흥동성당에서 이루어지는 다양한 활동 프로그램들은 시흥동성당뿐만 아니라 우리나라의 성당에서 보편적으로 찾아볼 수 있는 프로그램들이다. 중앙집권적인 천주교의 특성상 이러한 프로그램들은 교구에서 개발하고 있으며, 각 교구에 속한 성당들에서 참가자를 모집하는 식으로 운영되고 있다.

가) 공소 시절부터 현재의 본당이 설립되기까지

시흥동 지역의 교인들을 포함하던 교구는 1915년경에 설립된 가리봉 공소현재의 구로구 가리봉동로 추정된다. 천주교의 공소는 주임 사제가 상주하지 않고 순회하며 사목하는 본당 사목구 내 구역 신자들의 공동체를 의미한다. 가리봉 공소는 약현 본당에 속한 공소였으며, 현재의 가리봉동·구로동·독산동·시흥동 일대를 관할하였다. 당시 가리봉 공소의 신자 수는 10여 가구에 불과하였다고 한다. 1936년 5월 10일 '영등포 본당'[46]이 생기면서 가리봉 공소는 영등포 본당 관할의 공소가 되었다가 1940년에 말미 공소가 설립되면서 말미 공소와 가리봉 공소가 분리되었다. 시흥동 지역은 말미 공소에 소속되었다. 1952년 시흥 공소

46. 1946년 10월, 영등포 성당이 있던 지역이 행정 개편으로 인해 동명이 바뀌면서 '도림동 본당'으로 개명하게 되었다. '모랫말 성당'이라고도 불리었다 한다.

시흥동성당

가 설립되면서 말미 공소는 시흥 공소에 합병되었다. 시흥 공소는 심수복 씨의 집에 설치되었는데, 현재의 희명병원 아래 시흥4거리 부근이었다. 이후 시흥 공소는 여러 신자의 집을 전전하였다.

1958년 도림동 본당이 '살레시오회'의 관할이 되면서 당시 이 지역에 주둔하고 있던 미군 부대의 사목을 위해 도림동 본당의 사제들이 정기적으로 미군 부대를 방문하게 되었다. 시흥 공소는 도림동 본당의 관할이었기에, 사제들은 미군 부대를 방문하면서 시흥 공소에도 매달 정기적으로 미사를 집전해 주었고, 나중에는 매주 미사를 집전해 주었다. 도림동 본당에서는 시흥 공소에 선교사도 파견해 주어 성인 교리 공부와 어린이 지도도 본격적으로 이루어지게 되었다. 1967년, 그동안 도림동 본당에서 관할하였던 시흥 공소는 대방동 성당의 관할지로 이관되게 되었다.

이후 시흥동 지역에 수재민들이 대거 이주해 오면서 지역의 인구가 급속도로 늘어나자 대방동 본당에서는 시흥 지역에 본당을 설립하는 일이 시급함을 절감하였다. 1969년에 대방동 본당의 보좌 신부와 시흥 공소 신자들의 적극적인 노력 끝에 주교관으로부터 성당 건립을 위한 토지 매입 약속을 받았고, 1970년 5월 교구에서 시흥2동 산184, 185번지의 땅을 매입해 성당 부지를 마련해 주었다. 토지 매입을 약속받은 시점부터 시흥 공소의 신자들은 성당 건물 건축기금을 마련하기 위해 노력하였다. 1970년 12월 20일, 콘크리트 기둥에 벽돌로 벽을 막고 슬레이트 지붕을 얹은 성당 건물이 완성되었다.

시흥 공소의 신자들은 교구에 상주 사제 파견을 요청하였지만, 사제관이 있어야 상주 사제를 파견할 수 있다는 것이 교구의 방침이었다. 신자들은 사제관 건축을 위해 다시금 기금 마련을 시작하였고, 1971년 9월에 아담한 사제관을 완성하였다. 사제관이 완공되자 시흥동 공소는 시흥동 본당으로 승격되었고1971년 9월 21일, 초대 신부로 이기명 프란치스코 사베리오 신부가 발령을 받아 왔다. 수녀원은 아직 없었기에 '성가 수녀회'에서 매주 수녀들이 파견되다가 1973년 9월에 작은 수녀원이 완공되어 1974년부터 성가수녀원 소속 수녀들이 본당의 사목 수녀로 파견되었다. 1977년 5월에 성사 수녀회 수녀들은 철수하고 대신 '천주의 섭리회' 수녀들이 부임하게 되었다.

같은 해 이 지역의 인구가 늘고 신자가 많아지면서 새로운 성당 신축이 논의되었고 10월 21일 '성당 신축 기성회'가 조직되었다. 비슷한 시기에 독산동에도 독립된 성당이 있어야 한다는 논의가 있어 이틀 뒤인 10월 23일에는 '독산동 공소'가 설치되었고 별도의 성당 신축 기성회가 조직되었다. 11월 15일에는 현재의 성당 자리인 시흥동 산62번지 일대의 필지를 성당 부지로 계약하게 되었다. 새로운 성당을 짓기 위해 신자들은 다시금 건축기금 마련에 들어갔다. '성모회'가 주축이 되어 소금·멸치·젓갈·참기름·미역·김 등의 장사에 나섰고, 건축기금을 봉헌하기 어려운 형편의 신자들은 신축 현장에 나와 건축 재료를 나르거나 시멘트 반죽을 하는 등 공사 일을 직접 도왔다. 1978년 5월, 구 성당이 매각되었고 성당은 아직 공사가 완료되지 않은 현재의 본당으로 이사를 하게 되었다. 그해 6월 24일, 겨우 완성된 지하실에서 첫 미사를 드렸으나 이후 건축기금이 바닥나고 허가상의 문제가 생겨 공사가 기약 없이 연기되었다. 공사를 시작한 지 2년이 지나 1980년 11월 20일, 현재의 성당 본관이 완공되었고 23일에 축성식을 맞이하였다. 그러나 아직 본관만 완성된 것일 뿐 교리실, 사무실, 사제관, 수녀원 등의 부속 건물과 마당은 공사 중이거나 아직 착공도 되지 않은 상태였다. 1984년, 비로소 나머지 건물들이 완공되어 2월 4일 낙성식을 거행할 수 있었다. 낙성식에는 김수환 추기경을 비롯한 내빈과 본당 신자들이 참석하였다.

나) 신자들의 종교생활

1950년대 후반 도림동 본당에서 선교사가 파견되고 매주 미사 집전도 이루어지면서 시흥 공소는 비록 성당 건물은 없었지만 신자 수도 많이 늘어났고 본당과 다름없는 성무 활동을 하고 있었다. 이에 1961년 '다미안 복지회' 신부의 지도로 '레지오 마리에'가 창설되면서 시흥 공소에서도 사도직 단체 활동이 시작되었다. 1971년에 시흥 공소가 본당으로 승격된 즈음 교적상의 신자 수는 924명이었으며, 신자조직을 개편해 시흥1동 구역, 시흥2동 구역, 독산동 구역, 서면 구역 등 4개 신자 구역을 확정하였다. 이후 교세가 늘어남에 따라 점차 구역과 반편성이 세분화되었다. 평신도 사도직 단체도 활성화되어 '연령회' '성모회' '성가대' 등 다양한 단체가 구성되고 1975년부터 레지오, 연령회, 성모회, 성가대, 청년회 등 큰 단체들은 정례적인 모임을 갖게 되었다. 1971년 10월 30일 시흥동성당의 첫 건물이 완공되고 본당 승격을 축하하는 미사에서 시흥동성당의 첫 견진성사가 노기남 대주교의 집전으로 이루어졌다. 1974년 6월 16일에는 김수환 추기경의 집전으로 시흥동성당의 두 번째 견진성사가 이루어졌다. 1970년대 시흥동성당의 '레지오 마리에'는 주일학교 학생 지도, 어린이 교리 공부 지도, 냉담자 회두 권면, 환자 방문 등 다양한 전교 활동 및 이웃돕기 활동을 진행하였다. 전진상 약국의 주선으로 학생들의 건강진단을 하고 연말연시 불우이웃 돕기, 성지순례, 영화상영, 배구시합 등의 다양한 활동을 전개하며 교세가 크게 성장하였다.

시흥 공소가 시흥동 본당으로 승격된 1970년대 초반 교적상의 신자 수가 924명이었는데, 몇 년 지나지 않은 1976년 6월에 시흥동 본당은 어느새 2,500명이 넘는 신자를 가진 큰 본당이 되었다. 1984년은 한국 가톨릭교회 창설 200주년이 되는 해였다. 이를 기념해 시흥동성당은 수유리 본당으로부터 김대건 안드레아 신부의 유해를 인수하여 본당에 안치하였고, 많은 신자가 찾아와 경배를 드리는 일이 있었다. 성당은 대체로 여성 신자들의 활동이 더욱 활기찬 경향을 가진다. 시흥동성당은 여성 신자들에 비해 수동적인 남성 신자들을 위한 모임으로 '하상회'를 조직하였는데, '하상회'는 굳건한 남성 지역모임으로 발전하게 되었다.

교회와 마찬가지로 성당에서도 신자들의 회합을 위한 다양한 행사를 마련하였다. 오랜 기간 성전 공사에 힘을 쏟았던 시흥동 성당은 1980년대에 들어서 성가 경연 대회, 체육대회, 중고등학생을 위한 축제 등 다양한 신자들 간 회합 행사를 개최하였으며, 본당의 신자 및 관내 비신자를 대상으로 효부·효자를 선발하여 시상하는 행사를 개최하기도 하였다. 본당 내 지역장을 중심으로 한 지역 공동체 단위의 행사도 활발하게 이루어졌다. 1985년 11지역현재는 광명시 소하리 미사를 시작으로 지역별 미사를 진행하기도 하고, 신자 구역별로 1일 피정과 야외 기도회 등 특별 이벤트를 기획하기도 하였다. 시흥동을 넘어 다른 지역과의 연계 활동도 이루어졌다. 강원도 탄광 지대의 '함백교회'와 자매결연을 맺고, 파푸아뉴기니의 마당교구에 파견된 한국 선교사들을 위한 지원활동을 하기도 하였다.

시흥동성당도 지역주민들과의 화합과 이웃돕기 행사에 큰 관심을 가져왔다. 1977년 7월은 시흥동에 큰 수재가 났던 해였다. 시흥2동 일대에 산사태가 일어나면서 가옥이 파괴되고 수십 명이 죽거나 다치는 큰 사고가 발생하였다. 이때 시흥동 본당의 신자 단체와 신자들은 수재민 돕기에 최선을 다하였다. 7월 17일에는 김수환 추기경 및 도세나 루이지 교황 대사 일행이 시흥동 본당의 관할 피해 현장을 찾아와 수재민들에게 의약품, 의류, 식료품 등의 위문품을 전달하고 위로를 건넸다. 1987년 '가브리엘 장학회'를 조직해 형편이 어려운 학생들에게 장학금을 지급하기 시작하였고, 1989년부터는 '본당 헌혈의 날'을 정하여 정기적인 헌혈 운동을 하고 있다. 성당에 모인 성금을 주변의 사회복지시설이나 불우이웃돕기단체에 전달하고, 전진상복지관 지원활동을 하는 등 이웃의 어려움도 잊지 않았다. 시흥교회와 마찬가지로 시흥동성당 역시 연말에는 지역의 부대장병 위문 행사1980년대, 지역의 근로자들을 위한 '근로자의 밤' 행사1990년대 등을 개최하였다. 연말연시에도 가족들과 떨어져 지내는 이들을 위로하기 위함이었다.

다. 빈민운동과 시흥동의 종교단체

철거민들이 시흥동에 이주해 오면서 시흥2동의 산꼭대기 지역은 한때 서울에서 유명한 달동네 중 하나였다. 시흥동에는 지역의 달동네 영세민들을 위해 봉사하고 헌신한 종교단체들도 찾아볼 수 있다.

1) 전·진·상 의원/복지관

전·진·상 의원/복지관은 지역의 영세민을 위한 무료 진료 기관으로, 가난한 이웃을 위해 오랜 시간 헌신해 온 것으로 유명하다. 『경향신문』[47]과 『조선일보』[48] 등 여러 신문에서 전·진·상 의원/복지관에 대한 특집기사를 낸 것은 물론 국무총리 표창장2012.3.21., 대통령 훈장인 국민훈장 목련장최소희 약사, 1998.12.1, 대통령표창장배현정 의사, 2014.5.20을 비롯해 국내외에서 27개의 상장과 훈장을 받은 것을 보아도 이들의 헌신이 세상에 잘 알려졌음을 알 수 있다.

47. 「달동네 슈바이처」, 『경향신문』, 1987.01.06.
48. 「돈 없는 환자 돌보 세 천사」, 『조선일보』, 1997.07.25.; 「달동네 나이팅게일」, 『조선일보』, 1998.03.24.

전·진·상 의원/복지관의 구성원들. 왼쪽부터 배현정, 정미경, 김영자, 유송자, 최소희 씨.
(『조선일보』, 1997.7.25.)

1974년 김수환 추기경의 요청으로 국제가톨릭형제회AFI 회원인 최소희 데레사, 유송자 데레사, 마리헬렌 브라서배현정 씨가 모여 전·진·상 가정복지센터초기 기관명를 개설하기 위한 기초 조사를 시작하였다. 이들은 서울의 판자촌 지역 10군데를 돌아본 뒤 시흥지역을 선택하였고, 1975년에 전·진·상 의원/복지관이 설립되었다. 전·진·상이란 '전全: 온전한 자아봉헌', '진眞: 참다운 사랑', '상常: 끊임없는 기쁨의 정신'을 뜻하며 AFI의 기본이념이다. 전·진·상 의원/복지관은 전·진·상의 뜻에 따라 이웃에 대한 사랑으로 가난하고 병들고 소외된 이들에게 의료사회사업을 행하며 영세민들의 삶의 질을 향상시키고, 지역사회 문제의 발견과 해결에 참여함으로써 복음을 세상에 선포하고자 한다. 설립 당시 의사이자 신부인 김중호 신부가 관리 의사를 맡았으며, 복지관 설립의 중요한 일들을 도맡아 하였다고 한다. 마리헬렌 브라서 씨는 벨기에 출신으로 본래 이름과 발음이 비슷하게 '배현정'이라는 한국 이름을 만들었으며, 현재는 '배현정'으로 살아가고 있다. 배현정 원장은 본디 간호사였지만 복지관에 환자가 넘쳐나면서 상주 의사의 필요를 느끼고 의과대학에 진학해 가정의학과 전문의 자격증을 땄다. 현재 전·진·상 의원을 맡고 있다. 약사 자격증을 가진 최소희 씨가 전진상 약국을 담당하고, 사회복지사인 유송자 씨가 복지관의 책임자를 맡고 있다. 이들이 처음 시흥동에 자리 잡고 무료진료를 하며 공짜로 약까지 나눠 주었지만 주민들이 이상하게 여기며 접근을 꺼리기도 하였다.[49] 김영자 간호사는 결핵 예방을 위해 판잣집이 다닥다닥 붙은 달동네 구석구석을 찾아다니며 결핵 환자들이 내뱉는 가래를 수거하고 검사하였다. 거동이 불편한 환자들은 일일이 찾아가 약을 먹였고, 합병증이 생긴 환자는 밤새도록 돌보았으며, 치매 환자의 대소변도 받아내었다. 구성원들의 헌신과 봉사 끝에 가난으로 인해 고질병을 앓고 있어도 병원에 갈 수 없었던 많은 환자가 꾸준한 치료를 받을 수 있었다. 어느덧 전·진·상 의원/복지관은 '동네의 슈바이처'로 불리며 동네 사랑방 역할까지도 하게 되었다.[50]

49. 「달동네 슈바이처」, 『경향신문』, 1987.01.06.
50. 「달동네 나이팅게일」, 『조선일보』, 1998.03.24.

전·진·상 의원/복지관은 호스피스·의원·약국·복지관·지역아동센터의 독립된 5개 기관으로 구성되어 있으며, AFI 회원 6명의사, 간호사, 약사, 사회사업가과 직원·자원봉사자·후원자에 의해 운영되고 있다. 이들은 진정한 지역사회복지 실현을 하나의 목표로 삼고 있으며 필요에 따라 연계하여 도움을 주기도 한다. 전·진·상 의원은 일차적으로 가정의학과의 진료를 거친 후 필요에 따라 12개 분야의 전문의 내원 봉사자들에게 2차 진료를 받을 수 있도록 하며, 매주 목요일에는 가정방문 진료를 운영한다. 전·진·상 복지관은 의원에 내원하는 환자들의 등록상담·가정환경 상담 등을 실시하고, 후원회·자원봉사자 관리를 비롯해 장학금 지원 및 상담과 가정복지사업 등을 실시한다. 의원에 방문한 환자들 중에 가족의 질병으로 사회경제적인 타격이 크거나 가족 간 갈등 등이 있는 경우 등 상황에 따라 후속관리 서비스를 연계해 주기도 한다. 전·진·상 약국은 환자들에게 복약지도를 하고 수익금은 사회복지 분야에 환원하고 있으며, 전·진·상 지역아동센터는 아동을 위한 보호, 교육, 문화, 정서, 복지, 지역자원연계 프로그램을 운영한다. 전·진·상 호스피스 완화의료센터는 서울에서 유일한 독립형 호스피스로 말기 암으로 고통받는 환자와 그 가족에 대한 돌봄을 하고 있다.

2) 판자촌의 교회들

시흥2동 판자촌에는 가난한 이들과 함께하고자 하는 교회들이 있었다. 대동교회와 새봄교회이다. 새봄교회는 1983년 동원고등공민학교 교실 한 칸에서 최창남 목사에 의해 시작되었다. 새봄교회는 진료소, 의료학교, 탁아소, 야학, 지역주민 부업센터 등을 운영하며 시흥2동의 의료·복지·교육의 개선을 위해 힘썼다.[51] 대동교회는 1987년에 대동프라자 지하에서 성낙형 목사에 의해 시작되었다. 성낙형 목사는 교회를 설립하기 3년 전에 시흥동에 정착하여 우선은 평범한 민중들과 함께 생활하며 살아보자는 생각에 군밤 장사와 과일 장사 등을 하며 지냈다. 그러다가 큰 병을 얻게 되면서 더 이상 교회 설립을 미룰 수 없다는 생각에 교회 개척에 나섰다. 동일프라자 지하에서 수해자들을 위한 목회 활동을 시작으로 예배당을 마련하였고, 공부방·지역사랑방·야학 등을 지원하며 장소를 제공해 주었다. 현재는 2층으로 교회를 옮겼다. 시흥2동 판자촌은 아니지만 시흥5동 탑골 지역에도 비슷한 흐름에서 생긴 나누리교회가 있다. 나누리교회는 1990년 시흥5동의 지하지금의 비전교회 자리에서 이준재 목사에 의해 시작되었다. 이준재 목사는 서울 전역을 돌아다니며 당시 가장 어려운 지역 중 하나였던 시흥지역에 자리를 잡게 되었다고 한다. 당시 이 지역에선 한창 철거가 진행되고 있었다. 지역에서 가장 필요한 것은 교육이라고 생각해 공부방을 시작하였고2002년, 지역의 분위기와 생활 습관이 전체적으로 바뀌었으면 좋겠다는 생각과 함께 어린이들뿐만 아니라 지역주민들도 독서를 통해 삶의 전환점을 찾을 수 있을 것이라는 생각에 나누리작은도서관2004과 지역아동센터2005도 설립하였다. 도서관과 지역아동센터는 현재까지 운영하고 있다.[52]

51. 안지성, 「금천 시민사회운동의 형성과 성장」, 안병순 편, 『서울 서남권 시민사회 역사 기록』, 서울시서남권NPO지원센터, 2021, 147~192쪽.
52. 「지역사회 변화를 이끈 시흥의 작은 교회–나누리교회와 대동교회를 만나다」, 『마을신문 금천in』, 2020.10.01.

1) 탑골마을의 산제

‘탑골’은 시흥2동 일대에 위치한 자연부락을 일컫던 옛 이름이다. 금천초등학교에서 전진상 복지관까지의 일대를 ‘너머탑골’, 암탉우는마을에서 청담종합사회복지관까지의 일대, 즉 시흥현대아파트와 탑동초등학교 부근을 ‘윗탑골’, 형제약국에서 어울샘과 백운한비치아파트까지의 지역을 ‘아래탑골’, 청담종합사회복지관 아래에서 금하로까지를 새말생겨이라고 불렀다고 한다. 1970년대 이전에는 흥선대원군 별장 터현 구현대아파트에서 3층석탑을 거쳐 연못이 있던 큰 기와집현 백운한비치아파트, 금광포란채아파트과 향교현 범일운수 옆 느티나무에 이르는 일대였으며, 전형적인 농촌마을의 모습을 하고 있었다고 한다.[53] 탑골은 탑시골, 탑사골 등으로도 불렀다. 탑골이라는 지명은 이 지역의 3층석탑에서 비롯되었을 것으로 추정된다. 3층석탑 옆에는 서울시 보호수로 지정된 향나무가 있는데, 그 수령이 500년 이상일 것이라 보고 있다.[54] 3층석탑도 향나무와 비슷한 역사를 갖고 있을 것으로 추측되지만 공식적인 역사기록도, 정식 이름도, 주소지도 없어 현재 아무런 문화재로도 지정되지 못한 상태이다. 자식이 없는 여인이 이 석탑에 기도하면 아들을 낳을 수 있다고 해서 탑을 찾는 여인들이 많았다는 이야기가 구전되어 온다.

탑골에는 예로부터 전승되어 내려오던 마을의 산제가 있었다고 전한다. 탑골에서 태어난 토박이들은 어린 시절 마을의 큰 행사로 치러지던 산제에 대해 좋은 기억을 가지고 있다. 그러나 시흥동이 급속도로 도시화되면서 외지인들이 대량으로 유입되고, 탑골 인근으로 대규모의 수재민촌이 생기면서, 마을의 전통이었던 산제는 자연스레 사라지게 되었다고 한다. 탑골에서 태어나 오래도록 자라온 토박이들은 사라져 가는 마을의 전통을 안타깝게 여겼고, 마을 산제를 이어갈 방안에 대해 고민하다가 ‘탑골선후회’라는 단체를 구성하

탑골의 3층 석탑

석탑 옆의 향나무

53. 책으로 따뜻한 세상 만드는 책구름, 『탑골마을 이야기』, 서울특별시 금천구, 2016, 30쪽.
54. 서울의 보호수로 지정된 1969년을 기준으로 수령 525년.

게 되었다. 탑골선후회는 탑골의 '선배와 후배'라는 뜻으로, 1990년에 만들어졌다. 당시를 기준으로 60~70년 이상 탑골에 거주하였던 토박이들이 모여서 만들었는지라 회원들은 모두 60대 이상이다. 한 집안에서 한 명만 모임에 참여할 수 있다고 하며, 회원들은 모두 남성이다. 선후회의 회원들은 두 달에 한 번 짝수 달에 모임을 열고 있다.[55]

탑골의 산제는 매년 음력 7월 1일 새벽 5시에 열린다. 산제가 열리는 장소는 조금씩 변화하였다. 과거에는 범일운수에서 별장산 쪽으로 가는 길에 있던 커다란 참나무에서 지냈는데, 참나무가 벼락을 맞아 없어졌다. 이후에도 참나무 터에서 제사를 올렸으나 지금은 그 장소에 길이 생겨 더 깊은 산 속으로 올라가게 되었다. 현재는 범일운수 위쪽 산에서 지내고 있다. 산제를 지내는 장소를 나타내는 제단이나 표시는 딱히 존재하지 않는다. 산제의 방식, 지내는 장소 등 산제에 대한 것들은 전수받지 못하였다고 한다. 탑골선후회의 회원들은 어린 시절 기억 속에서 어른들이 '여기가 고사 지내는 터다'라고 말하였던 장소, 어린 시절 보았던 상차림 등을 기억해 내어 산제를 복원하였다. 예전에는 산제를 지내고 나면 남은 음식을 온 마을 사람들이 나누어 먹었다고 기억한다. 소를 한 마리 잡기도 하였다. 하지만 요즘은 그렇게 크게 제사를 지내지 못하고 있다. 매년 상황에 맞게 고사떡, 오색 과일, 삼색 나물을 놓고 간단하게 제사를 지낸다. 2023년엔 태풍이 올 거라는 일기예보가 있어서 임원들끼리만 모여 더욱 간단하게 제를 올렸다.

과거에는 피를 보는 것을 부정적으로 여겼기 때문에 산제를 앞두고 산고가 시작되면 동네 밖 읍내로 나가서 아기를 낳았다고 한다. 제사는 집 안에서 제사 지내듯이 음식을 놓고 산신령님께 동네의 안녕을 빌며 한글로 작성한 축문을 태워 소지를 올리는 식으로 지내고 있다. 탑골에 살고 있는 사람들의 안녕과 탑골의 원주민이지만 이제는 멀리서 살고 있는 분들의 안녕을 위해서도 기도한다. 이렇게 동네의 안녕을 기원하다 보니 원래는 탑골 사람을 위한 제사였지만 지금은 금천구 전체의 안녕을 빌게 되기도 하였다.

산제에 드는 비용은 원래 탑골의 공동 자산이었던 산을 팔고 탑골에 전기를 넣어 주고 남은 금액을 기초기금으로 하여 지냈는데, 지금은 선후회 회원들이 조금씩 모아서 지내고 있다. 회원들은 산제가 영리 목적으로 이용되는 것을 매우 반대한다. 많은 단체가 연합하여 하나의 사업으로 하자는 제안을 하기도 하였지만 선후회 회원들은 이를 모두 거절하고 회원들끼리 모여서 소박하지만 정성스럽게 산제를 지내고 있다.[56]

2) 은행나무 당고사

시흥5동 은행나무시장과 카멜리아백화점 인근의 '은행나무사거리'에는 800년 이상의 수령을 가진 것으로 추정되는 큰 은행나무가 있다. 은행나무의 수령에 대해서는 확실하지 않다. 은행나무는 1968년에 서울시 지정보호수로 지정되었는데, 시흥동 230번지에 있는 이 나무의 수령은 1,000년으로 소개되기도 한다.[57] 현재 공식적으로는 시흥5동의 은행나무 3그루는 보호수로 지정된 1968년을 기준으로 수령이 830년인 것으로 알려져 있다. 가장 큰 은행나무는 카멜리아백화점 건물 앞 도로의 가운데에 있고, 나머지 두 그루는 각기 카멜리아백화점 건물 바로 앞과 옆에 있다. 나무가 있던 곳은 조선시대 금천현의 관아가 있던 곳이라고 전해진다. 도로 가운데 위치한 은행나무 옆으로는 관아에 부임하였던 사람들의 이름이 적힌 비석이 놓여 있다. 1991년 6월 1일부터 7월 15일까지 서울시는 수령 300년 이상인 85개 지정보호수의 생육 실태를 점검한 적이 있다. 점검 결과, 절반 이상이 관리가

55. 책으로 따뜻한 세상 만드는 책구들, 『탑골마을 이야기』, 금천구청, 2016, 32~41쪽.
56. 책으로 따뜻한 세상 만드는 책구들, 『탑골마을 이야기』, 금천구청, 2016, 32~41쪽.
57. 「京鄕 가이드」, 『경향신문』, 1968.7.5.

시흥동 은행나무 1호와 비석들

시흥동 은행나무 옆에 위치한 비석들
비석의 순서와 상관없이 뒤죽박죽 복원되었던 비석을 금천문화역사포럼에서 역사자료를 보고 고증하여 제자리를 찾았다.

시흥동의 은행나무 2호
카멜리아백화점 앞에 위치한다.

시흥동의 은행나무 3호
카멜리아백화점 옆에 위치한다.

제대로 되지 않고 있었다. 주변 건물에 가려서 햇빛을 충분히 받지 못하거나, 주변의 땅이 콘크리트 혹은 아스팔트로 덮여 수분공급이 어렵거나, 바위 등에 막혀서 뿌리 성장이 나쁘거나, 몸통이 썩은 나무들이 많았다. 시 관계자는 특히 사당동의 느티나무와 시흥동의 은행나무는 소생 가능성이 없다고 발표하였다.[58]

서울시에서 수령으로 치면 시흥동 은행나무가 제일 오래됐을 거예요. 그런데 저렇게 길가에 방치돼 있고 건물 짓는다고 다 잘라서 세 그루의 보존이 엉망인 상황에 있는데 우리 입장에서는 저거를 천연 기념물로 지정하자는 주민운동을 좀 벌였으면 좋겠다고 생각한 거죠.

오현애 씨(196*년생, 여)

은행나무 당고사는 2013년부터 시작된 전통 문화행사이다. 인터뷰를 진행한 오현애교육나눔협동조합 씨는 은행나무 당고사를 복원한 초기 멤버 가운데 한 명이다. 오현애 씨는 서울에서도 유명한 고목이 제대로 된 관리를 받지 못하고 죽어가는 모습에 안타까움을 느껴 왔다. 오현애 씨가 보기에는 카멜리아백화점이 들어서면서 은행나무가 더욱 생기를 잃었다. 큰 건물이 나무와 너무나도 가까운 곳에 지어졌기 때문이다. 수령이 800년이 넘는 보호수에

58. 「지정보호樹 절반 重病」, 『조선일보』, 1991.8.22.; 이와 함께 『조선일보』에서는 서울에서 가장 오랜 고목은 영등포구 시흥동 13통 1반 김정배 씨의 은행나무라고 소개한다. 이어서 나무의 수령이 1,000년이라며 마을 입구에 있어서 여름에는 피서림으로 쓰이고 가을이면 풍치림으로 쓰이고 있다고 설명하였다.(「'서울의 巨木' 67그루 指定」, 『조선일보』, 1972.9.9.)

대한 고려 없이 건물 건축에 대한 허가가 떨어지고 도로가 운영되는 모습 등을 보며 은행나무 보호에 대한 주민들의 관심 촉구가 필요하다고 생각해 오던 중에 뜻을 같이하는 사람들을 만나게 되었다. '금천문화역사포럼'은 금천지역의 문화역사유적을 발굴하고 알리고자 하는 단체이다. 금천문화역사포럼을 중심으로 시흥동의 은행나무에 대한 역사조사를 시작하였다.

어르신들 증언에 의하면 은행나무 세 그루 있는데 저쪽 안쪽으로 신당이 있었다고 해요. 무당 있는 신당. 그래서 어르신들이 어렸을 때는 무서워서 거기는 지나지 못했다고 하시더라고요. 어쨌든 그런 거를 기본으로 삼아 은행나무 관청이 있었으니 마을 당산제가 있었을 것이라고 추정했죠. 관아 터라고 돼 있잖아요. 그래서 이후에 포럼이 복원돼야 될 것 같고, 설명도 좀 만들어져야 될 것 같고 하니 그런 의미를 담아서 가을에 당고사를 복원해 보자라고 해서 저희가 2013년부터 한 거예요. 천년 은행나무 당고사 주민 한마당을 대보름날로 정해서 했어요. (중략) 코로나 전까지는 대대적인 행사를 하다가 코로나 때문에 못 하고 작년과 재작년에는 '코로나를 좀 없애자' 그런 의미에서 대보름날 못 하고 10월에 조촐하게 진행했어요. (중략) 그래서 올해부터 그냥 10월로 고정할 생각이에요. (중략) 그때가 구민의 날 행사를 하는 날이잖아요.

오현애 씨(196*년생, 여)

오현애 씨는 시흥동 은행나무를 둘러싼 제사가 있었는지 오랜 기간 조사해 보았지만 끝내 이에 대한 역사적인 자료는 찾을 수 없었다고 한다. 그렇지만 이들은 탑골마을의 산제를 참고로 하여 '은행나무 당고사'를 지내기로 하였다. 은행나무를 중심으로 전통적인 의미의 행사를 진행함으로써 은행나무 보호에 대한 뜻을 알리고 주민들의 관심을 촉구하기 위함이었다. 비슷한 시기에 은행나무 인근의 은행나무시장 상인회에서도 은행나무와 관련하여 당고사와 비슷한 전통행사를 준비하고 있었다. 은행나무 당고사의 원 주최 측이 어디인지를 두고 잠시 논란이 있기도 하였지만, 은행나무를 아끼고 보호하고자 하는 마음은 결국 같았다. 2013년에 정월대보름에 은행나무 사거리의 은행나무 앞에서 '제1회 천년 은행나무 당고사'가 진행되었다. 코로나19 이후로 잠시 주춤해졌던 은행나무 당고사 행사는 현재 10월 금천 구민의 날에 다른 행사들과 함께 열리고 있다.

2023년 계묘년 10월에 대한민국 서울특별시 금천구 주민들은 1,000년을 가까이 우리를 바라보고 살펴주시는 당산님께 비옵니다… (중략)

하늘부터 땅까지 통하시는 큰 은덕으로 남은 2023년 올 한 해와 내년에도 우리 금천구를 돌보시어 나쁜 일은 들어오지 못하게 하시고, 만복은 들어오게 하시고 질병 또한 멀리 없애 주소서…(후략)

2023년에 개최한 은행나무 당고사 축문 中

은행나무 당고사 행사는 길놀이로 시작하여 당고사를 지낸 뒤 주민 한마당 잔치로 마무리된다. 당고사 제사상에는 소머리·우족·북어포·대추·밤·배·감·사과 등의 음식이 올라가고, 제의를 입은 관계자들의 술을 올리고 축문을 읽은 뒤 태운다. 축문은 집마다 나쁜 액운을 막고 만복을 기원하는 등 금천지역 주민들의 안녕을 기원하는 내용으로 구성된다. 제사가 끝나면 제사상에 올라간 술과 밤·대추 등을 제사를 보러 온 주민들과 나누며 음복하고,

은행나무 당고사의 제사상

절 올리는 모습

축문을 읽고 있는 모습

축문을 태워 올리는 모습

음복
당고사가 끝나면 미리 준비한 시루떡을 주변 사람들에게 나누어 준다.

한편에서는 미리 준비한 떡을 구경 온 사람들에게 나누어 준다. 제사를 지내고 남은 소머리와 우족은 주민센터로 보내져서 그곳의 주방에서 요리하여 주민들에게 나누어 준다.

제사가 끝나고 열린 주민 한마당 잔치는 사물놀이, 민요, 한국무용, 난타 등의 공연으로 구성되는데, 이들은 모두 금천 지역의 동아리 회원들이다. 길게는 20년 이상 유지되어 온 동아리도 있으며, 회원들은 비록 이를 업으로 삼는 전문가는 아니지만 오랜 세월 동아리 활동과 공연을 해오면서 실력을 쌓아온 이들이다. 은행나무 당고사에 참여한 한 할아버지시흥5동 거주는 "공연도 구경하고 머릿고기라도 나눠 주면 그것도 좀 먹으려고 왔다. 은행나무 당고사가 매년 열리는데 아주 재밌다"며 즐겁게 공연을 구경하였다.

길놀이로 행사의 시작을 열어준 금천구의 풍물굿패 동아리 '청노세'가 주민 한마당의 마지막 공연을 연주하자 흥에 겨운 주민 몇몇은 풍물놀이패 가운데로 들어가 함께 춤을 추기도 하였다. 은행나무 당고사는 현대에 와서 만들어진 전통이지만, 큰 나무에 제사를 지냄으로써 마을의 안녕과 무탈함을 기원하고 지역주민들의 유대를 다진다는 점에서 탑골마을의 산제와 맥을 같이한다. ♣

도시화 속 다변화하는 주민공동체

공동체는 어느 한 개인이 태어나면서부터 숙명적으로 속하게 되는 집단을 의미한다.[59] 과거의 사람들은 자신이 태어난 마을을 크게 벗어나지 않고 마을공동체 안에서 삶을 영위하는 경우가 많았다. 그러나 현대인에게 타향살이는 더 이상 낯설지 않다. 현대의 사람들은 직업, 자녀교육, 경제 상황 등 여러 가지 이유로 삶의 터전을 이동하며 살아간다. 전병재는 현대사회가 공동체적인 과거의 사회와 달리 조직체와 결사체로 이루어진다고 분석한다.[60] 시흥동에도 다양한 주민공동체 집단들이 존재한다. 본 절에서는 (1) 친목을 위한 모임, (2) 지역사회를 위한 조직, (3) 공통의 관심사 아래 모인 마을 자치활동 등 세 부류로 나누어서 시흥동의 주민공동체에 대해 살펴보고자 한다.

가. 서울시흥초등학교 동문회

우리 사회에는 친목을 위해 모이는 다양한 형태의 조직들이 존재한다. 같은 고향 사람들이 모여 친목을 다지는 향우회, 같은 학교를 졸업한 이들끼리 친목을 도모하는 동창회, 친목을 목적으로 모인 친목 동아리 등이 그 대표적인 예이다. 앞서 '종교' 파트에서 살펴본 탑골마을의 토박이 모임인 '탑골선후회'도 친목을 위한 조직이라고 할 수 있다. 본 절에서는 시흥동에서 오랜 역사를 갖고 졸업생들을 배출해 낸 서울시흥초등학교의 동문회에 대해서 더욱 자세히 살펴보고자 한다.

59. 게라르두스 반 델 레에우 저, 손봉호·길희성 역, 『종교현상학 입문』, 분도출판사, 1995.

60. 전병재, 「공동체와 결사체」, 『사회와 이론』 1, 한국이론사회학회, 2002, 49~78쪽. 조직체는 수단 합리성을 강조하는 집단으로 조직의 목표 달성을 위해 수단적인 효율성을 추구하기 때문에 구성원들은 비교적 강하게 내부 규칙의 지배를 받고 집단의 목표에 대해 타당성 여부를 문제 삼지 않으려 한다. 근대 조직, 회사 조직이 그 예라고 할 수 있다. 결사체는 비판 합리성을 강조하는 집단으로 구성원들은 결사체가 생기게 된 목적 그 자체의 타당성을 중시하며 비교적 자유롭게 활동하고 자율성과 창의력이 존중받는다.

시흥초등학교를 나왔다는 것은 '시흥동의 원주인들이다' 그런 의미가 있어요.

송일봉 씨(196*년생, 남)

서울시흥초등학교는 이 지역에서 매우 역사가 깊은 초등학교이다. 오랜 역사만큼 많은 졸업생을 배출하였고 동문회가 잘 구성되어 있어 동문회원들은 모교에 큰 자부심을 가진다. 서울시흥초등학교 동문의 가장 재미있는 특징은 졸업기수와 생년이 같다는 점이다. 그래서 졸업기수만 들어도 연령을 추측할 수 있다. 이로써 생기는 일화도 많다. 어린 시절에는 동네에서 서로 나이도 제대로 알지 못한 채 말을 놓으며 같이 놀았던 친구가 나중에 동문회에 가서 보니 한두 살 선배였다더라 하는 일들이 종종 있다.

동네에서 저 사람이 선배인지 후배인지를 모르잖아요. 근데 동창회 체육대회에 가보면 '우리 후배였네. 우리 선배였네.' 그런걸 알 수 있어요.

송일봉 씨(196*년생, 남)

서울시흥초등학교의 동문회 활동은 졸업 후 30주년이 되면 비로소 시작할 수 있다. 동문회는 20기수씩만 활동하는 것이 전통으로, 동문회 활동을 시작한 후 20년이 지나면 동문회에서도 졸업하게 된다. 동문회장 홍혜봉 씨에 따르면 동문회가 처음 만들어졌을 당시만 해도 시흥동의 유지들이 활동하였다고 한다. 동문회의 결속력도 좋고 워낙 많은 인원이 모이는 데다가 시흥동의 토박이들이 활동하던 곳이다 보니 지역의 사람들은 서울시흥초교 동문회 활동을 무척 하고 싶어 하였다고 한다. 서울시흥초 69기 동문인 최원길 씨196*년생, 남에 따르면, 금천구청장을 하려면 서울시흥초등학교를 나와야 한다는 이야기가 있을 정도로 이 지역에서 서울시흥초 동문회가 큰 영향력을 미치고 있다. 60기인 홍혜봉 씨가 동문회에 들어갈 수 있게 된 1990년대 초반이 되자 동문회는 다소 정치적으로 변해 있기도 하였다. 당시는 지방자치제가 막 시행되던 시기이기도 하였다.

홍혜봉 동문회가 너무 잘돼 있으니까 우리가 체육대회 때 한 번 모이면 기본이 500명에서 700명 이상이 모여요.

송일봉 거기에 엄마, 아버지, 자녀까지 오는 거죠.

홍혜봉 보통 한 1,000명이 모인다고 봐야 돼요. 20기수가 모이니까요. 현직 국회의원들도 동문회다 그러면 무시를 못 하는 거예요. 국회의원이나 구청장들은 시흥초등학교 못 나온 것을 후회할 정도예요.

홍혜봉 씨(196*년생, 남), 송일봉 씨(196*년생, 남)

그러나 동문 75기 즈음부터는 졸업 후 30주년이 되어도 동문회 참석을 잘하지 않는 추세가 되었다고 한다. 새로 유입되는 인원이 부족해 현재는 15기수만 활동 중이다. 원래라면 졸업을 해야 하는 기수도 졸업하지 않고 계속해서 동문회 활동에 참여 중이다. 75기 이전 세대는 동문 간의 정이 돈독하였으나 75기 즈음부터는 동문 간의 정이 전과 같지 않다. 이에 대해 송일봉 씨는 과거 동네 이웃 간 끈끈하게 지내던 문화가 어느 순간 바뀌면서 그렇게 된 것 같다고 이야기한다. 실제로 75년생들이 초등학교에 다닐 무렵인 1980년대에는 시흥동 지역에 아파트가 들어서기 시작하였다. 1980년대에 시흥동에서 초등학교에 다닌 진선희 씨197*년생, 여와 남현숙 씨197*년생, 여는 어린 시절 동네 골목에서 친구들과 놀았던 추억을 갖고 있기는 하지만, 그 이전 세대의 어린이들이 하루 종일 동네 친구들과 어울려 다니며 골목과 인근의 산과 강을 누볐던 것과는 결이 다르다.

기수가 많으니까 20기수로 잘랐는데 지금은 20기수가 아니라 15기수에서도 겨우겨우 유지하고 있어요. 75회, 78회 이렇게 내려갈수록 동문회에 의미 자체를 안 두거든요.

홍혜봉 씨(196*년생, 남)

그러니까 그게 아마 그 하나의 문화라고 생각을 해요. 그래서 제가 생각할 때는 한 (동문) 40회 정도, 우리 선배들이죠. 20년 선배들, 40회 선배들부터 한 70회 정도, 30년 사이에 있는 사람들이 가장 정서적으로도 안정적이고 뭐랄까, 나보다는 이웃을 생각하고 친구들을 생각하고 그런 생각들을 가지고 있었던 것 같고.

문화가 변한 거죠. 예전에는 한 동네라는 개념이 있었잖아요. 우리 때는 동네 애들이 나름대로의 어떤 결속력이 있었는데, 지금은 아파트 문화니까요. 옛날에는 동네에서 사계절 내내 밥 먹고 학교 가고 나면 친구들하고 보내는 시간이 잠자는 시간 말고는 거의 다 였으니까요.

송일봉 씨(196*년생, 남)

서울시흥초등학교 총동문 체육대회 기수단 입장
(『서울 시흥초등학교 百年史』, 서울시흥초등학교 총동문회, 2011, 52쪽.)

서울시흥초등학교 총동문 체육대회 선수 입장
(『서울 시흥초등학교 百年史』, 서울시흥초등학교 총동문회, 2011, 52쪽.)

서울시흥초등학교 총동문 체육대회 성화 점화
(『서울 시흥초등학교 百年史』, 서울시흥초등학교 총동문회, 2011, 51쪽.)

서울시흥초등학교 총동문 체육대회 마라톤
(『서울 시흥초등학교 百年史』, 서울시흥초등학교 총동문회, 2011, 53쪽.)

서울시흥초등학교 동문회는 매년 봄과 가을에 크게 '한마음 체육대회'를 열고 있다. 체육대회에는 동문들과 가족들이 참여해 축구와 달리기 등의 경기를 하며 우정을 돈독히 다진다. 동문회의 마라톤도 큰 행사 중 하나이다. 서울시흥초 56기 동문인 조성식 씨195*년생, 남에 따르면 동문회의 마라톤 행사를 하기 위해서 경찰들이 교통 통제를 하고 지역 라디오방송에서도 마라톤 행사 소식을 알릴 정도로 지역 내 유명한 행사였다고 한다. 75기 이후부터 동문회 참석률이 떨어지게 된 데다가 결정적으로 코로나19를 겪으면서 동문회 활동을 이어주던 주요 행사를 몇 년간 쉬게 되면서 마라톤은 현재 운영되지 않고 있다. 동문회에는 골프모임, 산악회, 스킨스쿠버 모임 등 동아리들도 많다. 특히 산악회 활동이 가장 활발하다. 코로나19 시기에도 등산은 계속 지속할 수 있었기 때문에 산악회는 지금까지도 매달 둘째 주 일요일마다 모임을 지속하고 있다. 동문회의 소식을 전하는 인터넷 카페가 있긴 하지만 활성화되지는 않았고, 기수별로 밴드를 만들어서 이용하고 있다. 밴드 활동의 활성도는 기수에 따라 다르다.

나. 시흥1동 새마을 부녀회

시흥동에는 지역사회를 위해 노력하는 조직들이 있다. 동마다 존재하는 주민자치위원회와 새마을회 및 새마을부녀회가 그 예이다. 특히 시흥동은 주민자치위원회의 활동이 매우 활발한 편이다. 주민자치위원회는 읍·면·동의 문화, 복지 및 자치 기능 강화를 위해 주민자치센터 운영 등에 관한 사항을 심의 및 의결하는 자문기구 형태의 조직으로 1999년에 읍·면·동을 주민센터로 전환하는 과정에서 도입되었다. 주민자치회는 주민대표 기구로서 마을공동체 활성화를 위해 자치계획을 수립하고 주민총회 개최, 골목회의 참석, 자치회관 운영 등 다양한 활동을 진행한다. 시흥동의 각 동에는 동주민센터와 자치회관 이외에도 주민자치회의 주도 아래 설립된 독특한 마을 공간들이 있다. 마을 공간들은 동 주민들을 위해 카페·공유부엌·전시·동아리 공간 등을 제공하고, 서예·노래교실·헬스 등 지역주민들의 취미와 여가를 위한 프로그램을 기획하기도 한다. 앞의 여가 파트에서 소개한 '어울샘'도 주민자치위원회에서 만든 마을 공간 중 하나이다.

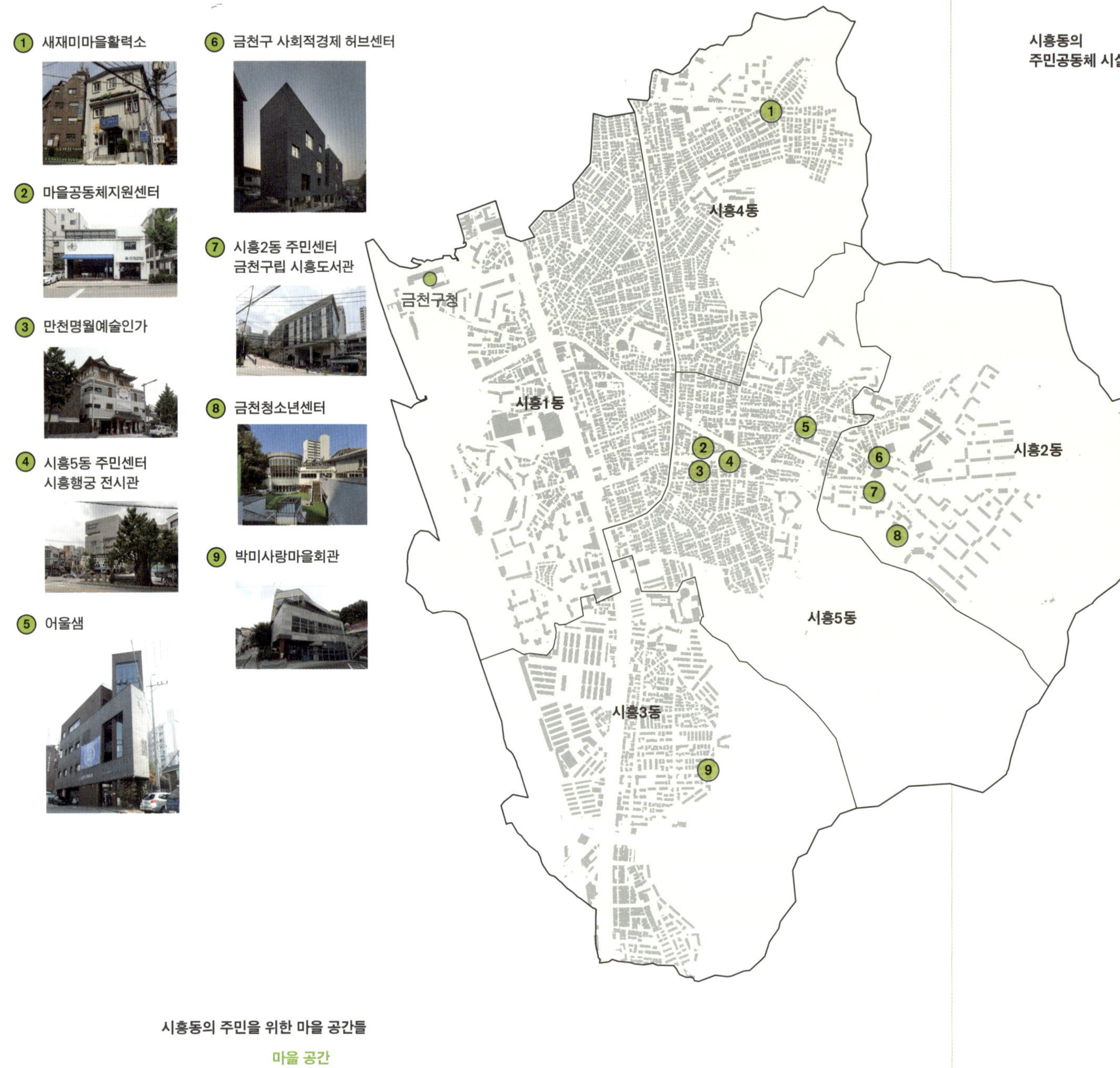

시흥동의 주민공동체 시설

시흥동의 주민을 위한 마을 공간들

	마을 공간
시흥1동	
시흥2동	늘솔나루 마을활력소, 금천구 사회적경제 허브센터(세미나실, 공유부엌, 카페)
시흥3동	동네방네 마을이음센터(옥상정원, 사우나, 도서관, 보건지소)
시흥4동	마을활력소(마을카페 Cafe시4랑, 도란도란작은도서관)
시흥5동	어울샘(다목적홀, 회의실, 음악 연습실, 댄스 연습실, 미술공간, 공유부엌)

새마을운동중앙회는 1970년 '새마을가꾸기운동'이 펼쳐지며 조직된 이래 지금까지 근면·자조·협동의 정신으로 우리의 일상생활 곁에 존재한다. 새마을운동은 이웃과 함께 아름답고 살기 좋은 마을을 만들자는 '더불어 살아가는 공동체 운동', 한마디로 '잘살기 운동'이다. 미래 세대를 위해 물질적뿐만 아니라 정신적으로도 풍요로운 마을을 만들고 화합과 번영의 건강한 사회를 만들기 위한 뜻을 가진다. 대구 지하철 공사장 폭발 사고1995 와 삼풍백화점 붕괴 참사1995 등의 국가적 사고가 있을 때면 지역을 위해 먼저 봉사활동에 나서왔다. 오늘날 새마을운동중앙회는 공동체문화를 조성, 환경을 위한 탄소중립 실천, 새마을운동의 세계적 확산, 새마을운동 추진 역량 강화를 핵심과제로 삼고 있다. 구체적으로는 아동돌봄 활

동, 취약계층 돌봄 활동, 마을별 공동체 활동마을정화 활동, 예술 활동 등, 독서 생활화 활동, 재난 재해 예방 활동, 안전지킴이 활동, 자연보호 활동, 각종 캠페인 등의 활동으로 동네를 보다 안전하고 살기 좋은 곳으로 만들기 위한 노력을 하고 있다. 이 장에서는 시흥1동 새마을부녀회의 활동에 대해 보다 자세히 살펴보고자 한다.

시작한 계기는 친구 때문이에요. 예전에 친구가 구본동에서 부녀회장을 하고 있었어요. 그때 나 보고 부녀회원으로 들어오라고 해서 '그 초록색 촌스러운 거 입고 청소하냐. 나 그런 거 싫다'고 그랬는데 '아이들 고등학교 가면 장학금도 주니까 머릿수 채워 달라. 일 안 시킬 테니까' 그게 계기가 돼서 부녀회장까지 하고 있어요. 지금 굉장히 보람을 느끼고 있어요.

윤영자 씨(196*년생, 여)

윤영자 씨는 '나와서 머릿수만 채워 달라'는 친구의 부탁으로 새마을부녀회 활동을 시작해 어느덧 20년째 활동을 이어오고 있다. 동 부녀회장도 한 번 연임하여 올해로 6년째 하고 있다. 오랜 시간 새마을부녀회 활동을 해 왔지만 코로나19를 겪으면서 새마을부녀회의 활동에는 큰 변화가 생겼다고 한다. 방역지침을 따르다 보니 무엇보다도 새마을부녀회에서 하는 일이 많이 간소해졌다. 코로나19 이전에는 보통 한 달에 한 번씩 특별한 행사를 진행해 왔다. 바자회를 열거나, 김치를 담가 이웃에게 나눔하거나, 복날을 맞이해 소외계층 어르신들을 위한 삼계탕 행사를 하거나, 명절에 김과 미역을 판매해 그 수익금으로 지역 어르신들에게 송편과 반찬을 해 드리는 등의 활동을 하곤 하였다. 그런데 코로나19를 계기로 다수의 인원이 모이는 행사들은 몇 년간 진행할 수 없었다. 삼계탕 행사를 하더라도 예전에는 어르신들을 주민센터로 초대하여 삼계탕을 직접 끓여서 대접해 드렸는데 코로나19 시기에는 포장만 해서 드릴 수밖에 없었다. 반찬 나눔 때에도 마찬가지로 포장만 해서 드렸다. 대신 상가 방역 작업을 해야 하였다. 매주 한 번씩 아침 6시 50분까지 금천구청 광장에 모여서 상가 골목을 돌며 사람들이 많이 드나드는 곳, 손잡이 등을 중심으로 새마을협의회남자는 분무기로 소독약을 뿌리는 작업을, 새마을부녀회여자는 걸레로 닦는 작업을 해왔다. 이제 코로나19가 잠잠해지고 일상이 회복되면서 방역 작업은 한 달에 한 번만 하고 있다. 올해 들어 4년 만에 처음으로 어르신 100분을 초대해 삼계탕을 끓여서 대접하기도 하였다.

새마을부녀회의 구체적인 활동은 동별로 부녀회장과 회원들이 알아서 재량으로 결정한다. 어떤 동은 매달 바자회를 여는 동도 있다. 시흥1동은 직장을 다니는 회원들이 많아서 회의는 두 달에 한 번, 바자회는 1년에 3번 정도만 진행하고 있다. 바자회를 통해서 얻은 수익금은 주로 지역 어르신을 돕는 활동에 쓰인다. 시흥1동은 회원들에게 연회비로 6만 원씩 걷어서 운영비로 쓰고 있다. 운영비란 부녀회 행사를 준비하면서 간간이 회원들과 만나 격려 차원에서 간단한 식사나 커피를 먹는 비용이다.

침수가 잦은 시흥1동에서는 수해 복구지원작업도 새마을협의회와 새마을부녀회에서 연례적으로 하는 중요한 업무 중 하나이다. 비가 많이 내리면 금천구의 새마을회 소속 협의회와 부녀회가 다 같이 모여 침수된 집이나 상가의 흙을 기계를 이용해 빼는 작업과 대대적인 청소 작업을 한다. 정비 사업을 통해서 많이 개선되기는 하였지만, 여전히 비가 오면 시흥1동의 많은 상가가 침수 피해를 보고 있다. 현대시장 초입에 있는 윤영자 씨의 가게도 작년에 침수 피해를 보았다.

고생 엄청 많이 했죠. 진짜 저 같은 경우에는 부녀회장인데도 불구하고 우리 가게가 잠기다 보니까 부녀회의 수해복구 작업에 우리 회원들이랑 새마을회 가족들이 다 가서 청소하고, 작년에 고생 엄청 많이 했죠.

우리가 여기에서 30년을 장사했기 때문에 이제는 노하우를 알아서 물은 들어와도 물건들은 안 젖게 미리 다 높은 곳으로 올리는 작업을 해요.

윤영자 씨(196*년생, 여)

시흥1동 부녀회의 연령은 다른 동에 비해 조금 젊은 편으로 다들 비슷비슷하게 50~60대이다. 부녀회장으로서 윤영자 씨는 회원들과 친하게 지내려고 노력한다. 회원들에게 연락할 때는 급한 연락은 카카오톡을 이용하지만, 폭염 속에서 더위를 조심하라든지 등의 안부 연락은 주로 밴드를 통해서 전하곤 한다. 회원들이 직장을 다니면서 부녀회 활동을 하고 있기 때문에 부녀회 행사를 위한 인원 동원이 제대로 안 될 때도 많다. 인원 동원이 뜻대로 되지 않으면 속상하기도 하지만 부녀회 활동은 각자의 봉사정신에 기반하는 활동이기 때문에 누구보다 잘 이해한다. 윤영자 씨는 새마을부녀회 활동이 계속해서 유지될 수 있는 이유로 회원들의 봉사정신을 꼽는다. 특히 직장을 다니면서도 짬을 내서 봉사하고 출근하는 회원들을 볼 때면 윤영자 씨는 회원들의 봉사하는 마음이 참 아름답다고 느낀다.

봉사정신이 없으면 이건 어려운 것 같아요. 저도 막상 임원을 하기 시작하면서 그 봉사의 참뜻을 알게 됐어요. 예전에는 그런 걸 못 느꼈는데 임원을 맡으면서 책임감 때문에 길을 가다가 어려운 분들이 있으면 뭐 하나 더 도와드리고 싶고요. 예를 들어 장애인들이 횡단보도를 건널 때 신호는 끝나려고 하는데 이분이 빨리 못 갈 때 내가 휠체어를 밀어도 주고 그렇게 마음이 바뀌더라고요.

윤영자 씨(196*년생, 여)

다. 공통의 관심사 아래 모인 마을 자치활동

1) '시민력'이 높은 시흥동

전병재는 공통의 목적 아래 자유롭게 활동하는 결사체 조직이야말로 현대사회의 특성을 잘 보여주는 조직이라고 설명한다.[61] 현대의 시흥동에서도 마을이나 혈연 중심의 공동체보다는 공통의 관심사와 목적 아래 모여 자유롭게 활동하는 결사체 조직을 많이 찾아볼 수 있다. 협동조합, 시민단체, 동아리, 봉사단체, 마을공동체 등이 그러한 조직 형태의 예이다. 특히 시흥동을 비롯한 금천구에는 마을활동에 관심을 가진 사람들이 많다.

시흥동, 더 나아가서 금천구의 특징이라고 하면, '시민력'이 굉장히 높아요. 주민자치가 잘돼 있고 주민분들이 자치활동에 적극적으로 참여하는 분위기예요. 금천구는 서울 25개 자치구 중에서도 독보적으로 거버넌스가 잘 이루어지던 곳이에요. 주민들이 주도적으로 행동하고 이런 것들이 활발하다 보니 관에서도 당연히 그런 쪽으로 지원이 늘 수밖에 없죠.

박찬식 씨(199*년생, 남)

61. 전병재, 「공동체와 결사체」, 『사회와 이론』, 2002, 한국이론사회학회, 2002, 49~78쪽.

어울샘의 행정업무를 담당하고 있는 금천문화재단 주임 박찬식 씨에 따르면 시흥동을 비롯한 금천구를 행정기관 종사자들은 이른바 '시민력이 높은 구'라고들 한다. 그에 따르면, 주민들이 모여서 동아리나 협동조합, 마을공동체 등을 조직해 활동하는 문화가 금천구에서 유독 발달하였고, 주민들의 요구에 발맞춰 금천구의 행정지원도 주민 자치활동을 지원해 주는 방향으로 발전하게 되었다. 마을 공용공간과 마을활력소 등이 곳곳에 지어지고, 동아리 활동을 위해 장소를 대관해 주는 지원업무도 활발하게 이루어지고 있다. 이러한 행정적 뒷받침 속에서 마을활동에 관심 갖고 참여하는 주민들은 점차 늘어났다.

금천마을공동체지원센터의 이정란 씨196*년생, 여는 시흥동 지역이 유독 시민력이 강한 이유로 '금천구의 분구'를 꼽았다. 그에 따르면, 시흥동은 1995년에 구로구에서 금천구로 분구되었는데, 당시 구로구에서 활발하게 활동하던 시민단체들은 살구여성회를 제외하고는 모두 구로구에 남게 되었다. 분구된 지 얼마 되지 않은 금천구는 서울에서 가장 규모가 작고 동 개수도 적은 구인데 모든 시민활동을 처음부터 새롭게 시작해야 하는 상황이 되었다. 이러한 상황 속에서 시민활동에 조금이라도 관심을 두고 활동에 참여한 사람들은 서로가 서로를 잘 알게 되었고 단합도 더 잘할 수 있게 되었다는 것이다. 교육나눔협동조합의 오현애 씨196*년생, 여는 금천구 안에서 독산동·가산동과 비교해 시흥동이 특히 거주지로의 기능이 강하다는 점에서 그 이유를 찾는다. 예로부터 많은 주민이 시흥동에 주거지역을 형성해 살고 있다 보니 자연스레 마을과 관련한 활동가들이 많아졌다는 의견이다. 또한 협동조합의 경우 법적인 뒷받침의 영향도 크게 받았다. 2012년에 「협동조합기본법」이 개정되면서 전에 비해 협동조합을 설립할 수 있는 조건이 완화되고 설립할 수 있는 협동조합의 범위와 형태도 넓어졌는데, 기존부터 지역을 기반으로 한 소규모 조직들이 많았던 시흥동 지역에서는 이를 계기로 협동조합의 수도 급격하게 늘어났다. 시흥동에는 2023년을 기준으로 145개 정도의 마을공동체[62]와 49개의 협동조합이 있으며, 금천구의 마을공동체 활동을 지원하는 '금천구 마을공동체지원센터'와 금천구의 협동조합 활동을 지원하는 '금천구사회적경제지원센터'는 모두 시흥동에 위치한다. 본 장에서는 금천구 마을공동체지원센터에 대해 자세히 살펴보고자 한다.

2) 금천구 마을공동체지원센터

금천구 마을공동체지원센터는 사람과 사람을 연결하여 주민이 주인이 되는 자치의 마을 공동체를 세워 가는 일을 하는 센터이다. 마을공동체지원센터는 사람과 사람 사이의 관계로 만들어지는 마을생태계와 마을 속에서 삶의 관계를 유지해 주는 자치활동을 서로 이어주고 보여주고자 한다. 2013년 4월에 개소하였고 2017년부터 사단법인 마을인교육에서 위탁하여 운영하고 있다. 주된 업무는 소속된 마을공동체들이 각자의 기획사업을 진행할 수 있도록 지원해 주고 마을 교육을 통해 마을 활동가를 발굴하는 것이다. 또한 금천구 내의 여러 공동체 활동들을 기록하고 '소소한 전시회'를 통해 마을 공동체 사업이 확산될 수 있도록 한다. 예산은 서울특별시와 금천구에서 지원을 받아서 운영하며, 한 공동체에 지원해 줄 수 있는 최대 연한은 3년이다. 마을공동체는 지역 내에서 자신들이 좋아하는 것들이나 공통의 관심사를 통해 공익적인 활동을 하는 사람들의 모임이라고 할 수 있다. 공동체 사업을 지원할 때 성과를 묻지 않기 때문에 누구나 쉽게 공동체 활동에 접근할 수 있고 다양한 분야에서 공동체 활동을 시도해볼 수 있다. 다만 공동체의 활동이 즐거움과 여가, 친목을 주로 하기보

62 마을공동체는 '금천구'를 기준으로 등록 및 관리되고 있기에 '시흥동'에만 해당되는 마을공동체를 정확하게 분리하기는 어려움이 있다.

시흥5동에 위치한 금천구 마을공동체지원센터

다는 반드시 공익성을 가져야 한다는 점에서 동아리와 차별성을 갖고, 수익 활동을 하지 않는다는 점에서 협동조합과 구별된다. 한쪽이 도움을 주고 다른 한쪽이 도움을 받는 것이 아니라 모든 구성원이 '상호 호혜적'인 관계를 맺는다는 점에서 봉사단체와 다르다. 금천구 마을공동체의 예시를 몇 가지 들어보자면, 동네에서 같이 장을 담그는 모임 '어버이마음', 안양천 주변의 환경 정화사업을 하는 모임 '희망', 지역사회 가정에 양질의 반찬을 제공하는 모임 '시흥1동 아는 언니', 동별로 동특성화 사업을 추진하는 모임들인 '찾동 네트워크'[63] 등이 있다. 예산을 지원받을 마을공동체는 제안자 참여 심사를 통해 선발된다. 마을공동체로 지원한 제안자들이 직접 다른 공동체의 심사에 참여하는 방식이다. 제안자들이 서로의 제안서를 읽고 심사하면서 지원이 필요한 공동체가 어디인지 직접 고민하다 보니 심사결과에 대한 민원은 적은 편이라고 한다.

금천구 마을공동체지원센터에 등록된 마을공동체는 2023년 기준으로 337개이다. 마을공동체지원센터는 구 단위로 지원활동을 하고 있기에 등록된 마을공동체들도 금천구를 한 단위로 회원을 모집하는 경우가 많다. 그래서 시흥동에서 활동하는 마을공동체만 따로 분류하긴 어렵지만 마을공동체지원센터에서 추산하였을 때 145개 정도의 마을공동체가 시흥동을 무대로 활동하고 있다. 남현숙 센터장에 따르면, 마을공동체 활동을 하는 사람들은 직장인들보다는 학부모들이 많은 편이고, 아파트보다는 단독 저층 주거지에서 더 많이 활동하는 편이라고 한다. 이정란 팀장이 생각하기에, 시흥동은 금천구의 다른 지역들에

63. 시흥1동 찾동 네트워크, 시흥2동 찾동 네트워크 등 동별로 있다. 시흥2동의 경우 마을과 학교, 반짝이고 아름다운 호암산 로드 등의 활동을, 시흥3동의 경우 골목길 환경개선, 박미 워터파크, 청춘극장 등의 활동을 하는 등 동별로 활동 내용이 다양하다.

'서로돌봄회'에서 마련한 '사적인 지도 소소한 전시회 북바인딩 체험행사'
(2023.8.16.)

금천구 마을공동체지원센터 1층 경청마루에서 진행한
'사적인 지도 소소한 전시회 북바인딩 체험행사'(2023.8.16.)

비해 주거지역으로서의 기능이 크기 때문에 마을공동체나 마을활동가들, 시민단체들이 많은 편이고 마을 활동을 하기 위한 공유 공간들도 잘되어 있는 편이다.

서로돌봄회는 서로서로 돌보자는 뜻에서 만들었습니다. 2023년 1월 25일 19시, '수상한 창고'에서 열린 〈미생〉의 작가 윤태호 님의 북토크에서 서로를 만났습니다. 북토크 후 가진 뒤풀이에서 이야기 나누며 우리가 하고 싶은 일, 걸어가고 싶은 길, 살고 싶은 인생에 대해 길게 이야기 나누었습니다. 후속 모임으로 독서모임을 만들고 자주 만났습니다. '동네'에서 '동네 사람들'과 놀 수 있어 '정말' 좋았습니다. 이 '즐거움'을 더 많은 '동네 사람들'과 나누고 싶다는 생각이 들었습니다. 그래서 '2023년도 금천구 마을공동체 활성화 지원사업'에 사업 제안을 하였고, '금천! 나만의 사적인 지도 만들기'가 당선되었습니다. 벌써 6번의 모임을 갖고 더 많은 '동네 사람들'과 동네에서 노니 더욱 즐거웠습니다. 그리고 그 여담을 '소소한 마을 전시회'로 알립니다. 서로가 서로에게 '의지'할 수 있고 '비빌 언덕'이 되어 주고 비가 올 때 우산을 '같이' 쓰고 걸어가는 그런 모임이 되었으면 좋겠습니다. 마을에서 동네에서 다르게 살아보자고요. 각자도생이 아닌 서로 돌보는 다른 생태계를 만들어 보자고요. 같이 걸어가 봐요!

'서로돌봄회' 행사 취지 설명글

'서로돌봄회'에서 전시한 글에서 언급된 '수상한 창고'는 시흥동에서 활동 중인 협동조합 중 하나이다. '수상한 창고'는 청년들을 대상으로 각종 모임, 공연, 북토크, 연주 등의 문화예술 활동을 한다. 글에서는 이 지역의 주민 조직들이 어떻게 서로를 알게 되고 모이게 되는지 잘 나타난다. 이들은 마을에서 진행된 북토크 행사에 참석한 것을 계기로 관심사가 맞는 사람들끼리 모여 독서 모임을 만들었고, 그 속에서 사람들과 친목을 다지며 즐거웠던 경험을 더 많은 동네 사람들과 나누기 위해 마을공동체를 만들었다고 이야기한다. 이웃의 혼자 사시는 어르신들에게 음식을 챙겨주는 활동을 하기 위해서 마을공동체를 만들어 본 적이 있는 박미라 씨는 마을공동체 활동을 매우 보람 있었던 시간으로 기억한다.

제가 해보니까 뿌듯함도 있고 보람도 있고 재밌어요. 그러니까 쓸데없이 집에서 친구들 만나서 수다 떨고 시간을 보내는 것보다는 시간을 할애해 마을을 위해서 뭔가를 한다면 의미도 좋고 뜻도 좋고 또 하고 나면 보람도 느껴요. 서로 그러면서 마을을 알게 되고 마을 사람들을 점점 알게 되잖아요. (중략) 우리 통만 아니고 그런 데는 여러 분들이 이렇게 어우러지니까요. 말 그대로 마을이 어우러질 수 있는 그런 게 좋은 거죠. 그런 역할을 마을공동체가 많이 해주고 있어요.

박미라 씨(195*년생, 여)

마을공동체지원센터는 마을활동가를 양성하기 위해 매년 '금천마을지기학교' 프로그램을 진행한다. 주민들의 관심과 호응 아래 2023년에는 심화 과정으로 '금천마을대학' 프로그램을 개발하였다. 교육에 참여한 금천구 주민들은 여러 가지 미션을 수행하면서 금천구의 역사에 대해 공부하고 자신이 살고 있는 마을의 구석구석에 관심을 가지며 생각해 보는 시간을 갖는다. 금천구 마을공동체센터는 등록된 마을공동체들이 모여서 활동할 수 있는 공

금천구 마을공동체지원센터의 1층
회의 및 작은 전시를 할 수 있는 로비 공간과 공유 부엌이 있다.

간을 대여해 주고 다양한 주제로 마을강좌를 열기도 한다. 2023년에는 '돌파하는 감정 글쓰기' '그림책으로 마음 스트레칭' '나, 너, 우리 그리기' 등의 강의를 진행하였다. 다양한 마을공동체에서 활동 중인 사람들이 1층에 있는 공유부엌에 모여 함께 마을밥상을 차려 먹으며 각 공동체의 활동에 대해 이야기를 나누는 시간을 갖기도 한다. 주민들은 마을공동체 활동에 참여하면서 어쩌면 스쳐 지나다녔을 이웃들에게 관심을 갖고 교류하며 서로를 알게 된다. 그럼으로써 마을공동체의 일원으로서 소속감을 강화한다. ♣

#9

시흥초등학교

송일봉, 홍혜봉

송일봉

1959년(1세) → 경기도 양주군 남면 출생
1964년(6세) → 시흥동 이주
1973년(15세) → 시흥초등학교 졸업(60회)
1976년(18세) → 세일중학교(구 강서중학교) 졸업
2004년(46세) → 시흥초등학교 총동문회 부회장
2009년(51세) → 시흥초등학교 총동문회 홍보부장

홍혜봉

1960년(1세) → 영등포구 양남동 출생
1970년(11세) → 시흥동 이주, 시흥초등학교 전학
1973년(14세) → 시흥초등학교 졸업(60회)
1976년(17세) → 성남중학교 졸업
1979년(20세) → 성남고등학교 졸업
2004년(45세) → 시흥초등학교 총동문회 사무차장
2011년(52세) → 시흥초등학교 총동문회 사무총장
2023년(64세) → 시흥초등학교 총동문회 총회장

시흥초등학교 및 총동문회 연혁

1911년 → 시흥공립보통학교 개교
1963년 → 서울시흥초등학교
1983년 → 시흥초등학교 총동문회 발기인 회의
1984년 → 시흥초등학교 총동문회 창립
1985~2012년 → 가을 체육대회 개최(총 25회)
1989~2012년 → 신년 척사대회 개최(총 17회)
1996년 → 총동문회 현판식
2000년 → 총동문회보 창간
2011년 → 『서울 시흥초등학교등학교 백년사』 발간

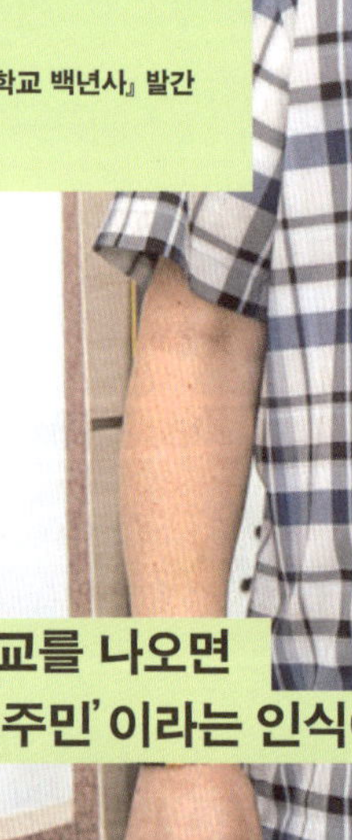

"시흥초등학교를 나오면 '시흥동의 원주민'이라는 인식이 있어요."

조사팀은 시흥동의 생활·문화를 조사하기 위해 여러 시흥동 주민을 만나 이야기를 나눴는데, 그 과정에서 많은 주민들이 자기 고장의 자랑거리로 시흥초등학교를 거론한다는 공통점을 발견하였다. 이유는 크게 두 가지로 보였다. 하나는 시흥초등학교가 시흥동의 중심성을 대변한다는 점이다. 서울에 편입된 1963년 이후 시흥동은 수도의 외곽에 지나지 않았지만, 그 이전 시흥현·시흥군이었을 적에는 시흥관아·시흥행궁·시흥군청 등이 소재할 정도로 경기 서남부의 중심부를 담당하고 있었다. 시흥 권역 최초의 근대 학교인 시흥초등학교가 이곳에 세워진 이유도 바로 그 때문이다. 당시만 해도 시흥 권역에서 나고 자란 아이들은 학업을 위해서라면 시흥동으로 와 시흥초등학교의 문을 두드려야만 하였었다. 관할 구역과 재학생 수를 감당할 수 없어 학교는 15개소의 분교를 설치해야만 할 정도였다. 현 금천구 관내의 초등학교 19개교 중 12개교는 그렇게 비롯된 것이다.

다른 하나는 시흥초등학교가 시흥동 주민의 삶 속에서 결코 빼놓을 수 없는 추억거리가 되었다는 점이다. 시흥초등학교는 100년이 넘는 세월 동안 시흥동 아이들의 보금자리가 되어 왔다. 토박이뿐 아니라 성장기를 시흥동에서 보낸 사람이라면 이 학교에 다녔거나 다녔던 친구가 있을 수밖에 없다. 그러므로 시흥동의 옛 모습에 관한 주민들의 설명은 어렸을 적 시흥초등학교에 관한 추억 이야기로 흐르기가 십상이다. 이 공통의 추억은 오늘날 시흥동 주민들이 지역 공동체 생활을 꾸려 나갈 수 있게 하는 공동의 자산이기도 하다. 실제로 시흥동 주민들은 나이가 아니라 시흥초등학교 졸업 기수를 밝힘으로써 교류를 시작하는 특징을 보인다.

이처럼 시흥동의 역사를 품고 있는 시흥초등학교를 기록하기 위해 조사팀은 시흥초등학교 총동문회를 찾아갔다. 총동문회는 1983년 준비 과정을 거쳐 이듬해 정식으로 발족하였다. 모교 졸업식 참석과 장학금 전달, 봄날 척사대회와 가을체육대회를 중점으로 시흥초등학교의 역사와 전통을 이어가기 위한 사업을 벌이고 있다. 송일봉과 홍혜봉은 시흥초등학교 60회 졸업생으로, 오랫동안 총동문회의 임원으로서 그 사업 전반을 이끌어 온 인물이다. 특히 홍혜봉은 초창기부터 관련 실무를 책임져 왔으며, 최근에는 12대 총동문회 회장에 취임하여 총동문회의 재도약을 꿈꾸고 있다. 조사팀은 이들에게서 학교의 발전 과정은 물론 이들의 학교에서의 추억, 지역과 학교의 관계 그리고 총동문회의 청사진에 관한 이야기를 들을 수 있었다.

1. 시흥동에 온 아이들

시흥동으로 이사온 다음에는 새재미, 송노골송록골, 읍내로 이사 다니면서 많은 친구들을 사귀었어요.

송일봉 고향은 경기도 양주군 남면이에요. 6살 무렵에 직업군인이셨던 아버지가 전역하셔서 어머니, 삼 형제와 같이 시흥동으로 이사를 왔어요. 이모가 새재미에서 조금 여유 있게 사셔서 그 집에 세 들어 살았어요. 아버지가 기아산업에 취직하시면서 집안 형편이 좀 좋아진 뒤로는 송노골로 이사를 왔어요. 송노골에 시흥고아원이 있었는데 그 근처의 초가집에서 살았죠. 그다음에는 읍내로 이사 가서 예향교회금하로21길 9 앞에 있는 은행나무 뒷집에 살았고요. 그다음에 문일고등학교 건너편 기찻길 옆에 있는 마을에서 살았어요. 그때는 여기에 변전소가 있어서 동네 애들은 여기 사는 애들을 '변전소'라고 불렀어요. 안양천 다리를 건너 서면광명시 소하동에서도 살았는데 그때 거기는 다 논밭이었거든요. 그래서 이쪽 서면에 사는 아이들을 '논두렁'이라고 불렀어요.

1990년대 안양천변에 위치한 대한전선과 무지개아파트
(『향토문화지』, 1996.)

시흥동에 처음 왔을 때의 인상이 지금도 또렷해요. 시흥역현 금천구청역에 내려서 호암산 쪽을 바라봤을 때 양주에 비해서 고즈넉하고 아늑하고 굉장히 편안한 느낌을 받았거든요. 이 느낌은 성인이 된 지금도 달라지지 않아요. 밖에서 힘겨운 사회생활을 하다가도 시흥동에 돌아오기만 하면 '우리 동네'라는 생각에 마음이 편안해져요. 익숙한 사람과 장소들이 저를 반겨주는 느낌이 드니까요. 결혼

1960년대 추정 시흥5동 일대(금천문화재단 금천아카이빙)

시흥사거리 일대(시흥대로71길)

하고 나서 아내가 다른 데로 가서 살고 싶어 했는데 저는 시흥동이 제일 편해서 여기에서 계속 살자고 설득해 지금까지 살고 있어요.

우리 집은 시흥사거리 쪽 '물땅코'에 있었고 거기서 여관업을 했었어요.

홍혜봉 원래는 영등포 양남동현 양평동에서 살았어요. 양남동과 문래동에 우리 집안의 땅이 많았는데 민사재판에 걸려서, 11살 때 연고도 없는 시흥동으로 내려와 지금까지 살고 있죠. 부모님은 시흥역 쪽 구시장현 목련아파트 일대에 터를 잡으시고 여관업을 하셨어요. 집안 형편이 좀 좋은 편이었죠. TV가 있어서 레슬링 경기가 있는 날엔 사람들이 우리 집으로 싹 몰려와서 같이 보고 그랬으니까요. 그때 집 근처에 물탱크가 하나 큰 게 있었기 때문에 이쪽에 사는 애들을 '물땅코'라고 부르곤 했어요.

어려서부터 키가 크고 운동신경이 좋아서 학교 다닐 때 줄곧 운동부에 들었어요. 영등포에서 당중초등학교에 다닐 땐 육상부였고, 시흥초등학교에 전학 와서는 육상부랑 축구부를 같이 했어요. 지금은 없어졌지만, 그때만 해도 시흥초등학교 축구부가 아주 유명했거든요. 저는 골키퍼였어요. 그리고 대방동에 있는 성남중·고등학교에 육상 특기생으로 입학했어요. 하루는 운동장을 뛰고 있는데 야구부 감독님이 오셔서 야구부에 들라고 하시는 거예요. 그래서 1학년 2학기부터는 야구부에 들어서 4번 타자가 됐죠. 졸업할 때쯤 프로야구가 생겨서 프로야구로 가느냐 실업팀으로 가느냐 대학으로 가느냐 갈림길에 있었는데, 저는 사정이 생겨서 야구를 그만둘 수밖에 없었어요.

읍내 은행나무 쪽은 구시가지고 시흥사거리는 신시가지예요.

홍혜봉 시흥역에서 동흥관 있는 쪽은 신시가지예요. 동흥관 옆에 시흥극장이라고 큰 극장이 있어서 연예인들이 와서 쇼도 하고 행사도 하고 동네 사람들이 영화란 영화는 다 거기 가서 보고 그랬어요. 읍내는 말하자면 구시가지죠. 지금 5동 주민센터 자리는 예전에 흥일극장이 있었는데 거기는 사람이 별로 없었어요.

송일봉 신시가지에 있는 동흥관은 동네에서 알아주는 짜장면집이에요. 시흥동 사람들은 졸업식 때 동흥관에서 짜장면을 한 번씩은 다 먹어봤을 거예요. 학생 때 졸업식 날 와서 먹었거나, 그러지 못했으면 자녀들 졸업식 때 데려와서 같이 먹었거나, 하여튼 한 번씩은 다 먹어봤을 거예요. 제가 처음 동흥관 짜장면을 먹었던 건 초등학교 4학년 때였어요. 가정 형편에 근심이 많으셨던 아버지가 그래도 저희 삼형제를 데리고 한 번 짜장면을 사주셨는데 그때 기억이 지금까지 남아 있어요.

시흥극장 앞에는 만두가게가 있었어요. 초등학교 때 이 근처를 지나다닐 때면 항상 그 만두가게에 김이 모락모락 나는 걸 지켜보곤 했어요. 한번은 어린 마음에 만두가 너무 먹고 싶어서 만두 두 개를 훔쳐 송노골 시흥보육원 근처 나무에 올라가 허겁지겁 먹었었죠. 지금 그 가게는 사라지고 없어요. 다 커서는 만두가게 사장님을 찾아가 그때 죄송했다고 말씀드리고 뒤늦게라도 계산하고 싶었는데 그럴 수 없게 돼서 매우 아쉬워요.

안양천은 우리들의 놀이터였죠.

송일봉 여름철이면 동네 아이들이 다 나와서 물놀이하며 놀고, 안양천 건너서 서면 쪽의 논두렁으로 가서 놀았어요. 비가 온 다음 날이면 논두렁 밑에 있는 개울에서 미꾸라지를 잡거나 논에서 올라온 우렁이를 잡고, 메뚜기 를 잡으며 놀았죠. 겨울이 되면 안양천이 어니까 골목에서 많이 놀았는데 구슬치기하거나 딱지치기하거나 오징어게임을 하면서 놀았어요. 그러다 날씨가 좀 풀려서 안양천이 녹으면 대나무로 노를 만들어서 안양천에 둥둥 떠다니는 얼음을 타고 놀거나 안양천변에서 쥐불놀이하면서 놀았어요. 얼음배를 타고 놀면 양말이 다 젖고, 쥐불놀이하면 양말을 다 태워 먹는 애들이 많아서 집에 돌아가서 다들 어머니한테 혼나기 일쑤였어요. 눈 오면 눈싸움하고 눈밭에 뒹굴며 노는 건 당연하고요. 겨울에 손이 안 튼 적이 없을 정도로 친구들과 어울려 놀았죠. 중학교에 올라가서는 안양천이 좀 더러워지기 시작했어요. 기아산업, 대한전선, 동신화학 등 시흥동 일대에 공장이 많이 생겨서 공장폐수를 흘려보내고 그러니까 차츰 안양천이 더러워졌던 거죠. 바닥에 노폐물이 쌓이고 하천 변에 냄새도 심하게 나기 시작하면서 중학생 무렵부터는 안양천에서 노는 아이들을 보기 어려워졌어요.

2. 시흥초등학교에서의 생활과 추억

시흥초등학교를 나오면 '시흥동의 원주민'이라는 인식이 있어요.

송일봉 시흥동에서 나고 자란 토박이들은 거의 다 시흥초등학교를 나왔다고 봐도 돼요. 우리 동창을 보면 충청도·전라도·경상도 출신이 많은데 얘네들도 토박이나 마찬가지예요. 대부분 3~4학년 때 전학을 왔는데 그때는 한창 지방에서 서울로 올라오는 사람들이 많던 시절이잖아요. 처음부터 서울 도심에 자리잡기는 어려우니까 부모님들이 일단 서울 끄트머리인 시흥동에 거처를 잡은 거고, 그 아이들이 우리 학교에 온 거죠. 그러다 도심으로 이사 가면 또 전학 가고요.

역사도 있고 시설도 제일 좋은 학교라 다들 시흥초등학교에 다니고 싶어 했죠.

송일봉 한 학년에 남자 4개 반, 여자 4개 반, 각 반에 80명씩 총 640명 정도가 다녔었죠. 4학년 무렵에는 학생이 많아서 오후반·오전반 나눠서 수업을 했어요. 계속 그렇게

1938년 시흥초등학교 25회 졸업 기념(금천문화재단 금천아카이빙)

1950년 시흥초등학교 재학생과 옛 학교의 모습(금천문화재단 금천아카이빙)

시흥초등학교가 있었던 무지개아파트의 1990년대 모습(금천구청)

시흥초등학교 울타리가 있었던 자리(현 무지개아파트 남쪽 축대)

1955년 녹동서원에서 시흥초등학교 42회 졸업 기념
(금천문화재단 금천아카이빙)

1957년 시흥초등학교 48회 졸업 기념
(금천문화재단 금천아카이빙). 뒤쪽 신교사

시흥초등학교 분교 분포도(『서울 시흥초등학교 백년사』, 2011, 268쪽.)

했던 건 아니고 한 학기 정도를 그렇게 했던 걸로 기억해요. 이 근방에서 제대로 된 학교는 시흥초등학교가 유일했기 때문에 학생들이 다 이리로 모여들어요. 서면 쪽에 사는 아이들도 안양천을 건너서 오고, 옛날에는 시흥동이 영등포 소속이었으니까 영등포에 사는 아이들도 많이 왔어요. 이후 학교는 문성초등학교, 탑동초등학교, 백산초등학교 등등으로 분교되기 시작했죠. 그러면서 시흥초등학교 학생들을 많이 전학시켰는데, 처음에는 학생과 부모님들의 반대가 꽤 심했어요. 이제 막 새로 지은 학교로 가면 크고 좋은 시흥초등학교보다 시설이나 교육이 열악하다고 생각했기 때문이죠.

야산을 깎고 교사를 신축하면서 구렁이를 죽인 탓에 소풍 때마다 비가 온다고 생각했어요.

홍혜봉 우리가 학교 다닐 때 교사를 여러 번 증축하고 신축했었어요. 원래 있던 교사는 야산 언덕에 3개 동이 계단식으로 층층이 늘어선 목조 건물이었어요. 오래되고 노후한 건물이었기 때문에 겨울에는 덜덜 떨면서 수업받았던 기억이 나요. 그러다 학생 수가 계속 늘어나니까 몇 번씩 증축을 하고 야산을 깎아서 현대식 건물을 지었죠. 소풍 갈 때는 여지없이 비가 왔는데, 그게 교사를 짓기 위해 산을 깎았을 때 나왔던 엄청 큰 구렁이를 삽으로 쳐 죽여 버렸기 때문이라는 소문이 돌았어요. 나중에 커서 알고 보니까 다른 학교도 같은 전설이 있더라고요. 1년 내내 기다린 소풍을 맑은 날씨에 즐기고 싶은 간절한 마음이 그런 전설을 만든 거죠.

송일봉 소풍은 1년에 봄소풍, 가을소풍 두 번 있는데 대부분 시흥동에 있는 명소로 갔어요. 시흥계곡, 호압사, 안양유원지가 대표적이죠. 시흥계곡 옆에는 장택상 별장이 있는데 철조망 울타리가 둘러 처져 있고 그 안에는 사과밭이

1959년 시흥초등학교 애기능(광명영회원) 소풍
(금천문화재단 금천아카이빙)

있어서 거기에서 놀았어요. 또 소나무숲이 있어서 돗자리 펴고 김밥 먹고 반별로 수건돌리기를 했고, 여자아이들은 고무줄놀이하고 남자아이들은 송충이를 잡으면서 놀았고요. 5학년 때는 호압사로 소풍 가서 반별로 장기 자랑을 했던 기억이 나요. 6학년 때 소풍은 안양유원지까지 1시간 넘게 걸어갔었고요.

초·중·고등학교를 다 나왔어도
초등학교 때 추억이 제일 생생해요.

송일봉 시흥초등학교 후문 길의 건너편으로 큰 포도밭이 있어서 포도 향기를 맡으면서 등하교했던 기억이 나요. 저나 송노골 아이들은 그 포도를 상당히 따 먹고 싶어 했었어요. 우리 어렸을 때는 밥도 잘 못 먹어 항상 배고프고 과일이 굉장히 귀했어요. 그런데 한번은 그 포도밭 주인이 송노골 아이들을 불러 모아서 겨울철에 포도나무 껍질을 벗기는 일을 시키고 그 이듬해 가을에 포도가 익으면 아이들한테 열 송이씩 준 적이 있어요. 그렇게 일을 도와주고 수확철을 손꼽아 기다리다가 포도 열 송이를 받아오면 그게 그렇게 뿌듯하고 좋을 수가 없었어요.

시흥계곡의 시흥동 주민들(금천구청)

시흥계곡(시흥동 산77-1번지 일대)

시흥초등학교 운동장

시흥초등학교 가을운동회(1984)(『서울 시흥초등학교 백년사』, 2011, 19쪽.)

시흥초등학교 재학생의 교통질서 지키기 가두 캠페인
(『서울 시흥초등학교 백년사』, 2011, 33쪽.)

시흥초등학교에서 박미로 가려면 벽돌공장 일대를 지나쳐야 했는데 그 일대를 '벽돌막'이라고 불렀어요. 여기를 넘어가면 박미가 나오니까, 박미 애들이 한때 '벽돌막' 길목에서 지나가는 애들한테 통행세를 걷은 적도 있어요. 박미마을이 시흥동에서도 외진 데이다 보니까 박미 애들끼리는 그런 식으로 서로 어울리며 단합하는 게 강했어요. 지금도 보면 박미 애들은 서로 끈끈하고 단합을 아주 잘한다는 게 특징이에요.

6학년 때 담임선생님은 교육대학을 나오시고 막 부임하신 이종모 선생님이셨는데, 이분에 대한 추억이 상당히 깊어요. 우리가 학교 다닐 때는 기성회비라고 해서 학교 발전 기금을 반마다 걷는 게 있었어요. 한 5,000원에서 1만 원 정도 냈었는데, 우리 집은 형편이 어려운 편이라서 제가 기성회비를 제때에 못 낸 적이 많았어요. 어느 날은 이종모 선생님이 방과 후에 저를 부르시더니 제 기성회비를 선생님의 월급으로 대신 냈으니까 다른 사람한테는 절대 말하지 말라고 하셨어요. 소문나면 제가 또 주눅들 걸 걱정해서 비밀로 하자는 말씀이셨죠. 선생님은 그때 초임 교사라 월급도 얼마 되지 않았을 텐데 지금 생각해도 굉장히 감사한 일이에요. 중학교에 올라간 다음에는 선생님께서 마포구 신석초등학교로 전근하셨다는 소식을 듣고 안부 편지를

일봉君

가을이 깊어간다.
보내준 글 반갑게 읽었다.
너희들과 헤어진지 벌써 3년이 다되어가고있다.
일봉이는 이제 곧 고등학교에 진학해야 할때가 되었다. 그동안 학교 생활에 충실했을 줄 믿는다.
일봉이는 쾌활발한 성격이었지? 수업중에 발표도 잘하고, ...일봉이의 인상이 머릿속에 또렷하다.
선생님을 이렇게 기억하여 기쁜 소식을 전해 주는 너희들의 정성을 진심으로 감사한다. 다른 친구들에게도 안부 전해주기 바란다. 그리고 더욱 더 튼튼히 자라며 열심히 학업을 닦아 장차 이나라를 떠받칠 훌륭한 재목으로 커나가기 바란다. 성공은 노력을 기다리고 있는 것이다. 남보다 좀더 노력하고, 더참을 줄 안다면 더욱 좋은 열매를 얻을 수 있는 것이다.
좋은 계절 맞이하여 더욱 열심히 공부하여 다가오는 고교 입시에 만전을 기하기 바란다. 건강하여라.
1975년 10월 16일
鍾模 書.

송일봉이 이종모 선생님에게 받은 편지(송일봉 제공)

보냈었어요. 선생님께서도 면학을 독려하는 장문의 답장을 보내주셨고요. 그 추억이 제게는 굉장히 뜻깊죠. 그래서 초등학교 다닐 때를 떠올리면 제일 먼저 생각나는 분이 이종모 선생님이에요.

3. 다시 만난 아이들, 시흥초등학교 총동문회

총동문회는 한 동네에서 나고 자란 사람들끼리 단합을 해보자는 취지에서 만든 거예요.

홍혜봉 돌아가신 대선배님들이 시흥초등학교의 역사가 오래된 만큼 동문끼리 단합했으면 좋겠으니까 동문회 모임을 만들어 보자고 1983년경에 의견을 모으셨어요. 그리고 그 이듬해에 총동문회를 정식으로 창립하신 거죠. 동문끼리는 시흥초등학교를 나왔다는 자부심이 대단해요. 100년 전통의 학교이고, 위치도 시흥의 중심에 있는 데다가 동문 선배님들이 다 시흥동을 이끌어가셨던 유지분들이셨으니까요.

시흥초등학교의 옛 모습을 설명하고 있는 송일봉과 홍혜봉

2011년 시흥초등학교 총동문회 이웃돕기 성금품 전달(금천구청)

초창기에 총동문회 행사를 한번 한다고 하면 찾아오는 동문이 엄청 많았어요. 자기 가족들까지 대동해 왔으니까 한 500~700명씩 모였다고 보면 돼요. 사람이 하도 많아서 나중에는 해마다 기수가 새로 들어오면 맨 앞 기수가 나가는 식으로 해서 20기수씩 끊어서 행사하고 그랬어요. 동문회 자체가 조직이 잘되고 단합력이 좋다 보니까 정치인들이 이걸 어떻게 한번 활용해서 이득을 보려고 하곤 했었어요. 그만큼 우리 총동문회가 영향력이 막강하다 할 수 있죠.

시흥동에서는 나이가 아니라 시흥초등학교 기수를 따져요.

홍혜봉 시흥초등학교는 자기 생년하고 졸업 연도가 똑같아요. 다른 곳에서 사회생활을 하면 나이를 물어보잖아요. 근데 여기서는 시흥초등학교 몇 회 졸업생이냐고 물어봐요. 60회다 그러면 1960년생, 아니면 1959년생이거나 1961년생인 거예요. 옛날에는 나이에 딱 맞춰 학교 들어가지 않

1990년 시흥초등학교 총동문회 체육대회
(『서울 시흥초등학교 백년사』, 2011, 55쪽.)

2011년 시흥초등학교 100주년 총동문 체육대회(금천구청)

고 앞뒤로 한 살 차이까지 같은 학년으로 다닌 경우가 많았으니까요. 여기서는 나이가 아니라 시흥초등학교 기수를 따져서 친구도 되고 형·동생도 되는 거죠.

송일봉 총동문회에 입회하려면 만 서른 살이 되어야 해요. 그래서 우리도 1990년도에 동문회에 들어갈 수 있었어요. 동창회 행사는 기수별로 다 참여하기 때문에 선후배 동창들이 한데 모여서 단합을 다질 수 있는 자리예요. 동네에서는 그냥 친구로 지냈어도 총동문회 석상에서 만나면 서로 예의를 지켜요. 저는 60회인데 제 친구가 59회 선배 자리에 가 있으면 함부로 못해요. 그때만큼은 선배 예우를 하는 거죠. 반대로 61회 후배 자리에 가 있는 친구는 또 나름대로 제게 예의를 지켜주죠.

학교가 오래된 만큼 대대손손 다닌 집안도 많고 유명인사도 꽤 많이 있죠.

홍혜봉 학교가 오래된 만큼 대대손손 다닌 동문 집안이 많아요. 동문 집안은 학교 자체에서도 그렇고 총동문회에서도 예우해 주죠. 가장 오래된 동문 가족은 4대까지 다닌 집안이에요. 3대도 많고 2대는 그냥 기본이에요.

송일봉 동문 중에 이름난 사람을 꼽자면 연세대학교 가정의학과 윤방부 교수님, 그다음에 일찍 타계한 기형도 시인이 있어요. 형도는 사실 우리 동기 동창인데 서면 논두렁에서 1시간씩 걸어서 학교 오고 그랬어요. 소하동에 있는 기형도문학관에 가면 형도가 시흥초등학교에 다닐 때 썼던 배지가 전시돼 있어요. 반장, 부반장, 생활부장, 환경부장, 미화부장 등등의 배지인데 이 배지는 각 반장, 부장들이 한 50원 정도 주고 사는 거였어요. 저도 그때 산 걸 지금도 갖고 있어요.

총동문회의 대표 행사로 2월의 척사대회, 10월의 체육대회가 있어요.

홍혜봉 특히 체육대회는 올림픽처럼 다양한 종목으로 진행해서 볼거리가 많아요. 백미는 마라톤이에요. 시흥초등학교 정문을 나와서 시흥대로변으로 코스로 삼아 석수역까지 갔다가 다시 학교로 돌아오는 10㎞ 정도의 마라톤 경주를 하는데, 경찰의 협조를 받아서 시흥동 일대의 교통을 다 통제할 만큼 큰 행사라서 동네 볼거리가 되는 거죠. 총동문회 예하 동아리로 골프 모임, 스킨스쿠버 모임, 산악 모임이 있는데 지금까지 아주 왕성하게 활동하는 건 산악회예요. 매달 둘째 주 일요일에 기수별로 모여서 산을 타는데 다들 아주 열성적으로 참여하고 있죠.

40회부터 한 70회까지는 총동문회 행사에 적극적으로 참여해요. 지금은 동문회 문화가 많이 바뀌어서 예전만큼 활발하지는 않아요. 70회 아래 기수부터는 참여율이 좀 저조한 편이죠. 졸업하고 학교를 떠난 뒤 한참 지나서 총동문회 활동을 하면 이득을 볼 게 뭐가 있나 싶은데, 총동문회는 그 자체가 옛 동창들이나 선후배님들과의 모임이라는 의미가 있잖아요. 그냥 있으면 동네에서 누가 동창이고 누가 선배인지 후배인지 모르는데 총동창회 행사에 한번 참여하고 나면 서로 얼굴을 익히고, 그전에는 그냥 지나쳤던 사람도 '내 동창이었네' '우리 후배였네' '우리 선배였네' 하면서 알아볼 수 있는 거죠. 나중에 기회가 되면 자기들끼리 따로 또 모일 수도 있는 거고요.

4. 시흥초등학교 총동문회의 전망

같은 동네에서 산다는 끈끈함이 약해진 게 너무 아쉬워요.

송일봉 요즘에는 '한동네'와 같은 개념이 없어지는 것 같아 좀 아쉬워요. 옛날에는 '한동네' '우리 동네'라는 개념이 있어서 아이들끼리 놀려면 혼자서는 못 놀고 다 같이 놀아야 했잖아요. 고무줄놀이를 하더라도 친구들끼리 양쪽에서 잡아줘야 하고, 술래잡기를 하더라도 서로 술래가 돼 주어야만 놀 수 있었으니까요. TV를 보더라도 한 지붕 아래 모두 모여서 같이 봤고요. 그런 식으로 동네 아이들끼리는 사계절 내내 잠자는 시간 말고는 항상 같이 놀았으니까 서로 끈끈해지고 또 그런 끈끈함이 좋아서 계속 유지하려고 노력하죠. 지금은 휴대전화로 게임하면서 각자 놀고, 다 아파트에 살아서 이웃을 잘 신경 쓰지 않는 문화로 변하고 있잖아요. 시흥동에는 토박이보다 외지 사람들이 훨씬 많아졌고요. 그래서 예전과 같은 '한동네'라는 개념이 없어져 가는 것 같아요.

시흥동은 제가 나이를 먹어서도 절대 떠나지 않을 곳이에요.

송일봉 어렸을 적 시흥동에 처음 와서 편안함을 느꼈을 때부터 지금까지 쭉 이 동네에 살면서 강한 애착을 지녀왔어요. 그래서 시흥동에 행사나 축제가 있으면 꼭 뭔가 일을 맡아서 기여하고 노력하는 편이에요. 매년 10월 첫째 주에 정조대왕 능행차 행사라고 큰 축제가 있는데, 행사 준비 기간 때마다 금천소식지에 우리 동네를 알릴 수 있는 홍보 글을 써서 기고하는 것도 제 나름의 '시흥 사랑'을 실천하는 방법이에요. 사업이 크게 성공해서 돈을 많이 벌었다면 벌써 시흥동에 뭔가 주민들을 위해서 문화 관련 시설을 지었을 텐데, 그러지 못해서 아쉬운 마음뿐이에요.

사무총장 경험을 살려서 제2의 부흥기를 만들어 보려고 해요.

홍혜봉 제가 총동문회에서 실무를 담당한 세월이 15년이 넘어요. 그렇게 오랫동안 총동문회를 돌보면서 후배 기수가 점점 끊기고 총동문회 활력이 떨어져 간다는 걸 매우 아쉬워 했어요. 나중에는 사무총장직을 맡아 총동문회를 어떻게든 다시 활성화해 보려고 노력했었죠. 2011년이 시흥초등학교 개교 100주년이니까 이 행사만 담당하고 이제 그만해야겠다고 생각했는데 그때 또 수석부회장직을 맡게 됐어요. 이렇게 계속 총동문회 운영에 헌신하고 힘쓰다 보니까 올해는 총동문회 회장직을 맡게 됐죠. 임기는 3년이고 연임도 가능해요.

사무총장직 수행하면서 얻은 노하우를 바탕으로 총동문회를 활성화할 방법을 이것저것 고민하고 있어요. 우선 시흥초등학교 연혁을 다시 한번 쭉 정리할 생각이에요. 보면 2012년부터 연혁이 정리되지 않고 뚝 끊겨 있거든요. 그래서 연혁부터 정리해서 동문들한테 나눠주고, 그 다음에 동문이 한데 어울릴 수 있도록 체육대회 규모도 옛날처럼 좀 크게 열어보고, 없어졌던 내빈 경기도 다시 하고, 인기 많았던 마라톤 대회도 다시 개최하면서 제2의 총동문회 부흥기를 만들어 보려고요.

#10

금천구 주민

최은경

1991년(1세) → 시흥동 출생
2003년(13세) → 시흥초등학교 졸업(90회)
2010년(19세) → 동일여자고등학교 졸업
2023년(32세) → 만천명월예술인家 '나와 안양천의 모양들' 워크숍 기획·진행

"안양천에 관한 추억과 이야기를 나누며 애증 가득한 시흥동을 돌아보게 됐어요."

금천구의 서쪽에는 안양천이 흐른다. 경기도 의왕시 청계산에 발원하여 금천구를 남북으로 관통해 한강 본류로 흘러드는 이 하천은 예부터 '한내' '한내천'이라 불리며 유역 주민들의 생명수 역할을 해 왔다. 하지만 우리나라가 1970년대 중반 고도성장기에 들어서고 수도권 개발을 서둘면서 안양천은 '죽음의 하천'으로 변모하였다. 서울과 경기 서남부에서 나오는 공장폐수와 생활하수가 모여들어 물고기 한 마리 살 수 없을 정도로 수질 오염이 극심해지고, 사방이 쓰레기와 콘크리트 호안 블록으로 덮이게 되자 사람들은 점차 안양천을 찾지 않게 되었다.

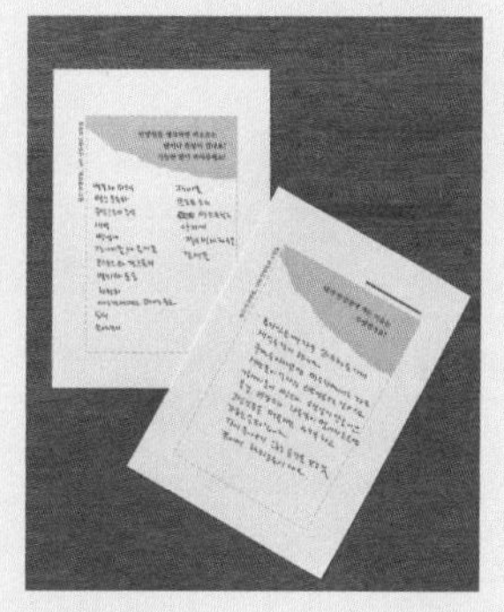

1. 시흥동에서의 출생과 성장 그리고 정착
2. 시흥동에서의 놀이와 일상
3. 시흥동에 살며 느낀 인상
4. 안양천을 기억하고 기록하기
5. 변화하는 시흥동을 돌아보며

안양천이 회복되기 시작한 것은 1990년대 중반부터이다. 안양천 유역의 시민단체들이 힘을 모아 수질 개선 사업에 나섰고, 하천 생태계를 가꾸며 다양한 생활체육시설을 만든 결과 오늘의 모습을 갖추게 되었다. 되살아난 안양천은 시흥동을 비롯한 금천구 주민들의 치유와 위로의 공간이 되었다. 변화하는 계절을 느끼기 위해, 생각을 다듬기 위해, 산책하거나 운동을 하기 위해 사람들은 오늘도 안양천을 찾고 있다.

금천구 주민 최은경

최은경은 1991년에 시흥동에서 태어나 독산동과 안양시를 오가며 성장하였다. 시흥초등학교와 동일여자고등학교를 졸업하고 대학에서 국문학을 전공한 그는 현재 프리랜서 작가로 활동하여 다양한 공간에서 글쓰기 수업을 하고 있다. 최근에는 금천문화재단의 후원으로 시흥동에 있는 만천명월예술인家에서 '나와 안양천의 모양들'이라는 이름의 워크숍을 열어 주민들과 함께 안양천을 기억하고 기록하는 작업을 진행하였다. 조사팀은 그를 만나 시흥동의 옛 모습과 이곳에서의 성장 과정, 그리고 금천 주민의 일상 가까운 곳에 자리한 안양천의 이야기를 들어보았다.

1. 시흥동에서의 출생과 성장 그리고 정착

시흥2동에서 태어나 시흥동과 안양을 오가며 자랐어요.

시흥2동에서 태어났어요. 어릴 때 안양으로 이사 갔다가 초등학교 3학년 때 시흥동으로 돌아와서 시흥초등학교에 다녔고 중학교 때 독산동으로 또 이사 갔어요. 고등학교 때는 시흥동에 다시 와서 동일여자고등학교를 다녔어요. 안양에서는 아파트 단지에서 살았는데 시흥동에 살 때는 시흥4동과 시흥5동의 다세대 주택에 살았어요. 원래는 여섯 식구가 같이 살았는데 집안에 여러 가지 일이 생기면서 식구가 많이 줄었어요. 그러다 보니까 가족들과 무척 돈독해지고 애틋해진 것 같아요. 독립하고 싶다는 생각을 종종 하기도 하지만, 아직까지는 가족들과 함께 사는 것이 익숙하기도 하고 좀 더 함께 지내고 싶다고 느끼는 것도 같아요.

시흥5동 별장거리(시흥동 1000-126)

금천구청 물첨벙쉼터

시흥사거리 방면 금하로

시흥동에서 나고 자라 겪은 것들이 창작의 소재가 되고 있어요.

원래는 영상구성작가로 일했어요. 하지만 저한테 잘 맞지 않는 것 같아서 그만두고 다른 일을 찾으려 했어요. 이직을 준비하면서 취미로 써왔던 습작을 독립출판물로 내면서 소규모 글쓰기 강의도 병행했었고요. 처음엔 그냥 해보자는 마음으로 시작했는데, 지금까지 이어져서 여전히 글을 쓰고 글쓰기 강사로도 활동하게 됐어요.

제 글 속에는 어린 시절 시흥동에서 겪었던 경험을 재구성한 내용이 많아요. 특히 가족들과의 일이라든지 여고 다닐 때 일이 많이 반영되죠. 소설에서는 주로 힘들었던 경험을 쓰기 때문에 시흥동이 그렇게까지 좋은 동네로 묘사되는 건 아니에요. 하지만 나고 자란 곳이 여기니까 저를 돌아보면 자연히 이 동네를 생각하게 되죠. 제 삶의 대부분이 시흥동에서 이루어졌으니까 이 동네가 제 글의 중요한 주제라고 할 수 있어요.

호압사

호압사 쉼터

금천구 주민 최은경

2. 시흥동에서의 놀이와 일상

현대시장 골목이나 시흥초 주변에서 술래잡기나 고무줄놀이를 하며 놀았어요.

초등학교 3학년 때 시흥동으로 돌아와서 살았던 곳은 현대시장 안쪽 골목길이었어요. 동네 친구들과 집 앞 골목길이나 시흥초등학교 주변에서 술래잡기나 고무줄놀이를 하며 놀았고 저녁 되면 우르르 집으로 돌아가고 그랬어요. 시흥초등학교는 겨울에 눈이 많이 오면 학교로 올라가는 구간이 얼어서 힘들게 등하교했던 기억이 나요.

여고 때 친구들하고는 학교 밑에 '상아탑 떡볶이'금하로29길 3라고 오래된 떡볶이집이 있는데 거길 자주 다녔어요. 지금도 친구들과 추억 삼아 가곤 해요. 고등학교 1~2학년 때는 수학여행처럼 멀리 가는 게 아니라면 비교적 가까운 곳으로 현장학습을 나갔어요. 가까운 관악산에 올라 호압사에 가거나 안양천에서 코스모스 심기 봉사를 하곤 했었어요.

2005년 안양천 꽃 심기 봉사 중인 학생들(금천구청)

시흥사거리(금천구청)

시흥동 롯데캐슬아파트

가산동 디지털2단지사거리(금천구청)

고등학교 때는 가까운 신림이나 안양 쪽으로도 놀러 다녔어요.

멀리 못 가니까 그나마 가까운 데에 있는 번화가가 거기였거든요. 신림에는 순대타운으로 백순대볶음을 먹으러 가고, 안양에는 지하상가가 있으니까 거기서 옷 산 다음에 위층에 있는 오락실이랑 노래방에 가고 그런 식으로 놀았어요. 광명으로도 가끔 놀러 가는데, 거긴 대학생 때부터 자주 갔어요. 어렸을 때 광명 쪽은 풀숲이 있었던 기억이 나요. 대학에 입학하고 아르바이트를 시작하면서 광명에 사는 친구들이 생기면서 놀러가기 시작한 것 같아요. 광명도 아주 많이 변했어요. 박미 쪽으로 지나서 석수역으로 가는 길가도 많이 변한 것 같아요. 예전에는 거기에 오래된 상가들이 많았는데 지금은 다 없어졌고 새 건물이 많이 들어섰더라고요. 새 건물에는 또 새 가게가 들어오니까 그쪽이 깔끔해졌다는 느낌이 들어요. 최근에 그쪽을 지나다가 옛날 모습이 사라져서 깜짝 놀랐었어요.

동네 친구들을 만날 땐 시흥사거리에서 놀고 외부 사람 만날 때는 롯데캐슬로 가요.

롯데캐슬이 새 건물이라서 제일 깔끔하고 버스나 지하철을 타고 오는 친구들이 걸어서 도착하기에도 좋아요. 동네 친구들을 만날 때는 주로 시흥사거리 쪽에서 놀아요. 그건 어렸을 때부터 그랬어요. 그쪽에 사는 친구들이 많았고 음식점이나 카페가 그나마 많은 편이라 놀기 편했거든요. 사실 시흥사거리가 그렇게까지 크지는 않아요. 계속 변화하기는 하는데 그냥 가게가 바뀌는 거지 업종 자체가 크게 달라졌다고는 느껴지지 않아요. 술집과 고깃집이 많은 유흥가 같은 느낌이라서 밥 먹을 때나 맥주 한잔하고 싶을 때 가기 좋은 곳이에요. 옷을 사거나 장을 볼 때는 현대시장으로 가요. 거기가 생각보다 크고 저렴하거든요. 어렸을 때는 시장 안에 청소년들이 살 만한 의류 판매장이 있어서 그때그때 유행하는 옷을 팔고 그랬어요. 어릴 때 느끼기에 가산동에 있는 아웃렛은 엄마 손잡고 가는 데지 어린애들이 가기에는 좀 부담스러운 데였어요. 좀 비싼 편이었고 뭔가 고급스럽게 보였달까 무서웠던 것 같아요.

무지개아파트는 오래되고 익숙한 장소인데 요즘은 되돌아보게 돼요.

무지개아파트는 제가 태어나기 전부터 있었던 아파트예요. 저보다 더 오래 시흥동에 있었던 거죠. 그 때문인지 무지개아파트는 매우 당연히 거기에 있는 공간으로 여겨져요. 무지개아파트 주변에는 예전에 공군부대가 있었고, 인근 금천구청역 쪽으로는 군인아파트가 있었는데, 사실 거기도 저한테는 매우 일상적이고 당연한 공간이에요. 너무 익숙하니까 오히려 인식조차 잘 안 하게 되는 그런 공간들이 있잖아요. 무지개아파트와 그 근처의 공간들이 그런데, 지금 없어져 가니까 오히려 다시 인식하게 되더라고요.

제 작업실은 지금 무지개아파트에 있어요. 40년이 넘은 아파트다 보니까 오래 있을 수 있는 환경은 아니에요. 여름에는 대체로 비가 새고 겨울에는 계량기가 자주 얼고 깨져요. 오래된 수도에서 녹물도 많이 나오고요. 중앙난방 시스템이라 직접 온도를 조절할 수가 없어서 불편한 것도 있어요. 지금 한 3년째 지냈으니까 그냥 그러려니 하는데, 처음에는 적응하기에 어려웠어요. 지금 무지개아파트는 빈집이 좀 많은 편이에요. 남아 계신 분들은 대체로 연로자 계층 아니면, 잠깐 살다가 금방 나가는 신혼부부 계층이 많은 것 같아요.

어렸을 땐 분식집이 많았는데 지금은 카페가 정말 많이 생겼어요.

저는 카페를 좀 많이 다니는 편이에요. 근처에 생기는 새로운 카페는 웬만하면 다 가보곤 해요. 특히 글 작업을 할 때 카페에 자주 가게 되는데 최근에는 '커들리'금하로29길 12랑 '모나드'금하로24길 5를 자주 이용하고 있어요. 동일여고에서 쭉 내려오는 길의 중간중간에도 작은 카페들이 많이 생겼더라고요. 옛날에 이 동네에는 카페가 거의 없었거든요. 대부분 분식집이거나 슬러시, 냉면, 떡볶이 같은 걸 파는 가게가 전부였죠. 그런데 지금은 그 가게들이 거의 다 카페로 변한 것 같아요. 제가 자주 갔던 분식집은 '상아탑 떡볶이'만 남고 다 없어졌어요.

금천구 주민 최은경

남서울무지개아파트 전경(시흥대로73길 11)

남서울무지개아파트 출입구(시흥대로73길 11)

3. 시흥동에 살며 느낀 인상

시흥동은 조용하고 일상적인 거주지라는 느낌이 강해요.

이 동네에는 어머님들이 활기차게 활동하는 모습을 많이 볼 수 있어요. 공부하는 학생들도 많이 보이고요. 대신 저녁 시간에는 동네 자체가 좀 조용한 편이에요. 독산동과 비교하자면 시흥동이 좀 더 조용한 것 같아요. 독산동은 롯데캐슬이나 그 밖의 현대적인 시설이 많이 생기는 추세이고 남문시장이나 우시장 같은 재래시장도 활성화돼 있어서 시흥동보다는 좀 더 번화하고 활기찬 느낌을 주거든요.

시흥동 주민의 일상에 관해 설명 중인 최은경

시흥동은 뭔가 화려한 랜드마크 같은 게 없어서 그런지 독산동보다는 훨씬 조용하고 그냥 거주지라는 느낌이 강하죠. 물론 제가 지금 독산동 쪽에 살다 보니까 그렇게 느끼는 거일 수도 있고요.

낙후된 이미지가 강해서 시흥동이 자랑스럽지만은 않았어요.

어렸을 때부터 시흥동은 좀 낙후된 지역이라는 인식이 있었어요. 지금은 아파트가 많이 세워지긴 했는데 그때는 거의 다 다세대 주택이었으니까, 확실히 다른 지역보다는 발전이 덜 된 느낌을 받았었죠. 또 노인 인구가 많다고 느꼈던 것 같아요. 동네에 어르신들이 삼삼오오 모여서 술 마시고 싸우시고 호통치시고 그런 모습을 자주 봤었으니까요. 그래서 어릴 때 느끼기에는 동네가 그렇게까지 자랑스럽지는 않았어요. 다른 지역 사람을 만날 때 우리 동네를 좋은 동네라고 말하기도 애매했었고요. 물론 타지 사람은 우리 동네를 잘 모르기도 하니까, 고향을 설명할 때는 '구로구 근처다' '금천구청역이 있는 동네다' '서울 끝이다' '안양시 옆이다' 이런 식으로 에둘러 설명하고 그랬어요.

인터뷰 중인 최은경

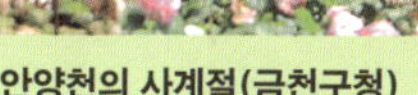

안양천의 사계절(금천구청)

금천구 주민 최은정

4. 안양천을 기억하고 기록하기

답답할 때나 계절 변화를 감상하고 싶을 때면 안양천을 걸어요.

저는 안양천을 되게 좋아해서 자주 다녀요. 안양천에 벚꽃이 필 때마다 친구들과 도시락 싸서 놀러 가고, 재작년까지는 매일 새벽 운동을 했었어요. 가산에서 회사를 다닐 때는 일부러 안양천으로 퇴근한 적도 있어요. 요즘도 혼자 밤 산책을 하거나 가끔 새벽 운동하러 나오곤 해요. 예전에 구성작가 일을 할 때는 밤새워 마감하는 일이 많았어요. 그때 너무 힘들어서 일단 빨리 햇빛을 보고 싶은 거예요. 그래서 오전 11시쯤 마감 끝내자마자 밖으로 나가 안양천을 걸었는데, '이렇게 밝은 세상인데 내 미래는 하나도 안 보이네'라며 우울한 마음으로 안양천을 걷다가 집으로 돌아갔던 기억이 나요.

안양천은 정화사업 이후에 많이 좋아졌어요.

예전에 안양천은 되게 더러웠어요. 풀도 무성하고 쓰레기도 많았고 산책로 정비도 하나도 되지 않았어요. 비가 오면 토양이 내려앉거나 쓰레기가 많이 쌓여서 더 더러워졌어요. 그래서 안양천에 가서 운동하려면 광명 쪽 변으로 넘어가야 했어요. 지금처럼 좋아진 건 안양천 정비 사업을 하면서부터예요. 고등학생 때였던 걸로 기억하는데, 산책로를 새로 깔고 꽃도 많이 심고 편의시설도 생기기

1997년 안양천(금천구청)

2004년 안양천 정화 활동(금천구청)

'나와 안양천의 모양들' 결과물 전시 전경(만천명월예술인가 4층)

안양천 물놀이장(금천구)

시작했어요. 안양천이 좋아졌다는 소문이 도니까 사람들이 점점 찾아오기 시작했고요. 그 뒤로 계속 좋아져서 지금 독산동 쪽으로는 마을농장, 주말농장, 어린이 물놀이장을 운영하고 있잖아요. 정말 많이 좋아진 것 같아요.

안양천을 각자 어떻게 생각하는지 얘기를 나눠보고 싶었어요.

올해 6월 만천명월예술인가금천구 은행나무로44에서 '나와 안양천의 모양들'이라는 워크숍을 진행했어요. 안양천의 산책로나 꽃은 자연적으로 생겼다기보다는 인공적으로 조성한 거잖아요. 그래서 안양천 공간 자체를 하나의 공공미술로 볼 수도 있겠구나 싶었어요. 이 공간을 '나와 경험이 다른 사람들은 안양천을 어떻게 느낄까?' '서로 경험이 다른 사람들은 어떻게 느낄까?' 하는 궁금증이 생겼고, 동네 사람들끼리 같이 얘기를 나눠보면 좋겠다는 생각으로 이 워크숍을 열었어요.

열 분 정도 참여해 주셨는데 주로 30대셨고 50대, 60대분도 계셨어요. 서로 자기소개하면서 금천구에서 가장 좋아하는 공간을 추천하는 걸로 워크숍을 시작했어요. 그리고 각자의 안양천에 대한 추억을 떠올리며 안양천에 가

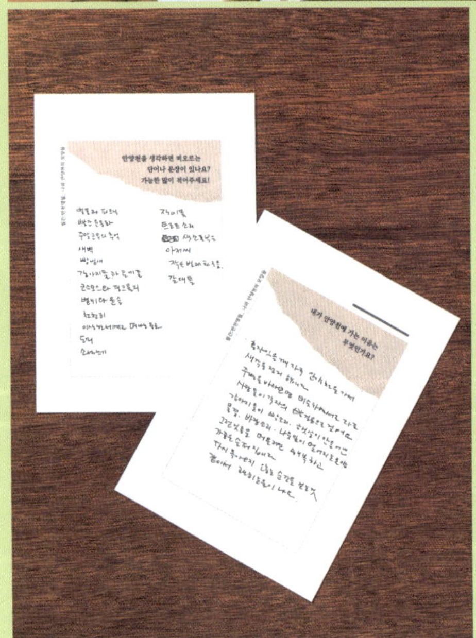
'나와 안양천의 모양들' 워크시트(만천명월예술인가 4층)

는 이유는 무엇인지, 안양천에 가기 좋은 시간이나 공간, 안양천에서 가장 많이 하는 생각, 안양천 하면 떠오르는 소리나 계절, 그리고 떠오르는 단어나 문장들을 워크시트에 작성하고 대화를 나누는 시간을 가졌어요. 그걸 토대로 안양천 그림을 그리고 문장을 쓰면서 또 얘기를 나눴어요. 처음

에는 다들 어색해 하셨는데 시간이 지날수록 편안한 분위기가 만들어지면서 서로 알아갈 수 있어서 좋았어요. 결과적으로 안양천에 대한 추억을 공유하면서 우리 동네 사람들 간에 공감대가 많이 형성된 것 같아요.

5. 변화하는 시흥동을 돌아보며

시흥동은 힘들었던 시절을 보낸 곳이라 그런지 애증이 가득한 동네예요.

사실 동네에 대해서 그렇게까지 좋은 느낌을 받은 적이 별로 없어요. 어려서 힘들었던 시절을 여기서 다 보냈으니까 대체로 안 좋은 기억들이 더 많아요. 제가 여기에 고여 있다는 생각이 컸었고 대학생 때까지는 정말 벗어나고 싶었어요. 그런데 지금은 편안한 느낌이 들어요. 동네가 바뀌는 게 좀 안타깝다는 느낌이 들기도 해요. 어릴 때는 구질구질하고 지겨워서 벗어나고 싶었던 것들이 오히려 애틋해지고 있어요. 예전에는 친구들도 많았고 골목마다 친구들이 다니고 그랬는데 지금은 아파트, 빌라 위주로 동네가 바뀌고 오래 거주하는 분들이 많이 줄어간다는 느낌이 강해서 그게 좀 안타깝기도 하고요. 여고 동창들 대부분은 결혼하고서 떠나거나 부모님과 같이 이사해 가거나 아예 외국으로 가거나, 이런 식으로 하나둘씩 떠나고 있거든요. 남은 몇 명의 친구만 볼 수 있어서 아쉬운 마음이 커요.

오래 살았지만 몰랐던 장소들을 알게 되면서 시흥동의 매력을 다시 생각하게 됐어요.

어렸을 땐 이 동네의 정적인 분위기가 싫었는데 지금은 여기에서 내가 몰랐던 장소나 찾아보려 하지 않았던 것들을 좀 찾아보고 있어요. 동네에 생각보다 제가 몰랐던 공간들이 많더라고요. 오래된 가게인데 한 번도 들어가 보지 않은, 약간 어른들만 갈 수 있는 그런 밥집 같은 데 있잖아요. 어렸을 때는 그런 게 세련돼 보이지 않았으니까 잘 안 갔는데 요즘에는 그런 데를 많이 찾아다니게 돼요. 공원 같은 데도 그렇게까지 신경 쓴 적이 없는데 공원에서 아이들이 놀고 있으면 뭘 하고 노는 건지 한번 들여다보게 돼요. 또 요즘엔 동네 골목골목을 돌아보면서 '이런 골목이 있었는데 내가 몰랐네' 하는 생각이 들어요. 같은 공간인데도 좀 다르게 느껴지기도 하고 그런 고즈넉한 느낌도 많이 들어서 좀 좋아지는 것 같아요.

주민들과 맞춰 가는 재미가 있어요.

외부에서 오셔서 정착하신 분들하고도 많이 만나거든요. 그분들과 대화하다 보면 시흥동에 대한 제 느낌과 그분들의 느낌이 달라서 놀랄 때가 많아요. 그분들 대부분은 이 동네가 조용해서 좋다고 하세요. 사람이 많이 사는 곳은 밤늦게까지 시끄러운데 여기는 새벽에 나와도 조용하고 혼자만의 생각을 정리할 수 있어서 좋다는 거예요. 저는 그 때문에 우리 동네가 잘 못사는 곳으로 느껴져서 싫었는데 말이죠. 그리고 그분들한테 동네의 재밌는 공간들을 알려주면서 '이곳이 맛집이다' '여기 분위기가 좋다' '이 시간에는 여기 가라' 등등 소개해 주기도 해요. 이런 식으로 요즘에는 동네에 새로 오신 분들과 이야기하며 맞춰 가는 재미도 있는 것 같아요.

약

시흥동 은행나무

102
다산비전교회
중앙컴퓨터
제일순복음교회
사랑교회

시흥대로

서남권 신도시를
완성하겠습니다.

석수역 방향에서 바라본 시흥동

2023 서울생활문화자료조사

서울 서남부 전통과 현대의 중심

시흥동

발행인	최병구
발행일	2024년 5월
발행처	서울역사박물관 03177 서울특별시 종로구 새문안로 55 museum.seoul.go.kr T. 02.724.0274 F. 02.724.0206
제작	(주)디자인인트로
디자인	박소현 · 정유진
발간물등록번호	51-6110569-000363-01
ISBN	979-11-90480-96-3